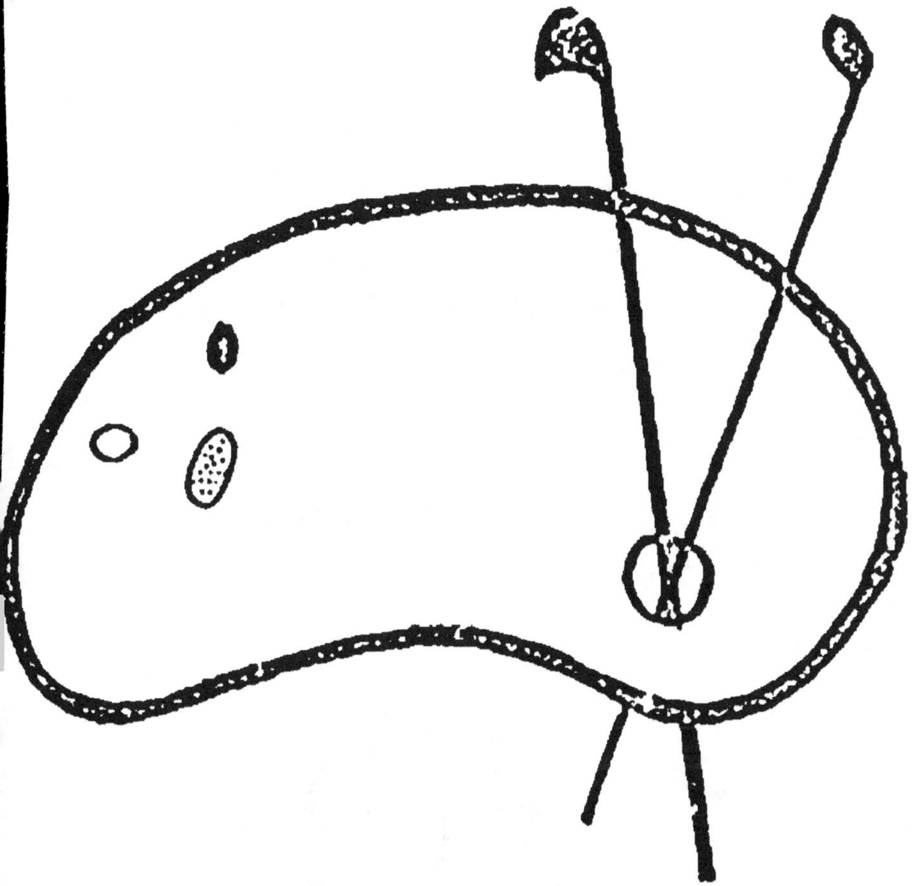

COUVERTURE SUPERIEURE ET INFERIEURE EN COULEUR

LES
AMIS DE DIEU

AU QUATORZIÈME SIÈCLE

PAR

AUGUSTE JUNDT

DOCTEUR EN THÉOLOGIE

PARIS
LIBRAIRIE SANDOZ ET FISCHBACHER
G. FISCHBACHER, SUCCESSEUR
33, RUE DE SEINE, 33

1879

LIBRAIRIE SANDOZ ET FISCHBACHER

G. FISCHBACHER SUCCESSEUR, RUE DE SEINE, 33, A PARIS.

EXTRAIT DU CATALOGUE.

ALBRESPY (André)... Correspondances politiques... [illegible]... Allemagne, Suisse, Pays-Bas, Angleterre, États-Unis, France). 1 vol. in-8 . . . . . 7 fr. 50

BONNECHOSE (E. DE). Les Réformateurs avant la Réforme... 2 vol. in-12 . . . . . 4 fr.

BORDIER (Henri). [illegible]... Avec un portrait de l'Amiral Coligny, une planche graphique, une grande lithographie et six plans et gravures . . . . . 10 fr.

BOVET (Félix). Histoire du Psautier des Églises Réformées. 1 vol. in-8 . . . . . 6 fr.

— Correspondance des Réformateurs dans les pays de langue française, recueillie et publiée avec d'autres lettres relatives à la Réforme et des notes historiques et biographiques par A. L. HERMINJARD. T. I à V. 5 vol. gr. in-8 . . . . . 50 fr.

CRESPIN (Jehan). Des cinq Escoliers sortis de Lausanne brûlés à Lyon. — Extrait de l'histoire des Martyrs, et réimprimé par J. G. FICK pour M. G. REVILLIOD. 1 vol. in-4, sur papier de Hollande . . . . . 20 fr.

CROZALS (J. de). Lanfranc, archevêque de Cantorbéry, sa vie, son enseignement, sa politique. 1 vol. gr. in-8 . . . . . 7 fr. 50

DAVAL. Histoire de la Réformation à Dieppe (1557-1657), par GUILLAUME et JEAN DAVAL, écrits [illegible]... publiée pour la première fois, avec une introduction et des notes, par ÉMILE LESENS. 2 vol. gr. in-8, tirés sur papier de Hollande à 240 exemplaires numérotés . . . . . 30 fr.

DELABORDE (Jules). Gaspard de Coligny, amiral de France. Tome I, 1 vol. in-8 . . . . . 15 fr.

DOUEN (O.). Clément Marot et le Psautier Huguenot, Étude historique, littéraire, musicale et bibliographique contenant les mélodies primitives des Psaumes et des spécimens d'harmonie. Tome I, gr. in-8 . . . . . 30 fr.

GAULLIEUR (Ernest). Histoire du Collège de Guyenne, d'après un grand nombre de documents inédits. 1 fort vol. in-8, papier de Hollande . . . . . 18 fr.

GRÉGOROVIUS (Ferdinand). Lucrèce Borgia, d'après les documents originaux et les correspondances contemporaines; traduction de l'allemand sur la 3e édit. corrigée et augmentée, par PAUL REGNAUD. 2 forts vol. in-8, avec la reproduction fac-similé d'une médaille du temps . . . . . 15 fr.

GUIBAL (G.). Histoire du sentiment national en France pendant la guerre de Cent Ans. 1 vol. in-8 . . . . . 7 fr. 50

HAAG (Eug. et Ém.). La France protestante, 2e édition entièrement refondue, publiée par M. HENRI BORDIER. T. I, 1 vol. gr. in-8 . . 12 fr.
T. II, 1re partie . . . . . 5 fr.

HUBER (Fr). Les Jésuites, trad. de l'allemand par ALFRED MARCHAND. 1re éd. 2 vol. in-12 . . . 4 fr.

JUNDT (Aug.). Essai sur le mysticisme spéculatif de maître Eckhart. 1 vol. in-8 . . . . . 4 fr.

— Histoire du panthéisme populaire au moyen âge et au XVIe siècle, suivie de pièces inédites concernant les Frères du Libre-Esprit, maître Eckhart, les Libertins spirituels, etc. 1 vol. gr. in-8 . . . . . 7 fr. 50

LAMBERT (Gust.). Histoire des guerres de religion en Provence (1530-1598). 2 vol. in-8 . . . 20 fr.

LAUGEL (Auguste). Louise de Coligny. Lettres à H. de La Tour, Vicomte de Turenne, publiées d'après les originaux conservés aux archives nationales. In-8 . . . . . 3 fr.

LICHTENBERGER (F.). Histoire des idées religieuses en Allemagne depuis le milieu du XVIIIe siècle jusqu'à nos jours. 3 vol. in-8 . . 22 fr. 50

LOUTCHITZKI (Jean). Documents inédits pour l'Histoire de la Ligue. — La Bastille après la Saint-Barthélemy 1572-1574. Lettres extraits des manuscrits de la Bibliothèque impériale de Saint-Pétersbourg. In-8 . . . . . 2 fr. 50

— Documents inédits pour servir à l'Histoire de la Réforme et de la Ligue. 1 vol. in-8 . . . 7 fr. 50

NÈGRE (Léopold). Vie et ministère de l'Oncle Brousson (1647-1698), d'après les documents pour la plupart inédits. 1 vol. in-8 . . . . . 3 fr.

PAILLARD (Charles). Considérations sur les causes générales des troubles des Pays-Bas au XVIe siècle. In-8 . . . . . 2 fr.

— Histoire des troubles religieux de Valenciennes (1560-1567). 1 vol. in-8 . . . . . 24 fr.

— Les grands prêches calvinistes de Valenciennes (juillet, 18 août 1566). In-8 . . . . . 1 fr. 50

— Huit mois de la vie d'un peuple. Les Pays-Bas du 1er janvier au 1er septembre 1566, d'après les mémoires et correspondances du temps. 1 vol. in-8 . . . . . 3 fr.

— Le procès de Pierre Brully, successeur de Calvin comme ministre de l'Église française réformée de Strasbourg. — Poursuites intentées contre ses adhérents à Tournay, Valenciennes, Lille, Douay et Arras, d'après les papiers inédits des archives du royaume de Belgique. 1 vol. in-8 . . . 3 fr.

PEYRAT (Nap.). Histoire des pasteurs du désert depuis la révocation de l'Édit de Nantes jusqu'à la Révolution française (1685 à 1789). 2 v. in-8 . 12 fr.

REUSS (Rod.). La Destruction du Protestantisme en Bohême. — Épisode de la guerre de Trente-Ans. Nouvelle édition revue et augmentée. 1 vol. in-8 . . . . . 3 fr.

— La Sorcellerie au XVIe et au XVIIe siècle, particulièrement en Alsace, d'après des documents en partie inédits. 1 vol. in-8 . . . . . 3 fr. 50

— Pierre Brully, ancien dominicain de Metz, ministre de l'Église française de Strasbourg (1543-1544). — Étude biographique. 1 vol. in-8 . . . . . 3 fr. 50

SCHMIDT (Ch.). Les Libertés spirituelles. Traités mystiques écrits dans les années 1547 à 1549, publiés d'après le manuscrit original. 1 vol. in-12 . . . . . 7 fr. 50

— Histoire de l'Église à la fin du XVe et au commencement du XVIe siècle. 2 v. gr. in-8 . 25 fr.

— Histoire et doctrine de la Secte des Cathares ou Albigeois, 2 vol. in-8 . . . . . 10 fr.

VINET (Alexandre). Moralistes des XVIe et XVIIe siècles. 1 vol. in-8 . . . . . 4 fr.

WADDINGTON (F.). Mémoires inédits et opuscules de Jean Rou, avocat au Parlement de Paris, secrétaire-interprète des États-généraux de Hollande, depuis l'année 1638 jusqu'à sa mort (1711). 2 vol. in-8 . . . . . 10 fr.

— (Ch.). Ramus (Pierre de la Ramée). Sa vie, ses écrits et ses opinions. 1 vol. in-8 . . . . . 6 fr.

STRASBOURG TYPOGRAPHIE G. FISCHBACH, SUCC^r DE G. SILBERMANN

LES
AMIS DE DIEU

AU QUATORZIÈME SIÈCLE

PAR

AUGUSTE JUNDT

DOCTEUR EN THÉOLOGIE

PARIS
LIBRAIRIE SANDOZ ET FISCHBACHER
G. FISCHBACHER, SUCCESSEUR
33, RUE DE SEINE, 33

1879

LES
AMIS DE DIEU AU XIVᵉ SIÈCLE.

INTRODUCTION.

I.

AVANT-PROPOS.

L'Ami de Dieu de l'Oberland.

Toutes les éditions imprimées et un certain nombre de recueils manuscrits des sermons de Tauler débutent par le récit de la longue pénitence qu'un „maître de la sainte Écriture" s'est imposée dans sa cinquantième année sur les conseils d'un simple laïque, venu d'un pays lointain pour le soumettre à ses enseignements inspirés. L'histoire se termine à la mort du docteur, assisté dans ses derniers moments par „l'homme" mystérieux dont l'influence avait été si grande sur son développement spirituel.

Certains faits extraordinaires qui figurent dans ce traité, le silence gardé par l'auteur sur le nom des deux personnages et sur la ville où ils se sont rencontrés, ont pendant quelque temps égaré le jugement de la critique relativement à la valeur de son contenu. Au milieu du quinzième siècle, on le considérait encore dans certains milieux comme une narration fictive composée par Tauler dans un but d'édification[1].

---

[1] Dans un manuscrit de la bibliothèque de Munich (Cod. germ. 627 fº) écrit en 1458, et contenant des sermons de Tauler, il porte le titre suivant : Von einem lerer der heiligen geschrift und von einem leien, ein schön legent (Schmidt, *Joh. Tauler v. Strassb.*, Hamb. 1841, p. 26).

Bientôt après, on attribua l'un des rôles dans cette histoire à Tauler même ; quant au nom de son interlocuteur laïque, il demeurait encore inconnu. Cette opinion fut successivement admise par les nombreux éditeurs des sermons de Tauler, depuis 1498 jusqu'à la fin du dix-septième siècle. La seule modification qu'elle ait reçue dans le cours des années est due à l'imagination du chartreux Laurent Surius, qui, dans sa traduction latine des œuvres du grand prédicateur [1], place cette conversion à Cologne.

Malgré cette unanimité des éditeurs, l'*Histoire de Tauler* ne trouva point grâce devant la critique des dominicains Quétif et Echard. Revenant au jugement porté autrefois sur elle, ils lui refusèrent toute valeur historique et la traitèrent d'allégorie. De nos jours encore, certains détails de ce récit, difficiles à concilier avec les données que nous possédons sur la vie de Tauler, ont conduit à une solution non moins négative [2]. Une fois engagée dans cette voie, la critique se serait sans doute de plus en plus éloignée de la croyance à la vérité de cette narration, si des documents nouveaux, tirés de la bibliothèque de l'ancien couvent de Saint-Jean à Strasbourg, n'étaient venus jeter une vive lumière sur les faits en question au moment où ceux-ci tendaient à disparaître du domaine de l'histoire, et placer au premier plan et dans un relief nettement accentué la figure encore inconnue du second personnage. Tout l'honneur de cette reconstruction revient à M. Charles Schmidt. Il résulte des recherches du savant historien strasbourgeois que le laïque qui a converti Tauler, loin d'être une création purement imaginaire, a bien réellement existé ; qu'il a été l'ami intime du riche négociant de Strasbourg Rulman Merswin, et avec lui le fondateur de la maison de Saint-Jean à l'Ile-Verte, près de cette ville ; et que, sans jamais révéler son nom ni sa patrie, il s'est fait connaître aux habitants de ce cou-

---

[1] Cologne, 1548.
[2] Quétif et Echard, *Scriptores ordinis Prædicatorum recensiti*, Paris, 1719, f°, I, p. 677 : Acta ejus, ut aiunt, conversionis,... vulgo nunc pro certis circumferuntur, quæ, nisi parabolice maximam partem accipiantur, vix mihi constant, nec ad historiæ amussim scripta ullatenus videntur. — Pischon, *Ueber Joh. Tauler*, dans F. H. von der Hagen, *Neues Jahrbuch der Berlin. Gesellschaft für deutsche Sprache*, Berlin, 1836, I, 277 : Was viel an dieser Historie Wahres sein mag, da sie aller sonstigen Beglaubigung entbehrt, wissen wir nicht.

vent comme le „grand et secret Ami de Dieu de l'Oberland"[1]. Ce qui donnait à cette trouvaille un prix extraordinaire, c'est qu'elle n'autorisait pas seulement la science à affirmer désormais l'existence d'une personnalité historique nouvelle, elle la dotait encore de toute une littérature religieuse du plus haut intérêt. Une découverte amenant l'autre, il fut possible à M. Schmidt de reconstituer non seulement la biographie du „grand Ami de Dieu de l'Oberland", mais encore celle de Rulman Merswin, personnage à peu près inconnu jusqu'alors; il put en outre se rendre compte des doctrines que ces deux laïques avaient professées et de l'influence qu'ils avaient exercée sur leurs contemporains.

Le domaine que M. Schmidt venait de conquérir à la science a été depuis lors exploré dans ses principales directions. Sans doute quelques appréciations de détail ont dû être rectifiées dans le cours des années; mais il est à peine besoin d'ajouter que les critiques qui se sont engagés à sa suite dans les voies nouvelles qu'il avait frayées, n'ont pas oublié combien ils étaient redevables à ses patientes recherches dans l'étude même des questions sur lesquelles ils étaient obligés de se séparer de lui. Ce devoir de reconnaissance s'impose tout particulièrement à l'auteur de ce travail, puisqu'il a eu plus que tout autre l'occasion de profiter de l'expérience scientifique de l'éminent historien.

Subordonnée dans le principe au problème de la biographie de Tauler, la question du „laïque de l'Oberland" s'en détacha depuis lors pour occuper une place à part dans l'histoire religieuse du quatorzième siècle.

Après ce premier succès, M. Schmidt est allé plus loin. Il avait rencontré dans un manuscrit de la bibliothèque de Strasbourg la copie d'une sentence rendue à Cologne en 1393 contre Martin de Mayence, bénédictin de Reichenau, condamné pour avoir fait partie de la secte d'un certain Nicolas de Bâle, qui fut brûlé quinze ans

---

[1] « Der grosse heimeliche gottes fründ in Oeberlant »; en latin : « magnus et prædilectus Dei amicus in superioribus partibus » (scl. Germaniæ). — Le nom d'« Oberland » que nous adoptons ici, trouvera son explication au commencement de la première partie de notre récit.

plus tard à Vienne comme béghard hérétique[1]. Frappé par certains
détails de cette histoire, tels que le caractère laïque de Nicolas et la
soumission absolue qu'il exigeait de ses adeptes, par la ressemblance
qui lui parut exister entre quelques-unes des propositions de Martin
de Mayence et certains passages des traités nouvellement découverts,
et plus encore par le nom d'amis de Dieu donné par le frère Martin à
quelques hérétiques brûlés à Heidelberg, M. Schmidt n'hésita pas à
conclure à l'identité de Nicolas de Bâle et de celui que nous appelle-
rons désormais l'Ami de Dieu de l'Oberland. Cette hypothèse présentait un grand caractère de vraisemblance; aussi fut-elle universellement admise. Catholiques et protestants se l'approprièrent; elle
ne tarda pas à passer des ouvrages spéciaux dans les manuels d'histoire ecclésiastique comme un point acquis à la science[2].

Dès 1853 cependant, des symptômes de défiance se manifestèrent,
d'abord dans le camp catholique, au sujet de cette manière de voir.
En cette occasion encore la critique ne trouva pas dès l'abord sa
voie. Mise en présence d'une hypothèse d'après laquelle un prêtre,
un dominicain illustre, se serait abandonné sans réserve à la direction spirituelle d'un hérétique avéré, d'un membre de la secte du
libre esprit condamnée par l'Église, elle commença par rejeter encore
une fois cette histoire comme légendaire. Un homme tel que Tauler,
disait-on, n'avait pu manquer de circonspection au point de se soumettre sans examen aux subtils enseignements d'un laïque; un
moment d'attention eût suffi pour lui faire découvrir à qui il avait

---

[1] Nider, *Formicarius*, l. III, § 2, f° 40. Strasb., 1517.
[2] Voici les publications de M. Schmidt relatives à notre sujet : *Plaintes d'un laïque allemand du XIVe siècle sur la décadence de la chrétienté*, Strasbourg, 1840. — *Johannes Tauler von Strassburg*, Hamb., 1841, suivi d'un long appendice intitulé : *Die Gottesfreunde* (p. 161-208). — *Die Gottesfreunde im XIV. Jahrhundert*, dans les *Beiträge zu den theologischen Wissenschaften in Verbindung mit der theologischen Ge- sellschaft zu Strassburg*, publiés par MM. Ed. Reuss et Ed. Cunitz; Jena, 1854, V, p. 3-191. — *Rulmann Merswin, le fondateur de la maison de Saint-Jean de Stras- bourg*, Revue d'Alsace, 7e année; Colmar, 1856, p. 145 ss., 192 ss. — *Nicolaus von Basel und die Gottesfreunde*, dans le volume intitulé: *Basel im XIV. Jahrhundert*, publié par la Société historique de Bâle à l'occasion du cinquième anniversaire du tremblement de terre de l'an 1356. Bâle, 1856, p. 255 s. — Enfin l'ouvrage capital: *Nicolaus von Basel Leben und ausgewählte Schriften*, Wien, 1866, qui renferme les conclusions auxquelles l'auteur s'est arrêté en dernier lieu.

affaire. Le récit tout entier proviendrait donc de l'imagination astucieuse de Nicolas de Bâle, qui se serait attribué l'honneur d'une transformation survenue probablement vers cette époque dans la vie de Tauler[1]. L'on rentrerait ainsi dans l'ornière depuis longtemps abandonnée d'une interprétation purement négative. Le mobile qui avait inspiré une pareille argumentation, le désir de ne laisser planer aucune ombre sur l'orthodoxie du grand prédicateur, était assurément fort respectable; mais il n'était pas nécessaire de recourir à une solution aussi radicale pour lui donner sa légitime satisfaction. Il suffisait pour cela de ne point admettre l'identité de l'Ami de Dieu et de Nicolas de Bâle, de s'en tenir à la découverte dûment établie par les documents du couvent de Saint-Jean, en gardant une prudente réserve à l'endroit de l'hypothèse qui s'y trouvait ajoutée. En effet, il n'était plus possible de tourner la difficulté, comme on l'avait fait jusque là, en considérant la majeure partie des doctrines attribuées à Martin de Mayence et à son maître comme des exagérations inspirées aux inquisiteurs par leur propre fanatisme, — ce qui sauvait sans doute et l'hypothèse susdite et l'orthodoxie de Tauler, mais au détriment de la probité judiciaire des inquisiteurs de Cologne et de Vienne. La nécessité que l'on avait immédiatement sentie de corriger ce qu'il y avait d'excessif et de choquant dans l'hypothèse de l'identité de l'Ami de Dieu et de l'hérétique Nicolas, au moyen de l'hypothèse nouvelle d'une double erreur commise par l'inquisition, n'était-elle pas l'indice d'un grave défaut inhérent à cette construction historique, et ne devait-elle pas révéler tôt ou tard à la critique par quel côté cette manière de voir pouvait être attaquée avec le plus de succès? En 1855, Bœhringer exprimait le vœu de voir l'identité des deux personnages „établie non par de simples conjectures, mais par des preuves historiques aussi certaines que celles qui avaient servi à démontrer que le „laïque" et l'Ami de Dieu sont

---

[1] Wetzer und Welte, *Kirchen-Lexikon, oder Encyklopädie der katholischen Theologie.* Freib. i. B., 1853, X, p. 688 s. (art. Tauler): Der Bericht enthält gewiss nicht lauter historische Wahrheit... Sollte Tauler nicht gewusst haben von den häretischen Grundsätzen des Mannes, sollte er den nicht tiefer erforscht haben der, durch die Schlauheit mit welcher er ihm nahe zu kommen suchte, offenbar noch weiter gehende Absichten verrieth! etc.

un seul et même homme" [1]; et tandis que M. Bach de Munich reconnaissait encore en 1864 que cette hypothèse était, sinon d'une certitude absolue, du moins de la plus grande vraisemblance [2], son collègue M. Döllinger se prononçait contre elle vers la même époque [3]. Peu de temps après, M. Preger de Munich s'efforçait de la ruiner par des arguments historiques basés sur de nouvelles découvertes relatives à la vie de l'Ami de Dieu [4], et M. Denifle de Gratz tendait au même but par des arguments surtout théologiques, inspirés par la conviction qu'il existe une différence radicale entre les doctrines de l'Ami de Dieu et celles de Nicolas de Bâle [5]. Enfin M. Lutolf de Lucerne, se fondant sur les publications de MM. Preger et Denifle, et considérant la non-identité des deux hommes comme chose démontrée, quittait déjà le terrain de la polémique pour s'occuper de préférence du côté géographique du sujet, et cherchait à déterminer les localités qui avaient été successivement le théâtre de la vie et de l'activité de l'Ami de Dieu [6].

Tous ces arguments, nous le montrerons dans la suite, sont loin d'avoir la valeur que leurs auteurs leur ont attribuée. Dans les termes où elle se pose aujourd'hui, la question demande à être étudiée complètement à nouveau. Nous nous sommes décidé à la reprendre dans son ensemble, persuadé que l'intérêt à la fois historique et théologique qui s'y rattache, nous faisait un devoir de l'introduire avec toute l'étendue qu'elle comporte, dans la littérature théologique française. Grâce aux documents inédits que nous avons pu consulter, nous sommes en mesure de présenter une solution nouvelle du problème. La critique lui fera-t-elle meilleur accueil qu'à sa devancière?

---

[1] *Die Kirchengeschichte in Biographien* II, 3: *Die deutschen Mystiker des 14. u. 15. Jahrh.*, Zürich, 1855, p. 38.

[2] *Meister Eckhart, der Vater d. deutschen Speculation*, Wien, 1864, p. 156.

[3] *Zeitschrift für deutsches Alterthum*, VII (XIX), p. 479.

[4] *Vorarbeiten zu einer Gesch. d. deutschen Mystik im 13. u. 14. Jahrh.* § 7: Joh. Tauer; § 9: Der Gottesfreund vom Oberlande. *Zeitsch. f. d. histor. Theol.*, 1869, I, 109 s., 137 s.

[5] *Der Gottesfreund im Oberlande und Nikolaus von Basel*, eine kritische Studie von P. Fr. Heinrich Suso Denifle, O. P.; *Histor.-polit. Blätter*, LXXV, p. 1-86, Munich, 1875.

[6] *Der Gottesfreund im Oberland*, von A. Lütolf; *Jahrbuch für schweiz. Geschichte*, Zürich, 1877, I, p. 3-46 et 255. *Besuch eines Cardinals beim « Gottesfreund im Oberland »*, von A. Lütolf in Luzern; *Theol. Quartalschrift*, Tubing., 1876, IV, 580-582.

C'est ce qu'un avenir prochain montrera. Mais dussent même nos conclusions ne point rallier les suffrages de la science, nous ne croirons pas pour ce motif avoir fait une œuvre inutile, si nous avons réussi à préparer la solution définitive en précisant plus nettement les données du problème à résoudre.

II.

INTRODUCTION LITTÉRAIRE.

Les écrits de l'Ami de Dieu de l'Oberland et de Rulman Merswin. — Sources de ce travail.

Quoique dépourvu selon son propre aveu de toute culture théologique, et vivant à une époque où l'usage d'écrire n'était guère répandu chez les gens du peuple, l'Ami de Dieu de l'Oberland n'en a pas moins déployé une activité littéraire remarquable, qui fait de lui un des écrivains religieux les plus intéressants du quatorzième siècle. Pareil jugement s'applique à Rulman Merswin, dont les productions, moins nombreuses sans doute que celles de l'Ami de Dieu, ne le cèdent en rien à celles-ci quant à la valeur de leur contenu. Chez l'un et l'autre, l'expérience religieuse personnelle fournit la matière du discours; elle est assez profonde pour faire oublier l'absence presque totale des notions scientifiques qui sont le fruit de l'étude; elle est d'ailleurs enrichie à tout moment par les tableaux aux vives couleurs qu'engendre une imagination exubérante, et que la foi naïve de leurs auteurs prend pour des réalités surnaturelles. Si chez nos deux écrivains la pensée religieuse est celle d'un laïque au moyen âge, le style qui l'exprime porte le même caractère. Il se distingue par une éloquence simple et naturelle, habile à dramatiser les faits au moyen d'images saisissantes, d'une liberté d'allures et parfois d'une vigueur toutes populaires. Les constructions vicieuses, les phrases non achevées ne sont pas rares dans les écrits de l'Ami de Dieu; le langage de Rulman Merswin par contre est plus correct. Les deux écrivains se laissent volontiers entraîner par la facilité d'exposition qui leur est propre; ils entrent souvent assez brusquement en matière, et dans le courant du discours accumulent les expressions qui se pressent au bout de leur plume, sans craindre de tomber dans des répétitions qui peuvent nous paraître fatigantes, mais qui ne l'étaient certainement ni pour eux ni pour les lecteurs auxquels ils destinaient leurs écrits. Les auteurs mystiques, en effet, renonçant à exprimer toute la profondeur de leur pensée au moyen d'une seule expression, se plaisent à reproduire la même idée à l'aide de termes synonymes.

Nous possédons de l'Ami de Dieu de l'Oberland et de Rulman Merswin des traités religieux et des lettres. En outre, il nous a été conservé des Johannites de l'Ile-Verte plusieurs écrits de nature assez diverse, se rapportant soit aux destinées de leur maison, soit à l'histoire de l'Ami de Dieu de l'Oberland. Ces écrits devront figurer également parmi les sources de notre travail. Étudions successivement ces différents genres de documents.

CHAPITRE PREMIER.

LES TRAITÉS DE L'AMI DE DIEU DE L'OBERLAND ET DE RULMAN MERSWIN.

Les traités qui nous restent de l'Ami de Dieu sont au nombre de seize, dont neuf encore inédits. Un seul de ses écrits, son autobiographie complète qui devait être envoyée à Strasbourg après sa mort[1], ne nous est point parvenu : perte au plus haut point regrettable, car il renfermait la clef de tous les mystères relatifs à la vie de son auteur que la critique s'efforce de pénétrer aujourd'hui. De Rulman Merswin nous possédons six traités, dont un seul inédit. Il ne subsiste qu'un court extrait d'un septième traité du même auteur, intitulé : *Dernière réprimande et amicale exhortation que Rulman Merswin nous a écrite par impulsion divine sur des tablettes de cire,*

---

[1] Schmidt, *Nicolaus v. Basel Leben*, etc., p. 133 : Lieban brüeder, ich lase uch wissan, und ist es gottes wille das min heimelicher frunt lenger in der zit bliben sol dan ich, so wissent, so werdent ir dan erst befinde van worte zuo worte alles min lebben, wanne er dan wola befinden sol wo er alles min lebben geschribban findet; und beschiht das, do hat er ouch dan wol urlop mich und die brüeder zuo offenborde und minen nammen zu sagende.

peu de temps avant sa mort[1]. Ces vingt-deux traités sont loin d'avoir la même valeur littéraire et théologique. Nous pouvons les diviser sous le rapport de leur contenu en trois catégories. Dix seulement, dont sept de l'Ami de Dieu et trois de Rulman, sont des œuvres complètement originales. Quatre ont été composés par l'Ami de Dieu d'après des notes biographiques que lui ont fournies les personnages mêmes dont ces traités racontent l'histoire; les traces de cette double origine sont encore visibles dans plusieurs d'entre eux. Huit enfin, dont cinq de l'Ami de Dieu et trois de Rulman, proviennent en majeure partie d'une plume étrangère, et ont été copiés avec quelques changements de style et des additions plus ou moins considérables par l'un des deux auteurs. Voici la liste de ces traités, avec les titres que leur a donnés le copiste du couvent de Saint-Jean et la date de leur composition, autant qu'il est possible de la déterminer.

Traités de la première catégorie.

I. *Histoire du chevalier captif*, écrite par l'Ami de Dieu en 1349 et envoyée aussitôt à Rulman Merswin dans le but de contribuer à son développement religieux. Elle a été publiée par M. Schmidt, *Nicolaus v. Basel Leben u. ausgewählte Schriften*, Wien 1866, p. 139-186.

II. *Révélation adressée à l'Ami de Dieu de l'Oberland pendant une nuit de Noël, à l'époque où eurent lieu tous les grands et terribles tremblements de terre*. Le récit de la révélation forme la première partie du traité; la seconde est une épître adressée à la chrétienté pour l'engager à se convertir. Le traité II a été composé au commencement de l'année 1357. M. Schmidt l'a publié dès 1840 sous le nom de *Plaintes d'un laïque allemand du XIVe siècle sur la décadence de la chrétienté*; puis à la fin de son ouvrage sur Tauler (*Joh. Tauler v. Strassb.*, p. 220 à 233), et enfin *Nic. v. Basel Leben*, etc., p. 187

---

[1] Die hůnderste stroffunge und fruntliche warnunge die uns derselbe Ruoleman Merswin nůt lange vor sime tode us goettelichame tribende in eine wahs tovele schreip. Le fragment en question a été conservé dans les *Notices sur les amis de Dieu*, *Beiträge zu den theol. Wissenschaften*, etc., V, p. 185-187.

à 201, sous le titre d'*Épitre à la chrétienté*, nom qui paraît devoir lui rester.

III. *Instruction que l'Ami de Dieu de l'Oberland a envoyée ici et en d'autres pays, pour servir d'avertissement au peuple, chaque fois que le Seigneur frappait le monde de ses plaies. Elle renferme une très courte prière et d'utiles considérations sur la manière dont tout homme désireux de s'améliorer doit commencer et finir sa journée.* Composée en 1350, l'*Instruction* a été envoyée à plusieurs reprises à Strasbourg, en dernier lieu lors de la peste de l'an 1381[1]. Elle a été publiée par M. Schmidt, *Nicolaus v. Basel Leben*, etc., p. 202-204.

IV. *Le livre des cinq hommes*, écrit par l'Ami de Dieu vers la Pentecôte de l'an 1377[2] pour servir à l'édification des frères du couvent de Saint-Jean, et publié par M. Schmidt (*ibid.*, p. 102-138) d'après l'autographe de l'auteur. Ce traité est un des plus intéressants du recueil par les indications historiques qu'il renferme, et parce qu'il nous est parvenu dans le dialecte particulier de l'Ami de Dieu, dont l'étude ne sera pas une des questions les moins importantes de ce travail.

V (inédit). *Histoire édifiante d'un jeune homme mondain et de bonne famille, qui entra dans l'ordre des chevaliers teutoniques et devint prêtre par impulsion divine et sur le conseil d'un pieux ecclésiastique, son plus proche parent. L'Ami de Dieu de l'Oberland l'a écrite et envoyée de son pays à Rulman, notre fondateur*[3]. Ce traité ne porte point de date, et rien dans son contenu n'indique à quelle époque il a été composé.

---

[1] Cf. Königshoven, *Chronik*, édit. Hegel (*Die Chroniken von Closener und Königshoven*, Leipzig, 1870-71), II, p. 772: Do men zalte noch gotz geburte 1381 jor, do was ein grosser sterbotto in dem summer zuo Strosburg: den schetzete man also gros und langewerende, also ie keinre vor was zuo Strosburg gewesen.

[2] Voir les lettres 10 et 11 écrites par l'Ami de Dieu «circa festum Penthecostes a. d. 1377» à Nicolas de Laufen et aux Johannites de Strasbourg, Schmidt, *Nicolaus v. Basel Leben*, etc., 308-311. — L'autographe de l'Ami de Dieu se trouve dans le *Livre épistolaire*, Archives départementales du Bas-Rhin, fonds de Saint-Jean, H, 2185, f° 6ª-11ª; il est admirablement conservé, mais l'écriture en était dès l'origine presque illisible.

[3] Dis ist gar eine goodenriche bewegenliche materie wie ein junger weltlicher wol gefründter man in tütschenherren orden kam und priester

VI (inédit). *L'escalier spirituel, qui a été manifesté en songe à l'Ami de Dieu de l'Oberland, ainsi qu'il l'a raconté lui-même en l'an de grâce 1350, à l'époque du jubilé et du pèlerinage de Rome, à un autre grand ami de Dieu qui lui avait demandé comment il pourrait avancer encore dans le chemin de la perfection* [1]. Ce traité a été composé probablement à l'époque indiquée dans le titre. Il se divise en deux parties. Dans la première, l'Ami de Dieu répond à la question que son interlocuteur vient de lui poser, en lui racontant un rêve qu'il avait eu précédemment pendant cinq nuits de suite, et dont le contenu se rapporte aux degrés successifs de la vie mystique. Dans la seconde, les deux amis se font part mutuellement de la manière dont s'est opérée leur conversion.

VII (inédit). *L'échelle spirituelle, qui montre comment le Saint-Esprit enseigne à l'homme à monter de vertu en vertu : vision que l'Ami de Dieu de l'Oberland a racontée un jour de Pentecôte à un autre ami de Dieu, alors qu'ils s'entretenaient des voies funestes et pécheresses dans lesquelles chemine la chrétienté, et de deux catégories d'hommes aimant Dieu.* Ce traité se relie intimement au précédent, dont il est en quelque sorte le commentaire théologique. La théorie des différents

---

wart us göttelicheme tribende und ouch us rote eines erlühteten priesters, sines neheston moges, also der liebe gottes fründ in Oeberlant Ruolemanne unserme stifter her abo schreip. — Vil lieber sunderberer heimelicher fründ miner, ich lo dich wissen das es in kurtzen ziten hie obenan in unserme lande beschehen ist also das eime iungen weltlichen wol gefründen manne in sin selbes eiginen sinnen die welt wart infallende, etc.

[1] Dis ist die geistliche stege die dem lieben gottes fründe in Oeberlant in eime sloffe geoffenboret wart, also er selber seite eime andern grossen gottes fründe der in do frogete noch eime fürsich gonden wege, in dem iubiliore do men gen Rome fuor, in dem iore do man zalte von gottes gebürte dritzehen hundert und fünftzig ior. — Zwene gottes fründe, die beide einander gar lieb hettent, koment zuo einen ziten zuo samene, noch dem do sú wol eilf ioren einander liepliche nie gesehen hettent, und sú worent ouch do wol uffe zwentzig tage und naht bigenander, und wurdent do zwischent gar vil miteinander redende und alle ire heimelicheit einander offenborende, wanne sú gar wol einander getrúwetent... — Alse wir nuo sint in dem iubiliore, do geloube ich, wele dise fünftzig iore des andern iubeliores gelebent, das die danne vil wunders in dirre soerglichen zit befindent... — Nuo beschach es zuo dem ein und zwentzigsten tege das dise lieben gottes fründo urlop zuo samene nement und von einander scheident.

échelons que l'homme doit gravir pour rentrer en Dieu, est explicitement basée par l'auteur sur la révélation racontée au traité VI. Il renferme une conversation échang. le jour de Pentecôte de l'an 1357 entre l'Ami de Dieu de l'Oberland et un ami de Dieu du voisinage sur l'état religieux de la chrétienté à leur époque, et plus particulièrement sur les hommes qui n'aiment Dieu que par crainte de l'enfer, et ceux qui l'aiment pour lui-même. Il se termine par la description, faite par l'interlocuteur de l'Ami de Dieu, des formes diverses que la vie mystique avait revêtues chez les six compagnons dans la société desquels se passait son existence. L'Ami de Dieu de l'Oberland, lui aussi, avait déjà fondé à cette époque un cercle intime analogue[1]. La rédaction du traité remonte sans doute à la date indiquée dans le texte.

VIII (en partie inédit). *Traité de la bannière de Christ ou avertissement pressant, adressé tout particulièrement aux hommes simples et bons, pour les inviter à se tenir en garde contre tout conseil trompeur.* Rulman Merswin a composé ce traité à la même époque sans doute que les traités IX et X dont il va être question. Il se divise en deux parties. La première expose les hérésies des frères du libre esprit et invite tous les chrétiens à fuir leur bannière, qui est celle de Lucifer, et à se ranger sous la bannière de Christ ; elle a paru dans notre

---

[1] Dis ist von der geistlichen leiteren, wie der mensche von dem heiligen geiste wurt geleret uf gon von eime tugend zuo der anderen; von dirre selben leiteren der liebe gottes frúnt in Ooberlant eime anderen seite in einen pfingesten, also sú mitteinander redende wurdent von den schedelichen súntlichen löiffen der cristenheit und ouch von zweiyger leye got minnender menschen. — In dem iare do man zalte von gottes geburte dritzehen hundert ior und siben und fúnftzig ior, der selben pfingesten, do rettent zwene grosse gottes frúnde gar vil mitteinander von den froemeden wunderlichen súntlichen schedelichen löiffen der selen... — Du solt wissen das ich einen menschen weis, dem alle dise ding von den ich dir hie geseit habe, und noch gar vil me, in einer übernatúrlichen wise geoffenboret wurdent. Do sprach der ander frúnt gottes : Du endarft es nút vor mir hel haben, wanne ich von der guoden gottes wol ettewas mercke und bekenne das du es selber bist. Wenne ich bin selber wol fúnfe übernatúrlicher erlúhteter geworer gottes frúnde bekennende, und ich weis ouch vil ires lebendes, von dem ich dir ettewas sagen wil... — Ach, vil lieber frúnt gottes, es ist vil lihte zuo diseme mole genuog, wir moehtent vil lihte zuo vil ergetzunge und trostes mitteinander gehebet han. Wir súllent uns wider heim machen, iederman zuo sinre geselleschaft.

Histoire du panthéisme populaire, etc., Paris 1875, p. 211-214. La seconde traite des formes diverses sous lesquelles la piété mystique peut se manifester à l'origine chez des personnes de caractère différent, et du moyen de parvenir au but suprême de la vie religieuse. Nous publions ce traité sous sa forme complète dans l'Appendice (II).

IX. *Le livre des neuf roches*, longtemps attribué à Henri Suso, et publié par M. Schmidt en 1859 d'après l'autographe de Rulman Merswin, son véritable auteur[1], se rattache étroitement aux traités VI et VII par son contenu théologique. Il en reproduit la pensée fondamentale sous une forme plus ample et plus majestueuse, au moyen d'une exposition plus développée et particulièrement riche en éléments d'une haute poésie. Il se compose d'une introduction (p. 1-2), d'un prologue (p. 2-10), de deux récits de visions (p. 10-15 et 16-146) dont le second est interrompu par une longue description des vices de la chrétienté (p. 17-64), et d'une conclusion (p. 147). La rédaction en a été commencée pendant le carême de l'an 1352 „sur l'ordre de la sainte Trinité".

X. *Histoire des quatre premières années de sa vie nouvelle, écrite par Rulman Merswin pour obéir à Dieu et à son ami intime, l'Ami de Dieu de l'Oberland.* Ce traité a été composé en 1352[2]. M. Schmidt l'a

---

[1] *Das Buch von den neun Felsen, von dem Strassburger Bürger Rulman Merswin,* 1352, Leipzig, 1859. Cf. Schmidt, *Ueber den wahren Verfasser des dem Mystiker Suso zugeschriebenen Buches Von den neun Felsen,* Zeitschr. f. histor. Theol., 1839, II, p. 61 ss. Ce livre a été publié en allemand moderne d'après le texte des éditions imprimées de Suso, par A. Lämmert, *Die neun Felsen 1353 (mieux: 1352) geschrieben durch Rulman Merswin, und für unsere Zeit mit Anmerkungen neu herausgegeben.* Stuttgart, 1859. Il en existe une version latine manuscrite, Archives départementales du Bas-Rhin, fonds de Saint-Jean, II, 2181. L'autographe de Rulman Merswin est la propriété de M. Schmidt. — V. p. 147: Dis buoch wart angevangen zuo schribende in der vasten in deme iare do men zalte von gottes geburte tusent iar und viertelhalp hundert iar und zwei iar... p. 10: Und dem menschen wart gebotten bi der heilgen trivaltikeit anzuofohende zuo schribende diese warnende lere der cristenheite zuo helfe uffe einen dag, der selbe tag hette sich virzogen, ebbe die elf wochen uskoment, unce in die faste.

[2] V. p. 76: Do dise ding van dem fierden jore alles geschribben wart, das beschach in dem jore do man zallete von gottes gebuort m ccc jor und lij jor. — L'autographe de Rulman Merswin se trouve dans le *Livre épistolaire,* f° 40ᵃ ss.

publié d'après l'autographe de l'auteur dans les *Beiträge zu den theol. Wissenschaften*, Jena 1854, V, p. 54-76.

Traités de la seconde catégorie.

XI. *Histoire de deux jeunes gens de quinze ans, l'un fils d'un noble chevalier, l'autre fils d'un riche négociant. Ce dernier a été avec Rulman Merswin le fondateur et l'ami de notre maison de l'Ile-Verte.* Le traité XI raconte la jeunesse de l'Ami de Dieu et les premiers incidents de sa conversion, suivie quatorze ans plus tard de celle du chevalier, son ami d'enfance. Il embrasse une période de temps comprise entre la quatorzième année de la vie de l'Ami de Dieu et la sixième année qui suit la conversion du chevalier, c'est-à-dire allant de 1326 à 1358, comme nous le montrerons plus tard. La manière brusque dont il se termine après quelques conseils donnés par l'Ami de Dieu au chevalier, fait supposer que sa rédaction n'a guère été postérieure à cette dernière date. Frappé d'une conclusion aussi peu satisfaisante, le copiste du couvent de l'Ile-Verte a terminé le traité à sa manière par un éloge de la Vierge et par une notice biographique sur la fiancée de l'Ami de Dieu. Les notes que le chevalier avait prises sur les circonstances de sa conversion ont été manifestement utilisées par l'Ami de Dieu dans la composition de son traité [1]. Il a été publié par M. Schmidt, *Nicolaus v. Basel Leben*, etc., p. 79-101.

XII. *Le livre des deux hommes* rapporte les conversations échangées entre l'Ami de Dieu de l'Oberland et un autre ami de Dieu plus âgé que lui, domicilié dans la même ville ou dans une localité du voisinage. Après s'être réciproquement raconté leur conversion (§§ 1 et 2),

---

[1] V. p. 100: Do sprach der gottes friunt: lieber herre, gedencket üch was ich üch vor disen fünf joren in uwerme garten alleine seite? Do sprach der ritter: ja ich, wenne ich habe es alles geschriben. Do sprach der gottes friunt: so schribent och darzuo wie ir dise fünf jor gelebet hant, und gent mirs... Also wart dem gottes fründe von dem ritter dise geschrift, und er truog si mit ime heim und las si und beriet sich darumbe was er in widerumbe roten volte... — L'Ami de Dieu se trahit à la page 91 comme l'auteur du traité: Do sprach der ritter...... Da sprach ich .... La première personne revient trois fois de suite; plus tard reparait la troisième personne: Do sprach der gottes friunt...

les deux amis s'entretiennent, dans plusieurs entrevues successives, de différents points de la théologie mystique (§§ 3-13). Puis ils se séparent après être convenus de ne plus se revoir, sinon dans un but de charité envers leur prochain, et de réunir en un livre les conversations qu'ils avaient eues et dont „le plus âgé" des deux se trouve avoir pris note journellement[1]. C'est avec ces notes que l'Ami de Dieu a composé son traité. En 1352, il le communiqua à Rulman Merswin, et reçut de lui en échange le traité X que celui-ci venait d'écrire sur son ordre[2]. Nous chercherons à établir dans la suite que les entretiens des „deux hommes" ont eu lieu dans le courant de l'année 1346, ce qui place la rédaction du traité XII entre cette date et l'année 1352. Le copiste du couvent de Saint-Jean, pour bien marquer que l'un des rôles dans cette histoire a appartenu à l'Ami de Dieu de l'Oberland, a fait suivre dans tout le traité la trop vague appellation de „le plus jeune", sous laquelle l'Ami de Dieu s'est désigné lui-même, des mots : „l'ami secret de Rulman Merswin, notre fondateur". (Schmidt, *Nic. v. Basel Leben*, etc., p. 205 à 277).

XIII. *Le livre du maître contenant l'alphabet des vingt-trois lettres, tel que l'Ami de Dieu de l'Oberland, le fils spirituel et le fidèle conseiller*

---

[1] p. 275 ss.: Do sprach der eltere :... wenne wir zwei von einander giengent und so ich denne heim kam, so lies ich alle ding underwegen und schreip alle die wort die wir zwei mitteinander geret hettent an einen brief, und die briefe habe ich alle do alles das ane stot das wir von anegende untze her uf dise stunde mitteinander geret hant... Do sprach der jüngere, Ruolemannes geselle :... mich dunket gar nütze das wir ein buechelin usser disen briefen machent der cristenheit zuo helfe, etc.

[2] Traité X, p. 271: Do sprach er (der gottes frünt) zuo mir (Merswin): nuo se, heimelicher frunt miner, das buechelin do anne geschribben stot fünf jor mins annefanges (das selbo buechelin... ist das buoch von den zweygen mannen...), und gip du mir geschribben diese fier jor dins annefanges. — Rulman Merswin se trouvait dans la quatrième et dernière année de sa conversion quand il *reçut le Livre des deux hommes*, dans lequel l'interlocuteur de l'Ami de Dieu raconte qu'il n'a été gratifié de la lumière céleste qu'après *dix-sept* années de pérégrinations à la recherche de la vérité. C'est donc à tort que M. Preger considère Rulman Merswin comme ayant été lui-même cet interlocuteur de l'Ami de Dieu. (*Vorarbeiten zu einer Gesch. d. deut. Mystik*, p. 141 : Nun wird in dem Buch von den zwei Mannen Rulman Merswin als der ältere, der Gottesfreund als der jüngere der beiden Mannen bezeichnet). — L'introduction du *Grand mémorial allemand* (v. plus loin) ne laisse subsister aucun doute sur ce point : Nuo mochte ieman wenen das es Ruoleman Merswin were gesin dem also beschach von dem valschen einsidele (allusion au § 2 du *Livre des deux hommes*); und das enist nüt, etc.

de ce maître, l'a envoyé ici accompagné d'une lettre édifiante et pleine d'exhortations adressées aux frères de l'Ile-Verte, à l'époque où les prêtres séculiers occupaient ce couvent et y célébraient le culte en vertu de la permission gracieuse que le pape leur avait accordée en 1369. Ce traité n'est autre que l'*Histoire de Tauler* dont il a été question plus haut. Il a été traduit en français, dès la fin du seizième siècle, sur le texte latin de Surius, par les Pères Minimes de l'Oratoire de Notre-Dame de Vic-Saine (*Discours de la vie admirable du sublime et illuminé théologien, le R. P. Jean Thaulère, lequel fut iadis converty en la ville de Colongne d'une façon estrange, et parvint à une merveilleuse saincteté de vie*, comme préface à l'ouvrage intitulé : *Les Institutions divines et salutaires enseignements du R. P. F. Jean Thaulère... le tout nouvellement traduit de latin en françois*. Arras, 1595, imprimé à Rouen, 1614), et publié en dernier lieu, dans la langue du quatorzième siècle, par M. Schmidt, sous le titre de : *Nicolaus von Basel Bericht von der Bekehrung Taulers*, Strasb., 1875. L'Ami de Dieu s'est servi pour le composer des notes biographiques que Tauler lui avait remises quelques jours avant sa mort, en 1361, avec la prière d'en faire un petit livre [1]. Il a remanié ses notes en y intercalant cinq sermons qu'il avait entendu autrefois prononcer par Tauler et qu'il avait rédigés; il y a joint une courte introduction sur l'époque à laquelle il avait entendu pour la première fois parler du grand prédicateur, et il y a placé comme épilogue le récit de la mort de Tauler et celui de l'entretien qu'il avait eu trois jours plus tard avec l'âme du défunt. Les

---

[1] p. 61 : Do sprach der meister: Ich geloube das die zit gar nohe si das mich got usser der zit haben wil, und darumb, lieber sun, so ist mir gar troestliche das du hie bi mime ende solt sin; und bitte dich das du do nemest die bletter der bappire, do inne wurst du vindende geschriben alle die wort die du vilzites mit mir geret hest und ouch alle mine entwurte die ich ouch in vil worten mit dir redende was, und darzuo ouch von mime lebende was wunders got mit mir, armen unwirdigen menschen, sime armen unwirdigen knechte geton het; und, lieber sun, dunket es dich und git dir es got zuo tuonde, so mache ein buechelin drus. Do sprach der man, Ruolmans geselle: Herre der meister, so habe ich uwerro bredien fünfe abgeschriben (= *noté*, et non : *copié*; v. p. 7: Do ging dirre vorgenante man, Ruolmans geselle, an sine herberge und schreip diese bredie von worte zuo worte rehte alse sü der meister geseit hette... und sprach: Ich habe dise bredie abegeschriben...); und dunket es üch guot sin, so wil ich sü derzuo tuon schriben, und wil ein buechelin von uweren wegen drus machen...

traces visibles de cette double origine du traité XIII se trouvent aux pages 25 et 27, où l'Ami de Dieu a laissé subsister par inadvertance le pronom de la première personne dont s'était servi Tauler dans la rédaction de ses notes. En l'appelant le *livre du maître*, le copiste n'a pas voulu dire que Tauler en a été l'auteur, mais simplement qu'il contient un récit relatif à la vie d'un „maître de la sainte Écriture" sur la personnalité duquel il ne se prononce pas. Ici encore le copiste s'est permis d'ajouter presque partout à la dénomination de „l'homme", sous laquelle l'Ami de Dieu s'est désigné dans ce traité, celle de „l'ami de Rulman", à deux reprises même (p. 2 et 61) celle de „l'Ami de Dieu de l'Oberland, l'ami secret de Rulman Merswin notre fondateur", dans le même but qu'au traité précédent.

XIV (inédit). *Histoire d'une sainte recluse nommée Ursule et d'une jeune fille de haute naissance, belle et riche, appelée Adélaïde, son amie intime et son élève, qui donnèrent à l'Ami de Dieu de l'Oberland la relation de leur vie, écrite en langue romane. Celui-ci l'envoya plus tard à son ami intime Rulman Merswin, notre cher et fidèle fondateur, lequel l'écrivit de sa propre main sur des tablettes de cire, à l'usage des frères de l'Ile-Verte, en l'an de grâce 1377. Tous ceux qui se trouvent dans les grands et salutaires exercices des tentations impures, par lesquelles Dieu exerce ses amis les plus chers, y trouveront des consolations et un exemple à suivre.* Ce traité est d'une grande importance pour la solution du problème historique qui nous occupera dans le cours de cette étude; nous le publions dans l'Appendice (I, 1). Il retrace, dans une période de cinquante-huit années, tous les faits relatifs à la biographie des deux religieuses, jusqu'à la mort d'Ursule en 1346 [1]. Il a été composé par l'Ami de Dieu d'après les notes qu'Ursule, à son lit de mort, avait chargé Adélaïde de lui faire remettre.

Traités de la troisième catégorie.

XV (inédit). *Histoire de deux saintes religieuses que l'Ami de Dieu de l'Oberland a écrite et envoyée à notre cher fondateur Rulman*

---

[1] ... Also wart die schoene Ursela an der heiligen driveltikeit tag in die close gesegent des selben iores do men zalte von gottes gebúrte dritzehen hundert ior one

Merswin pour lui servir d'enseignement et de consolation. Le même Rulman Merswin l'a copiée de sa propre main sur des tablettes de cire à l'usage des frères de l'Ile-Verte, en l'an de grâce 1378. Ce récit est basé sur la biographie de deux nonnes bavaroises nommées Marguerite et Catherine, écrite de leur vivant par leur confesseur, et remise par lui après leur mort à la prieure et aux nonnes de leur couvent : narration „brève, informe et d'une naïve simplicité" que l'Ami de Dieu a admise dans sa rédaction en l'amplifiant et en la complétant au moyen des données qu'il a pu recueillir sur la vie des deux religieuses dans leur couvent même, témoin les faits miraculeux racontés dans la première partie du traité et qui ne figurent pas dans la narration du confesseur. Le traité se termine par une récapitulation sommaire des événements qui y sont rapportés, destinée à montrer comment les différentes parties du récit s'enchaînent l'une à l'autre et constituent, malgré le peu d'ordre qui y règne, un ensemble parfaitement homogène. Les deux religieuses étant mortes en 1355, la rédaction du traité tombe entre cette date et l'année 1378[1].

---

zwoelf ior (c'est-à-dire en 1288)... Nuo do dise heilige closenerin Ursela fünfzehen ior alt was, do lies sú sich in die close besliessen; und do sú ehtewe und fünfzig ior in der closen was gesin, do starp sú an unserre lieben frowentag in der vasten, des selben iores do man zalte von gottes gebürte dritzehen hundert ior viertzig und sechs iore.

[1] Diser zweiger noch geschribener heiliger closter frowen leben schreip der liebe gottes fründ in Oeberlant her abe unserme lieben stifter Ruolemanne Merswine zuo eime gebesserlichen troestlichen exemplar. Der selbe Ruoleman Mersewin es den bruedern zuo dem Gruenenwerde mit sin selbes hant in eine wahs tofele schreip des iores do men zalte von gottes gebürte dritzehen hundert sibentzig und ahte iore. — In dem iore do man zalte von gottes gebürte dritzehen hundert ior und fünfzehen ior, zuo den ziten do was ein frowen closter in Peygerlant... Und in den selben ziten worent zwo gar schoene riche wol gefründe iungfrowen in der selbo stat und worent wol uffe dritzehen ior alt... Vater und muoter hulfent in mit grossen eren in das closter. — Nuo das men mit kurtzen worten befinde dirre zweyer heiligen closter frowen leben, so ist ze winende das... diser iore zuosamene der was sibentzehen ior also das dise zwo heiligen frowen in diseme closter worent gesin : das alles ir leben noch verswigen bliben was, und nieman nüt von in befunden hette. Und got der verruegete sú selber noch den sibentzehen ioren, wanne es beschach in dem winter do sú also lange vertzogen sossent und in die closter frowen die zwey rosen schappel uf iren höibetern fundent. Nuo beschach es das dise zwo heiligen frowen noch den sibentzehen ioren drú und zwentzig ior in der zit bliben muostent, also worent sú zuo samene viertzig ior in diseme clostere. — Nuo do dise zwo hei-

XVI (inédit). *Leçon donnée à un jeune frère par un vieux moine de son ordre pour lui apprendre à vaincre tous les vices.* Ce traité n'est que la copie de l'instruction latine remise en 1345 par un vieux moine à un jeune frère de son couvent, avec la recommandation de la traduire en allemand et de la prêter à toutes les personnes, ecclésiastiques ou laïques, à qui elle pourrait être utile[2]. L'Ami de Dieu en a sans doute eu communication de cette manière, à une date qu'on ne saurait préciser, et il l'a envoyée à Strasbourg pour servir à l'édification de Rulman Merswin. Il n'est guère possible de décider si l'introduction et la conclusion, très courtes toutes deux, de ce traité sont de la plume de l'Ami de Dieu ou de celle du jeune frère.

XVII (inédit). *Leçon donnée dans un couvent par un vieux moine, rempli de la grâce et des lumières du Saint-Esprit, à un jeune prêtre pécheur nommé frère Gauthier, qui avait été saisi d'un repentir profond et sincère pendant une nuit de Vendredi-Saint, vers matines, à la pensée des souffrances endurées par notre Seigneur. Cette histoire est une preuve de l'infinie bonté et miséricorde de Dieu; elle est destinée à amener tous les pécheurs à la repentance, et à leur apprendre quelle conduite ils doivent tenir après la conversion. Elle a été écrite et envoyée à Rulman Merswin,*

---

ligen frowen ersturbent, ... do ging die priolin mit den anderen irer frowen dar und besantent iren erbern bihter... und sprochent zuo ime : Lieber herre, lont úch gedencken das unser zwo heiligen swestern uns gelobetent... wenne es beschehe das sú beide erstúrbent, das ir uns danne soltent alles ir leben geschriben geben. Nuo der bihter der gap es in geschriben; aber er gap es in mit gar kurtzen, stumpfen, einvaltigen, lútern worten geschriben. Und was der anevang ires lebendes alsus: Do dise zwo heiligen frowen zwey kleine kint, zwey tochterlin wol siben ior alt worent, do wurdent sú gar holt einander, etc. — Le récit du confesseur comprend de la sorte l'enfance des deux religieuses et les dix-sept premières années de leur séjour au couvent, antérieures au long ravissement pendant lequel elles ont été couronnées de roses par leur divin époux. Ce miracle, dont leurs sœurs ont été témoins, a dévoilé le mystère de leur vie intérieure.

[2] Eine letze wart eime iungen bruodere gegeben in eime orden, wie er leren solte alle untugent úber winden. — ... Nuo, vil lieber sun, dise letze die ich dir hie geschriben habe..., do bist du nút alleine inne gemeinet: do sint ouch andere menschen inne gemeinet die ouch dinne lerende werdent... So bitte ich dich bi gehorsame das du... dise letze usser latine zuo tutsche schribest. Wer si danne bedoerfende wurt, er sige pfaffe oder leye, dem lich sú, also das ich nút dar mitte vermeldet werde... — Dise letze wart gegeben und geschriben do men zalte von gottes gebúrte dritzehen hundert ior und viertzig und fúnf iore.

notre fondateur, dans les premiers temps de sa vie nouvelle, par son ami intime, l'Ami de Dieu de l'Oberland. Ce traité se divise en deux parties. La première raconte la conversion du jeune prêtre et les différents incidents de sa vie spirituelle, ainsi que son apparition à son confesseur peu de temps après sa mort. Elle est peut-être l'œuvre originale de l'Ami de Dieu, et à ce titre elle pourrait trouver place parmi les traités de la première catégorie. La seconde n'est que la copie d'un écrit mystique, composé par le vieux moine, et dont celui-ci recommande la lecture à son jeune pénitent[1] : c'est une compilation de passages de l'Écriture, de saint Augustin, de Pseudo-Denis, de saint Bernard, etc., qui est complètement en dehors des habitudes littéraires de l'Ami de Dieu, et qui nous a déterminé à assigner au traité la place qu'il occupe ici. Nous ne savons à quelle époque l'Ami de Dieu a copié l'écrit du vieux moine, ni de quelle manière il a eu connaissance des détails biographiques relatés dans les premières pages du traité : nous apprenons seulement que c'est vers l'an 1350 qu'il l'a envoyé à Rulman Merswin.

XVIII (inédit). *Histoire d'un homme imbu de la sagesse du monde et vivant d'après les inspirations de sa volonté personnelle, qui a été amené par un saint ermite à l'obéissance et à l'humilité.* La conversation entre l'ermite et son visiteur tombe en l'année 1338 ; elle a été immédiatement notée par ce dernier pour servir à l'édification des personnes

---

[1] Dis ist ein exemplar der grossen grundelosen guete und erbermede gottes, das billiche alle súnder reissen sol zuo eime geworen ruwen, und do bi sú ouch moegent geleret werden wie sú sich halten súllent noch der bekerden : also ein alter gnodenricher erlühteter heiliger bruoder in eime closter lorete einen iungen súndigen priester, hiess bruoder Walther, dem ein grosser starker unbetrogener kreftiger ruwe wart umb alle sine súnde durch das wirdige liden unsers herren in einre karfritag naht zuo mettin. Dis selbe exemplare wart ouch Ruolman Merswine, unserme stifter, in sime ersten kere her abe geschriben, von sime heimelichen gesellen, dem lieben gottes fründe in Oeberlant. — . .Do sprach der alte bruoder : ...Ich habe ein buechelin, das habe ich gesuocht usser der heiligen geschrift ; und ist es das du út bedarfst, so sich in dis buechelin und ergetze dich hie mitte. — Ce petit livre ou la seconde partie du traité porte le titre suivant : Nuo ist dis das buechelin, das hie noch geschriben stot, das selbe buechelin das der alte bruoder bi sime lebende gap. Und vohet dis buechelin alsus ane : Unser herre sprichet...

de sa connaissance[1]. C'est ainsi qu'elle sera parvenue entre les mains de l'Ami de Dieu, qui l'a copiée, nous ne savons en quelle année, pour la communiquer à Rulman Merswin.

XIX (inédit). *L'étincelle de l'âme, que le Saint-Esprit attise dans tout homme aimant Dieu après la période des grandes tentations, jusqu'à ce qu'elle devienne un grand et ardent brasier d'amour.* Ce traité ressemble fort par son contenu aux trois traités précédents. Il contient le récit de la conversion d'un jeune moine qui s'était rendu auprès d'un vieil ermite pour se soumettre à sa direction spirituelle. L'ermite lui donne lecture d'une longue instruction qu'il a rédigée pour lui sous la dictée du Saint-Esprit, et qu'il lui recommande de copier pour sa propre édification et celle des personnes à qui il jugera bon de la communiquer[2]. L'Ami de Dieu aura été de ce nombre et l'aura fait parvenir aussitôt à son ami de Strasbourg. Le traité ne renferme aucune date.

XX. *Le livre de la grâce prévenante et de la grâce méritoire, dans lequel il est aussi question des sept dons du Saint-Esprit. Notre cher fondateur Rulman Merswin a été contraint par Dieu d'écrire ce livre dans les tout derniers jours qu'a duré sa maladie, l'hydropisie maligne dont il est mort aussitôt après. Comme il se refusait à l'écrire par grande humilité et prétextait pour s'en dispenser la grave maladie*

---

[1] Von eime eiginwilligen weltwisen manne, der von eime heiligen waltpriestere gewiset wart uffe demuetige gehorsamme. — ...Do sprach der sinneliche eiginwillige mensche : ...So bitte ich úch ernestliche von grosser goetlicher minnen das ir mir erloubent das ich dise selben guoten wort moege abe schriben, wenne ich sú alle gar wol in den sinnen behebet habe,... in der meinungen das ich min leben dernoch... besseren wil und ouch das ich es minen genossen und minen gesellen zöigen und sagen wil. Do sprach der liebe waltprister : Es ist mir liep und ich erloube dir gerne das du es abe schribest, also das es nieman befinde (von mir)... Also nam der sinneliche... man urlop von dem... waltpristere... des iores do men zalete von gottes gebúrte dritzehen hundert ior drissig und ahte ior.

[2] Das fúnckelin in der selen, das der heilige geist noch vil grosser bekorungen tuot wahssen in eime iegelichen got minnenden menschen alse lange untze das zuo iúngest ein gros inbrúnstig hitzig minnen fúr dar ús wurt. — ...Vil lieber sun, so nim dise geschrift dise rede alse ich sú mit dir geret habe,... der heilige geist der het es durch mich, sin armes gezowelin, dir geschriben. Har umb, lieber sun, nim diesen brief und schreip in selber abe an ein kleines buechelin das du enweg gelihen maht wo du truwest recht zuo tuonde...

qui consumait son corps, il lui fut demandé intérieurement par Dieu comment la maladie de son corps pouvait lui être un obstacle, puisque sa tête était restée forte et saine. Il ne lui fut pas permis de s'attribuer ce traité à lui-même; il dut l'inscrire dans le Livre des noces, et l'attribuer, en donnant toute gloire à Dieu, au frère Jean Ruysbrock, le saint ermite de Brabant, ainsi que le dit explicitement le début et le titre de ce livre : *Instruction vraie, profitable et utile, extraite du commencement du Livre des noces, qui a été écrit par un saint ermite du Brabant, le frère Jean de Ruysbrock, et envoyé par lui dans l'Oberland aux amis de Dieu, dans l'année du jubilé 1350.* Une comparaison attentive de ce traité avec le texte bas-allemand de l'ouvrage de Ruysbrock, *La magnificence des noces spirituelles*, montre que Rulman Merswin s'est borné à transcrire, comme il le dit d'ailleurs lui-même, de longs extraits de ce livre, qu'il les a reliés entre eux au moyen de transitions assez courtes, et qu'il les a fait suivre d'une conclusion de peu d'étendue[1]. Nous ne croyons pas qu'il lui soit jamais venu à l'esprit de se donner comme le véritable auteur du texte de ce traité, et si dans une des transitions susdites il parle à la première personne[2], c'est uniquement parce qu'il se place dans ce moment-là au point de vue de Ruysbrock. Ce jugement n'est nullement contredit par la notice qui suit le titre de ce traité dans l'introduction du *Grand*

---

[1] Die tzierheit der geistlicher brouloftt (Ullmann, *Vier Schriften von Joh. Rusbroek in niederdeutscher Sprache*, Hannover 1848, 1-147. — L. Surius, *Joh. Rusbrochii opera omnia, e Brabantiæ germanico idiomate reddita latine*, Coloniæ 1552, f° 303-372: *De ornatu spiritualium nuptiarum libri III*, traduits en français par un chartreux de Paris, sous le titre: *L'ornement des nopces spirituelles*, Toulouse 1619). Voici les fragments de ce livre que Rulman Merswin a copiés: page 1 à page 4, ligne 27; de là il passe sans transition à p. 6, l. 4 et copie jusqu'à p. 11, l. 8; après une courte transition il reprend p. 57, l. 15 et va jusqu'à p. 59, l. 9. Il termine cette première partie de son traité par une brève conclusion, et reprend, après une introduction de quelques lignes, p. 69, l. 22 et va jusqu'à p. 72, l. 13 (en omettant p. 72, l. 1-l. 7); puis il passe à la page 112, l. 28 au moyen d'une transition un peu plus longue que d'ordinaire, et transcrit jusqu'à p. 120, l. 21 (avec une modification assez importante du texte, p. 118, l. 19). Enfin il reprend, après un simple «Nuo verstont», p. 121, l. 20, et s'arrête p. 123, 35.

[2] La transition entre p. 72, l. 13 et p. 112, l. 28 se termine ainsi : Hic hebe ich ane von den siben goben des heiligen geistes zuo sagende also verre man es zuo worten bringen kan und us sprechen mag, noch dem mirh es ouch die heilige geschrift bewiset (V. Engelhardt, p. 366).

mémorial allemand[1]: Rulman Merswin a pu reconnaître avoir composé ce traité sous sa forme actuelle, en vue de l'édification des frères de l'Ile-Verte, sans se rendre coupable pour cela d'une fraude littéraire au détriment du prieur des chanoines réguliers de Groendal. Plus tard, il fut impossible au copiste de la maison de Saint-Jean de se rendre compte du peu de part qui revenait en réalité à Merswin dans la rédaction de ce traité. La connaissance qu'il avait du caractère de l'ancien banquier et de son habitude de garder le silence sur ses productions littéraires, lui fit croire que la présence d'un nom étranger en tête de cet écrit devait être attribuée à un excès d'humilité de la part du fondateur de son couvent. De là le titre bizarre qu'il lui a donné. Rulman Merswin étant mort le 18 juillet 1382, le traité XX a été composé peu de temps avant cette date. Il a été publié d'après une copie conservée à la bibliothèque de Munich (Cod. germ. 818) par Engelhardt, *Richard v. S. Victor u. Joh. Ruysbroek*, Erlangen, 1838, p. 345 ss.

XXI. *Le livre des trois étapes de la vie spirituelle, dans lequel est racontée l'histoire d'un prêtre savant et riche qui, après s'être livré jusqu'à la fin de sa vingt-cinquième année à toutes les jouissances matérielles que lui suggérait sa fantaisie, sans trouver de joie parfaite ni de satisfaction accomplie dans aucune créature, se tourna sérieusement vers Dieu et devint un prêtre d'une piété fervente, plein de grâce et de lumière divines; alors seulement il éprouva une vraie satisfaction, une paix et une joie sans mélange dans le Saint-Esprit, si bien qu'il put réprimander et grandement améliorer maître Eckhart, le grand docteur. Tel est le contenu de ce livre, que Rulman Merswin, notre fondateur, écrivit de sa propre main sur des tablettes de cire à l'usage des frères de notre couvent.* Ce traité est une compilation de passages de l'Ecri-

---

[1] Dis veriach der liebe Ruoleman Merswin in sinre hindersten krangheit oeffenlich vor ettelichen bruederen, und enwollte doch vormols kein solich gnodenrich werg us rehter grundeloser demuetikeit von ime selber nie verichen. Doch wart er dovor kúrtzlich in den hindersten ziten sines lebendes ouch von gotte getriben und vermanet, das er muoste den bruederen sagen und ouch geschriben geben ettewie vil troestlicher worte und uebernatúrlicher gnodenricher werke von ime selber, domitte die brueder soltent getroestet und gestercket werden in eime zuonemenden gebesserlichen lebende, alse ir das meiste teil in dem latine buoche geschriben stont.

ture, de Pseudo-Denis, de saint Bernard, d'Albert-le-Grand, de maître Eckhart, etc., sur le commencement, le développement et l'accomplissement de la vie mystique, qui ne peut être l'œuvre de Rulman Merswin. Il s'y trouve intercalé un long entretien de maître Eckhart avec un prêtre qui partage également les doctrines du mysticisme, mais qui reproche aux prédications de l'illustre dominicain de se mouvoir continuellement dans la sphère de la spéculation métaphysique et de n'être pour ce motif d'aucune utilité aux fidèles, dans les trois périodes de leur développement intérieur. Le prêtre raconte à maître Eckhart sa conversion miraculeuse, et lui fait part du genre de vie nouveau qu'il mène dans la société de deux autres ecclésiastiques, animés des mêmes dispositions religieuses que lui. Touché par le récit de son interlocuteur, Eckhart promet d'en prendre note, „afin de le communiquer aux personnes auxquelles il pourra être utile de le lire[1]". Ce traité a été publié dans notre *Histoire du panthéisme populaire*, etc., Paris 1875, p. 215-230.

XXII (inédit). *Traité des sept œuvres de miséricorde que notre Seigneur accomplit spirituellement dans chaque homme, aussi souvent que celui-ci le reçoit d'une manière digne dans le saint sacrement. Rulman Merswin a transcrit ce traité du livre d'un jurisconsulte, en y déposant secrètement les pieuses pensées et les vœux ardents de son cœur, espérant de cette manière présenter avec une autorité plus grande les exhortations qu'il destinait à ses semblables, et qu'il n'osait, par humilité, leur adresser directement. Chacune des sept œuvres est accompagnée de sentences des saints. Suit un Traité des sept dons du Saint-Esprit, extrait d'un autre ouvrage composé par des docteurs éprouvés, duquel a été tirée également la Manière dont l'homme doit se préparer à recevoir dignement le saint sacrement, afin que Dieu puisse accomplir en lui les sept œuvres de miséricorde dont il est question dans le présent livre[2].* Ce traité ne

---

[1] p. 227: Do sprach meister Eckehart: Lieber herre, ich bitte úch das ir mir erloubet dise ding abe zuo schriben, also das man es nút von úch befinden mag; wanne, wissent, ich weis personen den es gar nutze wurt sinde.

[2] Dis sint die siben werg der erbermede die unser lieber herre geistliche wúrcket mit eime ieglichen menschen also dicke er in wirdikliche enpfohet in dem heiligen sacramente. Die schreip Ruoleman us eins juristen buoch, und verbarg dar in sine hitzige inbrúnstige begirliche

renferme aucune date. Il se compose, comme le titre l'indique, de trois fragments d'origine diverse, que Rulman Merswin a transcrits, interpolés et rattachés ensemble par des transitions. L'on ne sait à quels écrits ces fragments ont été empruntés; mais il n'est pas difficile de reconnaître à la simple lecture les additions faites par Merswin aux textes qu'il copiait.

Tous ces écrits, à l'exception des traités IV, IX et X, sont tirés de l'important recueil composé par les Johannites de l'Ile-Verte peu d'années après la mort de Rulman Merswin et appelé le *Grand mémorial allemand* [1]. Ceux qui sont encore inédits paraîtront, d'après

---

meinunge, das die wort gemerret wurden die er sime ebenmenschen von minnen wol gunde und su doch vor demuetikeit gegen niemanne wolte oeffentliche us sprechen. Und ist ouch ein iegelich werg der erbermede beweret mit der heiligen spruche, und ouch die siben goben des heiligen geistes der zuo geschriben usser eime anderen buoche das die beweretan lerer gemaht hant; dar us ouch hie geschriben ist wie sich der mensche bereiten sol das er moege wurdeklich enpfohen das heilige sacramente, durch das got moege gewurken die vorgenanten siben werg der erbermede noch aller wise also su hie noch an disem gegenwertigen buoch geschriben stont. Aux six devoirs de charité énumérés Matth. XXV, 35 et 36, l'auteur ajoute celui d'enterrer les morts; de même, aux six vertus de l'Esprit énumérées Esaïe XI, 2, il ajoute celle de la mansuétude. Ainsi est obtenu dans les deux cas le nombre sept. Le contenu de ces deux passages de l'Ecriture compte parmi les thèmes favoris de la littérature mystique au moyen âge. Voir par exemple le traité XX.

[1] Immédiatement après la mort de Rulman Merswin les Johannites de l'Ile-Verte entreprirent de recueillir ses écrits ainsi que ceux du laïque de l'Oberland. Ils en firent trois collections : le *Mémorial latin*, le *Grand* et le *Petit mémorial allemand*. La première, qui n'a jamais été retrouvée, contenait dans l'ordre suivant, traduits en latin: l'*Histoire de la fondation de la maison de Saint-Jean à Strasbourg* dont il sera question plus tard, la lettre 2 suivie du traité XIII, le traité X, la *Dernière réprimande et amicale exhortation* de Rulman Merswin, la lettre 13, l'*Admonition des frères de l'Ile-Verte* dont nous parlerons dans la suite, et les traités IV, XII et IX. La seconde contenait, en allemand, les traités XI, I, XIV, XV, VII, X, XIX, XVI, XVIII, II, III, avec l'importante remarque: Tous les livres allemands qui précèdent, l'homme de l'Oberland *les a écrits lui-même* et envoyés à Rulman Merswin (Alle die vorgenanten tütschen buecher het die liebe Oberlender selber geschriben und her abe gesendet Ruolemane Merswine, unserme stiftere). Elle contenait encore les traités VIII, XXI, XXII, XX de Rulman Merswin, et, ajoutés après coup, sans être entrés dans le plan primitif du recueil, les traités IX, XII, XIII, XVII, le traité de Tauler que nous publions dans l'Appendice (III, 1), et quelques autres pièces de moindre importance. Enfin la troisième collection, le *Petit mémorial allemand*, composée à l'usage des trois administrateurs laïques de la maison de l'Ile-Verte, renfermait les

une copie authentique de ce manuscrit, dans un des prochains volumes de la *Bibliothek älterer Schriftwerke der deutschen Schweiz und ihres Grenzgebietes*, que MM. Bæchtold et Vetter publient à Francenfeld.

CHAPITRE II.

LE LIVRE ÉPISTOLAIRE ET LES ÉCRITS DES JOHANNITES DE L'ILE-VERTE.

Outre ces traités, nous possédons encore un certain nombre de lettres échangées entre l'Ami de Dieu de l'Oberland et différentes personnes de Strasbourg. Elles ont été recueillies au commencement du quinzième siècle par les frères de l'Ile-Verte, dans le *Livre épistolaire* dont il a déjà été fait mention [1]. Cette collection se compose de vingt-deux lettres et fragments de lettres, tous publiés par M. Schmidt, *Nicolaus von Basel Leben*, etc., p. 278-343, sauf le court fragment qui figure dans l'Appendice, n° I, 2. Sur ces vingt-deux lettres une seule (n° 3) est adressée à l'Ami de Dieu; elle provient d'un jeune prêtre de Strasbourg, fort dévoué à Rulman Merswin, nommé Nicolas de Laufen; les autres sont de la plume de l'Ami de

---

mêmes documents que la première, à l'exception de la *Dernière réprimande* de Rulman Merswin et des traités IX, XII et XIII; elle contenait en outre la règle de l'ordre de Saint-Jean. Ces trois collections ont été achevées pendant les années 1383 et 1384, car leur existence est déjà constatée par une charte du grand-prieur d'Allemagne, Conrad de Brunsberg, datée du 21 janvier 1385 : Wir, bruoder Conrat von Brunsberg... bekennent in disome briefe das mit userme wille und wissende zuo latine und zuo tütsch in drú buoch geschriben ist alle die loeffe also wir vernommen und gehoeret hant von erbern personen wie das hus zuo dem gruenen werde in dem aller ersten ursprunge von alter ist har kummen, do noch der stifter leben, und vil anderre gebesserlichen materien... Und wart gegeben an der lieben heiligen jungfrowen sant Agnes tag in dem iore do men zalte von gottes gebürte dritzehen hundert ior, ahtzig und fünf iore. Au bas de la première page du *Grand mémorial allemand* se trouve mentionnée, mais avec une autre encre et une écriture différente, la mort de Conrad de Brunsberg, arrivée le 11 décembre 1390.

[1] L'époque de la composition du *Livre épistolaire* est déterminée par la fin de la rubrique de la lettre 12 (f° 12ª)... Und vohet die missive alsus an und sprichet zuo dem commendure, der hies do zuo mole bruoder Heinrich von Wolwasch (sic). Henri de Wolfach étant mort en 1404 et ayant exercé ses fonctions de commandeur jusqu'à sa fin, la rédaction du *Livre épistolaire* est nécessairement postérieure à cette date.

Dieu et se décomposent comme suit : une à Jean de Schaftolsheim, lecteur des Augustins de Strasbourg (n° 1); trois à Rulman Merswin (n°s 13, 19 et 20); trois aux Johannites de l'Ile-Verte (n°s 2, 11 et 14); cinq à Nicolas de Laufen (n°s 4, 6, 9, 10 et Appendice I, 2), et neuf à Henri de Wolfach, commandeur du couvent de l'Ile-Verte (n°s 5, 7, 8, 12, 15, 16, 17, 18 et 21). Les lettres 4 et 7 ont été délibérément tronquées par le copiste, qui dans les deux cas s'est arrêté en plein texte sur un simple *et cætera*. Nous n'avons cependant là que la moitié à peine de la correspondance que l'Ami de Dieu a échangée avec ses amis de Strasbourg. Dans les pièces que nous possédons, il est encore fait mention de vingt-trois autres lettres, dont quinze adressées à l'Ami de Dieu[1] et huit provenant de sa plume[2]; les unes comme les autres n'existaient plus au commencement du quinzième siècle. Une vingt-quatrième lettre, également perdue, adressée de Metz à l'Ami de Dieu, et à laquelle il est fait allusion dans la lettre 13 (p. 318), prouve que si même nous possédions au complet toute la correspondance du laïque de l'Oberland avec ses amis de Strasbourg, nous ne connaîtrions encore pas toute son activité épistolaire. Celle-ci, en effet, paraît avoir été fort vaste et s'être même étendue en des directions au sujet desquelles nous ne possédons plus aucun renseignement, témoin les relations que l'Ami de Dieu entretenait avec des personnages de Milan, de Gênes, de Rome, de Lorraine et même de Hongrie, et dont il est question dans nos textes d'une manière trop incidente et trop furtive pour que nous ne soyons autorisé à penser qu'elles n'ont pas été les seules.

Tels sont les documents qui nous restent de l'Ami de Dieu et de Rulman Merswin ; telles sont les sources premières de notre travail. Si nous n'avons épargné au lecteur aucun détail relatif à cette littérature, au risque de fatiguer son attention par une si longue énumération d'écrits, c'est que nous avons jugé indispensable d'établir

---

[1] Sur ces quinze lettres, il y en a une de Jean de Schaftolsheim (voir lettre 1), trois de Henri de Wolfach (v. l. 12, 14 et 21), cinq de Nicolas de Laufen (v. l. 3 et 6) et six de Rulman Merswin (v. l. 1, 2, 8, 10, 16 et 21).

[2] Une adressée à Jean de Schaftolsheim (v. l. 1), une à Henri de Wolfach (v. l. 14), deux à Nicolas de Laufen (v. l. 3 et traité XI, p. 101) et quatre à Rulman Merswin (v. l. 1, 6, 10 et 17).

entre lui et nous une base d'étude nettement définie, avant d'entreprendre l'examen même de nos textes. Il nous reste, pour atteindre complètement ce but, à mentionner ici quelques documents émanés de la plume des Johannites de l'Ile-Verte, sources secondaires fort intéressantes et qui comblent heureusement mainte lacune de l'histoire que nous étudions ici. Citons d'abord une *Histoire de la maison de Saint-Jean à Strasbourg*, conservée dans le *Petit mémorial allemand*, et publiée par M. Schmidt (*Beiträge zu den theologischen Wissenschaften*, V, p. 34-54). C'est une relation complète des destinées du couvent et de l'église de l'Ile-Verte depuis leur construction en 1150 jusqu'à la mort de Rulman Merswin. Elle s'étend longuement sur l'acquisition et la restauration des bâtiments de l'Ile-Verte par l'ancien banquier de Strasbourg et sur les conditions auxquelles les Johannites durent souscrire pour être admis par lui dans son établissement. Puis, une *Sérieuse admonition des frères de l'Ile-Verte, de l'ordre de Saint-Jean*, qui fait suite aux lettres dans le *Livre épistolaire*; elle a été publiée par M. Schmidt (*ibid.*, p. 172-176). Adressée à tous ceux qui pourront jamais parcourir les lettres et les traités de l'Ami de Dieu et de Rulman Merswin, elle leur offre un résumé des mystérieux enseignements donnés par ces deux auteurs, et leur conseille d'observer soigneusement les prescriptions du traité III s'ils veulent vivre en sûreté, sans avoir à redouter les châtiments célestes. Enfin nous possédons une série de *Notices* historiques sur l'Ami de Dieu et le cercle mystique qu'il avait groupé autour de lui, transcrites sans grand ordre l'une à la suite de l'autre, et qui servent en quelque sorte d'introduction aux lettres dans le *Livre épistolaire*. Elles ont été publiées par M. Schmidt (*ibid.*, p. 176-191, et *Nicolaus von Basel Leben*, etc., p. 58-65). Dans ses entretiens intimes avec les religieux de l'Ile-Verte, Rulman Merswin leur avait révélé quelques détails relatifs à ses amis de l'Oberland. Ces récits furent-ils notés immédiatement, ou se conservèrent-ils pendant une série d'années parmi les habitants de cette maison à l'état de traditions orales? Nous n'avons aucun renseignement sur ce point; seulement la précision de certaines données historiques contenues dans ces *Notices* nous ferait plutôt pencher vers la première manière de voir.

Nous avons de la sorte passé en revue toutes les productions littéraires relatives aux personnages dont nous avons entrepris de raconter la vie[1]. Nous pourrions de suite aborder notre sujet, si nous n'avions encore à nous arrêter au nom sous lequel ces personnages se sont désignés eux-mêmes et sous lequel ils sont connus dans l'histoire, au terme d'*amis de Dieu*, dont nous avons été obligé de faire usage jusqu'à présent sans pouvoir en donner l'explication.

Cette recherche nous amènera tout naturellement à passer en revue les principaux groupes d'amis de Dieu qui se sont formés au quatorzième siècle, et à recueillir les renseignements qui nous sont restés sur leurs tendances religieuses. L'étude des lettres de Henri de Nördlingen nous sera sous ce rapport tout particulièrement instructive et formera en quelque sorte le point central de cette étude historique préliminaire. La biographie de ce personnage, reconstituée d'une manière aussi complète que nos documents permettent de le faire, nous initiera le plus directement aux rapports qui existaient entre les membres de ces sociétés pieuses, ainsi qu'aux formes de la vie

---

[1] Nous ne comptons pas au nombre de nos sources et nous ne mentionnons ici que pour mémoire le traité intitulé le *Brasier de l'étincelle brillante d'amour du Saint-Esprit*. (Dis ist des heiligen geistes minneglunsenden ganeisterleins schürebrant... *Livre épistolaire*, f° 56ª-70ª jusqu'aux mots: daz erwerbe uns Maria die wirdige muoter gottes und der liebe herre sante Franciscus und die heilige frouwe sante klore und alle engele und heiligen. Amen.), et composé vers la fin du quatorzième siècle par un Johannite de l'Ile-Verte, personnage inconnu dont l'œuvre pourrait fournir le sujet d'une étude intéressante. En 1367, à l'époque de la restauration du couvent de l'Ile-Verte, ce Johannite a fait un séjour de quatre mois et demi à l'ermitage de Frauenzell sur le Berenberg, près de Winterthur. (A. d. 1367, in den ziten do unser kloster zuo dem ersten anegefangen wart zuo ernuwende, do waz ich in eime walde bi Winterthur, heisset der Berenberg, bi gar erbern priestern..., Schmidt, *Nicolaus von Basel Leben*, etc., p. 69.) Il a composé ce traité à l'usage de deux jeunes franciscaines, au développement religieux desquelles il paraît avoir porté grand intérêt; il l'a fait suivre de recommandations et de réflexions diverses (f° 70ª-73ª) sous forme de paragraphes détachés. Le quatrième et le cinquième de ces paragraphes (A. d. 1367, in den ziten... Diser selbe erlühtete heilige gottesfrünt...) ont été publiés par M. Schmidt (l. c.). Les deux nonnes ayant soumis le traité au franciscain Nicolas de Blovelden, leur confesseur, celui-ci l'approuva en y faisant quelques corrections, et y ajouta trois règles fort courtes, qui se trouvent intercalées dans les paragraphes en question, f° 71ᵇ. Notre auteur se trahit comme Johannite de l'Ile-Verte au f° 71ª: ...unsere lieben stiftere die heiligen grossen gottesfründe...; il se distingue nettement de Nicolas de Blovelden: Wissent, die drie regele uwers erwirdigen geistlichen vatter, zuo aller nehest hie vor geschriben, gevallent mir gar zuo mole wol (f° 72ᵇ).

spirituelle et aux espérances d'avenir qui avaient cours dans leur sein. Nous achèverons ainsi de tracer l'arrière-plan du tableau, dans la pleine lumière duquel nous placerons ensuite les personnages dont les destinées forment le sujet spécial de notre narration. Leur figure n'en ressortira que plus nettement, à se détacher ainsi sur le fond général des manifestations religieuses que la piété mystique a engendrées à leur époque.

III.

INTRODUCTION HISTORIQUE.

Les amis de Dieu. — Leur nom. — Leurs principaux
centres d'activité.

C'est à tort qu'on s'est parfois représenté les amis de Dieu comme ayant formé une secte ou une association religieuse particulière, dirigée par un chef et organisée en vue d'un but déterminé. Ce nom a été donné principalement au quatorzième, souvent encore au quinzième siècle, à tous les hommes qui se sont distingués par leur piété et leur attachement à Dieu, à quelque époque qu'ils aient vécu, tels que Moïse, Élie, les apôtres, les martyrs, les saints et les bienheureux[1]. Il a été employé spécialement par les écrivains mystiques pour désigner les personnes qui ont partagé leurs doctrines et pratiqué leurs préceptes. Dans cette acception plus restreinte, il présente une grande analogie avec l'appellation moderne de piétistes. Le grand courant réaliste, qui sous l'impulsion d'Albert-le-Grand et de Thomas d'Aquin avait traversé l'ordre des dominicains au treizième siècle, s'était transformé en un courant mystique non moins puissant. Eckhart, Tauler, Suso, Nicolas de Strasbourg avaient tiré de la théologie réaliste de leurs devanciers une conception plus profonde et par certains côtés plus vraie de la vie religieuse; ils avaient entrevu

---

[1] Wackernagel, *Altdeutsche Predigten u. Gebete aus Handschriften*, Bâle, 1876, p. 586, l. 90 s. : In der wuesti ist dien fründen gottes als reht vil guotes geschechen. Do Moyses siniu schofli treib in die wuesti, do sach er den herren... Maria magdalena wart in der wuesti gespiset von got... Johannes Baptista (wart) geschen von der lieblichen person Christi... Johannes ewangelista wart das buoch der verborgnen tougni gottes... Helyas (wart) gespiset von dem rappen... — Bibl. Berol. ms. germ. 125, f° 91ᵇ : ...glicher wise als moyses swester tet dem uszerwelten fründe gottes. — Pfeiffer, *Deutsche Myst. d. XIV. Jahrh.* II, 462, 10: Sant Paulus sprichet von den heiligen matirêren und von den vriunden unsers herren... 455, 38: Die in der helle sint und got schent und alle sine friunde, etc.

quel degré d'intimité les rapports entre l'âme et Dieu sont susceptibles d'acquérir par l'idée de la parenté originelle et de l'union finale du Créateur et de la créature, et ils s'étaient fait un devoir de répandre parmi le peuple, par leurs doctrines mystiques, les tendances ascétiques et contemplatives, parfois aussi apocalyptiques et quiétistes de leur piété. Ils étaient puissamment secondés dans leur œuvre par les circonstances particulièrement douloureuses dans lesquelles se trouvait la chrétienté depuis le commencement du quatorzième siècle, et qui prédisposaient favorablement les esprits à l'égard de leurs enseignements. Après l'humiliation de la papauté à Anagni, était venue sa „captivité" à Avignon, prélude du grand schisme. Puis, en Allemagne, avait éclaté la guerre civile entre les deux empereurs Louis de Bavière et Frédéric d'Autriche, en attendant que se rouvrît pour celui qui sortirait victorieux de cette lutte la grande querelle du saint-siège et de l'empire, dont l'issue devait être si funeste à la fois aux deux pouvoirs rivaux, et qui devait faire peser pendant tant d'années l'excommunication sur l'empereur et l'interdit sur les populations. La seconde moitié du siècle devait être marquée par des calamités d'un autre genre, par des inondations, des tremblements de terre, notamment celui de l'année 1356, par de fréquentes apparitions de la peste, dont une surtout, celle de l'an 1348, devait laisser, sous le nom de *mort noire*, un souvenir ineffaçable dans l'esprit des populations. Ces malheurs frappèrent vivement l'imagination des hommes. Plus d'un rentra en lui-même et songea à faire sa paix avec Dieu, non par les moyens ordinaires recommandés par le clergé officiel, mais par une expiation personnelle de ses péchés, témoin les longues bandes de Flagellants qui sillonnèrent alors l'Allemagne et la France. Le terrain était on ne peut mieux préparé pour une diffusion rapide des doctrines mystiques; aussi voyons-nous s'allumer de tous côtés, dans les monastères et au sein des populations des villes, des foyers nouveaux de vie religieuse. Les réunions pieuses, nous dirions volontiers les conventicules, se multiplient; partout les prédicateurs mystiques reçoivent l'accueil le plus empressé; leurs sermons sont notés avec soin et copiés par des disciples enthousiastes; la piété des laïques se manifeste par de nombreuses fondations charitables. Les associations religieuses ainsi formées se groupent d'ordinaire autour de quelque personnalité marquante, dont l'histoire a conservé le nom. Souvent elles entrent en rapport les unes avec les autres, tout en conservant leur indépendance réciproque. Leurs membres se communiquent des ouvrages religieux, échangent des lettres et quelquefois même des présents. Tous ceux qui ont pris part à ce grand mouvement spirituel ont été appelés par leurs contemporains et se sont appelés eux-mêmes *amis de Dieu*, d'après le passage Jean XV, 13 à 15, qui leur paraissait exprimer d'une manière frappante l'intimité du rapport dans lequel ils étaient entrés avec le Seigneur depuis qu'ils avaient cessé d'être ses „serviteurs" mercenaires pour devenir ses „amis", depuis que Christ leur avait fait connaître „tout ce qu'il avait entendu de son Père".

CHAPITRE PREMIER.

LES AMIS DE DIEU DE LA HAUTE ALLEMAGNE.

I.

Les amis de Dieu de Strasbourg et Lutgarde de Wittichen. — Les amis de Dieu de la Suisse et de la Bavière; leur correspondance; leur conduite pendant l'interdit. — Henri de Nördlingen et Marguerite Ebner. — Othon de Passau et Marc de Lindau. — Les amis de Dieu d'Unterwalden.

Strasbourg a été pendant tout le cours du quatorzième siècle un des principaux centres de la vie mystique. Eckhart déjà, dans les documents qui se rapportent à son séjour dans cette ville pendant les années 1312 à 1317 [1], parle dans un langage d'une haute éloquence des „amis que Dieu s'est élus et qui vivent dans sa mystérieuse intimité". Il décrit l'humilité de leur condition terrestre, tandis que leur vie intérieure, inconnue au commun des hommes, se déroule au sein des splendeurs de la divinité; il exalte les bénédictions que leur présence attire sur les pays qu'ils habitent, „eux, dont l'activité d'un seul instant a plus de prix dans l'éternité que toutes les bonnes

---

[1] Sermons XVII et XXXVII (Pfeiffer, o. c. II, p. 77, l. 34; 127, 38; 129, 2), et traité VI (ibid., 449, 11; 455, 38; 462, 19; 463, 1; 470, 27; 471, 14 et 29; 473, 3).

œuvres extérieures qui ont jamais été faites" ; il rappelle la vénération qui doit s'attacher à ceux qui demeurent dès ici-bas auprès de Dieu „dans la salle d'honneur de son château royal", et il conjure ses auditeurs d'apprendre à les reconnaître et à „aimer Dieu en eux", de les traiter miséricordieusement et de leur donner tout ce qui peut leur faciliter l'existence, car leur refuser un bien quelconque serait les frustrer de ce qui leur revient de droit, puisque „Dieu leur appartient avec toute sa puissance et avec toutes les créatures qu'il a jamais produites." Le développement de la vie mystique fut puissamment secondé à Strasbourg par les prédications de Tauler. Grâce au long séjour que le puissant orateur fit dans cette ville depuis l'an 1340 environ jusqu'à sa mort, ce genre de piété jeta de profondes racines dans la population strasbourgeoise. Le traité XIII nous apprend que Tauler possédait à Strasbourg un parti considérable, avide de recevoir ses enseignements, et que son influence s'étendait bien au delà des murs de sa ville natale. Rulman Merswin ne devait pas tarder à ouvrir dans sa patrie, sur les conseils du laïque de l'Oberland, un asile permanent aux tendances religieuses des amis de Dieu, par la fondation du couvent de l'Ile-Verte. C'est dans cette maison que le mysticisme strasbourgeois se concentra de plus en plus vers la fin du siècle.

En 1323, les amis de Dieu de Strasbourg contribuèrent de leurs dons à la fondation du couvent de franciscaines de Wittichen, près de Schiltach dans la Forêt-Noire. La sœur Lutgarde [1], béguine à Oberwolfach, entreprit la construction de cet établissement à la suite de plusieurs visions, dont la dernière est fort remarquable comme description allégorique des maux dont souffrait alors la société chrétienne. Conduite dans un lieu désert par une main invisible, Lutgarde aperçut étendu sur le sol un homme au visage blême, aux membres meurtris et paraissant tout près d'expirer. Survint une femme accablée de douleurs, au visage ridé et à la démarche chancelante, qui lui dit: „Mon enfant, viens auprès de ton père. Je suis ta mère, la

---

[1] V. *Leben der seligen Luitgart, der Stifterin von Wittichen* (1291-1348) *von dem Pfarrer Berthold von Brombach* (son contemporain), chez Mone, *Quellensammlung d. badischen Landesgesch.*, Carls. 1860, III, 438-468. V. p. 454: In den selben ziten was ouch ain gottesfründ die was ain schwoesterlin zuo Strasburg, etc.

chrétienté. Vois comme je suis brisée : les méchantes paroles et les mauvaises actions des hommes m'ont réduite en cet état !" Elle la prit par la main et la conduisit auprès de l'homme couvert de blessures, qui lui dit : „Je suis ton père, le Christ." Lutgarde s'écria : „Mon père, je croyais que tu avais surmonté depuis longtemps tous tes labeurs, et que tes blessures étaient guéries." Mais l'homme répondit d'une voix plaintive : „Chère enfant, j'ai surmonté quant à moi-même tout labeur et toute souffrance; mais sache que je n'ai jamais éprouvé plus grande douleur et peine en mes membres. Tu peux me venir en aide en mourant à ta volonté propre, en méprisant toute joie passagère, et en construisant en ce lieu-ci la maison dont je t'ai parlé depuis longtemps. Je veux en être moi-même le chef; tu en seras le pain spirituel." Lutgarde obéit; elle quitta le béguinage dans lequel elle avait mené pendant vingt ans la vie de recluse, et entreprit plusieurs voyages en Alsace et en Suisse pour réunir les fonds nécessaires à la réalisation de son œuvre. En 1328 elle acheva la construction de son couvent, aux destinées duquel elle présida jusqu'à sa mort en 1348. Elle partageait les tendances mystiques des amis de Dieu, et paraît avoir eu pour conseiller spirituel un ermite des environs de Ribeauvillé du nom de Gérard. Celui-ci lui écrivit plusieurs lettres sur diverses questions théologiques, entre autres sur la prédestination divine, doctrine qui semble avoir vivement préoccupé Lutgarde et dont l'ermite Gérard s'efforce d'établir la vérité en invoquant la liberté absolue et la toute-puissance de Dieu[1].

L'élément apocalyptique a également joué un grand rôle dans la vie intérieure de Lutgarde, preuve que les préoccupations relatives à l'avenir de l'Église commençaient dès cette époque à travailler l'es-

---

[1] Ces lettres, encore inédites, se trouvent à la bibliothèque de Berlin, ms. germ. 125 xive s., fo 60a : Unser herre sprichet : vil sint der gernoffen, wening der erwelten...; fo 61b : O lieber frünt in der einigen minnen unsers herren ihesu cristi...; fo 62a : Ich beger an den algenedigen unsern herren ihesum cristum... Elles se terminent toutes par la même formule : Der fride der do ist über alle sinne der einige uwer herze und uwer verstentnisse blibende in unserm herren ihesu cristi von ewe zuo ewe. Amen. Ce recueil de lettres se termine, fo 63a, par la notice suivante : Dise vorgonde lere schreip bruoder Gerhart der einsidel bi Roppaltzwilre swestern Lückin, die muoter und an haberin waz dez klosters zuo wittiche.

prit des amis de Dieu de l'Allemagne supérieure. Souvent elle a eu des visions au sujet de calamités qui devaient sous peu frapper la chrétienté: elle se rendait alors auprès de personnes pieuses du voisinage et avec elles priait Dieu de lui faire connaître le moyen d'apaiser sa colère; quand ce moyen lui était révélé, elle louait Dieu „d'avoir voulu que ses plus chers amis le fléchissent par leurs prières." L'exemple de sa vie amena bien des gens à se convertir. Elle qui autrefois avait gémi sur le petit nombre de ceux pour qui „Dieu nourrit une affection particulière", elle eut souvent l'occasion de sauver des âmes du désespoir, témoin ce comte expirant auquel elle dit, après lui avoir rappelé les souffrances et la miséricorde du Seigneur: „Mon fils, donnez-moi tous les péchés que vous avez commis et prenez toutes les bonnes actions que j'ai accomplies, et ne désespérez pas de Dieu: il vous viendra en aide!" Son biographe ajoute que le comte mourut en paix, „sauvé par la miséricorde divine". Des passages comme celui qui précède montrent qu'il ne faut pas trop se hâter de ranger les amis de Dieu parmi les précurseurs directs de la Réforme: quelque profondeur de vie religieuse que l'on rencontre chez eux, l'essence de leur piété appartient encore au moyen âge.

En 1345, sinon déjà auparavant, les amis de Dieu de Strasbourg entrèrent en relations avec ceux de Bâle. En cette année, le prêtre Henri de Nördlingen, qui était un des principaux représentants du mysticisme bâlois, arriva à Strasbourg[1]. Il fit sans doute à cette occasion la connaissance de Rulman Merswin, dont la famille tenait une place marquante dans les cercles pieux de la localité. Il paraît qu'il y parla non seulement de ses amis de Bâle, mais encore de ceux qu'il comptait dans sa patrie, notamment de sa grande amie spirituelle Marguerite Ebner, dominicaine à Medingen près de Donauwörth, car deux ans plus tard la femme de Rulman, Gertrude de Bietenheim, le chargeait de faire parvenir à celle-ci un présent de

---

[1] *Briefe welche an die ehrwürdige Margareta Ebnerin, ehemals des Jungfrauen-Closters Maria Medingen Predigerordens Professin, geschrieben wurden*, chez Heumann, *Opuscula quibus varia juris germanici argumenta explicantur*, Norimb. 1747 (p. 331-405), lettre 1 (p. 361).

drap blanc „pour une robe et un scapulaire" [1]. Le terme de „notre grande amie", dont il se sert en 1347 à l'endroit de Gertrude, dans sa lettre à Marguerite Ebner, permet de supposer qu'il la connaissait déjà depuis quelque temps. En 1345, Henri de Nördlingen avait fait parvenir à Medingen une *Épître sur la robe de Dieu*, qui avait été communiquée aux amis de Dieu de Bâle par leurs „grands amis des Pays-Bas", avec la recommandation de la transmettre dans d'autres cercles religieux [2]. Cinq ans plus tard, Jean Ruysbrœk envoyait à Strasbourg son traité *De la magnificence des noces spirituelles*. Dès le milieu du quatorzième siècle, des rapports directs étaient donc établis entre Strasbourg, Bâle, la Bavière et les Pays-Bas; la vie mystique circulait librement dans toute la vallée du Rhin, jusque dans les contrées du Danube supérieur.

II.

D'autres foyers non moins importants de la piété mystique se rencontrent en Suisse et en Bavière. La correspondance de Henri de Nördlingen et de Marguerite Ebner, conservée en grande partie, renferme de précieux détails sur la situation des amis de Dieu à Bâle; elle jette en outre une vive lumière sur toute l'histoire religieuse de l'Allemagne supérieure pendant les années 1338 à 1350, c'est-à-dire pendant la période du plein épanouissement du mysticisme dans ces contrées. Henri de Nördlingen, en effet, ne se contente pas d'adresser à la nonne de Medingen des dissertations sur quelque sujet de piété, dans le genre de celles que Henri Suso écrivait à la même époque à Elisabeth Stagel, dominicaine à Töss près de Winterthur; ses lettres sont pleines de détails intéressants tant sur son

---

[1] *Briefe welche an die ehrwürdige Margareta Ebnerin, ehemals des Jungfrauen-Closters Maria Medingen Predigerordens Professin, geschrieben wurden*, chez Heumann, *Opuscula quibus varia juris germanici argumenta explicantur*, Norimb. 1747 (p. 331-405), lettre 57 (p. 393): Unser grosser fraind die Merswin ze Strassburg sendet dir das wiss tuch zeinen rock und ze schappler; für die bit got...

[2] *Ibid.*, lettre 45 (p. 379): Ich send euch einen andechtigen brief von dem Rock gotz der uns von unser grossen freinden von Niderlant enpfohlen ist, das wir in fürbas unser frinnde santint.

propre compte que sur celui des personnes avec lesquelles il entrait
en rapport, et c'est ce qui fait d'elles des documents de première
importance pour le sujet qui nous occupe. Comme elles ne portent
point de date, il importe avant tout de les classer d'après les données
historiques qui peuvent s'y rencontrer [1].

La biographie de Henri de Nördlingen commence au moment où
la lutte entre Louis de Bavière et le saint-siège, après avoir abouti
à une rupture ouverte, descendait dans les rangs inférieurs du clergé
et du peuple pour se poursuivre à l'intérieur des cités. De toutes
parts les bourgeois, fatigués de l'interdit qui pesait sur les populations demeurées fidèles à l'empereur, menaçaient les prêtres et les
moines d'expulsion s'ils ne rouvraient les lieux de culte. Les amis de
Dieu ne restèrent pas aussi étrangers à ces querelles de partis que
leurs tendances religieuses pourraient le faire croire. Le dominicain
Henri Suso, fidèle aux traditions de son ordre, se prononce pour le

---

[1] Le recueil épistolaire publié par Heumann se compose de 31 lettres, dont 27 de Henri de Nördlingen à Marguerite Ebner, 1 de Tauler à Elisabeth Schepach, prieure à Medingen, et à Marguerite Ebner (l. 34), 1 de Marguerite de l'Anneau d'or à Marguerite Ebner (l. 63), et 2 de l'abbé de Kaisersheim à cette dernière (l. 36 et 38). Il existe en outre à la bibliothèque de Munich (mss. Docen, C, 46, 4°), un recueil de 21 lettres, encore inédites, de Henri de Nördlingen à Marguerite Ebner. Sur ces 52 lettres, M. Preger en a classé 20. Elles ont été écrites, d'après lui, aux époques suivantes : 1338, en décembre, lettre 21 (Heumann); — 1339, pendant le carême, l. 59 (H.); après le 21 juin, l. 6 (H.); avant l'automne, l. 11 (H.); le 21 septembre, l. 8 (H.); — 1345, avant et après le carême, l. 45 (Heumann et Docen); avant le carême, l. 34 (H.); dans le courant de l'année, l. 1 (H.), l. 9 (D.), l. 52 (H.); — 1346, l. 30 (H.); vers le 15 août, l. 53 (H.); après le 15 août, l. 3 (H.); en automne, l. 56 (H.); — fin 1347 ou commencement de l'année 1348, l. 57 (H.); — 1349, l. 2 (H.); vers la fin de l'année, l. 62 (H.); — 1350, l. 27 et 38 (H.). Deux de ces lettres, les n°s 34 et 2, nous paraissent devoir être autrement classées; nous plaçons la première en janvier, la seconde à la fin d'août 1346, pour des raisons qui seront développées plus tard. Nous croyons avoir réussi à en classer 20 autres, de manière à combler diverses lacunes qui existaient jusqu'à présent dans la biographie de Henri de Nördlingen, surtout celle qui s'étend de 1339 à 1345. En tête de la classification de M. Preger nous plaçons les lettres 26 et 48 (H. — fin 1338); entre les n°s 21 et 59, la lettre 24 (H. commencement de 1339); entre les n°s 8 et 45, les lettres 7, 14, 13, 29 (D.), 4 (H.), 28, 15, 16, 65 (D.), 55 et 25 (H. — de 1339 à 1345); entre les n°s 45 et 1, la lettre 10 (H. — été 1345); entre les n°s 56 et 57, la lettre 20 (D. — 1347); entre les n°s 57 et 62, la lettre 36 (H. — 1348 ou 1349); entre les n°s 62 et 27, la lettre 63 (H. — 1350); et entre les n°s 27 et 38, les lettres 19 et 22 (H. — 1350). Les douze lettres qui restent se dérobent à toute classification par suite de l'absence complète de données historiques.

pape; Henri de Nördlingen imite son exemple. Marguerite Ebner au contraire continue à considérer Louis de Bavière comme le véritable empereur d'Allemagne, et fait des vœux pour son triomphe. Christine Ebner, dominicaine à Engelthal près de Nuremberg, et liée d'amitié, comme Marguerite sa parente, avec Henri de Nördlingen, partage d'abord le sentiment de celui-ci. Quand les magistrats de Nuremberg défendent aux nonnes d'Engelthal de recevoir dans leur couvent d'autres ecclésiastiques que ceux qui continuaient à célébrer le culte dans la ville, elle écrit à Henri que „si elle était libre et indépendante comme lui, elle quitterait la terre allemande plutôt que de se soumettre à cet ordre" [1]. Quelques années plus tard, son opinion paraît changée. Elle s'élève en 1344 contre Clément VI, qui recommandait aux ecclésiastiques une stricte observation de l'interdit: „Les procédés du pape à l'égard des membres du clergé", dit-elle, „font monter vers le ciel des cris et des gémissements" [2]. C'est sans doute la vue des souffrances que l'interdit avait causées à la chrétienté, c'est la compassion envers les misères du peuple qui aura entraîné la nonne d'Engelthal à cette généreuse infidélité à l'égard des maximes qui avaient cours dans son ordre, et qu'elle avait elle-même professées. Lutgarde, la recluse d'Oberwolfach, avait encore pu concilier son respect de l'autorité papale avec les sentiments de charité qu'elle portait à ses semblables. Dans son ignorance des véritables intentions du pontife d'Avignon, elle avait distingué entre les ordres du pape et la manière dont le clergé les exécutait. Lorsqu'après 1324 les prêtres de la localité, désireux évidemment de priver de son assistance spirituelle la population au sein de laquelle elle vivait, lui eurent enjoint de quitter ses habits de recluse et de sortir de son béguinage, elle n'avait obéi qu'à regret, persuadée que les ecclésiastiques, en agissant avec tant de dureté, dépassaient les intentions de celui qui, suivant elle, tient ici-bas la place de Dieu même. Elle n'avait pas craint d'appeler le procédé dont ils usaient envers elle „une insulte à Dieu et à la chrétienté, semblable à celle

---

[1] Heumann, o. c., lettre 26 (p. 373).
[2] Preger, *Der kirchenpolitische Kampf unter Ludwig dem Baier und sein Einfluss auf die öffentliche Meinung in Deutschland*, Munich 1877, p. 43.

qui a été infligée au Seigneur alors qu'on l'a revêtu d'habits blancs pour l'en dépouiller aussitôt" [1]. En 1344, Christine d'Engelthal ne peut plus mettre sa conscience à l'abri derrière une pareille distinction. Les faits ont parlé trop haut dans les dernières années pour qu'il lui soit encore permis d'ignorer la vérité ; et c'est au chef même de l'Église qu'elle attribue la responsabilité de mesures qui, suivant son énergique expression, font monter un cri de vengeance vers le ciel. Quant à Tauler, aucune des circonstances connues de sa vie ne permet de dire dans quel sens il s'est prononcé. Au seizième siècle, un bourgeois de Strasbourg nommé Specklin s'est fait l'écho des traditions qui couraient sur son compte dans les cercles luthériens de cette ville [2]. Il nous a conservé le texte d'une protestation que le pieux dominicain aurait élevée, à l'époque de l'interdit et de la mort noire, contre la confusion des pouvoirs temporel et spirituel dont le saint-siège s'était rendu coupable à cette époque, et contre la cessation du culte et l'interdiction des sacrements dont les innocents souffraient tout autant que les coupables. Il nous a dépeint en outre la courageuse conduite que le prédicateur aurait tenue en compagnie du général de l'ordre des augustins, Thomas de Strasbourg, et du chartreux Ludolphe de Saxe devant le „roi des prêtres" Charles IV, „qui manqua se laisser gagner à la manière de voir des trois amis". Il est impossible aujourd'hui de distinguer le fond historique de ce récit, des éléments qu'une tradition populaire de deux siècles a pu y

---

[1] Mone, o. c., III, 447 : Und do die zit kam das das gebott uff kam, do hiess man sy und ire kind die by ir in der closen warend weltlich claider an legen, und tett in allen gar we, und sunderlich unser muoter Lueggen. Do sprach sy zuo den kinden : Liebi kind, wir haben uns got gelaussen ; wie er der haben wil, also sollend wir von jm uffenemen. Der bapst der ist an gottes stat ; dem sollend wir gehorsam sin, er haut villicht ain guot mainung dar jnn ; und nemend es die pfaffen, des ich main, in ainer hertter wise denne es der bapst maint... Und ging zuo der kirchen uss der closen. Und do sy zuo der kirchen kam, do schoss in ir hercze dass diss bezwungnus nit anders waere denn ain spott gottes und der cristenhait, als goez gespottet ward mit den wissen claidern, do man jm sine claider abzoch. Und do sy des gedaucht das die cristenhait so gar ze spott worden was, do vil sy in gross unmaht und geschwand ir das sy weder sach noch gehort, und lag ain lang wil unsprech. Und do sy zuo ir selber kam, do was sy als krank worden das ma sy mit grossen not hain braucht...
[2] Schmidt, *Joh. Tauler v. Strassburg*, Hamb. 1841, 57. Un extrait de l'ouvrage de Specklin par Silbermann figure parmi les manuscrits de la nouvelle bibliothèque municipale de Strasbourg (n° A, 17, 4°).

ajouter. Les arguments placés dans la bouche de Tauler ont une couleur trop protestante, certains détails du récit, tels que l'effet produit par le discours de Tauler sur l'empereur et la mention de traités polémiques que les trois amis auraient répandus parmi le peuple, traités dont il n'est plus resté trace aujourd'hui alors qu'ils auraient encore existé au seizième siècle (Specklin n'aurait-il pas ici en vue les sermons et traités de Tauler eux-mêmes?), ces détails ont un caractère trop légendaire pour ne pas nous inspirer une certaine défiance à l'égard de l'ensemble de cette histoire, dans la forme du moins que Specklin lui a donnée. L'obéissance absolue aux commandements „du pape et de la sainte Église", même en ce qui concerne l'observation de l'interdit, que Tauler professe dans ses sermons, entre autres dans le passage que nous citerons comme exemple et qui est d'autant plus significatif qu'il remonte évidemment à une époque postérieure aux événements racontés par Specklin, — à une époque où l'on pouvait parler de l'interdit, non plus comme d'une affligeante réalité, mais comme d'une éventualité purement possible, — cette profession d'absolue obéissance ferait croire que le grand prédicateur a occupé dans cette question une position bien différente de celle que lui attribue Specklin. „C'est de la grâce divine et de la sainte Église, s'écrie-t-il, que j'ai reçu d'appartenir à mon ordre; c'est d'elles que je tiens ce bonnet, ce froc, ma dignité de prêtre ainsi que le droit de prêcher et d'entendre des confessions. Si le pape et la sainte Église, de qui j'ai reçu ces biens, voulaient me les enlever, je devrais leur obéir sans réplique, revêtir un autre habit si j'en possédais un, sortir du couvent, cesser d'être prêtre et m'abstenir de prêcher et d'entendre des confessions. Je n'aurais pas le droit de leur demander compte d'une pareille décision, ne voulant pas être excommunié et appelé hérétique.... Si la sainte Église voulait nous priver du sacrement extérieur, nous devrions nous y soumettre. Personne ne peut nous enlever la jouissance spirituelle du sacrement : mais tout ce que l'Église nous a donné, elle peut le reprendre, et nous devons lui obéir sans murmure et sans réplique" [1]. Que conclure de ce texte au

---

[1] Sermons de Tauler, ms. A, 89 (aujourd'hui brûlé) de l'ancienne bibliothèque de Strasbourg, n° LXXI (édit. de Bâle, f° 155ᵇ ss. — édit. de Francfort, III, p. 140):

sujet de l'attitude probable de Tauler pendant l'interdit, sinon qu'il se sera efforcé de remplacer chez les fidèles la jouissance extérieure du sacrement, dont l'Église a pu les priver, suivant lui, de plein droit, par la jouissance spirituelle du corps et du sang de Christ dans l'union mystique de l'âme avec le Seigneur, jouissance que personne n'avait puissance de leur ravir? Le zèle avec lequel il se sera efforcé, de concert avec quelques amis animés des mêmes intentions que lui, de gagner les âmes à la communion intérieure avec Dieu, à l'époque où les ravages de la mort noire faisaient sentir aux populations d'une manière particulièrement douloureuse la privation des sacrements de l'Église ; la commisération que lui aura inspirée le spectacle des simples fidèles gémissant sous les conséquences de péchés dont ils étaient innocents, et qui se sera traduite chez lui en éloquents appels à la paix religieuse, auront suffi pour susciter contre lui l'animosité des ecclésiastiques de la ville, à commencer par l'évêque Berthold de Bucheck, qui depuis 1346 s'était ouvertement déclaré pour le pape et l'empereur Charles. Tel aura été le point de départ de la tradition populaire, qui deux siècles plus tard devait attribuer à Tauler l'honneur d'une protestation qui s'accorde peu avec le texte de ses sermons et dont l'énergie se comprend mal, étant donnée la tendance générale du mysticisme à placer dans l'union immédiate de l'âme avec Dieu ou, comme Tauler s'exprime, dans la jouissance intérieure du corps et du sang de Christ, la réalisation du but suprême de la vie religieuse.

Nuo verstont: was ich spreche von mir, do meine ich alle menschen. Ich han empfangen von gottes genoden minen orden und von der heiligen cristenheit, und dise cappen und diese cleider und myn priesterschaft und zo sinde ein lerer und bihte zuo hoerende. Nuo kemo es also daz mir dis der bobest nemen wolte und die heilige kilche von der ich es han, ich solte es in alles lossen und nüt fragen warumb sú es tetent, wer ich ein gelossen mensche, und solt einen growen rock an tuon mochte ich in haben, und solte nüt me in dem cluster sin bi den bruedern, so ginge ich derus, noch nüt me priester sin noch bihte hoeren und nüt bredigen: also in gottes namen, so si nüt me, wanne sú hant es mir gegeben und mügent mir es ouch nemen. Des han ich sú nüt zuo frogende warumb; und ich wolte nüt ein ketzer heissen; ich wollte nüt sin ze banne geton... Ouch wolte uns die heilige kilche das sacrament nemen ussewendig, wir soltent uns dran lossen; aber geistlich zuo nemende, das mag uns nieman genemmen. Aber alles das sú uns gegeben hant, daz mochtent sú uns nemen: Und dis sol alles gelossen sin sunder alle murmelunge oder widersprechen.

Les quelques exemples qui précèdent montrent que ce qui a préoccupé la plupart des amis de Dieu dans la lutte entre l'empire et le saint-siège, ç'a été bien moins la question politique qui formait le fond du débat et qui divisait à cette époque la bourgeoisie et la noblesse des villes, que la question ecclésiastique et religieuse. Désobéir aux décrets du pape eût été pour eux attenter aux droits de l'Église, puisque le pontife d'Avignon était à leurs yeux le représentant autorisé de la chrétienté. Mais il faut ajouter, à leur honneur, que le sentiment de leurs devoirs envers l'Église et son chef a été bientôt tempéré chez eux par les élans de compassion qu'ils ont éprouvés à la vue des souffrances causées au peuple par l'exécution des lois d'interdit. La double préoccupation qui a dû agiter alors l'esprit de bien des amis de Dieu, le désir de rester fidèles à l'autorité de l'Église sans faillir aux devoirs de charité envers le prochain, s'accuse nettement dans les renseignements qui nous sont restés sur l'attitude de Tauler et de Christine Ebner à cette époque. Quant à la note politique, elle paraît bien à plusieurs reprises dans la correspondance de Henri de Nördlingen et de Marguerite Ebner; mais c'est là un fait complètement isolé dans la littérature mystique du temps. Louis de Bavière avait été le bienfaiteur du couvent de Medingen[1]; Henri de Nördlingen avait été expulsé de sa ville natale par les partisans de ce prince: nous ne nous étonnerons pas de voir la nonne de Medingen appeler ironiquement Charles IV „l'empereur de Henri de Nördlingen", et Henri de Nördlingen surnommer dédaigneusement l'empereur Louis „le Bavarois". Ce dissentiment politique entre deux personnes unies dans le domaine religieux par la plus étroite communauté de pensées, n'est pas un des côtés les moins intéressants de leur correspondance. Le rétablissement de la paix religieuse ramena peu à peu le calme dans les esprits. Ceux même qui avaient tout particulièrement souffert, comme Henri de Nördlingen, des conséquences de la lutte, qui avaient pris fait et cause pour l'un des partis et rejeté sur l'autre toute la responsabilité des malheurs présents et futurs,

---

[1] En 1330 Louis de Bavière avait pris le couvent de Medingen sous sa protection, l'avait affranchi de tout impôt et avait confirmé ses privilèges (Bochmer, *Regesta imperii inde ab a. 1314 usque ad a. 1347*, Francf. 1839, p. 75, chartes du 21 septembre et du 16 octobre 1330. Cf. Schmidt, *Joh. Tauler v. Strassb.*, p. 16).

furent ramenés insensiblement à une appréciation plus modérée des événements qu'on venait de traverser. Rulman Merswin, dans son *Livre des neuf roches*, adresse indistinctement à tous les chrétiens, quels que soient leur rang et leur condition, aux ecclésiastiques et aux laïques, aux empereurs et aux papes, le même reproche d'attirer sur le monde par leurs vices les châtiments de la colère divine; il n'excepte de la condamnation commune que les seuls amis de Dieu. Il nous est impossible de ne pas reconnaître dans une pareille manière de voir non seulement la marque des dispositions religieuses particulières de l'auteur, mais encore l'influence des circonstances extérieures au milieu desquelles il a écrit. Le jugement qu'il exprime sur la chrétienté de son temps nous paraît représenter assez exactement l'opinion moyenne qui a dû se dégager alors dans bien des esprits du long conflit des opinions extrêmes, grâce à l'apaisement général des passions politiques et ecclésiastiques qui achevait de se produire après les grandes tourmentes des dernières années.

Nous continuons par la biographie de Henri de Nördlingen et par le récit de ses rapports avec Marguerite Ebner le tableau de l'activité spirituelle des amis de Dieu de la Suisse et de la Bavière que nous avons entrepris de tracer dans la deuxième partie de ce chapitre. Cette histoire n'ayant d'autre source que les lettres de Henri de Nördlingen, nous garderons forcément le silence sur tous les événements de la vie de ce personnage antérieurs à l'an 1338, époque à laquelle la situation politique de la Bavière, en le condamnant à l'exil, devint pour lui l'occasion d'une correspondance active avec les amis qu'il laissait dans son pays.

Henri de Nördlingen, ayant refusé de célébrer le culte pendant l'interdit, fut chassé de sa patrie vers la fin de l'année 1338, malgré l'intercession de quelques notabilités du parti gibelin dont il avait sollicité l'appui[1]. De Nördlingen il s'était rendu à Medingen, où il

---

[1] D'après la lettre 48 (Heumann, o. c., p. 381), Henri de Nördlingen avait invoqué l'appui d'une dame de Graisbach et de plusieurs seigneurs. Un comte Berthold de Graisbach est mentionné dans une charte de Louis de Bavière, datée du 24 septembre 1330 (Boehmer, c. c., p. 75), comme un des protecteurs du couvent de cisterciens de Kaisersheim, près de Donauwörth, dont l'abbé tenait pour l'empereur (Heumann, o. c., lettre 36).

avait rencontré Tauler. Le 29 décembre, il était arrivé à Constance sans plus savoir où aller ni que devenir, car les bourgeois de cette ville venaient de décréter que tous les ecclésiastiques qui n'auraient pas repris leurs fonctions le 6 janvier 1339, seraient immédiatement expulsés. Aussi écrit-il à Marguerite Ebner de ne plus lui envoyer directement ses lettres, mais de les lui faire parvenir par l'entremise de sa mère, „qui sait toujours où il se trouve". Il l'engage en même temps à commencer sans plus tarder „une communauté de vie religieuse avec les femmes dont le cœur y est disposé", c'est-à-dire à fonder un cercle mystique à Medingen. Nous savons par la suite que ce projet réussit, et que la nouvelle société pieuse se composa de plusieurs sœurs du couvent et de quelques dames de la contrée. Une société analogue fut fondée par Christine Ebner à Engelthal, et la vie religieuse n'y fut pas moins prospère qu'à Medingen, car nous possédons encore des *Révélations* écrites par une nonne de ce couvent nommée Adélaïde Langmann, et d'autres provenant de la plume de Christine Ebner elle-même [1]. Immédiatement après, nous rencontrons Henri de Nördlingen auprès de la reine Agnès de Hongrie, franciscaine à Königsfelden en Argovie, à la générosité de laquelle les amis de Dieu faisaient souvent appel, mais dont il n'obtint pas ce qu'il avait espéré. En désespoir de cause il se réfugia à Bâle, une des rares villes où l'on tolérât les ecclésiastiques qui conformaient leur conduite aux décrets du pape. Tauler l'y avait précédé. Bâle était alors un des centres les plus importants de la vie mystique. Grâce au crédit dont Tauler paraît avoir joui dans cette ville, Henri de Nördlingen se trouva pourvu d'une cure immédiatement après son arrivée. L'impression qu'il fit sur la bourgeoisie fut si avantageuse, que les notables de la cité demandèrent pour lui à l'évêque la permission de prêcher consécutivement pendant quarante jours. Grâce à l'attitude conciliante qu'ils avaient observée jusque-là vis-à-vis du clergé, ils obtinrent ce premier adoucissement dans l'exécution de l'interdit. Henri

---

[1] Strauch, *Die Offenbarungen der Adelheid Langmann, Klosterfrau zu Engelthal*, Strassb. 1878. — Lochner, *Leben und Geschichte der Christina Ebnerin, Klosterfrau zu Engelthal*, Nürenb. 1872. — Les révélations de Marguerite Ebner se trouvent encore en manuscrit dans la bibliothèque particulière de la famille Ebner à Eschenbach, en Bavière.

prêcha donc journellement, et à partir du 24 janvier souvent deux fois par jour. Son succès fut très grand. „La meilleure partie de la population de Bâle, écrit-il à son amie, des enfants de Dieu pauvres et riches, des hommes et des femmes, des prêtres, des moines, des bourgeois, des chanoines, des nobles et des roturiers arrivent avant l'heure de matines et prennent place dans l'église avec un empressement que je ne puis décrire. La meilleure partie de la population de Bâle vient se confesser à moi : si je pouvais seulement les entendre tous!" Des bourgeois lui apportèrent des présents ; des ecclésiastiques le prièrent d'entrer dans leur ordre ou bien lui offrirent „des paroisses, des chapelles, des bénéfices, et beaucoup d'avantages dont d'autres eussent été contents", si bien qu'il ne savait ce qu'il devait accepter. „Dieu opère, s'écrie-t-il, dans le peuple et en moi des œuvres si merveilleuses que je ne puis le dire!" Il ne célébrait pas encore la messe en public et ne distribuait pas encore la sainte-cène au peuple; il faisait l'un et l'autre pour les seuls chevaliers teutoniques, que l'interdit n'atteignait pas, sans doute à cause de leur fidélité au pape. Bientôt cependant il fut amené à faire sous ce rapport une curieuse exception : il permit „à beaucoup d'enfants de Dieu", c'est-à-dire à des membres de la communauté mystique de Bâle, de communier malgré l'interdit. Comme pour s'excuser de sa hardiesse devant sa propre conscience, il constate que ces personnes „recevaient cependant le corps de Dieu des mains d'autres prêtres" qui n'observaient pas les décrets d'Avignon. Ce qui l'avait déterminé à faire cette faveur aux amis de Dieu de la ville, c'était une révélation divine que Marguerite Ebner avait eue, probablement pendant la paralysie momentanée dont elle avait été frappée dans la semaine sainte et que Henri de Nördlingen appelle une grande preuve d'amour que son bien-aimé céleste lui a donnée. „Puisque le Seigneur t'a invitée lui-même d'une manière si amicale et si tendre à prendre son saint corps, je n'oserais m'opposer ni chez toi ni chez aucun ami de Dieu à un désir aussi ardent, aussi constant de venir au Seigneur et de vivre en lui."

Quelque succès cependant que sa parole obtînt à Bâle, il ne cessait de penser à sa patrie; il sentait bien que sa conscience ne lui permettait pas d'y retourner tant que le „Bavarois" y séjournerait, et il en souffrait vivement. Il eût surtout désiré revoir Marguerite Ebner: mais comment se détacher de ses fonctions pastorales? „Je ne m'appartiens plus, s'écrie-t-il avec tristesse; j'appartiens à tout un chapitre et à la meilleure paroisse de Bâle, et il m'est bien difficile de m'absenter!" En outre il se plaint de ce que les nombreuses occupations dont il est chargé lui causent une perpétuelle „dissipation", et ne lui laissent plus le temps de se recueillir et de se livrer à la spéculation mystique: pour écrire à Marguerite Ebner, il a dû négliger une fois de dire une messe et d'entendre une confession! Enfin, il s'était formé dans le clergé de Bâle un parti qui lui était hostile et qui le poursuivait de ses „coups envenimés" à cause de la faveur dont il jouissait auprès du peuple. Il supplie son amie de lui aider à supporter cette épreuve par ses lettres „débordantes de la grâce du Saint-Esprit". Ailleurs il la prie en son nom et au nom de „Tauler, notre cher père, et de beaucoup d'autres amis de Dieu" de lui communiquer les révélations divines qu'elle avait eues en partage, principalement „sur l'état où se trouve la chrétienté, et sur les souffrances qu'endurent les amis de Dieu". Elle satisfit à ce désir quelque temps après. Au commencement de l'été, Tauler se rendit à Cologne. Henri de Nördlingen fut vivement attristé de ce départ. Dans deux lettres qu'il envoya vers l'automne à Medingen, il mentionne l'absence de son ami et paraît attendre impatiemment son retour. Le sentiment de son isolement qui l'envahissait de plus en plus, et contre lequel il n'eut pas la force de chercher un remède dans son activité pastorale, lui suggéra l'idée de faire venir à Bâle sa mère, qui était restée à Nördlingen, ainsi qu'une dame bavaroise nommée Irmingarde de Hohenwart, un des principaux membres du cercle pieux de Medingen, avec laquelle il était lié d'amitié. Sa mère le rejoignit effectivement avant la fin de l'année 1339; Irmingarde arriva bientôt après.

L'intervalle entre les années 1339 et 1345 est rempli pour lui de pénibles incidents. Invité par Marguerite Ebner à venir à Medingen, il se vit refuser par l'abbé du couvent de cisterciens de Lucelle, qui se rendait en Bavière, l'autorisation de l'accompagner, et par le chapitre dont il dépendait, la permission de quitter sa cure. Il se consola de ces déboires en songeant au mauvais état de sa santé et au peu de sécurité que ce voyage aurait présenté pour lui s'il avait été reconnu.

Bientôt après il quitta sa cure de Bâle pour la paroisse de Fessenheim, dans la haute Alsace, dont la collature appartenait à l'abbaye de bénédictins de Murbach. Il eut lieu de regretter cette résolution, car il était à peine nommé qu'il apprit qu'un ecclésiastique du parti gibelin s'efforçait de le dépouiller de sa nouvelle cure et la réclamait pour lui-même. Aussitôt il songea à mettre en mouvement toutes les influences dont il disposait. Malgré la maladie dont il souffrait, il se rendit en Bavière au couvent de Schönfeld, situé au confluent du Danube et du Lech. Là deux nonnes, à qui Marguerite Ebner l'avait sans doute adressé, et qui appartenaient probablement à des familles influentes, lui promirent de le seconder de tout leur pouvoir dans ses revendications. La dame de Graisbach prit le même engagement. Les nombreuses démarches qu'il eut à faire ne lui permirent pas de venir à Medingen aussi tôt qu'il l'eût désiré. A deux reprises il annonça à Marguerite Ebner sa prochaine arrivée; dans une troisième lettre il lui demanda pardon de n'être pas venu la voir: enfin il put satisfaire ce désir si longtemps caressé, et il emporta de Medingen un souvenir profond qui lui inspira plus tard des paroles d'une véritable éloquence [1]. Puis il partit pour Selz dans la basse Alsace, probablement dans l'intérêt de son procès, après avoir écrit à son amie de prier Dieu de lui épargner „toute contrainte à des actes qui seraient contraires à sa conscience", c'est-à-dire de le préserver de tout acte de violence par lequel on pourrait le forcer à enfreindre l'interdit. Immédiatement après, il entreprit le voyage d'Avignon, sans doute pour demander au pape des documents à opposer à ses adversaires. A son retour, il dut comparaître devant la cour épiscopale de Bâle: l'événement montra qu'il ne gagna pas son procès. En 1345, en effet, nous le retrouvons fixé à Bâle. Contre toute attente il reçut la même année, vers Pâques, la visite de son ancien compétiteur, lequel, avant de partir pour Avignon en qualité d'ambassadeur de Louis de Bavière, venait de son propre mouvement lui „demander pardon", et lui restituer „en toute humilité" l'église dont il l'avait dépouillé, — évidemment pour se préparer un meilleur accueil à Avignon, où son nom devait être connu d'une manière très

---

[1] Heumann, o. c., lettre 45 (Docen, f° 9ᵇ).

défavorable depuis le séjour que Henri de Nördlingen avait fait dans cette ville. Celui-ci n'en demeura pas moins à Bâle.

En 1345, à l'époque du carême, le pape accorda à la ville de Bâle une suspension de l'interdit pour un an, laquelle fut encore prolongée l'année suivante de quelques mois. Il espérait amener par cette preuve de bienveillance la bourgeoisie de la cité à se réconcilier avec l'Église. Henri de Nördlingen en fut d'abord fort réjoui : „Les âmes affamées, dit-il, s'approchent avec un grand zèle du corps de Dieu, dont elles ont été privées par obéissance chrétienne pendant bien quatorze ans". Mais au commencement de l'année suivante nous apprenons, par une lettre de Tauler, qu'il „était fort occupé à dire la messe et grandement irrité contre la suppression de l'interdit", évidemment parce que le surcroît de travail que celle-ci lui occasionnait, l'empêchait de se livrer autant qu'il l'eût voulu à la méditation religieuse. Pour se soustraire à ses nombreuses occupations, Henri de Nördlingen venait en effet d'abandonner momentanément ses fonctions ecclésiastiques, pour faire, vers la fin de l'été 1345, le voyage de Strasbourg mentionné plus haut. C'est là probablement que Tauler l'avait vu et avait obtenu de lui les renseignements qui précèdent sur son activité à Bâle [1]. Dans cette situation d'esprit, Henri de Nörd-

---

[1] Heumann, o. c., lettre 34 (p. 375), adressée par Tauler à la prieure de Medingen Elisabeth Schepach et à Marguerite Ebner. Voici cette lettre : Minen truwen fruinden in got, domine E. der priorin, und Margaretha der Ebnerin ze Medingen, ich bruoder T. mein gebet. Als ir mir gewinst und begert hant zu einem neuwen inganden jare, das beger ich euch hundertfeltlich von der kintlicher guet unsers herren Ihesu Cristi. Ich lob in umb euwer gesundhait und beger das er euch gesund behalt an sel und an leib, uns zu ainem trost und jm zu einem ewigen lob. Got danck euch euwer sandung und aller der treuw die ir zu mir hand. Ich send euch, domine E. in Cristo multum dilecta, zwen kess und Margaret und iren kinden zwai keslach, und beger das sy sie gessen vorder diser vassnacht. Wissent das ich sy euch mit freuden send. Davon so bit ich euch das ir sy mit begird enpfenhent von mir euwern armen fründ und diener in Cristo. Wissent das bruder H. wol mag und wol tut, und fast messe spricht; er zirnet vast umb das urlaub. Bittend got für mich und mein suene. Pax Cristi vobiscum. Amen. — M. Preger place cette lettre au commencement de l'année 1345, avant le carême, ce qui est inadmissible puisque la suspension de l'interdit n'a été accordée à la ville de Bâle qu'à l'époque du carême en 1345 (lettre 45, p. 380 : Dissen brieff hat ich vor vassnacht geschriben …und darnach ist uns die gross gnad geschehen das wir mit des pabst urlaub singend offenlichen) et que Henri de Nördlingen a déjà eu le temps de se lasser de cette faveur papale, à cause du grand nombre de messes qu'il a été obligé de dire. De plus, elle est écrite en réponse à

lingen en vint presque à bénir son ancienne maladie d'être venue le reprendre et de lui avoir donné le loisir, si longtemps désiré, de relire la „sainte écriture" de Marguerite Ebner, c'est-à-dire le récit

une lettre de félicitations que Tauler avait reçue de Medingen à l'occasion du nouvel an, ce qui la place évidemment en janvier 1346, puisque la suspension de l'interdit à Bâle n'a duré que depuis le carême de l'année 1345 jusqu'à l'automne de 1346. Enfin Elisabeth Schepach n'était pas encore prieure à Medingen à l'époque du carême de l'an 1345. Ce n'est qu'en faisant violence au texte que M. Preger trouve dans le passage fort clair de la lettre 45 : Grüss alle die unsern in got, Schepach und Sophya und Katherin Hohsterin und die priorin und sie alle die got in der warheit mynet und meinet; den winsch ich new craft, etc., qu'Elisabeth Schepach et la prieure sont ici une seule et même personne (*Vorarb. zu einer Gesch. d. deut. Mystik*, p. 87, note 2). Elle n'a été revêtue de ces fonctions que vers le milieu de l'an 1345. — M. Preger date cette lettre de Bâle, parce qu'il y est question de Henri de Nördlingen et des sentiments qu'a inspirés à celui-ci la suspension momentanée de l'interdit; il admet en conséquence la nécessité d'un séjour de Tauler dans cette ville en l'année 1345. Nous ne pensons pas que cette conclusion puisse se justifier. D'après Specklin c'est à Strasbourg que Tauler a demeuré à partir de l'an 1341, époque à laquelle il sera revenu de Cologne. Cette indication historique est confirmée par l'absence totale du nom de Tauler dans les lettres de Henri de Nördlingen à partir de l'année 1339. Henri de Nördlingen, qui aime tant à faire part à Marguerite Ebner des faits et gestes de son ami, comme le montre sa correspondance de l'an 1339, n'eût pas manqué d'annoncer le retour de celui-ci à Bâle et de mentionner sa présence auprès de lui dans l'une des nombreuses lettres écrites de 1340 à 1346, si Tauler était effectivement revenu alors dans cette ville. Le seul renseignement qu'il nous fournisse encore sur la vie du grand dominicain figure dans la lettre 57, écrite en 1347 vers la fin de l'automne. Il y relate les souffrances que son ami est obligé d'endurer «habituellement», c'est-à-dire depuis un certain temps déjà, souffrances dont il n'a eu connaissance qu'à l'occasion de la visite que Tauler lui avait faite dans les derniers jours du mois d'octobre. Il n'en fait point mention, en effet, dans la lettre 20, écrite peu de temps avant la lettre 57, et il n'en parle qu'à la suite de la visite de Tauler, ce qui prouve bien qu'il n'a possédé, avant sa rencontre avec son ami, aucun renseignement direct sur la situation dans laquelle celui-ci se trouvait à cette époque. Tauler a pu apprendre pareillement, à l'occasion du séjour de Henri de Nördlingen à Strasbourg, à la fin de l'été de 1345, tous les détails qu'il donne dans la lettre 34 sur le compte de ce personnage, sans qu'il soit nécessaire d'admettre qu'il ait été lui-même à Bâle dans ce temps-là. — Les lettres de Henri de Nördlingen et le témoignage de Specklin étant, avec un passage du traité X et l'inscription de la pierre tombale de Tauler, les seules sources directes de la biographie du grand prédicateur, le cadre extérieur de cette biographie devra être constitué comme suit : fin 1338, Tauler se rend de Medingen à Bâle; au commencement de l'été de 1339, il quitte cette ville pour Cologne; en 1340 il est de retour à Strasbourg, qui reste sa demeure habituelle jusqu'à sa mort, arrivée le 16 juin 1361, excepté quelques absences momentanées, telles que son passage par Medingen et Bâle vers la fin de 1347 et peut-être un second séjour à Cologne peu de temps avant sa mort.

de ses révélations. En 1346 ses goûts nomades et son humeur inconstante l'emportent encore et lui préparent de nouvelles déceptions. A peine revenu d'un voyage à Cologne et à Aix-la-Chapelle, entrepris au printemps de cette année pour chercher des reliques, il quitte Bâle dans le courant de l'été et se rend à Sulz dans la haute Alsace, non loin de Fessenheim, en compagnie de sa mère et d'une patricienne de Bâle nommée Frick [1]. Il y est à peine installé qu'il regrette amèrement sa détermination. Le milieu ecclésiastique dans lequel il vient d'entrer ne lui est rien moins que sympathique; ses doctrines n'y rencontrent qu'hostilité et que railleries. „Dieu m'a envoyé avec ses agneaux au milieu des loups", s'écrie-t-il avec douleur, et il considère son infortune comme un juste châtiment divin „pour avoir pris trop de plaisir à la vie facile et douce dont il avait joui dans la société religieuse de Bâle", faute dont il n'avait eu connaissance qu'au moment où il s'était vu privé de tous ces avantages. Est-il bien sincère lorsqu'il déclare immédiatement après qu'il a changé de séjour parce qu'il avait compris que son activité était plus nécessaire ailleurs qu'à Bâle, lorsqu'il prétend avoir fait à Christ le sacrifice de son bien-être personnel et s'être résigné à la destinée que Dieu lui imposait, parce qu'il avait su d'avance ce qui l'attendait à Sulz? N'a-t-il pas pris naïvement pour les vrais motifs de son départ de Bâle les raisons par lesquelles il s'est efforcé après coup de justifier sa conduite devant sa conscience, et qu'il n'aura pas tardé à se représenter lui-même comme ayant déterminé sa résolution passée? Quoi qu'il en soit, il revint le plus vite possible à Bâle. La dame Frick fut tellement réjouie de se retrouver dans la „société spirituelle et sainte, fort nombreuse à Bâle", des amis de Dieu, qu'elle crut être venue „de purgatoire en paradis", et qu'elle ne voulut plus échanger le séjour de Bâle contre aucun autre, sinon contre celui de Medingen: c'est là que nous la rencontrons l'année suivante en compagnie de la mère de Henri de Nördlingen. Elle apportait à Marguerite Ebner dix florins que Henri venait d'obtenir pour elle d'Agnès de Hongrie, et un cru-

---

[1] Heumann, o. c., lettre 2 (p. 351), que M. Preger place à tort en 1349, puisque Elisabeth Schepach y est mentionnée comme prieure, et que d'après la lettre 57, la mère de Henri de Nördlingen et la dame Frick se trouvaient déjà en Bavière à la fin de l'année 1347.

cifix précieux que lui envoyait une béguine de Bâle nommée Marguerite, troisième fille du négociant bâlois Nicolas de l'Anneau d'or[1]. Désormais Henri de Nördlingen ne quitta plus Bâle d'une manière durable jusqu'à son retour en Bavière; la seule absence qu'il se permit encore fut un voyage à Bamberg, à la recherche de reliques, accompli pendant l'automne de l'année 1347.

L'empereur Louis mourut le 11 octobre de la même année. Tauler se trouvait auprès de Marguerite Ebner quand la nouvelle de cet événement parvint à Medingen. Il engagea celle-ci à prier pour l'âme de l'empereur, que Dieu avait rappelé bien rapidement à lui, sans lui laisser peut-être le temps de se repentir[2]. Peu de jours après il repartit pour Bâle, porteur d'une lettre de Marguerite Ebner à Henri de Nördlingen. Sans doute il était allé chercher à Medingen, dans cet asile de la piété mystique, une consolation et un délassement momentanés aux souffrances qu'il avait à endurer à cette époque de la part de ses adversaires. Henri de Nördlingen, à qui nous devons la seule mention des persécutions dirigées dans ce temps-là contre son ami, s'exprime de la manière suivante sur ce point: „Tauler se trouve habituellement dans de grandes souffrances, parce qu'il enseigne la vérité tout entière, comme personne ne l'enseigne à mon savoir, et qu'il y conforme toute sa vie."[3] C'est évidemment à Strasbourg que se sont passés les faits relatés dans ce passage, car c'est là que nous rencontrons Tauler vers la même époque dans le plein exercice de ses fonctions pastorales. Henri de Nördlingen, qui n'a plus cité le nom de Tauler dans aucune de ses lettres depuis 1339, ne paraît avoir eu connaissance des épreuves que son ami avait à traverser alors, qu'à l'occasion de la visite que celui-ci venait de lui

---

[1] Nicolas de l'Anneau d'or eut de sa femme Catherine (morte après 1364) quatre filles, dont Marguerite fut la troisième. Nicolas de Bâle, l'hérétique brûlé à Vienne peu de temps avant 1409, et dans lequel on a cru reconnaître l'Ami de Dieu de l'Oberland, a été présenté comme le fils de Nicolas de l'Anneau d'or moyennant l'hypothèse d'un second mariage de celui-ci (Schmidt, *Nicolaus von Basel Leben*, etc., p. 71, note 2).
[2] V. le passage des *Révélations* de Marguerite Ebner, communiqué par M. Preger, *Vorarbeiten zu einer Gesch. d. deut. Mystik*, p. 116.
[3] Heumann, o. c., lettre 57 (p. 393): (Bit got) für unsern lieben vatter den Tauller, der dein getrüwer bot was; der ist auch gewünlich in grossen liden, wan er die warheit lert und ir lebt gentzlich als ich einen leren waiss.

faire après son départ de Medingen. Dès lors il est naturel d'admettre que les persécutions mentionnées par lui ne sont autres que celles dont parle Specklin et que nous avons essayé de ramener à leurs véritables proportions. Il ressort en effet de la lettre de Henri de Nördlingen que Tauler prêchait à cette époque avec une puissance extraordinaire, tant par sa parole que par son exemple, les doctrines du mysticisme, et qu'il en est résulté pour lui de douloureuses épreuves: ceci concorde parfaitement avec le récit de Specklin tel que nous l'avons amendé, et avec le passage des sermons de Tauler relatif à l'observation de l'interdit que nous avons cité plus haut. Henri de Nördlingen, étant donnée sa manière de voir au sujet de l'interdit, n'eût pu décerner à Tauler un éloge aussi complet, si la conduite de celui-ci avait été vraiment telle que le rapporte Specklin.

Charles IV étant devenu seul maître en Allemagne, Henri de Nördlingen pouvait revenir dans sa patrie sans plus avoir à craindre d'y être inquiété. Dès la fin de l'année 1347 il fut repris du désir de rentrer en Bavière et il demanda conseil à ce sujet à Marguerite Ebner. Il lui apprit à cette occasion que la mort noire s'était approchée jusqu'à cinq milles de Bâle, et que la seule chose qui le retînt encore sur la „terre d'exil" était „l'œuvre merveilleuse et grande que Dieu avait commencée et commençait encore journellement par lui dans les cœurs". En 1349, Henri de Nördlingen quitta définitivement Bâle, et, après avoir erré pendant quelque temps de ville en ville, prêchant dans les localités où il s'arrêtait, il arriva à Ulm au commencement de l'année 1350. Dans la dernière lettre qu'il avait écrite à Marguerite Ebner avant de rentrer en Bavière, il lui avait fait part des graves préoccupations qui avaient assailli l'esprit des amis de Dieu depuis qu'ils avaient vu „la main divine frappant le monde et faisant périr d'une mort horrible tant de milliers d'hommes". Il lui avait demandé ce qu'elle pensait des plaies „qui attendent la chrétienté dans trois ans selon les uns, dans dix ans suivant les autres", et quel était son avis sur les prédictions de sainte Hiltegarde et sur le conseil donné par la prophétesse aux amis de Dieu „de s'instruire les uns les autres de la manière dont ils pourront traverser ces épreuves sans danger". Devait-il introduire l'élément apocalyptique dans ses prédications plus qu'il ne l'avait fait jusqu'alors, et adresser à ses auditeurs des avertissements plus pressants? Devait-il approuver et favoriser la pratique des personnes pieuses qui, par crainte des calamités futures, „distribuent les biens temporels qui leur échoient accidentellement, entre les amis de Dieu qu'ils connaissent dans tous les pays, et réservent ce qui leur reste pour l'époque anxieusement attendue des châtiments divins, afin de pouvoir venir en aide aux amis de Dieu?" Que Marguerite lui dise si une pareille manière d'agir est conforme à la volonté de Dieu, sûr qu'il est d'être obéi avec empressement de ses auditeurs, quelque sacrifice qu'il puisse leur commander dans l'intérêt de leur salut.

D'Ulm il se rendit à Nördlingen, où sa mère venait de mourir; puis à l'abbaye de Kaisersheim, malgré la mort noire qui sévissait parmi les frères du couvent. Il espérait sans doute obtenir une cure de l'abbé qui le tenait en haute estime, et qui entretenait de fréquents rapports avec le cercle mystique de Medingen. Marguerite Ebner mourut le 20 juin 1351 à l'âge de soixante et un ans; le 27 décembre 1355, Christine Ebner la suivit dans la tombe à l'âge de soixante-dix-neuf ans. Nous ne savons combien de temps Henri de Nördlingen survécut à celles dont l'amitié avait été la grande joie de sa vie; la dernière mention qui soit faite de lui vient du couvent d'Engelthal, où il demeura pendant trois semaines à partir du 9 novembre 1351. Pendant sa présence dans ce couvent, Christine Ebner eut plusieurs révélations remarquables sur son compte et sur celui de Tauler, qui montrent quelle profonde impression la piété de ces deux hommes, surtout celle du grand dominicain, avait faite sur son esprit. Elle entendit successivement la voix céleste lui dire que Tauler était de tous les hommes celui que Dieu chérissait le plus; que deux noms se trouvent écrits dans le ciel, celui de Tauler et celui de Henri le prédicateur; que Dieu était le gardien de Henri, et qu'il demeurait en Tauler „comme un mélodieux jeu de harpe"[1]. Ce n'est certainement pas par ouï-dire que Christine Ebner a pu se former une idée aussi élevée du dominicain strasbourgeois; il est dès lors permis d'admettre que Tauler, que nous avons rencontré à plusieurs reprises

---

[1] Heumann, o. c., p. 343, 347.

à Medingen, aura aussi honoré de sa visite le couvent d'Engelthal, pendant l'un ou l'autre de ses séjours en Bavière.

Nous avons eu déjà l'occasion de constater quelques-unes des particularités du caractère de Henri de Nördlingen. Relevons encore ici l'admiration enthousiaste qu'il professait pour Marguerite Ebner et son amour des reliques, sentiments qui chez lui se tenaient intimement. Il applique à la nonne de Medingen les appellations les plus honorifiques, dont il n'a pas toujours su bannir une certaine fadeur dans l'expression. Ce défaut se manifeste d'ailleurs dans toute son exposition mystique, que ne soutiennent ni la profondeur de la pensée religieuse ni l'énergie des préceptes moraux; notre auteur se perd le plus souvent dans la recherche des synonymes et dans l'analyse méticuleuse des sentiments. Il appelle Marguerite Ebner tour à tour „la noble fille du roi des cieux, la perle précieuse de Dieu; la sœur chérie, l'épouse, la bien-aimée que Jésus-Christ a élue d'éternité; la colombe qui a construit son nid dans les blessures saignantes et brûlantes d'amour de notre Seigneur; la fille bienheureuse du Saint-Esprit, issue du cœur du Père comme une fleur dont le parfum réjouit tous les cœurs purs et dont la vue remplit d'allégresse toute l'armée des cieux"[1]. Selon lui, c'est par la volonté expresse de Dieu qu'elle note les révélations dont elle a été gratifiée, et c'est „de la bouche de Dieu" qu'elle tient ce qu'elle écrit; aussi Henri de Nördlingen appelle-t-il le récit de ces révélations une „sainte écriture". Ailleurs, il la rapproche de la Vierge Marie et lui applique un passage de l'Écriture qui, d'après l'interprétation du temps, se rapportait à celle-ci[2]. En un mot, il la considère comme une sainte. Au lieu de demander lui-même à Dieu, dans les moments critiques de son existence, de lui faire connaître le parti qu'il doit prendre, il préfère recourir à l'intercession de Marguerite Ebner. „Prie ton bien-aimé, lui écrit-il, de te révéler ce que je dois faire et ce que je dois laisser"[3].

---

[1] Heumann, o. c., lettres 21, 6 et 11 (p. 370, 355, 363); ms. Docen, lettres 16, 5 et 46 (f° 3ᵇ, 1ᵃ, 9ᵇ).

[2] Ms. Docen, lettre 9 (f° 1ᵃ: Die heilige epistel die wir lesent nim von Marien, die in ir person gesprochen ist; die hebt sich also an: der her hat mit (l. mich) besessen am anfang siner weg, ê das er ichtzit gemachet von angeng. Ditz wort mag ich mit gottes und Marien urlaub gesprochen von dir, etc.

[3] Heumann, o. c., lettre 48 (p. 381).

Il ne craint pas de consulter son oracle de Medingen sur des questions d'une nature moins élevée : un jour qu'il ignore, faute de documents certains, à quel saint ont appartenu des reliques qu'il avait réussi à se procurer, il charge naïvement Marguerite d'obtenir de Dieu quelque révélation sur ce point[1]. Ce qui est plus grave, c'est qu'il considère tous les objets qui ont touché le corps de Marguerite Ebner comme doués par cela même d'une vertu surnaturelle. Il la prie un jour de lui faire parvenir une de ses „robes de nuit", désireux qu'il était „d'être purifié corps et âme par le contact de sa chaste et sainte robe"[2]. Quelque temps après, il lui envoie un linge destiné à recevoir „les larmes de son cœur débordant d'amour", et une bande dont elle devait se servir chaque fois qu'elle se ferait saigner, avec la recommandation de la prêter aux sœurs du couvent dans la même circonstance, à cause de la „grâce salutaire" que cette bande ne pouvait manquer de leur conférer, venant de Marguerite Ebner; mais il prend bien soin d'ajouter qu'elle devra lui léguer ces deux objets, si elle meurt avant lui[3]. L'on voit qu'il s'y prenait à temps pour se procurer des reliques. Pareillement il écrit à Marguerite Ebner de donner une de ses vieilles robes à Irmingarde de Hohenwart, qui paraît avoir éprouvé pour elle la même vénération[4]. Trouver des reliques était en effet une des grandes préoccupations de Henri de Nördlingen. Un jour il envoya à Medingen „le trésor de son cœur", c'est-à-dire trois crânes de saintes; un autre jour, des ossements provenant des onze mille vierges ; puis encore, un doigt de sainte Agnès. C'est pour se procurer des reliques qu'il entreprit ses plus longs voyages à Cologne, à Aix-la-Chapelle, à Bamberg. Mais la véritable sainte à laquelle s'adressaient ses hommages, celle dont l'amitié était plus précieuse pour lui que les restes inanimés de toutes les autres, demeurait à Medingen. C'est elle qu'il appelle non seulement sa plus chère consolation et la grande joie de son cœur, mais

---

[1] Heumann, o. c., lettres 20 et 12 (p. 370 367).

[2] *Ibid.*, lettres 11 et 12 (p. 365, 366): Ich beger von berirde deines keuschen heiligen rockes gereinigt werden an leip und an sel.

[3] *Ibid.*, lettre 53 (p. 387).

[4] *Ibid.*, lettre 57 (p. 393).

encore „le salut de son âme"[1]. C'est à elle qu'il adresse ceux qu'il convertit à la vie mystique, pour leur assurer le profit de son intercession particulièrement efficace et les élever par son intermédiaire à l'union avec Dieu. „Les amis de Dieu de Bâle, lui écrit-il, et en particulier la dame de Falkenstein, Marguerite de l'Anneau d'or, Henri de Rheinfelden, le chevalier de Pfaffenheim, le chevalier de Landsberg et sa femme, ainsi que beaucoup d'autres, me chargent de te demander de prier Dieu pour eux, afin que par ton cœur ils soient unis au cœur de Dieu. Toutes les âmes que je gagne et conquiers en Christ, je te les amène à toi, comme à l'épouse bien-aimée du fils de l'empereur éternel"[2].

La théologie de Henri de Nördlingen n'a guère dépassé le cercle étroit que nous venons de tracer. Sans doute, il est au courant de toute la terminologie métaphysique que le mysticisme de son temps avait adoptée. C'est ainsi qu'il parle d'un ami de Dieu qui a désiré, pour la plus grande gloire de son Créateur, être dépouillé de tout sentiment de l'amour divin et renoncer à toute intimité avec Dieu, et qui, „devenu sans amour à force d'amour", entendit après une longue séparation d'avec Dieu, dans laquelle il s'était comporté „en vaillant chevalier", ces mots prononcés par une voix céleste : „Permets-moi, mon fidèle bien-aimé, de posséder en toi et avec toi tout le trésor de ma divinité, l'ardent amour de mon humanité et la joie du Saint-Esprit"; à quoi cet ami de Dieu répondit : „Oui, Seigneur, je te le permets, à la condition toutefois que tu sois seul à en jouir et non moi"[3]. Ailleurs il cite l'exemple d'une „sainte enfant de Dieu", Ellina de Crevelsheim, qui dans son „merveilleux amour" supporta pendant dix-huit ans toutes les souffrances qu'il plut à Dieu de lui envoyer, et resta sept ans sans proférer une parole; „Dieu, quand il le jugea à propos, la frappa de sa main, si bien qu'elle fut étendue cinq jours sans connaissance, ainsi qu'il advint à saint Paul, et dans ce ravissement la pure vérité lui fut révélée, l'accès de la sainteté intérieure du cœur du Père lui fut ouvert; elle fut déifiée en Dieu, unie

---

[1] Ms. Docen, lettre 29 (f° 7ᵃ : Min aller liebster trost und miner sel hail und mins herzen grozü freud).

[2] Heumann, o. c., lettre 30 (p. 474 s.).

[3] *Ibid.*, lettre 56 (p. 390).

à l'Unité suprême, liée par les chaînes de l'amour, environnée de lumière, inondée de paix et de joie; actuellement son âme plane bien haut au-dessus de toutes les afflictions terrestres; elle attend son bien-aimé Jésus-Christ dans une soumission paisible à sa volonté quelle qu'elle soit" [1]. Mais ce ne sont là que de rares exceptions qui se détachent nettement sur le fond généralement terne de sa pensée religieuse. Et comment aurait-il pu en être autrement, comment Henri de Nördlingen aurait-il pu donner à son enseignement un caractère original et individuel, alors qu'il se plaint sans cesse de sa tiédeur religieuse, et qu'il nous apprend qu'il n'a encore guère éprouvé lui-même la grâce que Dieu donne aux autres amis de Dieu par son entremise? Il s'effraie en pensant à la profondeur des jugements de Dieu, „en vertu desquels l'un annonce les vérités qui amènent les autres à la félicité éternelle, sans pouvoir rien en percevoir lui-même" [2], et sa grande consolation est alors de se recommander aux prières de Marguerite Ebner. Dans cette situation d'esprit, il n'a guère pu que reproduire dans ses prédications les idées courantes du mysticisme, telles qu'il les tenait soit de son éducation religieuse, soit de ses lectures, et auxquelles il avait donné son adhésion intellectuelle sans réussir à les faire descendre d'une manière féconde dans son cœur : de là le caractère impersonnel de son enseignement.

Ce n'est pas sans regret que les amis de Dieu de Bâle virent s'éloigner celui qui, malgré ses faiblesses, avait été pendant de longues années un des soutiens de leur piété. Nous ne savons comment ils réparèrent la double perte que leur avait causée le départ successif de Tauler et de Henri de Nördlingen. Les dominicaines du couvent de Klingenthal à Bâle avaient compté, ainsi que leurs sœurs du couvent d'Underlinden à Colmar, parmi les amies et admiratrices de Marguerite Ebner [3]; elles conservèrent jusque vers le milieu du quinzième siècle l'héritage des traditions mystiques de la grande époque qui venait de finir. Marguerite de l'Anneau d'or avait écrit dès 1348 à Marguerite Ebner pour la prier d'être désormais la direc-

---
[1] Ms. Docen, lettre 23 (f° 7ª).
[2] Heumann, o. c., lettre 56 (p. 390).
[3] Ibid., lettre 45 et 1 (p. 380, 351).

trice de sa vie spirituelle[1]. Après la mort de celle-ci, elle se soumit probablement à la direction des dominicains de sa ville natale, parmi lesquels elle comptait un neveu du nom de Jean; à sa mort, en 1376, elle leur légua tous ses biens et fut ensevelie dans leur couvent. Son nom est le seul qui soit mentionné dans les annales du mysticisme bâlois pendant la seconde moitié du quatorzième siècle, avant l'époque où nous rencontrons celui de Marguerite de Kentzingen, dominicaine à Unterlinden, puis à Klingenthal, et dont il sera question dans la suite de cette histoire.

Avant de quitter les pays du Rhin et du Danube supérieurs, mentionnons encore quelques localités où la vie mystique a également compté des représentants vers la fin du quatorzième siècle. Les noms des deux franciscains Othon de Passau et Marc de Lindau nous ramènent l'un en Bavière, où nous venons de constater la présence de nombreux amis de Dieu, l'autre vers les bords du lac de Constance, qui ont été témoins de l'activité religieuse de Suso. Othon de Passau, qui avait été lecteur des franciscains à Bâle, termina le 2 février 1386 un ouvrage intitulé *Le trône d'or* ou *La Couronne des Anciens*[2], entrepris sur la demande d'une de ses pénitentes et adressé à tous les amis de Dieu de la contrée. Ce n'est qu'une vaste compilation de sentences théologiques extraites des ouvrages de „cent quatre docteurs" et réparties en vingt-quatre leçons; celles-ci sont placées dans la bouche des vingt-quatre Anciens qui entourent le trône de Dieu et portent sur leurs têtes des couronnes d'or, d'après Apoc. IV, 4. Le dix-huitième Ancien traite des bienfaits de l'amitié, et arrive ainsi à parler des amis de Dieu. Son discours ne renferme sur ce sujet que des généralités assez banales, et peut se résumer comme suit: L'amitié des hommes est un grand avantage, à plus forte raison l'amitié de Dieu. Celui-là seul est un ami de Dieu, qui veut ce que Dieu veut et à qui déplaît ce qui déplaît à Dieu. Devenir un ami de Dieu est le but en vue duquel l'homme a été créé; ce but est atteint

---

[1] Heumann, o. c., lettre 63 (p. 402).
[2] Imprimé à diverses reprises, déjà comme incunable, et en dernier lieu en allemand moderne sous le titre: Otto von Passau, *Die Krone der Aeltesten*, Ratisb. et Landshut 1836, in-12. Voir la préface de l'auteur.

dans la nouvelle alliance d'après Jean XV, 13-15. — En Bohême, où le mysticisme des amis de Dieu paraît avoir pénétré par la vallée du Danube, fut faite au commencement du quinzième siècle par un abbé du couvent de cisterciens de Kœniggrætz une compilation analogue, intitulée *La Pomme de grenade*[1]. Il y est également question des amis de Dieu. L'auteur les console des afflictions qu'ils endurent ici-bas en leur rappelant que „c'est par l'adversité que Dieu éprouve la fidélité de ses amis", et il conseille à tous les chrétiens „de choisir le Seigneur pour ami, afin d'être défendu par lui contre tous les maux".
— Quant à l'ouvrage de Marc de Lindau, il est appelé *Moïse* ou *Le livre des dix commandements*[2]. Il renferme un commentaire mystique du décalogue, précédé d'une explication allégorique de la sortie d'Égypte. „Je prie la Sagesse éternelle et infinie, s'écrie l'auteur dans l'introduction, de me faire connaître le chemin que suivent ses chers amis, afin que je puisse te montrer en vérité comment tu parviendras hors de l'Égypte de ce monde à travers la Mer rouge dans la terre promise". Le Moïse de cet exode mystique, le „vrai Moïse", c'est le désir des biens éternels qui mène l'âme „hors de ce monde"; la Mer rouge aux ondes amères qu'il faut traverser, ce sont les tentations qui assaillent les amis de Dieu à la vue du bonheur dont jouissent les impies, alors qu'ils sont accablés eux-mêmes d'opprobres et d'afflictions. „Avant d'arriver à la félicité éternelle, tous les amis de Dieu sont obligés de passer par la souffrance; mais les tentations douloureuses ne subsistent qu'aussi longtemps qu'ils ne se sont pas détachés entièrement de la terre d'Égypte; les flots de la Mer rouge, par lesquels ils passent, anéantissent leurs ennemis, et sur la rive opposée Dieu change à ses chers amis toute amertume en joie, comme il a changé aux Israélites l'eau amère en eau douce".

---

[1] (*Explicit*) *dyalogus dictus Malogranatum, compilatus a quodam venerabili abbate monasterii Aule regie in Bohemia ordinis Cysterciensis*, a. d. 1487. — V. livre II, dist. 3, chap. 7, lettre b; et livre III, dist. 3, chap. 13, lettre c.

[2] V. sur Marc de Lindau J. Geffken, *Der Bildercatechismus des fünfzehnten Jahrhunderts*, Leipz. 1855, I, p. 42 et 110. L'ouvrage est encore inédit. Le Cod. Argent. B. 110, 4°, fin XIV° siècle, lui donnait pour titre: Dis buochlein heiszet Moises, und seit von den x geboten; ailleurs il est simplement appelé: Das buoch der zehn gebote. Nous nous sommes servi d'un manuscrit du XV° siècle, sur papier, appartenant à une bibliothèque particulière de Strasbourg.

Ces quelques passages suffisent pour faire connaître le procédé littéraire de l'auteur et la tendance de son livre.

Les ouvrages que nous venons de mentionner appartiennent visiblement à la période de décadence de la littérature mystique qui s'étend depuis les dernières années du quatorzième jusque vers le milieu du quinzième siècle. Par contre, un certain nombre de sermons conservés dans deux manuscrits de l'ancien couvent de bénédictines d'Engelberg, situé dans le canton d'Unterwalden, témoignent d'une plus grande profondeur de pensée religieuse. Ces sermons paraissent remonter pour ce motif à la dernière partie de la grande époque du mysticisme, à l'espace de temps compris entre les années 1360 et 1380 [1]. Ils permettent d'affirmer avec certitude qu'il a existé vers cette époque un groupe important d'amis de Dieu à Engelberg et dans les environs, et confirment de la manière la plus heureuse ce que nous apprennent les *Notices* des Johannites de l'Ile-Verte sur le compte de Jean de Bolsenheim, alors prieur du couvent de bénédictins d'Engelberg. Il nous est représenté dans ces *Notices* comme „recevant la visite de nombreux amis de Dieu venus de toutes les contrées avoisinantes", c'est-à-dire comme étant le centre du mouvement mystique dans son pays. Ces sermons ont été prononcés dans un couvent, probablement par Jean de Bolsenheim lui-même. L'auteur en effet mentionne dans un passage la rapide diffusion du mysticisme à Strasbourg [2]; or le prieur d'Engelberg a été on ne peut mieux placé pour connaître la situation religieuse de cette ville, puisqu'il a fait un séjour à Fribourg en Brisgau [3], à moins qu'on ne veuille voir dans ce passage la trace de la visite de Nicolas de Laufen à Engelberg en 1389 [4], et considérer les informations de l'auteur au

---

[1] Wackernagel, *Altdeutsche Predigten und Gebete aus Handschriften*, Bâle 1876, p. 283, 284 et 583-588.

[2] *Ibid.*, p. 583: Nuo machst du niut gesprechen das du sin (des minneclichen wortes gottes) niut habest und du im niut muigest nachgeloufen. So wirt es dir aber nachgetragen subtilklicher und minneclicher denne dien die ze strasburg in der stat sint nad enmitten dar under sint. Es wirt dir nachgetragen von dien lieben fründen gottes und wirt dir menig lieplich buoch gesendet, etc.

[3] Schmidt, *Nicolaus von Basel Leben*, etc., p. 64:... das her Johannes von Bolsenheim, prior zuo Engelberg... zuo Friburg (in Brisichouwe) gesoit hette..., etc.

[4] *Ibid.*, p. 64.

sujet des amis de Dieu de Strasbourg comme lui étant venues par cette voie, ce qui ferait descendre les sermons en question au delà de cette dernière date. D'après ces discours, les amis de Dieu d'Engelberg, laïques et ecclésiastiques, avaient organisé dans leur contrée une véritable œuvre de propagande mystique. „Ne dis point que tu ne possèdes pas la douce parole de Dieu et que tu n'as pas le loisir de courir le pays pour la chercher, car les amis de Dieu te suivent partout pour te l'apporter, et ils t'envoient maint livre dont la lecture te sera profitable. Sois en reconnaissant à Dieu et écoute la parole divine avec une sainte ardeur, quel que soit le lieu dans lequel on te l'enseignera et quelle que soit la personne qui te la fera entendre. Que ce soit un savant ou un homme inculte, son discours procédera du Saint-Esprit." Le tableau de leur vie spirituelle ressemble beaucoup à celui qu'Eckhart nous a conservé de la piété des amis de Dieu de Strasbourg au commencement du quatorzième siècle. „Les Israélites ont séjourné quarante ans au désert, demeurant non dans des maisons, mais dans des tentes. Ils n'ont possédé ni demeure fixe ni biens d'aucune sorte qui eussent pu les retenir, afin d'être prêts à suivre l'Éternel au premier signal de départ qu'il leur donnerait. Par là sont désignés allégoriquement les amis bien-aimés du Seigneur, qui sont dépouillés de tout désir personnel pour être sans cesse attentifs aux impulsions intérieures de Dieu, afin d'être toujours prêts à exécuter ses volontés." Si on élève contre eux quelque accusation, ils laissent à leur céleste ami le soin de les défendre; quant à eux, ils se taisent. Quelques amis de Dieu ont placé leur idéal de renoncement dans la vie monastique : mais la véritable existence qui convienne à celui qui s'est complètement abandonné à Dieu est celle de l'anachorète. Christ n'a-t-il pas souvent conduit le peuple au désert, et les exemples de Moïse, d'Élie, de Jean Baptiste, de Jean l'évangéliste ne sont-ils pas là pour montrer que „c'est au désert que les amis de Dieu ont eu le plus de trésors en partage", et que „c'est du désert que les amis de Dieu ont toujours apporté à la chrétienté les enseignements les plus féconds?" Leur dénûment est parfois bien grand ; „ceux qui entrent dans un couvent pour y trouver leur subsistance sans plus être contraints de travailler, ont plus souvent le nécessaire que les plus chers amis de Dieu" ; mais c'est une raison pour témoigner à ceux-ci une affection et un respect d'autant plus grands. „L'amour fraternel envers nos semblables se réglant sur le degré de leur union avec Dieu, il ne faudrait pas hésiter à sauver la vie d'un véritable ami de Dieu au détriment de la sienne, afin de conserver au Seigneur la vie de son ami; et l'on recevrait, en mourant ainsi, la récompense d'un martyr. Pour sustenter la vie d'un seul ami de Dieu, il en est qui assurent l'existence à cent moines!" Il est en effet bien difficile de distinguer les vrais amis de Dieu. Et cependant ce sont eux dont l'exemple et les conseils doivent amener l'homme à la félicité éternelle. „Si un pécheur voit l'ardent amour qu'un autre homme éprouve pour le Seigneur, il en est si bien enflammé qu'il se détourne de sa vie de péché et devient un ami fidèle de Dieu. Aussi chacun devrait-il chercher et choisir un ami de Dieu qui eût vécu sa doctrine; il devrait s'abandonner à lui sans retour et marcher sur ses traces, afin de mériter par cette obéissance la félicité éternelle. Sa fin sera bien meilleure s'il s'est assimilé la vie de cet ami de Dieu, que s'il a conservé sa propre vie."

Après Strasbourg et les localités de la Suisse et de la Bavière que nous avons mentionnées, il nous reste à jeter un rapide coup d'œil sur les contrées de l'Allemagne inférieure; nous ne nous y arrêterons qu'en deux endroits, à Bruxelles et à Cologne.

CHAPITRE DEUXIÈME.

LES AMIS DE DIEU DE L'ALLEMAGNE INFÉRIEURE.

I. Les amis de Dieu des Pays-Bas. — II. Les amis de Dieu de Cologne.

I.

A Bruxelles et dans tout le Brabant, c'est autour du nom de Ruysbroek que se concentrent les tendances mystiques du quatorzième siècle. Comme tous ses illustres contemporains, le pieux chanoine de Grœndal a été vivement frappé de la corruption du clergé de son temps. Il oppose „aux prélats et aux ecclésiastiques qui recherchent plutôt leur propre honneur que celui de Dieu, les simples laïques qui vivent pour le Seigneur et surpassent en prudence les érudits qui ne vivent que pour le monde" ; et il exprime le vœu de voir „les prélats, les prêtres et les docteurs mener une vie telle qu'ils puissent devenir capables de recevoir la sagesse divine"[1]. Sa spéculation théologique rappelle celle d'Eckhart par la hardiesse avec laquelle elle s'aventure dans la sphère métaphysique; elle aussi aboutit, comme conséquence dernière, à l'anéantissement de la personnalité humaine dans la substance infinie de Dieu. Ces principes extrêmes furent adoptés, comme l'avaient été ceux d'Eckhart à Strasbourg, par un certain nombre de partisans de la vie mystique; d'autres au contraire laissèrent ces doctrines audacieuses et s'en tinrent à une piété plus pratique; il y en eut enfin qui ne dépassèrent pas la simple observation des préceptes divins et des ordonnances de l'Église. A ces derniers Ruysbrock donne le nom de „serviteurs fidèles de Dieu"; aux premiers, celui de „fils cachés du Seigneur", et à la catégorie intermédiaire, celui „d'amis secrets et intimes de Dieu". Eckhart n'avait pas connu cette triple distinction; elle est particulière à Ruysbrock. „Les serviteurs fidèles de Dieu prennent la résolution d'observer les commandements divins. Quant aux secrets amis du Seigneur, ils se soumettent non seulement aux commandements, mais encore aux conseils vivifiants de leur céleste ami; ils s'attachent intérieurement au Seigneur par l'amour, en vue de sa gloire éternelle, et donnent congé volontairement à tout ce qui peut en dehors de Dieu leur causer du plaisir ou leur inspirer de l'amour. Dieu les appelle et les attire à lui par la multiplicité des exercices spirituels et par les formes diverses et mystérieuses de la vie intérieure.... Mais quelque profond que soit le sentiment de leur union avec Dieu par l'amour, ils ne peuvent cependant s'empêcher d'éprouver, au moment même où ils ont conscience de cette union, qu'il existe encore une différence entre eux et Dieu; ils ne connaissent ni ne recherchent le retour de leur âme, rendue à sa simplicité primitive, dans l'Essence absolue et infinie : aussi leur vie intérieure, dans sa forme la plus élevée, se déroule-t-elle encore

---

[1] *J. Rusbrochii opera omnia*, Cologne 1552: *In tabernaculum fœderis commentaria*, § 117, p. 183.

dans le domaine de la contingence et de la modalité. Sans doute ils méprisent les consolations et les joies extérieures, mais ils n'en exaltent que davantage les dons surnaturels dont ils se sentent gratifiés, les œuvres que Dieu accomplit en eux, les consolations intérieures et toute la félicité dont leur âme est remplie ici-bas. Ils s'arrêtent ainsi à moitié chemin et ne font aucun effort pour remporter la suprême victoire, qui consisterait à mourir absolument à eux-mêmes, à se laisser consumer et anéantir dans l'unité de l'amour infini, superessentiel, dont nul n'a jamais trouvé ni la mesure, ni le commencement, ni la fin. Dans l'état où ils sont, Dieu prend assurément plaisir à eux, et de leur côté ils prennent plaisir à Dieu; mais ils n'ont aucune certitude d'obtenir la vie éternelle, car ils ne sont pas encore complètement morts à eux-mêmes et à tout intérêt personnel; ils ne sont point parvenus à la stabilité spirituelle et peuvent encore tomber dans le péché. Mais ceux qui s'élèvent au-dessus de la pratique des vertus jusque dans leur sublime Origine, qui, enflammés par le pur amour divin, meurent en Dieu à eux-mêmes et à tout intérêt propre, deviennent les fils cachés de Dieu, à qui appartient la vie nouvelle, la vie éternelle" [1].

Les tendances mystiques de Ruysbrock se répandirent rapidement dans les Pays-Bas; elles ne tardèrent pas à trouver des représentants distingués dans Gérard Groot et son disciple Florent, dans les Frères de la vie commune et les religieux de la congrégation de Windesheim. Il importe cependant de remarquer qu'elles ne se perpétuèrent ainsi qu'en se transformant profondément. Elles s'épurèrent au contact des nécessités de la vie pratique, ainsi qu'il en était advenu également du mysticisme dans l'Allemagne supérieure après Eckhart; elles laissèrent tomber les hardiesses spéculatives empruntées à une philosophie hétérodoxe, pour en arriver au type accompli de la piété ascétique au quinzième siècle, l'*Imitation de Jésus-Christ* de Thomas de Kempen. Le contenu éminemment moral de cet écrit justement célèbre ne rappelle plus en rien les préoccupations au milieu desquelles nous avons vu se développer le mysticisme des amis de Dieu

---

[1] *J. Rusbrochii opera omnia: De calculo, sive de perfectione filiorum Dei liber*, §§ 7 et 8, p. 378-381 (chez Ullmann, o. c., Van den blickenden steen, p. 180-187).

au siècle précédent. L'horizon ecclésiastique et politique s'était modifié; les bases de la vie sociale s'étaient raffermies; l'état des esprits avait changé. Aussi les premières années du quinzième siècle marquent-elles le début d'une nouvelle période de la littérature mystique au moyen âge. L'œuvre du chanoine régulier de Zwolle forme le centre de cette période, dans l'étude de laquelle nous n'avons pas à entrer ici, et dans laquelle il convient de ranger également cette autre *Imitation de Jésus-Christ* qui est connue sous le nom de la *Théologie germanique* [1].

[1] Ein deutsch Theologia, publiée par Luther en 1516 et en 1518, et en dernier lieu par Fr. Pfeiffer, Theologia deutsch, Stuttgart 1855, d'après un manuscrit de l'an 1485, le seul qui soit connu de cet ouvrage. La date de ce manuscrit prouve déjà qu'il ne faut pas faire remonter trop haut la composition du livre. Le nom d'amis de Dieu ne figure nulle part dans le texte. On ne le rencontre que dans la préface (Dis buchlein hat... got ussgesprochen durch einen... menschen, sinen frunt, der da vor ziten gewest ist ein dütsche herre... zu Franckfurt... und leret wie man erkennen muege die warhaftigen gerechten gotesfründe und die valschen frien geiste, etc.) et dans le titre du § 21 (...wie ein freünd gottes, d'après la version de Luther; ...wie ein frunt Kristi, d'après celle du ms. de l'an 1485), préface et titre qui proviennent évidemment d'un copiste à qui le nom et le genre de vie des amis de Dieu étaient encore connus. La division en chapitres, si malheureuse parfois (la conclusion du livre, par exemple, commence chez Luther et chez Pfeiffer au beau milieu d'un chapitre), paraît avoir la même origine. L'on voit à quoi se réduit l'argumentation de Pfeiffer, d'après laquelle le livre en question remonterait aux dernières années du quatorzième siècle, parce que l'auteur aurait appartenu « explicitement » à la société des amis de Dieu, et qu'on ne rencontrerait plus trace des amis de Dieu après cette époque. (*Introd.*, p. xx ss.) Le texte même qu'il publiait aurait dû apprendre à Pfeiffer que la dénomination d'amis de Dieu était encore usitée au quinzième siècle. Pfeiffer est d'ailleurs tombé dans une méprise analogue à propos du titre de ce livre : « Theologia deutsch, dit-il, signifie simplement *traité allemand contenant des matières théologiques*. » (*Introd.*, p. xxij.) Il oublie que Luther avait primitivement appelé ce livre Ein deutsch Theologia et qu'il avait expressément déclaré dans sa préface de 1518 : « Il y a longtemps qu'un pareil livre n'a été publié dans les universités... Si l'on dit que nous sommes des théologiens allemands, nous acceptons ce nom. Je loue Dieu de ce que j'entends et trouve mon Dieu en langue allemande, comme ni eux (les théologiens scolastiques) ni moi ne l'avons trouvé jusqu'à ce jour ni en latin, ni en grec, ni en hébreu. Dieu fasse que ce livre se répande, et l'on trouvera que *les théologiens allemands sont sans aucun doute les meilleurs théologiens* ». Ce n'est donc rien moins qu'une dénomination purement oiseuse que Luther entendait donner à l'ouvrage du religieux de Francfort; il voulait opposer la théologie de ce livre à la théologie scolastique et montrer, dans un accès de fierté nationale, quels trésors de piété pouvaient être cachés sous les formes encore rudes et incultes de la langue populaire, en comparaison de la pauvreté religieuse des ouvrages composés dans une des langues savantes de l'époque.

II

Cologne a été le champ d'activité commun de la plupart des grands docteurs mystiques du quatorzième siècle, le point de jonction entre les tendances religieuses de l'Allemagne supérieure et celle des Pays-Bas. Toutes les nuances de la piété mystique ont compté des représentants dans cette ville, et la société des amis de Dieu a dû y être fort nombreuse, à en juger par les déclarations de Pierre Canisius de Nimègue, l'un des éditeurs de Tauler au seizième siècle[1], et par celles de Tauler lui-même. „A cette époque il y eut en Allemagne et surtout à Cologne un grand nombre d'hommes profondément pieux et aimant Dieu; les docteurs Eckhart de Strasbourg, Henri Suso, Henri de Louvain, Eckart le jeune vécurent alors dans cette ville." Tauler y fit plusieurs séjours, et paraît avoir fréquemment prêché dans le couvent de dominicaines de sainte Gertrude, où ses sermons furent notés et conservés, et dont la prieure s'est trouvée vers l'an 1346 en relations suivies avec Henri de Nördlingen et Marguerite Ebner. Dans un sermon qu'il prononça dans cette ville, il apostrophe ainsi les membres de la société mystique réunis autour de sa chaire: „Arrêtons-nous à la ville de Cologne. Je ne connais dans tout l'univers, d'une extrémité à l'autre, aucun endroit où la parole de Dieu ait été répandue et manifestée avec autant de richesse et de pureté pendant les soixante dernières années, où elle soit encore annoncée en ce jour par autant de docteurs éclairés, par autant d'amis de Dieu que dans cette ville de Cologne. Où vit-on jamais chose semblable? Faites attention cependant, chers enfants, à la manière dont vous avez reçu et mis en pratique dans votre vie la précieuse parole de Dieu, qui vous a été et qui vous est encore prêchée dans une mesure plus abondante qu'à d'autres villes de la chrétienté. Avez-vous conformé votre conduite à ses préceptes? Dans ce cas vous êtes le peuple le plus heureux qui ait jamais été créé. L'avez-vous reçue sans la traduire en bonnes œuvres? Alors malheur à vous, Capernaüm et

---

[1] Cologne 1543, f°.

Bethsaïde, qui écoutez d'un cœur stérile la précieuse parole de la vérité !"[1] D'aussi pressantes objurgations n'étaient pas hors de saison à Cologne, car il ressort d'un autre passage de Tauler qu'une certaine tiédeur religieuse régnait parmi les amis de Dieu de la grande ville. Il paraît qu'ils avaient accepté les doctrines du mysticisme plutôt comme une jouissance intellectuelle que comme un principe de régénération morale, car le prédicateur leur reproche éloquemment le peu de solidité de leurs conversions, en comparaison de la ferveur avec laquelle il a vu les fidèles se tourner vers Dieu dans d'autres pays. Après avoir constaté qu'„il existe à Cologne une louable habitude, celle de communier fréquemment", il énumère les raisons pour lesquelles la jouissance du sacrement n'y produit pas tous les fruits désirables, et il ajoute : „J'ai été dans des contrées où les habitants ont un caractère si viril et se convertissent avec une piété si sincère, si profonde, si constante, que la parole de Dieu y porte plus de fruits en un an qu'ici en dix ans, et que Dieu accorde à ce peuple qui lui est cher tous les miracles de sa grâce. D'autres pays, au contraire, enfantent des caractères si efféminés, que la vérité divine, de quelque manière qu'elle y soit présentée, n'y produit point de résultats durables. C'est ce que vous n'aimez pas à entendre, car c'est bien vous que j'ai voulu désigner par ce discours. Mes enfants, il nous faut devenir des hommes et nous tourner énergiquement vers Dieu, sans quoi nous n'arriverons jamais au but !"[2]

Nous ne savons si les efforts de Tauler furent couronnés de succès, car nous ne possédons point de renseignements sur l'histoire ultérieure des amis de Dieu de Cologne. Le grand prédicateur avait contribué plus que tout autre docteur de son temps à la diffusion d'un mysticisme plutôt pratique que spéculatif, et qui, malgré ses lacunes et ses imperfections, peut compter parmi les manifestations les plus pures de la vie religieuse au moyen âge. Il s'est trouvé en relations avec les amis de Dieu de toutes les contrées, en contact direct avec la piété populaire de son temps : aussi son influence religieuse a-t-elle été bien plus considérable que celle d'un Ruysbroeck

---

[1] Sermon 100 dans l'édition de Francfort de 1826, III, p. 402.
[2] Cod. Argent. A, 89, n° 37 (édit. de Bâle 1522, f° 68ª; édit. de Francfort 1826, n° 73ª, p. 203).

ou d'un Suso, et c'est avec raison qu'on lui a assigné à toutes les époques la place centrale dans l'histoire du mysticisme au quatorzième siècle.

Nous avons passé en revue les principales localités qui ont été marquées par le séjour des amis de Dieu, et signalé quelques-unes de leurs tendances particulières. Les développements biographiques auxquels nous avons pu nous livrer à l'endroit où nos sources ont été plus abondantes qu'à l'ordinaire, nous ont permis de faire ressortir les traits essentiels d'un caractère qui n'a pas dû être rare dans les cercles mystiques de l'époque, et qui, malgré ses particularités, peut-être précisément à cause d'elles, nous présente un des tableaux les plus complets et les plus intéressants de la vie intérieure des amis de Dieu, avec leurs aspirations religieuses un peu confuses, leur amour des interventions surnaturelles, leur disposition à se soumettre à la direction spirituelle d'un homme éclairé de Dieu, laïque ou ecclésiastique, et enfin leurs préoccupations apocalyptiques. Nous retrouverons dans la suite de cette étude la plupart des traits que nous venons de relever, et ce sera pour nous une preuve que les tendances religieuses des deux hommes, dont la vie et l'activité spirituelle forment le sujet spécial de ce travail, loin d'avoir été un phénomène isolé, se rattachent intimement aux formes générales de la piété mystique à leur époque, et qu'elles en sont l'expression la plus vivante et la plus complète. Sous ce rapport ces deux hommes méritent tout spécialement l'épithète d'amis de Dieu qui s'est attachée à leur nom, car ils sont les vrais représentants du mouvement des esprits vers le mysticisme que nous avons décrit précédemment ; ils réunissent dans leur personne et dans leur enseignement, à un degré plus prononcé, les caractères que nous avons successivement relevés chez les différents partisans de ce même genre de vie religieuse.

Le cadre littéraire et historique de notre travail se trouve ainsi achevé, et nous pouvons entreprendre sans plus tarder l'étude de la vie et des doctrines de l'Ami de Dieu de l'Oberland et de Rulman Merswin.

PREMIÈRE PARTIE.

Histoire de l'Ami de Dieu de l'Oberland et de Rulman Merswin jusqu'à la fondation du couvent de l'Ile-Verte à Strasbourg.

CHAPITRE PREMIER.

JEUNESSE ET CONVERSION DE L'AMI DE DIEU DE L'OBERLAND.

Au commencement du quatorzième siècle vivaient dans une ville de la haute Allemagne un riche négociant, sa femme et son fils. La contrée qu'ils habitaient est désignée par rapport à la situation géographique de Strasbourg sous le nom d'Oberland. Quand son fils eut atteint l'âge de quatorze ans, le négociant le conduisit à l'église lors des fêtes de Pâques et lui fit donner la sainte-cène. Le jeune homme fréquenta le service divin pendant toute la durée de la semaine sainte; il entendit de nombreux sermons sur les souffrances de Jésus-Christ et emporta de ces discours une profonde impression. Il acheta secrètement un crucifix qu'il cacha dans sa chambre; chaque nuit il s'agenouillait et méditait avec grande dévotion les souffrances que le Seigneur avait endurées. Il priait Dieu de lui faire connaître quel genre de vie il devait embrasser plus tard, s'il devait devenir prêtre ou rester laïque, se vouer au célibat ou contracter mariage, et promettait de lui obéir, quelle que pût être sa réponse. „Je commençai bien jeune cette prière; une grande crainte de Dieu s'était emparée de moi : j'avais néanmoins le cœur bien content et il m'arrivait rarement d'être sans quelque joie intérieure"[1]. Dans la même ville de-

---

[1] Traité XI, p. 90.

mourait un chevalier qui avait un fils du même âge que celui du négociant; les deux jeunes gens, malgré la différence de leur condition, se lièrent d'amitié vers leur quinzième année. L'un suivait son père aux tournois pour se familiariser avec les usages de la chevalerie, l'autre accompagnait le sien dans ses voyages pour apprendre le commerce; chaque fois qu'ils se retrouvaient, leur liaison devenait plus intime [1]. La similitude de leurs besoins religieux cimentait leur amitié. Le jeune noble, lui aussi, menait une vie fort pieuse; il avait fait à la Vierge le vœu d'être son serviteur, et lui avait „donné son affection" [2].

Il arriva au bout de quatre années que le négociant fit une chute et mourut. Son fils recueillit sa succession, et entreprit la même année un voyage lointain dans l'intérêt de ses affaires. A son retour il apprit que sa mère était morte, et qu'il se trouvait seul maître de la fortune considérable amassée par ses parents [3]. Il avait alors vingt ans. Son ami lui proposa de quitter le négoce et de l'accompagner aux cours seigneuriales, aux tournois et aux autres réunions de plaisir de la noblesse; il accepta cette offre, mais à la condition de ne point prendre part aux tournois puisqu'il n'était pas noble. Les deux jeunes gens menèrent pendant quatre ans une fort joyeuse existence. „Ils devinrent bien chers aux dames, car ils les divertissaient en les conduisant auprès des fontaines et dans les jardins, et ne regardaient pas à la dépense. Tous ceux qui les connaissaient les prenaient en affection" [4]. Malheureusement leurs mœurs se ressentirent de cette vie

---

[1] Traité XI, p. 79.
[2] Ibid., p. 93.
[3] Ibid., p. 80: Also du wol wissest das min vater und muoter dot sint und das mir das guot alles alleine worden is... — L'Ami de Dieu de l'Oberland (qui nulle part ne mentionne l'existence de frères ou de sœurs) a donc été fils unique. Il n'a pu être dans ce cas le fils du négociant bâlois Nicolas de l'Anneau d'or qui avait quatre filles. Celles-ci d'ailleurs héritèrent de la fortune de leur père, car l'une d'elles, Marguerite, devenue béguine, put léguer des biens au couvent de dominicains de Bâle. Enfin, comme l'Ami de Dieu perdit son père un an avant sa mère, l'hypothèse d'un second mariage que son père aurait contracté après la mort de cette dernière avec une femme qui a vécu jusqu'après 1376, ne saurait être admise.
[4] Ibid., p. 80: Und dise zwene gesellen die vingent ane und rittent und fuorent zuo vil schimpfes und ouch zuo ernoste und wurdent ouch gar liep und wert und bekannt under den edeln frowen: wanne si mahtent in vil kurtzewile wanne si

trop facile. Le jeune bourgeois commit à cette époque le grave péché dont le souvenir devait peser sur sa conscience jusqu'à la fin de ses jours : il acheta à prix d'argent la fille d'un pauvre homme, et on eut un enfant. „Pour ce péché, s'écrie-t-il avec douleur, je suis obligé de subir, moi aussi, jusqu'à ma mort les assauts de Satan, et de souffrir qu'il me soufflette par le moyen des tentations !"[1] A la même époque, les deux amis s'éprirent de deux jeunes filles nobles qui répondirent à leur affection. Ils convinrent de faire l'un pour l'autre la demande en mariage. Le jeune noble vit sa requête favorablement accueillie ; par contre il obtint pour son ami une réponse si décourageante qu'il n'osa pas la lui communiquer en son entier. Peu de temps après, il partit en compagnie de quelques jeunes seigneurs pour gagner ses éperons en guerroyant au delà des mers. Volontiers son ami l'eût suivi ; mais la jeune fille „avec laquelle il avait perdu son cœur" s'opposa à son départ. Celle-ci réussit pendant l'absence du jeune noble à faire revenir ses parents sur leur résolution première. Il fut décidé que le jeune bourgeois épouserait la jeune fille qu'il avait demandée en mariage, s'il s'engageait à lui constituer une dot de six mille florins ; et comme cette condition fut acceptée, l'on convint de se réunir le lendemain matin pour rédiger les clauses du contrat.

La nuit suivante, le jeune homme s'agenouilla comme de coutume devant son crucifix, et invoqua avec grande ferveur „la mort du Seigneur et la miséricorde infinie de Notre-Dame", se déclarant prêt à mourir plutôt que de renoncer au genre de vie que Dieu voudrait lui imposer. Comme il tenait les yeux fixés sur le crucifix, il vit l'image de bois s'abaisser vers lui et il entendit une voix extrêmement douce qui lui dit : „Lève-toi, renonce au monde, prends ta croix et suis-moi !" Puis l'image se redressa et la voix se tut. „J'éprouvai sur l'heure un si ardent amour de Dieu, que tous les biens de ce monde me devinrent un sujet de souffrance ; j'oubliai entièrement mon amour naturel pour Marguerite, ma fiancée, comme si je ne l'avais jamais vue". Il demeura jusqu'au matin plongé dans ses méditations. La pensée de la „fausseté

---

luodent si uber burnen und in garten und ahtetent nút was des kosten was ; und si worent also gar húbescher zühtiger wandelunge, es were mit herren oder mit frowen, mit rittern oder mit knehten, das si alles das liep und wert hette das si bekante.

[1] Traité XI, p. 94. Allusion à 2 Cor. XII, 7.

du monde, du salaire trompeur qu'il donne à ceux qui l'aiment et de la fin amère qu'il leur réserve" s'empara de son esprit: „Pauvre créature que je suis, comment ai-je pu être assez insensé pour préférer le temps à l'éternité, pour me laisser aveugler par l'honneur et la joie de ce monde, comme tant d'autres à qui Dieu a départi aussi bien qu'à moi le précieux don de l'intelligence, et qui ne songent pas qu'il leur est possible de mériter pendant la courte durée de cette vie terrestre une récompense éternelle devant Dieu et les anges! Laissons les autres hommes cheminer dans l'oubli de Dieu et veillons sur nous-même, car il en est grand besoin!" Il sentit qu'il avait irrité Dieu par son existence passée: une grande crainte et un profond repentir envahirent alors son cœur: „Seigneur miséricordieux, s'écria-t-il, aie pitié de moi et viens à mon secours! L'homme ne peut rester ici-bas sans amour: il aime les créatures ou Dieu, car les deux amours ne peuvent exister ensemble dans une âme. Ma mauvaise nature sera obligée encore aujourd'hui de donner congé au monde faux et trompeur, de renoncer à toutes les créatures et en particulier à la jeune fille à qui j'ai donné mon cœur. Tu as souffert innocemment une mort amère pour moi, pauvre pécheur; je veux aujourd'hui te promettre de souffrir la mort que j'ai méritée plutôt que de me détourner jamais de toi!"[1] Aux tourments de l'âme vint se joindre chez lui la souffrance corporelle; mais sa détermination était irrévocable. „Quand ma nature physique comprit que ma libre volonté venait de prendre une résolution définitive, elle s'en effraya tellement que le sang lui sortit par le nez et la bouche, par suite de la douleur qu'elle éprouvait d'être obligée d'abandonner ce qui lui avait appartenu jusque-là. Allons, ma nature, m'écriai-je, prends-en ton parti; il ne peut en être autrement, dusses-tu souffrir une mort cruelle. Que ma main droite te représente, ô Dieu, car tu es droit et juste; ma main gauche représentera ma mauvaise nature, car elle a trop longtemps suivi le chemin de gauche, celui de l'injustice et de l'erreur! Et plaçant la main gauche dans la main droite, je fis vœu d'aimer dorénavant Dieu seul, et de le prendre seul pour époux. Je le suppliai de guider mon inexpérience et de me faire savoir quelle prière je devais désormais lui

---

[1] Traité XI, p. 81 s. Traités XII, p. 286 s.; II, p. 194 s.

adresser, quel genre de vie je devais mener, à quels exercices spirituels je devais me livrer; et tombant à genoux je lui dis : „Je t'abandonne aujourd'hui ma libre volonté; agis à l'avenir avec moi comme tu l'entendras, que cela me soit agréable ou douloureux!" Au moment où je priais ainsi et faisais en toute simplicité de cœur et avec une entière humilité le sacrifice de ma volonté propre, malgré la souffrance et l'angoisse que je ressentais dans ma nature physique, je vis de mes yeux corporels une belle et radieuse lumière qui m'enveloppa, et au milieu de cette clarté éblouissante je fus ravi à moi-même; j'oubliai toutes les créatures et ma propre existence, et il me fut donné de contempler dans cette lumière des merveilles surnaturelles qui me remplirent de joie et dont je ne puis parler, car elles sont ineffables. Je ne sais qu'une chose : eussé-je pu demeurer éternellement dans cet état, ma satisfaction eût été complète. Mais le temps que dura mon bonheur fut, hélas, bien court. Revenu à moi, je sentis que mon cœur était tellement plein d'une joie exubérante et surnaturelle qu'il me sembla près d'éclater; et je pensai : „O Dieu, mon époux bien-aimé, que doivent être les bienfaits dont tu combles les hommes qui t'ont servi de longues années, si tu accordes des faveurs si merveilleuses à moi, pauvre pécheur, qui viens seulement de me séparer du monde!"[1]

Dès que le jour fut venu, le jeune homme fit prévenir la famille de sa fiancée que le mariage projeté n'aurait pas lieu. Cette détermination attira sur lui la haine et le mépris non seulement des parents de la jeune fille, mais encore de toutes les personnes qui le connaissaient. Partout où il paraissait, il était en butte aux railleries, parfois même aux mauvais traitements de ceux-là mêmes qui l'avaient le plus estimé. Il supportait ces afflictions avec patience, comme le juste châtiment de ses péchés; seulement il avait grand' pitié de ses amis d'autrefois, craignant que leur culpabilité devant Dieu ne s'accrût par trop à cause de lui. Pour se soustraire à tout contact avec la société qu'il avait fréquentée jusqu'alors, il vendit sa maison, qui était située dans la plus belle partie de la ville, et s'en alla demeurer dans un quartier retiré, au milieu de pauvres gens auxquels il faisait

---

[1] Traité XII, p. 208 s.

l'aumône. Son intime ami, le jeune noble, revenu chevalier après deux ans d'absence, fit une dernière tentative auprès de lui pour renouer le projet de mariage qui venait d'être rompu; voyant que ses efforts restaient vains, il se rangea du côté de ceux qui tenaient le jeune bourgeois pour un sorcier, pour un sectaire hérétique ou pour un insensé[1]. Quant à la fiancée de celui-ci, elle se ménagea à son insu une entrevue avec lui. „En quoi ai-je pu vous offenser?" lui demanda-t-elle avec larmes. — „Vous ne m'avez offensé en rien, répondit-il; j'ai donné ma foi à une autre fiancée, plus belle, plus riche et plus noble que vous, à la Mère de Dieu." — „S'il en est ainsi, dit-elle, je ne veux pas me séparer de vous pour ce motif; vous avez choisi la Mère de Dieu pour épouse, je choisirai son Fils pour époux. Voici mes joyaux, prenez-les, et donnez-les au nom de mon époux partout où besoin sera!" Elle vécut encore neuf ans „dans la pratique de toutes les vertus"; puis elle quitta ce monde „après une fin si pieuse et si édifiante qu'elle est bien certainement devenue une grande sainte devant Dieu".

A l'époque où ces faits s'accomplirent, le jeune bourgeois avait environ vingt-six ans. A partir de ce moment, „il sentit grandir en lui l'amour de Dieu et les vertus divines, de telle sorte qu'il devint au bout de peu d'années un cher et intime ami de Dieu, en qui le Seigneur accomplissait mystérieusement des œuvres grandes et merveilleuses"[2]. Sa rupture avec le monde était définitive; mais sa conversion n'avait fait que commencer. Il lui fallut encore traverser cinq années d'agitations et de luttes intérieures avant que Dieu lui fît savoir, dans un ravissement d'une douceur incomparable et qui devait rester unique dans son existence, que désormais il avait atteint le but suprême de la vie religieuse.

Pendant la première année, il se livra avec toute l'ardeur d'un nouveau converti aux rigueurs de l'ascétisme. La lecture des vies des saints lui fit une impression profonde: „Ce sont là des hommes comme moi, pensai-je, qui ont vécu comme moi sur la terre, et qui peut-être

---

[1] Traité XI, p. 82 s.
[2] Ibid., p. 83.

n'ont pas commis d'aussi graves péchés que moi : et cependant quels douloureux exercices ne se sont-ils pas imposés !" Il s'appliqua donc à imiter la vie de chacun des saints en particulier[1]. Devenir pauvre par l'abandon complet de ses biens et ruiner ses forces physiques par des macérations répétées, telle fut dès lors sa grande préoccupation. De radieuses visions vinrent interrompre et tempérer les manifestations de ce zèle exagéré. „J'éprouvai une haine profonde de ma nature charnelle qui m'avait si longtemps égaré dans la vallée sombre de ce pauvre monde, et je résolus de renoncer à tout agrément extérieur et à tout bien terrestre, et de devenir pauvre pour l'amour de Dieu. Alors il s'éleva au dedans de moi, sans aucune intervention de ma part, une voix que je n'avais jamais entendue auparavant : „Cher époux, sache que c'est moi, le Roi des rois, le Seigneur de toutes les créatures passées et à venir qui te parle. Tu es un homme d'une piété courageuse et prêt à tous les sacrifices, tel qu'il s'en trouve peu dans ce temps-ci ; aussi ai-je résolu de devenir ton suzerain et de te rendre tes biens matériels en qualité de fief : tu seras de la sorte mon vassal. Tu prélèveras sur ces biens ce qui t'est nécessaire pour vivre ; le reste, tu le dépenseras avec moi, ton époux et ton seigneur. Quant à ta nature physique, garde-toi de la détruire avant le temps. Le feu de l'amour divin te consume et te dévore : la nature la plus forte et la plus saine ne saurait longtemps résister à ses ardeurs. Cesse donc de suivre les inspirations de ta volonté propre ; c'est à ton époux seul que tu dois obéir, ainsi que tu l'as promis"[2]. Il consentit donc à conserver ses biens ; mais il ne put se soumettre de même au second commandement que Dieu lui avait donné. „La joie dont mon cœur fut inondé m'inspira une haine violente de mon corps ; je me flagellai jusqu'au sang, je répandis du sel sur mes blessures et revêtis un cilice afin de faire souffrir ma nature autant que possible. Et pendant que je pratiquais ces exercices, Dieu opéra en moi de grandes merveilles"[3]. Un jour il vit venir à lui deux vierges d'une beauté éblouissante et environnées de clartés ; c'étaient sainte Agnès et sainte Catherine, „à qui il avait voué un culte tout particulier".

---

[1] Traité XIII, p. 12.
[2] Traité XII, p. 209 s.
[3] *Ibid.*, p. 210.

Elles le conduisirent dans un jardin magnifique au pied d'un poirier qu'elles lui dirent de secouer. Et quand il eut ramassé sur leur ordre les fruits qui étaient tombés : „Garde ces poires, dirent-elles, et n'en donne à personne : quand tu te sentiras malade, tu en mangeras, et tu retrouveras tes forces; tu en placeras les pépins sur tes plaies, et elles guériront". Revenu à lui, il trouva effectivement sur ses genoux un certain nombre de poires; il en divisa une et vit que les pépins brillaient comme des escarboucles. Aussitôt il suivit la recommandation des deux saintes, et l'effet confirma si bien la vérité de leurs paroles, qu'il ne se permit plus dans la suite de faire usage d'un remède aussi efficace, à moins que la souffrance ne fût si forte qu'il en pensât mourir[1]. — Quelque merveilleuse qu'elle eût été, cette vision ne put le satisfaire. Il supplia Dieu de lui faire goûter une seconde fois le bonheur ineffable dont il avait joui le matin de sa rupture avec le monde. Dieu ne lui répondant pas, il reprit pendant trente jours ses exercices ascétiques. Alors il eut une deuxième vision. „Je fus conduit dans un chœur d'église tout resplendissant de lumière comme s'il eût été d'or pur; il était rempli d'anges au milieu desquels se tenaient les douze apôtres. Ceux-ci m'invitèrent à célébrer la messe. Comme je répondis que je n'avais reçu ni l'instruction ni la consécration nécessaires pour accomplir un pareil acte, l'Écriture me fut enseignée d'une manière miraculeuse; saint Pierre me tonsura et me consacra : puis, je célébrai la messe, aidé et servi par les saints anges et les apôtres. Après quoi anges et apôtres s'inclinèrent vers moi, firent sur moi le signe de la croix et disparurent. Revenu à moi, je me trouvai pendant trente semaines connaissant l'Écriture comme si j'avais passé toute ma vie dans les écoles les plus célèbres : et cependant je n'avais jamais appris ces choses!"[2] — Cette vision ne le satisfit pas davantage, et il renouvela à Dieu la prière qu'il lui avait précédemment adressée. Dieu gardant encore le silence, il reprit pendant douze semaines ses exercices ascétiques. Il eut alors une troisième vision. „J'aperçus à côté de moi un homme de grande taille, dont le corps était couvert de plaies et qui avait souffert un

---

[1] Traité XII, p. 211.
[2] *Ibid.*, p. 212.

horrible supplice. „O mon ami, lui dis-je, qui es-tu et qui t'a maltraité ainsi?" Il me répondit : „Sache que tu as été cause de ce grand martyre!" Il me pressa sur son cœur, et me fit boire le sang qui s'échappait de ses plaies; puis il prit un linge blanc, et après en avoir touché ses blessures, il me le donna en disant : „Prends ce linge, et quand tu seras blessé, fais-le passer sur tes plaies et elles guériront." Je revins à moi, et trouvai le linge sanglant sur mes genoux. Mes blessures étaient fermées, mes douleurs avaient cessé. Je pris aussitôt une discipline et me fis de larges plaies sur le corps : à peine le linge sanglant les avait-il touchées qu'elles se fermèrent[1]. — „Toutes ces images merveilleuses ne satisfirent pas le désir de mon âme et je répétai encore une fois ma demande à Dieu." Ne recevant pas de réponse, il recommença ses pratiques ascétiques pendant quinze semaines. Au bout de ce temps il eut une quatrième vision. „Je fus conduit dans une maison toute resplendissante de lumière; à l'intérieur se tenaient des vierges couronnées de roses, au milieu desquelles était assise une femme d'une beauté majestueuse, qui tenait un enfant sur les genoux. Elle me dit : „Ce bel enfant est à moi; c'est ton fiancé, pour l'amour duquel tu as renoncé au monde." Elle tendit à l'enfant un anneau qu'il mit à mon doigt comme gage d'une véritable amitié; puis la vision s'évanouit. Revenu à moi, je trouvai effectivement à mon doigt le plus bel anneau que l'on puisse voir"[2]. — „Mais le vœu de mon cœur n'était pas encore accompli. Seigneur, m'écriai-je, toutes ces images qui réjouissent la vue ne sauraient me contenter : si seulement tu voulais satisfaire une fois encore le désir de mon âme!" Dieu ne lui répondit pas, et il reprit ses exercices ascétiques jusqu'à l'anniversaire de sa rupture avec le monde. „Ce jour-là je fus ravi à moi-même comme je l'avais été le premier jour de ma nouvelle existence, et ma prière fut exaucée. Je ne distinguai ni formes ni images; ce que je vis dépasse toute intelligence." Revenu à lui, il entendit la même voix d'une douceur exquise qui lui dit : „Tu n'as point vécu pendant cette année comme tu l'aurais dû. Au lieu de t'abandonner complètement à la volonté divine, tu as suivi ton désir particulier, tu

---

[1] Traité XII, p. 213. — Voir dans l'*Introduction* p. 31 le récit d'une vision analogue.
[2] *Ibid.*, p. 213 s.

as demandé à revoir Dieu. Tu l'as vu comme un prisonnier perçoit au fond d'une sombre tour la clarté lointaine qui entre par la lucarne du toit. Nul ne peut arriver au degré suprême de la vie spirituelle, à la stabilité en Dieu, qu'en mourant entièrement à soi par un renoncement absolu, plein d'amour et d'humilité, aux mouvements les plus cachés de sa volonté personnelle, par une attente passive des manifestations de la volonté divine et par une obéissance patiente et constante à celles-ci." Il promit de remplir fidèlement ces conditions à l'avenir, et comme gage de sa résolution d'obéir à Dieu en tout point, il brûla sur l'ordre de la voix mystérieuse le linge sanglant, les poires et l'anneau. La voix reprit alors : „Sache bien, homme volontaire et insoumis, que si tu abrèges tes jours tu en seras sévèrement puni. Suspens donc tes exercices ascétiques, jusqu'au jour où il te sera permis de les reprendre. Dieu te conduira désormais lui-même par le vrai chemin, par le chemin que doit suivre toute âme noble et juste que l'amour divin remplit et qui veut arriver à la stabilité spirituelle en pratiquant la patience de Job et l'obéissance d'Abraham ; il exercera tes forces par le moyen d'exercices intérieurs, qui te causeront tant de souffrances que tu oublieras les exercices extérieurs auxquels tu t'es livré jusqu'à présent d'après les inspirations de ta volonté propre, c'est-à-dire sur les conseils du diable. Je me tais et pendant longtemps tu ne m'entendras plus." Effrayé de voir attribuer ses actes de dévotion à l'influence du diable, il courut dans la forêt voisine consulter un vieil ermite. Celui-ci confirma le jugement que la voix mystérieuse avait porté sur ses pratiques ascétiques, et lui recommanda également de s'abandonner sans réserve à la direction de Dieu[1].

Les „exercices intérieurs", annoncés dans la précédente vision, devaient remplir les quatre dernières années de la conversion du jeune homme.

Pendant la seconde et la troisième année, le remords des péchés qu'il avait commis le poursuivit de différentes manières : il dut éprouver toutes les angoisses d'une âme torturée par le sentiment de sa culpabilité au point d'en arriver à douter de la possibilité de son

---

[1] Traité XII, p. 214 s. Traité XIII, p. 12.

salut. „Tous les péchés que j'avais commis pendant ma vie se dressèrent devant mon esprit sous des formes horribles et douloureuses à voir; il me semblait que je devais être appelé sans retard devant le tribunal de Dieu pour les expier. Je vécus dans une grande crainte, ne trouvant dans ma conscience que la certitude d'avoir mérité d'aller éternellement en enfer. Cet état dura bien un an. Dépourvu de toute consolation intérieure et extérieure, je n'aurais pu supporter cette souffrance, si la puissance cachée de Dieu n'était venue mystérieusement à mon aide. Mon seul soutien était la ferme résolution de ne point donner congé à Dieu et de m'abstenir du péché, dussé-je même être condamné aux tortures éternelles de l'enfer" [1]. Au commencement de l'année suivante il eut un rêve qui calma grandement ses angoisses. Marie-Madeleine, la patronne des pénitents, à qui il avait voué un culte particulier et qu'il avait prise pour fiancée depuis le jour où il était entré dans la voie du repentir, lui apparut pendant son sommeil; à côté d'elle se tenait le Seigneur, portant sur son corps les traces d'un horrible martyre. Elle engagea le jeune homme à imiter l'exemple qu'elle avait donné pendant sa vie terrestre et à reporter sur Celui qu'elle avait tant aimé l'affection qu'il avait eue jusqu'alors pour elle [2]. Toute souffrance relative au péché n'était cependant pas surmontée : „La troisième année, dit-il, la crainte de l'enfer me fut enlevée, il est vrai, mais Dieu m'imposa un autre exercice intérieur :

---

[1] Traité XII, p. 216 s.
[2] Traité VI, fin. Ce détail biographique ne figure pas dans la relation du traité XII, aussi peu que ceux qui se trouvent mentionnés au traité XIII, p. 12 et 13, et au traité XI, p. 94. — La relation du traité XII en effet n'était rien moins, aux yeux de l'Ami de Dieu, qu'un récit complet de sa conversion. L'auteur déclare expressément n'avoir inséré dans le *Livre des deux hommes* qu'un «aperçu aussi rapide et aussi court que possible de sa vie» (ich habe min leben überloufen so ich aller bildest kunde. Tr. XII, p. 220); ce n'est qu'après sa mort qu'on devait trouver le récit complet de son existence (ist es gottes willen das min heinmelicher frunt lenger in der zit bliben sol dan ich, so wissent so werdent ir dan erst befinde van worte zuo worte alles min lebben. Tr. IV, p. 133). Ailleurs il s'approprie la conclusion du quatrième évangile pour dépeindre la richesse de sa vie spirituelle (solte ich üch alles das sagen oder schriben was got wunders mit mir armen sünder in sieben iaren gewürket hat, ich weno das wol das ir irgent kein buoch habent das so gros si do es angeston moehte. Tr. XIII, p. 11). Il n'est donc pas étonnant qu'à différents moments de son existence il ait pu faire mention de détails biographiques qui ne figurent pas dans la relation du traité XII, sans entrer pour cela le moins du monde en contradiction avec lui-même.

ce fut de croire que mon corps était devenu pendant cette vie la demeure des démons. Ils m'entraient et sortaient par le nez, la bouche et les oreilles, comme le font les abeilles par les ouvertures d'une ruche. Aucun exorcisme ne servit, et je pensai perdre la raison" [1].
— La quatrième et la cinquième année, il eut à supporter des épreuves d'un autre genre. Ce fut d'abord le doute religieux, qui le conduisit près du désespoir. „L'accomplissement de toute œuvre chrétienne, la jouissance du sacrement de la cène, quand je communiais pour me conformer à l'ordre établi dans la chrétienté, m'occasionnaient à cause de mon incrédulité une douleur dont je pensais mourir. Et je ne trouvais nulle part de consolation, car il m'était défendu de faire part de mon affliction à qui que ce fût" [2]. En outre, „comme j'étais d'une grande et riche intelligence, et qu'il m'arrivait de comprendre bien des mystères dans ma raison, je me demandai si je ne pourrais pas avec quelque effort m'élever assez haut pour saisir l'être même de Dieu. Mais je reconnus aussitôt que j'étais le jouet du diable et je sus résister à son conseil perfide. „Si nous avions un Dieu, me dis-je, que l'on pût comprendre par l'intelligence, je n'en donnerais pas un liard!" [3] Enfin, pendant la dernière année, „il me fallut endurer toutes les créatures bonnes et mauvaises, pures et impures, au milieu de souffrances et de tentations infinies. Celles que je ne connaissais pas, j'appris à les connaître d'une manière bien douloureuse; il me fallut endurer l'un après l'autre tous les êtres qui ont jamais été créés, sans pouvoir communiquer mes souffrances à personne, sans même trouver aucune consolation auprès de Dieu; je fus ainsi martyrisé par de grandes tentations qui vinrent m'assaillir sous forme de visions célestes" [4]. En lutte contre les êtres imaginaires qui peuplaient ses visions, il dut supporter toutes les tentations et toutes les souffrances que les créatures qui ont jamais existé et qui

---

[1] Traité XII, p. 217.
[2] *Ibid.*, p. 217.
[3] Traité XIII, p. 12 s.
[4] Traité XII, p. 218: Das liden das er mir gab das was das ich alle creaturen, redelich und unredelich, eine noch der ander: alle mit grosser unmessiger bekorungen durchliden müeste; und derzuo die ich nüt bekennende was, die wurdent mir in grossemc liden zuo bekennende geben... Und derzuo wart ich sünderliche groesliche gemartelt und gepiniget in grosser bekorunge in himelschen bilden.

existeront jamais sont capables de causer, et sortir ainsi victorieux de la lutte contre le monde entier, avec la certitude de ne plus pouvoir succomber à l'avenir ni à une souffrance ni à une tentation quelconque. Ce fut le dénouement de ses longues années d'agitations et de tourments.

„A la fin de la cinquième année, Dieu m'enleva mes exercices intérieurs et me délivra de mes tentations. J'en fut fort réjoui; mais au même instant je fus effrayé du plaisir que je prenais à mon nouvel état, et m'agenouillant je priai le Seigneur de ne pas prendre en considération le désir de mon cœur et le vœu de ma nature faible et malade, et de continuer à accomplir en moi sa très chère volonté. Je fis cette prière une nuit, sur l'heure de matines; puis je me frappai jusqu'au sang. Au moment où le jour parut, une lumière radieuse envahit ma chambre et m'enveloppa; je fus ravi à moi-même, et il me fut donné de contempler des merveilles qui dépassent tout entendement et que le langage est impuissant à décrire. Volontiers je me serais écrié avec saint Pierre : „Seigneur, il fait bon être ici!" Dans ce court instant je reçus plus de vérité en partage que tous les docteurs du monde m'en pourraient apprendre jusqu'au jugement dernier[1]. Puis j'entendis s'élever en moi une voix extrêmement douce qui me dit : „Mon fiancé bien-aimé, tu es parvenu maintenant à la stabilité spirituelle; tu es devenu véritablement mon fiancé. Sache que c'est ainsi que je célèbre mes fiançailles avec mes plus chers fiancés et amis, comme je les ai célébrées avec toi pendant ces quatre dernières années. Maintenant tes péchés te sont pardonnés. Quand ton âme quittera ce monde, elle n'aura plus à souffrir de purgatoire; elle sera aussitôt placée parmi les martyrs avec lesquels elle possédera une joie éternelle. Attends en paix l'heure de cette félicité; il te faudra encore demeurer longtemps en ce monde: ne t'en impatiente pas, et remets-en le souci à Dieu. Pendant toute ta vie terrestre, tu n'auras plus recours aux pratiques douloureuses de l'ascétisme; tu observeras simplement les commandements de Dieu et tu vivras comme un chrétien ordinaire qui se conforme fidèlement à l'ordre établi dans l'Église. Le poids de ce monde que tu seras obligé

---

[1] Traité XIII, p. 13. Traité XII, p. 218.

de porter, sera pour toi un exercice intérieur suffisant, car il te faudra voir tes semblables cheminer ici-bas pareils à des agneaux égarés au milieu des loups. Ce spectacle t'inspirera une grande pitié, et sera à l'avenir le seul exercice imposé à ta nature; ce sera la grande épreuve de ta vie, la croix que tu auras à porter. L'intelligence divine, illuminée du Saint-Esprit, qui t'a été donnée, te suffira désormais pour te guider: aussi n'entendras-tu plus jamais la douce voix qui te parle et ne verras-tu plus ici-bas les grandes merveilles que tu viens de contempler" [1].

Cette vision termine la période préparatoire de l'activité spirituelle du jeune homme, de celui qui s'appelle dans notre récit l'Ami de Dieu de l'Oberland.

---

[1] Traité XII, p. 219 s.

CHAPITRE II.

RAPPORTS DE L'AMI DE DIEU DE L'OBERLAND AVEC LES AMIS DE DIEU
DE SON PAYS.

I. *Le* Livre des deux hommes. — II. *L'*Histoire du chevalier captif. — III. *L'*Histoire des deux jeunes gens de quinze ans. — IV. *Les traités VI et VII.*

I.

Quelque temps après les événements qui viennent d'être racontés, l'Ami de Dieu de l'Oberland se trouvait un matin dans sa demeure occupé à faire sa prière, quand il ressentit une vive souffrance. Étant sorti pour calmer son mal par une promenade au grand air, il rencontra dans la rue un autre ami de Dieu plus âgé que lui, auquel il était attaché par les liens d'une étroite amitié, et qui s'était absenté pendant quelques années. Après s'être embrassés avec de grands transports de joie, les „deux hommes" convinrent de se faire réciproquement le récit de leur conversion. „Sache, dit le plus âgé, que j'ai senti mon cœur tressaillir de plaisir à ton aspect." — „Cher ami, répondit le plus jeune, il y a longtemps que j'ai éprouvé l'ardent désir d'entretenir avec toi des relations intimes, dès que l'occasion s'en présenterait. Ce n'est pas seulement de la joie que j'ai éprouvée à ta vue: j'ai senti que mon cœur et mon âme voulaient s'ouvrir entièrement à toi. Il faut que je te révèle le fond le plus intime de ma vie spirituelle, tout ce que Dieu m'a jamais fait connaître, toutes les merveilles qu'il a jamais opérées en moi. J'ai dû longtemps garder le silence sur ces choses et il ne m'est jamais arrivé d'en pouvoir parler à personne. Gardons le plus profond secret sur l'entretien que nous allons avoir sous le seul regard du Seigneur!"[1] L'Ami de Dieu venait de rencontrer le seul homme à qui Dieu lui eût

---

[1] Traité XII, p. 205 s.

permis de révéler le mystère de sa vie spirituelle[1]. Il lui raconta l'histoire des cinq années de sa conversion, et aussi longtemps que vécut cet intime ami, il ne la raconta jamais qu'à lui seul.

En retour, son ami lui fit part du récit de ses longues pérégrinations à la recherche de la vérité divine. Il avait renoncé au „monde trompeur, faux et méchant" à l'âge de trente-six ans, après en avoir perdu seize dans la jouissance des joies terrestres, et pendant dix-sept ans il avait erré à l'aventure, obéissant aux conseils contradictoires que lui donnaient les amis de Dieu qu'il consultait. Son premier mouvement avait été de se soumettre aux douloureuses pratiques de l'ascétisme; un ami de Dieu cependant, auquel il fit part de son état, lui déconseilla de continuer ces exercices et lui recommanda d'abolir en lui toute volonté personnelle, de faire de son âme un désert où la voix du Seigneur se ferait seule entendre, et de se soumettre entièrement, dût-il en mourir, à la direction de Celui qui avait dit : Je suis le chemin, la vérité et la vie. Il suivit aussitôt cet avis et demeura trois jours et trois nuits dans une inaction spirituelle et corporelle absolue, sans qu'il entendît en lui la voix du Seigneur. Impatienté, il se rendit auprès d'un autre ami de Dieu qui lui conseilla de reprendre ses exercices ascétiques, ce qu'il fit avec joie. Incertain du chemin à suivre pour atteindre le degré le plus élevé de la vie spirituelle, il fréquenta les églises; mais tel prédicateur approuvait sa manière de vivre, tel autre la blâmait. Il partit même en pèlerinage pour de lointains pays, afin d'obtenir par l'intervention des saints une révélation immédiate de la volonté divine qui dissipât ses inquiétudes; il alla chez les recluses et les ermites, sans arriver à aucune sécurité religieuse. Dans la dix-septième année il faillit compromettre à jamais le développement de sa vie spirituelle par son séjour auprès d'un faux ermite, partisan secret des doctrines et des pratiques immorales du libre esprit, auquel dans sa naïve confiance il s'était abandonné „en place de Dieu". Il n'eut que le temps de s'échapper de l'ermitage lorsque son hôte, après avoir fait avec

---

[1] En 1363, l'Ami de Dieu fait allusion à cet événement dans une lettre à Jean de Schaftolsheim : Wissent daz es vil me denne zwentzig jor ist gesin daz ich vor gotte mich nie keime menschen getorste geoffenboren denn eime alleine; und wenne mir got einen nimet, so nimme ich einen andern (Lettre 1, p. 281).

lui bonne chère à ses frais en compagnie de deux béguines ses complices, l'invita à surmonter les derniers obstacles qui lui cachaient encore la vision de la Trinité, en satisfaisant les désirs de sa nature. En agissant ainsi, disait l'ermite, l'homme parfait remplit ses devoirs envers lui-même, puisqu'en s'affranchissant des tentations par la satisfaction des désirs charnels, il permet à son esprit de s'élever librement vers Dieu; qu'il bannisse, en ce faisant, tout scrupule de conscience, puisque toute l'armée céleste et à plus forte raison les créatures terrestres se trouvent à son service, et puisqu'il n'est plus lié à l'observation d'aucun commandement extérieur depuis qu'il est devenu un avec Dieu: si culpabilité il y a, elle retombe tout entière sur la créature qui lui aura refusé l'obéissance. Revenu dans sa ville natale, il voulut d'abord livrer le faux ermite à la justice; mais une vieille recluse qu'il consulta dans son embarras, lui fit abandonner ce projet. „Quelque dangereux que puisse être un pareil homme pour les chrétiens au cœur faible, dit-elle, nous devons le supporter aussi longtemps que Dieu le supportera. Christ a bien permis à Judas de demeurer auprès de lui jusqu'à ce que son temps fût venu. Considérons toutes choses avec miséricorde, et remettons-nous en à la bonté infinie de Dieu." Elle lui conseilla d'en revenir à la vie solitaire qu'il avait précédemment menée, à l'abandon de sa volonté personnelle qu'il n'avait osé pratiquer que pendant trois jours, et lui recommanda de persévérer courageusement dans cette voie, dût-il en mourir. Il donna donc congé „à tout courir et à tout demander conseil", et suivit les prescriptions de la recluse. Au bout de peu de temps, le genre de vie qu'il menait lui causa de vives douleurs; son état s'aggrava encore par les souffrances qu'il eut à supporter „de la part de toutes les créatures que Dieu créa jamais" et qu'il fut obligé d'„endurer" toutes. Enfin un ravissement ineffable mit fin à ces longues agitations en l'affermissant à tout jamais dans la vie spirituelle [1]. Tel fut le récit de sa conversion.

Les jours suivants, les deux amis se retrouvèrent réunis et s'entretinrent d'un certain nombre de questions religieuses; après quoi, ils se quittèrent, le cœur plein de tristesse. Ils avaient craint que la

---

[1] Traité XII, p. 239.

joie qu'ils éprouvaient à se voir ne leur fût un obstacle sur le chemin de la perfection, de même que la présence corporelle du Seigneur avait été un obstacle pour ses disciples. Ils convinrent de ne plus se revoir à l'avenir, si ce n'est pour venir en aide spirituellement ou matériellement à leur prochain [1], et ils se conformèrent à cette règle.

II.

A l'époque où l'Ami de Dieu de l'Oberland avait à supporter les railleries et les mauvais traitements de ses anciens amis pour avoir rompu ses fiançailles, il se trouvait dans la même ville un jeune chevalier qui se distingua entre tous par le zèle avec lequel il vengea sur le jeune bourgeois l'injure que celui-ci venait de faire à l'une des familles nobles de la localité. Il avait pour ami un autre jeune chevalier, avec lequel il avait gagné ses éperons quelques années auparavant en guerroyant contre les peuplades païennes des bords de la Baltique, au service d'un jeune et puissant seigneur auquel ils étaient tous deux bien attachés. De retour dans leur pays, les deux chevaliers s'étaient livrés aux plaisirs du monde, puis s'étaient mariés sans renoncer toutefois à leur ancien genre de vie. L'un d'eux avait eu une fille; l'autre était resté sans enfants [2].

Il arriva que le jeune seigneur, leur ami commun, eut un différend avec un autre châtelain des environs et qu'il les invita à venir le rejoindre avec autant de chevaliers et d'écuyers qu'ils pourraient lui amener, promettant à tous une bonne récompense. L'un d'eux était à ce moment très gravement malade des suites d'un tournoi, et ne put se rendre à cet appel; l'autre, celui dont il est question dans cette histoire, accéda au désir de son ancien compagnon d'armes. Le combat qui suivit se termina par la défaite et la captivité du jeune seigneur; le chevalier fut également fait prisonnier et conduit dans un château fort. Comme il ne pouvait payer la rançon de dix mille

[1] Traité XII, p. 239-277.
[2] Traité I, p. 139 s.

florins qu'exigeait son vainqueur, il fut jeté au fond d'une tour obscure et chargé de chaînes, sans autre nourriture que du pain et de l'eau. Au bout de six mois, il se sentit si faible et si malade qu'il crut sa fin prochaine; il pria le geôlier d'avertir de son état le seigneur du château et de lui communiquer son désir d'être extrait momentanément de sa prison pour pouvoir se confesser et communier avant de mourir. Cette faveur lui fut durement refusée. Effrayé de cette réponse, il fut saisi d'une grande tristesse à l'idée des péchés qu'il avait commis et des occasions de recevoir la sainte-cène qu'il avait négligées. Bientôt il trouva juste „que Dieu ne voulût pas venir à lui dans le sacrement", alors qu'il avait si souvent dédaigné d'aller à lui; il se reconnut indigne de recevoir la cène et regretta même d'en avoir éprouvé le désir comme une injure faite à Dieu, sans cependant pouvoir bannir complètement ce désir. „J'aimerais mieux, s'écria-t-il, recevoir le sacrement qu'être délivré de ma prison et fait empereur! Que n'ai-je écouté les reproches de ma conscience au sujet de ma vie dissipée! il ne me faudrait pas aujourd'hui périr misérablement dans mes péchés." Il fut saisi d'un repentir si profond et d'une si vive douleur au souvenir de son existence passée, „que le sang lui sortit par la bouche et le nez"; ses péchés lui parurent si grands qu'il se mit à désespérer de la miséricorde du Seigneur. Alors l'idée lui vint de s'adresser à la Vierge, à qui il avait voué une affection toute particulière. „Reine des cieux et de la terre, s'écria-t-il, je te prie au nom de ta bonté infinie de venir à mon secours et de te souvenir des hommages, bien faibles assurément et indignes de récompense, que je t'ai rendus autrefois; ma confiance en toi est bien grande, car je sais que tu n'as jamais laissé un pécheur sincèrement repentant sans venir à son aide." Il confessa tous les péchés qu'il put se rappeler au „prêtre suprême" Jésus-Christ, et lui demanda directement l'absolution, en lui renouvelant le vœu de le recevoir une dernière fois dans le sacrement de la cène; puis il continua: „Mère des miséricordes, prie ton enfant d'être gracieux envers moi, pauvre pécheur, et sois auprès de lui le garant de ma promesse de changer de vie." Et levant la main, il fit à la Vierge le serment solennel de ne plus commettre de péchés à l'avenir, de rester jusqu'à sa mort „chaste et pur comme il convient qu'on le soit avant le mariage" et de vouer sa fille au célibat, si toutefois elle y consentait [1].

Sur ces entrefaites le soir était venu, et le chevalier se coucha comme d'habitude. Vers minuit il se réveilla, et, sentant une grande douleur dans son corps, il se recommanda à Dieu et à sa Mère, ne doutant pas que son heure dernière ne fût venue. Au même instant la tour se remplit d'une lumière radieuse, et il entendit une voix qui lui dit : „Ne t'effraye pas; tu as trouvé grâce devant Dieu et devant sa Mère, à condition que tu tiendras ton serment. Veux-tu sortir de la tour? il te sera aidé sur l'heure. Veux-tu recevoir le sacrement? il te sera donné." Le chevalier répondit : „Je me suis absolument abandonné à Dieu et à sa Mère; je ne sais ce qui leur serait le plus agréable, ni ce qui vaudrait le mieux pour mon prochain et pour moi : qu'ils agissent à mon égard comme ils veulent et non comme je veux, car je ne dois plus faire usage ici-bas de ma volonté personnelle." — „Sache donc, reprit la voix, que la Mère de Dieu a prié son enfant de partager demain entre le chapelain du château et toi l'hostie qui sert à la messe que l'on célèbre ici chaque jour. L'hostie sera divisée en deux moitiés, mais le Seigneur sera présent tout entier, sans division, dans chacune d'elles." Le lendemain matin le chevalier vit effectivement entrer dans sa prison, au milieu d'un éclat éblouissant, une demi-hostie qui vint se placer dans sa bouche. Cette nourriture releva si bien ses forces, que de toute la journée il ne voulut toucher au pain qu'on lui avait apporté. Le miracle se renouvela pendant six jours de suite [2].

Le geôlier qui descendait le pain et l'eau dans la tour à l'heure où l'on célébrait la messe, fut dès le premier jour témoin du merveilleux phénomène; il vit la lumière et entendit la voix au fond de la tour. Le surlendemain il jugea nécessaire d'en informer le seigneur du château, qui vint le constater lui-même à deux reprises successives. Désireux d'éclaircir ce mystère, celui-ci ordonna de lui amener le chevalier afin de l'interroger; mais le prisonnier refusa de répondre à ses questions avant d'en avoir obtenu la permission de la voix

---

[1] Traité I, p. 146.
[2] *Ibid.*, p. 148.

céleste, et il se fit redescendre dans la tour. Le lendemain il dit au geôlier : „Remonte auprès de mon seigneur et dis-lui que vers midi il lui viendra deux hôtes qui lui sont bien chers, deux chevaliers qui arrivent de Lombardie. Qu'il leur fasse préparer un repas, auquel il invitera aussi ses deux amis les chevaliers qui demeurent dans la ville voisine, et qu'après le repas il me fasse tirer de ma prison." A l'heure indiquée, les deux étrangers arrivèrent au château. Après le repas, le seigneur se rendit avec ses hôtes, sa femme et ses deux filles dans son „habitation d'été" et ordonna d'amener le prisonnier. „Rassemblez ici tous les serviteurs du château, dit celui-ci; faites venir aussi votre chapelain et le franciscain Henri qui demeure dans votre ville." Et quand tout le monde fut réuni : „Il m'est permis de vous dire et d'accomplir sous vos yeux des choses bien étranges, afin que votre foi en Dieu soit augmentée, car plusieurs d'entre vous doutent grandement de sa présence dans le sacrement." Puis il leur raconta tout ce qui s'était passé dans la prison entre la Mère de Dieu et lui, son repentir, son serment, sa communion miraculeuse. Interrogé par lui, le chapelain avoua que six jours de suite il n'avait trouvé pour célébrer la messe qu'une moitié d'hostie; il en avait été grandement étonné et était allé consulter à ce sujet le franciscain Henri, qui lui avait répondu : „Laisse le Seigneur accomplir ses œuvres comme il l'entend; ce pourrait être un grand miracle de Dieu comme il en est déjà arrivé plus d'un." Le franciscain confirma la vérité de ces paroles. Ensuite le chevalier envoya le geôlier chercher les six pains qui devaient être sa nourriture pendant les six derniers jours; ils furent rapportés intacts. Puis il invoqua le nom du Seigneur et ordonna aux chaînes dont ses pieds étaient chargés de se détacher de ses membres, et elles tombèrent sur le sol. „Ces miracles, ajouta-t-il, ont été accomplis sous vos yeux, afin que vous compreniez que la puissance de Dieu s'étend sur nous tous. Ils ont eu lieu non pas à cause de moi seul, mais surtout à cause de vous, afin que tous nous améliorions notre vie par une sérieuse repentance. C'est à Notre Dame que vous le devez d'avoir été témoins de ces signes éclatants de la puissance divine." Et s'adressant à chacun des assistants en particulier, il leur révéla par quels actes secrets de dévotion ils avaient obtenu de Marie de voir s'accomplir de si grands prodiges. „Maintenant, ajouta-t-il, j'ai terminé ce que j'avais à vous dire; reconduisez-moi dans ma prison"[1].

Alors le châtelain lui demanda pardon de la dureté avec laquelle il l'avait traité et lui déclara qu'il était libre. Le jour suivant, un samedi, tous les habitants du château se confessèrent d'après la recommandation du chevalier, et le dimanche matin ils reçurent le sacrement. Ils promirent solennellement de s'abstenir désormais du péché et de communier une fois par an, selon les prescriptions de l'Église[2].

Le lundi matin, le chevalier voulut se mettre en route pour son pays; mais le seigneur le retint: „Sache, lui dit-il, que j'ai l'intention de modifier l'administration de la ville que je possède au pied de ce château et de tout ce pays qui m'appartient; je veux les gouverner dorénavant conformément à la volonté de Dieu, afin que mes sujets observent mieux les règles de la chrétienté. Je possède dans cette ville une juridiction séculière; l'évêque y entretient une juridiction ecclésiastique. S'il voit que j'ai modifié et amélioré la mienne, l'évêque améliorera sans doute aussi la sienne pour l'amour de Dieu et de moi. Ensuite, j'ai deux filles et un fils. Mes filles aimeraient entrer au couvent des franciscaines qui se trouve dans la ville; mon fils désirerait épouser la fille d'un pauvre chevalier nommé Hermann, qui demeure dans le même endroit. Que dois-je faire pour accomplir en ces choses la volonté divine? car j'ai la ferme intention de renoncer au monde et de me tourner vers Dieu." Sur les conseils du chevalier, les deux jeunes filles entrèrent dès le dimanche suivant chez les franciscaines et leur frère épousa la jeune fille qui possédait son affection. Le seigneur modifia la composition de son tribunal; à la place des trente membres qui y siégeaient, il désigna pour remplir les fonctions de juges douze hommes connus par leur honnêteté et leur piété; lui-même se proposa d'assister de temps en temps aux séances de cette cour, afin de se rendre compte de la manière dont la justice y était rendue en son nom. Puis il quitta son château et alla occuper avec sa femme une propriété qu'il possédait dans la ville à

---

[1] Traité I, p. 157.
[2] Ibid, p. 158.

côté du couvent des franciscains, afin de pouvoir aller entendre la messe aussi souvent qu'il le voudrait. Son château devait servir désormais de prison pour les malfaiteurs; deux serviteurs y furent laissés pour le garder [1].

Quand tous ces arrangements furent terminés, le chevalier prit congé du seigneur et partit, comblé de présents, sous la protection de deux écuyers. Parvenu dans une contrée qui lui était connue, il congédia ceux-ci et continua seul sa route. Après avoir voyagé quelque temps, il arriva dans un village situé près de sa ville natale et dans lequel il possédait un vignoble. Il se rendit chez son vigneron et l'envoya prévenir sa femme de sa prochaine arrivée; une heure après il se remit en route, et bientôt il se trouva au milieu des siens. La nouvelle de son retour se répandit rapidement dans la ville; bon nombre de chevaliers, d'écuyers et de dames vinrent le complimenter.

Le lendemain de grand matin, il fit prier l'Ami de Dieu de venir le trouver. Celui-ci, étonné de cette invitation, hésita quelques moments à se rendre auprès de celui dont il avait eu tant à souffrir; il se décida cependant à y aller. Dès qu'il fut arrivé, le chevalier l'embrassa avec effusion et le pria de lui pardonner tout le mal qu'il lui avait fait et de l'aider de ses „conseils divins" dans la nouvelle vie qui s'ouvrait pour lui. „Je t'ai pardonné d'avance il y a longtemps," répondit l'Ami de Dieu. Quand il eut entendu le récit des faits extraordinaires qui s'étaient passés dans la tour du château, il recommanda au chevalier de garder à leur sujet un silence absolu, „de même que saint Paul s'est tu pendant quatorze ans sur les merveilles que Dieu avait opérées en lui jusqu'au temps où le Seigneur lui ordonna d'en parler"; personne dans le pays qu'ils habitaient ne devait en avoir connaissance, à moins que la renommée ne les y apportât de la contrée où ils avaient eu lieu, et où „les gens savaient en raconter longuement" [2].

Une nouvelle existence spirituelle avait commencé pour le chevalier. Sa conversion, commencée dans la tour du château, devait s'achever pendant les huit années qui suivirent sa délivrance.

---

[1] Traité I, p. 162.
[2] Ibid., p. 164.

Les deux premières années, il se livra aux exercices ascétiques les plus douloureux, portant nuit et jour un cilice et une cotte de mailles, et ne dormant plus que sur une couchette de paille grossière. Une vision remarquable qu'il eut une semaine environ après son retour, décida de son activité spirituelle pendant ces deux ans : il entreprit courageusement la lutte contre les vices et s'exerça dans la pratique des vertus. Vers minuit, pendant qu'il disait ses heures, il eut ce jour-là un ravissement et demeura sans connaissance jusqu'au soir, agenouillé devant son lit, les yeux tournés vers le ciel. Informé de ce fait, l'Ami de Dieu accourut de grand matin et fit préparer des aliments fortifiants pour l'instant où son nouvel ami se réveillerait. „Sa nature n'a pu supporter encore la puissance de la grâce divine, dit-il à la femme du chevalier pour la rassurer; la grâce merveilleuse de Dieu rend parfois la nature physique bien malade, surtout chez les commençants inexpérimentés qui ne font qu'entrer dans la vie spirituelle." Revenu à lui, le chevalier raconta que pendant sa prière il s'était vu subitement environné d'une brillante clarté, au sein de laquelle il s'était doucement endormi. Puis il s'était vu placé devant un mur très élevé, et une voix remarquablement douce lui avait dit : „Au delà de ce mur se trouve le paradis; c'est là que Dieu t'attend. Prends une hache et démolis ce mur. Autant tu en abattras de ton côté, autant Dieu en abattra du sien pour se rapprocher de toi. Quand tu auras ouvert avec l'aide de Dieu une large brèche dans ce mur, Dieu t'attirera à lui dans le paradis; il te serrera sur son cœur et tu recevras le baiser de paix. Les pierres de ce mur sont tes vices : tu connaîtras la joie ineffable de l'embrassement divin quand chacun de tes vices sera devenu une vertu, et quand toutes les vertus seront devenues la substance de ton âme. Sans doute il en est qui obtiennent cette faveur suprême avant d'avoir traversé ces luttes; mais les épreuves qu'ils auraient dû subir auparavant ne leur sont pas épargnées pour cela, témoin l'exemple de saint Paul." Ces paroles avaient rempli le chevalier d'une telle joie „qu'il avait eu bien de la peine à contenir son cœur et à l'empêcher d'éclater en transports d'allégresse". Quand son récit fut terminé, l'Ami de Dieu lui dit: „Ce que je viens d'apprendre me fait plus de plaisir que si tu avais été ravi au troisième ciel; tu es encore bien jeune dans la grâce divine, et il t'est bien nécessaire de suivre le conseil qui t'a été donné. Le vrai commencement de la vie spirituelle consiste à briser et à tuer toute volonté et tout désir propres, partout où ils se rencontrent"[1]. Ce fut maintenant le tour du chevalier d'être exposé aux railleries et aux obsessions des personnages marquants de la ville; son ami de jeunesse entre autres ne négligea aucun moyen de le ramener à l'amour du monde, mais ses efforts furent vains. Au bout des deux premières années il était devenu un „chevalier divin"; toutes les vertus „habitaient substantiellement en lui". Alors seulement il eut en partage le „vrai ravissement", celui qui est dépourvu de formes et d'images. Il y éprouva „une paix et une joie surnaturelles dont il est impossible de parler, car elles dépassent tout entendement humain; l'Écriture même est obligée de garder le silence sur ce point". Craignant que ces dons merveilleux de la grâce divine ne fissent naître en lui de l'orgueil spirituel, l'Ami de Dieu lui conseilla de se soumettre à un autre homme „en place de Dieu" comme le vrai moyen de demeurer toujours dans l'humilité „à quelque hauteur qu'on ait été élevé en Dieu. Ainsi le font aujourd'hui tous les vrais amis de Dieu; ainsi l'a fait sainte Élisabeth, qui s'est abandonnée en place de Dieu à la direction religieuse d'un homme nommé Conrad, qui lui était bien inférieur tant sous le rapport des aptitudes naturelles que sous celui des dons de la grâce divine"[2]. Plus tard, au commencement de la cinquième année de sa vie spirituelle, le chevalier se soumit effectivement „en place de Dieu" à l'Ami de Dieu de l'Oberland.

Aux deux années de luttes morales que le dernier ravissement venait de clore, succédèrent pour le chevalier deux années de paix et de jouissances intérieures. „Le feu ardent et joyeux de l'amour divin l'embrasa si bien de ses ardeurs surnaturelles que pendant tout ce temps il ne sut plus qu'une chose, c'est que son cœur était rempli d'amour et son âme pleine de Dieu. A qui il parlait, il parlait de l'amour divin; il en célébrait la douceur et vantait la paix et les joies inexprimables qui en découlent. Parfois les larmes s'échappaient de ses yeux pendant qu'il discourait ainsi, et à ceux qui s'étonnaient de

---

[1] Traité I, p. 168.
[2] Ibid., p. 169.

le voir pleurer il disait : „Ces larmes proviennent de l'amour surnaturel de Dieu; elles n'affaiblissent pas le cœur et la tête comme d'autres larmes; elles donnent à la tête des forces nouvelles et rafraîchissent le cœur comme une rosée bienfaisante". Il n'est pas étonnant que dans ces dispositions il ait éprouvé le désir de convertir le chevalier, son ami de jeunesse. Il eut un entretien avec lui, en présence de l'Ami de Dieu, sur l'excellence de l'amour divin comparé à l'amour du monde. Aux instances du „chevalier divin" qui le pressait d'offrir dorénavant ses hommages à la reine des cieux et de „perdre son cœur" avec elle, et qui lui rappelait que son amour terrestre pour une dame (ou, comme il s'exprime peu courtoisement, pour un „sac d'ordures") avait failli lui coûter la vie cinq ans auparavant dans un tournoi et le précipiter dans l'enfer, le „chevalier mondain" répondit qu'il ne renoncerait pas au genre de vie qu'avaient pratiqué ses ancêtres pour mener une existence à part, différente de celle des personnes de sa condition, au nom d'un amour divin qui lui était complètement inconnu, et dont l'unique effet était de ruiner la santé physique, comme le prouvait l'état de son ancien ami; que pour ce qui concerne la vie future, ni les bonnes ni les mauvaises actions des hommes ne pouvaient rien changer à leur destinée après la mort, Dieu ayant prévu d'éternité où chacun irait, dans l'enfer ou dans le paradis, et que le plus sage était donc de se distraire pendant la vie présente, fût-ce au moyen de péchés grossiers, ainsi qu'il n'avait pas hésité à le faire. Ici l'Ami de Dieu intervint dans la discussion pour combattre ce dernier argument en réduisant la prédestination divine à la simple prescience des déterminations de la libre volonté humaine, et à la prévision de la récompense ou du châtiment qu'elles mériteraient. Les autres objections du „chevalier mondain" tombèrent devant l'histoire de la conversion miraculeuse de son ancien ami. „Si quelque personne digne de foi, s'était-il écrié, pouvait me parler par expérience de l'amour divin, je lui en croirais volontiers!" Le récit du „chevalier divin" produisit sur son ami l'effet désiré; il renonça au monde et devint un homme d'une piété exemplaire[1].

Un autre résultat de l'amour divin qui le consumait, fut de pousser

---

[1] Traité I, p. 175.

notre chevalier à prendre journellement la sainte-cène. Il possédait un jardin situé hors de la ville près du couvent des „moines blancs"; c'est là qu'il se retira avec sa femme et sa fille, qui avaient fait comme lui à la Vierge le vœu de vivre „chastes et pures" pendant le reste de leurs jours. Il y construisit une belle chapelle qu'il consacra à Marie en l'honneur de sa délivrance miraculeuse, et il y alla chaque jour avec sa famille entendre la messe. Il fit même don de ses biens aux moines blancs, à la condition qu'ils lui fourniraient ainsi qu'à sa femme et à sa fille ce qui leur serait nécessaire pour vivre[1]. Un jour il voulut interrompre par excès d'humilité la pratique de la communion journalière; il en devint si malade qu'il fut obligé de la reprendre, „Dieu voulant les choses autrement qu'il les avait voulues". Depuis lors, la jouissance du sacrement fut suivie chaque jour pour lui d'un ravissement qui durait deux heures, et à la fin duquel il infligeait à son corps de dures macérations. Pendant ces longues extases „il fut bien souvent élevé au sein du paradis terrestre; il y vit des images de créatures passagères que son intelligence pouvait saisir et dont il lui était possible de parler; il savait fort bien discourir sur le paradis terrestre, qui lui était devenu aussi familier que sa propre maison". Mais si dans ces heures d'extase il lui arrivait d'être ravi „au-dessus de lui-même et de recevoir „un faible reflet, une étincelle du paradis supérieur", ce qu'il percevait alors dépassait aussitôt son intelligence, et il n'en pouvait parler sinon pour dire : „La jouissance du paradis terrestre est bien agréable aux sens; mais il n'existe aucune ressemblance entre le paradis terrestre et le paradis supérieur"[2].

Les deux années de joies spirituelles furent suivies pour le chevalier de quatre années de souffrances intérieures. Le changement eut lieu brusquement, pendant une de ses extases habituelles. Au lieu

---

[1] Traité I, p. 178 s.: Er hatte ouch einen garten, der lag ussewendig der stat bi den wissen münchen; do was er ingezogen und buwete do inne eine schoene cappelle, etc.

[2] Ibid., p. 177 s.: Er kunde gar wol gesagen von dem irdenschen paradise, wie es darinne geschaffen und gestalt were, wanne er gar dicke darin verzogen wart, also das ime küntlich wart also sin selbes hus. Aber so er in dem zuge über sich ufgezogen wart und in dem zuge nuwent ein kleines fünkelin und schinlin von dem hohen öbresten paradise in aneschinende wart, das was zuo stunt über alle sine sinneliche vernunft, etc.

des images radieuses qu'il contemplait d'ordinaire, „une obscurité épouvantable l'enveloppa tout à coup, comme si l'enfer venait de s'ouvrir pour le recevoir; tous les péchés qu'il avait commis se dressèrent devant lui. Au même instant il entendit une voix qui lui dit: „Si tu veux devenir mon ami et apprendre à m'aimer d'un amour parfait, il faut que tu me suives sur le chemin inconnu, obscur, dépourvu des joies de l'amour divin, sur lequel je t'ai précédé; il faut que tu y marches de plein gré, aussi longtemps que je voudrai et non que tu voudras, sans éprouver d'autre sentiment qu'une soumission pleine d'humilité et de patience en ma volonté." Le chevalier se résigna à cette vie; sur les conseils de l'Ami de Dieu il fit un abandon absolu de tout son être au Seigneur, et accepta de supporter en l'honneur des souffrances imméritées du Christ toutes les épreuves qui lui seraient imposées. Il fut assailli par de fréquents accès d'incrédulité et de concupiscence; „tout ce qu'on peut s'imaginer ici-bas en fait d'impureté, fut présenté à son esprit sous une forme concrète; il eut à endurer des tentations étranges, dont il n'avait jamais entendu parler, et qu'il ne serait pas bon de raconter ici." Entre autres tourments qu'il dut subir, il se vit continuellement entouré de souris, même pendant ses repas; et quand il communiait, un petit animal noir aux yeux enflammés lui pénétrait dans la bouche en même temps que l'hostie. Il pensa que ce pouvait être le diable, et demanda à l'Ami de Dieu s'il ne devait pas cesser de prendre le sacrement. „Souviens-toi des joies surnaturelles que Dieu t'a souvent accordées dans la jouissance de la sainte-cène, répondit celui-ci; pourquoi refuserais-tu pour un motif aussi futil de le recevoir à l'avenir? Dans l'Ancien et le Nouveau Testament Dieu a bien souvent donné puissance au diable sur ses amis afin de les éprouver; quand le temps en sera venu, il dira pour toi aussi: „Arrière Satan!" Il lui conseilla par contre de laisser de côté les exercices extérieurs qu'il avait repris: „Dieu saura bien te préparer intérieurement à atteindre le but suprême"; et il lui recommanda de garder le secret sur les phénomènes de sa vie intime, même vis-à-vis de sa femme, et de persévérer dans l'abandon de sa volonté propre, à l'exemple du Seigneur: „Sache que Dieu n'envoie les dons merveilleux de sa grâce qu'à ceux en qui il a bonne confiance." Le chevalier lui promit de lui obéir en toutes choses „en place de Dieu", et il tint parole[1]. Il atteignit ainsi la fin de la huitième année à partir de sa conversion miraculeuse. Il était devenu si faible et si malade qu'il croyait à tout instant qu'il allait mourir. Sa maigreur était extrême, et il était pâle comme un mort. Le moment de la délivrance cependant approchait.

Au commencement de la neuvième année, un jour qu'il était assis dans sa chapelle, il eut sur l'heure de midi un ravissement qui dura jusqu'au lendemain au soir. Quand il revint à lui, toutes les douloureuses tentations dont il avait tant souffert avaient disparu, excepté la tentation de la concupiscence qu'il devait conserver jusqu'à sa mort : mais loin de s'en plaindre, il accepta volontiers de porter ce fardeau, désirant ne jamais vivre ici-bas complètement exempt de souffrance. Les forces corporelles lui revinrent, si bien qu'il put reprendre ses exercices ascétiques; les joies de l'amour divin lui furent également rendues, et Dieu le combla pendant cette neuvième année de faveurs merveilleuses. Il devint „un homme d'une piété vaillante, plein de sagesse divine et uni à Dieu dans la substance de son être"; ses discours et l'exemple de sa vie édifiaient tous ceux qui l'approchaient[2].

III.

Quatorze ans s'étaient écoulés depuis sa conversion, quand l'Ami de Dieu, parvenu dans sa quarantième année, reçut un jour la visite d'un „laïque" avec lequel il entretenait secrètement des rapports d'amitié. Il apprit de lui que son compagnon de jeunesse le chevalier, sur les conseils duquel il avait laissé le négoce pour prendre part aux réunions de plaisir de la noblesse, et qui avait cessé toute relation avec lui depuis la rupture de ses fiançailles, était devenu depuis lors, quoiqu'il fût marié, „un des chevaliers les plus mondains, les plus adonnés aux joies terrestres et à l'amour illicite qui fussent dans toute

---

[1] Traité I, p. 181 : Do sprach der liebe gotminnende ritter: lieber min frünt, du solt wissen das ich dir an gottes stat in allen sachen gehorsam wil sin.
[2] *Ibid.*, p. 185.

la contrée"¹. La nuit suivante le souvenir de son ancien ami se présenta à lui pendant sa prière; il supplia la Vierge de se rappeler les hommages que le chevalier lui avait rendus autrefois, et de faire en sorte que son âme ne fût pas perdue. Ce souvenir de sa jeunesse en évoqua-t-il d'autres encore? Les scènes de sa vie de plaisirs, une surtout, la plus lamentable de toutes, passèrent-elles alors devant son âme troublée? La vision qu'il eut le lendemain semble le faire croire, car elle offre un mélange bizarre des impressions de la veille et des images des temps passés qui s'étaient réveillées dans son esprit.

„Vers midi, pendant que je récitais none, j'entendis frapper à la porte de la cour: c'était un honnête et pieux vigneron que j'aime beaucoup et que je soutiens de mes aumônes pour qu'il puisse élever convenablement ses enfants. Mon serviteur, qui le connaissait bien, le laissa entrer. Il venait me prier de dissuader à sa fille aînée de se marier, puisqu'il ne savait comment nourrir ses autres enfants si elle le quittait. Sa fille l'accompagnait; elle était d'une rare beauté. „L'homme que je veux épouser, me dit-elle, est riche, et nous donnera de quoi entretenir mes frères et mes sœurs. Cependant, comme vous nous soutenez de votre argent, je contracterai volontiers avec vous, si vous le désirez, un mariage libre, et je vous aimerai plus que tous les autres hommes; mon père y consentira bien, puisqu'il est votre ami." Quand j'entendis ces paroles, je sentis que j'étais homme: de grandes tentations vinrent m'assaillir; mais plutôt que d'y succomber j'eusse préféré souffrir une mort cruelle. Pendant que je luttais ainsi, je reconnus que j'avais affaire à Satan. Le diable en effet peut revêtir bien des formes dans les airs. Il faut que j'endure ses assauts jusqu'à ma mort; mais il ne peut plus me nuire comme il l'a fait autrefois dans ma jeunesse, car repousser ses attaques est une œuvre qui m'est devenue familière. Aussi ne vient-il plus chez moi à moins d'y être contraint. „Misérable, m'écriai-je, je t'ordonne au nom de la sainte Trinité de me dire sans mentir dans quel but tu es venu dans ce pays." — „C'est la noble et puissante Dame, répondit-il, qui m'a forcé de me rendre chez toi, car c'est bien malgré moi que je me trouve ici. Je ne te répondrais certainement pas, si je n'étais obligé

---

¹ Traité XI, p. 95.

de le faire. Sache donc que j'ai réussi, après de longs efforts, à amener une liaison coupable entre un chevalier de cette ville et la femme d'un puissant seigneur. Celui-ci vient d'interroger sa femme d'après mon conseil, et il l'a fait si habilement qu'il a deviné tout le secret. Il se tait en ce moment et feint de n'en rien savoir, mais au fond du cœur il est très courroucé; j'attise sa colère, espérant bien qu'il tuera le chevalier à la première occasion, soit à la guerre soit dans un tournoi, et alors l'âme du chevalier m'appartiendra." — „Quel est ce chevalier? demandai-je; réponds au nom de la Trinité." — „C'est ton ami de jeunesse, celui qui t'a si cruellement injurié autrefois et qui aujourd'hui encore te tourne en ridicule. Garde-toi bien de lui rapporter ce que je t'ai dit sur les dangers qu'il court!" Le démon consentit également à m'apprendre le nom de la dame adultère à condition que je le laisserais partir après cette dernière révélation. Il s'enfuit en laissant une odeur si horrible que je fus obligé de me précipiter hors de ma chambre"[1].

Le lendemain, l'Ami de Dieu se rendit auprès du chevalier, qui le reçut avec hauteur et ironie. Il le conjura de renoncer à ses péchés et à l'amour du monde, et lui raconta la vision qu'il avait eue à son sujet. Ce récit l'impressionna vivement. „Je voudrais bien améliorer ma vie, s'écria-t-il, si je pouvais rompre avec le monde et vivre comme toi; mais que deviendraient alors ma femme et mes enfants?" L'Ami de Dieu répondit: „Dans les circonstances où vous êtes, il ne vous serait pas bon de suivre un sentier trop rude; je veux vous tracer une ligne de conduite qu'il vous sera facile d'observer et qui vous permettra de concilier l'accomplissement de la volonté divine avec le maintien de votre situation dans le monde. Vous avez assez de bien pour vous et vos enfants; contentez-vous-en. Vouloir en acquérir davantage, serait de la convoitise et de l'orgueil, deux péchés capitaux. Commencez donc votre vie nouvelle en renonçant à tout gain ultérieur. Vous êtes un noble chevalier, connu par son entente remarquable des affaires de ce monde; seigneurs et villes, riches et pauvres ont recours à votre intervention et vous convoquent à des diètes et à

---

[1] Traité XI, p. 90.

des réunions pour que vous défendiez leurs intérêts: faites-le désormais gratuitement, pour l'amour de Dieu seul, et donnez de plus aux pauvres un témoignage de votre munificence. De la sorte vous expierez vos péchés. Appliquez-vous en outre à vous conduire avec sagesse et discernement. Élevez pieusement vos enfants, et menez-les souvent à l'église, rarement aux réunions de plaisir. Habillez-vous plus modestement, et habituez-vous à un genre de vie plus simple; ne prenez point par caprice vos repas hors de la maison; prenez-les au sein de votre famille. Surtout remerciez Dieu du grand bienfait qu'il vous a accordé de pouvoir mener une pieuse existence et mériter ainsi avec votre femme et vos enfants la vie éternelle!" [1]

Le chevalier promit de se conformer à ces conseils. La nuit suivante, les paroles de son ancien ami lui revinrent à l'esprit, et il sentit naître en lui une haine violente du monde et un profond repentir des péchés qu'il avait commis. Il en vint même à croire que ses péchés étaient trop grands pour pouvoir être pardonnés. „Si Dieu voulait se contenter de cette expiation, s'écria-t-il, j'irais volontiers chercher une mort douloureuse en guerroyant au delà des mers contre les infidèles; mais je crains bien que je ne sois obligé d'aller éternellement en enfer." Il essaya de se lever vers le commencement du jour pour aller entendre une messe; mais ses forces le trahirent, il ne put mouvoir ses membres. Informé de ce qui était arrivé, l'Ami de Dieu se hâta de se rendre auprès de son ami. „Vous désespérez de la miséricorde divine, lui dit-il; c'est le diable qui vous a inspiré cette mauvaise pensée. Puisque vous vous repentez de vos péchés et que vous êtes fermement résolu de n'en plus commettre, sachez que Dieu est disposé à vous pardonner. Confessez-vous et communiez, et vous retrouverez la confiance en Dieu et la certitude de ne pas être un jour précipité en enfer; vous regagnerez en même temps les forces de l'esprit et la santé du corps" [2]. Le chevalier suivit ce conseil; ses terreurs disparurent et l'usage de ses membres lui revint; il s'agenouilla dans sa chambre pour rendre grâces à Dieu et prit gaîment son repas avec sa famille. Quelques jours plus tard, il pria l'Ami de

---

[1] Traité XI, p. 92.
[2] Ibid., p. 97.

Dieu de lui écrire une règle qu'il s'appliquerait à suivre avec sa femme; mais celui-ci lui répondit qu'il n'avait rien à ajouter aux prescriptions qu'il lui avait faites précédemment; il l'engagea à les noter et à les mettre en pratique [1].

Le chevalier et sa femme menèrent pendant cinq ans le genre de vie que l'Ami de Dieu leur avait recommandé; ils vécurent „chastes et purs", dans des rapports plus affectueux que jamais; ils modifièrent leur mise et celle de leurs enfants, et observèrent sur ce point un „juste-milieu" entre le luxe et l'austérité [2]. Le chevalier reparut dans „les diètes et les tribunaux"; quand des villes et des seigneurs étaient en désaccord, il s'interposait entre les deux parties et s'efforçait d'arranger le différend à l'amiable; il secourait de son argent les nécessiteux, et il les défendait devant les tribunaux : jamais il n'accepta de salaire de personne, faisant tout „pour l'amour de Dieu" et dans l'intention d'accomplir les „six œuvres de miséricorde". Aussi devint-il cher à Dieu et aux hommes. Sa femme éleva pieusement ses enfants, se montra bienfaisante envers les pauvres, et „amena beaucoup de jeunes femmes frivoles à renoncer à l'amour du monde". Au bout de ce temps, ils furent assaillis tous deux par de „grandes et terribles tentations". Ils firent venir leur conseiller spirituel et lui exprimèrent leur crainte de ne pas mener une existence assez dure pour accomplir en son entier la volonté divine; mais celui-ci leur dit : „Je ne trouve rien à ajouter aux conseils que je vous ai donnés autrefois. Continuez à vivre comme vous avez vécu jusqu'à présent; apprenez encore mieux à vaincre tous les vices et à pratiquer toutes les vertus. Quand ce but sera atteint, mes conseils et mon enseignement seront à bout; c'est au Saint-Esprit qu'il appartiendra de vous conseiller et de vous guider, car c'est de lui que découlent les ruisseaux de l'amour divin qui inondent le cœur d'une félicité ineffable, au sein de laquelle l'homme apprend plus en une heure qu'il pourrait apprendre dans toutes les écoles présentes et futures. Poursuivez donc en toute humilité la lutte contre les tentations, et quand vous aurez traversé toutes ces souffrances, quand

---

[1] Traité XI, p. 98.
[2] *Ibid.*, p. 99 : Si mahtent ir gewant erberliche, doch in der mitteln mossen.

l'accomplissement des actes de vertu vous sera devenu familier, le Saint-Esprit répandra en vos âmes la douceur surnaturelle de son amour, et vous serez ravis à vous-mêmes, sans savoir ce qui est advenu de vous" [1].

IV.

Les récits qui précèdent nous ont montré l'Ami de Dieu de l'Oberland révélant à un ami de Dieu du voisinage le secret de sa conversion, devenant le conseiller spirituel du „chevalier captif" après la délivrance miraculeuse de celui-ci, puis entreprenant lui-même de gagner à Dieu son ami de jeunesse. Pendant les quatorze années qui séparent ce dernier événement de sa propre conversion, il avait continué à demeurer dans le quartier le plus retiré de la ville, dans une maison située au fond d'une cour et qu'il habitait seul avec un serviteur. Les sentiments de mépris et de haine qu'une partie de la population avait autrefois nourris contre lui avaient eu le temps de se calmer ; sa piété, sa charité, la douceur inaltérable de son caractère lui avaient gagné l'estime et les sympathies plus ou moins déclarées d'un certain nombre de personnes. Il a dû entrer de bonne heure en rapport avec les partisans de la vie mystique qui demeuraient dans les localités avoisinantes. Nous possédons du moins deux entretiens fort intéressants qu'il a eus à sept ans de distance sur le même sujet avec deux amis de Dieu, dont l'un était venu le visiter et avait passé trois semaines dans sa maison, et dont l'autre avait été rencontré par lui, paraît-il, pendant une promenade aux environs de sa ville natale. Ces deux récits compléteront le tableau de son activité spirituelle dans son pays [2].

„En 1350, pendant l'année du jubilé romain, deux amis de Dieu qu'unissait une intime affection et qui ne s'étaient plus vus depuis onze ans, se retrouvèrent réunis. Ils demeurèrent ensemble, jour et nuit, pendant vingt jours et se firent part de bien des secrets relatifs

---

[1] Traité XI, p. 101.
[2] Traités VI et VII.

à leur vie intérieure." L'Ami de Dieu de l'Oberland raconta à son visiteur une vision remarquable qu'il avait eue pendant six nuits de suite, dans l'état de demi-sommeil, et dont le contenu lui avait été attesté comme digne de foi et comme provenant de Dieu même, pendant un ravissement qu'il avait eu peu de temps après. La description qu'il y fait du monde comme d'un jardin arrosé de fontaines est évidemment une réminiscence des impressions de sa vie de jeunesse, alors qu'il menait les dames „auprès des fontaines et dans les jardins".

„Je vis un homme d'une apparence fort honorable qui me dit de le suivre. Il me conduisit dans une belle maison, ouvrit une fenêtre et me dit: „Regarde!" J'aperçus un jardin magnifique au milieu duquel jaillissaient des fontaines. Il était rempli de gens de toute condition, de prêtres et de laïques, de moines et de nonnes. L'homme me dit: „Ce jardin, c'est le monde." Puis il me conduisit à une autre fenêtre. Là je vis une haute muraille dans laquelle s'ouvrait une porte étroite et basse. Au delà de cette ouverture j'aperçus un escalier dont les marches s'élargissaient à mesure qu'elles s'élevaient, et dont la hauteur était si grande que je n'en pus distinguer la fin. Devant la porte se tenait un personnage ayant tous les dehors d'un honnête homme. Arriva une jeune femme belle et richement vêtue, accompagnée de ses deux filles, qui voulut franchir la porte. „Ne faites pas cette folie, lui dit le gardien; dans vingt ans il en sera temps encore, quand vous aurez passé votre jeunesse dans les plaisirs. Ne franchissez pas à la légère ce seuil au delà duquel vous attend une pénible existence. Regardez plutôt derrière vous, car vous ne pourriez plus revenir sur vos pas; voyez combien de joies vous attendent encore dans le monde!"

„La jeune femme retourna joyeusement auprès de ses amis. Bien des personnes de toute classe et de tout rang, des prêtres et des laïques, arrivèrent ensuite devant la porte; mais le gardien fit si bien par ses discours qu'à peine un sur vingt franchit le seuil. „Quel est cet homme?" demandai-je, et il me fut répondu: „C'est Satan." Puis je fus conduit à une troisième fenêtre, d'où j'aperçus toutes les personnes qui étaient montées sur les degrés de l'escalier. Sur les marches inférieures se trouvaient des gens de tout rang et de toute condition, des prêtres et des laïques, des gens mariés, des moines et des nonnes, et il me fut dit : „Ceux-ci ont vaincu le diable par le repentir de leurs péchés, mais ils ne pensent pas à monter plus haut. Leur cœur est froid, sans amour divin; il leur suffit de se garder des péchés mortels : aussi subiront-ils un long purgatoire." Puis j'en vis d'autres qui demeuraient sur des degrés plus élevés, et il me fut dit : „Ceux-ci sont montés jusque-là par la pratique des exercices ascétiques et des six œuvres de miséricorde; mais leurs actes sont loin d'être parfaits, car ils n'ont pas pour mobile unique le libre amour, l'amour sans mélange de Dieu. Ils les accomplissent bien plutôt pour éviter l'enfer et le purgatoire et pour gagner le ciel; aussi sont-ils appelés marchands et serviteurs mercenaires de Dieu, et devront-ils subir un long purgatoire." Ensuite j'aperçus des gens qui demeuraient sur des degrés bien plus élevés encore, et il me fut dit : „C'est à force d'exercices intérieurs que ceux-ci en sont arrivés là. Dans toutes leurs œuvres ils n'ont en vue que l'accomplissement de la volonté divine, mais ils sont encore bien loin du but!" Je regardai plus haut, et je vis dans le lointain une nuée ténébreuse qui couvrait l'escalier et au sein de laquelle un certain nombre de gens avaient leur demeure, et il me fut dit : „Pour atteindre le but suprême auquel ils sont appelés, les hommes doivent traverser cette obscurité et passer par l'angoisse des grandes souffrances. Ces hommes-là sont bien chers à Dieu; ils se sont abandonnés à lui jusqu'à la mort et ne veulent plus appartenir qu'à lui seul. Dieu les exerce dans cette obscurité par le moyen de douloureuses tentations qui leur étaient bien inconnues auparavant; il les y laisse jusqu'à l'heure marquée dans sa sagesse, et quand ils les ont supportées avec patience et humilité, il leur pardonne tous leurs péchés. Au sortir de ces ténèbres, ils aperçoivent avec joie tout l'escalier jusqu'au faîte; ils montent avec assurance de degré en degré, de vertu en vertu; tous les vices leur ont été enlevés dans l'obscurité des grandes tentations; désormais ils pratiquent toutes les vertus. Quand ils ont gravi tous les degrés et accompli toutes les œuvres que l'amour divin inspire, ils se trouvent placés devant la porte de la félicité éternelle. Toutefois ils ne savent point à quelle hauteur ils sont parvenus. Dieu les attire alors en lui-même par l'amour du Saint-Esprit; il illumine surnaturellement leur âme, de telle sorte qu'ils deviennent un avec lui et qu'ils sont Dieu par grâce de même qu'il est Dieu par nature."

Les deux amis se séparèrent le vingt-unième jour, après s'être entretenus encore de l'état de la chrétienté à leur époque, de l'excellence de l'amour divin et de la manière dont s'était opérée leur conversion. L'Ami de Dieu se contenta de raconter à son interlocuteur qu'il s'était séparé du monde à l'âge de vingt-six ans, et que la troisième année de sa vie nouvelle avait été marquée par l'apparition de la patronne des pécheurs repentants, Marie-Madeleine: il résumait de la sorte toute l'histoire de sa conversion dans un incident unique, secondaire peut-être par rapport à d'autres faits qui l'entourent, mais évidemment choisi à dessein pour bien faire apprécier l'esprit dans lequel il s'était tourné vers Dieu. Il ne pouvait en dire davantage sur ce sujet, puisqu'il ne lui était permis de révéler qu'à un seul homme le mystère de sa conversion. Son visiteur observa vis-à-vis de lui la même réserve : il se borna dans son récit aux événements miraculeux qui s'étaient accomplis le premier jour de sa conversion et qui l'avaient décidé à donner congé au monde. Les faits qu'il raconte présentent une grande analogie avec ceux qui figurent dans l'histoire de l'Ami de Dieu. Dès l'âge de douze ans il avait voué à Marie un culte spécial. Six ans plus tard, au moment de contracter mariage, il avait entendu pendant une nuit de Noël une voix qui lui disait : „Lève-toi, car la fiancée qui t'est chère, la Reine des cieux, vient à toi avec son enfant; elle t'ordonne de renoncer à ton amour charnel et de lui réserver désormais toute ton affection!" Déjà il avait cru être le jouet d'une illusion provoquée par Satan pour lui faire manquer un mariage avantageux, quand il avait effectivement aperçu, au moment où il allait se rendormir, une femme, brillante comme le soleil, qui portait sur le bras un bel enfant tout environné de lumière, et qui lui dit : „Prends cet enfant, et qu'il soit ton époux; renonce à ton amour naturel et reporte sur lui toute ta tendresse!" Il s'était réveillé le cœur inondé de joie et avait aussitôt rompu ses fiançailles.

„En 1357, à Pentecôte, deux amis de Dieu s'entretinrent ensemble de la situation dans laquelle se trouvait la chrétienté." L'un d'eux, l'Ami de Dieu de l'Oberland, exposa à cette occasion une deuxième fois ses vues sur la diversité des chemins que suivent les hommes pendant la vie terrestre pour arriver à la félicité céleste. Il passa en revue les différentes classes de chrétiens, depuis ceux qui habitent le rivage de la mer orageuse du monde, exposés aux ruses de Satan, qui s'efforce de les rejeter dans les flots, et qui se bornent à éviter les péchés mortels et à pratiquer les commandements divers sans connaître le véritable et pur amour de Dieu, jusqu'à ceux qui traversent la „grande et terrible obscurité pleine de tentations douloureuses" et parviennent „devant leur Origine, d'où s'échappe parfois, par une petite fenêtre que le Père entr'ouvre, et se répand sur eux un rayon de l'amour du Père et du Fils dans le Saint-Esprit, de sorte qu'ils s'abîment dans un ravissement ineffable, dépourvu de formes et d'images, et ne savent où ils sont ni ce qui leur est arrivé." Ici encore l'Ami de Dieu a encadré sa pensée dans l'image d'une „échelle" dont les degrés sont occupés par les différents groupes de fidèles, conformément à une révélation qu'il reconnaît avoir eue en partage : allusion évidente à la vision qu'il avait racontée à un autre ami de Dieu sept années auparavant.

Son interlocuteur prend alors la parole à son tour pour confirmer les paroles qu'il vient d'entendre. Il cite à ce propos l'exemple de „cinq amis de Dieu, éclairés de la lumière surnaturelle du Saint-Esprit", dont la vie lui est bien connue. „Le premier, dit-il, a été conduit comme toi devant l'Origine, et il a reçu de Dieu la même grâce merveilleuse que tu en as reçue; seulement la vision qu'il a eue diffère quelque peu de la tienne; au lieu de voir une échelle dressée entre le monde et le ciel, il a vu beaucoup de montagnes, l'une plus haute que l'autre, dont la dernière s'élevait jusqu'à Dieu. Quoi qu'il lui arrive, son cœur est continuellement rempli de joie et de paix céleste : toi aussi, tu vis dans la même félicité intérieure, car je ne t'ai jamais regardé que tu n'aies été joyeux et de bonne humeur. Le second a été conduit dans un ravissement surnaturel devant la porte de l'enfer. La vue des souffrances des damnés l'a rempli d'une telle affliction que sa tristesse ne le quitte jamais. Cependant, quelque douleur qu'il éprouve, il en remercie Dieu en toute humilité. Le troisième a été conduit devant la porte du purgatoire, et ce qu'il a vu des tourments infligés aux âmes qui s'y trouvent suffit pour lui ravir à tout jamais tout sujet de joie. Le quatrième a été conduit au milieu du paradis; aussi éprouve-t-il de temps en temps bien des jouissances en son cœur, mais qui ne sont pas comparables aux grandes joies surnaturelles que tu ressens. Au cinquième enfin ont été révélés les vices de la chrétienté et le spectacle du jugement dernier : aussi peut-il bien rarement se réjouir encore. Tous ces chemins sont bien différents, mais tous viennent de Dieu et mènent à Dieu. L'Esprit conduit chaque homme par celui qui lui est le plus profitable."

Après cet échange de confidences et de réflexions religieuses, les deux amis craignirent d'„avoir éprouvé trop de jouissance à se trouver réunis"; ils se séparèrent et „regagnèrent chacun sa société".

Ce dernier détail ne laisse pas d'avoir son importance. Il montre qu'en 1357 l'Ami de Dieu avait cessé de mener la vie solitaire dans laquelle il s'était complu auparavant, et qu'à cette date il avait déjà groupé autour de lui un certain nombre de partisans de la vie mystique. Il prouve aussi que cette association pieuse n'a pas été la seule qui ait existé parmi les amis de Dieu de l'„Oberland"; l'interlocuteur de l'Ami de Dieu, en effet, a également eu la sienne, composée, outre lui-même, des cinq personnages dont il dépeint la vie intérieure. Les tendances religieuses de ces cercles ont dû être fort semblables; ils se sont certainement formés, les uns comme les autres, sous l'influence des graves événements qui se sont accomplis vers le milieu du quatorzième siècle.

CHAPITRE TROISIÈME.

RAPPORTS DE L'AMI DE DIEU DE L'OBERLAND AVEC LES AMIS DE DIEU
DES AUTRES PAYS.

*I. L'histoire des deux recluses Ursule et Adélaïde. — II. La conversion du
maître de la sainte Écriture.*

Depuis l'achèvement de sa conversion, l'Ami de Dieu de l'Oberland avait entrepris différents voyages, dont un l'avait mené vers l'an 1350 jusqu'en Hongrie[1]. Il était entré en relations avec les amis de Dieu des pays étrangers, bien souvent pour les secourir de son argent. A l'époque où il convertit le chevalier son ami de jeunesse, son patrimoine avait en effet diminué de deux mille florins „qui s'en étaient allés vers des localités bien lointaines où Dieu voulait les voir aller"[2]. Nous ne possédons à peu près aucun renseignement sur les personnes auxquelles ces dons étaient adressés. Mais si l'Ami de Dieu s'est plu à couvrir ses actes de charité d'un voile impénétrable, il est facile par contre de constater au dehors de son pays natal des traces importantes de son activité religieuse. Ici encore, comme dans sa patrie, nous le verrons remplir auprès des personnes avec lesquelles il entre en rapport le rôle de conseiller spirituel et de directeur des âmes.

I.

En 1288 vivait dans une ville du Brabant une jeune fille du nom d'Ursule[3]. Elle avait quinze ans et était d'une beauté remarquable.

---

[1] Lettre 19, p. 331. Ich losse dich ouch wissen das die zwene vil lieben guttesfrúnde von Ungern haruz zuo mir kommen sint, die selben zwene bi den ich vor drissig joren gewesen bin, und ich ouch ettewenne vil von in geseit habe. La lettre est datée du 22 février 1380.
[2] Traité XI, p. 93.
[3] Traité XIV, publié dans l'Appendice (I, 1).

Ses parents, tisserands peu aisés qui dépensaient en bonne chère le peu qu'ils gagnaient, étaient tout disposés à la donner en mariage, moyennant une forte somme d'argent, à un riche jeune homme qui l'avait remarquée; mais elle avait fait vœu de n'appartenir qu'à Dieu seul. Elle se rendit donc chez les béguines de la ville et leur exposa sa situation. Sur les conseils d'une vieille sœur qui était originaire de l'Allemagne supérieure et qui avait mené pendant de longues années la vie errante d'une pèlerine, elle pria la nuit suivante Dieu et la sainte Vierge de lui indiquer ce qu'elle devait faire „pour conserver sa pureté virginale ainsi qu'elle l'avait promis à son fiancé et époux, Jésus-Christ, l'enfant de la crèche". Effectivement vers minuit un ange lui apparut au milieu d'une lumière radieuse et lui dit : „Lève-toi, quitte cette ville et monte vers des contrées plus élevées; continue de marcher jusqu'à ce que tu arrives dans un pays de langue romane, qui s'appelle le pays du seigneur de Berne[1]. Là tu trouveras une loge habitée par une vieille recluse qui mourra immédiatement après ton arrivée. Tu t'établiras dans cette loge et tu t'y consacreras à ton époux". Quand la vieille béguine entendit le lendemain le récit de cette apparition, elle s'écria : „Tes paroles me réjouissent fort; je connais parfaitement le pays du seigneur de Berne pour y avoir souvent été; il y demeure beaucoup d'amis de Dieu. Je connais aussi dans une ville de ce pays une vieille recluse qui y a mené une sainte vie pendant de longues années. Si donc tu y consens, je t'accompagnerai".

Dès le jour suivant, un dimanche de Pâques, les deux femmes se mirent en route. Elles traversèrent Aix-la-Chapelle; puis continuèrent leur „montée" à travers des contrées de plus en plus élevées, et „après avoir marché aussi loin qu'elles purent marcher" elles atteignirent la ville située dans le „pays du seigneur de Berne". Aussitôt elles se rendirent auprès de la vieille recluse, qu'elles trouvèrent expirante. Peu de jours après, Ursule obtint des propriétaires de la loge la permission de s'y établir jusqu'à sa mort. Comme elle ignorait

---

[1] Traité XIV. Ich kundo dir das du ufstandest und gangest enweg das lant uf in ein froemede lant, und gang alse lang und alse verre uf zuo berge untze das du kummest in ein lant das ist welsch und heisset des herren lant von Berne.

la „langue romane" usitée dans le pays, elle pria sa compagne de demeurer auprès d'elle jusqu'à ce qu'elle l'eût apprise. Au bout de trois ans la vieille béguine mourut.

Pendant les dix premières années de sa nouvelle existence, Ursule se livra aux pratiques les plus douloureuses de l'ascétisme. Au bout de ce temps elle fut avertie par Dieu de suspendre les „exercices extérieurs qu'elle s'imposait dans sa volonté propre", et de laisser son céleste époux diriger seul sa vie spirituelle par le moyen d'„exercices intérieurs". Elle obéit, et ne tarda pas à être assaillie „par les tentations les plus affreuses et les plus impures". Après avoir vainement imploré l'assistance de Dieu, elle fit part de ses tourments à son confesseur, qui essaya d'abuser de sa naïve confiance en lui conseillant „par des discours subtils, pleins de mystère de d'obscurité", de satisfaire ses désirs charnels, afin de se débarrasser des tentations qui empêchaient l'action de Dieu en elle et mettaient son âme en péril. Indignée, elle chassa le prêtre de sa présence. La nuit suivante, Dieu lui reprocha vivement la faute qu'elle avait commise en révélant à un homme les secrets de sa vie intérieure que son époux seul devait connaître; il l'accusa d'avoir par son imprudent „bavardage" fait tomber un honnête homme dans le péché. Rappelé par elle le lendemain, le confesseur s'amenda et redevint un homme d'une piété et d'une conduite exemplaires. Aux tentations charnelles de la recluse vinrent bientôt s'en joindre d'autres: elle tomba dans l'incrédulité et se prit à désespérer de la miséricorde divine, persuadée qu'elle était de devenir „un éternel tison d'enfer". Elle eut à supporter „les souffrances et les tentations que toutes les créatures, pures et impures, sont capables de causer" sans trouver aucune consolation ni chez les hommes ni chez Dieu. Après dix ans de cette vie, ses forces physiques avaient considérablement diminué; elle était devenue d'une maigreur et d'une pâleur extrêmes. Alors elle eut un ravissement, pendant lequel elle entendit la voix de son époux lui annoncer la fin de ses longs tourments. A partir de ce moment son âme fut remplie de la joie et de la paix du Saint-Esprit; elle n'éprouva plus aucune souffrance, sinon celle que lui causait l'état religieux de la chrétienté: encore sut-elle s'y soustraire „en rejetant sur Dieu le souci de tout ce qui arrivait en ce monde"; elle parvint ainsi à l'état de quiétude parfaite. La santé physique lui revint en même temps que la paix intérieure. Dieu continua à opérer en elle des œuvres merveilleuses; „bien souvent elle se sentit emportée corps et âme à travers les airs, et elle entendit alors des paroles qui étaient bien incompréhensibles à son entendement naturel".

Quand Ursule eut ainsi demeuré pendant cinquante ans dans sa loge, elle reçut un jour la visite d'une jeune fille de la ville, riche et pieuse, nommée Adélaïde. Celle-ci avait fait vœu, dès l'âge de dix ans, de se vouer au célibat; elle avait perdu très jeune son père et sa mère, et avait décliné depuis lors toutes les propositions de mariage qui lui avaient été faites. Dans sa vingt-deuxième année de „grandes tentations pécheresses" l'avaient assaillie; son confesseur lui avait conseillé de se marier suivant le précepte de saint Paul (I Cor. VII, 9), mais elle avait repoussé cet avis avec horreur. Un moine „méchant et pervers" qu'elle avait pris ensuite pour confesseur, avait composé à son usage un long traité „plein des paroles les plus impies, les plus subtiles et les plus astucieuses, qu'il disait puisées dans l'Écriture, et dont le sens était que l'homme doit satisfaire les désirs de sa nature". Rougissant d'avoir confié à des hommes le secret de sa vie intérieure, elle s'était décidée à aller demander conseil „à la vieille recluse qui demeurait près d'elle dans la ville". Celle-ci lui défendit aussitôt de parler à qui que ce fût des tentations qu'elle éprouvait, et refusa d'en entendre le récit. Elle l'engagea à les supporter „sous le regard de Dieu seul et sans le secours d'aucune créature", et lui donna l'assurance que ces tentations n'étaient point des péchés du moment qu'elle avait la ferme et entière résolution de souffrir la mort plutôt que d'y céder, mais que c'étaient des dons de Dieu, „dignes de la récompense infinie des martyrs, des épreuves que le Seigneur n'envoie qu'à ceux en qui il a confiance et dont il veut faire des saints, et qu'il enlève au moment où l'on s'y attend le moins". Au bout de cinq jours, la jeune fille revint chez la recluse et resta auprès d'elle pendant une semaine. Elle lui annonça qu'elle avait l'intention de se défaire de tous ses biens, excepté de ceux qui lui seraient nécessaires pour venir demeurer dans la loge. La recluse lui défendit d'en rien faire : „Quand un homme a reçu de Dieu de grands biens terrestres, il est tenu de les lui restituer en les dépensant avec une divine sagesse, conformément aux desseins du Seigneur. Je suis venue pauvre dans cette retraite ; je n'y ai apporté que les vêtements qui me couvraient, et grâce à Dieu rien de ce qui m'était nécessaire ne m'a manqué jusqu'à présent. C'est avec tristesse que je verrais donner de mon vivant un bien quelconque à cet ermitage. Nul ne doit s'astreindre à la vie solitaire dans une loge, à moins d'y avoir été spécialement appelé par Dieu." Sur l'avis de la recluse, Adélaïde rentra dans sa demeure et s'occupa de l'administration de sa fortune. Au bout de sept ans elle avait dépensé plus de la moitié de ses biens „d'après le conseil de Dieu" ; bien souvent pendant ce temps elle était venue passer des journées entières dans l'ermitage de son amie.

Ces relations duraient depuis huit ans, quand Ursule tomba malade le jour de Noël 1345. „Un matin que j'étais auprès d'elle, raconte Adélaïde, Ursule me dit : „Ferme la porte afin que nous soyons bien sûres d'être seules. Puis prends cette clef et ouvre l'armoire que voici : tu y trouveras écrite l'histoire de ma vie. Nul ne la connaît, sinon toi et un homme qui en sait encore davantage que toi et dont la demeure est en pays allemand, pas très loin d'ici, en amont de cette ville. Tu y trouveras aussi le nom de cet homme et celui de la ville qu'il habite. Quand je serai morte, ne regarde pas à la dépense et envoie-lui un cavalier pour lui porter l'histoire de ma vie à laquelle tu auras joint ta propre histoire jusqu'à ce jour, telle que tu me l'as racontée. Il saura bien la traduire du roman en allemand ; il saura bien aussi l'envoyer en temps opportun dans l'Allemagne inférieure. Et quand cet intime ami de Dieu, qui est un laïque, viendra chez toi, tu lui parleras avec une entière confiance[1]. Tu es encore jeune ; tu pour-

---

[1] Traité XIV. Nuo nim den slússel und gang úber das kensterlin, so vindest du alles min leben inne geschriben, do nieman von weis denne du und ein man der noch me weis denne du, und des wonunge ist in tútschen landen, doch nút gar verre hinnan. Des name und in weler stat er wonet vindest du ouch geschriben. Und, liebes kint Adelheit, wanne ich erstirbe, so lo nút was es kostet, so sende einen gerittenen endellichen boten noch ime und schrip ouch alles din leben alse du mir untze har geseit und geoffenboret hest ; unser beider leben gip ime miteinander geschriben, wanne er es wol von welsche zuo tútsche bringen kan ; denne so weis er ouch wol wenne er es hin abe in Niderlant senden sol. Nuo so dirre heimeliche gottesfrúnt, der so ein leyo ist, zuo dir kummet, so maht du wol mit ime redende und ime ouch rehte wol getruwende sin.

ras voir en peu d'années comment Dieu châtiera la chrétienté par des plaies de toute sorte. Comme preuve de la vérité de mes paroles et des enseignements que je t'ai donnés pendant ces huit ans, je t'annonce que je mourrai aujourd'hui vers midi."

La recluse expira effectivement à l'heure indiquée, le jour de l'Ascension de Marie ou le 23 mars 1346. Son agonie avait été pénible à voir, mais fort courte; un sourire avait bientôt paru sur ses lèvres, et une expression de joyeuse sérénité avait envahi son visage. Adélaïde éprouva un vif désir de savoir quel était le sort de son amie dans la vie future. Le trentième jour enfin celle-ci lui apparut et lui dit: „Ne t'effraye point, je suis Ursule; il m'a été permis de venir chez toi, car je dois te raconter quelle a été ma fin. D'abord les démons se sont présentés devant moi; de là les mouvements effrayants que j'ai faits: mais aussitôt sont venus les anges qui les ont mis en fuite, ce qui m'a fait sourire. Aujourd'hui je quitte le paradis, où j'ai été purifiée sans douleur pendant ces trente jours, pour monter avec les anges dans la vie éternelle."

Nous verrons dans un des chapitres suivants quel est ce „pays du seigneur de Berne" que l'Ami de Dieu a visité avant l'année 1346, et de quelle importance sont les données géographiques contenues dans ce récit, pour la solution du problème relatif à la patrie de l'Ami de Dieu.

II.

Dans un des entretiens que l'Ami de Dieu de l'Oberland eut avec le second personnage du *Livre des deux hommes*, il est question d'un „grand docteur", d'un „maître de la sainte Écriture" que celui-ci avait entendu prêcher peu de temps auparavant dans une ville dont il ne donne pas le nom; l'impression que ce sermon lui avait faite forma ce jour-là le sujet de sa conversation avec son ami [1].

„Il y a peu de temps, raconte l'interlocuteur de l'Ami de Dieu,

---

[1] Traité XII, p. 259 s.

quelqu'un est venu me dire : „Veux-tu entendre demain un sermon? Va dans tel endroit; là prêchera le grand docteur, le maître de la sainte Écriture". J'y allai de grand matin. Le discours que j'entendis contenait beaucoup de paroles édifiantes et élevées; mais quelque excellentes qu'elles fussent, elles ne pénétraient pas en moi comme je l'eusse désiré. Le lendemain j'allai écouter, d'après le conseil de la même personne, un pieux docteur dont la vie intérieure se déroulait sous l'action de la grâce divine. Les deux sermons avaient le même texte; la tendance religieuse en était la même, et cependant ils firent sur moi une impression tout opposée. Autant j'avais entendu le premier avec mécontentement, autant j'entendis le second avec joie. La nuit dernière, ce fait m'est revenu à l'esprit et j'ai craint que la faute n'en eût été à moi. Quel est ton avis à cet égard?" — „Si deux hommes, répondit l'Ami de Dieu, te faisaient une description de la ville de Rome, l'un par simple ouï-dire, l'autre parce qu'il y a été lui-même, c'est le second apparemment que tu écouterais avec le plus de confiance et de profit. De même, si un homme qui a été touché intérieurement par la grâce divine entend prêcher un docteur qui s'aime encore lui-même, il sent bien que la parole d'un tel docteur ne procède pas de l'amour pur et sans mélange de Dieu; son âme que remplit l'amour divin ne saurait être touchée par un discours dont la grâce divine est absente : aussi l'écoute-t-il avec mécontentement. Un pareil prédicateur ne parle que par ouï-dire de la disposition de la Rome céleste et des chemins qui y mènent; ce qu'il en sait, il l'a appris dans l'Écriture. Mais si le même homme entend prêcher un maître dont l'enseignement a pour source à la fois l'Écriture et sa propre vie spirituelle, un maître qui a renoncé à l'amour de lui-même et à la poursuite de tout avantage personnel, et qui connaît la Rome céleste non seulement par ouï-dire, mais encore parce qu'il a parcouru en personne les routes qui y conduisent et contemplé la forme de ses édifices, il se réjouit d'entendre sa parole parce qu'elle découle de l'amour divin."

Cet entretien paraît avoir fait une profonde impression sur l'esprit de l'Ami de Dieu; peu de temps après, il entendit à plusieurs reprises pendant son sommeil une voix mystérieuse qui lui ordonnait de se rendre auprès d'un prédicateur aussi richement doué, pour voir si „Dieu ne voudrait pas accomplir là encore une de ses œuvres merveilleuses"¹.

En 1346 vivait dans une ville, distante de plus de trente milles de la patrie de l'Ami de Dieu et située dans un pays différent, un „maître de la sainte Écriture"; il y prêchait beaucoup et ses sermons étaient fort goûtés; „l'on parlait de son enseignement à bien des milles de distance". C'est ce dont fut informé „un laïque, homme plein de grâce divine, l'Ami de Dieu bien-aimé de l'Oberland et l'ami de notre cher fondateur Rulman Merswin". Il se rendit sur l'ordre de Dieu dans cette ville lointaine et assista à cinq prédications du maître. Il reconnut aussitôt que c'était „un homme doux, bienveillant et d'une grande bonté de cœur, mais que son âme était encore obscure et dépourvue de la lumière de la grâce". Il en ressentit une grande pitié, et se rendit aussitôt auprès du maître. Après s'être confessé à lui et avoir reçu la sainte-cène, il lui dit: „Je suis venu ici de plus de trente milles, car il m'a été beaucoup parlé chez moi de votre enseignement. J'ai entendu jusqu'à présent cinq de vos discours, et je voudrais vous prier de faire pour l'amour de Dieu un sermon sur la manière dont l'homme peut parvenir au degré le plus élevé de la vie spirituelle." — „Que te servirait-il d'entendre traiter un sujet si élevé, répondit le maître; je crois bien que tu n'en saurais rien comprendre." — „Que vous importe, reprit son visiteur; si dans la foule des personnes qui se pressent autour de votre chaire il n'y en avait qu'une seule capable de saisir le sens de vos paroles, votre peine n'aurait pas été inutile." Le maître céda enfin aux instances de l'étranger, et prononça dans un des couvents de femmes de la ville le sermon demandé².

„Chers enfants, dit-il en commençant, j'ai tant de choses à vous dire sur le sujet dont j'ai promis de vous parler, que je ne toucherai pas dans mon sermon à l'évangile de ce jour; je m'abstiendrai aussi de citations latines; tout ce que je vous dirai, je le prouverai par l'Écriture. — Bien des gens arrivent, par l'Écriture ou sans elle, à

---

¹ Traité XIII, p. 2.
² *Ibid.*, p. 3.

une compréhension, à une conception intellectuelle des choses divines, le tout sous forme d'images ou d'idées ; et il en est qui se contentent de cela sans désirer avancer davantage, alors que cependant ils sont encore bien loin du but suprême. Dieu ne peut ni venir dans de telles gens, ni accomplir ses œuvres en eux, car ils ne se sont pas abandonnés à lui et se complaisent encore dans l'exercice de leur volonté personnelle et dans les créations pleines d'attrait de leur propre esprit. Denis de l'Aréopage aussi a dit : „La lumière de la foi veut prendre possession des hommes bien au-dessus de la sphère des conceptions intellectuelles." Un seul homme en effet qui serait mort à toutes les formes idéales de son esprit, qui se serait élevé au-dessus de toute contemplation et de toute compréhension intellectuelles, serait plus cher à Dieu que cent autres qui vivraient au milieu des images relatives et sensibles créées par leur propre intelligence, et trouveraient dans cet état leur suprême satisfaction. Un tel homme est inconnu au monde ; l'essence intime de sa vie spirituelle est incompréhensible aux autres hommes ; Dieu se repose en lui et élit en lui sa demeure ; il y opère ses œuvres quand il veut et comme il veut, et par ces œuvres il le fait rentrer en lui et s'unit à lui. Nul ne peut atteindre à ces hauteurs sinon au moyen d'une intelligence parfaitement pure et absolument humble ; maint prêtre, en effet, doué d'une riche intelligence, est déchu de la vérité éternelle ; les anges aussi sont tombés en péchant au moyen de leur intelligence, et à ces derniers ressemblent tous ceux qui prennent plaisir à l'exercice de leur raison et de leur volonté personnelles." Ensuite le prédicateur énumère vingt-quatre qualités qui sont nécessaires à l'homme s'il veut recevoir en partage „la véritable connaissance dans la contemplation de la lumière divine". Au nombre de ces qualités il range tout d'abord l'humilité parfaite, l'abandon sans réserve de soi-même à Dieu, le renoncement absolu à soi, à tout amour de soi et à la poursuite d'un avantage personnel quelconque, soit en ce monde, soit dans l'autre.

Quand le sermon fut terminé, l'Ami de Dieu rentra dans son hôtellerie et le rédigea „mot pour mot, tel que le docteur l'avait dit". Puis il alla lui en donner lecture [1]. Le prédicateur admira l'exactitude

---

[1] Traité XIII, p. 8.

avec laquelle il avait noté ses paroles „telles qu'elles étaient sorties de sa bouche", et s'étonna de lui voir „une si riche intelligence", chose qu'il lui avait cachée depuis son arrivée. L'Ami de Dieu fit semblant de vouloir prendre congé de lui; mais le docteur le retint : „Que ferais-tu chez toi? tu n'as ni femme ni enfant; j'ai l'intention de prêcher encore une fois sous peu sur le degré suprême de la vie religieuse". Alors l'Ami de Dieu lui dit : „Cher maître, ce n'est pas pour écouter vos discours que je suis venu ici. Vous me promettez de faire encore un sermon pour moi; je trouve votre propos assez enfantin. Sachez, seigneur docteur, que toutes vos prédications et toutes les paroles que les hommes sont capables de prononcer ici-bas, ne peuvent m'avancer en rien : elles m'arrêtent plutôt qu'elles ne me font progresser. Quand le Seigneur vient me trouver, il m'apprend plus en une heure que vous et tous les docteurs du monde pourriez m'apprendre jusqu'au jugement dernier. Je suis venu ici parce que j'ai pensé devoir avec l'aide de Dieu vous donner un conseil. Je crains seulement que vous ne puissiez supporter ce que j'aurai à vous dire"[1]. Le maître répondit : „Tu es un laïque; tu ne connais point l'Écriture, et la prédication n'est pas ton affaire : quel conseil peux-tu bien me donner? dis ce que tu veux; je ne m'en fâcherai point". L'étranger reprit : „Vous êtes un grand docteur et vous avez donné dans votre sermon d'excellents enseignements, mais vous ne les pratiquez pas dans votre vie. Pendant que vous prêchiez, il m'a semblé voir du vin précieux, bien clair et bien pur, passer à travers de la lie et sortir tout trouble de la tonne. Vous n'aimez pas encore Dieu sans mélange en toutes choses et ne recherchez pas uniquement sa gloire; vous avez encore en vue dans vos œuvres votre propre satisfaction. Vous recherchez la faveur des hommes, et surtout l'approbation d'une créature à laquelle vous accordez trop d'attention. Aussi la pure et sainte parole de Dieu est-elle obligée de traverser la lie dont le fond de votre cœur est souillé, et s'il arrive qu'une âme pure et remplie de l'amour de Dieu l'entende de votre bouche, cette parole lui paraîtra nécessairement sans saveur et sans force[2]. La

---

[1] Traité XIII, p. 8.
[2] *Ibid.*, p. 10.

lettre vous tue, car elle vous est une occasion continuelle de pensées égoïstes : vous n'avez pas encore appris à aimer Dieu et à ne rechercher que son honneur dans la lettre. Vous êtes dans la nuit, car la vraie lumière du Saint-Esprit, don surnaturel de la grâce divine, vous est encore inconnue [1]. Vous êtes un pharisien. N'est-il pas vrai, en effet, que les pharisiens recherchaient comme vous en toutes choses non la seule gloire de Dieu, mais leur propre avantage? N'est-il pas vrai qu'ils plaçaient sur les épaules d'autrui des fardeaux qu'ils ne voulaient pas toucher du doigt? Vous avez placé sur nos épaules, dans votre sermon, vingt-quatre points auxquels vous avez encore fort peu touché vous-même. La parole du Seigneur s'applique donc à vous : „Gardez-vous des pharisiens! obéissez à leur enseignement, mais n'imitez pas leurs œuvres!" [2]

Dès le commencement de cette longue harangue, le docteur avait interrompu l'Ami de Dieu et lui avait dit en l'embrassant : „Mon fils, sache que tu m'as révélé le vice secret dont je suis atteint. Je ne doute pas que ce ne soit Dieu lui-même qui t'a fait connaître ce qu'aucun homme n'a pu te dire ici-bas, l'attention particulière que j'accorde à une créature, car elle-même n'en sait rien et je ne le lui ai jamais fait voir. Il m'arrive en ce moment ce qui est arrivé à la Samaritaine près du puits de Jacob. Je te prie de vouloir bien devenir mon père spirituel, et de me permettre d'être ton fils pécheur." A ces mots l'Ami de Dieu s'était vivement récrié : „Sachez, seigneur docteur, que si vous voulez parler contrairement à l'ordre établi dans la chrétienté, je ne resterai pas un instant de plus en ce lieu." — „Soit, avait répondu le maître, je ne parlerai plus ainsi; mais j'ai la ferme intention de me convertir et de m'améliorer suivant ton conseil : tout ce que tu me diras de faire, je le ferai" [3]. Et l'Ami de Dieu avait

---

[1] Traité XIII, p. 9.

[2] *Ibid.*, p. 16.

[3] *Ibid.*, p. 10: Do sprach der meister zuo dem man: Lieber sun, ich bitte dich das du den bittern tot unsers herren wellest eren und du nuo min geistlicher vatter wellest sin, und mich din armer sündiger sun wellest lossen sin. — Do sprach der man, Ruolemans geselle: Herre der meister, ir soellent das wissende sin und wellent ir also wider ordenunge reden, so blibe ich nüt me hie, ich var wider heim, das wissent. — Do sprach der meister: Das tuo durch got nüt und ere alle goetteliche minne und blip lenger hie bi mir. Und ich wil dir geloben das ich nüt me also reden

continué son discours. Au mot de pharisien, le docteur n'avait pu réprimer un mouvement de révolte intérieure ; mais quand son interlocuteur se tut, il fut obligé de rendre témoignage à la vérité de ses paroles.

Une question cependant le préoccupait encore, et il ne put s'empêcher de la poser à son visiteur inconnu, avant de se livrer sans réserve à sa direction spirituelle. „Je suis prêtre, lui dit-il, et tu n'es qu'un laïque. Je suis affligé, je l'avoue, de ce que je doive être instruit par toi. Tu dis que tous les docteurs et moi ne pourrions jamais t'apprendre ce que Dieu t'apprend en une heure : l'Écriture que nous t'enseignons n'est-elle donc pas venue du Saint-Esprit ? De quelle manière es-tu parvenu à un degré si élevé dans la vie spirituelle ?" L'Ami de Dieu répondit : „Si je devais vous dire toutes les merveilles que Dieu a opérées en moi pauvre pécheur pendant les sept dernières années, il ne se trouverait nulle part de livre assez grand pour en contenir le récit. Vous raconter les exercices religieux auxquels je me suis soumis ne vous serait d'aucune utilité, car les natures des hommes sont bien différentes, et ce qui est profitable à l'un serait nuisible à l'autre. Interroger les gens sur les exercices qu'ils ont pratiqués, c'est se condamner à errer longtemps à l'aventure. Dieu a trouvé en moi une humilité absolue et un abandon complet à lui : c'est ce qui m'a ouvert les portes de la vie spirituelle. Au commencement de ma nouvelle existence, j'ai lu les vies des saints et j'ai tâché d'imiter les douloureux exercices qu'ils s'étaient imposés. Bientôt une voix surnaturelle m'a ordonné de suspendre ces pratiques et de laisser Dieu exercer seul mes forces spirituelles. Un ermite m'a donné le même avis. Peu de temps après j'ai éprouvé la tentation de m'élever par les seules forces de mon intelligence jusqu'à la compréhension de l'être divin : mais j'ai su en triompher. A une autre époque, j'ai senti naître en moi l'ardent désir d'obtenir de Dieu quelque révélation dépassant mon entendement terrestre, et je lui en ai fait la demande : mais aussitôt je m'en suis repenti dans le sentiment

---

wil; und wissest, ich habe mich willen umbzuokerende und grœsliche zuo besserndc noch dime rote; und was du mir rotest, das wil ich mit der helfe gottes ane vohende sin und wil es duon und wil mich bessern.

de mon indignité, et je me suis frappé jusqu'au sang. Aux approches du jour, ma chambre a été remplie d'une lumière éblouissante; j'ai été ravi à moi-même dans une extase supérieure à toute intelligence humaine, et c'est dans ce court instant qu'il m'a été enseigné plus de vérité que tous les docteurs et vous m'en pourriez enseigner jusqu'à la fin du monde [1]. Assurément l'Écriture vient du Saint-Esprit : mais je m'étonne qu'après tout ce que je vous ai dit vous me teniez encore un langage si enfantin. Je vous donne mille florins si vous pouvez m'expliquer avec toute votre science, avec ou sans le secours de l'Écriture, comment j'ai pu écrire à un musulman, demeurant en pays musulman, dans le but de le convertir, une lettre qu'il a pu lire et comprendre. C'était un homme juste et d'une grande bonté de cœur, qui bien souvent avait adressé à son Créateur la prière suivante : „Fais-moi connaître, Seigneur, de la manière que tu voudras, si la religion des juifs ou celle des chrétiens est supérieure à la mienne. Si tu gardes le silence et que je meure dans ma foi, alors qu'une autre croyance est cependant supérieure à la mienne, tu auras agi bien injustement à mon égard!" Le musulman est arrivé à la foi chrétienne, et il m'a répondu par une lettre écrite en bon allemand, dans laquelle il me racontait ce qui lui était arrivé. Ce n'est pas moi qui ai fait cela : c'est le Saint-Esprit qui l'a fait par moi [2]. Sans doute je suis un laïque; mais répondez-moi : sainte Catherine d'Alexandrie, à peine âgée de quatorze ans, n'a-t-elle pas convaincu quinze des meilleurs docteurs de son temps, si bien qu'ils ont marché joyeusement au martyre? C'est le Saint-Esprit qui a opéré ce miracle et qui a inspiré à la jeune fille les paroles qui ont converti les docteurs. Le Saint-Esprit n'aurait-il plus aujourd'hui la même puissance qu'autrefois? Pourquoi donc ne voulez-vous pas croire qu'il peut aussi vous parler par moi, pauvre pécheur, alors qu'il a bien dit la vérité par la bouche du pécheur Caïphe? En vérité, si vous voulez recevoir comme venant de moi les paroles que je vous adresse, je me garderai de vous parler davantage!" [3]

---

[1] Traité XIII, p. 13.

[2] *Ibid.*, p. 14 : Ich bin es nút; aber der heilige geist würkete es durch mich.

[3] *Ibid.*, p. 16 : Sagent mir, herre der meister, wer wirkete dis und wer rette dis das dis iungfrowelin dise grossen meister alle überwant? — Do sprach der meister: Das

Alors le docteur répondit : „N'en fais rien; je veux m'améliorer d'après tes enseignements. Je ne sais plus que répondre; je reconnais que je suis un pauvre pécheur. Demeure ici et aide-moi de tes avis. Si tu n'as pas assez d'argent pour pouvoir séjourner plus longtemps dans cette ville, j'engagerai une partie de mes livres et je te remettrai la somme nécessaire. Enseigne-moi comment je dois commencer ma nouvelle existence, comment je puis parvenir au degré suprême de la vie spirituelle. J'ai bien cinquante ans; mais l'ouvrier de la dernière heure n'a-t-il pas reçu son entier salaire? Il me sera difficile de changer complètement mon ancien genre de vie; mais dussé-je en mourir, je veux renoncer aux mouvements erronés de ma volonté propre et vivre désormais d'après ton conseil." L'Ami de Dieu lui promit de rester, sans qu'il eût besoin pour cela de se priver de ses livres : „Dieu m'a institué son trésorier; j'ai bien encore cinq mille florins qui lui appartiennent, et si je savais un endroit où ils fussent nécessaires et où Dieu voulût qu'ils fussent envoyés, je les donnerais de grand cœur." Ensuite il ajouta : „Puis donc que vous avez reçu de Dieu la grâce de vous humilier, de vous courber devant une pauvre et faible créature et de vous soumettre à elle, donnons-en toute gloire au Seigneur! Je veux vous donner un conseil qui sort de la bouche de Dieu même. Je commencerai votre instruction comme on commence celle des enfants [1]. Voici un

tet der heilige geist. — Do sprach der man, Ruolmans geselle : Geloubent ir aber dass der heilige geist noch den selben gewalt habe den er ouch do hatte? — Do sprach der meister: Jo ich, wanne ich geloube es alzuo mole wol. — Do sprach der man, Ruolmans geselle: Warzuo geloubent ir denne ouch mit das der heilige geist durch mich armen sünder zuo úch reden mag? Er rette doch die worheit durch Cayphas, der ouch ein sünder was. Und wissent, wellent ir die rede die ich mit úch rede alsus von mir ufnemen, so wil ich mich hueten mit úch zuo redende. — Do sprach der meister: Das tuon nút, ich wil mich dran bessern.

[1] Traité XIII, p. 17: Lieber herre, sider ir die gnode nuo von got habent das ir úch nuo wellent demuetigen und underwerfen und bœgen under eine arme snoede creature, wie das si, so soellent wir gotte die ere geben, des sú ouch ist. Herre der meister, sider ich úch nuo usser gotte roten sol, do wil ich in zuo helfe nemen und wil úch usser gœttelicher minne roten und wil úch anevohen zuo lerende alse men die kint anevohet zuo lerende, und wil úch eine letze geben die men den kinden zuo dem aller ersten git, und das ist die oeberste zile, die drie und zwenntzig buostaben. — Les lettres de l'alphabet formaient évidemment la « ligne supérieure » du tableau ou de la feuille de parchemin qui servait dans les écoles aux exercices de lecture; les autres lignes renfermaient sans doute les combinaisons des lettres entre elles.

alphabet : prenez cinq semaines pour l'étudier. Si telle ou telle lettre devait vous arrêter sans que vous pussiez l'apprendre, infligez-vous la discipline" [1]. Et il lui remit l'alphabet suivant :

A. Apprenez à aimer Dieu et votre prochain.
B. Bannissez tout regret du monde et de la vie selon la nature.
C. Commencez une vie nouvelle, pure, excellente, divine.
D. Domptez votre nature afin qu'elle accepte en paix toutes les œuvres que Dieu accomplit.
E. Évitez le mal et pratiquez le bien.
F. Faites à Dieu l'abandon de votre volonté particulière.
G. Gardez-vous de toute intempérance quelle qu'elle soit.
H. Habituez-vous à être toujours humble, tant dans votre vie extérieure que dans votre vie intérieure.
I. Invoquez le secours de Notre-Dame afin qu'elle vous aide à apprendre cette leçon.
K. Considérez toutes choses pour le mieux et faites-les tourner au bien.
L. Les afflictions qui vous viennent de Dieu ou des créatures, supportez-les avec patience.
M. Méditez continuellement de bonnes et pieuses pensées.
N. Ne convoitez rien, quoi que ce soit et sous quelque forme que ce soit.
O. Observez en toutes choses une juste mesure et une modération parfaite.
P. Pardonnez à ceux qui vous ont jamais offensé.
Q. Quand le diable et la chair vous tentent, résistez-leur avec courage et fermeté.
R. Restez à l'égard de tous les hommes dans la voie de la fidélité et de la vérité.
S. Soyez doux de cœur.
T. Triomphez de la tiédeur religieuse.
V. Veillez à la pureté de votre âme et de votre corps.
X. Christ [2], sa vie et sa doctrine vous soient un continuel sujet de

---

[1] Traité XIII, p. 18.
[2] *Ibid.*, p. 18 : Xpo (Cristo), sime lebende und siner lere alle zit noch zuo gedenkende und der noch leren leben.

méditation; apprenez à conformer votre vie à celle du Seigneur.

Y. Unissez-vous[1] à Dieu par un lien durable et demeurez en lui avec la ferme intention de ne plus le quitter.

Z. Zélé vous serez et obéissant à Dieu dans l'accomplissement de toute œuvre divine.

Au bout de six semaines le maître fit appeler l'Ami de Dieu et lui dit : „Je sais la leçon que tu m'as donnée à apprendre; enseigne-moi quelque matière plus élevée, qui me fasse marcher plus avant sur le chemin de la vie spirituelle." L'Ami de Dieu se récria encore contre cette demande. Pour préciser nettement la position qu'il entendait occuper, en sa qualité de laïque inspiré de Dieu, vis-à-vis du savant ecclésiastique, il répondit : „Quant à moi, je ne puis vous donner un pareil enseignement. Si Dieu veut vous apprendre par mon intermédiaire à vous élever vers lui, je consens volontiers à lui servir d'instrument; il agira par moi comme il le trouvera bon"[2]. Avant de donner au docteur les conseils qu'il avait demandés, il lui apprit que le nouveau genre de vie qui allait lui être proposé ne devait en aucune façon lui faire abandonner la vie monastique, quelque désir qu'il pût en éprouver. „Continuez à obéir à la règle de votre ordre et à vos supérieurs. Si vous voulez suivre le véritable chemin qui conduit au but suprême, il vous arrivera inévitablement de vous sentir à l'étroit dans les règlements de votre ordre. Votre premier mouvement sera de chercher au loin un remède à la contrainte dont vous souffrirez, de vous adresser au pape ou ailleurs, afin d'être délivré de la croix que vous portez. Mais il n'en doit pas être ainsi :

---

[1] Les lettres *x* et *y* figurent dans l'alphabet de l'Ami de Dieu avec la valeur qu'elles ont dans l'alphabet grec, c'est-à-dire comme *ch* et *u*. — Pour produire dans la traduction française un effet analogue à celui du texte original, nous avons été obligé de modifier l'ordre dans lequel les différents préceptes se suivent dans ce texte, ce qui ne présentait aucun inconvénient puisqu'ils s'y succèdent sans la moindre cohésion intérieure. Nous réclamons l'indulgence du lecteur pour la manière dont nous avons dû rendre la lettre *k*; chacun sait que les mots étrangers seuls commencent en français par cette consonne.

[2] Traité XIII, p. 19 : Lieber herre, ich kan úch nút fúrbas geleren; wil aber got úch fúrbas durch mich geleret haben, so wil ich gerne sin armes gezowelin sin durch das er wirken mag was er wil.

demeurez dans l'obéissance et dans l'humilité. Il faut que vous aussi vous preniez votre croix et marchiez sur les traces du Seigneur" [1]. Puis il continua : „Le Seigneur a dit au jeune homme de vendre tous ses biens et de le suivre. Vous aussi, il vous faut abandonner à Dieu en toute humilité tous les trésors de l'intelligence que vous avez puisés dans l'Écriture ou dans d'autres livres et dont vous êtes fier. Il vous faut mourir à tout ce qui peut vous attirer l'honneur du monde ou vous causer quelque satisfaction personnelle. A partir d'aujourd'hui vous vous abstiendrez d'étudier et de prêcher. Quant à vos fils et à vos filles dont vous entendez les confessions, vous les quitterez aussitôt après avoir reçu l'aveu de leurs péchés, sans leur donner de conseils, et vous leur direz : „Je veux apprendre d'abord à me diriger moi-même; quand je le saurai, je serai volontiers votre directeur." — „Mais alors, interrompit le maître, je n'aurai plus rien à faire; à quoi devrai-je passer mon temps?" — „Vous irez dans votre cellule [2], et vous y réciterez les heures; si

---

[1] Traité XIII, p. 20.
[2] M. Preger a vu dans le nom de «maître de la sainte Écriture» que porte le docteur qui figure dans cette histoire et dans le fait qu'il a habité une cellule la preuve qu'il était lecteur. (*Vorarbeiten*, etc., p. 119.) Nous ferons observer que la désignation de «maître de la sainte Écriture» (*magister sacrae scripturae*) est un titre purement académique, qui n'a rien de commun avec le nom d'une fonction scolaire que les moines d'un couvent conféraient pour un an à l'un des leurs; et que les *Constitutions de l'ordre des Dominicains* (Holstenii *Codex regularum monasticarum et canonicarum*, Augsb. 1759, IV, 1-219), sur un passage desquelles M. Preger appuie sa précédente assertion (sans doute sur le passage f° 31 : Nullus magistro ordinis excepto, qui in communi tolerari possit, habeat specialem locum ad jacendum, nisi propter rerum custodiam; lectoribus tamen, secundum discretionem prioris provideatur), attribuent en réalité à chaque frère l'usage d'une cellule spéciale (V. par exemple f° 33: Silentium fratres nostri teneant in claustro, in dormitorio, in *cellis*, in refectorio et in oratorio fratrum... cum fratres transeunt per claustrum, debent psalmum De profundis et alias orationes pro defunctis dicere. In *cellis vero dormitorii* possunt scribere, legere, orare et *dormire*. Cf. f° 67: Unusquisque tali *cella in communi dormitorio*, nullo apparatu ornata, contentus sit). La partie du couvent dans laquelle se trouvaient les cellules était évidemment appelée dortoir, par opposition au réfectoire, à l'oratoire, etc.; de là l'expression : les cellules du dortoir. C'est en dehors de ce dortoir qu'il était défendu aux frères de passer la nuit, à l'exception du général de l'ordre et des lecteurs, si le prieur jugeait à propos de le permettre à ceux-ci. D'ailleurs, le texte même du traité XIII exclut l'hypothèse présentée par M. Preger, puisque le «maître de la sainte Écriture», après avoir entendu l'Ami de Dieu lui défendre de prêcher à l'avenir et de donner des conseils à ses pénitents, s'écrie: «Mais dans ce cas je n'aurai plus rien à faire!» ce qui prouve qu'il

possible, vous viendrez les chanter avec les autres frères. Vous direz journellement une messe, et le reste du temps vous méditerez la vie de notre Seigneur ; vous comparerez votre vie à la sienne, et vous songerez au temps que vous avez perdu dans l'amour de vous-même. Ainsi vous arriverez à la vraie humilité, et vous vous dépouillerez de votre ancienne manière de vivre. Quand l'heure en sera venue, Dieu prendra possession de vous et fera de vous un homme nouveau. Il pourra bien arriver que vos actes deviennent un sujet de mépris et de dénigrement universels, que tous vos fils vous quittent et vous appellent insensé et que vos meilleurs amis et la majorité des frères de ce couvent se scandalisent de votre genre de vie. Quand cela arrivera, ne vous en effrayez pas ; réjouissez-vous-en au contraire, car l'heure de votre délivrance sera proche. De même, ne vous effrayez pas des souffrances qui viendront assaillir votre nature : il ne peut en être autrement ; ayez seulement confiance en Dieu. Combattez de toutes vos forces le désir qui naîtra inévitablement en vous

n'avait pas alors d'autres occupations que celles que l'Ami de Dieu venait d'énumérer et qui sont les occupations d'un moine mendiant ordinaire. — M. Preger n'a guère été mieux inspiré quand il a conclu du passage : « Priez pour mes fils ! » qui fait partie de la lettre adressée par Tauler à Elisabeth Schepach et à Marguerite Ebner en janvier 1346, que Tauler était lecteur à l'époque où il a écrit cette lettre (*ibid.*, p. 115). Le terme de « fils » était l'expression usuelle pour désigner des pénitents et non les frères qui fréquentaient l'école d'un couvent. C'est du nom de « fils » que le « maître de la sainte Écriture » désigne l'Ami de Dieu de l'Oberland, parce que celui-ci avait commencé par être son pénitent. De même il est question à plusieurs reprises dans le cours du traité XIII de « fils et de filles spirituelles » (p. 20 et 21 : bihte súne und dœhter) du « maître de la sainte Écriture », c'est-à-dire de pénitents et de pénitentes. Cela dit, nous accorderons sans peine que Tauler a été à un moment donné lecteur, puisqu'il figure sous ce nom sur une ancienne liste manuscrite de dominicains illustres, qui paraît avoir été dressée à Bâle (Cod. Basil. D, IV, 9, f⁰ 17[b] : Johannes teutonicus dictus Tauler, homo Dei, prædicator egregius, litterarum scientia clarus et Deo ac virgini gloriose valde devotus, in ecclesia fratrum de Argentina humatus. Et dans la table des noms, f⁰ 2[b] : Johannes Tauler, lector. Cf. Preger, o. c., p. 116) ; mais nous ajouterons qu'il ne nous est resté aucun renseignement ni sur l'époque à laquelle il a pu être revêtu de ces fonctions, ni sur la ville dans laquelle il les a exercées. L'on ne saurait déduire, en effet, comme le pense M. Preger, du seul fait de sa désignation comme lecteur dans un manuscrit originaire de Bâle, que c'est dans cette ville qu'il a dû exercer ces fonctions, puisqu'il est loin d'être seul à porter la simple dénomination de lecteur sur cette liste. L'auteur du manuscrit sait que Tauler a été enseveli dans l'enceinte du couvent des dominicains de Strasbourg : c'est de cette même ville qu'a pu lui parvenir le renseignement d'après lequel Tauler a été lecteur.

dans ces moments d'angoisse, d'obtenir de Dieu quelque consolation surnaturelle : ce serait un secret mouvement d'orgueil dont il faudrait aussitôt demander pardon à Dieu dans le sentiment de votre indignité. Surtout abandonnez-vous humblement et sans réserve à Dieu en toutes choses, qu'elles soient douces ou amères, de manière à pouvoir lui dire du fond du cœur : „Dussé-je rester dans cette angoisse jusqu'au jugement dernier, je ne te quitterai pas!" Tel est le moyen de vous rapprocher le plus sûrement du but" [1].

Neuf jours après, le maître fit venir l'Ami de Dieu et lui dit qu'après de longs combats il était arrivé avec l'aide de Dieu à vaincre le diable et sa propre nature, et qu'il était résolu à commencer sa nouvelle existence, quelques souffrances que sa nature dût en ressentir. „Immédiatement après ton départ", ajouta-t-il, „j'ai noté mot pour mot les conseils que tu m'as donnés." L'Ami de Dieu lui souhaita bon succès et s'en alla.

Les prévisions de celui-ci ne tardèrent pas à se réaliser. „Avant la fin de la première année, le grand docteur était aussi déconsidéré dans son couvent qu'il avait été estimé auparavant; ses amis intimes et ses pénitents se détournèrent de lui comme s'ils ne l'avaient jamais connu. Sa nature en souffrit beaucoup; sa tête en devint malade." Dans cet état il fit appeler l'Ami de Dieu, qui lui dit : „Ce qui vous arrive me réjouit fort. Nul ne parvient sur le bon chemin s'il n'a suivi son Créateur à travers la souffrance. Continuez à vous abandonner humblement à Dieu et ayez confiance. Cependant, aussi longtemps que vous vous trouverez sous les coups des verges du Seigneur, soutenez votre nature en prenant de bons aliments; je veux en outre vous faire préparer une boîte d'épices dont l'odeur a rendu autrefois les forces à ma tête. Ruiner votre santé serait tenter Dieu; ne vous laissez pas tromper par les ruses du diable, qui seul pourrait vous donner ce conseil." En même temps il lui annonça qu'une affaire importante, concernant les intérêts de Dieu, le rappelait dans sa patrie; il lui révéla le nom de la ville qu'il habitait et lui enseigna comment il pourrait lui faire parvenir un message. Il lui conseilla en outre d'engager de ses livres s'il avait besoin d'argent, abandonné

---

[1] Traité XIII, p. 22.

qu'il était de tous ses amis; mais il lui défendit d'en vendre aucun, l'avertissant qu'ils lui redeviendraient nécessaires plus tard. Puis il prit congé de lui et retourna dans son pays¹.

„Quand le maître eut passé environ deux ans dans de grandes souffrances, exposé au mépris de tous ses amis, il arriva que dans la nuit de la conversion de saint Paul (25 janvier), il fut assailli par les tentations les plus douloureuses que l'on puisse imaginer. Il en devint si malade qu'il ne put se lever pour aller chanter matines. Il demeura dans sa cellule et s'abandonna à Dieu sans chercher de secours auprès d'aucune créature. Il songea aux souffrances que le Seigneur avait endurées pour l'amour de lui et au peu d'amour qu'il avait témoigné lui-même au Seigneur; les années qu'il avait perdues à rechercher sa propre gloire repassèrent devant son esprit : au souvenir de son existence passée un profond repentir s'empara de lui. „Seigneur, aie pitié de moi pauvre pécheur, s'écria-t-il; je ne mérite pas que la terre me porte!" Il veillait encore quand il entendit une voix qui lui dit : „Vis en paix désormais; aie confiance en Dieu qui est venu habiter sur la terre. Il n'a jamais guéri les infirmités corporelles sans porter remède en même temps aux souffrances de l'âme." Et aussitôt (c'est le docteur lui-même qui parle) je perdis toute connaissance de moi-même et ne sus où j'étais transporté; mais quand je revins à moi, je sentis dans ma nature de grandes forces nouvelles et une joie immense, comme je n'en avais encore éprouvé de ma vie. Je constatai aussi que mon intelligence était éclairée d'une vive lumière, ce dont je me réjouis fort. Ne sachant que penser de ces merveilles, je résolus de faire venir l'homme, mon fidèle ami, et de tout lui raconter." L'Ami de Dieu se rendit à son désir. „Votre récit, dit-il, me remplit de joie; sachez que maintenant seulement vous avez reçu les vrais dons de la grâce divine et avez été touché par Dieu dans les forces supérieures de votre âme. Autrefois la lettre vous tuait; désormais elle vous vivifiera. A la connaissance de l'Écriture que vous possédiez s'est ajoutée la lumière du Saint-Esprit : l'avantage ainsi obtenu par vous est immense. Au lieu de vous égarer encore dans

¹ Traité XIII, p. 23.

l'étude des livres saints, à l'exemple de beaucoup de grands docteurs, vous pénétrerez les mystères de la sagesse qu'ils renferment. Bien des passages qui autrefois vous paraissaient obscurs ou contradictoires, vous seront expliqués; vous reconnaîtrez que l'Écriture est une. Recommencez à prêcher et à instruire vos semblables; un seul de vos sermons les avancera plus désormais que ne le pouvaient faire autrefois cent de vos discours, car à partir de ce jour vos paroles découleront d'un vase pur et seront reçues avec joie par toute âme aimant Dieu. Je n'ai plus d'enseignement à vous donner; c'est à mon tour de vous prier de m'instruire. Je resterai ici jusqu'à ce que j'aie entendu beaucoup de vos sermons. Autant vous avez été méprisé des hommes, autant et cent fois plus vous serez estimé par eux à l'avenir. Gardez le silence sur ce qui vous est arrivé; demeurez dans l'humilité et ne vous laissez point ravir le trésor que vous avez acquis" [1]. Puis il remit au docteur trente florins, pour racheter les livres que celui-ci avait été obligé d'engager dans l'intervalle, sans doute pour n'avoir rien à retrancher aux dépenses que lui occasionnait sa charité.

Le maître fit annoncer qu'il prêcherait dans trois jours. A l'heure indiquée, les auditeurs se pressèrent en foule autour de sa chaire. Il allait commencer son discours, quand „les douces larmes de l'amour" s'échappèrent de ses yeux en telle abondance qu'il ne put articuler un mot. Au bout d'un certain temps l'impatience gagna l'auditoire. „Combien de temps resterons-nous encore assis en ce lieu? s'écria l'un des assistants. L'heure avance! Si vous ne voulez pas commencer votre sermon, dites-le; nous nous en irons!" Incapable de maîtriser son émotion, le docteur invoqua le secours de Dieu: „Si telle est ta volonté, arrête le cours de mes larmes et permets-moi de prononcer mon discours; sinon, je croirai qu'à tes yeux je ne suis pas encore assez devenu la risée des hommes. Que ta volonté s'accomplisse à mon sujet, quelle qu'elle soit!" Sa prière n'amena aucun changement dans son état. „J'eus beau prier, raconte-t-il, mes pleurs ne faisaient qu'augmenter. A la fin, quand je vis que Dieu voulait qu'il en fût ainsi, je m'écriai les yeux pleins de larmes: „Hélas, chers enfants,

---

[1] Traité XIII, p. 26.

je suis bien peiné de vous avoir fait attendre si longtemps; sachez qu'il m'est impossible aujourd'hui de vous dire un seul mot." La nouvelle de cet événement se répandit rapidement dans la ville; le docteur devint plus que jamais la risée des gens, et personne ne douta qu'il n'eût perdu la raison. Les moines de son couvent lui interdirent aussitôt la prédication [1].

Découragé par cet insuccès, le maître fit venir l'Ami de Dieu. „Ne vous effrayez pas de ce qui vous est arrivé, dit celui-ci; sachez que Dieu veut être désormais votre ami. Il a sans doute voulu tuer en vous un dernier germe d'orgueil dont vous ignoriez l'existence. Recueillez-vous pendant cinq jours; puis demandez à votre prieur la permission de prêcher dans un des couvents de la ville, et s'il vous la refuse, priez-le de vous autoriser à faire une leçon aux frères de votre couvent dans leur école." Le docteur obtint cette dernière permission et s'acquitta si bien de sa tâche, que tous les frères furent émerveillés de son enseignement : „Il y a bien des années, s'écrièrent-ils, que nous n'avons entendu une doctrine aussi excellente, aussi divine !" et ils décidèrent de le faire prêcher dès le lendemain matin, à titre d'essai, dans un couvent de femmes placé sous leur direction.

„Chers enfants, dit le docteur en commençant, il y a bien deux ans que je n'ai point prêché ici. Le dernier sermon que je vous ai fait traitait de vingt-quatre points de la vie spirituelle. J'avais autrefois l'habitude d'entremêler mon discours de paroles latines et de le diviser en un grand nombre de points : je ne suivrai plus cette méthode, et quand je voudrai parler latin, j'irai chez les clercs qui peuvent me comprendre." Le texte de son discours était le passage Matth. XXV, 6 : „Voici, le fiancé arrive; sortez à sa rencontre !" Son sermon est un développement allégorique fort remarquable de l'idée contenue dans ce passage. „Christ, dit-il, est le fiancé; la fiancée est la nature humaine. Le vrai chemin qui mène à la rencontre du fiancé, consiste à fuir l'honneur et les joies terrestres, à être méprisé du monde comme le Seigneur l'a été. C'est alors seulement que la fiancée commence à plaire au fiancé. Pour lui plaire davantage encore, il faut qu'elle s'abandonne à lui en toute humilité. Alors le fiancé dirige son

---

[1] Traité XIII, p. 27.

regard vers sa fiancée; il lui fait un cadeau de fiançailles : ce sont les tentations qu'il lui envoie et qui lui causent de telles souffrances qu'elle croit qu'elle va mourir. Le fiancé est mort pour sa fiancée après trente-trois ans de souffrances; il est juste qu'elle marche un peu sur ses traces et s'expose à la mort pour lui être agréable. D'ailleurs, l'amour de son fiancé, s'il est parfait, bannit en elle toute crainte. Le fiancé laisse sa bien-aimée dans ces épreuves douloureuses jusqu'à ce qu'elle soit devenue vraiment belle et pure, affranchie de toutes les souillures du péché. Alors il lui dit : „Lève-toi maintenant, ma belle fiancée aux vives couleurs; tu es devenue parfaitement pure." Le père éternel du fiancé assiste au mariage; il prend le fiancé et la fiancée par la main, les conduit à l'église et bénit leur union; il les joint ensemble par un tel amour que rien ne peut plus les séparer ni dans le temps ni dans l'éternité. „Mon père, dit alors le fiancé, qui doit remplir dans cette fête les fonctions d'échanson?" — „C'est l'affaire du Saint-Esprit, répond le père; qu'il s'acquitte de son devoir!" Alors le noble et auguste échanson présente à la fiancée la coupe divine; aussitôt elle perd toute connaissance d'elle-même et des créatures terrestres; enivrée d'amour et débordante de félicité ineffable, elle se perd et s'abîme dans les bras de son fiancé" [1].

Ici l'un des assistants interrompit l'orateur en criant à trois reprises : „C'est vrai!" puis il s'affaissa sur le sol et demeura sans mouvement. Au même instant une femme s'écria: „Restez-en là, cher seigneur, sans quoi cet homme va mourir entre nos mains!" Mais le maître poursuivit : „Chers enfants, si le fiancé vient chercher sa fiancée et l'emmène avec lui, nous devons la lui laisser prendre de bon gré. Mais faites silence; je vais terminer mon discours.

„Quand l'épouse sort de la chambre nuptiale, et que, reprenant connaissance d'elle-même, elle se retrouve au milieu de la misère de ce monde, elle s'écrie : „Malheur à moi, je suis encore ici!" Elle n'ose cependant par pudeur et par timidité désirer le retour de son époux; lui, au contraire, ne peut s'empêcher de la visiter de temps en temps, car il sait que lui seul peut la consoler. Elle échange alors avec lui

---

[1] Traité XIII, p. 52.

d'étranges et mystérieuses paroles, que le monde ignorant attribue à l'ivresse ou à la folie; elle lui tient un langage que nul ne peut comprendre s'il ne le connaît par expérience, et qui dans l'Écriture même n'est pas complètement intelligible.

„Dans les derniers temps où nous vivons, il est bien peu de gens qui s'avancent sur le vrai chemin à la rencontre du fiancé; et cependant il serait bien nécessaire que chacun songeât au salut de son âme, car l'heure solennelle approche : elle est déjà là ! Hélas, les hommes d'aujourd'hui ont des yeux pour ne point voir, et des oreilles pour ne point entendre!" [1]

Ce sermon avait été prononcé dans l'intérieur du cloître. Immédiatement après, le docteur se rendit à l'église, célébra la messe et distribua la sainte-cène. Une quarantaine de personnes étaient restées au pied de la chaire, immobiles sur leurs sièges; à l'issue de la messe, leur nombre s'était réduit à douze, les autres ayant successivement recouvré leurs sens et étant parties. Le docteur crut que ces douze personnes étaient mortes et il en fut grandement effrayé; mais l'Ami de Dieu, riant de sa crainte, les fit transporter dans le vestibule du couvent, et recommanda de les laisser tranquillement reposer et de leur donner des aliments chauds à leur réveil. Puis il accompagna le maître dans sa cellule, et après l'avoir félicité de l'heureux effet produit par son discours, il l'engagea à prononcer prochainement un sermon non plus devant l'auditoire restreint d'un couvent de femmes, mais devant tout le peuple de la ville. „Nous sommes en carême, dit-il, et c'est l'époque où les laïques viennent volontiers à l'église." Le docteur lui promit cette prédication pour le samedi 17 mars, jour de sainte Gertrude; et il ajouta: „Il pourrait bien m'arriver qu'après mon discours les moines de ce couvent fissent des démarches pour me faire partir d'ici, car j'ai l'intention de ne ménager ni eux ni personne; dussé-je en mourir, je veux dire à chacun en toute franchise les vices dont il souffre, ainsi qu'il m'est donné par Dieu de le dire" [2]. Sans doute il avait déjà précédemment entretenu les moines de son couvent du sujet qu'il allait aborder en public, et l'accueil qu'ils avaient fait

---

[1] Traité XIII, p. 33.
[2] *Ibid.*, p. 35.

à ses observations ne lui laissait aucun doute sur les suites que son discours aurait pour lui-même. Ses allusions à la situation pénible qui lui était faite depuis quelque temps dans son couvent par l'odieuse conduite des frères à son égard, y sont trop claires pour avoir besoin d'être relevées. Le sermon du samedi 17 mars devait compter parmi les plus puissants qu'il ait jamais prononcés.

„A aucune époque, chers enfants, il n'a été aussi nécessaire qu'aujourd'hui de dire à chacun la vérité, car si l'on considère l'état de la chrétienté, l'on en éprouvera bien du souci. Je parlerai donc avec une entière franchise, comme Dieu m'ordonne de le faire, de ce qui concerne chacun de nous : que nul ne s'irrite de mes paroles! Les souffrances qui en résulteront pour moi, je suis prêt à les supporter pour l'amour de Dieu. Ce que je ne pourrai pas dire aujourd'hui, je le dirai une autre fois, si toutefois on me le laisse dire. Je ne vous parlerai ni de l'histoire de la femme adultère qui est l'évangile de ce jour, ni de sainte Gertrude dont c'est aujourd'hui la fête; je m'abstiendrai également de parler latin. Je prends dans l'évangile d'aujourd'hui cette seule parole : „Que celui qui est sans péché lui jette la première pierre!"

„Si aujourd'hui le Seigneur nous parlait ainsi, il y aurait bien peu de chrétiens qui ne s'en iraient, à commencer par nous, moines de ce couvent. Notre devoir est d'entendre des confessions et de prêcher. Mais combien y en a-t-il parmi nous qui, lorsqu'ils entendent des confessions, ont en vue le seul avantage de Dieu, qui ne préfèrent pas le riche au pauvre et ne délaissent ce dernier au milieu de sa confession pour aller écouter celle d'une riche dame dont on leur aura annoncé l'arrivée? L'orgueil et la cupidité nous poussent à agir ainsi, afin que nous puissions dire que beaucoup de gens riches viennent à notre église; et nous passons sous silence l'homme pauvre, bon et saint. Et quand les riches dans leurs confessions inventent de subtiles explications pour excuser leurs vices, nous leur aidons encore à jeter un manteau sur leurs péchés et nous leur disons : „C'est bien ainsi que parle l'Écriture"; et en cela nous mentons sur le conseil du diable, car il n'est dit nulle part dans l'Écriture qu'on doive jeter un manteau sur la cupidité, l'orgueil et les mauvaises mœurs. Mensonges que tout cela! Sachez que nous vous menons sur le chemin de l'erreur et que nous vous y précédons nous-mêmes. Aveugles conducteurs d'aveugles, nous vous conduisons à une fosse dans laquelle nous tombons les premiers et où vous tombez après sur nous. Et quand nous devrions vous prêcher l'entière vérité et vous montrer le seul chemin qui mène à Dieu, — et certes le temps est venu où vous auriez besoin qu'on vous le montrât, — nous en sommes arrivés à ce degré de folie que nous craignons moins Dieu que les hommes. Celui d'entre nous qui vous dirait la pure vérité sans ambages, ne serait bien vu et ne pourrait rester dans aucun couvent. Si l'on était obligé de le garder, on lui défendrait de prêcher, et immédiatement un autre moine monterait en chaire et dirait le contraire de ce qu'il aurait dit. Quant à moi, je ne me tairai pas; les temps où nous vivons sont trop sérieux et trop graves pour que je ne vous dise pas en toute franchise ce que Dieu m'ordonne de vous dire. Advienne après que voudra: je le souffrirai de bon cœur. Les paroles que je viens de prononcer s'appliquent non seulement à moi et aux moines de ce couvent, mais à tous les ecclésiastiques, pasteurs, curés et clercs de toute espèce qui entendent comme nous des confessions et prêchent comme nous la parole de Dieu.

„Je parlerai aussi des évêques et des prélats, quand même il n'y en a point dans cette assemblée. Peut-être leur rapportera-t-on mes paroles: si cela arrive, je ne m'en plaindrai pas. L'évêque est le chef et le pasteur de son diocèse; il doit veiller sur les fidèles confiés à sa garde et leur faire observer les ordonnances de la chrétienté. Mais si les pasteurs sont aveugles, est-il étonnant que les brebis s'égarent et que les loups les dévorent? Un voleur ne ravit que ce qui est aux hommes; de tels évêques ravissent ce qui est à Dieu, car Dieu ne leur donne les églises qu'à la condition d'en consacrer les revenus à son service. Aussi le péché de ces ecclésiastiques méchants et criminels est-il plus grand que celui des voleurs ordinaires.

„Parmi les prêtres séculiers, il en est qui trahissent leurs vœux pour se livrer à une vie licencieuse. Judas n'a trahi le Seigneur qu'une seule fois: pires que Judas sont ceux qui le trahissent journellement quand ils prennent son corps dans la messe. Si nous, prêtres réguliers, nous commettons le même péché, nous sommes plus coupables encore; si c'est un évêque qui le commet, son péché est encore plus grand; si c'est le pape, ce sera le comble du mensonge et de la perversité. Qui parmi nous, chers enfants, est sans péché? Que celui-là jette aux autres la première pierre!

„Quant à vous, laïques, ne pensez pas, chers enfants, que je vous aie oubliés. Il faut aussi que vous paraissiez au grand jour, car votre culpabilité est égale à la nôtre." Et le prédicateur entreprend de tracer un tableau saisissant des vices dont la société laïque était atteinte. Il commence par les classes élevées de la société. Aux puissants seigneurs, aux juges des tribunaux séculiers il reproche leur désir insatiable de biens temporels, l'iniquité de leurs décisions et la corruption de leurs mœurs, surtout la légèreté avec laquelle ils commettaient le péché d'adultère. Il allait passer aux autres catégories de la population laïque, quand subitement il s'arrête, se réservant de continuer son sermon une autre fois, „si toutefois on le laisse prêcher encore", et il termine par cette menace: „Il est grand besoin que nous nous améliorions tous, car sachez que si nous ne nous amendons pas, vous qui êtes présents ici vous pourriez bien voir encore de vos yeux les grandes et étranges tribulations que Dieu fera venir sur nous!"[1]

Ce discours causa un grand émoi dans la ville. Les uns approuvèrent le langage du prédicateur comme celui d'un homme „au cœur divin"; d'autres le blâmèrent. Les moines de son couvent, réunis immédiatement en chapitre, résolurent de lui interdire la prédication, et de faire les démarches nécessaires pour obtenir son éloignement. A cette nouvelle, les notables de la ville se rendirent auprès d'eux et les prièrent de revenir sur ces décisions. „Il détourne de nous toutes les personnes qui nous témoignent de l'amitié", dirent les moines; à quoi les notables répondirent: „Vous n'avez pas dans toute la ville de meilleurs amis que nous. Est-ce parce qu'il a parlé de vous que vous êtes irrités? il a bien aussi parlé de nous, et nous ne lui en voulons pas. C'est à prix d'argent que vous devriez faire venir ici un homme tel que lui au lieu de vouloir l'éloigner, car il ose dire sans crainte la vérité à tout le monde, et c'est bien."[2]

Grâce à l'intervention des notables, le maître put rester dans son

---

[1] Traité XIII, p. 41.
[2] Ibid., p. 45.

couvent et continuer de prêcher. Peu de jours après, il termina son discours du samedi 17 mars. Pendant la semaine sainte il prêcha sur le sacrement de la cène, et un peu plus tard il prononça un sermon dans un béguinage habité par cinq recluses [1]. L'Ami de Dieu avait assisté à toutes ces prédications; probablement il s'en est retourné peu de temps après dans son pays, jugeant que sa présence auprès du docteur était désormais inutile, et que „l'œuvre que Dieu avait voulu accomplir" était terminée.

Le maître demeura pendant neuf années dans sa vie nouvelle. La considération dont il jouissait augmentait chaque jour; il ne se traitait plus „dans le pays et dans la ville" aucune affaire ecclésiastique ou politique dans laquelle il ne fût consulté. A la fin de ce temps il tomba malade, et au bout de vingt semaines il sentit que sa mort était proche. Alors il fit venir l'Ami de Dieu et lui dit : „Prends ces feuilles que voici; tu y trouveras notées les paroles que tu m'as dites autrefois et les réponses que je t'ai faites. Tu y trouveras aussi le récit du grand miracle que Dieu a opéré en moi, son serviteur indigne. Si tu le juges convenable et si Dieu t'y engage, tu en feras un petit livre, pour servir à l'édification de nos semblables." — „Telle est bien mon intention, répondit l'Ami de Dieu; j'y joindrai cinq de vos sermons que j'ai rédigés." — „Seulement, continua le maître, je te conjure de n'y insérer aucun renseignement relatif à ma vie, et de n'y pas mettre mon nom, ni avant ni après ma mort, aussi peu que tu dévoiles le tien, puisque ce n'est pas à moi, mais à Dieu seul que revient l'honneur des faits que tu raconteras. Tu m'appelleras simplement le maître. En outre, tu ne donneras point à lire ce livre dans cette ville-ci, sans quoi l'on remarquera que c'est moi qui suis le maître en question; mais tu l'emporteras dans ton pays." [2]

---
[1] Le texte de ces sermons (à l'exception du sermon sur le sacrement de la cène, que l'Ami de Dieu n'a pas inséré dans son récit, mais qu'il a envoyé à part à Strasbourg) se trouve au traité XIII, p. 45 et 54 s.

[2] Traité XIII, p. 62 : Schrip es also das du mit nûte minen nammen dinne nennest, rehte alse noete du dinen nammen nennest; du maht wol drin schriben : der meister. Und darzuo solt du mit nûte das selbe buechelin hie in dirre stat lossen lesen, anders men würde es merkende das ich es were; du solt es mit dir heim in din land fueren.

Onze jours après, le maître mourut après une douloureuse agonie et au milieu d'effrayantes convulsions. „Tous les frères de son couvent et d'autres personnes encore qui assistaient à sa fin, en ressentirent une vive angoisse et une grande crainte."[1] La nouvelle de sa mort plongea toute la ville dans le deuil. „Comme les gens avaient remarqué que l'Ami de Dieu avait vécu dans l'intimité du docteur jusqu'à la mort de celui-ci, ils voulurent l'honorer d'une invitation; ce que voyant, il quitta la ville et s'en retourna dans son pays."

Le troisième jour après son départ, le soir le surprit dans un petit village; il passa la nuit avec son serviteur dans une grange. Vers minuit il entendit s'élever à côté de lui une faible voix qu'il reconnut être celle du docteur. „Pourquoi avez-vous eu une agonie si terrible? lui demanda-t-il aussitôt; les moines de votre couvent en ont été consternés; une partie d'entre eux se sont même scandalisés de votre fin douloureuse."[2] Le maître répondit: „A l'heure de ma mort les démons m'ont assailli par des discours si subtils et si méchants que j'ai cru devoir désespérer de mon salut; si j'avais pu, j'aurais crié de douleur. Ces angoisses ont été mon purgatoire. Dès que mon âme s'est séparée du corps, les anges l'ont prise et l'ont portée dans le paradis. „Tu resteras ici pendant cinq jours, m'ont-ils dit, hors des atteintes des démons, mais privé de la société bienheureuse de Dieu. Au bout de ce temps, quand tu seras complètement pur, nous reviendrons te conduire au sein de l'éternelle et inexprimable félicité."

Dès que le jour fut venu, l'Ami de Dieu écrivit au prieur et aux moines du couvent auquel le maître avait appartenu, une lettre dans laquelle il leur racontait l'entretien qu'il venait d'avoir avec l'âme du défunt.

Les détails de cette histoire sont d'une grande importance dans

---

[1] Traité XIII, p. 62 : Alle sine brueder in dem closter und ouch andero menschen die do worent, die alle worent in grossen nœten und in engesten von sinen gruwelichen geberden und gesichte die man an sime ende sach.

[2] *Ibid.*, p. 63 : Ich begere an úch das ir mir wellent sagen wie es umb úch stande und wie es kam das ir ein also gar gruweliches hertes strenges ende noment also anczuoschende was, wanne uwer selbes brueder in dem closter worent gar verzaget, und es ist zuo geloubende das uwer selbes bruedere in ein teil von uwers strengen endes wegen sich daran gestossen habent.

l'étude qui nous occupe; on verra dans la suite quelles conséquences il convient d'en tirer au point de vue historique et théologique. Nous aurons aussi à examiner quelle créance mérite l'opinion traditionnelle d'après laquelle le „maître de la sainte Écriture" ne serait autre que le dominicain Jean Tauler.

CHAPITRE IV.

RAPPORTS DE L'AMI DE DIEU DE L'OBERLAND AVEC LES AMIS DE DIEU DES AUTRES PAYS (suite).

I. Conversion de Rulman Merswin. — II. Le Livre des neuf roches. — III. Relations de Rulman Merswin avec l'Ami de Dieu de l'Oberland jusqu'à la fondation du couvent de l'Ile-Verte; Jean de Schaftolsheim; Conrad Merswin.

I.

A l'époque où l'Ami de Dieu de l'Oberland soumettait à sa direction spirituelle le „maître de la sainte Écriture", vivait à Strasbourg un riche banquier nommé Rulman Merswin[1]. La famille à laquelle il appartenait faisait partie de la maison féodale de l'évêque, et avait accès pour ce motif à un certain nombre de charges réservées aux seuls feudataires épiscopaux (*ministeriales*). Son parent et contemporain Jean Merswin était burgrave, c'est-à-dire fonctionnaire préposé par l'évêque à la garde de son palais, avec droit de juridiction sur les tribus des artisans[2]. Lui-même était „monnayeur" et s'occupait principalement du change de l'argent[3]; il était donc membre de l'importante corporation des monnayeurs, composée exclusivement de feudataires épiscopaux, et qui seule avait alors le droit de pratiquer le change[4]. La famille des Merswin occupait de la sorte un

---

[1] Merswin signifie Dauphin. Les armes de la famille, conservées entre autres dans le *Grand mémorial allemand* et reproduites parmi les armoiries de la noblesse d'Alsace dans l'*Alsace noble* de M. Lehr, portaient de gueules à écu d'or chargé d'un sanglier de sable.

[2] Schmidt, *Rulman Merswin*, Revue d'Alsace, 1856, p. 145.

[3] *Histoire de la fondation du couvent de Saint-Jean*, dans les *Beiträge zu den theol. Wissensch.* 1854, V, p. 53: Er was ein münsser und pflag des wechsels und andere maniger leye kouffsmanschatz, doch allewegent mit grosser gottes forchte und mit einre stroffender consciencie.

[4] Hegel, *Die Chroniken v. Closener u. Kœnigshoven* (Beilage II: Das Münzrecht), II, p. 989.

rang très élevé dans le patriciat de Strasbourg, ou comme on disait alors, de la bourgeoisie [1], par opposition aux corps des métiers ; elle confinait à la noblesse, à laquelle la rattachaient des alliances matrimoniales et dont elle ne tarda à partager les privilèges [2].

Rulman Merswin était né vers la fin de l'année 1307 [3]. Doué d'un caractère facile et agréable, il se plut fort dans la société mondaine à laquelle son rang lui donnait accès, et sut gagner l'estime et l'affection de tous ceux avec qui il entrait en rapport. Il perdit de bonne heure la „belle et charmante jeune femme" qu'il avait épousée, et se remaria avec la fille d'un pieux chevalier, Gertrude de Bietenheim, qui vécut jusqu'en 1370 [4]. Il fit toujours preuve, dans la gestion de ses affaires commerciales, „d'une conscience vigilante et d'une grande crainte de Dieu".

Vers l'automne 1347, quand il eut atteint sa quarantième année, il quitta le négoce, „donna congé" au monde et aux agréments de la vie sociale, et se consacra entièrement à Dieu dans l'intention d'expier ses péchés [5]. Il n'avait pas eu d'enfants jusque-là ; du consentement de sa femme, chrétienne simple et pieuse, mais „dépourvue de la lumière de la grâce", il se voua pour le reste de ses jours au célibat. Ce n'est toutefois pas sans grandes luttes intérieures qu'il prit et exécuta la résolution de renoncer au monde, car „il avait trouvé grand plaisir aux joies de la vie terrestre". Le 11 novembre de la même année, le jour de saint Martin, il eut une première extase

---

[1] Jean Merswin figure en qualité de bourgeois parmi les signataires de la jurande de 1371 (Hegel, o. c., II, 938). Rulman Merswin se donne lui-même à plusieurs reprises le titre de bourgeois.

[2] Le « chevalier » Nicolas Merswin fut quatre fois stettmeister de 1398 à 1418 ; Jean Merswin devint sénateur en 1446 et stettmeister en 1450. Les stettmeisters Adam et Jean Huffel épousèrent des Merswin. Les nobles seuls pouvaient arriver à Strasbourg aux fonctions de stettmeister, les plus élevées de la république (Lehr, o. c., II, p. 95 ; III, p. 301, 314-316, 318, 319).

[3] Il avait 74 ans quand il mourut le 18 juillet 1382, et 40 ans quand il se sépara du monde vers la fin de l'année 1347 (*Hist. de la fondation du couvent de Saint-Jean*, p. 53 s.). Sa naissance tombe donc dans la seconde moitié de l'an 1307.

[4] *Histoire de la fondation du couvent de Saint-Jean*, ibid., p. 54 : Sine eliche frouwe, die hinderste frouwe Gertrudt von Bietenheim, die starp zwolff iore vor sime todo an des lieben sante niclaustage (6 décembre), in dem iore do man zalto von gottes geburte dritzchen hundert ior und sibentzich ior.

[5] Traité X, p. 57.

qui l'affermit dans ses nouveaux sentiments. Pendant qu'il se promenait vers le soir dans son jardin, il se prit à réfléchir „à la fausseté du monde infidèle et trompeur, qui récompense d'une fin bien amère ceux qui le servent"; il songea à l'amour immense que Dieu lui avait témoigné par sa mort douloureuse et à la tiédeur de son propre amour envers le Seigneur; il se rappela les années de sa vie antérieure, „qu'il avait dépensées d'une manière bien inutile et bien folle". Alors il sentit naître en lui un profond repentir de son existence passée et une haine violente de sa libre volonté, par le moyen de laquelle il avait perdu tant d'années à la recherche des joies de ce monde et s'était couvert de culpabilité devant Dieu; il ininvoqua la miséricorde infinie du Seigneur et fit vœu de renoncer désormais à l'exercice de sa libre volonté et de s'abandonner entièrement à Dieu. Pour inaugurer sa nouvelle existence par un sacrifice extérieur, il promit à Dieu d'employer à son service tout l'argent comptant qui pourrait encore lui échoir. Au même instant une lumière radieuse l'enveloppa, et il éprouva la sensation d'être entraîné à travers les airs tout à l'entour de son jardin. Quand ce ravissement fut passé, il sentit en lui une félicité inexprimable et des forces spirituelles inconnues auparavant; un immense amour de Dieu envahit son cœur; des larmes abondantes s'échappèrent de ses yeux [1].

Sa conversion était commencée. Elle devait se prolonger pendant quatre années, dont trois de luttes et de souffrances intérieures, jusque vers le printemps de l'année 1352 [2].

---

[1] Traité X, p. 58.

[2] Il importe de faire remarquer au sujet de ces quatre années, que Rulman Merswin les termine lui-même vers le printemps de l'année 1352, puisqu'il place encore dans la quatrième année la rédaction de son *Livre des neuf roches* (Traité X, p. 68 In diseme fierden jore do wart ich von gotte betwungen und muoste buechelin schribben mime ebenmenschen zuo helfe.... — Comp. *Livre des neuf roches*, p. 20, 4, 145. In cime adfenten wart ein mensche fúrmanet: « du muost ein buoch schriben der cristenheite zuo helfe »... Dis buoch wart angegangen zuo schribende in der vasten do man zalte von gottes geburte m. ccc. lij ior). Ceci concorde avec le passage suivant de l'*Histoire de la fondation du couvent de Saint-Jean*, p. 54: « Noch dissen selben ersten vier ioren sines anefanges lebete er drissigk ior uff ertriche », et avec l'indication historique par laquelle débute le récit de la deuxième et de la troisième année de sa conversion: « Nuo des andern jores und des dirthen jores, in denselben zweigen in den was das jubel jor da man zuo Rome fuor ». En effet, si le jubilé de Clément VI, qui dura de Noël 1349 jusqu'à Noël 1350, tombe encore en

Pendant la première année, il se livra avec une ardeur extraordinaire aux pratiques de l'ascétisme. L'amour de Dieu qui le remplissait avait éveillé en lui une haine très vive de son corps et du monde. Il s'infligea de si durs traitements qu'il en devint malade et qu'il pensa mourir. „A la même époque, raconte-t-il (c'est-à-dire au commencement de l'année 1348, alors que les pratiques de l'ascétisme l'avaient déjà rendu malade), je pris Tauler comme confesseur[1]. A me voir si faible il devina le secret de mes exercices douloureux et me recommanda de m'en abstenir jusqu'à une époque déterminée. Je lui obéis; mais quand le temps prescrit fut passé, je les repris. En effet, Dieu faisait parfois surgir devant mon esprit, par l'intermédiaire du diable, tous les péchés que j'avais commis, ceux que j'avais oubliés comme ceux dont j'avais gardé le souvenir; il naissait alors en moi une haine si violente de mon corps, que je saisissais des verges de fer, et qu'après m'être frappé jusqu'au sang, je répandais du sel sur mes blessures". Il en vint également à détester tellement le monde, que si Dieu le lui avait permis, il eût abandonné sa femme et ses biens et se fût rendu dans un bois pour y vivre en ermite, „tant le monde m'était devenu une croix". Ne pouvant réaliser ce vœu, il n'eut plus d'autre souhait que d'être affligé par Dieu de quelque maladie qui l'eût débarrassé du fardeau de la vie terrestre. De grandes tentations vinrent également l'assaillir pendant cette première année. „Dieu permettait au diable de balayer l'intérieur de mon âme, afin qu'il pût demeurer en moi, car il aime demeurer dans l'homme qui prend sur lui sa croix et qui le suit sur le chemin de la souffrance. Je me soumettais de grand cœur à ces épreuves, et laissais Dieu accomplir en moi sa très chère volonté. Le Seigneur venait alors à mon secours par les dons joyeux de sa grâce; il éclairait mon intelligence et me faisait comprendre qu'il fallait qu'il en fût ainsi si je

---

partie dans la deuxième année de la conversion de Merswin, cette deuxième année n'a pu prendre fin que lorsque l'année 1350 était déjà commencée. La première année de cette conversion s'étend donc de l'automne 1347 jusqu'au commencement de l'année 1349, et la durée entière de cette conversion dépasse ainsi de quelques mois la période de quatre années qui est ici indiquée, inexactitude légère qui n'a rien de surprenant dans une évaluation de ce genre.

[1] Traité X, p. 59 : In denselben ziten do nam ich den Thauweler zuo eime bihther.

voulais marcher sur ses traces."¹ C'est surtout quand il prenait le sacrement de la cène qu'il recevait en partage „des grâces surnaturelles, des joies exubérantes qui dépassent tout entendement". Dans cette disposition d'esprit, les circonstances les plus ordinaires pouvaient devenir pour lui l'occasion de ravissements célestes. C'est ainsi que la vue de son sang, chaque fois qu'on lui pratiquait la saignée, lui rappelait le sacrifice de Christ; il s'évanouissait, et l'on avait grand'peine à lui faire reprendre ses sens. La seule tentation qu'il mentionne explicitement pendant cette première année, est une tentation „fort maligne" de concupiscence qui le surprit une nuit au moment où il allait réciter matines. Il eut beau invoquer à genoux l'aide de Dieu, se rendre à l'église et implorer le secours de la Vierge, parcourir un livre d'édification sur les souffrances du Seigneur, le mal ne diminua pas. Déjà il avait pris la résolution d'aller se distraire en conversant avec les gens du peuple, quand il s'aperçut que son corps était enflé et qu'il ne pouvait faire un mouvement. Il se soumit donc en toute patience et résignation à la volonté divine. Le lendemain au soir il entendit une voix qui lui dit: „Rulman, lève-toi, et que ton cœur se réjouisse!" Il se leva plein de joie; toute souffrance avait disparu. Aussitôt il se rendit à la cathédrale et remercia Dieu et la Vierge du bien qu'ils lui avaient fait. „Dieu, ajoute-t-il, joua ce jeu d'amour bien souvent avec moi pendant cette première année."²

Le Seigneur joua bien souvent encore ce „jeu d'amour" avec lui pendant les deux années suivantes „dans lesquelles tombe l'année du jubilé romain". Les grandes tentations „impures, infernales, dépassant toute intelligence et dont il serait dangereux de parler", continuèrent à l'assaillir. Il en devint si malade que sa famille ne lui permit pas de faire le voyage de Rome quand il en manifesta l'intention, et qu'il ne supporta plus de s'agenouiller, de s'infliger la discipline ni de se vêtir du cilice³. Dieu ne lui permit pas de raconter à qui que ce fût

---

[1] Traité X, p. 59: Und das gestattet ouch got dem dufele in der meinungen also das er mich hie fegen solte, also das er deste bas bi mir wonnen mochte, etc.

[2] *Ibid.*, p. 62: Nuo dis minnespil treip unser lieber herre des ersten jores gar fil mit mir.

[3] *Ibid.*, p. 67.

les tourments qu'il éprouvait; il dut les porter tout seul, sans trouver de consolation „ni dans le temps ni dans l'éternité". Le doute religieux le fit également beaucoup souffrir. Il se demanda entre autres comment les trois personnes de la Trinité pouvaient coexister dans l'unité de la „nature" divine. L'incertitude sur cette question le tourmenta longtemps; il ne douta bientôt plus qu'il ne devînt un jour, à cause de son incrédulité, „un éternel tison d'enfer": et cependant l'amour de Dieu était si puissant en lui, qu'il éprouvait le besoin de demeurer fidèle au Seigneur et de continuer à l'aimer, quelque dût être son sort dans l'autre monde. Il se trouvait dans cette angoisse quand un jour, pendant qu'il écoutait un sermon, il eut un ravissement. Il vit une grande pierre carrée dans laquelle étaient sculptées trois formes humaines; au-dessus d'elles étaient écrits ces mots: Père, Fils, Saint-Esprit; et il lui fut dit: „Il te sera facile désormais de croire en la Trinité, car tu as vu trois personnes qui possèdent en commun la nature de la pierre, alors qu'il n'y a cependant qu'une seule pierre". Revenu à lui, il sentit que sa foi venait de recevoir une force et une lumière extraordinaires; à partir de ce jour, il n'éprouva plus la tentation de l'incrédulité[1].

La quatrième année marqua pour lui le commencement d'une tout autre existence. Les tentations douloureuses disparurent, la santé physique lui fut rendue, et avec elle revinrent les joies de la vie spirituelle. „Le Seigneur vint à mon secours avec sa grâce et sa miséricorde infinies. Il m'enleva toutes mes souffrances de manière que j'en perdis entièrement le souvenir; je redevins fort et bien portant comme si je n'avais jamais été malade. Les trois vertus chrétiennes, la foi, l'espérance et la charité, s'accrurent grandement en moi. J'éprouvai joies sur joies. Rien de ce que le Seigneur avait créé dans le temps et dans l'éternité ne pouvait me réjouir; je n'étais consolé que lorsque le Seigneur mon époux me consolait lui-même. La sublime fête de la consolation surnaturelle revenait tantôt tous les quinze jours, tantôt toutes les semaines, parfois plus souvent encore. Dans les intervalles, j'éprouvais bien le désir de la voir recommencer; mais je m'effrayais fort de ce souhait et je le refoulais aussitôt,

---

[1] Traité X, p. 65.

pénétré du sentiment de mon indignité "¹. La reconnaissance dont son cœur débordait, et qui demandait à s'affirmer par quelque acte extérieur, lui fit désirer de recevoir de Dieu quelque nouvelle souffrance; volontiers il serait allé prêcher la foi chrétienne aux infidèles et recevoir d'eux le baptême du martyre en l'honneur de la mort du Seigneur. Son intelligence avait été si puissamment éclairée de la lumière surnaturelle du Saint-Esprit, qu'il était capable de reconnaître la situation religieuse dans laquelle se trouvait un homme rien qu'à le regarder ².

Enrichi des trésors de la grâce divine, il ne sut pas toujours réprimer en lui, autant qu'il l'aurait dû, tout mouvement d'orgueil spirituel; il lui arrivait parfois de porter sur son prochain des jugements peu charitables. „Quelques œuvres merveilleuses que Dieu accomplit en moi, il restait au fond de mon âme une tache que mon divin époux seul connaissait et dont il me délivra d'une manière bien étrange. Un ami me conduisit un jour hors de la ville devant un égout fangeux et me demanda si je croyais qu'il fût possible de purifier cet emplacement et d'y bâtir une demeure. Je répondis que cela était possible. Rentré chez moi, j'entendis, au moment de faire ma prière, une voix irritée qui me dit : „Tu as pensé qu'on pouvait tirer bon parti d'un endroit infect : pourquoi en serait-il autrement de ton prochain aux yeux de Dieu? Au lieu de considérer ton semblable de la hauteur où t'a placé la grâce divine et de le voir tel qu'il se tient actuellement devant Dieu couvert de péchés, ne devrais-tu pas le considérer tel qu'il pourra devenir un jour par son libre arbitre s'il veut se tourner vers le bien, et voir en lui dès maintenant une demeure pure et saine dans laquelle Dieu peut habiter" ? ³ Cette leçon d'humilité et de charité ne devait plus sortir de sa mémoire.

„Pendant cette quatrième année, raconte Rulman Merswin, je fus forcé par Dieu d'écrire des livres pour venir en aide à mon prochain. Quelque résistance que j'opposasse à cet ordre, je fus obligé

---

[1] Traité X, p. 70.
[2] *Ibid.*, p. 68.
[3] *Ibid.*, p. 73.

de m'y soumettre "[1]. Deux de ses écrits portent la trace visible de cette contrainte; ce sont le *Livre de la bannière de Christ* et le *Livre des neuf roches*[2]. Ils nous montrent avec toute la clarté désirable à quel degré de développement spirituel leur auteur était arrivé quand il les a composés.

Le premier de ces traités se termine par ces mots, qui suffisent pour déterminer l'époque de sa composition : „Sachez que l'homme, par qui le Seigneur a écrit ce discours, a été forcé par Dieu de l'écrire. Quand Dieu lui a inspiré le précédent enseignement avec ordre de le rédiger, cet homme a regimbé contre la volonté divine en disant : „Charge quelqu'un de plus digne de ce soin!" Mais il lui fut répondu : „Que t'arroges-tu, vil excrément? Dieu te commande d'être l'instrument indigne par lequel il veut agir". — „Je t'obéirai, s'écria l'homme effrayé; seulement fais, je te prie, qu'aucune créature ne découvre jamais que c'est par moi que tu as écrit ce discours d'avertissement"[3]. Ce traité, très probablement le premier qui soit sorti de la plume de Merswin, est une pressante exhortation adressée à tous les „hommes au cœur simple et bon", à tous les „commençants" dans la vie spirituelle, de fuir les doctrines astucieuses des „faux hommes libres" ou des frères du libre esprit qui voudraient les enrôler sous la bannière de Satan, et de se joindre, par un abandon complet de leur volonté personnelle, au groupe de combattants réuni autour de la bannière de Christ. „Il est bien nécessaire à tous les chrétiens, dit l'auteur, au temps où nous vivons, de prendre garde à eux-mêmes, car les colonnes qui soutiennent la chrétienté et la font rester debout sont bien ébranlées et leur nombre est bien petit. Contre la bannière de Christ s'est élevée dans ces temps-ci une autre bannière, celle de Lucifer; beaucoup de gens la suivent et leur nombre augmente de jour en jour. L'heure du combat approche! Fuyez, fuyez les lumières trompeuses qui reluisent sous la bannière de Lucifer! N'écoutez pas ces hommes aux discours séducteurs qui ne parlent que d'obéissance aux désirs de la nature et

---

[1] Traité X, p. 69.
[2] Traités VIII et IX.
[3] Traité VIII, fin. (Appendice, II.)

qui vous terrasseraient plus vite que vous ne l'auriez pensé; car la nature d'un commençant est bien tendre et bien faible encore vis-à-vis des tentations charnelles! Réfugiez-vous sous la bannière de Christ! Veillez avec l'entendement que vous avez reçu de Dieu à ce que personne ne vous induise en erreur dans les temps pleins d'angoisse où nous sommes, car les prophéties sont sur le point de s'accomplir! Qu'un chrétien avertisse l'autre de la gravité de l'heure présente!" [1]

L'auteur ne se contente pas de ces appels à la vigilance contre les sectateurs de la fausse liberté religieuse: il y joint d'utiles instructions sur la manière dont l'homme pourra atteindre le degré suprême de la vie spirituelle. Il recommande instamment à ses lecteurs d'éviter toute illusion sur leur état intérieur. „Il en est qui croient avoir atteint le but parce qu'ils éprouvent des transports religieux qu'ils réussissent mal à contenir, ou parce qu'ils s'endorment en des extases d'une félicité incomparable, ou parce qu'ils ont reçu une intelligence subtile et une grande facilité de parole dont ils s'enorgueillissent bien à tort, ou bien encore parce qu'ils contemplent dans leurs visions des images célestes qu'ils prennent faussement pour la Trinité même. Il en est qui s'imaginent que parce qu'ils ont fait un premier pas dans la vie spirituelle ils peuvent se soustraire désormais à la souffrance et à la lutte contre leur nature, et céder ainsi à la mollesse de leur cœur sur le conseil de Lucifer, sous prétexte de faciliter à Dieu son action dans leurs âmes. Il en est d'autres qui s'abandonnent au désespoir parce que Dieu leur a enlevé subitement les richesses de sa grâce et les a plongés dans l'abîme de la pauvreté spirituelle où ils ne perçoivent plus rien de Dieu; ils ignorent que celui qui a dit: „Heureux les pauvres en esprit", leur donne par là un présent plus magnifique que tous les précédents et qu'il n'accorde qu'à ceux en qui il a confiance". Tous ceux qui rentrent dans l'une des précédentes catégories sont loin d'avoir été touchés par Dieu dans les „forces supérieures" de leur âme; ils ont à peine senti son action dans leurs „forces inférieures". Quelque bons qu'ils puissent être — et la chrétienté ne s'en trouverait que mieux s'il y avait beaucoup de

---

[1] Traité VIII, 1re partie.

pareils hommes sur la terre! — ils sont encore bien loin de ressembler à ces hommes „sur qui Dieu laisse reposer la chrétienté", à ces „vrais et vivants amis de Dieu" dont le nombre est si petit.

Pour avancer vers le but suprême, il leur faut d'abord renoncer absolument à toute volonté particulière, laisser le genre de vie qu'ils avaient choisi d'après les inspirations de leur nature, s'abandonner à Dieu sans réserve ni retour, de manière qu'il leur soit indifférent que Dieu leur donne ou qu'il leur retire les dons de sa grâce ; enfin se soumettre et se donner en toute humilité à un ami de Dieu „dont les forces supérieures sont éclairées par la lumière divine", ainsi que le ferait „un commençant qui n'a encore jamais rien perçu de Dieu". Il leur faut demeurer dans cet état jusqu'à ce que la Miséricorde infinie trouve qu'ils sont devenus capables de recevoir les „grandes grâces". Quand Dieu jugera que l'heure en est venue, „il les prendra par la main et les conduira près de la fontaine vivante qui coule éternellement dans les cœurs pleins d'amour. L'homme qui reçoit ici-bas une seule gouttelette de cette fontaine, est aussitôt éclairé dans les forces supérieures de son âme ; toutes les créatures terrestres deviennent néant pour lui ; il est entraîné si loin qu'il ne peut ni comprendre par la raison où il est, ni exprimer par le langage ce qu'il ressent"[1].

Ce livre témoigne chez son auteur d'une grande maturité religieuse. Le ton d'autorité sur lequel il enseigne aux „commençants qui n'ont encore jamais rien perçu de Dieu" comment ils s'élèveront à la jouissance de la fontaine divine, montre qu'il possédait lui-même une expérience très étendue de la vie spirituelle et que ce n'est pas par simple ouï-dire qu'il leur décrit et les dangers dont la route vers le but suprême est parsemée, et les ravissements incompréhensibles et ineffables qui attendent l'âme à ces hauteurs.

Ces remarques seront pleinement confirmées par l'étude du second livre de notre auteur. Rulman Merswin, en effet ne devait pas en rester à ce premier essai littéraire. Peu de temps après l'avoir terminé, il fut sollicité par Dieu de reprendre la plume. Il composa alors son ouvrage capital, le *Livre des neuf roches*, qui, malgré quelques imperfections de forme, est bien une des plus grandes créations que le

---

[1] Traité VIII, 2e partie.

mysticisme allemand ait produites au moyen âge. Aussi consacrerons-nous une division spéciale de ce chapitre à l'analyse que nous devons en donner ici.

II.

Le *Livre des neuf roches* débute par une introduction historique assez développée. Pendant l'avent de l'an 1351, „un homme", c'est-à-dire l'auteur, eut un jour, au moment de faire sa prière, une série d'étranges visions dont il s'effraya beaucoup. Il essayait de chasser par un acte de sa volonté les formes sensibles qui se pressaient dans son imagination, quand il lui fut dit: „Cesse de t'opposer à ces visions: il faut que tu les endures toutes en ce jour, ou qu'elles te poursuivent jusqu'à ta mort. Je vais te faire voir d'autres images encore qui te surprendront bien davantage. Ouvre tes yeux intérieurs et regarde!" Et l'homme vit „toutes les grandes et étonnantes merveilles dont il est question dans ce livre". Ce spectacle le rendit bien malade, car il comprit que Dieu était profondément irrité contre la chrétienté. „Écris dans un livre, continua la voix, tout ce que tu as vu et entendu, afin de venir en aide à tes semblables". L'homme essaya de résister à cet ordre: „Que servirait à la chrétienté un livre de plus! elle a bien assez de livres et de docteurs qu'elle n'écoute pas. Elle rejetterait ce livre par la raison qu'on ne peut pas en prouver le contenu par l'Écriture. Et d'ailleurs l'ordre établi dans la sainte Église ne m'autorise pas à écrire des livres. Combien de docteurs n'y a-t-il pas qui pourraient le faire bien mieux que moi!" Mais la voix répondit: „Que signifie ce langage? qu'est devenu ton amour? Ne sais-tu pas qu'avant de laisser périr un seul homme Dieu consentirait à souffrir encore une fois une mort cruelle si cet homme pouvait être sauvé ainsi? Ton livre n'améliorerait-il qu'un seul chrétien, encore devrais-tu l'entreprendre avec joie. Quant à savoir comment la chrétienté l'accueillera, laisse ce soin à Dieu: la chrétienté devra trouver elle-même écrit dans son cœur que ce livre est la vérité pure. Si même tous les livres étaient brûlés (et si toute comparaison avec l'Écriture était ainsi devenue impossible), ce livre n'en serait pas moins la pure vérité[1]. Es-tu donc le premier homme à travers lequel Dieu ait fait passer les eaux vives de sa grâce? Ne les a-t-il pas souvent fait passer par des hommes aussi ignorants de l'Écriture que toi?[2] Sans doute l'Écriture procède du Saint-Esprit : mais pourquoi Dieu ne devrait-il pas écrire d'autres livres encore? Sa puissance ne serait-elle plus la même qu'autrefois? Pourquoi n'accomplirait-il pas dans ce temps-ci toutes les œuvres merveilleuses qu'il veut, quand et comme il le veut, ainsi qu'il l'a fait avec les saints de l'Ancien et du Nouveau Testament?[3] En vérité, quiconque ne croit pas que Dieu peut accomplir avec ses amis d'aujourd'hui ses œuvres mystérieuses aussi bien qu'il les a accomplies autrefois dans l'Ancien et le Nouveau Testament, cet homme n'est pas un chrétien, car il ne croit pas que la puissance divine reste la même à travers les siècles; sa chute commence ici-bas et se poursuit dans l'éterni é[4]. Jamais la nécessité n'a été si grande d'avertir la chrétienté, car la vie qu'elle mène inspire bien du souci. Puisqu'il faut te contraindre à écrire ce livre, sache que je te commande au nom de la Trinité de te mettre à l'œuvre. Ce que tu ne sauras pas, demande-le moi; je te l'apprendrai sur l'heure : tu reconnaîtras à ce signe que l'ordre que je te donne vient de Dieu".

---

[1] Traité IX, p. 6: Die cristenheit sol selber finden in iren hercen geschriben, das dis buoch luoter warheit ist. Werent alle buoch fúrbrant, noch denno wer dis buoch luother worheit.

[2] Ibid., p. 5 : Du bist nút der erste durch den got het gegossen sine riche gnode; es ist gar vil beschehhen das got sine riche gnode schuote in menschen die also lúccel geleret worent von der geschrift also du.

[3] Ibid., p. 6, s. : Wer wider die helge geschrift ret, der ret wider den heiligen geist, und ist das sache das die helge geschrift ist us demme helgen geiste geflossen... Sage mir, wofan solte denne got nút noch schriben oder wrken mid sinnen fründen was er wolthe, sage mir, oder ist got minre denne er vor duosent joren was?... Got het grosse wunder gewrkt beddo in der alte e und in der nuewo e mit sinnen helgen : sage mir, wofan solte denne got nút noch wrken in disen ziten mit sinnen fründen was er wolte und wie er wolte und wenne er wolte?

[4] Ibid., p. 143 : (Mit) sinen lieben gungern... und dernoch allen sinen lieben helgen, beddo in der althen e und in der nuewen e wrkete got mit eime iegellichen sin sunder werg also fil also eime iegellichen zuogehorthe; und hie us hant si uns ouch geschribben, beide in der althen e und in der nuewen e. Disen gewalt het got io gehebet und het in iemer me onne ende, und got wrket noch huthe dis tages mit sinnen fründen in dirre cit grose heimmelliche fúrborgene werg. Und wer dis nút ungloubet, des fal hebbet hie in der cit an zuo fallende und muos eweklliche fallende sin.

— „J'obéirai, répondit l'homme ; tu as bien dit la vérité par la bouche de Caïphe : parle donc comme tu l'entendras par moi, pauvre pécheur [1]. Seulement, fais en sorte qu'aucune créature ne découvre jamais par qui tu as écrit cet enseignement". Une question cependant le préoccupait encore : „M'est-il permis d'écrire les noms de tendresse que je te donne d'ordinaire, de t'appeler par exemple le bien-aimé de mon cœur?" ou bien l'intimité de ces rapports doit-elle demeurer un mystère pour le monde? Il lui fut répondu : „Celui qui a renoncé à toutes les créatures et à lui-même pour s'attacher à Dieu seul, a bien le droit de tenir dès ici-bas à Dieu le langage de tendresse qu'il devra lui parler durant toute l'éternité" [2].

La résistance de l'homme se prolongea pendant onze semaines jusqu'en carême de l'an 1352. Les douloureuses visions de l'avent revinrent à plusieurs reprises l'assaillir dans cet intervalle. Enfin il se soumit et commença à tracer le tableau grandiose que nous allons voir se dérouler dans ses diverses parties.

La scène s'ouvre sur une contrée montagneuse. D'immenses sommets se dressent vers le ciel; les flancs des montagnes sont couverts de sombres rochers. Sur un côté du paysage débouche une vallée; il s'en échappe une rivière qui, traversant une longue étendue de plaines, va se perdre dans la mer à l'horizon.

La voix dit à l'homme : „Ouvre tes yeux intérieurs et regarde!" [3] Et il vit sur la plus élevée des montagnes de vastes nappes d'eau, semblables à des lacs, qui étaient pleines de poissons grands et petits. A l'une des extrémités du plateau, les eaux s'échappaient sous forme de cascade et se précipitaient de rocher en rocher jusqu'au pied de la montagne, où elles donnaient naissance à une rivière. Les poissons, quand ils avaient atteint une certaine taille, se réunissaient par groupes à cet endroit et se laissaient tomber le long des cascades dans la vallée. Puis ils descendaient la rivière; mais à mesure qu'ils avançaient, leur nombre diminuait : beaucoup d'entre eux tombaient dans les pièges que les hommes leur tendaient sur les deux bords.

---

[1] Traité IX, p. 10.
[2] Ibid., p. 8 s.
[3] Ibid., p. 10.

Arrivés à l'embouchure de la rivière, ils s'aventuraient hardiment dans la mer et la traversaient au milieu de dangers de tout genre. Ensuite ils rebroussaient chemin, rentraient dans la rivière où bon nombre d'entre eux étaient encore pris par les hommes, et revenaient au pied de la montagne. A peine un sur mille atteignait-il le terme de ce long voyage. Alors ils essayaient de remonter les nombreuses cascades et de s'élever de rocher en rocher jusqu'à la cime de la montagne. Beaucoup d'entre eux perdaient la vie dans cette pénible ascension; bien rares étaient ceux qui réussissaient à rentrer dans les lacs limpides. Ceux-ci paraissaient bien malades, par suite des efforts qu'ils avaient dû faire; mais leur cœur était plein de joie. En rentrant dans leur Origine, ils changeaient de couleur et un nouveau nom leur était donné.

„Cette vision, reprit la voix céleste, est destinée à t'apprendre combien doit inspirer de souci la situation actuelle de la chrétienté. Bien moins de gens arrivent au salut dans ces temps-ci que la chrétienté ne se l'imagine". L'homme s'effraya de ces paroles: „Bien-aimé de mon cœur, je crois que si la chrétienté vit dans l'injustice, c'est qu'elle ne sait pas ce qu'elle fait. Envoie-moi le supplice le plus cruel que jamais homme ait enduré; j'offre volontiers mon corps à la mort et mon âme aux tortures éternelles de l'enfer: prends en pitié, je te prie, la chrétienté!" — „A quoi servirait ta mort? répondit la voix; Dieu n'a-t-il pas répandu son sang? Ne vois-tu pas que l'on ne se souvient plus de son sacrifice que pour jurer et blasphémer? Non, la chrétienté est sans excuse. Que nul ne dise qu'il ignorait à quel point il vivait dans l'injustice, car tout chrétien parvenu à l'âge de la maturité intellectuelle est tenu de connaître les commandements de l'Église et de les suivre"[1].

Cette vision préliminaire fut suivie d'une autre bien plus étendue et qui a donné au livre le nom qu'il porte.

La scène se modifie quelque peu. Les cascades, la rivière, la plaine, l'océan ont disparu. Nous sommes transportés au fond d'une vallée, au pied d'une montagne gigantesque dont le sommet se

---

[1] Traité IX, p. 15.

perd dans les nues et sur le flanc de laquelle s'étagent d'immenses rochers. Ces rochers sont au nombre de neuf. Sur chacun d'eux apparaissent un certain nombre d'hommes qui y ont élu domicile.

„Ouvre tes yeux intérieurs et regarde!" [1] s'écria la voix. L'homme obéit et vit tomber le long de la montagne une quantité considérable de figurines fort belles et si brillantes que son œil put à peine en supporter l'éclat. Sitôt qu'elles atteignaient le fond de la vallée, elles devenaient noires comme du charbon. La voix reprit : „Ce sont les nobles âmes créées à l'image de Dieu et que Dieu envoie hors de leur Origine dans le sein des femmes qui ont conçu. Dès qu'elles arrivent sur la terre, elles tombent dans le péché originel".

La vision allait suivre son cours, quand soudain tout s'arrêta. „Avant que je te révèle ce que signifient ces rochers et leurs habitants, dit la voix, il faut que je te montre dans quelle situation lamentable se trouve la chrétienté ! Tu verras que son état est bien plus grave que tu ne le savais. L'ordre divin est complètement bouleversé dans le monde; clercs et laïques vivent contrairement aux prescriptions de la religion : bien petit est le nombre de ceux qui recherchent partout et toujours non leur propre avantage, mais l'honneur de Dieu seul" [2].

Ici s'ouvre une parenthèse dans le récit de la deuxième vision. L'auteur s'interrompt pour décrire les funestes effets de la chute des âmes dans le péché originel, et pour tracer ainsi un tableau saisissant de la décadence et de la corruption de l'Église de son temps, comparée à l'Église des temps passés que son imagination lui montre dans un état de pureté idéale.

La scène représente en quelque sorte les grandes assises du jugement final. Les différentes classes de la société chrétienne, depuis les papes jusqu'aux paysans, comparaissent successivement devant le tribunal divin. La voix mystérieuse se constitue leur accusatrice et énumère les péchés qui les souillent. Le plus souvent son discours n'admet point de réplique. Quelquefois cependant, l'homme, ému de

---

[1] Traité IX, p. 16.
[2] *Ibid.*, p. 17.

pitié, se hasarde à prendre la défense des accusés et cherche à atténuer quelque peu leur faute ; mais la voix céleste l'a bientôt réduit au silence en lui montrant combien sont inexcusables ceux en faveur desquels il intercède, et il ne lui reste plus qu'à recommander les coupables à la miséricorde infinie de Dieu.

„Ouvre tes yeux et vois comment vivent aujourd'hui les papes !"[1] Sans nommer aucun en particulier, l'on peut dire que le respect des commandements de la religion est éteint en eux. Ils sont avides de biens terrestres, plus soucieux de leur propre gloire que de celle de Dieu, et ne pensent qu'à faire parvenir leurs parents et amis à de grands honneurs. Autrefois ils préféraient subir une mort affreuse plutôt que de se détourner un seul instant de Dieu. Aussi n'en a-t-on plus canonisé aucun depuis longtemps.

„Ouvre tes yeux et regarde comment vivent les cardinaux et les évêques !"[2] Ils ont entièrement bouleversé l'ordre spirituel et temporel. Autrefois, à la mort d'un pape, les cardinaux s'effrayaient à l'idée d'avoir peut-être à lui succéder, et, assistés de tous les amis de Dieu, ils priaient le Seigneur de désigner celui d'entre eux qui pourrait le mieux gouverner l'Église. Le pape était alors choisi par Dieu avant de l'être par les hommes. Aujourd'hui, ils sont éblouis par la cupidité et l'orgueil ; ils comblent leurs amis de biens temporels et intriguent pour devenir papes". — „C'est peut-être dans une bonne intention qu'ils veulent le devenir", interrompit l'homme. — „Non, reprit la voix, il n'en est pas ainsi. Quant aux évêques, ils acquièrent aujourd'hui leur charge au moyen d'intrigues ou de guerres, soit même à prix d'argent. La vieille et bonne coutume d'autrefois s'est changée en un bourbier infect. Dieu laisse aller les choses comme elles peuvent ; tout homme doué de bon sens voit où elles en sont venues dans ce temps-ci". — „Seigneur, s'écria l'homme, aie pitié de tous ceux qui ne vivent pas selon ta volonté !"

„Ouvre tes yeux et vois quel genre de vie mènent les clercs, tant réguliers que séculiers !"[3] Combien de confesseurs trouve-t-on aujour-

---

[1] Traité IX, p. 19.
[2] Ibid., p. 21.
[3] Ibid., p. 24.

d'hui qui ne flattent point les vices de leurs pénitents pour augmenter leur gain, qui ne recherchent pas en toutes choses leur propre avantage, mais la seule gloire de Dieu? Ils disent que la nature est devenue plus faible qu'elle n'était autrefois et qu'on ne peut plus lui imposer une loi aussi sévère que dans le temps passé. Les gens choisissent de préférence des confesseurs complaisants et indulgents, qui leur permettent de conserver le facile genre de vie qu'ils mènent; ils les appellent des hommes honnêtes et prétendent qu'ils connaissent l'Écriture. Tout cela n'est que mensonge! Dieu n'a dit nulle part que le péché était un moyen de fortifier la nature humaine. L'on verra bien après la mort où mènent de semblables flatteries. Un vrai confesseur doit dire à chacun toute la vérité, quoi qu'il puisse lui en coûter, même au prix de la vie s'il le faut. Hélas! ceux d'aujourd'hui tombent les premiers dans la fosse, et les hommes y tombent sur eux! Combien de docteurs y a-t-il qui dans leurs prédications osent dire la vérité entière à tout le monde et donner à la chrétienté un avertissement salutaire en lui dévoilant courageusement tous ses péchés? Combien y en a-t-il qui seraient prêts à sacrifier leur vie pour la chrétienté? Sans doute il y a encore des confesseurs et des docteurs fidèles, mais leur nombre est si petit qu'il ne serait pas bon de le dire. Quant aux nonnes, tout chrétien doit les fuir, car il ne serait guère édifié de leurs discours et de leurs mœurs. En général, la vie spirituelle a considérablement diminué dans les couvents, tant d'hommes que de femmes. Si quelqu'un veut s'y tourner sérieusement vers Dieu, il est l'objet des railleries de tout le monde. — J'en arrive aux clercs séculiers. Vois combien leur conduite est mondaine et leur tenue indécente! comme ils dévorent honteusement, scandaleusement les revenus de leurs églises en repas immodérés et en plaisirs coupables! Regarde comme les prêtres eux-mêmes déshonorent la dignité sacerdotale! L'art d'acquérir des honneurs extérieurs leur est bien plus familier que celui d'obtenir les grâces intérieures du Saint-Esprit. Aussi que fait Dieu? Puisque les clercs tant réguliers que séculiers ferment leur cœur à son influence, il leur retire la grâce qu'ils possèdent, et, comme il est écrit dans l'Évangile (Matth. XXV, 29), il la confère à d'autres hommes qu'il a déjà richement dotés de ses dons et qui reçoivent et conservent les trésors de sa grâce avec une pieuse reconnaissance. Ces hommes-là sont bien peu nombreux ; s'ils disparaissaient complètement du monde, la chrétienté prendrait fin [1].

„Tels les clercs, tels aussi les laïques. Que ceux-ci ne jettent point la pierre aux autres, car leur culpabilité n'est pas moindre.

„Ouvre tes yeux intérieurs et vois quelle est la vie des empereurs et des rois [2]. Ils vivent contrairement aux commandements de la religion chrétienne. Regarde autour de toi, et tu verras dans quel état est la chrétienté. Quant aux nobles, toute piété, tout sentiment chevaleresque les a abandonnés ; ils vivent selon le bon plaisir de leur orgueilleuse nature et oppriment cruellement les pauvres gens.

„Ouvre tes yeux intérieurs et vois quelle est la vie des bourgeois et des négociants [3]. Leur conscience est devenue bien large en ces temps-ci ; la soif des richesses les dévore et leurs confesseurs ne les reprennent pas. Ils n'en sont pas moins coupables, car la voix mystérieuse de Dieu murmure bien souvent dans leur cœur le conseil de renoncer à ces vanités pendant qu'il en est temps encore, et ils ne l'écoutent pas". — „Aie pitié de ces gens, s'écria l'homme ; ils s'imaginent gagner honnêtement leurs biens : devraient-ils rester oisifs ?" — „Où donc as-tu lu que le riche dont parle le Seigneur n'a pas gagné honnêtement son bien ? et cependant il est allé en enfer : c'est parce qu'il a détenu ce qui appartenait à Dieu. Le négociant à qui le Seigneur a aidé à gagner de grandes richesses, doit les partager avec celui de qui il les a reçues, et non les dépenser dans la société frivole du monde. Bien des chrétiens qui étaient considérés pendant leur vie comme des gens honnêtes et justes, et qui avaient eu une bonne fin au dire de leur confesseur, sont tombés avec le riche de l'Évangile dans la mort éternelle. Le jugement de Dieu, en effet, n'est pas tel que les insensés de ce monde se le représentent : il est juste, simple, rapide. Quand l'âme se sépare du corps, elle paraît devant le tribunal de Dieu ; tous les péchés qu'elle a commis lui sont instantanément présentés : elle est obligée de se juger et de prononcer sa propre sentence.

---

[1] Traité IX, p. 32.
[2] *Ibid.*, p. 34.
[3] *Ibid.*, p. 38.

„Ouvre tes yeux intérieurs et vois la vie que mènent aujourd'hui les artisans et les paysans!¹ Les artisans veulent être les égaux de ceux à qui ils doivent être soumis. Les paysans sont tellement remplis de ruse et de mauvaises pensées, le démon règne si bien en maître chez eux, qu'il arrivera par eux des événements extraordinaires, à moins que Dieu ne soit apaisé par ses amis. Car Dieu ne supportera la chrétienté que jusqu'à un moment déterminé, jusqu'à l'heure où sa justice ne lui permettra plus de la supporter.

„Ouvre tes yeux et vois ce qu'est devenue la femme dans ce temps-ci!² Toute pudeur, toute piété, tout respect du mariage est banni de son cœur. Vois comme sa démarche est impudique et son vêtement indécent! Sans doute l'on trouve encore bien des femmes honnêtes et vertueuses; mais combien n'y en a-t-il pas qui pensent plus à plaire au monde qu'à Dieu! Le Seigneur est miséricordieux envers les petits enfants qui ne sont pas encore arrivés à l'âge de raison; il a eu pitié ici-bas des pécheresses publiques qui se sont repenties: comment aurait-il pitié de ces femmes qui veulent être appelées honnêtes et qui commettent chaque jour plus de cent péchés mortels, par les mauvaises pensées qu'elles inspirent et dont elles sont responsables. Elles reçoivent annuellement la sainte-cène; elles la reçoivent à leur mort de la main d'un confesseur infidèle et flatteur, sans avoir jamais confessé les péchés mortels dont leur âme est souillée; il leur serait moins nuisible en vérité de laisser pénétrer cent mille démons dans leur corps que de recevoir une seule fois le corps du Seigneur dans cet état. Lucifer les a enlacées dans ses filets; il les y retient de toute sa puissance et avec l'aide de tous ses démons, car il sait combien elles lui sont utiles dans les temps si graves où nous sommes "³.

Effrayé de ce long réquisitoire et ému de compassion à l'idée du sort tragique qui attendait l'humanité dans un prochain avenir, l'homme tenta un suprême effort en sa faveur. „Bien-aimé de mon cœur, s'écria-t-il, aie pitié de la chrétienté! Avertis-la par tels moyens que tu voudras, afin qu'elle ne périsse pas aussi aveuglément dans

---

Traité IX, p. 42
² *Ibid.*, p. 43.
³ *Ibid.*, p. 51.

ses péchés! Détourne ta colère sur la race impie des juifs et des musulmans qui te combattent de toutes leurs forces, et qui sont destinés à la mort éternelle!" Sa prière ne trouva point accès auprès de Dieu; la réponse de la voix céleste devait lui apprendre entre autres combien les jugements de Dieu diffèrent des préventions des hommes.

„Avertir la chrétienté?[1] Le Seigneur fidèle et miséricordieux ne lui a-t-il pas adressé dans ces dernières années les plus pressants avertissements? A quoi ont-ils servi? Ils sont oubliés comme s'ils s'étaient fait entendre il y a mille ans. La grande grâce que le Seigneur lui a envoyée, la chrétienté l'a reçue avec bien peu de reconnaissance; elle s'est bien peu améliorée.

„Assouvir ma colère sur les juifs et les musulmans?[2] Sache que parmi les juifs et les musulmans il en est dans ces temps-ci que Dieu préfère de beaucoup à quantité de chrétiens qui vivent contrairement à sa volonté. Sans doute les péchés cachés des juifs ont attiré sur eux les supplices qu'ils ont soufferts[3]; mais la rapacité des chrétiens en a été cause aussi. Si un juif ou un musulman craint Dieu du fond de son cœur et mène une vie simple et honnête; s'il ne connaît pas de meilleure religion que celle dans laquelle il est né, mais est animé de la ferme et entière résolution de donner congé à sa foi et d'obéir à Dieu dans le cas où il lui serait révélé qu'une autre foi est plus agréable à Dieu que la sienne: en vérité, pourquoi un homme d'une si grande piété ne serait-il pas bien plus cher à Dieu que beaucoup de chrétiens méchants et impies qui ont reçu le baptême et désobéissent intentionnellement à la volonté de Dieu, ce qu'un pareil homme ne fait pas? Quand Dieu rencontre un juif ou un musulman bon et juste, il ne peut retenir l'élan de son libre amour et de son infinie miséricorde; en quelque endroit du monde qu'un tel homme demeure, Dieu trouve bien des voies mystérieuses pour le sauver de la perdition". — „Voilà un discours bien étrange! interrompit l'homme. Comment ces hommes non baptisés peuvent-ils être sauvés?" — „Le salut leur est apporté de diverses manières bien

---
[1] Traité IX, p. 53.
[2] *Ibid.*, p. 54.
[3] *Ibid.*, p. 61.

inconnues à la masse des chrétiens d'aujourd'hui. Je n'en citerai qu'une seule, qui doit faire partie et qui fait partie de la foi de l'Église. Quand un juif ou un musulman au cœur droit arrive à sa fin, Dieu illumine son esprit et lui donne une connaissance si parfaite de la foi chrétienne qu'il désire le baptême de tout son cœur. Si le baptême ne peut lui être conféré dans ce moment, malgré le désir ardent qu'il en a, Dieu le baptise dans le pieux désir de sa volonté et dans sa mort misérable (c'est-à-dire, il considère le pieux désir qu'il a fait naître dans un pareil homme et les souffrances qu'il lui a envoyées à sa dernière heure comme un baptême spirituel qu'il lui administre lui-même et qui équivaut quant à ses effets au baptême de l'Église)[1]. Sache qu'il y a dans la vie éternelle beaucoup de musulmans et de juifs honnêtes qui y sont arrivés de cette manière, car il n'y a pas sur la terre d'homme juste, humble et pieux que Dieu puisse abandonner : en quelque endroit que vive un tel homme, Dieu trouve toujours moyen de le sauver.

„Avoir pitié de la chrétienté?"[2] Ne sais-tu pas que Dieu a donné à l'homme sa libre volonté et que l'homme abuse de ce don pour vivre contrairement à ses lois? Comment Dieu pourrait-il avoir pitié de celui qui ne veut pas lui appartenir?[3] Le Seigneur murmure bien souvent des exhortations dans le cœur des hommes frivoles : s'ils voulaient lui obéir, il ferait d'eux de nobles amis de Dieu; mais ils laissent le diable chasser ces bonnes paroles de leur cœur[4]. Vois comme le monde est enfoncé dans le bourbier de l'impudicité, de la

---

[1] Traité IX, p. 55 : Wo dirre guoter heiden odder dirre guoter gudden einer an sin ende kuomet, so kuomet imme got zuo helfe und urlúhtet in mit cristoneme glouben, dar der criston gloube imme also bekant wrt das er von allen sime hercen des doufes begerde wrt. Mag imme denne der douf nút gegenwertig werden und ist doch sin begirde von gruonde (p. 56) sins hercen dernoch, so wil ich dir sagen was got denne duot : got der get und deufet in in sime guoten begerden willon und in sime ellenden dode. Du solt wissen das dirro guoter heiden und dirre guoter guden fil ist in demme ewigen lebbende, die alle in sollicher wise drin sint kuomen. Du solt wissen, das san pauwels ouch also beschach : san pauwels was ein gar bidderwer got ferthender man, und was doch ein durchehter der cristenheite; das det er in der meinunge das er gotte ein grosen dienest wonde mitte duon.
[2] Ibid., p. 52.
[3] Ibid., p. 53.
[4] Ibid., p. 60.

rapacité, de l'orgueil, de la haine, péchés que Dieu hait avant tous les autres! Les villes, les couvents en sont pleins; prêtres et laïques en sont également souillés. Que nul ne rejette sur autrui la faute de ses péchés! Jamais il n'a été aussi nécessaire de faire attention à soi-même. Celui qui voudra s'appliquer sérieusement à cette tâche, trouvera assez à faire en lui pour oublier ses semblables[1]. En vérité comment Dieu pourrait-il avoir pitié de la chrétienté?"

La voix se tut, et la vision commencée avant ce long intermède reprit son cours.

L'homme fut mené du fond de la vallée sur le premier rocher. De là ses regards s'étendaient sur toute la surface de la terre. Il vit qu'un immense filet couvrait le monde; seule la montagne avec ses neuf étages de rochers n'en était point enveloppée. A l'une des extrémités du monde se dressait une figure effroyable, haute comme une montagne; elle tenait dans ses mains une lourde chaîne à laquelle était attaché le filet. Elle paraissait de force à tirer à elle et à anéantir le monde dans un instant. L'homme entendit alors la même voix qui lui dit: „Tu n'entrevois ici qu'une image lointaine de la réalité. Si tu voyais la réalité elle-même, ton cœur ne supporterait pas un spectacle aussi affreux; il en éclaterait d'épouvante[2].

„Ouvre tes yeux et regarde!" Et il vit en plusieurs endroits des hommes qui sortaient en rampant de dessous le filet et commençaient à gravir la montagne. Leur teint était olivâtre et cadavéreux. Le repentir s'était éveillé en eux sous le filet, et Satan avait dès lors perdu tout pouvoir de les retenir. Arrivés sur la première roche, ils avaient recouvré les couleurs de la santé: ils s'étaient délivrés, par une sincère confession, des péchés mortels dont leur cœur était chargé. Au même instant, l'homme vit un certain nombre de ceux qui demeuraient sur la première roche redescendre la montagne et rentrer sous le filet. Il aperçut entre autres une jeune fille qui traînait à sa suite son père, sa mère, sa camériste et son confesseur, tous attachés à une corde, et qui, désireuse de goûter aux plaisirs du monde, se

---

[1] Traité IX, p. 64.
[2] Ibid., p. 75.

perdit avec ceux qui n'avaient osé la retenir. „Les gens qui demeurent sur ce premier rocher, dit la voix, sont plus nombreux que les habitants de tous les autres. Ils se gardent des péchés mortels, et sont décidés à mourir dans cet état afin d'échapper à l'enfer. Ils ne s'imposent aucun des douloureux exercices de la vie spirituelle; leur cœur est froid, sans amour de Dieu. Ils croient qu'il leur est possible de servir à la fois Dieu et le monde, de plaire au Seigneur sans renoncer aux mouvements de leur volonté personnelle et au genre de vie qu'ils ont choisi eux-mêmes. Aussi demeurent-ils pendant cette vie bien près du filet et dans un danger continuel de retomber au pouvoir de Satan. Après la mort, ils seront obligés de passer par un long et douloureux purgatoire avant d'entrer dans la vie éternelle, où leur récompense sera bien petite"[1].

Ensuite l'homme fut successivement transporté sur chacun des rochers jusqu'au faîte de la montagne. A mesure qu'il montait, le nombre des habitants des divers rochers diminuait, mais leur aspect était de plus en plus agréable. Il apprit que de degré en degré la durée du purgatoire était moindre et la récompense céleste plus glorieuse. Un grand mouvement régnait sur le flanc de la montagne. Partout des gens s'efforçaient de gravir le rocher qui se dressait au-dessus de leur tête; mais la plupart d'entre eux retombaient sur la roche d'où ils étaient partis, parfois même jusqu'au bas de la montagne, sous le filet. Bien rares étaient ceux qui réussissaient à conquérir le degré immédiatement supérieur et à s'y maintenir; plus rares encore ceux qui gravissaient plusieurs degrés d'une seule haleine. La voix céleste reprit:

„Sur la deuxième roche demeurent des gens qui ont pris la ferme et entière résolution de renoncer à leur volonté particulière, quelque souffrance que leur nature dût en ressentir; dans ce but, ils se sont soumis en place de Dieu, dès le commencement de leur conversion, à un ami de Dieu dont la piété leur était connue. Cependant, au moment où ils allaient monter plus haut, la voix de Satan s'est fait entendre dans leur cœur: „Ayez bonne confiance; vous êtes déjà si loin du monde! Voyez comme vous êtes devenus sages; vous n'avez

---

[1] Traité IX, p. 70 s., 77 s.

plus besoin du conseil de personne! Contentez-vous du degré que vous avez atteint : votre nature est bien faible, bien délicate, et ne supporterait pas les rudes labeurs qui vous attendent là-haut !" Leurs bonnes résolutions se sont évanouies; ils en sont restés là. Voyant que Satan les retient sur la seconde roche, les amis de Dieu auxquels ils se sont soumis n'osent plus leur donner de conseils, de crainte qu'ils ne leur désobéissent et que, devenant pires qu'auparavant, ils ne retournent sous le filet [1].

„Les habitants de la troisième roche se sont imposé des exercices bien plus durs; malheureusement ils ne le font que dans l'intention de gagner le ciel, c'est-à-dire dans un but d'intérêt personnel [2].

„Ceux de la quatrième roche pratiquent des exercices encore plus pénibles, dans le seul but de plaire à Dieu. Malheureusement ils se complaisent dans un genre de vie qu'ils se sont imposé eux-mêmes et ignorent ce que c'est que de renoncer à sa volonté personnelle. Dieu a beau les y inviter, ils refusent de s'abandonner absolument à sa direction [3].

„Les habitants de la cinquième roche ont commencé à faire à Dieu le sacrifice de leur volonté particulière. Mais ils n'ont point la force de persévérer continuellement dans ces dispositions et de tuer à tout jamais tout désir propre en eux. Aussi retombent-ils parfois sur le quatrième rocher, pour remonter peu de temps après sur le degré supérieur [4].

„Ceux du sixième rocher ont accompli ce sacrifice. Ils se sont abandonnés sans retour au Seigneur et se sont donnés à ses amis en place de Dieu. Mais arrivés à cette hauteur, ils voient que d'autres hommes reçoivent de Dieu des révélations et des consolations surnaturelles, et ils souhaitent d'en obtenir également. Ce désir prouve qu'ils n'ont pas encore complètement vaincu leur nature égoïste, car ils aspirent à devenir les égaux d'autres hommes sous le rapport des dons de la grâce divine, au lieu de laisser en toute humilité Dieu accomplir ses œuvres en qui il veut et comme il veut [5].

---

[1] Traité IX, p. 81 s.
[2] Ibid., p. 85 s.
[3] Ibid., p. 88 s.
[4] Ibid., p. 91 s.
[5] Ibid., p. 93 s.

„Les hommes du septième rocher ont triomphé de ce désir; aussi Dieu leur communique-t-il les dons de sa grâce. Mais quand il leur arrive de recevoir de Dieu quelque révélation surnaturelle ou quelque vision merveilleuse, non seulement ils y trouvent une jouissance excessive, mais ils s'efforcent encore d'en provoquer le retour en prenant le sacrement de la cène [1].

„Les habitants du huitième rocher se sont efforcés de vaincre ce défaut sans y réussir complètement. Ils ont poussé plus loin que les hommes des degrés précédents le renoncement aux biens terrestres : ils ne les possèdent plus que pour Dieu seul; c'est pour lui qu'ils les tiennent en réserve, se contentant d'en prendre ce qui leur est nécessaire pour vivre et faisant à Dieu la grosse part des revenus qu'ils en tirent. La richesse ainsi comprise, loin d'être un obstacle sur le chemin du salut, est un moyen d'avancer vers Dieu. En outre, ils ont absolument renoncé aux biens éternels, et laissent Dieu faire d'eux ce qu'il veut dans le temps et l'éternité. Aussi Dieu ne leur permet-il pas seulement de contempler des images célestes sous forme de visions : il leur envoie encore de temps en temps un faible rayon provenant de l'Origine même, jouissance qui dépasse tout entendement et que le langage ne peut exprimer. Sans doute ils ont cessé de provoquer par des moyens extérieurs le retour des visions radieuses, mais ils n'ont pas cessé d'y prendre un plaisir particulier. Ils savent encore moins refouler le désir de voir se reproduire la jouissance ineffable des rayons qui s'échappent de l'Origine. Aussi Dieu n'ose-t-il leur accorder la suprême preuve de sa confiance qui consisterait à leur cacher son visage et à leur retirer les dons joyeux de sa grâce, car ils sont encore incapables de trouver leur plaisir suprême à ne point recevoir de consolation de Dieu; ils ne sont pas encore complètement morts à eux-mêmes et aux désirs les plus secrets de leur nature" [2].

La neuvième roche était située sur le sommet de la montagne. Elle était plus vaste que toutes les autres; trois hommes seulement y demeuraient. „D'où vient, demanda l'homme, le petit nombre des

---

[1] Traité IX, p. 101 s.
[2] *Ibid.*, p. 104 s.

habitants de ce rocher? Quel est leur genre de vie?" Il lui fut répondu : „Dieu n'a pas établi ce rocher pour être la demeure de si peu de gens. Tous les hommes sont appelés à y monter, mais bien peu s'y résolvent. Extérieurement ces trois hommes paraissent bien malades, et comment en serait-il autrement après une si rude ascension? Intérieurement ils brillent comme des anges de lumière; mais ils ne le savent point. Sache qu'il ne leur est pas resté une seule gouttelette de la moelle et du sang qu'ils avaient précédemment; leur nature charnelle a été consumée et détruite en eux. Le Seigneur, pour l'amour duquel ils ont sacrifié leur moelle et leur sang impurs, leur a donné un sang nouveau, une moelle nouvelle d'une parfaite pureté. Ta question m'étonne en vérité: ne sais-tu donc pas que ta moelle et ton sang ont péri en toi et ont été consumés?" — „Je n'en sais rien", répondit l'homme. — „C'est juste, reprit la voix, tu l'as oublié, et c'est précisément cet oubli qui a fait naître en toi l'amour ardent, exubérant, divin qui te possède[1]. Sache donc que ces hommes ont enduré toutes les créatures et sont prêts à supporter avec joie toutes les tentations, toutes les souffrances que Dieu voudra leur envoyer. Inconnus au monde, ils connaissent bien le monde; mais ils sont morts au monde et le monde est mort en eux. Tout désir personnel est éteint dans leur cœur; glorifier Dieu en toutes choses et réaliser en toute humilité l'image de Christ dans leur vie est leur seule ambition. Tout ce que Dieu fait les réjouit: quoi qu'il leur donne, quoi qu'il leur enlève, ils demeurent dans un contentement inaltérable et dans un désintéressement absolu. Ils aiment en Dieu tous les hommes d'un égal amour. Quand Dieu leur envoie des consolations surnaturelles, ils s'en effrayent plus que lorsqu'il les prive de ses dons. Ils vivent dans la non-connaissance et ne demandent pas à connaître quoi que ce soit. Toute crainte a disparu de leur âme, sinon la crainte qu'éprouvent les seuls enfants de Dieu de ne pas réaliser l'image de Christ assez parfaitement en eux: cette crainte est leur purgatoire. Ils sont parvenus à la véritable stature d'homme; ils sont les vrais adorateurs du Père en esprit et en vérité. Aussi Dieu les aime-t-il d'un tel amour qu'il exaucerait plutôt leur prière que celle de tous les

---

[1] Traité IX, p. 111.

chrétiens réunis. Quelque peu nombreux qu'ils soient, c'est sur eux qu'il laisse reposer la chrétienté; s'ils quittaient ce monde, il ferait aussitôt périr les hommes et donnerait puissance à Satan de tirer le filet à lui [1].

„Vois cette porte à l'extrémité du rocher, poursuivit la voix; elle mène dans l'Origine. Ces hommes ne savent pas qu'ils demeurent si près de leur but suprême; ils n'ont pas encore jeté un regard dans l'Origine et ne demandent pas à le faire; mais il s'en échappe parfois un faible rayon de lumière qui illumine leur âme [2]. Dieu dans sa sagesse insondable permet quelquefois à un homme d'y jeter un regard avant d'être parvenu sur la neuvième roche: il l'a fait pour saint Paul, qui a dû payer ce ravissement ineffable par de grandes souffrances jusqu'à la fin de ses jours. D'autres reçoivent cette grâce merveilleuse dès qu'ils ont atteint le sommet de la montagne; d'autres seulement après qu'ils y ont séjourné plusieurs années; d'autres enfin à l'heure de la mort [3]. L'homme qui a jeté un regard dans l'Origine a perdu son nom; il ne porte plus de nom terrestre: il est devenu Dieu par grâce, comme Dieu est Dieu par nature [4].

„Sache donc que le Seigneur a pris en considération l'humilité parfaite de ton cœur, et qu'il veut te permettre de jeter un regard dans l'Origine [5]. Tu voudrais te soustraire à cet excès d'honneur dans le sentiment de ton indignité: abandonne-toi à la volonté de Dieu, car c'est précisément pour t'exercer encore davantage à l'humilité qu'il t'accorde cette grande grâce. D'ailleurs sache que tu auras à payer avant ta mort par de grandes souffrances la joie que tu vas éprouver." Au moment où l'homme se soumit entièrement à la volonté divine, la porte de l'Origine s'ouvrit devant lui; son regard pénétra dans les profondeurs mystérieuses de Dieu. Dans ce court instant il ressentit une joie si intense, son âme fut enveloppée d'une lumière si éblouissante, qu'il fut ravi à lui-même et perdit toute connaissance des choses d'ici-bas. Ce qu'il vit et entendit dépasse toute pensée et se

---

[1] Traité IX, p. 112-119, 133-135.
[2] Ibid., p. 113, 115.
[3] Ibid., p. 121.
[4] Ibid., p. 138.
[5] Ibid., p. 122.

refuse à toute description. Quand il eut repris ses sens, il entendit la voix qui lui dit : „Sache que tu as été à la noble école où le Saint-Esprit professe en personne. Cet auguste maître d'école a saisi ton âme dès son arrivée et l'a remplie d'un amour si exubérant qu'il a débordé de ton âme dans ta nature corporelle et l'a transfigurée. Le désir qui s'est alors éveillé en toi de souffrir éternellement les peines de l'enfer pour délivrer les âmes qui gémissent dans le purgatoire, et d'endurer une mort affreuse pour le bien de tous les pécheurs, est un don surnaturel que tu as reçu à l'école du Saint-Esprit". — „Mon bien-aimé, s'écria l'homme dans un transport d'amour divin, tu m'es devenu si cher, qu'avec toute ta puissance tu ne pourrais plus rien faire qui me fût désagréable. Agis à mon égard comme tu le voudras : quoi que tu me donnes, quoi que tu m'enlèves, je m'en réjouirai!" [1]

A ce moment l'attention de l'homme fut attirée de nouveau par ce qui se passait sous le filet. Il y vit deux hommes, l'un beau et lumineux comme un ange, l'autre noir et sombre d'aspect comme un démon. „Le premier, dit la voix, a plongé son regard dans l'Origine où il a été créé, et par grande commisération pour son prochain il est descendu jusque sous le filet auprès des pécheurs et s'efforce de les convertir à Dieu. Ses yeux intérieurs brillent d'une telle lumière et sont devenus si pénétrants qu'il aperçoit clairement ce qui empêche chacun de remonter à son Origine; il voit dans quels sentiers dangereux chemine actuellement la chrétienté, et il distingue dans le lointain les sévères jugements qui attendent les hommes après cette vie. L'autre a également habité le neuvième rocher; mais le démon lui a inspiré des pensées orgueilleuses; il a pris plaisir à son état et s'est atribué sa propre perfection : c'est pourquoi il est tombé comme Lucifer. Aussi longtemps, en effet, que le corps et l'âme sont réunis, personne ne peut se dire entièrement quitte du démon. Depuis lors, cet homme est devenu une des créatures les plus dangereuses qui existent; il a tourné contre Dieu les lumières merveilleuses de la grâce qu'il avait reçues de lui, et il a forgé avec elles une doctrine subtile et fausse, séduisante à entendre, par laquelle il induit la

---

[1] Traité IX, p. 129.

chrétienté en erreur, et qui consiste à suivre les impulsions de la nature. Ils sont nombreux sous le filet les hommes de mensonge qui lui ressemblent! Que les chrétiens au cœur simple et bon s'en gardent soigneusement dans ces temps-ci, car la mauvaise semence commence à lever. Le temps est proche où il sera nécessaire à tous les gens au cœur simple de fuir sous la croix de Christ„ [1].

L'apostolat des vrais amis de Dieu et le faux prophétisme des frères du libre esprit, symbolisés par les deux personnages en lutte sous le filet, se disputent le monde jusqu'à l'heure où éclateront les jugements de Dieu. Cette heure n'est plus éloignée:

„Jamais, poursuivit la voix, la situation de la chrétienté n'a été encore aussi alarmante. Les avertissements que Dieu lui a envoyés dans ces derniers temps, les pestes et les calamités dont il l'a frappée, n'ont servi à rien : son état empire de jour en jour [2]. Et cependant Dieu n'a jamais été aussi prêt qu'en ces temps-ci à donner sa grâce à quiconque se tournerait résolument vers la vérité éternelle et s'abandonnerait complètement à lui et à ses amis [3]. Jamais il n'a été aussi nécessaire à l'homme de chercher un véritable ami de Dieu en qui il eût confiance, pour se soumettre à lui en place de Dieu [4]. Mais en ces temps-ci les amis de Dieu sont bien inconnus au monde; le monde voudrait leur demander conseil, qu'il ne les connaîtrait pas, et la raison en est qu'il n'est pas digne de les connaître. Dieu ne lui révèle point leur présence, car il sait que le monde tel qu'il est ne suivrait pas leurs avis et qu'il ne ferait que les persécuter [5].

„Jamais il n'a été aussi nécessaire de dire à la chrétienté la vérité telle qu'elle est. Il existe encore ici-bas de vrais docteurs, de ceux qu'enflamme le seul amour de Dieu et qui ne recherchent point leur propre honneur; mais ils sont devenus bien rares! Si un pareil docteur, un saint homme que la grâce divine a touché, se lève pour avertir la chrétienté et lui dire la vérité entière, aussitôt d'autres docteurs se lèvent et affirment le contraire de ce qu'il a dit;

---

[1] Traité IX, p. 143.
[2] *Ibid.*, p. 142.
[3] *Ibid.*, p. 144.
[4] *Ibid.*, p. 143.
[5] *Ibid.*, p. 141.

et comme le peuple est mou et lâche de sa nature, il préfère suivre les docteurs qui le flattent, les pharisiens qui lui parlent selon son cœur. Les chefs tant spirituels que temporels de la chrétienté, les bourgeois des cités devraient faire tous leurs efforts pour découvrir un pareil docteur de vie, qui connût par expérience le chemin de la félicité éternelle; et s'il s'en rencontrait un, lui ordonner de dire toute la vérité et défendre de le contredire[1]. Ne crains pas qu'il n'y en eût suffisamment pour prêcher la vérité à tous les peuples, car Dieu, s'il voyait les hommes chercher de tels prédicateurs dans une intention vraiment pieuse, saurait leur en faire trouver. Il a bien envoyé ses douze disciples aux extrémités de la terre : il agirait encore de même aujourd'hui, et susciterait des hommes nouveaux pour venir en aide à l'Église[2]. Autrefois la chrétienté aimait tant son Dieu qu'elle lui soumettait humblement tout ce qu'elle entreprenait, et ne commençait rien sans son conseil. Quand elle perdait son chef temporel ou spirituel, elle se jetait avec Marie-Madeleine aux pieds de Dieu et le priait de lui donner un prince de son choix. Les princes ainsi élus par Dieu devenaient de grands saints. Aujourd'hui il serait bien nécessaire qu'un homme qui a jeté un regard dans l'Origine donnât à la chrétienté un conseil dicté par le Saint-Esprit. La chrétienté méprise et opprime ces hommes à qui Dieu a permis de contempler leur Origine : mais il n'en est pas moins vrai que si l'un de ces hommes obtenait d'être chargé de la gouverner tout entière suivant les commandements de la religion chrétienne, cette tâche lui serait facile, car le Saint-Esprit serait son conseiller[3]. Si la chrétienté dans son ensemble n'entreprend pas la recherche d'un tel ami de Dieu, un prince, un seigneur, une cité l'entreprendra peut-être en particulier : sache bien que toute ville, tout pays qui aura été ainsi soumis par ses chefs aux avertissements et aux instructions d'un saint docteur, sera préservé de toutes les calamités matérielles et spirituelles, de toutes les plaies dont le Seigneur pourra frapper la terre. Que les grandes villes se hâtent donc dans les temps si graves où nous sommes de chercher des docteurs fidèles avant que n'éclate la colère de Dieu,

---

[1] Traité IX, p. 58 s.
[2] *Ibid.*, p. 59 s.
[3] *Ibid.*, p. 136 s.

afin qu'elles trouvent alors dans leur sein le véritable secours divin dont elles auront besoin ! [1]

„Il n'en sera pas, en effet, comme du temps de Jonas. Alors les menaces du prophète ne se sont pas réalisées parce que le peuple s'est converti à sa voix [2]. Aujourd'hui, malgré tous les avertissements qu'il a reçus, malgré tous les efforts que Dieu a faits pour le ramener dans le bon chemin, il devient pire de jour en jour. Il agit comme si Dieu avait perdu sa puissance, comme si Dieu n'était plus Dieu; il ne considère plus le péché comme péché : l'on entend dire aux insensés : „Ce que je ne sais plus ne saurait me nuire!"[3] Comment Dieu supporterait-il à la longue une pareille ignominie? Il ne la supportera qu'aussi longtemps qu'il lui plaira. Sache que le Père est très irrité contre la chrétienté [4]. Il y a longtemps déjà, il a voulu faire périr le monde à cause de ses péchés; mais le Fils est intervenu et a obtenu de lui un sursis. Aussi le Père tolère-t-il en ce moment bien des péchés qu'il ne supporterait pas sans cela, car jamais il n'a été aussi miséricordieux envers la chrétienté". — „Ajourne dans ta miséricorde le châtiment jusqu'à ce que la chrétienté se soit améliorée!" s'écria l'homme. — „Non, répondit la voix, les péchés de la chrétienté sont devenus si grands que le Père ne veut plus attendre" [5]. — „Aie du moins pitié d'elle, reprit l'homme, aussi longtemps qu'il se trouvera un de tes amis sur le neuvième rocher!" [6]
— „Non, répondit la voix, la justice de Dieu ne saurait tolérer davantage d'aussi graves affronts. En vérité, la chrétienté a trop reculé [7]. Le temps auquel Dieu veut faire périr le monde n'est pas encore venu, car le nombre (*des élus*, comme on le verra dans la suite) n'est pas encore accompli [8]: quand il le sera, et si la chrétienté

---

[1] Traité IX, p. 60.
[2] *Ibid.*, p. 62.
[3] *Ibid.*, p. 62, 53 s.
[4] *Ibid.*, p. 64.
[5] *Ibid.*, p. 144 s.
[6] *Ibid.*, p. 120.
[7] *Ibid.*, p. 145.
[8] *Ibid.*, p. 120: Ach herzeliep mins, ich getruwe nút daz die zit noch hie si daz du die welt lost undergon, und ist daz sache daz mir ist daz die zal noch nút erfüllet ist. — Die entwurte sprach: Daz ist wol wor, die zale ist noch nút erfüllet daz got die welt welle lossen mit einander undergon.

ne s'est pas améliorée, le Père laissera sa justice imposer silence à sa miséricorde; il défendra à tous les amis de Dieu d'intercéder pour le monde. Les habitants du neuvième rocher ont jusqu'à présent maintenu debout la chrétienté et l'ont empêchée de périr : il leur sera interdit de prier encore pour elle; leur voix s'éteindra jusqu'à l'heure où le Père vengera le Fils sur toute l'étendue de la terre [1]. L'homme alors s'élèvera contre l'homme et le tuera. Regarde autour de toi : ne vois-tu pas que la plupart des hommes sont déjà prêts à frapper? [2] Dieu a fait périr autrefois d'une mort subite l'humanité entière à l'exception de huit hommes pour un seul péché : crois-tu qu'il n'a plus aujourd'hui le même pouvoir? [3] Le prélude de la terrible journée pourrait bien n'être plus éloigné [4]. Il se peut que dans un court délai Dieu fasse venir sur la chrétienté des calamités si grandes qu'elle s'en tordra les bras de désespoir" [5].

„Ce livre, dit l'auteur en commençant, est écrit pour tous les chrétiens. Que tous prennent garde aux enseignements qu'il contient. Ceux qui vivent encore dans les entraves du péché seront obligés, après l'avoir lu jusqu'au bout, de s'améliorer, à moins qu'ils ne veuillent audacieusement et obstinément persévérer dans le mal. Ceux qui se sont améliorés, apprendront à connaître en le parcourant quel chemin les conduira vers leur Origine. Il n'est donc chrétien si parfait ni si pécheur qui ne puisse le lire avec profit" [6]. Vers la fin de l'ouvrage, la voix céleste lui donne un avis analogue : „Ne crains pas d'écrire ce que je t'ai appris sur le compte des hommes qui habitent la neuvième roche, par la raison que personne ne saurait le comprendre, et que ce serait jeter les perles devant les pourceaux. Si je t'avais commandé de décrire les neuf chœurs des anges, tes craintes seraient justifiées. Il y aura des gens qui le comprendront; et n'y aurait-il qu'un seul homme d'amené par toi sur la neuvième roche, ta

---

[1] Traité IX, p. 64, 120, 53.
[2] *Ibid.*, p. 53.
[3] *Ibid.*, p. 120.
[4] *Ibid.*, p. 52.
[5] *Ibid.*, p. 141.
[6] *Ibid.*, p. 1.

peine ne serait pas perdue, car ce seul homme serait plus cher à Dieu et plus utile à la chrétienté que mille hommes qui demeurent sur les roches inférieures. Si la chrétienté ne croit pas le contenu de ce livre, ce sera une preuve que son état est bien grave„ [1]. L'auteur termine même par cette menace: „Celui qui parcourra ce livre sans s'amender à la lecture des avertissements et des enseignements que Dieu a donnés lui-même par l'intermédiaire d'une pauvre créature, devra craindre à bon droit que Dieu ne le châtie ici-bas et dans l'éternité„ [2]. L'on croira peut-être après cela que Rulman Merswin s'est empressé de répandre parmi le peuple un ouvrage dont il se promettait tant de bien. Par une bizarrerie étrange de son caratère, il hésite à le communiquer à ses contemporains; il oublie dans un sentiment d'excessive humilité que c'est „pour venir en aide à son prochain„ qu'il vient de l'écrire, et de crainte qu'on ne découvre que c'est lui qui en est l'auteur, il l'enferme, ainsi que le *Livre de la bannière de Christ* qu'il avait composé dans le même but, au fond d'une armoire qui ne devait plus s'ouvrir qu'après sa mort. Personne dans son entourage ne soupçonna jamais de son vivant qu'il avait pu écrire de pareils traités.

Tel est le contenu du *Livre des neuf roches*, que l'on peut appeler à juste titre l'Apocalypse mystique du quatorzième siècle. Il montre clairement de quelle façon l'auteur entendait le développement progressif de la vie spirituelle, et quelles étaient ses vues relativement à l'avenir de la chrétienté. Sous ce double rapport il concorde de la manière la plus frappante avec les idées que nous avons rencontrées et que nous rencontrerons encore chez l'Ami de Dieu de l'Oberland sur ces matières. L'étendue que l'auteur a donnée à son œuvre, la richesse de ses développements théologiques, font de ce livre une des sources les plus précieuses que nous ayons pour la connaissance de la doctrine des deux hommes.

Quant à l'histoire intérieure de Rulman Merswin même, son ouvrage nous apprend qu'à l'époque où il se mit à l'écrire, il ne rece-

---

[1] Traité IX, p. 116, 141.
[2] Ibid., p. 147.

vait plus seulement en partage les „sublimes fêtes de la consolation surnaturelle", comme c'était le cas au commencement de la quatrième année de sa conversion, mais qu'aux visions radieuses s'était ajoutée encore la jouissance la plus élevée qu'il soit donné à l'homme de goûter ici-bas, la vision de l'Origine ou de l'être même de Dieu. Aussi la voix céleste nous raconte-t-elle que sa „moelle et son sang naturels" ont été consumés en lui et qu'il ne sait même plus rien de cette immolation absolue qu'il a faite à Dieu de sa personnalité terrestre, c'est-à-dire qu'il se trouve précisément dans les conditions d'existence des habitants de la neuvième roche. Sans doute l'auteur s'exclut en apparence du groupe des trois hommes quand il demande à la voix de leur permettre d'être leur „humble et indigne serviteur"[1]; mais cette prière prouve seulement qu'il n'avait pas conscience de vivre sur ce degré suprême, aussi peu qu'il avait encore souvenance du sacrifice qui l'y avait placé : et c'est en réalité une raison de plus pour voir en lui l'un des habitants du neuvième rocher, l'un de ces hommes qui vivent dans la „non-connaissance" de leur haute dignité spirituelle, qui ignorent qu'ils „brillent intérieurement comme des anges de lumière", et chez lesquels cet oubli absolu d'eux-mêmes a précisément fait naître l'amour exubérant, divin qui leur a permis de gravir la dernière hauteur. Dans le courant de la quatrième année de sa conversion, il avait donc atteint le faîte de la vie spirituelle; il avait été admis à l'honneur insigne de servir d'organe au Saint-Esprit; il était devenu un des trois hommes „sur qui Dieu laisse reposer la chrétienté", et il avait même sur ses deux compagnons l'avantage d'avoir pu jeter un regard dans les profondeurs de l'Origine, alors que ceux-ci n'avaient perçu encore que les rayons lumineux qui s'en échappent par intervalles.

Peut-être ne nous sera-t-il pas trop difficile de deviner quels ont dû être dans sa pensée les deux autres habitants de la neuvième roche.

---

[1] Traité IX, p. 122.

III.

La quatrième année de sa conversion touchait à sa fin quand Rulman Merswin reçut la visite de l'Ami de Dieu de l'Oberland.

Il raconte cette entrevue en ces termes :

„De toutes les œuvres merveilleuses que Dieu avait accomplies en moi je ne pus dire un seul mot à personne, jusqu'au moment où il plut à Dieu de faire savoir à un homme de l'Oberland qu'il devait se rendre auprès de moi. Quand celui-ci fut venu, le Seigneur me permit de l'entretenir des événements de ma vie intérieure. Cet homme était bien inconnu au monde ; il devint mon ami intime et je m'abandonnai à lui en place de Dieu. Je lui révélai les secrets les plus cachés de ma vie spirituelle, telle qu'elle s'était déroulée pendant les quatre années de mon commencement. Quand je lui eus tout raconté, il me dit : „Cher et intime ami, prends ce livre : tu y trouveras le récit des cinq années de ma conversion. Donne-moi par écrit l'histoire des quatre années de la tienne, telle que tu viens de me la communiquer. Ne crains pas que personne apprenne jamais par moi de qui il est question dans le livre que tu me donneras ; je t'ai remis le récit des cinq ans de mon commencement, et aussi peu que tu révéleras mon nom, aussi peu je révélerai le tien. Tu feras deux exemplaires de ton livre : l'un, tu le garderas ici, scellé de ton sceau, et tu prendras bien soin qu'on ne le découvre de ton vivant ; l'autre, je l'emporterai au loin dans ma patrie, dans un pays où tu es aussi inconnu que je le suis moi-même à Strasbourg". Je lui objectai qu'il m'était bien pénible de penser que l'on dût trouver avant ou après ma mort des renseignements sur ma vie intérieure, et que je ne voulais à aucun prix que l'on pût m'attribuer l'honneur d'événements qui étaient l'œuvre de Dieu seul et non la mienne. Comme il vit que je me refusais à écrire le livre en question, il me commanda de le faire au nom de l'obéissance que je lui avais promise, et je dus me soumettre" [1].

---

[1] Traité X, p. 71 s.

Rulman Merswin fut ainsi amené à écrire dans le courant de l'année 1352 l'*Histoire des quatre années de sa conversion*, ou, comme il s'exprime, „de son commencement", à laquelle nous avons emprunté les détails biographiques contenus dans ce chapitre. Quand ce travail fut achevé, il en fit une copie que l'Ami de Dieu de l'Oberland emporta dans son pays. Volontiers il eût brûlé l'exemplaire qu'il en conservait, afin d'anéantir dans sa demeure toute preuve écrite de ses rapports intimes avec Dieu, et il en manifesta à plusieurs reprises le désir à son ami; „mais Dieu lui fit savoir qu'il devait laisser subsister l'histoire des quatre années de sa nouvelle existence, en ajoutant toutefois qu'à l'avenir il ne serait plus forcé d'écrire les œuvres merveilleuses qui auraient été accomplies en lui après ces quatre années"[1]. Dès 1352 cesse donc pour notre auteur la „contrainte divine" d'écrire des livres. Avec elle devait s'arrêter également chez lui la production d'œuvres vraiment originales. Le reste de ses écrits ne sont, en effet, que des copies plus ou moins remaniées et interpolées de pièces empruntées à la littérature religieuse de son temps.

Au printemps de l'année 1352 fut conclu entre les deux hommes le pacte solennel d'amitié qui devait être si fertile en conséquences pour leur histoire ultérieure. L'engagement qu'ils contractèrent alors n'était cependant pas aussi unilatéral que le récit de Rulman Merswin semble l'indiquer. La vérité est qu'ils se soumirent l'un à l'autre „en place de Dieu", c'est-à-dire qu'ils promirent de s'obéir mutuellement en toutes choses comme ils eussent obéi à Dieu même. Ce rapport de soumission réciproque dura vingt-huit ans, jusqu'au printemps de l'année 1380; alors il prit fin par suite de circonstances toutes particulières dont il sera question dans la suite de cette histoire[2].

Ce n'est pas la première fois que l'Ami de Dieu concluait sur l'ordre du Seigneur une alliance semblable. Nous avons vu précédemment qu'il s'était lié d'une amitié tout aussi intime, immédiate-

---

[1] Traité X, p. 76.
[2] Lettre 20 (datée du 4 avril 1380), p. 337: Ruolman, heimelicher frünt miner, also es nuo stot so muos ich hern Johanse gehorsam sin. Harumbe so (p. 338) bitte ich dich daz du mir ulop gebest und mich der gehorsame wellest erlossen wanne wir bede mit dem libe noch mit briefen mit me zuosamene komen mügent. Harumbe so erlosse ouch ich dich diner gehorsame und rete dir also daz du dinen commendure nemmest und imme an gottes stat gehorsam sigest.

ment après sa conversion, avec le personnage qui figure dans le *Livre des deux hommes*. Aussi honore-t-il Rulman Merswin de la même preuve de confiance qu'il avait donnée à son premier ami : il lui communique par écrit l'histoire des cinq années de sa conversion, qu'il avait racontée de vive voix à celui-ci. Cet ami était mort dans l'intervalle, ainsi que l'Ami de Dieu le donne clairement à entendre quand il écrit en 1363: „Il y a bien plus de vingt ans que Dieu m'a défendu de me révéler à aucun homme, à l'exception d'un seul : quand Dieu me l'enlève, j'en choisis un autre" [1]. Il avait dû songer à le remplacer, et certes son choix ne pouvait mieux tomber que sur l'ancien banquier de Strasbourg. Le mobile, en effet, qui présidait chez lui à la conclusion d'une pareille alliance était avant tout, non la convenance personnelle, comme c'est le cas dans les amitiés ordinaires, mais l'intérêt religieux. Basée sur une similitude parfaite des expériences intérieures, sur une communauté absolue de sentiments religieux et de vues relatives à l'avenir de la chrétienté, elle rendait possible l'abandon de l'homme à l'homme „en place de Dieu", ce moyen par excellence de parvenir et de se maintenir au faîte de la vie spirituelle, et devait un jour singulièrement faciliter l'accomplissement de la glorieuse mission qui attendait les amis de Dieu à l'heure où les châtiments divins fondraient sur la terre.

L'histoire de l'amitié religieuse de l'Ami de Dieu de l'Oberland et de Rulman Merswin formera désormais la trame centrale de notre récit.

La manière dont Rulman Merswin introduit en 1352 l'Ami de Dieu de l'Oberland dans sa biographie, éveille inévitablement l'idée que les deux hommes se sont rencontrés alors pour la première fois. Un instant de réflexion cependant suffit pour corriger cette impression. En quittant sa patrie, l'Ami de Dieu de l'Oberland emporte en effet l'histoire des cinq années de sa conversion ou le *Livre des deux hommes*; son intention est donc de donner à un de ses semblables la preuve suprême de confiance dont il puisse l'honorer, de lui dévoiler directement un secret qu'il ne lui est permis de révéler ici-bas qu'à

---

[1] V. p. 80, note 1.

un seul : et c'est chez un étranger qu'il se serait rendu, chez un homme que dans le cas le plus favorable il n'aurait connu que par ouï-dire? L'injonction divine à laquelle il obéit en se rendant à Strasbourg ne prouve-t-elle pas que la certitude s'était faite dans son esprit, dès avant son départ, sur le compte de l'homme chez lequel il allait? De son côté Rulman Merswin se sent poussé dès l'arrivée de son visiteur à lui faire une confidence non moins intime : nous en conclurons encore que celui-ci ne pouvait être pour lui un inconnu. Dans le récit qu'il fait de cette entrevue, notre auteur cède visiblement, sans doute sous l'influence de l'histoire du centenier Corneille, au besoin de dramatiser quelque peu les faits qu'il rapporte ; il oublie ce qui a dû se passer antérieurement entre l'Ami de Dieu et lui pour ne plus se souvenir que de leur dernière rencontre, et pour attribuer uniquement à une intervention miraculeuse la conclusion d'une amitié qui n'a pu être amenée que par une connaissance et une estime réciproques.

Ce n'est point là de notre part une hypothèse arbitraire. Nous avons déjà constaté précédemment que l'enseignement religieux de Rulman Merswin concorde d'une manière très frappante avec celui de l'Ami de Dieu. La ressemblance ne porte pas seulement sur les idées, qui de part et d'autre sont visiblement les mêmes, mais encore sur les termes qui servent à les exprimer. L'Ami de Dieu se sert en effet dans ses écrits — et a dû se servir par conséquent dans sa conversation religieuse — d'un certain nombre d'expressions qui lui sont particulières et qui reparaissent si souvent sous sa plume qu'elles sont devenues pour lui en quelque sorte stéréotypes. Les mêmes formes de langage, embrassant parfois des phrases entières, se retrouvent dans des circonstances analogues chez Rulman Merswin, dans le *Livre de la bannière de Christ* et le *Livre des neuf roches*, qui seuls peuvent servir ici de points de comparaison comme datant encore de la quatrième année de la conversion de leur auteur. Telles sont par exemple les locutions : endurer toutes les créatures[1] ; — ne plus s'aimer soi-même ni dans le temps ni dans l'éternité[2] ; — Dieu ne retire

---

[1] Traité XII, p. 218. — Traité IX, p. 3, 115.
[2] Traité XII, p. 251. — Traité IX, p. 115.

les dons de sa grâce qu'aux hommes en qui il a quelque confiance [1] ; — s'il y avait beaucoup de pareils hommes en ce monde, la chrétienté s'en trouverait bien mieux [2] ; — l'on ne peut se fier à la vertu non éprouvée [3], etc. La même exclamation de Pierre : „Il fait bon demeurer ici", se rencontre chez les deux auteurs à propos des jouissances que l'on éprouve pendant les extases [4] ; tous deux répètent à plusieurs reprises, et presque dans les mêmes termes, que Paul a été obligé de payer par de longues souffrances le ravissement ineffable dont il a joui avant d'avoir atteint le faîte de la vie spirituelle [5]. Pareillement, il y a une certaine analogie entre la vision des neuf roches et celle de l'escalier ou de l'échelle spirituelle, que l'Ami de Dieu aimait à raconter aux personnes pieuses avec lesquelles il entrait en relations, témoin les deux versions que nous en possédons et qui datent des années 1350 et 1357. Ces deux récits renferment des traits qui rappellent d'assez près certains passages du *Livre des neuf roches*. Ainsi, la description des habitants de la première roche est à peu près la même que celle des habitants du premier degré de l'escalier ou de l'échelle. Des deux côtés ils sont dépeints comme des gens au cœur froid, sans amour de Dieu, qui se bornent à éviter les péchés mortels, dont l'état inspire bien des inquiétudes puisqu'ils demeurent encore près du filet de Satan ou de la mer agitée de ce monde, et qu'un long séjour dans le purgatoire attend après cette vie. De même, la description des habitants de la neuvième roche rappelle assez exactement celle des hommes qui ont gravi le degré suprême de l'échelle : ils se trouvent placés devant la porte de l'Origine, mais ils ne le savent point; parfois il s'échappe de l'Origine, par une fenêtre que le Père entr'ouvre, un rayon qui les éclaire; ils sont devenus Dieu par grâce comme Dieu est Dieu par nature. Ces traits ont dû figurer dans le récit que l'Ami de Dieu aura fait de sa vision à Rulman Merswin comme il l'a fait à ses interlocuteurs des années 1350 et 1357. Si donc il est vrai que l'Ami de Dieu a visité l'ancien

---

[1] Traité XIV, 2° partie. — Traité VIII, 2° partie.
[2] Lettre 1, p. 278. — Traité VIII, 2° partie.
[3] Traité XVII. — Traité IX, p. 117.
[4] Traité IV, p. 133; XIII, p. 13. — Traité IX, p. 117, 146.
[5] Traité I, p. 167. — Traité IX, p. 117, 120, 146.

banquier de Strasbourg avant 1352, l'on comprend aisément quelle a été dans la pensée de celui-ci l'un des deux personnages qui figurent à côté de lui sur la neuvième roche, et il ne reste dès lors plus à découvrir que le troisième. Ainsi s'explique également pourquoi Rulman Merswin, tout en plaçant l'Ami de Dieu sur la roche la plus élevée, ajoute qu'il n'a pas été admis encore à jeter un regard dans l'Origine même, mais qu'il n'a joui jusqu'alors que des rayons qui s'en échappent par intervalles : telle est en effet la description que fait l'Ami de Dieu de l'état intérieur de l'homme qui a gravi le dernier degré de l'échelle spirituelle ; et en parlant ainsi, il entendait se désigner lui-même [1].

Mais c'est surtout entre le *Livre des neuf roches* et l'histoire de la conversion du „maître de la sainte Écriture" que les ressemblances sont visibles. Tout le long réquisitoire de la voix céleste contre les vices de la chrétienté n'est en quelque sorte que la reproduction sous une forme originale et dans des proportions plus vastes du sermon prononcé par le grand prédicateur sur le même sujet. La partie centrale de cet acte d'accusation est le passage consacré par l'auteur aux confesseurs et aux prédicateurs de son temps. Que l'on compare la description qu'il en fait à celle par laquelle débute le sermon de ce docteur et l'on trouvera des deux parts identiquement les mêmes traits. Les deux auteurs reprochent aux confesseurs leur cupidité, leur indulgence coupable vis-à-vis des péchés du peuple, leur facilité à approuver au nom de l'Écriture les excuses que leurs pénitents s'ingénient à trouver pour voiler leurs vices et que l'Écriture est la première à condamner ; ils leur appliquent la même parole du Seigneur (Math. XV, 14 ; Luc VII, 39 : Si un aveugle conduit un aveugle, tous deux ne tombent-ils pas dans la fosse?), et, particularité digne de remarque, ils la citent en l'encadrant dans une proposition analogue sur le faux chemin que les confesseurs enseignent à suivre, et avec les mêmes modifications dans l'expression : les confesseurs tombent les premiers dans la fosse, et les gens y tombent „sur

---

[1] Traité VII, fin : Dirre mensche wart alse hohe gefueret untze das er kam für den ursprung, und ime beschach und wart von gotte rehte also dir, — dit à l'Ami de Dieu son interlocuteur de l'an 1357. V. plus haut, p. 108.

eux"[1], détail qui ne figure dans aucun texte biblique. En outre, l'idéal du confesseur et du prédicateur, tel qu'il ressort du livre de Merswin, rappelle sans qu'il soit possible de s'y méprendre le portrait du „maître de la sainte Écriture". C'est un docteur qui ose dire courageusement la vérité à tout le monde, quoi qu'il puisse en résulter pour lui, et avertir la chrétienté de la gravité des temps où elle vit, en lui faisant un tableau complet de ses péchés; qui sait bien que dès qu'il aura fini de parler, d'autres docteurs se lèveront pour le contredire et détruire l'effet de ses paroles sur le peuple, et qui probablement a fait l'expérience amère des railleries qu'ont à endurer ceux qui dans les couvents veulent se tourner sérieusement vers le Seigneur, et des persécutions qui attendent de la part du monde les vrais amis de Dieu. C'est un docteur tel que les chefs de la chrétienté et les bourgeois des villes devraient s'efforcer de trouver (ou, comme le disent les notables à la fin de l'histoire de la conversion du „maître de la sainte Écriture", tel qu'on en devrait faire venir à prix d'argent). Ajoutons que des deux côtés se rencontre identiquement la même démonstration de la légitimité de l'inspiration divine immédiate des laïques: „sans doute, disent nos deux auteurs, l'Écriture procède du Saint-Esprit; mais pourquoi Dieu ne parlerait-il plus aujourd'hui par l'intermédiaire d'un homme comme il l'a fait autrefois? sa puissance serait-elle devenue moindre?" De même le remarquable passage que Rulman Merswin consacre aux juifs et aux musulmans sincères „qui ne connaissent pas de meilleure religion que celle dans laquelle ils sont nés, mais sont décidés à donner congé à leur foi dès que Dieu leur aura fait connaître qu'une autre foi lui est plus agréable", et dans lequel il affirme que beaucoup d'entre eux sont arrivés au salut „par des voies bien mystérieuses et bien inconnues à la masse des chrétiens", ce passage n'est en quelque sorte que le dé-

---

[1] Traité XIII, p. 36: Wir wisent üch durch uwers guotes willen, uns selben vor abe, einen abeweg, und ouch üch mit uns; und wisent uns vor abe zuo vallende in eine tieffe gruobe und ir uf uns. — Traité IX, 26: Du solt wissen das der bihther also rehte lüccel ist die den rehthen weg bekennent; dofan beschiht es gar digke und gar vil in diesen serclichen eiten das die bihther forfallent in eine gar sercliche phinliche gruobe, und fallent die menschen uffe si den si for in der bihte hant gestattet das si einan natürlichen glosierthen weg sint gegangen.

veloppement théologique du récit, fait par l'Ami de Dieu au „maître de la sainte Écriture", de la conversion miraculeuse d'un pieux musulman qui avait prié le Seigneur „de lui faire connaître, de quelque manière qu'il voudrait, si la religion des juifs ou des chrétiens est supérieure à celle dans laquelle il était né", en lui promettant d'obéir absolument à ses instructions, et auquel l'Ami de Dieu avait écrit, sous la dictée du Saint-Esprit, une lettre qu'il avait pu comprendre. — Tant de ressemblances ne peuvent être l'effet du hasard. L'Ami de Dieu a dû raconter à l'ancien banquier de Strasbourg ce qui s'était passé entre lui et le „maître de la sainte Écriture", et lui communiquer les sermons de ce prédicateur dont il avait pris note, si tant est que Rulman ne les a pas entendu prononcer lui-même. Ce récit devait avoir d'autant plus d'intérêt pour celui-ci qu'il n'avait pas à aller loin pour rencontrer un docteur dont le caractère et la vie répondissent à l'idéal du véritable confesseur et prédicateur qu'il s'était formé et qu'il allait retracer dans son livre. Jean Tauler avait eu récemment bien des souffrances à endurer dans sa ville natale pendant la durée de l'interdit „parce qu'il enseignait la vérité tout entière comme personne ne l'enseignait alors, et qu'il y conformait toute sa vie"[1]. Depuis lors, il avait persévéré dans son attitude courageuse et continué à remplir ses fonctions pastorales avec un zèle incomparable. C'est lui que Rulman Merswin avait pris pour confesseur dès les premiers temps de sa conversion. L'estime que ce choix suppose dans les circonstances où il fut fait, rapproché de la description idéale du vrai confesseur et docteur selon le cœur de Dieu que Merswin devait tracer peu de temps après et dont la figure historique de Tauler réalise tous les traits, montre bien où il faut chercher l'homme dont la conduite et le caractère ont inspiré ce tableau. Si notre conclusion est fondée, nous pouvons faire un pas de plus, et puisque la figure historique de Tauler ressemble en tous points au portrait du véritable ministre de l'Église tracé par Rulman Merswin, et que ce portrait à son tour rappelle étonnamment l'image du „maître de la sainte Écriture" du traité XIII, nous serons amené à dire que le *Livre des neuf roches*, œuvre d'un admirateur de Tauler,

---

[1] V. Introd., p. 53.

rapproche si manifestement l'une de l'autre la personne du grand dominicain et celle du „maître de la sainte Écriture", qu'il ne laisse plus guère place au doute relativement à leur identité. Ainsi s'explique encore quel était dans la pensée de Rulman Merswin le troisième habitant de la neuvième roche : notre auteur en effet ne devait pas ignorer que le „maître de la sainte Écriture" avait reçu en partage à la fin de sa conversion le ravissement ineffable qu'obtiennent ceux-là seuls qui parviennent jusque devant la porte de l'Origine.

Notre intention était d'examiner si les écrits de Rulman Merswin renferment une trace certaine de l'influence que l'Ami de Dieu doit avoir exercée sur lui avant 1352, comme le font entrevoir certains traits du récit que nous avons rapporté plus haut. Le résultat auquel nous sommes arrivé dépasse sur plusieurs points importants le but premier de notre recherche. L'étude comparative des textes ne nous a pas seulement fait constater cette influence de la manière la plus positive, elle nous a appris encore que deux récits de l'Ami de Dieu, ceux de la vision de l'escalier spirituel et de la conversion du „maître de la sainte Écriture", ont été tout particulièrement présents à l'esprit de Merswin quand il a écrit son *Livre des neuf roches*. Elle nous a permis en outre de reconnaître dans l'habitant du degré suprême de l'escalier spirituel ou dans l'Ami de Dieu en personne le second des trois hommes qui demeurent sur la neuvième roche, et dans le courageux ministre de la parole divine pendant l'interdit et le confesseur estimé de Merswin, dans le dominicain Jean Tauler, à la fois le dernier de ces trois hommes et le grand docteur inconnu qui se cache sous le nom du „maître de la Sainte-Écriture". A ces preuves internes de l'existence d'un rapport entre Rulman Merswin et l'Ami de Dieu dès avant l'année 1352 nous en joindrons d'autres plus positives encore.

Les notices qui accompagnent les traités I et XVII de l'Ami de Dieu, nous apprennent à quelle époque ces écrits sont parvenus à Strasbourg. Le traité XVII a été envoyé à Rulman Merswin par son „ami intime" de l'Oberland „dans les premiers temps de sa conversion", c'est-à-dire dans les quatre premières années de sa vie spirituelle, comme le prouve le sens de cette dernière expression dans les autres passages de nos livres où elle paraît[1]. La conclusion du traité I est plus significative encore. L'Ami de Dieu s'y exprime en ces termes : „Très cher et intime ami, toi mon plus cher ami, sache que je t'ai écrit de ma propre main dans ce petit livre le récit de tous les événements qui se sont accomplis pendant ces neuf années dans la vie du pieux chevalier (il est question du „chevalier captif"), tels qu'il me les a racontés ou tels que j'en ai été témoin moi-même. Si j'apprends quelque nouveau détail sur son compte, je t'en ferai part directement quand j'arriverai chez toi, ou bien je te l'écrirai si je ne puis venir te voir. L'amour de Dieu m'a poussé à t'envoyer ce petit livre, car je sais que tu es encore un commençant, que tu es encore jeune et novice dans la grâce : si l'un ou l'autre des faits extraordinaires décrits dans ce livre devait se reproduire dans ta vie, si Dieu accomplissait en toi l'une des œuvres qu'il a accomplies tout récemment dans ce pieux chevalier, tu saurais d'autant mieux ce que tu as à faire"[2]. Si l'Ami de Dieu avait eu sa première entrevue avec Rulman Merswin au printemps de l'année 1352, et si par conséquent le traité I n'était arrivé à Strasbourg qu'après cette date, c'est à l'auteur du *Livre des neuf roches*, c'est-à-dire à un homme parvenu au faîte de la vie spirituelle, qui a joui pendant une année entière des „fêtes sublimes de la consolation surnaturelle" et qui a obtenu même de jeter un regard dans l'Origine, que s'appliqueraient les dénominations de „commençant", d'homme „jeune et novice dans la grâce", ce qui ne peut être le cas. Tout ce qui précède se réunit donc pour donner pleinement raison au copiste du traité I qui a fait suivre la conclusion que l'on vient de lire d'une notice historique ainsi conçue :

---

[1] In sime ersten kere (V. Introd., p. 21). — Traité X, p. 57 : Do man zallete von gottes geburt mccc jor xl jor und vij jor, do beschach es das ich Ruoleman Merswin aller koufmanschaft und allen dem gewinne urlop gab, und darzuo aller nattuorlicher lustlicher geselleschaft... Von diseme allerersten ker do beschach miner natuoren gar we abe, etc. Au traité IX (p. 83) il est dit des habitants de la seconde roche : Dise menschen hettent sich in irme ersten zuoker den gottes fründen gelossen, etc. — L'introduction du *Grand mémorial allemand* dit explicitement : So schreip der liebe gottes fründ in Oeberlant Ruolemanne unserme stiftere vil buechere in sime ersten anevange do er sich der welte abe tet.

[2] Traité I, p. 185: So habe ich dir dis buechelin usser goettelicher minnen hinabe gesendet, wenne du ein anevohender mensche noch bist, und ouch hel und jung in der genoden bist, etc.

„Ce petit livre a été envoyé de l'Oberland en l'an de grâce 1349" [1]. L'auteur de cette notice, un des frères du couvent de l'Ile-Verte, a dû nécessairement posséder quelque renseignement digne de confiance au sujet d'une date qui concorde si peu avec l'année dans laquelle il est fait mention pour la première fois au traité X de relations entre l'Ami de Dieu et Rulman Merswin. S'il avait été dépourvu de toute indication relative à l'époque de l'envoi du traité I à Strasbourg, il aurait évidemment gardé le silence sur ce point, ainsi qu'il le fait à propos de beaucoup d'autres traités du même auteur.

Dès 1349 l'Ami de Dieu de l'Oberland s'est donc trouvé en relations avec Rulman Merswin et a dirigé son développement spirituel, tant par les traités et les lettres qu'il lui envoyait que par les récits qu'il lui faisait quand il venait le voir. Résolu depuis plusieurs années, le pacte d'amitié a été définitivement conclu entre les deux hommes, avec toutes les conséquences qu'il devait avoir pour leur vie intérieure et extérieure, au printemps de l'année 1352, à l'époque où il leur fut permis de se révéler réciproquement le mystère des œuvres merveilleuses que Dieu avait accomplies en eux pendant les années de leur conversion.

---

[1] Traité I, p. 186 : In dem jore do man zalte von gottes gebúrte dritzehen hundert viertzig und nún jore, do wart dis búechelin von Oeberlant herabe gesendet. — Nous ferons remarquer ici que l'auteur des notices qui accompagnent certains écrits de l'Ami de Dieu et de Rulman Merswin, a fait preuve de la plus grande réserve dans la détermination de l'année dans laquelle ces écrits ont été soit composés, soit envoyés à Strasbourg. Parmi ces notices, sept seulement contiennent une date : ce sont les rubriques des traités VI, IX, X, XIII et IV (ce dernier figure avec la rubrique du copiste dans les *Beiträge zu den theol. Wissensch.*, V, p. ??), et celle de la lettre 1, et la conclusion du traité I. Pour les trois premiers ces traités, les dates 1350 et 1352 se trouvaient contenues dans le texte même (et notre auteur aurait pu admettre pareillement la date 1357 dans le titre du traité VII s'il avait tenu à faire œuvre d'historien); pour les deux suivants, les dates 1377 et 1369 étaient données par les lettres 10 et 2 qui ont été envoyées avec eux à Strasbourg. Quant aux deux derniers écrits, on ne sait à quelle source sont puisées les dates 1363 et 1349 qui s'y trouvent jointes, mais il est possible de constater l'exactitude de la première par le contenu même de la lettre 1 (qui n'a pu être écrite, comme nous le verrons dans la suite, que pendant la vacance du siège archi-épiscopal de Cologne qui tombe entre la mort de Guillaume de Gennep, arrivée le 15 septembre 1362, et la nomination d'Adolphe II von der Mark, le 21 juin 1363) : la seconde ne devra donc pas être moins digne de confiance.

Le premier mois de la cinquième année de sa rupture avec le monde, Rulman Merswin eut un „dernier" ravissement par lequel la période préparatoire de sa vie spirituelle fut définitivement close. „Il me fut donné à comprendre que je devais encore rester longtemps dans ce monde, jusqu'à ce que j'eusse été témoin de beaucoup d'événements extraordinaires, de nature bien diverse, que Dieu fera venir sur la chrétienté. Je fus averti de prendre en sérieuse considération ces manifestations merveilleuses de la puissance divine, de laisser Dieu accomplir telles œuvres qu'il voudrait en moi-même et dans la chrétienté, et de les accepter avec reconnaissance et humilité, et dans un abandon absolu de ma volonté à la sienne. Il me fut recommandé de mener pendant le reste de ma vie terrestre l'existence simple et humble d'un honnête chrétien ordinaire, afin que personne ne pût découvrir quelles œuvres mystérieuses Dieu avait accomplies et devait encore accomplir en moi. Il me fut aussi révélé que je ne devais plus être exercé par le moyen des grandes tentations, comme je l'avais été jusqu'alors, et il me fut dit : „Le seul exercice qui te „sera imposé à l'avenir sera de voir à la lumière de la grâce divine „comment les agneaux errent ici-bas égarés au milieu des loups „orgueilleux, impudiques et rapaces. Ce sera la grande épreuve de „ta vie, la croix que tu auras à porter"[1].

La lecture du *Livre des deux hommes*, que l'Ami de Dieu lui avait apporté, a évidemment inspiré cette révélation à Rulman Merswin, car elle concorde presque textuellement avec celle par laquelle se termine la cinquième année de la conversion de l'Ami de Dieu. Nous constatons ici pour la première fois ce curieux phénomène de la production des mêmes faits extraordinaires dans la vie intérieure des deux hommes ; bientôt nous le rencontrerons sous une forme plus frappante encore. Ici ces faits se succèdent l'un à l'autre, et il est facile de voir le rapport de causalité qui les relie ; plus tard, nous les verrons apparaître simultanément chez les deux amis sous l'influence d'une préoccupation commune. Il semble, en effet, que l'Ami de Dieu et Rulman Merswin aient vécu à partir de leur dernière entrevue d'une seule et même vie spirituelle, répartie en quelque sorte en deux

---

[1] Traité X, p. 74 s.

foyers distincts, mais suivant de part et d'autre un développement
parfaitement homogène, de manière à produire chez les deux hommes
les mêmes manifestations de l'imagination et de la pensée et jusqu'à
des troubles physiques analogues.

Rulman Merswin fut dispensé par Dieu d'écrire l'histoire de sa vie
intérieure à partir de la fin de sa conversion. Aussi ne possédons-
nous aucun renseignement sur son compte pendant la dizaine d'années qui suivit sa dernière entrevue avec l'Ami de Dieu. Les relations des deux hommes seront restées après 1352 ce qu'elles étaient
auparavant; mais ici encore il nous est impossible de rien affirmer,
car si tout fait supposer qu'ils ont échangé à cette époque une active
correspondance, il n'en est resté aucune trace.

La première lettre que nous possédions de l'Ami de Dieu porte la
date 1363. Elle est adressée au „savant et pieux lecteur des augustins, Jean de Schaftolsheim, qui fut chargé pendant de longues années
des fonctions de pénitencier et de vicaire général de l'évêque de
Strasbourg"[1]. Ce n'est pas la première fois que l'Ami de Dieu lui
écrivait. Précédemment déjà il lui avait envoyé une lettre que nous
ne possédons plus, et à laquelle Jean de Schaftolsheim avait répondu
en demandant de nouveaux conseils. Notre lettre est une réponse à
cette dernière missive. Depuis 1352, en effet, l'Ami de Dieu avait
étendu le cercle de ses connaissances à Strasbourg. Outre Rulman
Merswin et Tauler, il était encore en rapport avec plusieurs autres
personnes, tant ecclésiastiques que laïques; il leur envoyait, par
l'entremise de son ami intime, des lettres et des traités de sa composition, et elles lui faisaient parvenir leurs réponses par la même voie.
Rulman Merswin et lui correspondaient au moyen de messagers spéciaux d'une discrétion absolue. Celui qu'employait l'Ami de Dieu
s'appelait Robert et paraît avoir été attaché à sa personne en qualité
de serviteur depuis de longues années, peut-être depuis sa rupture

---

[1] Rubrique de la lettre 1, p. 278: Dis ist eine missive, schreip der liebe gottes-
fruint in Oeberlant sub anno domini mccclxiij dem erbern gelerten got meinenden
lesemeistere bruoder Johansen von Schaftolzheim sante Augustinus orden, der
ouch penitencier und vicarie vil jore gewesen ist in geistlichen sachen in dem
bistuome zuo Strozburg.

avec le monde; en 1349 il apporta à Rulman Merswin l'*Histoire du chevalier captif.* Les envois que l'Ami de Dieu faisait à ses connaissances de Strasbourg étaient environnés du plus profond mystère; toutes les précautions étaient si bien prises, tant par lui que par Rulman Merswin, que „personne ne sut jamais, à l'exception de celui-ci, quel était l'homme qui les expédiait et quel pays il habitait"[1]. De cette manière l'individualité de l'Ami de Dieu s'effaçait plus complètement aux yeux de ceux qui recevaient ces missives; ils avaient d'autant mieux conscience de lire une parole divine „écrite" par le Saint-Esprit, sans aucune coopération humaine. Ces mesures furent si bien observées à l'égard de Tauler, qui n'était que trop porté à considérer les discours de l'Ami de Dieu comme ceux d'une créature terrestre, d'un laïque richement doué sous le rapport de l'intelligence, et que l'Ami de Dieu avait dû rappeler à deux reprises pendant sa conversion à une appréciation plus exacte des choses, elles furent si bien observées à son égard, lors de l'envoi de l'*Épître à la chrétienté* en 1357, qu'„il ne put jamais savoir de qui cet écrit lui était venu"[2]. La correspondance de l'Ami de Dieu avec Jean de Schaftolsheim se faisait d'une manière non moins mystérieuse. Celui-ci eût vivement désiré connaître le nom et la demeure du personnage inconnu qui ne craignait pas de lui parler au nom de Dieu même; il avait prié Rulman Merswin de demander à son ami de se révéler également à lui: mais l'Ami de Dieu refusa péremptoirement d'y consentir. „C'est avec grand plaisir, lui dit-il, que je vous accorderais votre demande; mais sachez que cela m'est impossible: quittez ce désir pour l'amour de Dieu. Il y a bien plus de vingt ans que Dieu m'a défendu de me révéler à aucun homme, à l'exception d'un seul: quand Dieu me l'enlève, j'en choisis un autre". Il lui donne même à entendre que si Rulman Merswin, son ami actuel, venait à mourir, il savait déjà comment il le remplacerait: c'est sur le cousin de Rulman, sur Conrad

---

[1] *Notices sur les amis de Dieu*, Schmidt, *Nicolaus v. Basel Leben,* etc., p. 62.

[2] V. la notice qui termine le traité II d'après un manuscrit de l'ancienne bibliothèque de Strasbourg, Schmidt, *Joh. Tauler v. Strassb.*, p. 223; *Plaintes d'un laïque allemand du XIVe siècle sur la décadence de la chrétienté*, p. 15; *Nicolaus v. Basel Leben,* etc., introd., p. X.

Merswin[1], que son choix se reporterait. Ce Conrad avait pour confesseur Jean de Schaftolsheim; il faisait partie, avec l'un de ses frères, du cercle de connaissances que l'Ami de Dieu possédait à cette époque à Strasbourg. Une lettre à son adresse se trouvait jointe à celle que l'Ami de Dieu avait envoyée en premier lieu à Jean de Schaftolsheim; mais celui-ci n'avait pu encore lui en donner lecture, Conrad Merswin se trouvant à cette époque à Cologne. Voici le passage, assez obscur d'ailleurs, que l'Ami de Dieu consacre au cousin de Rulman Merswin dans sa lettre: „Sachez que Conrad, votre fils spirituel, m'est apparu dans une vision qui m'a fait beaucoup souffrir. Je sais fort bien que vous ne lui avez pas encore lu sa lettre, car il est à Cologne. En attendant qu'il vienne, serrez soigneusement cette lettre, car il serait bien regrettable qu'un étranger la lût, puisque son nom s'y trouve écrit. Les choses qui le concernent sont bien plus importantes que vous ne croyez. Je n'ose rien vous écrire des grands mystères de sa vie : je les ai révélés à mon ami intime Rulman; mais il n'est pas plus autorisé que moi à vous en parler. Sachez que si Conrad n'avait pas eu près de lui son honorable père, qui maintenant se trouve au ciel, et son honorable frère, qui vit encore en ce monde et qui est bien cher à Dieu, il lui serait arrivé des choses qu'il eût été obligé d'expier éternellement. Si son cousin devait quitter ce monde, c'est lui que je choisirais comme ami intime"[2]. Quels sont les faits mystérieux qui s'étaient accomplis dans l'existence de cet homme, et qui lui auraient valu une condamnation éternelle si son père et son frère ne l'avaient pas arrêté à temps dans la mauvaise voie? Nous en sommes réduit sur ce point à de simples conjectures. Le plus vraisemblable sera d'admettre que ses dispositions au mysticisme, qu'il partageait avec plusieurs membres de sa

---

[1] « Cuntzelin », diminutif de Conrad.
[2] Lettre 1, p. 281. — L'original porte : Gingo mir sin vetter abo das in got zuo ime neme, et non : vatter (Comp. *Beiträge zu den theol. Wissensch.*, V, p. 123). — Des chartes relatives à la famille Merswin mentionnent effectivement dans les années 1342 et 1359 l'existence d'un Kuntzlin Merswin. Son père, Kuntz Merswin, figure pour la dernière fois dans un document de l'an 1356 et son oncle Kuntzmann dans un document de l'an 1332. Une charte de l'an 1366 ne contient plus son nom; mais elle mentionne encore celui de ses cinq frères. Il parait donc être mort entre les années 1363 et 1366.

famille, l'auront un jour entraîné dans la société des frères du libre esprit, et que c'est à son père et à son frère, distingués comme lui par leur piété, qu'il aura été redevable d'être arraché à la pernicieuse influence morale des sectaires et conservé à l'action de la grâce divine.

Si le laïque de l'Oberland refusa d'entrer en relations directes avec Jean de Schaftolsheim et de „se révéler" à lui en lui faisant connaître son nom et sa demeure, il ne refusa pas de l'aider de ses conseils et de contribuer par ses écrits à son avancement spirituel. Il lui donna dans ses lettres d'utiles instructions sur la manière dont il parviendrait à participer aux „dons merveilleux" de la grâce; il permit même à Rulman Merswin de lui communiquer le *Livre des deux hommes*[1]. Son attitude vis-à-vis du savant lecteur des augustins et grand-vicaire épiscopal est la même que celle qu'il avait prise vis-à-vis du „maître de la sainte Écriture". Voici, en effet, ce qu'il lui dit : „Seigneur lecteur, Dieu l'Esprit saint a bien parlé par la bouche du pécheur Caïphe; il peut tout aussi bien parler et agir par moi, pauvre pécheur, comme il l'entend. Dans une précédente lettre, Dieu vous a écrit bien des enseignements par moi, son instrument indigne. Vous m'avez prié de vous écrire davantage : je veux donc vous écrire en termes brefs et clairs ce que Dieu veut que je vous dise"[2]. Jean de Schaftolsheim s'était plaint de ne pas recevoir en partage „les grâces lumineuses du Saint-Esprit"; l'Ami de Dieu lui répondit : „Plût à Dieu

---

[1] Lettre 1, p. 278. — Ursule, la recluse du « pays du seigneur de Berne », a connu le nom et la demeure de l'Ami de Dieu; le « maître de la sainte Écriture » a connu sa demeure et peut-être aussi son nom; mais ni Ursule ni ce dernier n'ont eu connaissance du récit du *Livre des deux hommes*. Pareillement Jean de Schaftolsheim reçoit la permission de parcourir ce livre, mais il demeure dans l'ignorance au sujet du nom et de la demeure de son auteur. Rulman Merswin, au contraire, et avant lui le personnage inconnu du *Livre des deux hommes* ont eu connaissance à la fois de la personne même de l'Ami de Dieu et de l'histoire de sa vie intérieure. C'est la réunion de ces deux éléments qui paraît avoir constitué pour l'Ami de Dieu la « révélation de lui-même » qu'il n'était autorisé à donner ici-bas qu'à un seul homme à la fois.

[2] *Ibid.*, p. 278: Got der heiligeist rette die worheit durch kayfas der ein sünder was; also mag er ouch wol durch mich armen sünder reden waz er wil und tuon wie er wil. Herre der lesemeister, got der het üch vil dinges durch mich sin armes gezoewelin an einme briefe geschriben... Nuo wil ich üch mit kurtzen unbedeckten worten schriben als es got gebonde ist.

que nous eussions ici-bas beaucoup d'hommes honnêtes comme vous ;
la chrétienté s'en porterait bien mieux ! C'est votre conscience inquiète et sévère qui vous empêche de percevoir l'action de la grâce".
Le pieux augustin s'appliquait sans doute avec un zèle trop scrupuleux à l'observation des règlements de la vie monastique ; sa conscience facilement timorée lui faisait de continuels reproches sur la manière dont il s'acquittait de ses devoirs religieux, quelque rigueur qu'il pût apporter à leur accomplissement. Il était tourmenté entre autres par la crainte d'être infidèle au vœu de pauvreté qu'il avait prononcé, s'il continuait à posséder les livres et l'argent que ses supérieurs lui avaient permis de conserver. Ces dispositions à chercher la paix de l'âme dans une justice purement extérieure et légale devaient être pour lui un obstacle sur le chemin de la vie spirituelle. Toutefois l'Ami de Dieu ne lui conseilla pas de quitter la vie monastique, aussi peu qu'il l'avait conseillé au „maître de la sainte Écriture" ; il lui recommanda de joindre à l'obéissance qu'il devait à ses supérieurs et aux règlements de son ordre, un abandon aussi complet que possible de son être à Dieu, et de laisser au Saint-Esprit le soin de lui enseigner plus tard, quand son âme en aurait été „touchée" surnaturellement, quel genre de vie il devait mener pour concilier la soumission à la règle de son ordre avec le libre développement de la vie spirituelle sous la direction immédiate de Dieu. Il l'engagea, en outre, à garder ce qu'il possédait et à le tenir en réserve, non pour son propre usage, mais en vue de Dieu seul : „Si la situation du monde devait se modifier, comme le cas peut s'en présenter dans quelque temps d'ici, vous ferez usage de ce que vous possédez à la gloire du Seigneur. Conservez dans cette intention ce qui vous appartient, et votre conscience ne vous fera plus de reproches ; vous vivrez tranquille sur ce point"[1]. L'abandon complet de sa volonté à Dieu et le renoncement ainsi compris à toute propriété personnelle devaient préalablement ramener la paix dans son âme ; alors seulement le Saint-Esprit pouvait y entrer et y produire ses œuvres merveilleuses. Le plus sûr moyen de l'en tenir éloigné, ajoute l'Ami de Dieu, serait de continuer à souhaiter sa venue : „Désirer recevoir les grands dons

---

[1] Lettre 1, p. 280.

surnaturels de la grâce comme d'autres amis de Dieu les reçoivent, est un signe d'orgueil spirituel, une suggestion du démon. Le Saint-Esprit ne peut descendre que dans le cœur de ceux qui se sont soumis si humblement à Dieu qu'ils le laissent faire d'eux ce qui lui plaît, ici-bas et dans l'éternité".

Le 15 septembre 1362 était mort l'archevêque de Cologne Guillaume de Gennep[1]. Jean de Lichtenberg, évêque de Strasbourg depuis 1353, s'était aussitôt présenté pour lui succéder. Quel parti devait prendre le grand-vicaire, dans le cas où son évêque serait élu à Cologne? L'accompagner ou rester à Strasbourg? Dans son embarras, Jean de Schaftolsheim s'était adressé à l'Ami de Dieu. Celui-ci connaissait à fond la situation ecclésiastique de Strasbourg. „Sachez, dit-il dans sa réponse, que l'évêque de votre ville s'est déjà présenté autrefois pour le siège de Cologne. Ce dessein lui avait été suggéré non par le Saint-Esprit, mais par les démons. Sachez que votre évêque est apparu à un homme dans une vision et que cet homme a adressé à Dieu de ferventes prières, sans quoi votre évêque serait devenu, il y a bien longtemps déjà, archevêque de Cologne. Si les démons avaient encore aujourd'hui le moindre espoir d'arriver à leurs fins, ils mettraient tout en œuvre pour faire réussir cette élection"[2]. L'Ami de Dieu ne sait dans le moment quel conseil donner à son interrogateur: l'un et l'autre parti lui paraissent recommandables pour des raisons différentes. Il prévoit que Jean de Lichtenberg, si son rêve ambitieux se réalise, aura besoin à Cologne de serviteurs d'une fidélité éprouvée; mais il prévoit aussi que „les soucis et les peines dont le nouvel archevêque sera accablé, ne lui permettront pas de longtemps de se donner quelque repos" et ne permettront pas davantage à ses conseillers de vaquer avec la tranquillité d'esprit nécessaire au soin de leur développement intérieur. Aussi se borne-t-il à recommander à Jean de Schaftolsheim de l'en informer sans retard si l'éventualité du départ de son évêque devait se produire, promettant dans ce cas de prier Dieu de lui faire connaître la conduite que le pénitencier et vicaire général devait tenir.

---

[1] Weidenbach, *Calendarium historico-christianum medii et novi ævi*. Ratisb. 1855, p. 233.
[2] Lettre 1, p. 230.

Ce passage renferme plusieurs points qu'il importe de relever. Pour ce qui concerne Jean de Schaftolsheim, il montre tout d'abord que le lecteur des augustins avait pleinement accepté pour sa personne le ton d'autorité divine que l'Ami de Dieu avait pris vis-à-vis de lui dans sa première lettre, sans quoi il ne l'eût pas prié „de lui écrire davantage"; il n'eût surtout pas sollicité la faveur d'être admis dans son intimité. Il en résulte encore que le haut dignitaire épiscopal n'avait pas seulement soumis sa vie spirituelle, mais encore sa conduite ecclésiastique aux „conseils" inspirés de l'Ami de Dieu: avant de prendre une détermination en vue du départ éventuel de son évêque, il a consulté celui qu'il savait posséder la „grâce lumineuse du Saint-Esprit", c'est-à-dire le don des révélations immédiates de Dieu, grâce dont il se sentait privé lui-même. Quant à l'Ami de Dieu, ce passage renferme sur sa vie et son activité spirituelle des traits non moins dignes d'intérêt. Il nous apprend qu'à la mort de l'archevêque de Cologne Walram de Juliers (14 août 1349) et avant l'élection de son successeur Guillaume de Gennep (1er novembre 1349)[1], Jean de Lichtenberg, alors vicaire général de l'évêque de Strasbourg Berthold de Bucheck[2], avait intrigué une première fois pour arriver au siège archiépiscopal de Cologne. Notons incidemment que ce fait n'est mentionné dans aucune histoire des évêques de Strasbourg, et qu'il ne figure que dans la lettre de l'Ami de Dieu, qui acquiert ainsi la valeur d'un document contemporain relatif à la biographie de Jean de Lichtenberg. Ce qu'il importe de faire remarquer ici, c'est que l'Ami de Dieu n'a pu être renseigné qu'à Strasbourg sur une question aussi intime que celle des visées ambitieuses du grand-vicaire épiscopal de cette ville, et qu'il devient dès lors certain qu'il a été à Strasbourg vers la fin de l'année 1349, à l'époque où le siège de Cologne était encore vacant. Ceci concorde pleinement avec la conclusion du traité I (expédié comme l'on sait à Strasbourg en l'année 1349), dans laquelle il entretient Rulman Merswin de la possibilité de sa prochaine visite. Si donc ce que nous avons dit précédemment de ses relations avec Rulman Merswin

---

[1] Weidenbach, *l. c.*
[2] Hegel, *Die Chroniken von Closener und Kœnigshoven*, II, p. 1001.

avant 1352 avait encore besoin d'une confirmation, la lettre de l'Ami de Dieu nous la fournirait amplement. Enfin, il est raconté que l'Ami de Dieu, pendant ce séjour qu'il fit à Strasbourg en 1349, fut vivement préoccupé des desseins que poursuivait Jean de Lichtenberg. Il entrevit dans une vision le danger que courait l'âme du grand-vicaire, si son rêve ambitieux se réalisait, et pria Dieu d'empêcher l'accomplissement de ce projet. S'il attribue à l'effet direct de sa prière l'élection d'un autre prétendant au siège de Cologne en l'année 1349, s'il accepte en 1363 d'indiquer à Jean de Schaftolsheim la conduite que Dieu veut qu'il tienne vis-à-vis de son évêque, dans le cas où celui-ci serait appelé à Cologne, c'est qu'il n'hésitait pas à sortir du domaine purement religieux dans lequel nous l'avons vu se mouvoir jusqu'à présent, pour s'engager sur le terrain ecclésiastique quand le bien des âmes lui paraissait exiger une pareille intervention de sa part. C'est sur ce terrain que nous allons le rencontrer de préférence dans la seconde partie de notre histoire. L'on y verra quels établissements religieux il a entrepris de fonder pour venir en aide à la chrétienté dans les temps d'épreuve qu'elle avait à traverser, et surtout à quelle démarche significative il s'est résolu dans cette intention auprès du chef même de l'Église.

CHAPITRE V.

LES APPELS DE L'AMI DE DIEU DE L'OBERLAND A LA CHRÉTIENTÉ.

I. *Les événements des années 1346 à 1350. L'*Instruction *de l'Ami de Dieu de l'Oberland.* — II. *La catastrophe de Bâle.* — *Le* Discours d'avertissement *de Tauler.* L'Épître à la chrétienté.

I.

Jusqu'ici nous avons vu l'Ami de Dieu de l'Oberland s'adresser directement aux personnes qu'il voulait gagner à la vie spirituelle ou affermir dans leurs tendances religieuses. Les événements extérieurs, qui se succédaient avec une gravité croissante, ne devaient pas tarder à lui inspirer un autre moyen encore d'agir sur les âmes. Ce moyen, c'est l'exhortation écrite, adressée à tous ceux qu'il jugeait favorablement disposés à recevoir ses instructions, et qui, propagée de main en main comme une véritable circulaire religieuse, pouvait ouvrir à son influence un champ bien plus vaste que la parole directe.

Ses vues sur l'avenir de la chrétienté et sur le rôle qui incombait aux amis de Dieu pendant la période des châtiments divins réservés à l'Église, étaient en effet les mêmes que celles que nous avons rencontrées chez Rulman Merswin. Immédiatement après sa conversion, il s'était encore contenté de répondre à son interlocuteur du *Livre des deux hommes*, qui lui avait demandé dans quel état se trouvait la chrétienté : „Tout homme intelligent te dira que son état empire de jour en jour et que les hommes deviennent de plus en plus méchants"[1], sans faire aucune mention de calamités qui devraient fondre prochainement sur le monde. Quelques années plus tard, ses vues apocalyptiques s'étaient visiblement développées et précisées. Lorsqu'en 1350 la même question lui fut adressée par son interlocuteur du traité VI, sa réponse ne devait plus être aussi laconique :

---
[1] Traité XII, p. 239.

„La chrétienté, dit-il, se trouve dans une situation bien inquiétante. Nous sommes en ce moment dans l'année du jubilé : je crois bien que ceux qui vivront pendant les cinquante ans qui nous sépareront du prochain jubilé verront s'accomplir ici-bas des événements bien étranges. L'amour de soi envahira le cœur des chrétiens et y éteindra l'amour de Dieu et de leurs frères. La vie terrestre paraîtra bien lourde à porter aux hommes. Ceux qui ne se seront pas abandonnés entièrement à Dieu et qui n'auront pas atteint le degré suprême de la vie spirituelle éprouveront alors tant de terreurs et d'angoisses qu'ils souhaiteront ne plus être en ce monde !"[1] Quelles sont ces tribulations que l'Ami de Dieu attendait pour la seconde moitié du siècle? Le discours qu'Ursule expirante adresse à son amie Adélaïde va nous l'apprendre : „Tu es jeune encore et tu verras en peu d'années comment Dieu châtiera la chrétienté en la frappant de plaies diverses. Il lui enverra des pestes, des tremblements de terre, des disettes, des famines, des divisions et des guerres; bien des gens y périront corps et âme. Il se lèvera contre elle un peuple de guerriers inconnus et sans chef qui lui causeront bien des maux. La piété des hommes, leur amour de Dieu et du prochain se refroidiront; alors naîtront de grands troubles et de grandes erreurs. Quand ces choses arriveront, demeure ferme, Adélaïde; cherche un refuge dans les blessures du Seigneur, caches-y ton cœur et laisse Dieu accomplir ses œuvres. Alors l'heure de la grande tribulation aura sonné pour la terre. Le monde se tiendra tremblant devant le Père dont la main est armée du glaive, décidé qu'il est à venger son Fils sur toute l'étendue de la terre [2]. Comment cette vengeance s'accomplira-t-elle? Le Père seul le sait. On devine cependant qu'elle sera si terrible que nul n'en pourra supporter les effets, hormis ceux que Dieu a marqués

---

[1] Traité VI, vers le milieu.
[2] Traité XIV, fin : Wenne, liebes kint, beschiht es das dise selbe zit kummet, so wissest das denne die welt in eime ome stot zitternde vor dem himelschen vattere, wanne der vatter het das swert selber in der hant und ist zuo geloubende das er sinen sun also wit alles ertriche rechende wurt. — Nous traduisons le mot ome ou oeme que ne donne aucun lexique du moyen-haut-allemand, par « grande tribulation », autant d'après le contexte que par analogie avec le mot aome qui est encore usité aujourd'hui dans le dialecte alsacien pour désigner une grande frayeur.

de son sceau"[1]. Le 25 novembre 1346, un premier tremblement de terre s'était fait sentir à Bâle et avait endommagé les constructions attenant à la cathédrale [2]. Le 25 janvier 1348, un autre phénomène du même genre avait jeté l'effroi dans les contrées de la haute Allemagne, depuis l'Alsace jusqu'en Carinthie : la ville de Villach avait été complètement détruite ; plus de cent châteaux s'étaient écroulés sur les hauteurs ; des montagnes avaient été renversées et des villages entiers ensevelis sous leurs débris [3]. De 1347 à 1349 la peste asiatique, la „mort noire", avait décimé les populations de l'Europe occidentale et porté à son comble l'épouvante universelle. „Le temps des calamités est arrivé ; il a déjà commencé !" s'écrie douloureusement l'interlocuteur de l'Ami de Dieu en 1350 ; „invoquons la miséricorde divine en faveur de la chrétienté, car il est bien nécessaire que les amis de Dieu prient pour elle dans ce monde et dans l'autre !" Tant de malheurs successifs avaient inspiré à l'Ami de Dieu une conclusion semblable.

Une grande pitié l'avait envahi à la vue des victimes innombrables que faisait l'épidémie. Ce sentiment lui dicta le premier des écrits que nous avons caractérisés plus haut. C'est une courte instruction adressée à tous les chrétiens pour leur apprendre à mener une existence pieuse et agréable à Dieu, afin de pouvoir mourir en paix. Il leur recommande à cet effet l'observation d'une règle de piété simple et pratique, s'accommodant chez les laïques à tout genre de vie et à toute occupation, et n'entravant chez les ecclésiastiques aucun des devoirs du ministère sacerdotal ni aucun des exercices de la vie monastique. Voici cette règle, qui n'a encore rien perdu aujourd'hui de sa haute valeur religieuse :

„Tous ceux en qui l'amour de Dieu ou la terreur qu'inspirent les épouvantables calamités causées présentement par la peste éveille le

---

[1] Traité XIV fin : Men rotet und meinet das die roche also gros und also stark sol sin also das wenig ieman genesen mag danne die menschen die das tau habent. — Allusion à Ezéchiel, IX, 4 (Apoc. III, 12). Ainsi s'expliquerait le T mystérieux que porte, au-dessous du nom de Jésus glorifié, l'image de Tauler qui se trouve gravée sur la pierre tombale du prédicateur et que M. Schmidt a reproduite au commencement de son ouvrage intitulé *Johannes Tauler von Strassburg* (cf. p. 63).

[2] *Basel im XIV. Jahrhundert*, Basel 1856, p. 9.

[3] *Ibid.*, p. 214. — Hegel, *Die Chroniken v. Closener u. Königshoven*, II, p. 862.

désir de s'améliorer et de commencer une vie nouvelle et divine, trouveront grand avantage et profit à rentrer en eux-mêmes chaque matin dès leur lever, pour considérer ce qu'ils veulent entreprendre pendant la journée. S'ils trouvent en eux quelque mauvaise pensée, quelque intention contraire à la volonté divine, qu'ils y renoncent en l'honneur de Dieu et qu'ils disent : „Seigneur, je veux m'abstenir, „pour l'amour de toi de cette mauvaise action. Aide-moi dans ta mi-„séricorde infinie à accomplir toutes mes œuvres conformément à la „volonté et en vue de ta plus grande gloire!" — Pareillement le soir, au moment de se coucher, ils devront se recueillir et considérer comment ils ont employé leur journée, quelles actions ils ont faites et dans quelle intention ils les ont accomplies. S'ils trouvent qu'ils ont fait quelque bien, qu'ils en rendent grâces à Dieu et lui en donnent toute la gloire, et qu'ils se considèrent en toute humilité comme des serviteurs inutiles et indignes. S'ils trouvent qu'ils ont commis quelque péché, qu'ils s'en attribuent aussitôt la faute à eux-mêmes et à personne d'autre, et qu'ils disent à Dieu dans un profond sentiment de repentance : „Seigneur, sois gracieux et miséricordieux en-„vers moi, pauvre et indigne pécheur, et pardonne-moi tous mes „péchés de ce jour, car je m'en repens sérieusement et j'ai la ferme „et entière volonté de les éviter dorénavant avec ton aide!" [1]

Le copiste de ce court écrit de l'Ami de Dieu nous a conservé un exemple fort instructif de la manière dont cette règle se répandit à cette époque, et des salutaires effets qu'elle produisait sur les âmes. „Ces prières et les exhortations qui les accompagnent furent communiquées vers l'an 1350, au moment où régnait la grande mortalité, à un homme mondain et qui vivait selon les désirs de sa nature. Il consentit à se soumettre aux prescriptions de l'Ami de Dieu à cause de leur simplicité et de leur brièveté. Après qu'il les eût observées pendant quelque temps, il en éprouva de si heureux effets, Dieu le combla si bien des dons de sa grâce et accomplit en lui des œuvres si merveilleuses, que son confesseur, entraîné par son exemple, rentra également en lui-même et le pria de lui permettre de copier cette règle, afin qu'il pût la communiquer à ses connaissances" [2]. L'Ami

---

[1] Traité III, p. 202.
[2] *Ibid.*, p. 203 s.

de Dieu l'envoya à plusieurs reprises à Strasbourg, „toutes les fois que la ville se trouvait sous le coup de quelque grande calamité"; plus tard, il recommanda même d'en donner lecture au peuple pendant le service divin.

II.

Le 18 octobre 1356, à dix heures du soir, un nouveau tremblement de terre, plus violent que les précédents, se fit sentir à Bâle. Les secousses se succédèrent avec une intensité croissante pendant toute la nuit et se renouvelèrent encore les jours suivants. Le 19 au matin, la plus grande partie de la ville était ruinée. Dans la cathédrale, les murs des nefs s'étaient entr'ouverts, les pierres des colonnes s'étaient disjointes, le chœur s'était écroulé, brisant le maître-autel dans sa chute. De l'église des dominicains, le chœur seul restait debout. Les autres églises et édifices publics ne présentaient pas un aspect moins lamentable. Pour comble de malheur, un incendie éclata au milieu des ruines amoncelées et consuma la plupart des bâtiments que le tremblement de terre avait épargnés, entre autres celui qui renfermait les archives de la ville. Dans le voisinage de Bâle, la ville de Liestal fut complètement détruite; un grand nombre de châteaux s'écroulèrent sur le sommet des montagnes; Berne, Constance, Strasbourg ressentirent les effets lointains du fléau [1].

„Il y a peu d'événements au moyen âge dont l'impression se soit propagée à une distance aussi grande du lieu où ils s'étaient produits, et dont le souvenir se soit perpétué à travers tant de générations, que le tremblement de terre de l'an 1356. Le terrible avertissement qu'adressait à la conscience religieuse le spectacle de la cité de Bâle, transformée en un monceau de cendres et de ruines, fit palpiter longtemps encore le cœur de l'humanité"[1]. Les survivants de la grande catastrophe reconnurent un châtiment divin dans le fléau qui les avait frappés. En 1346 et en 1348 „quelques vieilles femmes" avaient

---

[1] *Basel im XIV. Jahrh.*, p. 10, 214, 225, 233, 238.
[2] *Ibid.*, p. 213.

attribué l'effrayant phénomène aux mouvements d'un énorme serpent qui, enroulé sur lui-même, était sensé porter le monde. Cette explication, qui rappelle visiblement les théories cosmologiques des anciens et qui répondait sans doute à la culture scientifique du peuple à cette époque, ne fut pas reproduite en 1356. L'on préféra voir dans l'immense malheur un acte de la justice vengeresse de Dieu et un pressant appel à la repentance; de toutes les bouches s'échappa ce cantique :

> O Dieu fort,
> Dans toutes nos misères
> Je me confie en ta volonté !
> Fais luire sur nous ta grâce en ce jour !
> Ton triple nom
> Est notre sauvegarde
> Dans toutes les détresses où nous sommes![1]

A Strasbourg, l'on décida qu'une procession commémorative du grand tremblement de terre serait célébrée chaque année le 18 octobre, et que tous les membres du conseil y prendraient part, „marchant pieds nus, un manteau gris sur les épaules et un cierge d'une livre à la main"; une distribution de vêtements et de vivres aux indigents devait terminer cette cérémonie expiatoire[2]. A Spire, le magistrat, „considérant combien le peuple des villes et des campagnes s'était rendu coupable du péché d'orgueil, et combien ce premier péché mortel, duquel sont dérivés tous les autres, était odieux au Seigneur et dangereux pour les hommes, ainsi que l'avaient montré avec évidence le tremblement de terre et les autres grandes plaies au milieu desquelles tant de gens avaient perdu leurs biens et leur vie", rendit immédiatement après l'événement une ordonnance défendant de porter des vêtements somptueux et des bijoux. Des traces analogues de la profonde impression produite sur les esprits par la catastrophe de l'an 1356 se rencontrent jusqu'en Westphalie et dans les Pays-Bas[3].

---

[1] *Basel im XIV. Jahrh.*, p. 214, 232. — Aufsesz, *Anzeiger f. Kunde des deutschen Mittelalters*, 1832, p. 23 s.
[2] Hegel, *Die Chroniken v. Closener u. Königshoven*, II, p. 863.
[3] *Basel im XIV. Jahrhundert*, p. 214.

Tauler fut vivement frappé par le spectacle de la grande calamité. Nous possédons encore le *Discours d'avertissement sur les grandes plaies futures que l'humanité s'est attirées de la part de Dieu par ses péchés*„1, qu'il a composé sous l'impression immédiate des „effrayants tremblements de terre de l'an 1356", et qu'il a envoyé à „l'un de ses chers amis", sans doute à Rulman Merswin, parmi les papiers duquel cet écrit s'est probablement trouvé puisqu'il figure dans le *Grand mémorial allemand*, à la suite des œuvres de Rulman Merswin et de l'Ami de Dieu. C'est un éloquent appel à la repentance adressé à la chrétienté entière, et dont le ton rappelle d'assez près le sermon du „maître de la sainte Écriture" sur la corruption de l'Église. „Que tous les hommes observent avec une sérieuse attention, dit-il en commençant, qu'ils remarquent avec crainte et tremblement les effets de la grande colère de Dieu, les grandes calamités que le Seigneur dans sa justice a fait venir en cette année sur le monde, et qui sont telles que le monde n'en avait vu de semblables depuis bien des siècles!" Comme l'avait fait le magistrat de Spire, il signale dans la manière de vivre orgueilleuse et frivole que ses contemporains avaient adoptée „sur les conseils des démons" l'une des principales causes des châtiments divins qui se sont abattus depuis une dizaine d'années sur la chrétienté, et de ceux incomparablement plus terribles encore qui l'attendent dans l'avenir. La description de ces tribulations tant présentes que futures, et l'énumération des causes qui les attirent sur le monde, se trouvent contenues selon lui dans les prophéties de sainte Hiltegarde, „par qui Dieu nous a clairement révélé, il y a cent soixante ans, la nature de toutes les calamités mentionnées en termes mystérieux au neuvième chapitre de l'Apocalypse". Ce mystère, il serait dangereux de le dévoiler au peuple, car „le monde n'est pas capable de le recevoir"; ce serait hâter plutôt que retarder la venue des châtiments célestes. Cependant, comme il importe que les chrétiens vraiment pieux soient instruits de la conduite qu'ils devront tenir quand ces châtiments fondront sur la terre, „qu'ils sachent d'une manière générale que la sainte foi de l'Église, le respect des sacrements et l'ordre entier établi

---

[1] Publié dans l'Appendice, III, 1.

dans la chrétienté seront ébranlés par ces calamités, et que les hommes tomberont en des doutes si graves, en des égarements si pernicieux, que nul ne saura plus en vérité à qui se confier et à qui croire. Dieu fera venir sur nous ces tribulations à cause du peu d'honneur que nous avons témoigné pendant si longtemps à la sainte foi chrétienne par notre vie dissipée et corrompue, et des dispositions indignes dans lesquelles nous avons reçu le sacrement de l'eucharistie et les autres sacrements de l'Église. Le sort de ceux qui n'ont pas été touchés par Dieu sera bien lamentable alors! Ceux, au contraire, qui sont entrés et qui persévèrent dans la vraie vie selon le cœur de Dieu, ceux desquels il est dit dans l'Apocalypse qu'ils portent le sceau de Dieu sur leur front, seront préservés des grandes calamités". Quant à la conduite que les chrétiens devront tenir à l'époque des châtiments divins, ce sont encore les livres de la prophétesse de Bingen qui contiennent à ce sujet tous les renseignements désirables. „Écoutez attentivement, vous tous qui êtes appelés à vivre dans ces temps si graves, le conseil divin que sainte Hiltegarde nous a révélé. Sachons souffrir en toute patience et humilité avec la sainte Église, notre mère vieillie et refroidie par l'âge[1]. Sachons nous soumettre en toute fidélité et obéissance aux commandements divins et à la doctrine qui, pendant tant de siècles, a été enseignée publiquement par les docteurs dans les chaires, et gardons-nous d'en accepter aucune autre, si même les anges devaient nous l'apporter du haut du ciel!" — Pour Tauler aussi, le terrible événement de l'an 1356 était un signe précurseur des grandes catastrophes à venir. Son *Discours d'avertissement*, rapproché d'une des lettres de Henri de Nördlingen, dont il a été question plus haut, montre clairement quelle influence ont exercée alors sur les esprits les prédictions attribuées à l'abbesse de Bingen, qui était considérée à cette époque comme l'interprète autorisée de l'Apocalypse. Il nous apprend ainsi sur quelle base se sont élevés les calculs relatifs au renouvellement prochain du monde, auxquels bien des gens se sont livrés dans ces temps si tourmentés, et dont nous rencontrerons les dernières traces vers la fin du siècle, dans les écrits

---

[1] Die meinunge des rates ist das wir mit unserre alten verkalteten muoter der heiligen kirchen gelassenlich und getultikliche demuetikliche liden süllent, etc.

de l'Ami de Dieu de l'Oberland et dans ceux des Johannites de l'Ile-Verte. Immédiatement après les ravages de la mort noire, Henri de Nördlingen avait, en effet, demandé à Marguerite Ebner quel était son avis sur les prédictions de sainte Hiltegarde, et ce qu'elle pensait des plaies „qui attendent la chrétienté dans trois ans selon les uns, dans dix ans selon les autres"[1] ; il lui avait demandé si elle approuvait „le conseil donné par la prophétesse aux amis de Dieu de s'instruire les uns les autres de la manière dont ils pourront traverser ces épreuves sans danger". Nous venons de rencontrer chez Tauler un conseil semblable, puisé à la même source. Les personnages dont il est spécialement question dans notre récit se sont-ils préoccupés, eux aussi, dès ce moment, de la détermination arithmétique de l'époque des grandes tribulations? Le fait est probable, quoique l'on ne rencontre nulle part dans leurs écrits la trace positive d'un pareil calcul. Il est bien question dans le *Livre des neuf roches* d'un „nombre" dont l'accomplissement doit amener la fin du monde, et l'on pourrait être tenté, au premier abord, d'y voir une période déterminée d'années : un passage analogue de l'*Épître à la chrétienté* montre cependant que c'est à saint Augustin et non à sainte Hiltegarde qu'il convient de demander le sens de cette désignation mystérieuse, et qu'il faut entendre par là le nombre des bienheureux, qui doit égaler à la fin des temps celui des anges déchus, afin de compléter, en s'ajoutant à celui des anges demeurés fidèles, le nombre primitif des habitants de la cité céleste[2].

---

[1] Lettre 13, ms. Docen, f° 5ᵃ : Min liebii muter Margareta, ich bit uch das ir uns gebent uwer getruwen rat als ir mit uwer getruwen bete in got befindent, sunderlichen vor der furcht der plang... die da kunftig sint nach geistlicher sag in dryen iaren und nach der andern sag in zehen iaren, die swerlich vallen sollent, als ich euch auch geschriben hab von den gewerten profhecien sant Hildegart, da sis meinet das ein gotz friunt den andern vorhin gewarnen sol wie man sich in den kunftigen plaltgen sunder verderben halten sule. Wenne mir nun die plang nach minem duncken wol bekant sint, der schad der da von komen sol, darumb het ich geren ewern rat ob ich die leut warnen sol me dan ich tuon (comp. Introd., p. 64).

[2] *Enchiridion ad Laurentium* (in Augustini opp. t. VI, p. 152, Antwerpiæ 1701, f°), § 29, a, b : Placuit itaque universitatis creatori atque moderatori Deo, ut, quoniam non tota multitudo angelorum Deum deserendo perierat, ea quæ perierat in perpetua perditione remaneret : quæ autem cum Deo, illa deserente, perstiterat, de sua certissime cognita semper futura felicitate gauderet : alia vero creatura rationalis, quæ in hominibus erat, quoniam peccatis atque suppliciis originalibus et propriis tota

La catastrophe de l'an 1369 ne pouvait manquer de produire une impression profonde sur l'Ami de Dieu de l'Oberland. Succédant aux nombreux avertissements que Dieu avait envoyés à l'humanité pendant les dix dernières années, elle a dû lui paraître un suprême appel adressé à la conscience de ses contemporains. Aussi le voyons-nous reprendre la plume et composer une nouvelle lettre-circulaire, d'une portée bien plus considérable que la précédente, et destinée comme elle à amener les hommes à la repentance. Elle est intitulée l'*Épitre à la chrétienté*.

Cet écrit se compose d'une introduction historique assez courte et d'une longue allocution religieuse.

Voici le contenu de la première partie :

Dans la nuit de Noël de l'an 1356, l'Ami de Dieu ressentit, sur l'heure de minuit, une violente souffrance. Il s'agenouilla pour dire matines comme d'habitude; puis il s'assit et pria le Seigneur d'adoucir quelque peu le mal qu'il éprouvait au moyen de la „jouissance qu'éveille dans tous les cœurs la fête joyeuse de l'enfance de Dieu". Il eut à peine achevé cette prière qu'il fut ravi à lui-même et qu'„il eut à supporter pendant l'espace d'une heure des enseignements surnaturels bien étranges". Devenu en quelque sorte le représentant de l'humanité corrompue et coupable, il fut obligé d'„endurer" tous les vices auxquels se livrait la chrétienté et tous les fléaux dont Dieu voulait la frapper si elle ne s'amendait. Cette douloureuse vision l'affoiblit au point qu'il en tomba malade. Le surlendemain, 27 décembre, les forces lui revinrent. „Pourquoi as-tu réprimé si durement en moi le désir de me réjouir de la fête de ton auguste enfance?" demanda-t-il au Seigneur. Il lui fut répondu: „Comment un homme qui s'est entièrement abandonné à Dieu et qui n'aime plus que Dieu seul, peut-il s'occuper d'un pareil enfantillage dans les temps si graves où

---

perierat, ex ejus parte reparata, quod angelicæ societati ruina illa diabolica minuerat, suppleretur... Neque enim numerum aut sanctorum hominum aut immundorum dæmonum novimus, in quorum locum succedentes filii sanctæ matris quæ sterilis apparebat in terris, in ea pace de qua illi ceciderunt sine ullo temporis termino permanebunt. Sed illorum civium numerus, sive qui est sive qui futurus est, in contemplatione est ejus artificis qui vocat ea quæ non sunt tanquam ea quæ sunt, atque in mensura et numero et pondere cuncta disponit.

nous sommes?" — „O Miséricorde infinie, s'écria l'homme aussitôt, aie pitié de la chrétienté et viens à son secours! Souviens-toi des souffrances et de la mort amère que tu as endurées pour elle ici-bas! Souviens-toi des douleurs et des supplices que ta mère et tous les saints martyrs ont supportés pour l'amour de toi!" — Mais la voix mystérieuse reprit : „Laisse là cette prière, car il faut que ces choses arrivent! Sache que la Miséricorde infinie est allée supplier elle-même la Sagesse éternelle d'épargner la chrétienté; mais la Sagesse éternelle lui a répondu : „Miséricorde infinie, réfléchis bien, et tu comprendras qu'il est utile et avantageux à la chrétienté d'être affligée de calamités diverses, afin d'être contrainte d'en revenir à la pratique des commandements de la religion chrétienne. Ce sera la manière la plus efficace de lui porter secours. Bien des gens, en effet, qui tomberaient dans la mort éternelle si la situation actuelle devait se prolonger, pourront être amenés à la repentance et au salut par la terreur qu'inspireront les châtiments divins. Si la chrétienté devait continuer à vivre comme maintenant dans l'impiété et le mensonge, il faudrait laisser subsister encore longtemps un pareil état de choses avant que le nombre (évidemment *des élus*) ne fût accompli. Cesse donc d'intercéder pour elle". — „Chère Sagesse éternelle, reprit la Miséricorde infinie, j'ai reconnu et compris en toi que les plaies dont tu frappes en ce moment la chrétienté et celles que tu lui réserves dans l'avenir ne sont pas en réalité des plaies, mais des bienfaits, des manifestations de la grâce, de grands actes de miséricorde, par lesquels il est bien nécessaire qu'on lui porte secours. C'est ce que je vais annoncer à tous les vrais adorateurs du Père en esprit et en vérité, à tous les chers amis de Dieu, en leur ordonnant de suspendre à l'avenir leurs prières en faveur de la chrétienté, puisqu'il vaut mieux contraindre les hommes à rentrer dans l'obéissance divine que de les laisser mourir dans leurs péchés"[1]. Curieux dialogue entre la Sagesse qui agit miséricordieusement et la Miséricorde qui pense sagement! Comment représenter avec plus de simplicité et de profondeur l'union intime des facultés divines et leur pénétration l'une par l'autre au sein de l'être de Dieu?

---

[1] Traité II, p. 189

L'Ami de Dieu promit d'obéir à la voix mystérieuse et de considérer dorénavant au point de vue de „l'ordre éternel" de Dieu les calamités qui devront frapper le monde; puis il lui adressa les questions suivantes : „A quelle époque ces tribulations arriveront-elles? Seront-elles les mêmes pour tous les chrétiens? S'étendront-elles aussi sur les juifs et les musulmans?" La voix répondit : „Dieu ne fera pas venir sur le monde un déluge universel comme du temps de Noé, et les plaies ne seront pas les mêmes sur toute l'étendue de la terre. Une contrée sera affligée par l'inondation et l'incendie; une autre, par les tremblements de terre; une troisième, par la guerre et la famine; une quatrième, par la peste et les ouragans. Les juifs et les musulmans souffriront également de ces fléaux, afin de n'être pas fortifiés dans leur incrédulité. Les peuples qui ne s'amenderont pas verront une plaie succéder à l'autre jusqu'à ce qu'ils s'améliorent. Ceux qui feront sincèrement pénitence seront épargnés par Dieu. Du temps de Jonas, la prédiction du prophète ne s'est pas réalisée, car le peuple s'est converti à sa voix; ta parole aussi pourrait ne pas s'accomplir pour la même raison et être trouvée mensongère en certains pays : aussi ne te sera-t-il pas dit aujourd'hui quand ces choses arriveront; laisse ce soin à la Providence. Sache seulement que tu dois écrire dans un langage simple et concis, sous forme d'un court traité, les enseignements qui t'ont été donnés pendant ton dernier ravissement. Garde-toi de décrire l'un après l'autre tous les péchés que tu as été obligé d'endurer; ce serait un trop long travail. Mets-toi immédiatement à l'œuvre : tout ce que tu dois écrire te sera révélé"[1].

Le tableau détaillé des vices de la chrétienté que l'Ami de Dieu juge inutile d'entreprendre ici, nous l'avons rencontré dans le *Livre des neuf roches* de Rulman Merswin. „La chrétienté, dit-il, est assez intelligente pour comprendre, si elle le veut bien, quels sont les péchés que j'ai en vue dans cet écrit". Lui aussi pourrait passer en revue les différentes classes de la société chrétienne depuis les papes jusqu'aux paysans : mais le but éminemment pratique qu'il poursuit lui impose une autre méthode. Il est question vers la fin de son *Épître* de traités populaires rédigés en allemand et contenant une exposition

---

[1] Traité II, p. 190.

substantielle des devoirs de la religion chrétienne. C'est un pareil traité qu'il se sent poussé à écrire : la gravité des circonstances devait donner à son discours un ton d'autorité tout particulier.

Il commence par énumérer rapidement les principaux péchés qui souillent la chrétienté et qui attirent sur elle les châtiments divins; puis il raconte brièvement sa conversion, pour montrer par le récit de ses propres expériences combien il est facile de renoncer à l'amour du monde pour se consacrer entièrement à Dieu, combien il est raisonnable d'échanger les plaisirs trompeurs et passagers de la terre contre les joies véritables et éternelles du Saint-Esprit; enfin il exhorte ses contemporains à entreprendre sans retard la lutte contre le péché, et il leur recommande dans ce but de fréquenter les églises, de s'approprier les enseignements contenus dans les traités mystiques en langue vulgaire qui circulent parmi le peuple, et surtout de s'inspirer des conseils „dictés par le Saint-Esprit" que les secrets amis de Dieu sont prêts à donner à qui les leur demande : ils échapperont ainsi aux calamités réservées au monde dans l'avenir.

Voici comment il s'exprime dans cette seconde partie de son traité, qui mérite tout spécialement le nom d'*Épître à la chrétienté*:

„Écoutez, chrétiens, quels sont les péchés à cause desquels Dieu refuse de supporter plus longtemps la chrétienté. C'est avant tout l'orgueil, le péché de Lucifer, si répandu aujourd'hui chez les clercs et les laïques; c'est ensuite la convoitise, qui engendre l'orgueil; c'est la concupiscence, qui mène à la profanation du saint mariage par l'adultère; c'est l'iniquité du cœur, qui inspire dans ces temps-ci bien des sentences injustes aux juges des tribunaux laïques et ecclésiastiques : aussi un pareil tribunal dont les juges ne recherchent pas l'honneur de Dieu avant toutes choses n'est-il pas une institution de justice et de vérité et ne saurait-il formuler aucune décision parfaitement équitable. C'est enfin la corruption des confesseurs et de leurs pénitents tout à la fois. Ces derniers, en effet, s'ingénient à voiler leurs vices au moyen d'excuses subtiles et mensongères, reçoivent annuellement la sainte-cène sans avoir jamais fait vraiment pénitence, et suivent les conseils de leurs confesseurs, tout en sachant bien qu'ils ne leur enseignent pas le vrai chemin vers Dieu. Quant aux confesseurs, ils ont laissé la chrétienté dépérir misérablement au lieu de la soutenir par l'exemple d'une vie remplie tout entière de l'amour de Dieu, au lieu de se constituer ses protecteurs et ses gardiens : aussi la faute de sa détresse actuelle retombe-t-elle en partie sur eux. Qu'aucun laïque cependant ne s'érige en juge d'un pareil état de choses et n'intervienne pour le réformer ! Dieu, quand le temps en sera venu, le réformera, l'améliorera, le modifiera de fond en comble. Chacun des péchés précédents suffirait à lui seul à attirer la colère divine sur le monde. Chrétiens, examinez-vous sérieusement; gardez-vous de rejeter sur autrui la faute de vos péchés; sondez les coins et recoins de votre existence et vous trouverez assez à faire en vous-mêmes pour ne plus songer aux autres. Sans doute tous les hommes ne sont pas responsables à un degré égal des calamités que l'avenir tient en réserve; bien peu nombreux sont ceux qui dans les temps présents font exception à la règle commune et sont complètement innocents de ces malheurs. Espérons que leur nombre augmentera dans peu d'années! [1]

„Saint Paul s'est vanté quelquefois devant le peuple. De son temps une telle manière d'agir était utile et profitable à la chrétienté; mais il n'en est plus de même aujourd'hui. Aussi les amis de Dieu gardent-ils le silence sur le mystère de leur vie intérieure, à moins que Dieu ne leur ouvre la bouche de force. Je veux célébrer l'Éternel et vous raconter une partie des merveilles que Dieu a accomplies en moi, sa pauvre créature. Quand mon âme aura quitté le corps, alors seulement on pourra trouver le récit complet de mon existence. Il me serait bien pénible de penser que l'on dût découvrir avant ma mort quel est l'auteur de ces lignes. Sachez donc que j'ai été, moi aussi, un homme mondain, imbu de la sagesse et recherchant les joies de ce monde, connaissant les agréments de la richesse et les plaisirs d'une brillante société. J'ai mené cette existence jusqu'à ce que je fusse parvenu à la force de l'âge. Alors, un matin, pendant que j'étais seul dans ma chambre, j'ai songé à la fausseté de ce monde infidèle et trompeur, qui récompense d'une fin horrible ceux qui le servent. Un profond repentir de ma vie passée a envahi mon âme; j'ai invoqué à genoux la miséricorde divine, résolu à souffrir une mort cruelle

---

[1] Traité II, p. 193.

plutôt que de me séparer jamais de Dieu. Quand cette lutte douloureuse contre ma nature fut terminée, je me suis senti pénétré d'une joie immense, surnaturelle, ineffable. Si je devais écrire toutes les merveilles que Dieu a accomplies en moi, il n'y aurait pas de livre assez grand pour les contenir![1]

„En vérité, je m'étonne grandement de ce que tant de gens doués d'une saine intelligence, et par conséquent capables de comprendre combien court est le temps qu'ils ont à passer sur la terre, puissent librement et délibérément demeurer attachés à l'amour du monde. Je connais le monde et ses joies; je sais aussi par expérience dans quelle intimité profonde Dieu vit ici-bas avec ses amis. Je sais au prix de quelles peines on arrive à gagner l'enfer en vivant selon le monde; je sais aussi combien il est facile de gagner le ciel à quiconque a savouré la moindre gouttelette de la grâce et de la paix du Saint-Esprit. Il m'est arrivé de ressentir en une heure plus de joies que n'en ont jamais éprouvé tous les chevaliers qui poursuivent la gloire de ce monde. Quand l'homme est parvenu à l'état de sécurité spirituelle et qu'il reporte son regard en arrière sur son existence antérieure, il sent naître en lui une reconnaissance si grande envers Dieu qui lui a aidé à vaincre les séductions du monde, qu'il ne sait comment l'en remercier assez. Ceux qui se sont donnés à Dieu sont préservés à l'heure de la mort des violences et des ruses du démon; ils passent de la joie spirituelle qu'ils ont éprouvée ici-bas dans la joie éternelle et impérissable du Saint-Esprit. Alors même que leurs lèvres ne peuvent plus se mouvoir, leur esprit tient à Dieu, dans le fond de leur être, le langage mystérieux qu'ils lui ont souvent tenu pendant leurs entretiens intimes avec lui. Ceux qui aiment le monde, au contraire, aperçoivent à l'heure de la mort des visions étranges qui les frappent de terreur; les démons jettent ainsi le trouble dans leur âme et les empêchent de se réconcilier au dernier instant avec Dieu[2].

„Détournez-vous donc du monde et convertissez-vous au Seigneur! N'attendez pas pour le faire qu'il vous y contraigne par la crainte; faites-le par amour pour lui. Il est, en effet, si miséricordieux dans les

---

[1] Traité II, p. 195.
[2] *Ibid.*, p. 196.

temps présents envers ceux qui le cherchent, qu'il répand immédiatement sur eux les dons de sa grâce. Chargez-vous de sa croix et suivez-le ; non qu'il ait voulu, quand il a donné ce précepte, nous engager à souffrir pour l'amour de lui une mort aussi cruelle que la sienne ; faire tous nos efforts pour vaincre le mal, voilà l'imitation de sa vie dont il veut se contenter dans sa bonté et qu'il récompense ici-bas en nous accueillant dans son intimité, et après la mort en nous ouvrant les demeures éternelles de son Père. Appliquez-vous à vaincre tous vos vices, car le temps des grands combats est proche ! Que celui qui n'est pas prêt à la lutte, s'y prépare en assistant assidûment aux prédications et en lisant des traités édifiants ; qu'il cherche surtout des hommes qui connaissent la vérité éternelle, et qu'il les prie de lui apprendre à triompher de ses péchés. J'entends dire de la part de quelques docteurs que les livres en langue vulgaire sont nuisibles à la chrétienté. Sans doute ceux qu'on ne pourrait comprendre qu'à l'aide de longs commentaires ne doivent pas être traduits en allemand, et la lecture en doit être réservée au clergé, puisque les laïques ne tomberaient que trop facilement dans l'erreur s'ils voulaient les interpréter chacun à sa manière. Mais les petits livres tels que celui-ci, écrits en langue vulgaire et concordant parfaitement avec l'Écriture, sont d'une grande utilité pour les simples laïques. Aussi ne faut-il pas permettre aux docteurs de vous en interdire la lecture, car en agissant ainsi ils recherchent bien plutôt leur propre gloire que celle de Dieu. La chrétienté, pour être ramenée au respect des commandements divins, a besoin de conseils dictés par le Saint-Esprit. De pareils conseils ne peuvent être contraires à l'enseignement de l'Écriture, car l'Écriture et le Saint-Esprit sont d'accord. Partout où vous trouverez des docteurs qui ont renoncé absolument à tout avantage personnel, obéissez-leur, car les avis qu'ils donnent procèdent du Saint-Esprit. Si un prince de ce monde, si un pays ou une ville me demandait ce qu'il faut faire dans les temps présents pour se réconcilier avec Dieu, je lui dirais de rechercher le conseil du Saint-Esprit. En quelque endroit du monde qu'on dût le rencontrer, qu'il vînt d'un prêtre ou d'un laïque, on devrait se réjouir de l'avoir trouvé, car dans les temps graves où nous sommes il est bien nécessaire à la chrétienté de le posséder. Les hommes capables de donner un pareil conseil sont bien rares et leur nombre est bien petit : mais il en existe encore ! En vérité, n'y en eût-il qu'un seul dans tout un pays, il arriverait que ce pays entier, s'il suivait les conseils d'un tel homme, serait préservé de toutes les calamités à venir" [1].

L'*Épître à la chrétienté* fut écrite au commencement de l'année 1357. Elle fut envoyée entre autres à Tauler, preuve que l'Ami de Dieu de l'Oberland comptait alors l'illustre dominicain au nombre des „vrais adorateurs du Père en esprit et en vérité", au nombre des „chers amis de Dieu" à qui la voix céleste avait décidé de faire connaître la vraie signification des calamités présentes et futures, afin de les décider à ne plus demander dans leurs prières l'ajournement des plaies que Dieu tenait en réserve non seulement pour punir le monde dans sa justice, mais encore et surtout pour l'amener au repentir dans sa miséricorde.

Les présages de l'imminence des châtiments divins continuèrent à se succéder d'une manière alarmante. Au printemps de l'année 1353, un violent ouragan avait sévi dans les pays du Rhin supérieur, „déracinant les arbres et arrachant les toitures des maisons et des églises" [2]. En 1358, une seconde apparition de la peste ramena la désolation dans ces mêmes contrées [3]. Le 24 juin 1363, au point du jour, un nouveau tremblement de terre fit renaître les anciennes frayeurs dans l'esprit des populations, et la même année l'épidémie revint pour la troisième fois exercer ses ravages dans la vallée du Rhin et les pays avoisinants [4]. C'est la catastrophe de l'an 1356 qui a sans doute décidé l'Ami de Dieu à quitter la vie solitaire qu'il avait menée jusqu'alors et à grouper autour de lui un certain nombre d'hommes animés du même esprit que lui, dans la „société" desquels nous le rencontrons en 1357 [5]. Ce sont les événements des années suivantes qui lui auront inspiré, ainsi qu'à Rulman Merswin, la résolution que nous voyons naître à cette époque dans l'esprit des deux amis, de con-

---

[1] Traité II, p. 200.
[2] Hegel, *Die Chroniken v. Closener u. Königshoven*, II, p. 864, 865.
[3] *Ibid.*, p. 771.
[4] *Ibid.*, p. 864, 771.
[5] Voy. plus haut, p. 109.

struire un couvent, et de créer pour eux et pour les personnes qui partageraient leurs dispositions religieuses une tranquille retraite où ils pussent attendre, loin du bruit des villes, l'heure à laquelle les jugements divins seraient manifestés à la terre. Les deux hommes se sont souvent entretenus de ce dessein pendant les fréquents séjours que l'Ami de Dieu de l'Oberland fit à Strasbourg vers l'an 1364[1]. Plus d'une fois, en effet, l'Ami de Dieu accomplit à cette époque les dix journées de voyage qui séparaient son pays de la demeure de Rulman Merswin[2]. L'on verra au commencement de la seconde partie de cette histoire comment ce projet fut mis à exécution.

---

[1] Lettre 18 (écrite le 18 février 1379), p. 324 : Ir süllent wissen daz Ruolman min heimlicher frünt und ich vor xv joren in grossen sweren trucken sint gesin, also daz wir gar dicke wonden in dodes noeten sin von des Gruenenwerdes wegen, wan uns beschach beden zuo manigen ziten in troemen, in visiun, uf eine zit rehte glich, und was daz also daz uns duhte wie daz were daz got wolte daz wir ime solten machen ein nuwes gotteshus einer nuwen kirchen, und solten luogen daz sü besungen wurde. Nuo was ich in den ziten vil zuo Strozburg; und wenne es beschach daz ich und Ruolman zuosamen koment und wir der selben sachen gedenkende wurdent, so sprochent wir zuosamene, etc.

[2] Lettre 8, p. 303 : Noch diseme troume wart ich in zehen tagen hinabe zuo Ruolmanne farende.

CHAPITRE VI.

EXAMEN DES QUESTIONS HISTORIQUES ET GÉOGRAPHIQUES RELATIVES A LA PREMIÈRE PARTIE.

I. La patrie de l'Ami de Dieu de l'Oberland. — II. La personnalité du maître de la sainte Écriture. — III. La patrie de l'Ami de Dieu de l'Oberland (suite). — IV. Date de la conversion de l'Ami de Dieu de l'Oberland et chronologie de sa vie jusqu'à la fondation du couvent de l'Ile-Verte.

Nous interrompons ici notre narration pour jeter un regard sur les chapitres qui précèdent et étudier les données historiques et géographiques que nous avons successivement rencontrées dans nos textes. Les résultats auxquels elles nous permettront d'arriver sur les questions que nous avons dû laisser dans l'ombre jusqu'à présent, formeront la conclusion naturelle de cette première partie.

Les conditions dans lesquelles il nous a fallu commencer notre récit se rencontrent assez rarement dans la littérature historique, et leur étrangeté même eût suffi peut-être, à défaut de raisons meilleures, pour nous décider à tenter l'entreprise et à choisir pour le début de notre narration la forme que nous lui avons donnée. Commencer une histoire sans pouvoir mentionner ni le nom ni la demeure des personnages qui sont appelés à y jouer un rôle, ni la date des événements qui doivent y trouver place, c'est s'exposer à lasser l'attention du lecteur en faisant naître dans son esprit des confusions de personnages souvent difficiles à éviter; et cependant, nous avons cru devoir nous borner dans les commencements à la simple exposition des faits, afin de séparer nettement le contenu objectif de nos textes des conclusions personnelles auxquelles l'étude de ces textes nous a mené, et mettre ainsi le lecteur dans la possibilité de contrôler l'exactitude de nos résultats. Peu à peu cependant quelques dates ont paru; la désignation des personnes et des localités restait encore énigmatique, mais le récit prenait déjà des contours plus fermes et plus décidés. Avec Rulman Merswin nous sommes entré dans la pleine lumière de l'histoire, et nous avons pu abandonner quelque peu la méthode précédemment suivie et chercher immédiatement la solution des questions critiques qui se présentaient. Le moment est venu de nous reporter vers ce début resté obscur de notre narration, et d'étudier, à la lumière des aveux que nos textes ont laissé successivement échapper, les problèmes que nous avons rencontrés dans le cours de cette première partie et sur lesquels nous avons dû éviter jusqu'à présent de nous prononcer.

Nous aurons principalement à examiner ici quelle a été la patrie de l'Ami de Dieu et dans quelle année il s'est converti. Nous continuerons à ignorer son nom, car ce ne sont que les documents de la deuxième partie de notre histoire qui jetteront quelque clarté sur ce point.

I.

Le témoignage le plus précieux que nous possédions sur la patrie de l'Ami de Dieu est sans contredit la langue qu'il a parlée. Elle nous a été conservée dans le traité IV, le seul qui soit parvenu jusqu'à nous dans l'autographe de l'auteur. Cette langue se distingue du moyen-haut-allemand ordinaire par le changement à peu près constant de la voyelle *e* en *a* dans les syllabes brèves à la fin des mots[1], ce qui

---

[1] Voir, par exemple, p. 102 : Minan vil lieban brüeder, mir wart etthewas ingesprochan... und ich wil üch etthewas usser gettelicher minnan und usser cristenlichan bruederlichan truwan van unser brüeder lebban etthewas schriban... — p. 104 : Nuo sullent ir ouch wissen das got diesemo selban bruodar in disan zweigan hundern joran also gar usser mosan vil guottas geton das unsprechliche ist... — p. 105 : Rehta wie eins wolta, das wolte ouch das andere... — p. 105 : Das er zuo eimo nohern lebbende kuoman müthe, also das er sine sunda gebttes..n mütha... — p. 107 : Lieber gemahel minar, ich habba dich liep gehabbat noch dar zit... — p. 109 : Nuo do dir man in diesema grosan liddenda was, da fiel imma in den sin und wart gedenkende das er sulto gan zuo grosan lerern und solto in sino sacho fürlegen und sulto si rottes fragan... — p. 112 : Mit der helfa gottas... — p. 114 : Under deinan frundan oddar undar deinas weibes frundan... — p. 115 : Er hat uns do mit eima gar grosan deinütigan ernesta das wir in zuo uns in unser gesellschaft nemmant. Also dotte wir es ussar grosser minnan und noment in zuo eimo bruoder in unsar gesellschaft... In diesemo selban allerersten zuge da wurdent imma gebban gar grosa übernatturliche gebban die imma formoles gar alznomola unbekant worant... — p. 116 : Er hatte unsar lieben frœwen gar liep und lies fil dingas durch unsar frœwan willen... — p. 117 : In dir lieplichan virmanunga was dir man fil langer zit also das er der

lui donne un caractère de sonorité remarquable. Les autres particularités de cette langue se retrouvent également, quoique moins souvent, dans les traités autographes de Rulman Merswin[1], et ne peuvent servir par conséquent à fixer notre jugement dans cette question. Ce qui rend notre recherche particulièrement difficile, c'est que nous sommes en présence d'un dialecte populaire dont il ne reste plus d'autre monument que l'autographe même de l'Ami de Dieu, de même que les autographes de Rulman Merswin sont les seuls monuments du vrai patois populaire de l'Alsace au quatorzième siècle. A cette époque, en effet, il s'était déjà formé une sorte de langue littéraire, une „langue savante" comme on l'appelait, dont se servaient les écrivains et les gens de loi, avec plus ou moins de fidélité sans doute, suivant leur degré de culture, et qui tendait à généraliser dans l'Alle-

---

fúrmanunge mit folgende was, und was es alles ufschlahanda... — p. 119 : Also unreine bekorunge das scheddeliche wer darvan zuo saganda... — p. 124 : Zuo einan wintarzitan... — p. 125 : Got der hat zuo ettelichan zittan in schleffan unsern profetan fil dinges geoffenbaret, etc., etc. — Quelques rares traces de ce dialecte se rencontrent dans les autres traités de l'Ami de Dieu, par suite de l'inadvertance du copiste qui les a trancrits dans le dialecte usité en Alsace. Voir, par exemple, traité I, p. 172 : helffa jo! p. 181 : der ussewendigen uebungan, etc.

[1] Parmi les autres particularités de la langue de l'Ami de Dieu il importe de relever ici: l'usage du *g* à la place du *j* au commencement des mots et celui du *c* à la place du *z* (guogent, gomer; seczen, an dem cruce, kure, ganc, nueber, etc.); le changement des préfixes *er, en, ver*, en *ur, un, vir* ou *fur* (urbermede, urmanen, urlidden, urlúthen, ursehen; untladan, unweg gon, es unist; virbot, virnuomft, virgebban, virschuolden, virzucken, virmanen, fúrmanunge, fúrston, fúrzucken, fúrschuolden, etc.); le redoublement des consonnes au milieu des mots et l'aspiration de la consonne *t* surtout dans la dernière syllabe (abber, gebben, ich habba, lebban, leggen, triggen, beschehhen, wonnen, annefohen, kúnnig, redden, fridden, liddigen, rotten, annebetten, die selle; er gedochthe, mahthe, detthe, brohthe, seithe, beithen, rehthe, bihther, die welthe, am dirthen dage, ahthe, ettheliche, etthewas, etc.). Ces particularités se rencontrent également chez Rulman Merswin. Voir par exemple Traité IX, p. 54, 61, 73, 77 : Das bese guddesche folc, die gudden, dise guonge dœder (c'est-à-dire diese junge Tochter) und irre guongfrowe, gommer; — p. 78, 102: gar luccel und wennig in diesen citen, herceliep mins; — p. 79, 84, 100, 131 : ursterben, urwolgen, urwellen, er urschrag; — p. 57, 72, 131: unpfohen, durch das garn unweg, untrinnen; — p. 57, 61, 103, 109, 121 : fúrsmohen, fúrgessen, fúrleschen, fúrhengen, fúrlieren, fúrsuochen, fúrstanden; — p. 62, 77, 78, 79, 129, 131, 136 : die edelle selle, innae, keinnen gommer, nohhern lebbende, gesehhen, zuo himmelle, abbeschlahen, urwellen, deggeliche súnde, gebben, redde; — p. 73, 94, 128, 129, 131 : bihther, den unrehthen weg, sich gottho gebben, uffe diesemc grothe, zuo der rehthen gelossenheithe, er hethe vil redde mit den lúthen; etthewas, etc.

magno supérieure l'emploi d'une orthographe moins capricieuse et de
formes grammaticales plus correctes que ne l'étaient celles des différents patois en usage dans cette contrée. Que l'on compare, par
exemple, au point de vue du langage le *Livre des neuf roches* et les
chroniques d'un Closener et d'un Kœnigshoven, contemporains et com-
patriotes tous deux de Rulman Merswin, et l'on constatera facilement
la différence que nous signalons ici entre le dialecte populaire et la
langue littéraire. L'Ami de Dieu connaissait le dialecte usité en
Alsace; il savait combien cette langue différait de la sienne : aussi,
lorsque le 29 janvier 1369[1] il envoya le traité XIII aux frères de
l'Ile-Verte, s'efforça-t-il d'en faire disparaître les formes distinctives
de son langage et de les remplacer par celles de la langue de ses
futurs lecteurs[2]. Lorsqu'en 1377 il composa à leur intention le
traité IV, il s'imposa le même travail; mais la hâte avec laquelle il
écrivait lui fit souvent oublier sa résolution de n'employer que les
formes grammaticales du dialecte d'Alsace[3] : ainsi s'explique le
caractère assez bizarre de la langue de ce traité dans lequel les
formes usuelles du moyen-haut-allemand alternent avec les dési-
nences en a[4] qui ne se retrouvent nulle part dans le moyen-haut-
allemand ordinaire, et qui constituent l'originalité de la langue de
l'Ami de Dieu. Comme la littérature allemande du quatorzième siècle
ne possède à notre savoir aucun écrit dans lequel cette même particularité se retrouve et qui puisse servir à déterminer la patrie de l'auteur du traité IV, c'est aux recueils de chartes publiés dans les diffé-

---

[1] La lettre 2 a été écrite le lundi avant la fête de la Purification de Marie (2 février),
qui tombe en 1369 sur un vendredi, c'est-à-dire le 29 janvier.
[2] Lettre 2, p. 281 ss.: Dis ist der allererste brief den der liebe gottesfrúnt in
Oberlant den brúedern zuo dem Grúenenwerde ie gesante mit dem buoche von dem
meister.... Ich hette úch gerne daz alte búechelin gesant, so ist es wol halbes in
einer sollichen frömden sprochen die ir nút gelesen kundent, und ich ilebete mich
selber darane vier tage und naht umbe daz ich ez úch geschribe in uwerro Elsasser
sproche.
[3] Lettre 11, p. 310: Vil lieben brúeder, ich hette úch gar gerne alle diese ding in
uwer sproche geschriben, alse ich ouch wol kunde, und wolte es geton haben : also
vergus es mir gar vil, und habe uwer sproche und unser sproche underenander
geschrieben. Und darzuo so ist die geschrift gar ubele zuo lesende.
[4] V. p. 213, note 1: lieben, lieban; frœwen, frœwan; frúnden, frúndan; unser, unsar;
bruoder, bruodar; dinges, dingas; noment, nemmant; wolte, wolta; máthe, mútha;
imme, imma; fúrmanunge, virmanunga, etc.

rentes villes de l'Allemagne supérieure qu'il faut demander la solution de ce problème linguistique. Il eût été bien étonnant en effet que les notaires publics, qui rédigeaient les chartes dans la „langue savante" usitée dans les chancelleries, n'eussent point par inadvertance admis parfois dans leur texte quelque terme emprunté au patois du pays où ils vivaient. Nos recherches ont eu pour résultat de nous faire rencontrer des traces certaines du dialecte de l'Ami de Dieu dans les documents de la Thurgovie et de la vallée supérieure du Rhin depuis les environs de Saint-Gall jusqu'à Coire [1]. Ces traces disparaissent dès qu'on s'éloigne de cette ligne, tant vers l'orient que vers l'occident [2]. L'„Oberland", la patrie de l'Ami de Dieu, se trouve limité de

[1] Conradin von Moor, *Sammlung der Urkunden zur Geschichte Cur-Rätiens und der Republik Graubünden*, Coire, 1861. Vol. II (commencement du XIVe siècle), p. 371 (charte de Rheinegg): darumb so gent wir für uns und alle unser erben und nachkommen den bürgern ze Inlantz und allen iren erben und nachkomen an diesen brief besigelt mit unsern aygenan insigeln; — p. 362 (Fürstenau): das gut daz er hat ze Berctz sechzehan viertel, und gut ze Sarno gilt achtzehn viertal; — p. 410 (Coire): zwo kerzan, sechs viertal, — p. 374 (Winegg): Frau Kunigunda; usna und inna. Vol. III (milieu du XIVe siècle), p. 57 (Coire): Dresan (c'est-à-dire Dresden); — p. 92 (Feldkirch): so sol ich inen warten und dannanhin (ailleurs : dannenhin) dienan; — p. 95 ss. (Vaduz), durch unser vordern selan heil, inan (c'est-à-dire ihnen), zwelf messan; — p. 148, 163, 177, 178, 203, 215 (Coire): undan an dem berg, die wisan, ein wisan, stosset hinda zu an Dietrichs hus, durch allen selan hail willen, von des gotzhus vestina (c'est-à-dire vesteno) wegen, ain schriber der die schulda schrib, die maiier sont des vogtesgericht han ieglicha sin waibel; — p. 250, 275 (Ems dans les Grisons et Winterthur): vestinan. Vol. IV (fin du XIVe siècle), p. 114, 190 (Coire): es sigint knaben oder tochtran, etc. — Sailer, dans sa *Chronik von Wyl* (petite ville sur la Thur, actuellement dans le canton de Saint-Gall), Saint-Gall 1864, I, p. 260 ss., constate sur la foi de nombreux documents qu'il a eu l'occasion de parcourir, qu'il existe entre le dialecte de la Thurgovie au XIVe siècle et le moyen-haut-allemand ordinaire le même rapport qu'entre le dialecte dorien et la langue littéraire de la Grèce. Comme exemple du dialecte de la Thurgovie à cette époque il cite les phrases suivantes: des heiles ihrer arman seelan willen; um die muran und graban zu bezzern, etc. Les documents provenant de la Thurgovie que nous publions dans l'Appendice (V, 1, 2) contiennent des formes grammaticales analogues.

[2] Bergman: *Ueber die Volkssprache im aussern Bregenzerwalde*, dans les *Beiträge zur Geschichte, Statistik, Naturkunde und Kunst in Tirol und Vorarlberg*, Innsbruck 1827, III, 268 s. et les documents tirés des archives d'Innsbruck, imprimés p. 105-160, — Zeerleder, *Urkunden für die Geschichte der Stadt Bern und ihres frühesten Gebietes bis zum Schluss des 13. Jahrh.*, Bern 1854, III, et les chartes imprimées chez Ed. v, Wattenwyl v. Disbach, *Gesch d. Stadt u. Landschaft Bern*. Schaffh. 1867, I, p. 105 ss. — Trouillat, *Monuments de l'hist. de l'ancien évêché de Bâle*. Porrentruy 1858, III et IV et les chartes imprimées dans le volume intitulé *Basel im XIV. Jahrh.* Bâle 1856, p. 370 ss., etc.

la sorte à la vallée de la Thur et à la partie la plus élevée de la vallée du Rhin.

Les traités XIII et XIV et la lettre 8 de l'Ami de Dieu nous permettront d'arriver à une conclusion plus précise encore.

Le premier de ces traités raconte comme on sait la conversion du „maître de la sainte Écriture" que l'Ami de Dieu était venu trouver dans une localité distante de plus de trente milles de sa propre ville natale. Une double question se pose ici : dans quelle ville demeurait le „maître de la sainte Écriture" à l'époque de sa conversion? et avant tout : qui était ce personnage? — L'importance de cette question nous oblige à lui consacrer une division spéciale de ce chapitre.

II.

La question de l'identité du „maître de la sainte Écriture" que nous soulevons ici, a déjà reçu précédemment sa réponse, alors que nous avons comparé le contenu du *Livre des neuf roches* à celui du traité XIII. Examinée au point de vue historique, elle nous permettra d'aboutir à la même conclusion que celle que nous avait inspirée cette étude littéraire.

Constatons tout d'abord que le „maître de la sainte Écriture" a dû être un personnage illustre, un „grand docteur" dont la réputation s'était étendue „à bien des milles" de distance. Comme tel il a dû occuper une place marquante dans les annales religieuses de son temps. La solution la moins acceptable de toutes serait assurément celle qui rejetterait le nom que la tradition assigne à ce docteur mystérieux pour ne voir en lui qu'un homme resté obscur et dont nous ne pouvons retrouver le nom faute de documents historiques et littéraires suffisants. Il serait incompréhensible que la littérature du temps n'eût conservé aucune trace de discours qui ont trouvé tant d'admirateurs, et qui se distinguaient à la fois par la profondeur des enseignements religieux, la simplicité toute populaire de la forme et l'accent de paternelle tendresse avec laquelle l'orateur s'adressait à ses „chers enfants".

La tradition du quinzième siècle identifie le „maître de la sainte Écriture" avec le dominicain strasbourgeois Jean Tauler. L'on ne s'étonnera pas de voir cette tradition se former relativement tard, si l'on considère que le traité XIII a fait partie depuis la mort de Rulman Merswin de la bibliothèque secrète des Johannites de l'Ile-Verte; la connaissance de ce traité n'a pu se répandre pour ce motif qu'assez lentement. En 1458, il figure pour la première fois à notre savoir en tête d'un recueil manuscrit des discours de Tauler. A partir de ce moment on le rencontre dans la plupart des collections manuscrites des sermons du grand prédicateur; la première édition imprimée de ces sermons lui donne en 1498 le nom d'*Histoire de Tauler*, qu'il n'a plus perdu depuis.

Si cette tradition est fondée, c'est Strasbourg qui a été le théâtre de la conversion du „maître de la sainte Écriture", puisque nous avons vu que Tauler a séjourné dans cette ville d'une manière à peu près constante depuis l'an 1341 jusqu'à sa mort. Dès lors c'est dans le couvent des dominicains de cette ville, outre la maison des Johannites de l'Ile-Verte, que doit s'être conservée la tradition la plus certaine, la seule certaine, au sujet de la personne du „maître de la sainte Écriture". Or nous possédons encore la tradition de ces deux maisons religieuses dans le témoignage du dominicain zurichois Jean Meyer. Ce personnage, assez inconnu du reste, est l'auteur d'une *Histoire des papes depuis la fondation de l'ordre de Saint-Dominique*, écrite en 1471, dans laquelle figurent une foule de détails sur l'histoire des dominicains de Strasbourg [1]. Ces détails concordent d'une manière si frappante avec les documents originaux conservés autrefois dans les archives de cette congrégation monastique et déposés aujourd'hui dans les archives de Saint-Thomas, qu'ils ne peuvent avoir été puisés que dans ces documents mêmes. Jean Meyer en effet a été à Strasbourg vers le milieu du quinzième siècle. La biographie de Marguerite de Kentzingen, dominicaine à Bâle, qu'il composa en

---

[1] Schmidt, *Notice sur le couvent et l'église des dominicains de Strasb. jusqu'au XVIe siècle*, dans le *Bulletin de la Société pour la conservation des monuments historiques d'Alsace*, 1876, p. 162. Le manuscrit de Jean Meyer avait fait partie du volume B, 180, 4°, de l'ancienne bibliothèque de Strasbourg.

1368 [1], l'avait amené à s'occuper, nous verrons plus tard de quelle manière, de la question de l'Ami de Dieu de l'Oberland. Il parcourut au couvent de l'Ile-Verte les trois volumes qui constituaient la bibliothèque secrète des Johannites, et à cette occasion il n'a sans doute pas manqué de s'informer auprès de ceux-ci des traditions relatives à l'histoire de leurs deux „fondateurs", dont ils étaient les dépositaires. A Strasbourg, il demeura en sa qualité de dominicain dans le couvent même où s'était passée la plus grande partie de la vie de Tauler, et qui avait été par conséquent le théâtre des faits racontés au traité XIII. Jean Meyer s'est donc trouvé dans les meilleures conditions possibles pour être exactement renseigné sur les questions relatives à l'histoire de l'Ami de Dieu de l'Oberland qui l'intéressaient à cette époque. Or voici comment il s'exprime sur le compte du docteur mystérieux qui figure dans cette histoire : „L'Ami de Dieu de l'Oberland a été le saint homme qui a enseigné l'alphabet des vertus chrétiennes au „maître de la sainte Écriture", *de l'ordre des frères prêcheurs*" [2]. A Strasbourg, l'ordre des dominicains a donc considéré l'un des siens comme ayant été le docteur converti par l'Ami de Dieu. Rapproché de la place que le traité XIII occupe à la même époque dans les recueils des sermons de Tauler, le témoignage de Jean Meyer prouve, avec autant de certitude qu'on en peut demander en pareille matière, que c'est bien du moine strasbourgeois qu'il est question dans l'histoire de l'Ami de Dieu de l'Oberland. En effet, quel autre dominicain illustre Jean Meyer eût-il pu avoir en vue, puisque la personne de Tauler est la seule dont on ait rapproché de son temps et dont on ait jamais rapproché la figure du „maître de la sainte Écriture ?"

Examinons si les événements racontés au traité XIII concordent avec les faits qui nous sont connus de la vie de Tauler, et si les sermons qui s'y trouvent intercalés peuvent être comparés à ceux de l'illustre prédicateur.

---

[1] *Von ainer guoten swoster genannt Margretha von Kentzingen*, publiée par M. Denifle, Haupt, *Zeitschrift f. deutsches Alterthum*, neue Folge, VII (t. XIX), p. 478-491.

[2] *Ibid.*, p. 483 : Er ist dis er halg man der dem maister der halgen geschrift prediger ordens dz tugentrich abc lert nach zail der buochstaben.

Tauler ne fait mention nulle part des épreuves douloureuses qu'il lui a fallu traverser lors de sa conversion par l'Ami de Dieu; ses contemporains n'en parlent pas davantage. Ce silence s'explique par la réserve discrète que le prédicateur gardait dans ses sermons sur les événements de sa propre existence, et par le caractère fragmentaire des renseignements que nous possédons sur son histoire. C'est au hasard, en effet, que nous devons la plupart des notices qui nous sont restées sur la vie d'un homme qui a certainement joué un rôle éminent dans l'histoire religieuse de sa ville natale, et dont Closener et Kœnigshoven ne citent pas même le nom. Dans un de ses sermons cependant, Tauler raconte qu'il a dû suspendre „pendant mainte année" les fonctions pastorales qui lui revenaient en sa qualité de „fils de saint Dominique", parce qu'il ne se sentait plus digne de les remplir[1] : ce passage pourrait bien être une allusion aux deux années de silence et de recueillement que le „maître de la sainte Écriture" s'est imposées sur le conseil de l'Ami de Dieu.

Les circonstances qui ont accompagné la mort du „maître de la sainte Écriture" permettent d'établir des rapprochements bien plus nombreux entre la biographie de Tauler et le récit du traité XIII. C'est à Strasbourg que Tauler est mort, c'est-à-dire dans la même ville où s'était passée sa conversion, si c'est bien de lui qu'il est question dans l'histoire de l'Ami de Dieu. Effectivement le traité XIII raconte que peu de jours avant de mourir, le „maître de la sainte Écriture" remit à l'Ami de Dieu un certain nombre de feuilles sur lesquelles il avait noté autrefois l'histoire de sa conversion, et qu'il lui permit d'en faire un traité pour l'édification du prochain, avec la recommandation toutefois de ne pas le donner à lire dans la ville où il se trouvait alors, „sans quoi, dit-il, l'on remarquera que c'est de moi qu'il y est question"[2]. Il résulte clairement de ce passage que les événements extérieurs qui avaient marqué la conversion du „maître de la sainte Écriture" étaient parfaitement connus des habitants de la

---

[1] Cod. Argent. A, 89, N° LII (Bâle 1522, f° 120ᵇ; Francfort 1825, n° 101, p. 118): In manigem jore engetorste (ich) nie gedenken das ich unsers vatters sant dominicus sun were und mich einen brediger geachtet, wan ich es mich unwürdig bekenne.

[2] Traité XIII, p. 62: Darzuo solt du mit nüte das selbe buechelin hie in dirre stat lossen lesen, anders men würde es merkende das ich es were.

ville dans laquelle celui-ci se mourait, puisque la simple lecture du traité que devait composer l'Ami de Dieu eût suffi pour leur faire remplacer immédiatement la désignation générale de „docteur", sous laquelle le prédicateur tenait à rester caché, par son vrai nom. Ainsi eût été pénétré sur-le-champ le mystère de la vie intérieure du „maître de la sainte Écriture", et son vœu de voir attribuer à Dieu seul la gloire des „œuvres merveilleuses" qui avaient marqué la fin de sa conversion n'eût pas été accompli. C'est donc bien dans la ville qui avait été le théâtre de sa conversion qu'il se trouvait au moment de sa mort.

Le traité XIII raconte encore que le „maître de la sainte Écriture" est mort entouré non seulement des moines de son couvent, mais encore d'un certain nombre de personnes de la ville. Ce fait trouve son explication dans une notice biographique relative à Tauler, qui porte que le prédicateur est mort, non dans son couvent, mais dans le „jardin" de sa sœur [1]. Nous comprenons dès lors comment des personnes de la ville ont pu assister à la fin du „maître de la sainte Écriture": elles n'auraient certainement pas été admises en pareille circonstance dans l'étroite cellule d'un cloître.

Enfin il ressort de la description des derniers moments du „maître de la sainte Écriture" que les frères de son couvent ont été „consternés et scandalisés" à la vue de sa douloureuse agonie, c'est-à-dire que leur foi en son admission immédiate dans la félicité céleste, et par conséquent en la parfaite pureté de son âme au moment de la mort, en a été ébranlée. Or il s'est effectivement répandu à Strasbourg la croyance que Tauler a dû séjourner six ans dans le purgatoire à cause de six défauts qu'il avait conservés jusqu'à sa fin [2]. On lui reprochait : 1° d'avoir fait naître chez les uns des pensées d'orgueil par des éloges immérités, et d'avoir découragé les autres par des blâmes injustes ; 2° d'avoir retenu pour lui et pour les siens une part trop considérable des aumônes qu'il recevait [3], et de s'être mon-

---

[1] V. Appendice III, 2. Cf. Schmidt, *Joh. Tauler v. Strassb.*, p. 62.
[2] *Ibid.*
[3] Tauler se plaint effectivement d'un reproche de ce genre, Cod. Argent. A, 89, LII : Es ist ein vil sorglich ding die almuse zo nemende : man sol sehen waruf und warumb und wie man sú verdiene. Kinder, alleine uns von der alten und núwen e

tré peu zélé à les répartir parmi les indigents, conformément aux besoins de ceux-ci ; 3° d'avoir perdu trop de temps dans ses rapports avec ses semblables ; 4° de n'avoir pas su réprimer sa mauvaise humeur quand quelqu'un le contrariait ; 5° de ne s'être pas montré assez soumis à la règle de son ordre et à la volonté de ses supérieurs, et d'avoir essayé, chaque fois qu'on lui imposait quelque obligation désagréable, de s'y soustraire en envoyant l'un de ses amis intercéder pour lui ; 6° enfin, d'avoir recherché vers la fin de sa vie une existence trop agréable dans la demeure de sa sœur. — Pour combattre la fâcheuse impression que la mort du „maître de la sainte Écriture" avait produite sur l'esprit des moines de son couvent, l'Ami de Dieu avait écrit, peu de jours après la mort du docteur, une lettre au prieur de ce couvent dans laquelle il racontait que le „maître de la sainte Écriture" lui était apparu et lui avait annoncé que sa fin douloureuse avait été son purgatoire, et qu'après une attente de cinq jours dans le „paradis", où il demeurait hors des atteintes des démons, quoique privé de la contemplation directe de Dieu, il entrerait, complètement *purifié*, dans le séjour de la félicité éternelle. Le contenu de cette lettre paraît être en contradiction formelle avec la notice qui veut que Tauler ait séjourné six ans dans le purgatoire. Gardons-nous cependant de juger ici sur de simples apparences. Le texte de notre notice porte en effet : „Le frère Jean Tauler, le saint ami de Dieu, a répandu en Alsace maints bons enseignements puisés dans son expérience religieuse et dans les lumières dont le Saint-Esprit a éclairé son entendement ; et cependant, après sa mort, il a dû pendant six ans demeurer privé de la contemplation directe de Dieu, souffrir le purgatoire et vivre au sein de la contingence, avant d'entrer dans la félicité éternelle à cause de six défauts qu'il a conservés jusqu'à sa dernière heure, *ainsi qu'un grand ami de Dieu en a été informé dans une révélation surnaturelle*". Ce passage présente un curieux mélange de la doctrine ecclésiastique du purgatoire telle que devaient la professer le prieur et les moines du couvent en question, et de la doctrine du

---

erloubet si almuesen zuo nemende von der priesterschaft, wanne der dem alte dienet der sol des alters leben: noch denne so vorhte ich mich also sere die almuesen zuo nemende. Hette ich gewisset, do ich mins vatters sun was, das ich nuo weis, ich wolte sines erbes gelebet han und nüt des almuesen.

double paradis que professait l'Ami de Dieu et qui n'a jamais fait partie de l'enseignement de l'Église, quoiqu'elle fût assez répandue dans les cercles mystiques au moyen âge. Sans doute le mot „purgatoire" est conservé pour désigner le séjour de Tauler après la mort; mais, coïncidence digne de remarque, le purgatoire est ici représenté comme consistant simplement dans la privation de la société de Dieu et dans l'existence au milieu des images idéales et contingentes des créatures terrestres, ce qui constitue précisément la vie dans le „paradis" inférieur[1], duquel il est question dans la lettre de l'Ami de Dieu, par opposition à la contemplation immédiate de l'être infini de Dieu dont jouissent les habitants du „paradis supérieur". Le terme ecclésiastique de purgatoire a pu être d'autant plus facilement adjoint à la description des conditions d'existence dans le paradis inférieur, que ce séjour désignait aux yeux de l'Ami de Dieu même un lieu de purification. Coïncidence non moins frappante : c'est sur le témoignage d'un „grand ami de Dieu" et sur la révélation surnaturelle qu'il a eue en partage au sujet des destinées de Tauler dans la vie future qu'est fondé ce qui est dit dans notre notice sur ce point. Ces mots sont une allusion évidente à la révélation que l'Ami de Dieu de l'Oberland raconte avoir eue sur le sort du „maître de la sainte Écriture" au delà du tombeau, et qui a formé le contenu de sa lettre au prieur. — Le document que nous publions dans l'Appendice montre donc quelle forme avait prise à Strasbourg vers la fin du quatorzième ou au commencement du quinzième siècle la tradition relative à la destinée de Tauler dans la vie future. Deux éléments facilement reconnaissables ont concouru à former cette tradition : d'un côté, l'impression que la fin douloureuse du prédicateur avait faite sur les moines de son couvent et qui avait porté ceux-ci à rechercher les défauts qu'il pouvait avoir eus pendant sa vie terrestre, et à

---

[1] Cf. Traité I, p. 177. Was er wart gelossen sehen von zitlichen irdenschen dingen, das kunde er gar wol ettewas verston und ouch der von gesagen; er kunde gar wol gesagen von dem irdenschen paradise, wie es darinne geschaffen und gestalt were, wanne er gar dicke darin verzogen wart, also das es ime alse küntlich wart alse sin selbes hus. Aber so... in dem zuge nuwent ein kleines fünckelin von dem hohen oebresten paradise in aneschinende wart, das was zuo stunt über alle sine sinneliche vernunft, dovon er nit gesagen kunde. — Cf. Traité XIV, fin : Ich ware nuo ...usser dem paradise, do ich drissig tage one we inne gereiniget bin... uf in das ewige leben.

déterminer par analogie le nombre d'années qu'il devait passer en purgatoire ; de l'autre, le récit de son apparition à l'Ami de Dieu et la description du genre de purification qui lui était imposé jusqu'à l'heure de son admission dans la félicité éternelle. De la fusion de ces deux éléments est résultée l'opinion sur le purgatoire si curieuse à étudier que le document en question nous a conservée.

Quant aux sermons qui nous sont restés de Tauler et que nous pouvons comparer aux discours du traité XIII, les critiques ont été jusqu'à présent unanimes à reconnaître qu'ils présentent avec ceux-ci la plus grande analogie. Quiconque parcourra les sermons authentiques du grand prédicateur y retrouvera la même énergie morale et la même simplicité populaire, le même accent de mâle franchise et de tendresse paternelle tout à la fois avec lesquels le „maître de la sainte Écriture" savait parler à ses „enfants" assemblés autour de sa chaire.

Par les doctrines religieuses qu'ils contiennent, ces sermons se rapprochent, plus qu'aucun autre écrit mystique du quatorzième siècle, des productions littéraires de l'Ami de Dieu et de Rulman Merswin. Non seulement l'idée de l'amitié divine en forme le thème central, non seulement les souffrances auxquelles les amis de Dieu sont exposés en ce monde, l'abandon absolu qu'ils doivent faire à Dieu de leur volonté propre et l'attente passive de son œuvre intérieure dans laquelle ils doivent demeurer quand les tentations les assaillent, sont les sujets auxquels le prédicateur revient avec prédilection ; mais on y retrouve encore les propositions particulières à l'Ami de Dieu et à Rulman Merswin sur le rôle qui doit revenir un jour aux amis de Dieu pendant la période des grandes calamités qui attend le monde et que Tauler, lui aussi, considère déjà comme commencée. La simple lecture de la plupart de ces propositions rappellera immédiatement les passages correspondants des écrits de l'Ami de Dieu et de Rulman Merswin.

„Sachez, enfants, que si les vrais amis de Dieu n'existaient pas, nous nous en trouverions fort mal ici-bas[1]. — Ceux, en effet, que

---

[1] Cod. Argent. A, 89, 4°, XLIII (Francf. 1525, n° 91, p. 348) : Wissent, kinder, wo die woren lütern verklerten gotsfründe sint den versmiltzet ir hertze von minnen aller menschen, lebende und tot. Und werent die lüte nút, so werent wir uebel dran.

Dieu a attirés dans l'unité de son être, sont les hommes sur lesquels repose la sainte Église. Ce sont des hommes surnaturels et divins qui supportent le monde et qui sont les nobles colonnes du monde. Ils ne se trouveraient pas dans la chrétienté qu'elle ne subsisterait pas une heure. Leur simple existence est plus utile aux hommes que ne le seraient toutes les œuvres que le monde peut produire [1].

„Bienheureux ceux qui pleurent, a dit le Seigneur; et il entendait par là ceux qui pleurent leurs péchés, excepté toutefois les amis de Dieu auxquels il n'est plus permis de pleurer leurs péchés, car ils ont achevé de les pleurer. La source des larmes cependant ne tarit point en eux; mais c'est pour pleurer les péchés d'autrui qu'ils les répandent [2]. — Un jour le Seigneur offrit le baiser de l'amour divin à un ami qu'il chérissait particulièrement. Celui-ci lui répondit : „Je n'en veux point, car la joie dont mon cœur serait inondé m'enlèverait toute conscience de moi-même, et je ne pourrais plus t'être utile à l'avenir. Comment me serait-il possible encore de t'invoquer en faveur des pauvres pécheurs qui vivent en ce monde, et d'aider par mes prières aux pauvres âmes à sortir du purgatoire? Les pécheurs qui sont sur la terre ne peuvent leur venir en aide; sans notre secours, Dieu ne peut leur accorder aucun bienfait, car sa justice demande à être satisfaite, et c'est là précisément l'œuvre que ses amis sont obligés d'accomplir continuellement ici-bas. Ils intercèdent auprès de Dieu en faveur de la chrétienté, et leur prière est toujours exaucée [3].

---

[1] Cod. Argent. A, 89, n° LXI (Bâle 1522, f° 129ª; Francf. 1825, n° 128, fin): Dis sint die uf den die heilige kilche stot; und werent dise nút in der cristenheit, die cristenheit moethe eine stuonde nút geston, wan ir sin, daz sú alleine sin, das ist verre würdiger und nützer denne alle der welt tuon. Dis sint die von denen der herre sprach: Der sú anegriffet der griffet mir in die sehen miner ougen. — Cod. Argent. A, 88, n° V (Bâle, f° 14ª): Ach, dis sint minnencliche lúte; es sind übernatürliche goetliche lúte! Und dise enwürckent noch entuont nutzit sunder got in allen iren werken, und obe man es getoerste gesprochen, sú ensint nút etlicher móssen, sunder got ist in in. Ach dies sint minnencliche menschen! Sú tragent alle die welt und sint edele súlen der welte. — Cod. Argent. A, 89, n° XIII (Bâle, f° 43ª): Do der widerflus (in den ursprung) geschiht, do wurt alle schulde gentzlich bezalt,... und wurt der mensche ein gottelich mensche. Und dis sint die súlen der welte und der heiligen kirchen.

[2] Cod. Argent. A, 89, n° LXXII (Bâle 1522, f° 159ª; Francf. 1825, n° 133, p. 155).

[3] Cod. Argent. A, 89, n° XXXIV (Bâle, f° 87; Francf. n° 80): Es geschah eime sunderlingen fründe unsers herren, dem bot unser herre sinen goettelichen kus; do

„Les vrais amis de Dieu pleurent l'aveuglement et les péchés du monde. Quand le Seigneur veut manifester son jugement et faire éclater sa colère contre nous pécheurs par les terribles calamités qu'on nous a souvent prédites, par le feu, l'eau, la grande obscurité, les grandes tempêtes et la famine, ils intercèdent auprès de lui avec larmes nuit et jour : il nous épargne donc et réserve à plus tard les plaies dont il veut nous frapper; il attend pour voir si nous nous améliorerons. En vérité, mes enfants, si nous ne nous amendons pas, nous devons nous attendre à des calamités plus terribles encore. Déjà la nuée d'orage plane sur nos têtes : les amis de Dieu retardent encore par leurs larmes le moment où elle éclatera. Quand les châtiments divins fondront sur la terre, il y aura parmi les hommes une telle angoisse et une telle tribulation qu'ils croiront le jour du jugement final arrivé [1]. — En effet, il est dit dans l'Apocalypse qu'il viendra de grandes calamités qui ne seront guère moins terribles que la journée du dernier jugement, quoiqu'elles ne soient pas encore cette journée même. Le temps qui doit s'écouler, suivant la prophétie, avant l'arrivée de ces calamités, est maintenant révolu ; nous attendons leur apparition chaque année, chaque jour, à tout moment. Nul ne pourra les supporter qui ne sera marqué du sceau divin [2]. Ceux

---

sprach der geist: Lieber herre, entrûwen des wil ich rehte nût, wanne so keme ich von der wunne also gar von mir selber daz ich dir fürbaz nût nütze entkunde sin. Wie wolte ich denne für dine armen selen gebitten und in usser dem vegefûr gehelfen, und für die armen sünder? Die sünder und die selen moegent in selber nût gehelfen in der zit die in der zit noch sint; got enmag in one unser helfe nût getuon, wanne siner gerehtikeit der muos genuog geschehen; und das muessent iemer sine frünt getuon in der zit. — Cf. Cod. Argent. A, 88, n° XV (Bâle, f° 35ᵃ) : Dise lûte bittent für die heilge cristenheit, und ir gebet wurt alle wegent erhoert.

[1] Cod. Argent. A, 89, n° LXXII : ...Wanne daz got sin urteil und sinen zorn über uns sünder bewisen wil... so weinent sû dis unserm herren abe naht und tag; und er schonet und hebet uf und beitet ob wir uns bessern wollent... Der wolke ist rehte ietze hie, und den haltent die gotzfründe uf mit irem weinende...

[2] Cod. Argent. A, 89, n° LXX (Bâle, f° 153ᵃ; Francfort, n° 130, p. 134 ss.): Es stot geschriben in apocalipsi das grosse unsagelige pflogen sullent kommen die nût wol minre ensint denne der iungeste tag, alleine er es nût ensi; und di zit der geschit ist us von der dise prophecie was, und wir wartend alle tage und alle ior und alle zit. Wissent, wenne die pflogen kumment so enmag nieman genesen denne die dies crûtze uf inhabent. Do unser herre urlop gap dem engel zuo slahende und zuo verderbende alles das uf der erden was, do sprach er: Du ensolt niemans schonen dan die das thau, das ist das crûtze vor der stirnen habent.

qui vivent en ce moment dans une paix profonde (les amis de Dieu) souffriront de grandes persécutions; ils seront dispersés l'un ici, l'autre ailleurs; la parole de Dieu et le culte divin deviendront choses bien inconnues ici-bas: Dieu cependant saura trouver un nid où il cachera et conservera les siens [1]. — Quant à ceux qui ne se seront pas attachés à Dieu dans le fond de leur âme, leur sort sera bien lamentable, ainsi qu'il a été révélé récemment aux vrais amis de Dieu. Que ceux qui verront s'accomplir ces événements, se souviennent qu'ils leur ont été prédits!" [2] Ailleurs Tauler s'écrie déjà:

„Les événements annoncés commencent à s'accomplir! Quand toutes ces calamités auront passé sur le monde, les saints anges viendront vivre dans l'intimité des hommes régénérés et purifiés, et leur révèleront directement et de la manière la plus amicale comment ils devront vivre" [3].

La gravité des circonstances dans lesquelles se trouvait à ses yeux la chrétienté, a inspiré à Tauler, à l'égard de ses contemporains, les mêmes conseils que nous avons déjà rencontrés chez l'Ami de Dieu de l'Oberland et Rulman Merswin:

„La perfection de la vie spirituelle réside non dans la jouissance intérieure, mais dans le renoncement à toute volonté particulière, dans la soumission et l'obéissance à un autre homme en place de

---

[1] Cod. Argent. A, 89, n° LXXII: Und die nuo in grossem friden sint, die süllent grosse truckunge liden, und das gottes wort und der gottes dienst sol vil froemde werden, und der eine her und die andern dar, und sol man nit wissen wie es gon sol: mer, so sol der getrüwe got ie ein nestelin finden do er die sinen inne enthalten sol. Cf. Cod. Argent. A, 89, n° LIII (Bâle, f° 123ᵇ; Francf., n° 103. p. 429): ...Als dan kummet die grüwelichen gestuerme der wir wartende sint, das alle ding zuosamene geworfen werdent, so iomer und not sol werden: so vint der minneclichе got ie ein nestelin do er die sinen inne enthaltet und verbirget.

[2] Cod. Argent. A, 89, n° XLVII (Bâle, f° 87ᵇ; Francf., n° 81): Alle die zuo dem minnesten nüt an ime hangent, die es in der worheit sint, den wurt es übel ergon, also es kürzelichen den woren fründen gottes geoffenboret ist. Und der das wueste, sine natürlichen sinne moehtent das niemer erliden, und wie der glouben wurt undergonde. Die das gelebent, die moegent es gedenken das üch dis geseit ist.

[3] Cod. Argent. A, 89, n° LXXII: Dise velle hebent sich iezent ano. Denne, also die grossen velle und die pflegen übergegont, so süllent denne die heiligen engel den gelüterten menschen also heimelich werden und süllent mit in wandeln und mit in umb gon und in offentliche kunt tuon was sü tuon oder lossen süllent, fründlichen und offentlichen.

Dieu"[1]. — Ceux qui veulent marcher avec le plus de sûreté dans le chemin de la vérité éternelle, doivent se soumettre à un ami de Dieu pour qu'il dirige leur vie d'après le conseil du Saint-Esprit. Il se peut, en effet, que, malgré la vie pure qu'ils ont menée, malgré les grands exercices de piété qu'ils se sont imposés, ils soient encore trop attachés dans le fond de leur cœur à certains biens spirituels et que, sans le savoir, ils n'aient pas fait encore le véritable abandon d'eux-mêmes au Seigneur[2]. — Nous devons désirer être repris et instruits par l'Écriture et par tous les hommes, et écouter avec plaisir les réprimandes qu'ils ont à nous adresser. Ceux-là seuls trouvent les remontrances d'autrui pénibles à entendre qui ne sont pas morts à leur chair et aux jouissances de leur intelligence, conformément aux exhortations, instructions et sollicitations de Dieu et de ses secrets amis[3]. — Les grands docteurs de Paris lisent de gros livres dont ils tournent les pages l'une après l'autre : les amis de Dieu parcourent le livre vivant dans lequel tout est vie; ils tournent les pages du livre du ciel et de la terre et y lisent les œuvres merveilleuses de Dieu[4]. En cas de nécessité, ces hommes pourraient bien gouverner ce pays-ci, grâce à la paix divine et aux lumières de la sagesse éternelle dont leur âme est remplie"[5]. — Les vrais amis de Dieu „ont

---

[1] Edit. de Francfort 1825, n° 51 (II, p. 51): Vollkommenes Leben liegt nicht am Trost haben, es liegt an einem Aufgeben seines Willens in Gottes Willen, es sey saner oder süss, in Unterthänigkeit unter einen Menschen an Gottes Statt, in demütigem Gehorsam.

[2] Cod. Argent. A, 89, n° XXXVIII (Bâle, f° 146ᵇ) ...Darumb were es gar sicherlich das die menschen die der worheit gerne lebetent, das die hettent einen gotzfrünt dem sú sich underwurffent und das sú die rihtent noch gotz geiste...

[3] Cod. Berol. germ. 125, 4°, f° 34ᵇ (Bâle, f° 178ᵃ): ...So süllen wir begeren bestrofet und geleret zuo sinde von der schrift und von allen menschen, und soll uns alle zit lusten zuo hœrende und zuo sehende gantze lere und heilikeit von lebende... wanne alle dise ding sint harte verdrossenlich zuo hœrende und zuo wissende alle den die sich selber zuo mole nüt lossen... nach aller wis dez sú von gotte und sinen heimelichen fründe vermanet, geleret und getriben werdent.

[4] Cod. Argent. A, 89, n° LIX (Bâle, f° 135ᵃ; Francf., n° 144, p. 219): Die grossen meister von paris die lesent die grossen buecher und kerent die bletter umb; es ist wol guot: aber dise lesent das lebende buoch do es alles inne lebet; sú kerent den himel und das ertrich umb und lesent das wunderliche werg gotz.

[5] Cod. Argent. A, 88, n° LXXX (Bâle, f° 160ᵇ; Francf., n° 133, p. 152): Und dise edeln personen (les trois personnes de la Trinité) die hant sú also durchgangen, wer es not, sú soltent dis lant mit irme friden wol berihten, wan sú sint so wol lichtes

supporté tous les exercices douloureux que le Seigneur a fait endurer à leur chair et à leur sang; ils ont surmonté les tentations les plus horribles et les plus malignes. C'est par les tentations, en effet, que Dieu, dans son amour, amène les hommes vers l'éternelle fontaine de vie : tel le cerf longtemps poursuivi par les chiens de chasse, vient se désaltérer aux eaux vives de la forêt. Quelquefois le Seigneur entr'ouvre devant ses amis un chemin bien effrayant et bien douloureux, et les engage à y entrer : quelles nobles créatures deviennent ceux qui s'y aventurent résolument! Dieu accomplit en eux des œuvres merveilleuses qui dépassent toute intelligence. Les vrais amis de Dieu acceptent avec une joie égale tout ce qu'il plaît au Seigneur de leur envoyer, que ce soit l'abondance ou le dénûment, le plaisir ou la souffrance. Rien qu'à regarder leurs semblables, ils reconnaissent de quel esprit ils sont animés, si c'est de l'Esprit de Dieu ou non. Les ardeurs de l'amour divin ont consumé en eux leur moelle et leur sang charnels : mais ils n'ont pas conscience de l'intensité de l'amour qui remplit leur âme et qui les transporte hors d'eux-mêmes. Quelques efforts qu'ils fassent, les démons ne peuvent plus leur nuire : et cependant le fond mauvais de leur nature n'est jamais complètement anéanti en eux durant l'existence terrestre. Qu'est l'homme par lui-même, en effet, sinon un sac d'ordures, impur et infect, un être issu d'une matière corrompue et mauvaise, dont se détourneront un jour avec horreur ceux-là même qui ont risqué pour l'amour de lui de devenir un éternel tison d'enfer? Chers enfants, priez les amis de Dieu de vous aider à rentrer dans l'Origine, où resplendit la vraie lumière; attachez-vous à ceux qui se sont attachés à Dieu, afin qu'ils vous entraînent avec eux en Dieu. Apprenez cependant à surmonter même le plaisir que vous trouverez dans la société des amis du Seigneur, ainsi que toutes vos autres affections!"[1]

---

von der ewigen wisheit die sú hat durch flossen und ouch also wol minnen, mœhtent sú in selber entfliessen innewendig und ussewendig in worer minnen irs nehsten; sú entflüssent in selber in rehter minnen irs nehsten; und anders envindet man mit an in denne minne und fride wo man sú anruoret.

[1] Cod. Argent. A, 89, n° XLIV (Bâle, f° 102ᵇ): Sich an, was bistu? wannen von bistu kummen? Von einer unfletiger unreiner fúler bœser materien, die ungelustig ist an ir selber und allen menschen. Und nuo was bistu worden? Ein unreiner stinkender sag vol bahtes; und kein so edel so reine spise noch trang in dich kummt,

Ces passages montrent clairement combien était étroite la parenté spirituelle qui unissait le savant dominicain aux auteurs de l'*Épître à la chrétienté* et du *Livre des neuf roches*. Ils complètent même d'une manière fort heureuse les propositions apocalyptiques que nous avons rencontrées chez ceux-ci, et nous permettent de mieux nous rendre compte de ce côté de leur enseignement. L'on voit de quelle faveur a joui chez Tauler la doctrine de la soumission de l'homme „en place de Dieu" à l'un des „secrets amis" du Seigneur, seuls capables, selon lui, de diriger leurs semblables d'après le conseil du Saint-Esprit,

---

noch so schœne noch so reine, es werde in dir stinkende und unliedelich und smachende; und es enhat nieman den andern so liep und die darumb sich dicke sins ewigen lebendes hant vertrost und ewig hellebrant hant gewoget zuo sinde, stirbet er, das er in mŭge by sich geliden, er fliehe in me wanne einen toten hunt. — *Ibid.*, nº XXXVII (Bâle, fº 92ª): Die von dem geiste gottes gewŭrket werdent, das sint die aller liebsten kinder gottes... Kinder, disen wurt underwilen ein gar wüste ellende weg fürgehalten do sü sich inwegen müssent. Geturstent sü sich denne verwegenliche darin wogen ... wie ein edel ding wurt dannen us! Und kerent ehte in sich selber, und nement irre werke war in inen, do soltent sü in in vinden wunderlich ding die got in in würkete, und die werg die alle sinne übertreffent... Und dis werg ist gottes werg und nüt des menschen. — *Ibid.*, nº XXXVIII (Bâle, fº 105ᵇ): Die lüte den got ze bekennende git underscheit der geiste, die sint also gar durchgeuebet in aller der wise, durch fleisch und blut, und sint die bekorunge durch sü gegangen in den grüwelichsten und schwersten wisen... Und wenne sü die lüte ansehent, alzuohant so bekennent sü ir geiste, und obe sü von gotte sint oder nüt. — *Ibid.*, nº VIII (Bâle, fº 29ª): Dis tuot got von wunderlicher trüwen und grosser minnen das er die iegede (die bekorungen) lot kummen über den menschen; wan von dem geiegede wurt der hirtz billichen zuo gotte geiaget, etc.—*Ibid.*, nº XLII (Bâle, fº 141ª): Die rasende minne gelichet sich der lucernen und wurt der minne hitze wol gewar, und machet in ungestüme in allen sinen kreften; er (der mensche) quillet noch der minne, und das er sü hat des weiss er nüt, und verzert ir (*l.* verzert dir) das mark und das blut. *Ibid.*, nº LXVI (Bâle, fº 149ᵇ): Kinder, das ist die füren minne, die verzert das mark und das bluot, und in der wurt der mensche zuomole usser im selber gesast. — Cod. Argent. A, 88, nº XV (Bâle, fº 35ª): Dise nement ouch alle ding von gotte glich, haben und darben, liep und leit, gelich willig und vœllich: do lit gros verdienen an. — Cod. Argent. A, 89, nº IV (Bâle, fº 21ᵇ): Ja in der worheit, hettent alle die tüfele gesworn die in der helle sint..., sü enkundent dem gotminnenden menschen nüt geschaden, etc. — *Ibid.*, nº VII (Bâle, fº 37ᵇ): Dirre grunt (vol eigener minnen und eigens willen) muos grossen flis han; die wile der mensche lebet, so wurt er niemer gantz getœdet noch überwunden. — *Ibid.*, nº VIII (Bâle, fº 28ª): Vil lieben kinder, ...so mügent ir kummen in uwern ursprung do dis geworre licht lühtet... Bittent die gottes frünt das sü üch darzuo helfent; hangent den an die gotte anhangent, das sü üch mit in in got ziehent. — *Ibid.*, nº I (Bâle, fº 7ª): ...ia, die genuegende die du vindest mit den gotzfründen und guoten menschen, das und alles das do du dich geneiget vindest, das muostu als zuomole überkommen.

et de lire le „livre vivant des œuvres merveilleuses de Dieu", alors que les théologiens des écoles ne savent comprendre que les gros livres écrits par les hommes. Les amis de Dieu, auxquels il reconnaît de si hautes aptitudes à la direction spirituelle de l'humanité, ne sont pas dans sa pensée uniquement des ecclésiastiques, bien loin de là : un des plus grands amis de Dieu qu'il ait connus, dit-il, a été un simple laboureur [1]. Son point de vue relativement à la possibilité et à la légitimité de l'inspiration immédiate des laïques est donc identiquement celui de l'Ami de Dieu de l'Oberland et de Rulman Merswin, et, ce qui importe ici avant tout, le même que celui du „maître de la sainte Écriture" au traité XIII, puisque celui-ci reconnaît explicitement que Dieu peut lui parler par la bouche du laïque de l'Oberland „de même qu'il a parlé autrefois par celle de Caïphe", et qu'il consent à „s'humilier" et à „se courber" devant l'autorité divine dont était revêtue à ses yeux la „faible créature pécheresse" qui lui parlait, et de „se soumettre" entièrement à sa direction religieuse.

Jusqu'à présent nos recherches n'ont abouti qu'à des résultats entièrement favorables à l'idée de l'identité de Tauler et du „maître de la sainte Écriture". Il est un point cependant où cette concordance ne paraît pas exister : ce sont les indications chronologiques du traité XIII comparées aux données fort certaines que nous possédons sur la date de la mort de Tauler.

Le traité XIII raconte qu'en l'an 1346 l'Ami de Dieu entendit parler pour la première fois du „maître de la sainte Écriture". Il eut connaissance à cette occasion non seulement de la réputation d'orateur dont jouissait ce personnage, mais encore de la manière imparfaite dont il mettait en pratique dans sa vie les doctrines du mysticisme, car, avant même d'avoir entendu un seul sermon de ce docteur, il éprouva le désir d'aller le convertir. La longueur du voyage à entreprendre le fit hésiter : cependant après avoir reçu en songe

---

[1] Cod. Argent. A, 89, n° XXXVII (Bâle, f° 95ᵇ; Francf., n° 87, p. 326): Ich weiss einen der aller hœhesten fründ gottes; der ist alle sine tage ein ackerman gesin ine denne viertzig ior, und noch ist, etc.

trois appels successifs de Dieu, il se décida à se mettre en route. Pendant les deux ans que dura sa conversion, le docteur s'abstint de prêcher; au bout de ce temps il remonta en chaire et prononça, le samedi 17 mars, son sermon sur les vices de la chrétienté. Neuf ans plus tard il mourut, assisté dans ses derniers moments par l'Ami de Dieu.

La date qui figure en tête de cette histoire a été considérée jusqu'à présent par tous les critiques comme indiquant l'époque à laquelle l'Ami de Dieu a voulu placer le commencement de la conversion du „maître de la sainte Écriture". M. Schmidt aboutit ainsi à l'année 1357 (1346 + 2 + 9) comme date de la mort de ce dernier; et puisqu'il admet l'hypothèse de l'identité de ce personnage avec Tauler, mort comme l'on sait le 16 juin 1361, il attribue l'inexactitude du chiffre 1357 au désir que l'Ami de Dieu a pu avoir de cacher à ses lecteurs la vraie date de la mort du docteur[1]. M. Preger oppose à cette construction chronologique le fait que non seulement elle se trouve en désaccord avec la date de la mort de Tauler, mais encore qu'elle ne répond pas aux exigences historiques du traité XIII. D'après cette manière de compter, en effet, la conversion de Tauler se serait terminée en 1348: or, le 17 mars tombe en cette année-là non sur un samedi, mais sur un lundi; il ne tombe sur le jour indiqué qu'en 1341, 1347 et 1352. M. Preger s'arrête à cette dernière date parce qu'elle permet de placer en 1361 la mort du „maître de la sainte Écriture", c'est-à-dire de Tauler, et il remplace la date 1346 en tête du traité XIII par la date 1350, en expliquant l'origine du chiffre 1346 par l'erreur d'un copiste, qui aura mal lu la date 1350, écrite en caractères romains, et confondu dans sa transcription les signes X, V et VI[2]. Malheureusement M. Preger néglige de nous dire comment une erreur d'écriture de ce genre peut transformer le nombre MCCCL en MCCCXLVI, puisque au-

---

[1] *Nicolaus v. Basel Leben*, etc., p. 73, note 20: Vielleicht hat Nicolaus die Zwischenzeit übergangen, damit man desto weniger erriethe wessen Geschichte er erzählte.
[2] *Vorarbeiten zu einer Gesch. d. deutschen Mystik*, p. 112: Dass die Handschriften 1346 haben ist kein auffallender Irrthum... Der Anlass dazu liegt im Gebrauche der römischen Ziffern, wo nur ein X nicht ganz deutlich zu sein brauchte um für ein V oder VI (?) gelesen zu werden.

cun des trois signes qu'il indique n'entre dans la composition du nombre MCCCL.

Pour nous, qui avons à examiner si les données du traité XIII concordent avec nos renseignements relatifs à Tauler, et qui demandons précisément à ces données de guider notre jugement dans la question de l'identité du „maître de la sainte Écriture" et du dominicain strasbourgeois, nous devrons faire entièrement abstraction ici de la date de la mort de Tauler, sous peine de faire intervenir dans notre recherche une solution anticipée de la question même, et nous demander à quelle date ces données, considérées en elles-mêmes, exigent que soit placée la mort du „maître de la sainte Écriture".

Puisque la conversion du mystérieux docteur s'est terminée au commencement d'une année dans laquelle le 17 mars tombe sur un samedi, elle n'a pu commencer en 1346, mais au plus tôt en 1345, pour s'achever en 1347. L'on pourrait admettre à la rigueur que l'Ami de Dieu, écrivant longtemps après les événements qu'il raconte, ait commis une erreur de mémoire d'une année. La date 1347 cependant ne répond guère aux nécessités chronologiques du traité XIII, puisque dans cette année-là le judica tombe sur le lendemain du 17 mars, fête de sainte Gertrude, et que le traité XIII paraît exiger qu'il y ait eu entre ces deux jours un certain intervalle. Il est raconté, en effet, qu'à l'issue du sermon sur les vices de la chrétienté, prononcé le samedi 17 mars, jour de sainte Gertrude, les moines du couvent auquel appartenait le „maître de la sainte Écriture", réunis en chapitre, résolurent de lui interdire à l'avenir la prédication et commencèrent aussitôt à faire les démarches nécessaires pour obtenir son éloignement. Il est dit que les notables de la ville, quand ils eurent connaissance des intentions des moines à l'égard du prédicateur, se rendirent auprès d'eux et les engagèrent à revenir sur les résultats de leur délibération, et qu'à la suite de cette intervention des notables le „maître de la sainte Écriture" put rester dans son couvent et continuer à prêcher. Il est raconté encore qu'„après ces événements", les laïques de la ville vinrent prier le docteur de leur faire un nouveau discours, et que celui-ci leur promit de prêcher le „dimanche suivant, dimanche de judica, dans l'après-midi". „Et quand ce jour fut venu, continue notre texte, une grande foule s'assembla pour écouter le prédicateur"[1]. Si même l'on admet que le sermon du samedi 17 mars ait été prononcé dans la matinée, il n'est guère probable que les événements que nous venons d'énumérer, — le sermon sur les vices de la chrétienté lui-même, la délibération des moines, l'interdiction de prêcher signifiée au „maître de la sainte Écriture" et les démarches faites pour obtenir son éloignement, l'intervention des notables, quand on connut en ville les décisions prises par les moines, la permission de prêcher rendue au docteur, la démarche des laïques auprès de lui, quand on sut que cette permission lui était rendue, sa promesse de remonter en chaire, et enfin la préparation d'un nouveau discours, — il n'est guère probable que tous ces événements aient pu s'accomplir en une seule journée. Le „maître de la sainte Écriture", en effet, ne prêchait pas tous les jours, quoique l'on fût alors en carême; son habitude était de faire annoncer à l'avance quand il monterait en chaire. De plus, l'expression de „dimanche prochain" et le début de la phrase suivante: „Quand ce jour fut venu" laissent entrevoir qu'il a dû s'écouler un intervalle de quelques jours entre le moment où le docteur a fait aux laïques la promesse de prêcher et le jour où il s'est acquitté de cet engagement. L'auteur du traité XIII, s'il avait voulu désigner le lendemain même du jour auquel le docteur avait agréé la demande des laïques, n'aurait guère pu s'exprimer ainsi. De même la locution „après ces événements", par laquelle notre texte rattache le récit de la démarche des laïques à celui de l'intervention des notables et des heureux résultats qui en ont été la conséquence, permet également de présumer que le premier de ces faits n'a pas été dans la pensée de l'auteur la suite immédiate du second. L'année 1347 offre donc un cadre historique trop étroit pour contenir les événements racontés au traité XIII; et puisque l'année 1341 ne saurait être prise ici en considération, c'est l'année 1352 qui demeure seule possible et qui,

---

[1] Traité XIII, p. 45: ...Also wurdent die herren von der stat geeret das der meister bleip und wart me bredigende. — Und darnoch wart der meister aber gebetten von den weltlichen lüten das er in noch eine gemeine bredige tuon solte. Do sprach der meister: Wil es danne got, so wil ich es gerne nuo an sunnentage noch dem ymbisse tuon. Und das was der selbe sunnentag in der vasten do es Judica was. Nuo do der tag kam, do kam gar usser mossen vil lütes dar.

par conséquent, est désignée par nos textes comme l'année dans laquelle s'est terminée la conversion du „maître de la sainte Écriture". En effet, le judica tombe en 1352 sur le 25 mars, une semaine plus tard qu'en 1347, puisque le dimanche de Pâques, au lieu de coïncider, comme en cette dernière année, avec le 1er avril, coïncide avec le 8 de ce mois. La date de la mort du „maître de la sainte Écriture", quel que puisse être ce personnage, tombe donc nécessairement en 1361. Ce résultat est à nos yeux la démonstration décisive de l'identité de Tauler et du „maître de la sainte Écriture". Si le nom de Tauler n'avait jamais été prononcé dans la question du docteur converti par l'Ami de Dieu, le moment serait venu de faire naître cette hypothèse comme répondant le mieux aux nécessités historiques du traité XIII.

Que devient dans cette manière de compter la date 1346? Ce qui précède montre clairement que cette date, quelle qu'ait été d'ailleurs la personne du „maître de la sainte Écriture", n'a pas été considérée par l'Ami de Dieu comme le point de départ des onze années qu'il a placées entre le début de la conversion du docteur et sa mort. Cette conséquence est encore plus évidente si le docteur en question a été Tauler. Comment, en effet, l'Ami de Dieu aurait-il pu placer la mort de Tauler en 1357, puisqu'il lui avait envoyé dans le courant de cette même année son *Épître à la chrétienté?* L'Ami de Dieu n'a point révélé à ses lecteurs l'année de sa première entrevue avec le „maître de la sainte Écriture", année qui a servi de base à ses calculs, car ç'eût été leur fournir un moyen par trop facile de pénétrer le mystère qui devait demeurer sur le nom du docteur. S'il en est ainsi, la date 1346 ne peut représenter dans la pensée de l'Ami de Dieu que l'époque à laquelle il a entendu parler pour la première fois du grand prédicateur, ainsi que le dit expressément le début du traité XIII. Rappelons ici que le personnage mystérieux du *Livre des deux hommes* avait parlé à l'Ami de Dieu, dans un des premiers entretiens qu'il avait eus avec lui, d'un „maître de la sainte Écriture", d'un „grand docteur", dont les sermons, quelque excellent qu'en fût le contenu, ne produisaient pas une impression satisfaisante sur les âmes vraiment pieuses, parce que ce prédicateur n'avait pas encore fait lui-même le voyage de la Rome céleste qu'il conseillait aux autres d'entreprendre, — description qui s'applique on ne peut mieux au „maître de la sainte Écriture" du traité XIII, — et nous aurons trouvé par quelle voie l'Ami de Dieu a eu connaissance à la fois de la réputation et des défauts du „maître de la sainte Écriture" : nous aurons aussi trouvé la vraie signification de la date 1346. Ce chiffre indique l'année dans laquelle ont eu lieu entre l'Ami de Dieu et son mystérieux interlocuteur du *Livre des deux hommes* les entretiens mentionnés dans ce traité, c'est-à-dire l'année dans laquelle l'Ami de Dieu a conclu son pacte d'amitié avec le premier „ami intime" auquel il lui ait été permis de „se révéler", et dont Rulman Merswin devait prendre la place peu d'années après. L'histoire de la conversion du docteur se rattachait ainsi dans ses souvenirs à l'une des époques les plus importantes de sa vie, et il n'est pas étonnant que cette date se soit imposée tout particulièrement à son esprit et à sa plume au moment où il entreprenait de raconter comment il avait été amené à s'occuper du „maître de la sainte Écriture".

La date que l'Ami de Dieu n'a point voulu révéler à ses lecteurs, nous pouvons la trouver en partant de l'année 1361 comme de la date certaine de la mort du „maître de la sainte Écriture", que ce dernier soit Tauler ou non. C'est neuf ans avant cette date, c'est-à-dire en 1352, le samedi 17 mars, que le prédicateur a prononcé son discours sur les vices de la chrétienté, et c'est deux ans auparavant, c'est-à-dire au commencement de l'année 1350, qu'il a prêché, à la demande de l'Ami de Dieu, sur les vingt-quatre points qui constituent le degré le plus élevé de la vie spirituelle. Or le traité XIII raconte qu'à cette époque l'Ami de Dieu se trouvait déjà depuis douze semaines, plus un temps indéterminé, dans la ville qu'habitait le „maître de la sainte Écriture" : il en résulte que c'est dans les derniers jours de l'année 1349 qu'il s'est rendu à Strasbourg. Ceci concorde avec le passage de la lettre 1, qui veut que l'Ami de Dieu se soit trouvé dans cette ville en 1349, vers la fin de la vacance du siège archiépiscopal de Cologne, qui a duré, comme l'on sait, du 14 août au 1er novembre ; ceci concorde encore avec la conclusion du traité I, écrit dans le courant de l'année 1349, dans laquelle l'Ami de Dieu entretient Rulman Merswin de la possibilité de sa prochaine arrivée à Strasbourg. L'Ami de Dieu est resté à Strasbourg un peu moins d'une année à partir du commencement de la conversion du „maître de la sainte Écriture", c'est-à-dire jusque vers la fin de l'automne 1350. Pendant ce temps il aura pu se rendre compte du développement intérieur que traversait Rulman Merswin, sans demander encore à celui qu'il appelait déjà son ami intime de lui révéler le secret de sa vie spirituelle, confidence qu'il ne lui a point faite lui-même à cette époque. Revenu au printemps de l'an 1352 sur la demande du docteur, il est resté quelque temps auprès de lui ; il a entendu plusieurs de ses discours, entre autres celui sur les vices de la chrétienté dont le *Livre des neuf roches*, commencé à la même époque, a conservé la vivante impression. Pendant son second séjour à Strasbourg, il a conclu solennellement avec Rulman Merswin, à la fin de la conversion de celui-ci, le pacte d'amitié, qui n'avait existé jusque-là entre les deux hommes que sous la forme d'une convention tacite. — C'est ainsi que les données historiques du traité XIII prennent place de la manière la plus naturelle dans le cadre général de la vie de l'Ami de Dieu et de Rulman Merswin.

Placer la conversion de Tauler dans les années 1350 à 1352, c'est lui assigner une époque de la vie du prédicateur sur laquelle il ne nous est resté aucun renseignement, puisque les données biographiques que nous possédons sur son compte s'arrêtent à l'année 1348 avec le récit de Specklin, pour ne reprendre qu'en 1356 avec la rédaction du *Discours d'avertissement*, écrit probablement à Strasbourg et communiqué par l'auteur à Rulman Merswin, ainsi qu'il a été dit plus haut. Certains traits accessoires du récit du traité XIII confirment de la manière la plus heureuse la conclusion à laquelle nous venons d'aboutir. Nulle part, en effet, l'on ne rencontre dans ce traité la moindre allusion à l'interdit. Le „maître de la sainte Écriture" distribue librement et comme une chose parfaitement admise la sainte-cène aux laïques, tant au commencement qu'à la fin de sa conversion. Les événements racontés dans ce traité sont donc nécessairement postérieurs au commencement de l'année 1349, époque à laquelle est arrivé à Strasbourg le légat du pape chargé de réconcilier la population de la ville avec l'Église, et à laquelle l'interdit a été levé dans cette ville [1]. En outre, parmi les reproches que l'Ami de

---

[1] Schmidt, *Joh. Tauler v. Strassb.*, p. 56.

Dieu adresse au „maître de la sainte Écriture", se trouve celui de rechercher tout particulièrement l'approbation d'une „créature humaine" et de lui accorder trop d'attention. Le prédicateur reconnaît la vérité de ce reproche. „Mon fils, s'écrie-t-il, sache que tu m'as révélé le vice secret dont je suis atteint!" Or nous ne connaissons d'autre amitié spirituelle à Tauler que celle qu'il entretenait avec les nonnes de Medingen, Marguerite Ebner et Elisabeth Schepach. C'est auprès d'elles que nous le rencontrons la première fois que son nom paraît dans l'histoire, pendant l'hiver de 1338 ; En janvier 1346, il reçoit d'elles une lettre de félicitations et des cadeaux de nouvelle année, et il leur répond par un envoi du même genre; en automne 1347, il se trouve à Medingen, d'où il se rend à Bâle, porteur d'une lettre de Marguerite Ebner à Henri de Nördlingen. L'une des deux nonnes, peut-être Elisabeth Schepach, dont le nom précède celui de Marguerite Ebner dans sa lettre et qu'il appelle seule sa „bien-aimée en Christ", paraît avoir été la „créature humaine" mentionnée au traité XIII. La conversion du „maître de la sainte Écriture", c'est-à-dire de Tauler, tombe donc nécessairement après la fin de l'an 1347, puisque le prédicateur a promis à l'Ami de Dieu de renoncer désormais à cette affection. L'Ami de Dieu n'était pas sans connaître les cercles mystiques de la Bavière, témoin l'histoire des deux nonnes bavaroises Marguerite et Catherine qu'il a racontée au traité XV. Ainsi s'explique comment il a pu être informé des relations d'amitié que Tauler entretenait avec les dominicaines de Medingen et de l'„attention particulière" qu'il accordait à l'une d'elles.

Nous aurons terminé cette étude comparative de la personne historique de Tauler et de la figure du „maître de la sainte Écriture" quand nous aurons fait mention ici d'une indication précieuse qui nous est restée sur le dialecte dont s'est servi ce dernier dans ses productions littéraires. „Je vous aurais volontiers envoyé le vieux petit livre, écrit l'Ami de Dieu aux Johannites de l'Ile-Verte, en leur adressant une copie du traité XIII; mais la *moitié* en est écrite dans une langue si étrangère pour vous que vous ne sauriez la lire. Je me suis appliqué pendant quatre jours et quatre nuits à vous transcrire ce traité dans votre langue d'Alsace"¹. Par suite de sa double origine, le traité XIII, sous la forme primitive que l'Ami de Dieu lui avait donnée, était donc rédigé par moitié en deux dialectes différents, celui de l'Ami de Dieu lui-même, et celui du „maître de la sainte Écriture". Si la partie de ce traité écrite dans la langue de l'Ami de Dieu avait seule besoin d'être remaniée pour devenir intelligible aux Johannites de Strasbourg, c'est qu'apparemment l'autre partie pouvait être comprise par eux sans modifications, c'est-à-dire qu'elle était écrite dans leur propre langue.

Nous ne nous sommes donc pas trompé en cherchant en Alsace le „maître de la sainte Écriture" du traité XIII.

III.

Il résulte des recherches qui précèdent que c'est dans la Suisse orientale, à plus de trente milles de Strasbourg, qu'il faut chercher la ville natale de l'Ami de Dieu.

Nos textes nous fournissent une base précieuse pour établir ce calcul. Ils nous apprennent qu'on a compté au quatorzième siècle treize milles de Fribourg en Suisse jusqu'à Klingnau, petite ville située au confluent de l'Aar et du Rhin². Cette distance est sensiblement la même que celle de Strasbourg à Bâle. La patrie de l'Ami de Dieu s'est donc trouvée à l'orient de Bâle, à une distance de cette ville un peu plus grande que celle qui sépare Bâle de Strasbourg. Nous sommes ainsi amené à l'extrémité méridionale de la vallée du Rhin, au pied de la chaîne centrale des Alpes. Ce résultat est confirmé par les données officielles recueillies au commencement du seizième siècle par Sébastien Brant, alors secrétaire du magistrat de Strasbourg, sur les distances qui séparent cette dernière ville des principales localités de l'Europe³. Chez Brant la valeur du mille est identiquement la

---

[1] V. page 215, note 2.
[2] *Notices sur les amis de Dieu*, Schmidt, *Nicolaus v. Basel*, p. 65 : Nu ist von Friburg in Oehtenlant xiij milen weges untze gen Klingenouwe.
[3] Sebastian Brant, *Beschreibung etlicher gelegenheit Teutsches lands an wasser, berg, stetten und grentzen mit anzeygung der meilen und strassen von statt zuo statt*, faisant suite à l'ouvrage de Caspar Hedion, *Eyn ausserlesne chronick von anfang der welt*. Strasb. 1543 f°.

même que celle que nous avons rencontrée dans le texte des *Notices*[1], et ses indications géographiques peuvent par conséquent être utilisées par nous dans la question qui nous occupe. Brant indique quatorze milles pour la distance de Strasbourg à Bâle et trente et un milles pour celle de Strasbourg à Glarus[2]. La patrie de l'Ami de Dieu a dû être cependant plus éloignée encore de Strasbourg que ne l'est en chemin direct cette dernière ville. Examinons en effet l'itinéraire tracé par Brant entre Bâle et Glarus. Les stations de Rheinfelden, Brugg, Mellingen le conduisent de la vallée du Rhin dans celle de la Limmat. A partir de Mellingen, son itinéraire, au lieu de se diriger en ligne droite le long de la Limmat, passe par Zug, Schwyz, Einsiedeln pour déboucher à Lachen, à l'extrémité orientale du lac de Zurich, et forme par conséquent un vaste arc de cercle dont la vallée de la Limmat serait la corde. Si donc nous tenons compte de cet immense détour dans l'appréciation des trente et un milles que Brant place entre Strasbourg et Glarus, nous constatons que la distance indiquée par lui doit mener bien au delà de Glarus jusque dans le canton des Grisons, quand on suit la route la plus courte à partir de Mellingen. Dès le treizième siècle, en effet, il a existé une route directe de Coire à Zurich le long du Rhin et de la Limmat[3].

Une seconde indication qui nous est restée sur la situation de la patrie de l'Ami de Dieu par rapport à Strasbourg, porte qu'elle s'est trouvée à dix journées de voyage de cette dernière ville[4]. L'Ami de Dieu ayant voyagé habituellement à cheval, d'après la coutume généralement usitée de son temps, cette donnée concorde pleinement avec la précédente, puisqu'elle nous force également à remonter jusque dans les hautes vallées de la Suisse orientale pour nous trouver à

---

[1] Brant compte douze milles de Bâle à Fribourg en Suisse (*Ibid.*, f° xxxiiij); l'examen de la carte montre effectivement que la distance entre ces deux villes est un peu plus courte que celle de Fribourg à Klingnau.

[2] *Ibid.*, f° xxij : Von Strassburg gehn Glaris seind dreissig eyn meilen, nemlich : Viertzehn gehn Basel, gehn Reinfelden zwo, gehn Frick zwo, zum Bötzberg eyn, gehn Bruck an der Aar eyn, gehn Möllingen eyn, gehn Bremgarten eyn, von Bremgarten zwo gehn Zug, von Zug zwo gehn Schweiz, von Schweiz eyne gehn Einsiedeln, von Einsiedeln eine gen Lachen, von Lachen drei gen Glaris.

[3] Vögelin, *Historisch-geographischer Atlas der Schweiz*, Zurich 1846, carte V.

[4] V. page 211, note 2.

la distance voulue de Strasbourg, si nous prenons comme unité de mesure la distance de Bâle à Fribourg en Brisgau, qui était estimée à une journée de voyage [1].

Notre point de vue géographique se modifie quand nous passons à l'étude de la notice contenue au traité XIV sur la ville natale de l'Ami de Dieu. Ce n'est plus par rapport à Strasbourg, mais par rapport au „pays du seigneur de Berne" qu'est indiquée la situation de cette ville. Tout d'abord, quel est ce pays? La langue qu'on y parlait étant une langue „romane", il ne peut être question ici de la république des bords de l'Aar, puisque celle-ci n'a possédé ni au treizième ni au quatorzième siècle aucune localité où l'on ait parlé une pareille langue, et que d'ailleurs elle était administrée à cette époque déjà non par un seigneur, mais par un conseil électif. La cité suisse écartée, il ne reste de possible que Vérone. Cette ville porte également le nom de Berne dans les documents du moyen âge, si bien qu'il est souvent difficile de la distinguer de la précédente [2]. Elle a été gouvernée depuis le milieu du treizième jusqu'à la fin du quatorzième siècle par la puissante famille gibeline des Della Scala, et son territoire comprenait à l'époque indiquée dans notre récit, outre quelques possessions plus méridionales, tout le pays qui s'étend entre les villes de Vicence, Padoue, Legnano, Peschiera et Roveredo [3]. C'est dans cette contrée que se trouve la ville dans laquelle Ursule et la vieille béguine sa compagne se sont rendues en 1288; la langue romane qu'on y parlait est l'italien, conformément à la signification usuelle des mots *welsch, welschland* dans les textes allemands du moyen âge.

La demeure de l'Ami de Dieu était située „en amont" de la ville

---

[1] Nider, *Formicarius*, Strasb. 1517, III, § 8 (f° 48ª): De Basileensi conventu, ubi etiam ad unam dictam solum distabam, ...fratrem Johannem ad Friburgam direxi...

[2] Pertz, *Monum. germ. histor.* XVII, p. 77, 123: Verena, Berona (Bern); p. 83: Berna (Vérone). Cf. Müller und Zarncke, *Mittelhochdeutsches Wörterbuch*. Leipzig 1854, I, 107ª; Diefenbach, *Mittellateinisch-hochdeutsch-böhmisches Wörterbuch*, Francf. 1846, p. 282: Beren, Berne (Vérone); Böhmer, *Regesta imperii*, etc., charte du 3 septembre 1325: der hund von Beren, c'est-à-dire Cane I della Scala, podestat de Vérone, et enfin le nom de Dietrich de Berne donné dans la poésie épique à Théodoric-le-Grand.

[3] V. l'atlas historique de Spruner, carte n° 7.

habitée par Ursule et Adélaïde, „pas très loin" de cette localité, à une distance assez grande cependant pour qu'Ursule ait jugé nécessaire de recommander à Adélaïde de ne pas regarder à la dépense que pourrait occasionner l'envoi d'un messager auprès de l'Ami de Dieu; de plus, elle était située „en pays allemand", c'est-à-dire sur le versant septentrional des Alpes [1]. Cette ville a dû être une localité assez importante puisqu'il est dit que l'Ami de Dieu, lors de sa conversion, quitta la maison qu'il y possédait dans le „plus beau quartier", pour aller demeurer à l'autre extrémité de la ville parmi de pauvres gens auxquels il était à peu près inconnu. Elle a été le siège d'une nombreuse noblesse et paraît avoir été en outre un centre de commerce assez important, une place de transit pour les produits des pays étrangers, à en juger par les fréquents voyages entrepris par le père de l'Ami de Dieu en compagnie de son fils „pour chercher des marchandises". La langue italienne était familière à l'Ami de Dieu, ce qui s'explique on ne peut mieux par la situation que nous avons dû assigner à sa ville natale à l'extrémité supérieure de la vallée du Rhin, c'est-à-dire non loin de la frontière italienne.

C'est vers la ville de Coire que nous paraissent converger tous les renseignements géographiques qui précèdent. Située dans la partie de la Suisse orientale où était usité le dialecte parlé par l'Ami de Dieu, à une trentaine de milles et à dix jours de voyage environ de Strasbourg, à la distance voulue de Vérone et en pays allemand, s'élevant au pied d'un des passages des Alpes les plus fréquentés à cette époque, elle était une station importante [2] sur la grande voie commer-

---

[1] Dans l'itinéraire indiqué au traité XIV depuis les environs de Vérone jusqu'à la demeure de l'Ami de Dieu, il n'est fait mention que d'une «montée» le long du versant méridional des Alpes; la descente le long du versant opposé, qui seule peut mener en «pays allemand», s'y trouve passée sous silence, comme elle l'est d'ailleurs également dans la description du voyage accompli par Ursule depuis le Brabant jusqu'aux environs de Vérone. Là aussi il n'est question que d'une «montée», alors que ce voyage s'est cependant terminé par une descente. Il n'est tenu compte dans ces deux descriptions que de la nature du chemin par rapport à la situation du point de départ.

[2] Des routes du Splugen et du Septimer, mentionnées toutes deux à partir des derniers temps de l'empire romain (Planta, *Das alte Raetien*, Berlin 1872, p. 79), la seconde était la plus fréquentée à l'époque où se passe notre histoire. Le commerce

ciale qui menait des portes de l'Italie vers les contrées centrales de l'Allemagne. Elle possédait en outre une nombreuse et riche noblesse.

Deux autres données de nos textes nous permettent de vérifier l'exactitude de cette conclusion.

Il est raconté que le „chevalier captif", qui, l'on s'en souvient, habitait la même ville que l'Ami de Dieu, s'arrêta, à son retour de captivité, dans un village où il possédait une vigne et qui était situé aux portes de sa ville natale, et qu'il envoya son vigneron prévenir sa famille de sa prochaine arrivée. De même, c'est sous les traits d'un vigneron que l'Ami de Dieu soutenait de ses aumônes, que le diable apparut un jour à celui-ci. La patrie de l'Ami de Dieu doit donc s'être trouvée dans un pays vignoble. Il est effectivement fait mention très souvent de vignobles dans les documents relatifs à la partie allemande des Grisons. A Coire notamment, la culture de la vigne paraît avoir été assez répandue au quatorzième siècle [1].

En outre, il a dû se trouver tout près des murs de la ville natale de l'Ami de Dieu, mais en dehors de ceux-ci, un couvent de „moines blancs" [2]. A Strasbourg, le peuple appelait ainsi les carmes [3]; mais

---

de Lucerne avait même communiqué jusque-là avec l'Italie par les Grisons, le passage du Sant-Gotthard n'ayant guère été utilisé avant la fin du treizième siècle (Kopp. *Gesch. der eidgenöss. Bünde*, II, 1, p. 181, note 3; Conradin v. Moor, o. c., II, p. 2, charte du 15 août 1278).

[1] Conradin v. Moor, o. c., II, p. 298 (charte de 1328): ...minen wingarten den ich han ob der burg ze Chur.

[2] V. plus haut, p. 97.

[3] Hegel, *Die Chroniken von Closener und Kænigshoven*, II, p. 904: Der grosse spittel zuo Strosburg wart von sant Erharts capelle gezogen an die stat bi den wissen bruedern, 1317. Une variante porte: by den carmelyten do er ignote ist, 1317. — L'opinion de Scherz (*Glossar. german. medii ævi*, Argent. 1781, p. 2047: Ein wisser bruder, monachus Dominicanus. Prot. Sen. m. a. 1395: her R, der wissen bruder. Idem Ruwelinus f° 30 dr wisse bruder und unser frowen bruder), d'après laquelle ce seraient les dominicains qui auraient porté à Strasbourg le nom de «frères blancs», repose sur une erreur que le texte cité par Scherz à l'appui de sa manière de voir suffit d'ailleurs à rectifier. Le frère Ruwelinus, dont il est question en 1395 dans un protocole manuscrit du grand conseil de Strasbourg, porte dans ce document le nom de «frère blanc» et celui de «frère de Notre-Dame» que le peuple de Strasbourg donnait aux carmes (Scherz, o. c., p. 409: U. F. bruider, Carmelitæ: sic olim dicti Argentinæ. Cf. Diefenbach, *Glossar. lat. germ. med. et inf. latin.*, Francf. 1857, p. 102ª: Carmelita, unsz frauen bruder); et comme il n'a pu appartenir qu'à un seul ordre à la fois, l'appellation de «frère blanc» a dû être un second surnom donné à Strasbourg aux religieux de l'ordre du Carmel, ce qui concorde avec la notice de

c'était là un usage purement local. Les glossaires sont à peu près unanimes à appliquer cette dénomination aux Prémontrés[1]. Or l'ordre de Prémontré n'a possédé dans toute la partie de la Suisse orientale où l'on a parlé le dialecte dont se servait l'Ami de Dieu, que deux maisons[2] : l'une à Churwalden, village situé au sud de Coire, à deux lieues environ de cette ville, et l'autre, le couvent de Saint-Luce, à Coire même[3], placée, comme le veut notre texte, en dehors des murs de la ville. A Coire, le surnom de „moines blancs" a effectivement été donné par le peuple aux Prémontrés de Saint-Luce[4].

L'opinion généralement admise, d'après laquelle il conviendrait de placer à Bâle la patrie de l'Ami de Dieu, se heurte donc, d'après notre manière de voir, aux faits suivants : 1° La distance de Bâle à Strasbourg n'est pas de trente milles ni de dix journées de voyage, mais

---

Kœnigshoven. — Le même nom était donné aux carmes en Angleterre (Worcester, *Dictionary of the English language*, Boston 1871, p. 590; Chambers, *English Dictionary*, London 1872 : Carmelites or white friars).

[1] Diefenbach, *Glossar. lat. germ. med. et inf. latin.* (ouvrage composé d'après un grand nombre de glossaires manuscrits, provenant de toutes les parties de l'Allemagne. Les n°s 7 et 17 sont originaires de Mayence, ce qui contredit l'opinion de Scherz d'après laquelle le nom de «frère blanc» aurait été donné dans cette ville aux Johannites), p. 455ᵃ: Præmonstratensis, eyn wysser münch. Le même, *Mittellat. hochdeut. böhm. Wörterb.* (composé d'après un manuscrit de l'an 1470, provenant du couvent des chartreux d'Erfurt), Francf. 1846, p. 221 : Præmonstratenses, weisse mönche. Les glossaires plus modernes reproduisent l'opinion de Diefenbach. Si Campe (*Wörterbuch der deutschen Sprache*, Braunschw. 1811, V, p. 656 : Weisse Mönche, Mönche des Ordens welchen man Cistercienser und Præmonstratenser nennt) étend également aux cisterciens la dénomination de moines blancs, c'est une erreur que Diefenbach a rectifiée depuis lors (*Glossar. lat. germ.*, etc., p. 124 : Cisterciencis, grawer, grower münich, ordinis Bernardi. Cf. *Hist. de la fondat. du couvent de Saint-Jean à Strasb.*, p. 39: die growen münche von sante bernhardes orden; et la lettre 4 de l'Ami de Dieu, p. 294). Scherz seul appelle de ce nom les dominicains; nous venons de voir de quel droit. L'introduction des *Constitutiones ord. Prædicatorum* (Holstenius, *Codex regul. monast. et canon.*, IV., p. 1) énumère les surnoms donnés aux dominicains en différents pays: le nom de moines blancs ne figure pas sur la liste.

[2] Voir les trois fascicules qui ont paru jusqu'à présent de l'ouvrage de Nüscheler, *Die Gotteshœuser der Schweiz*, Zurich 1867, et comprenant les diocèses de Coire et de Constance.

[3] Nüscheler, o. c., I, p. 38, 53.

[4] Communication obligeante de M. A. Baumgartner, archiviste de la ville de Coire: «Das Præmonstratenserkloster St. Lucius liegt ausserbalb der Mauern der Stadt; die Mönche wurden weisse Mönche genannt».

seulement de quatorze milles, soit d'environ quatre journées de voyage. 2° La désignation „pas bien loin d'ici en montant", écrite au point de vue de la situation géographique de Vérone, ne peut s'appliquer à Bâle. Trop rapprochée de Strasbourg, la ville de Bâle se trouve trop éloignée de Vérone pour que les indications de nos textes puissent s'appliquer à elle. 3° Il n'a point existé de couvent de „moines blancs" en dehors des murs de Bâle.

IV.

La seconde question que nous avons à traiter dans ce chapitre, se rapporte à la chronologie de la vie de l'Ami de Dieu jusqu'à l'époque de la fondation du couvent de l'Ile-Verte. La date qu'il importe de déterminer avant tout, parce qu'elle renferme la clef d'un certain nombre d'autres, est celle de la conversion de l'Ami de Dieu.

Rien ne semble plus facile au premier abord que d'établir cette date. „Si je devais vous dire toutes les merveilles que Dieu a accomplies en moi pauvre pécheur depuis sept ans, il n'y aurait nulle part de livre assez grand pour en contenir le récit"[1]. Ainsi s'exprime l'Ami de Dieu dans son premier entretien avec le „maître de la sainte Écriture", qui a eu lieu, comme nous l'avons vu, au printemps de l'an 1350. Commencée sept années avant cette date, c'est-à-dire en 1343, la conversion de l'Ami de Dieu se serait terminée d'après ce texte en 1348. Ce qui semble confirmer ce résultat, c'est qu'en 1377 l'Ami de Dieu raconte avoir eu „il y a trente ans", c'est-à-dire en 1347, le ravissement ineffable qui a marqué la fin de sa conversion[2]; et nous resterons dans l'esprit de ce genre d'indication chronologique en n'insistant pas outre mesure sur cette différence d'une année, qui peut après tout se réduire à une différence de quelques semaines.

Les difficultés commencent dès que nous rapprochons ce résultat des autres données qui nous sont restées sur la date de la conversion de l'Ami de Dieu.

---

[1] Traité XIII, p. 11.
[2] Traité IV, p. 132.

L'*Histoire du Chevalier captif* renferme sur ce point une indication fort précieuse. Il y est dit, en effet, qu'à l'époque où l'Ami de Dieu composa ce traité, c'est-à-dire en 1349, le „chevalier captif" avait atteint la fin de la neuvième année à partir de sa conversion miraculeuse dans la tour du château, et qu'entre son emprisonnement et sa conversion il s'était écoulé un délai de six mois. Sa conversion ayant eu lieu de cette manière en 1340, son emprisonnement ne peut être postérieur au commencement de la même année. Or ce même chevalier s'était distingué, lors de la rupture de l'Ami de Dieu avec sa fiancée et avec le monde, par le zèle avec lequel il avait vengé sur le jeune bourgeois l'affront que celui-ci venait de faire à l'une des familles nobles de la ville, et sa première démarche, après son retour de captivité, fut d'aller lui demander pardon des outrages qu'il lui avait autrefois infligés. Il en résulte avec une rigueur mathématique que le début de la conversion de l'Ami de Dieu tombe au plus tard en l'an 1339, puisqu'il a précédé d'un temps qui n'est pas déterminé l'emprisonnement du chevalier.

Cette conclusion est confirmée par le passage déjà mentionné de la lettre 1, écrite en 1363 : „Depuis bien plus de vingt ans il ne m'est permis de me révéler qu'à un seul homme". L'époque à laquelle a commencé pour l'Ami de Dieu le mystère de sa vie spirituelle, avec la défense de le révéler à qui que ce fût, excepté toutefois au personnage mystérieux du *Livre des deux hommes* qu'il ne devait rencontrer que „longtemps" après[1], cette époque est donc bien antérieure à l'an 1343.

Pareillement le début du traité VI : „Deux amis de Dieu (dont l'un était l'Ami de Dieu de l'Oberland), qui ne s'étaient plus vus depuis onze ans, se trouvèrent réunis en 1350", montre que le laïque de l'Oberland était déjà un „ami de Dieu", c'est-à-dire vivait déjà séparé du monde et en communion mystique avec le Seigneur, en l'année 1339, ce qui place le commencement de sa conversion dans l'une des années qui précèdent.

---

[1] Traité XIII, p. 205 : Do sprach der jüngere, Ruolemannes geselle widerumbe zuo dem elteren: Ach lieber fründ gottes, du solt das wissende sin das ich vor langen ziten mit grosser begirde begeret habe, fügete es got, das ich dir gerne heimeliche were gesin.

En outre, comme il n'est pas admissible que l'Ami de Dieu ait entrepris des voyages dans le but d'étendre son influence sur ses semblables aussi longtemps que durait encore pour lui la période des luttes intérieures et qu'il n'avait pas encore trouvé lui-même la paix dans l'état de „stabilité" spirituelle, l'époque à laquelle apparaissent les premières traces d'une pareille activité missionnaire de sa part dans les pays étrangers, devra nécessairement être postérieure à l'achèvement de sa conversion. Or il est raconté à la fin du traité XIV qu'Ursule, la recluse des environs de Vérone, a reçu la visite de l'Ami de Dieu, qu'elle lui a raconté l'histoire de sa vie intérieure et qu'elle a même rédigé pour lui cette histoire, évidemment sur le conseil de son visiteur, qui avait l'habitude de demander aux personnes qui se soumettaient à son influence le récit écrit de leur développement spirituel. Comme elle est morte le 23 mars 1346, après avoir été malade depuis Noël 1345, la visite de l'Ami de Dieu tombe au plus tard dans le courant de cette dernière année, et la fin de sa conversion ne saurait donc être postérieure à l'année 1344 ou au plus tard au commencement de l'an 1345.

De même, la date 1346 qui figure au commencement du traité XIII, quelle que soit d'ailleurs sa signification, qu'elle désigne comme on l'a cru l'époque à laquelle l'Ami de Dieu s'est rendu auprès du „maître de la sainte Écriture" ou qu'elle représente comme nous le pensons celle des entretiens qu'il a eus avec le personnage inconnu du *Livre des deux hommes*, cette date n'en prouve pas moins que la fin de la conversion de l'Ami de Dieu doit tomber bien avant l'année 1346.

Nous avons ainsi posé les limites extrêmes au delà desquelles la conversion de l'Ami de Dieu ne saurait descendre. Elle n'a pu commencer après 1339 ni se terminer après 1345. Examinons au point de vue de cette conclusion la valeur des deux données chronologiques que nous avons placées en tête de cette étude. Nous serons amené de la sorte à déterminer la véritable date de la conversion de l'Ami de Dieu.

Commençons par le passage du traité IV, composé comme l'on sait en 1377. „Je sais un homme, s'écrie l'Ami de Dieu, qui a été ravi il y a trente ans. Si ce fut dans le corps, je ne sais; si ce fut hors du corps, je ne sais : Dieu seul le sait! J'ignore si ce fut au troisième ciel : mais je sais qu'il lui fut donné de goûter dans ce ravissement des joies surnaturelles, merveilleuses, ineffables. Volontiers je me fusse écrié avec saint Pierre: „Seigneur, il fait bon demeurer ici!" Si nous n'avions d'autre renseignement sur l'époque de la conversion de l'Ami de Dieu que celui qui est contenu dans ce passage, nous accepterions assurément le chiffre *trente* comme une valeur numérique précise et par conséquent la date 1347 comme l'année dans laquelle cette conversion s'est terminée. Nous venons de voir à quelles graves objections se heurte une pareille interprétation de ce chiffre [1]. Comme cette interprétation n'est pas la seule possible, et que le chiffre *trente* peut avoir été tout aussi bien dans la pensée de l'Ami de Dieu un nombre rond, tel que nous en employons journellement pour désigner d'une manière générale la date d'un événement accompli depuis longtemps, alors qu'aucun intérêt spécial ne nous pousse à chercher dans nos souvenirs une indication chronologique plus précise, nous réserverons notre jugement sur ce point et nous le ferons dépendre entièrement de l'examen de la seconde de ces données, de celle qui est empruntée au traité XIII, et qui place un espace de sept années entre le commencement de la conversion de l'Ami de Dieu et sa première entrevue avec le „maître de la sainte Écriture". Personne en effet ne s'étonnera de ce que la préoccupation d'exactitude chronologique ait pu être étrangère à l'Ami de Dieu dans un moment où sa pensée était tout entière au souvenir du ravissement ineffable dont il avait joui autrefois, et où son émotion ne trouvait d'autre langage

---

[1] M. Preger place la conversion de l'Ami de Dieu dans les années 1342 (1343) à 1347 sur la foi de ce passage du traité IV et de celui du traité XIII, p. 11 (*Vorarb.*, etc., p. 141); mais il reconnaît également qu'une indication chronologique dans le genre de celle du traité IV ne doit pas être considérée comme une valeur numérique précise si elle est contredite par des textes formels (*Ibid.*, p. 114: In Fontana's *Monumentis Dominicanis* ist zum Jahr 1335 bemerkt dass Venturini aetatis triginta annorum eine Schaar von Büssenden nach Rom geführt habe. Dieser Stelle zufolge müsste unser Brief [une lettre de Venturini dans laquelle il est question de Tauler] an Egenolf ins Jahr 1341 gerückt werden, *wenn die Altersangabe Fontana's auf diplomatische Genauigkeit Anspruch machen könnte. Das kann sie aber ihrer Natur nach nicht*; hier entscheiden unsere beiden Briefe mit ihren Detailangaben). M. Preger n'hésiterait même pas à interpréter la donnée chronologique de Fontana dans le sens de 35 ans, si d'autres indications précises l'y contraignaient. Nous n'en demandons pas tant pour concilier la notice du traité IV avec les autres renseignements que nous possédons sur la date de la conversion de l'Ami de Dieu.

pour se traduire que celui dans lequel un saint Paul avait célébré les œuvres merveilleuses de Dieu. — Nous ajouterons qu'une indication chronologique analogue à celle du traité IV figure dans la lettre 19, adressée le 22 février 1380 par l'Ami de Dieu à Rulman Merswin : „Sache que les deux amis de Dieu de Hongrie chez lesquels j'ai été il y a trente ans, sont venus me trouver" [1]. Ce n'est pas en 1350 que l'Ami de Dieu a pu faire le voyage de Hongrie mentionné dans sa lettre, puisqu'il a passé la plus grande partie de cette année à Strasbourg, et que, revenu probablement dans sa patrie après avoir quitté cette ville, il a demeuré la même année encore pendant trois semaines auprès de son interlocuteur du traité VI. Aussi peu la donnée chronologique de la lettre 19 a pu nous empêcher de placer en 1350 le premier séjour de l'Ami de Dieu à Strasbourg, aussi peu celle du traité IV devra nous contraindre à reculer jusqu'en 1347 la dernière année de sa conversion.

Reste donc comme unique objection sérieuse qui puisse être élevée contre nos conclusions, le passage précédemment cité du traité XIII : „Si je devais vous dire toutes les merveilles que Dieu a accomplies en moi pauvre pécheur depuis sept ans, il n'y aurait nulle part de livre assez grand pour en contenir le récit". Ce passage place le commencement de la conversion de l'Ami de Dieu en l'an 1343, et se trouve ainsi en contradiction absolue avec les résultats fort précis auxquels nous a fait parvenir l'étude des autres données chronologiques relatives à cette question. Il n'y aurait aucun moyen de sortir de cette difficulté, s'il était parfaitement démontré que le nombre *sept* a vraiment figuré dans l'autographe de l'Ami de Dieu. Ce nombre se rencontre dans le texte du *Grand mémorial allemand* publié en 1875 et dans trois manuscrits de la bibliothèque de Munich originaires du quinzième siècle. Par contre, toutes les éditions imprimées, depuis celle de 1498, portent à sa place le nombre *douze*. Cette divergence ne se comprend que si le chiffre en question, au lieu d'être écrit en toutes lettres, comme c'est le cas dans les manuscrits aussi bien que dans les textes imprimés, a été écrit primitivement en chiffres romains, et si les caractères x et v ont été confondus lors d'une transcription

---

[1] Lettre 19, p. 331.

de ce traité, par suite d'une calligraphie défectueuse. Ces conditions se sont rencontrées dans l'autographe de l'Ami de Dieu, à en juger par le texte autographe du traité IV qui est parvenu jusqu'à nous. Ce texte montre en effet que l'Ami de Dieu se servait habituellement de chiffres romains, qu'il écrivait d'une manière à peu près illisible, et surtout qu'il aimait à terminer certaines lettres au moyen de traits qui, passant à travers les caractères de la ligne suivante, pouvaient très facilement occasionner des confusions dans le genre de celle dont il est question ici[1]. Il nous est impossible de décider *a priori* laquelle des deux versions doit être préférée à l'autre, puisque nous ignorons à quelle époque et sur quel texte la faute a été commise, si c'est sur l'autographe même de l'Ami de Dieu ou bien sur une copie postérieure. Au point de vue de l'ancienneté du texte, c'est la version des manuscrits qui semble devoir l'emporter. Il ne faudrait cependant pas s'exagérer la valeur de cet argument, puisque l'édition de 1498 est également basée sur des sources manuscrites dont nous ne pouvons plus contrôler ni l'ancienneté ni l'exactitude sur ce point spécial, et que d'ailleurs le texte du *Grand mémorial allemand* est lui-même, non une copie directe de l'original, mais la transcription d'une première copie faite en 1369 par les frères de l'Ile-Verte au reçu de l'autographe de l'Ami de Dieu : l'écriture peu lisible de cet autographe

---

[1] Voici un fac-simile de l'autographe du traité IV, p. 126 (fragments des lignes 18, 20 et 22 : imme abber in dem schlofe... das an dem xviij dage so wurt... alles das du in der messen geschhen), qui permet de constater assez nettement les particularités de l'écriture de l'Ami de Dieu que nous relevons ici.

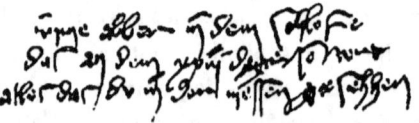

(*Livre épistolaire*, f° 9ᵃ, l. 13, 14, 15.)

Le *v* du chiffre xviij est traversé par le trait qui vient de la ligne précédente; de même le trait inférieur du *g* dans le mot *dage* se confond avec le trait qui descend du mot *dem*. L'on comprend dès lors que l'*x* a pu être pris pour un *v*, si le trait qui descend de la ligne supérieure s'est confondu avec le trait inférieur de l'*x* qui est le signe distinctif de cette lettre; et réciproquement, que le *v* a pu être pris pour un *x*, si le trait qui vient de la ligne supérieure a traversé le *v* (comme c'est ici le cas) de manière à lui donner l'apparence de la lettre *x*.

rendait nécessaire une copie immédiate, au dire même de son auteur[1]. Le seul moyen donc qui nous reste pour découvrir de quel côté réside l'erreur, c'est de comparer les deux versions aux autres données que nous possédons sur l'époque de la conversion de l'Ami de Dieu. Autant le nombre *sept* est inacceptable sous ce rapport, autant le nombre *douze* concorde avec ces données d'une manière satisfaisante, puisqu'il permet de placer la conversion de l'Ami de Dieu dans les années 1338 à 1343. C'est donc lui que nous adopterons ici comme base de notre calcul.

Si l'Ami de Dieu s'est séparé du monde en 1338, c'est quatorze ans plus tard, c'est-à-dire en 1352, qu'il a converti le chevalier son ami de jeunesse. A cette époque il avait quarante ans : sa naissance tombe donc en 1312. Tauler était âgé d'environ cinquante ans lors de sa première entrevue avec l'Ami de Dieu; il en résulte qu'il est né vers l'an 1300.

Les événements de la vie de l'Ami de Dieu et de Rulman Merswin racontés dans la première partie de notre récit, s'enchaînent donc comme suit :

1307. Naissance de Rulman Merswin à Strasbourg.
1312. Naissance de l'Ami de Dieu de l'Oberland à Coire.
1338. Rupture de l'Ami de Dieu avec le monde à l'âge de vingt-six ans.
1340. Conversion miraculeuse du «chevalier captif».
1343. Fin de la conversion de l'Ami de Dieu.
1343-1345. Ses relations avec Ursule, la recluse des environs de Vérone.
1346. Son premier pacte d'amitié avec le personnage mystérieux du *Livre des deux hommes*.
1347. Rupture de Rulman Merswin avec le monde.
1349. Première mention de relations entre l'Ami de Dieu et Rulman Merswin. Envoi du traité I. Premier séjour de l'Ami de Dieu à Strasbourg et
1350. Conversion de Tauler. Entretiens de l'Ami de Dieu avec le personnage du traité VI. Vers la même époque, voyage de l'Ami de Dieu en Hongrie.
1352. Deuxième séjour de l'Ami de Dieu à Strasbourg. Fin de la conversion de Tauler et de celle de Rulman Merswin. Le sermon du samedi, jour de

---

[1] Lettre 2, p. 282 : Dis büechelin daz sendet man úch, und enpfohet es von der hant gottes, und zwene guldin; do súllent ir einen guldin geben daz man úch dis büechelin zuo rehte schribe, den andern guldin súllent ir haben zuo einer pictancie.

sainte Gertrude, et le *Livre des neuf roches.* L'Ami de Dieu conclut son second pacte d'amitié avec Rulman Merswin, qui écrit sur sa demande l'*Histoire des quatre années de sa conversion.* L'Ami de Dieu convertit le chevalier son ami d'enfance.

1356. Catastrophe de Bâle. *Discours d'avertissement* de Tauler. Révélation adressée à l'Ami de Dieu pendant la nuit de Noël, à la suite de laquelle il compose

1357. L'*Épitre à la chrétienté.* A Pentecôte, entretiens de l'Ami de Dieu avec le personnage du traité VII. Première mention de la société mystique que l'Ami de Dieu avait groupée autour de lui.

1361. Troisième séjour de l'Ami de Dieu à Strasbourg. Mort de Tauler. Relations de l'Ami de Dieu avec Jean de Schaftolsheim, Conrad Merswin et quelques autres amis de Dieu de Strasbourg.

1364 et 1365. Fréquents voyages de l'Ami de Dieu à Strasbourg. Ses entretiens avec Rulman Merswin en vue de la fondation du couvent de l'Ile-Verte.

DEUXIÈME PARTIE.

Histoire de l'Ami de Dieu de l'Oberland et de Rulman Merswin depuis la fondation du couvent de l'Ile-Verte jusqu'à leur mort.

CHAPITRE PREMIER.

FONDATION DU COUVENT DE L'ILE-VERTE ET DESTINÉES DE CETTE MAISON JUSQU'A LA MORT DE RULMAN MERSWIN.

I. *Les révélations de l'an 1364. L'établissement des prêtres séculiers à l'Ile-Verte. Nicolas de Laufen.* — II. *La commanderie de Saint-Jean à l'Ile-Verte.* — III. *Nicolas de Laufen et l'Ami de Dieu de l'Oberland.* — IV. *Activité de Rulman Merswin à l'Ile-Verte jusqu'à sa mort.*

I.

Pendant la nuit du 9 octobre 1364, l'Ami de Dieu de l'Oberland eut un songe dans lequel il lui fut ordonné de se rendre auprès de Rulman Merswin et de lui aider à fonder un couvent à Strasbourg. Il se mit aussitôt en route, et dix jours après il se trouvait chez son ami. Celui-ci, à son grand étonnement, lui raconta qu'il avait eu le même songe à la même date, et qu'il lui avait été commandé pareillement de bâtir une maison religieuse dans sa ville natale [1].

Dans leurs précédentes entrevues, les deux amis avaient souvent agité la question de la fondation d'un nouveau cloître. Ils s'étaient toujours entendus pour dire qu'il valait mieux employer leur argent à secourir les indigents et à les „empêcher de mourir de faim", que de le dépenser dans un pareil but; que d'ailleurs ce n'étaient pas les

---

[1] Lettres 8, p. 303; 16, p. 324.

couvents qui manquaient, mais les moines au cœur sincèrement pieux[1]. En cette circonstance encore ils convinrent de ne pas donner suite au projet qui leur avait été suggéré pendant leur sommeil, et bientôt ils n'y pensèrent plus.

Mais la nuit de Noël qui suivit, les mêmes faits extraordinaires se reproduisirent. Les deux amis tombèrent malades sur l'heure de minuit, et les souffrances qu'ils endurèrent furent si vives qu'ils en pensèrent mourir. L'ordre de fonder un couvent leur fut réitéré „on des visions impossibles à décrire". Malgré cela, ils n'obéirent pas encore. Leur maladie se prolongea pendant près de deux ans et aboutit à une paralysie générale de leurs membres. Il leur fut dit alors qu'ils resteraient dans cet état jusqu'à ce qu'ils eussent pris la ferme et entière résolution de se conformer à la volonté de Dieu. Leur retour immédiat à la santé devait leur être un signe de l'authenticité de la révélation qu'ils venaient de recevoir. Ils se soumirent, et leurs douleurs disparurent.

„Ainsi fut fondée la maison de l'Ile-Verte à la suite de grands miracles et de grandes souffrances".

Les deux amis se mirent aussitôt en quête d'un endroit favorable à l'exécution de leur dessein. Après diverses tentatives infructueuses, ils réussirent à acquérir un emplacement qui répondait à leurs vœux.

Dans une île formée par différents bras de l'Ill avant l'entrée de cette rivière à Strasbourg, s'élevait alors un vieux monastère, construit en l'an 1150, s'il faut en croire la tradition des Johannites de cette ville, par un certain Werner de Hunebourg, maréchal de l'évêque, qui s'était converti après une vie d'exactions et de rapines, était devenu l'allié de la cité de Strasbourg après avoir été longtemps son ennemi, et en avait reçu à titre de concession gratuite „tout le terrain situé entre le couvent de Sainte-Marguerite et la Bruche. C'était à cette époque une île inculte et couverte de buissons, pleine de sangliers et de gibier de toute sorte; de là son nom d'Ile-Verte". Les chanoines réguliers de saint Augustin que Werner de Hunebourg

---

[1] *Histoire de la fondation du couvent de Saint-Jean*, p. 84 ss.

reçut dans son couvent, ne surent pas l'administrer. Il passa vers le milieu du treizième siècle aux bénédictins d'Altorf, sous la direction desquels il continua à déchoir. Cent ans plus tard il était tombé dans un état de délabrement complet; l'église, remplie de tonnes vides, ressemblait à une grange, et l'on y disait bien rarement une messe. Par suite de „l'incurie criminelle" des „moines noirs" d'Altorf, le „saint établissement de Werner de Hunebourg était devenu une taverne, servant à des réunions inconvenantes de laïques et d'ecclésiastiques" [1].

C'est dans ces conditions que Rulman Merswin l'acheta pendant l'automne de l'année 1366 pour la somme de 510 marcs. Il en prit immédiatement possession, quoique le contrat de vente ne fût signé définitivement qu'au printemps de l'année suivante, et se mit aussitôt à restaurer les bâtiments qui menaçaient ruine. L'église reçut par ses soins un clocher de pierre et une toiture neuve; une chapelle y fut ajoutée, élevée en l'honneur des onze mille vierges; les autels furent autrement disposés, à l'exception du maître-autel, qui conserva sa place. Ainsi réparée et agrandie, elle fut consacrée le 25 novembre 1367 [2].

L'intention de Rulman Merswin et du laïque de l'Oberland, en entreprenant cette seconde „fondation" du couvent de l'Ile-Verte, avait été de „créer une maison de refuge où pourraient se retirer tous les hommes honnêtes et pieux, laïques ou ecclésiastiques, chevaliers, écuyers ou bourgeois, qui désireraient fuir le monde et se consacrer à Dieu, sans cependant entrer dans un ordre monastique. Ils devaient y vivre de leurs propres deniers, en toute simplicité et honnêteté, se contenter de deux repas par jour et tenir une conduite irréprochable, de manière à ne pas causer de dérangement aux ecclésiastiques de la maison" [3]. L'attente des manifestations de la justice vengeresse de Dieu, dans laquelle vivaient alors les deux hommes, imprime à leur œuvre son véritable caractère. La maison de l'Ile-Verte, qui, en temps ordinaire, devait être une retraite paisible

---

[1] *Histoire de la fondation du couvent de Saint-Jean*, p. 36 ss.
[2] *Ibid.*, p. 38. Cf. Schmidt, *Rulmann Merswin, le fondateur de la maison de Saint-Jean de Strasbourg*, p. 158.
[3] *Ibid.*, p. 39.

ouverte à la piété de tous les hommes, était destinée dans leur pensée à servir d'asile aux amis de Dieu à l'heure où les calamités annoncées fondraient sur le monde ; elle devait être le „nid préparé d'avance par le Seigneur pour y cacher et conserver les siens" dont parle Tauler à plusieurs reprises, et sous la forme duquel la maison de l'Ile-Verte devait se présenter quelques années plus tard à l'imagination de l'Ami de Dieu dans une de ses visions les plus significatives.

Dès le 18 octobre 1366 [1], jour de saint Luc, Rulman Merswin avait installé dans son établissement quatre prêtres séculiers, pour lesquels il lui fallut demander au pape Urbain V la permission de célébrer le culte dans l'église de l'Ile-Verte. Cette permission fut accordée le 2 décembre 1368 [2]. Une société de prêtres et de laïques demeurant sous un même toit, comme cel' que Rulman Merswin avait décidé d'établir, devait nécessairement apparaître aux yeux de l'autorité ecclésiastique comme une congrégation religieuse nouvelle que l'évêque n'avait pas pouvoir d'autoriser, et pour la création de laquelle l'assentiment du pape était nécessaire.

En même temps que les prêtres séculiers, était entré à l'Ile-Verte un jeune homme de vingt-sept ans nommé Nicolas de Laufen, qui venait de quitter le bureau d'un marchand de drap de Strasbourg, où il avait servi pendant sept ans comme comptable, pour se vouer à l'état ecclésiastique [3]. Il était entré en relation avec Rulman Merswin, qui conçut pour lui une grande affection et le traita depuis lors comme son fils. L'exemple et l'influence de l'ancien banquier n'auront pas été étrangers au changement qui venait de s'opérer dans sa vie. Il fut ordonné prêtre le 18 septembre 1367. Rulman Merswin le mit de bonne heure en relation avec l'Ami de Dieu de l'Oberland : lui aussi ne tarda pas à éprouver pour le mystérieux laïque la vénération profonde, la confiance sans limites que celui-ci inspirait à toutes les personnes qui de près ou de loin subissaient son influence. Nicolas de Laufen demeura à l'Ile-Verte jusqu'à sa mort. Grâce à la

---

[1] *Livre épistolaire*, f° 1 : ...also der vorgenante Ruoleman Merswin dis hus zuo dem Gruenenwerde..., mit sinen weltlichen priestern besatte, die dar in zugent und die kirche anefingent zuo besingende an sante Lux tage anno m°ccc°lxvj.

[2] Schmidt, *Rulmann Merswin*, etc., p. 148.

[3] V. Appendice, IV.

libéralité de son protecteur, il avait trouvé dans cette maison non seulement une existence assurée, mais encore l'intérieur calme et paisible que réclamait son goût pour la vie mystique; il avait rencontré dans la société pieuse qui y demeurait, le soutien spirituel dont avaient besoin son caractère éminemment faible et indécis et sa conscience facilement timorée. La figure de Nicolas de Laufen rappelle par plus d'un trait celle de Henri de Nördlingen.

C'est aux quatre prêtres séculiers établis à l'Ile-Verte, à Nicolas de Laufen, à Rulman Merswin et à quelques notables de Strasbourg qui secondaient celui-ci dans l'accomplissement de son œuvre et qui avaient élu domicile dans la maison fondée par lui, c'est „aux pères et aux frères demeurant à l'Ile-Verte" que l'Ami de Dieu envoya le 29 janvier 1369 le traité XIII et la lettre 2. Rulman Merswin venait de l'informer de la situation intérieure de cet établissement. Il lui avait appris que si les difficultés soulevées par la chancellerie romaine étaient en train de s'aplanir, il en naissait chaque jour de nouvelles par suite de l'humeur indocile et de l'inconstance religieuse des prêtres qu'il avait reçus dans sa maison. Ils n'avaient pas encore appris à renoncer pour le bien commun aux mouvements désordonnés de leur volonté particulière; l'un désirait se faire ermite dans un bois, l'autre s'inquiétait de n'avoir pas encore reçu „les grâces lumineuses et surnaturelles du Saint-Esprit". En outre, ils se reprochaient l'un à l'autre les dehors sous lesquels la piété se manifestait chez eux: tel était toujours triste et ne pouvait supporter la vue de tel autre qui était toujours joyeux[1]. Dans ces conditions, la lettre de l'Ami de Dieu ne pouvait être qu'un pressant appel à la concorde, à la persévérance, au support mutuel.

„Mes chers frères, unissez-vous dans un même sentiment d'amour fraternel et de fidélité envers Dieu. Tenez-vous en garde contre les suggestions de votre imagination; c'est le diable qui les fait naître dans vos cœurs afin d'y faire obstacle à l'action de la grâce divine. Demeurez avec constance et fermeté dans le genre de vie que vous avez choisi, s'il est approuvé de Dieu. Attendez en patience et

---

[1] Lettre 2, p. 283.

dans le sentiment pleinement justifié de votre indignité les grandes grâces du Seigneur. Si Dieu accédait à votre désir et vous accordait dès maintenant ses dons surnaturels sans que vous les eussiez mérités, ainsi qu'il advint à saint Paul, et si plus tard vous aviez à supporter comme l'apôtre les coups violents des verges divines, il serait à craindre que vous n'abandonnassiez tous le Seigneur. Gardez-vous donc de demander à Dieu un présent aussi sublime avant de vous être bien exercés à la souffrance. Quand les tentations vous assaillent, résistez au péché : mais sachez que ces tentations sont une grâce qui vient de Dieu et par laquelle bien des hommes sont obligés de passer; apprenez à les supporter en toute patience et humilité, pour la seule gloire de Dieu. Enfin, vivez en paix l'un avec l'autre. Que celui qui est triste se représente que son voisin peut avoir acquis le contentement dans lequel il vit, par la fidélité avec laquelle il a servi Dieu; que celui qui est joyeux se dise que son voisin est peut-être triste parce qu'il se rappelle sans cesse que son Dieu n'a pas goûté ici-bas un seul jour de bonheur. Appliquez-vous ainsi à trouver du bien en toutes choses!" L'éducation religieuse des frères de l'Ile-Verte était encore à faire. Dans ce but l'Ami de Dieu leur adressa, comme leur étant envoyée par Dieu même, une copie du traité XIII transcrite dans leur langue : l'exemple du maître de la sainte Écriture devait leur apprendre, mieux que ne l'eussent pu faire de longs discours, à vaincre les désirs personnels et à pratiquer „l'alphabet des vertus chrétiennes". Dans le même but l'Ami de Dieu leur révéla quel était selon lui le moyen par excellence de progresser dans la vie spirituelle : „Rulman m'a écrit que votre établissement à l'Ile-Verte avait reçu l'approbation du pape. S'il en est ainsi, choisissez parmi vous un chef, quel qu'il soit, et prenez-le pour modèle. Abandonnez-lui sans réserve votre volonté particulière en place de Dieu, et promettez-lui de lui obéir humblement en toutes choses. Sachez que la concorde et l'amour de Dieu et de nos frères ne nous ont jamais été aussi nécessaires que dans les temps présents. Les grands, mystérieux et surnaturels amis de Dieu ont toujours quelque secret dans le cœur qu'ils n'aiment pas divulguer. En ce moment ils ont grand'peur pour la chrétienté, car ils savent que si elle ne s'amende pas, il arrivera en peu d'années de telles calamités que les hommes, quelque sagesse mondaine qu'ils possèdent, ne sauront où fuir s'ils ne sont éclairés d'en-haut par les lumières surnaturelles de l'Esprit. Ah, chers frères, que je vous souhaiterais donc le même flair pour connaître les hommes, qu'ont les chiens de chasse pour trouver les bêtes sauvages! Si vous cherchiez tant soit peu dans votre entourage, peut-être découvririez-vous quelque gibier tout près de vous. Le temps n'est pas encore venu de parler ouvertement. Que celui qui a des oreilles, entende!"[1] Le copiste du traité ajoute : „Le gibier dont parlait l'Ami de Dieu n'était autre que la vie sainte et mystérieuse de Rulman Merswin", et il ne se trompait pas. C'est en effet à Rulman Merswin que l'Ami de Dieu devait penser quand il conseillait aux frères de l'Ile-Verte de se choisir un chef qu'ils pussent prendre pour modèle et auquel ils pussent se soumettre „en place de Dieu". L'invitation qu'il leur adresse dans ce sens ne saurait être plus discrète. Il se contente de les avertir à mots couverts de la haute dignité dont est revêtu aux yeux de Dieu le fondateur de leur maison, et il les invite mystérieusement à réfléchir au but que son ami a pu poursuivre en créant le refuge de l'Ile-Verte, à si courte distance des grandes tribulations qui doivent frapper le monde et purifier l'Église.

Cet appel de l'Ami de Dieu ne fut pas entendu. Seul Nicolas de Laufen suivit son conseil et fit choix d'un „chef"; mais ce ne fut pas à Rulman Merswin, ce fut à l'Ami de Dieu même qu'il s'abandonna „en place de Dieu". Il ne devait pas tarder à trouver „une joie et une consolation toutes particulières" dans ce rapport de soumission absolue dans lequel il était entré et dans lequel il se maintint aussi longtemps qu'il put vis-à-vis du laïque de l'Oberland.

II.

Les difficultés qui avaient surgi dans la société religieuse de l'Ile-Verte allèrent, paraît-il, en croissant, car dès l'année 1369 Rulman

---

[1] Lettre 2, p. 284 : Ich wolte daz ir noch menschlicher art also wol kundent spüren also ein vogelhunt noch hundesart kan : wurdent ir danne umb úch suochende, villihte wurdent ir ettewaz wildes nohe bi úch spürende. Die zit ist noch nit kummen daz man öffenliche reden sol; der oren habe zuo hœrende, der hœre!

Merswin résolut de remplacer les clercs séculiers qu'il avait admis dans sa maison, par des moines. Les membres d'une congrégation monastique soumis à la règle de leur ordre et à la direction d'un prieur, d'un gardien ou d'un commandeur, lui présentaient sans doute des garanties bien meilleures d'obéissance et de stabilité religieuse que des ecclésiastiques qui n'avaient d'autre supérieur que l'évêque de la ville, et qui n'étaient tenus d'observer que leurs vœux sacerdotaux.

Restait à faire accepter par un ordre religieux les dispositions spéciales qui devaient conserver à la maison de l'Ile-Verte, transformée en couvent, le caractère que Rulman Merswin et l'Ami de Dieu lui avaient donné depuis le commencement, notamment celle qui est relative à l'admission éventuelle de laïques. Les chanoines réguliers de saint Augustin, les „moines gris de l'ordre de saint Bernard" ou les cisterciens, les „frères prêcheurs de l'ordre de saint Dominique" furent successivement en instance auprès de l'ancien banquier pour obtenir la concession de sa propriété; mais toutes ces négociations échouèrent[1].

Alors se présentèrent les Johannites. „Rulman Merswin et son ami le laïque de l'Oberland, ainsi que d'autres personnes honorables qui avaient à cette époque autorité sur la maison de l'Ile-Verte, aimaient si peu les Johannites et avaient tant de déplaisir à leur manière de vivre, qu'ils eussent préféré voir leur maison consumée par les flammes plutôt que de la leur donner. Longtemps ils ne voulurent pas entendre parler d'eux : mais la Trinité avait en vue les seuls Johannites. Le Seigneur fit connaître à l'Ami de Dieu par un miracle quelles étaient ses préférences. Celui-ci informa son ami de la révélation qu'il avait eue : aussi les négociations entamées avec les Johannites aboutirent-elles sans la moindre difficulté. La Trinité, en donnant la maison de l'Ile-Verte à l'ordre de Saint-Jean, a surtout pris en considération l'avantage des laïques. Cette maison en effet est destinée à être un refuge pour les laïques de toute condition et de tout rang qui désireraient fuir le monde et se convertir à Dieu. La Trinité a voulu qu'en entrant dans cette maison, ils ne se heurtassent

---

[1] *Histoire de la fondation du couvent de Saint-Jean*, p. 39 ss.

pas à un genre de vie trop sévère dont pourrait s'effrayer la faiblesse de leur nature, ni qu'ils eussent à rougir de la société dans laquelle ils s'étaient fait admettre : c'est pourquoi elle y a placé l'ordre honorable et illustre entre tous de Saint-Jean, qui est un ordre de laïques fondé sur la chevalerie, et qui a compté et compte encore un grand nombre de frères distingués par la noblesse de leur race et la profondeur de leur piété". Telles auront été également les raisons qui ont prévalu chez Rulman Merswin et l'Ami de Dieu sur les répugnances que la vie trop mondaine des chevaliers de Saint-Jean a pu leur inspirer au commencement. „Je ne connais pas dans toute la chrétienté d'ordre religieux qui possède plus de franchises que l'ordre de Saint-Jean", écrit l'Ami de Dieu [1]. Nulle autre congrégation monastique ne pouvait mieux convenir pour cette raison dans sa pensée au but spécial dans lequel avait été fondé l'établissement de l'Ile-Verte. Un „ordre de laïques" devait lui paraître le successeur désigné de la société des prêtres séculiers, à laquelle il n'avait manqué peut-être qu'un peu de cette cohésion que donne l'obéissance à une autorité commune, pour rendre possible la réalisation des espérances que les deux amis de Dieu avaient fondées sur elle.

Le 6 janvier 1371 fut signée par Conrad de Brunsberg, grand-prieur de la province d'Allemagne, et contre-signée par les commandeurs de Dorlisheim, de Schlestadt, de Colmar, de Soultz, de Bâle et de Villingen, la charte par laquelle l'ordre de Saint-Jean déclarait accepter la maison de l'Ile-Verte aux conditions stipulées par Rulman Merswin [2]. En foi de quoi eut lieu le 23 mars suivant la remise solennelle de cette propriété aux Johannites. Le 20 octobre de la même année arriva de Rhodes la confirmation de la convention du 6 janvier par le grand-maître de l'ordre, Raymond Béranger [3].

Cette convention portait que Rulman Merswin faisait don aux Johannites du couvent de l'Ile-Verte avec toutes ses dépendances, de l'église et du jardin, et en outre d'une rente annuelle de cinquante livres, „afin que le culte y fût célébré à tout jamais par les prêtres de

---

[1] Lettre 4, p. 294.
[2] *Histoire de la fondation du couvent de Saint-Jean*, p. 46.
[3] *Ibid.*, p. 47.

cet ordre". L'ordre de Saint-Jean de son côté reconnaissait Rulman Merswin, Jean Merswin le burgrave, et un chevalier nommé Henri Wetzel, ainsi que leurs successeurs, comme les administrateurs de la maison de l'Ile-Verte, sans le consentement desquels les dignitaires de l'ordre ne devaient y placer aucun frère ni en aliéner aucun bien, et auxquels le commandeur était tenu de rendre compte annuellement de son administration financière, avec menace de destitution en cas de gestion défectueuse. Les administrateurs devaient se renouveler par cooptation, avec adjonction du commandeur de la maison dans le cas où les deux administrateurs survivants ne parviendraient pas à se mettre d'accord. L'ordre promettait de placer toujours à l'Ile-Verte le nombre de prêtres que les administrateurs jugeraient nécessaire d'y avoir, et d'y faire venir des autres commanderies ceux des frères que les trois laïques désigneraient, à moins que ces frères ne se refusassent à changer de séjour ou ne fussent retenus ailleurs par des fonctions administratives. Il s'interdisait en outre de jamais frapper la maison de l'Ile-Verte d'aucun impôt extraordinaire, et de lui demander plus de six florins par an pour le trésor de Rhodes. En outre, il s'engageait à recevoir à l'Ile-Verte tout homme, prêtre ou laïque, chevalier, écuyer ou bourgeois, „à qui Dieu aurait inspiré le désir de s'améliorer et de chercher un refuge dans cette maison", et que les administrateurs auraient jugé convenable d'y admettre. Le nouveau venu ne devait y être reçu définitivement qu'après un certain temps d'épreuve, et sur sa promesse écrite de tenir une conduite irréprochable et d'être toujours prêt à rendre compte de ses actes au commandeur de la maison; il devait apporter à la communauté de quoi subvenir à ses frais d'entretien, et ne pouvait être éloigné que dans le cas où sa présence serait devenue intolérable au commandeur et à la majorité des frères. Enfin, si le commandeur devait transgresser l'un des précédents articles, les trois administrateurs laïques avaient le droit de lui adresser un avertissement; si cette mesure restait sans effet, d'en appeler au commandeur de la maison de Dorlisheim, et si celui-ci refusait de faire droit à leur réclamation, de se saisir par voie judiciaire ou simplement par la force armée de tous les bâtiments de l'Ile-Verte, consacrés au culte ou non, et de les tenir sous séquestre jusqu'à ce que l'article violé eût été exécuté.

Pendant le cours de ses négociations avec les Johannites, Rulman Merswin avait été exhorté par le Saint-Esprit à veiller tout spécialement à ce que le caractère d'un asile pour les âmes pieuses fut conservé à la maison de l'Ile-Verte, et à prendre toutes les précautions possibles pour que cette clause du contrat fût toujours exécutée. L'on voit par ce qui précède qu'il s'est scrupuleusement acquitté de cette tâche. Avant de conclure définitivement sa convention avec l'ordre de Saint-Jean, il en soumit les dispositions au jugement du laïque de l'Oberland et des amis de Dieu que celui-ci avait groupés autour de lui, et dont l'un se trouvait être un ancien jurisconsulte. L'Ami de Dieu et ses compagnons approuvèrent sans réserve les articles du traité. Ils en firent une copie qu'ils conservèrent chez eux „tant ces articles leur parurent justes et divins"[1]. L'élément laïque conservait en effet la haute main dans l'administration intérieure de la maison de l'Ile-Verte; l'intérêt de la population laïque, en vue de laquelle la seconde „fondation" de ce couvent avait été entreprise, ne pouvait être plus soigneusement sauvegardé qu'il ne l'était dans l'organisation instituée par Rulman Merswin, sans cependant porter atteinte aux droits et au libre développement de la congrégation monastique dont la présence était nécessitée dans cet établissement par le but exclusivement religieux qui avait présidé à sa création.

„Conrad de Brunsberg prit tant de plaisir à la maison de l'Ile-Verte qu'il en fit sa résidence habituelle. Il pourvut à tous ses besoins et contribua puissamment à sa prospérité". Le premier commandeur en fut Henri de Wolfach.

III.

Pendant que s'était opérée cette transformation de l'établissement des prêtres séculiers en commanderie de Saint-Jean, Nicolas de Laufen avait continué à demeurer à l'Ile-Verte. Sa position comme prêtre séculier y devenait difficile, puisqu'il était trop jeune pour vivre dans l'oisiveté d'une „maison de refuge". Il songea donc à

---

[1] *Histoire de la fondation du couvent de Saint-Jean*, p. 48. Cf. lettre 4, p. 294.

entrer dans l'ordre de Saint-Jean. Il s'était lié d'amitié avec trois prêtres de cet ordre, dont les tendances pieuses étaient semblables aux siennes ; mais il n'éprouvait aucune impulsion intérieure à se faire recevoir dans leur congrégation. Le „grand amour" qu'il portait à la maison fondée par Merswin le disposait-il à une concession sur ce point, qu'aussitôt „toute envie d'entrer dans l'ordre lui passait" quand il considérait l'allure mondaine des chevaliers de Saint-Jean, „quand il les voyait chevaucher sur de grandes haquenées, couverts de vêtements élégamment coupés, et portant de ɀs coutelas à leur ceinture". Cet aspect lui donnait le frisson. En outre, les Johannites, en prenant possession du couvent de l'Ile-Verte, „y avaient apporté de grandes indulgences". L'affluence des fidèles à leur église était considérable. Nicolas de Laufen s'était d'abord affligé du dérangement qu'un si grand concours de peuple introduisait dans la tranquille existence dont il avait joui jusqu'alors ; peu à peu cependant il s'y était habitué ; finalement, il avait même trouvé un si grand sujet de joie dans la foule des visiteurs qui se pressaient autour des autels, qu'il était encore effrayé comme d'une nouvelle cause de distraction qui le détournait du souci de son développement intérieur. Enfin, se disait-il, s'il lui était impossible de fonctionner comme prêtre séculier dans une commanderie de Saint-Jean, n'était-ce pas compromettre également son séjour dans une maison qui lui était particulièrement chère, que d'entrer dans un ordre dont les dignitaires pouvaient l'envoyer dans une localité lointaine, dès que Rulman Merswin ne serait plus là pour le couvrir de sa protection? Et ne risquait-il pas de troubler à tout jamais la quiétude de son esprit en s'exposant à être revêtu de fonctions administratives qu'il n'eût pas osé décliner, et qui répugnaient si fort à sa nature contemplative? Par contre, il ne lui convenait pas davantage d'entrer dans l'ordre sous certaines conditions : comment eût-il prononcé en bonne conscience le vœu d'obéissance absolue ? Dans son embarras, il résolut de s'adresser à l'Ami de Dieu et de lui faire part de ses hésitations, non sans lui donner clairement à entendre que la solution qu'il préférerait entre toutes, serait de se rendre auprès de lui dans l'Oberland et d'être admis dans son association religieuse. „Je me suis bien examiné, lui écrivit-il, et je puis vous assurer que le grand désir que j'ai depuis le commencement de nos relations d'aller auprès de vous, n'a jamais été aussi vif que maintenant. S'il me fallait endurer toutes les privations, me contenter de pain et d'eau, porter des pierres ou du fumier, je supporterais tout avec joie s'il m'était possible de vivre dans votre société jusqu'à la fin de mes jours. Si je l'avais pu, j'aurais écrit à vos frères une lettre particulière pour les prier d'intercéder auprès de vous en ma faveur. A vos côtés je me sentirais plus en sûreté que partout ailleurs. Ne méprisez donc pas un pauvre pécheur qui vous supplie au nom de Dieu, et permettez-moi d'être le plus petit de vos serviteurs !" [1]

L'humilité de cette prière montre quel ascendant le laïque de l'Oberland avait pris sur l'âme du prêtre séculier. Il n'était pas seulement pour lui un conseiller fidèlement obéi ; on peut dire qu'il était son oracle infaillible, plus encore : sa conscience. Voici en effet dans quels termes Nicolas de Laufen continue sa lettre : „Tout ce que vous m'ordonnerez de faire, quoi que ce puisse être, je le ferai avec une entière paix intérieure. Telle a été la première et joyeuse résolution de mon cœur à l'époque où nos relations ont commencé ; telles sont les dispositions dans lesquelles je veux persévérer avec constance, si Dieu me vient en aide. Vous pourriez, si Dieu vous l'inspirait, m'ordonner de garder les bestiaux à la campagne, m'imposer telle autre besogne abjecte que vous voudriez : je suis résolu à vous obéir tant que mes faibles forces me permettront de le faire. En vérité, quand je considère l'état dans lequel se trouve le monde et la faiblesse de ma nature, je n'ose rien choisir ni décider par moi-même ; je ne sais où trouver la paix intérieure : je ne la rencontre que dans un abandon absolu de moi-même à Dieu et à vous en toutes choses. Il m'arrive souvent de me sentir dépourvu de toute consolation divine, d'éprouver en moi de grandes angoisses : ma seule consolation alors est de relire les lettres que je vous ai écrites et surtout celles que vous m'avez envoyées. Penser que je me suis abandonné à vous en place de Dieu, savoir en toute certitude que vous ne pouvez ni ne voulez m'abandonner, que vous m'avez accepté en place de Dieu et que vous êtes obligé et tenu de par Dieu de prendre soin de moi et de pourvoir aux besoins de mon âme, c'est pour moi une

---

[1] Lettre 3, p. 290.

grande source de joie et de consolation, car après Dieu vous êtes la personne en qui j'ai le plus de confiance ici-bas. Je connais intimement beaucoup de grands amis de Dieu, et je n'ai pu m'abandonner à aucun d'eux, quelque amour qu'ils eussent eu pour moi. Je crois fermement que le Seigneur s'est proposé un but tout spécial quand il m'a introduit d'une manière si étrange et si merveilleuse dans votre intimité et dans votre affection. J'éprouve bien des impulsions dans le fond de mon cœur; mais je ne puis savoir ce que c'est : j'ignore ce que Dieu veut de moi. Pour le savoir, je m'en remets entièrement à lui et à vous; vous serez devant lui mon excuse et mon secours!" Il est difficile de pousser plus loin l'abdication de la conscience personnelle. Rappelons ici que, d'après le traité XIII, ce n'est pas à la créature humaine comme telle que s'adressent ces protestations d'absolue obéissance, mais à la créature humaine considérée comme organe du Saint-Esprit.

La réponse de l'Ami de Dieu ne se fit pas attendre[1]. „Seigneur Nicolas, laissez là toutes les imaginations dont vous vous fatiguez l'esprit. Mettez-les sous vos pieds et continuez à marcher en avant en toute simplicité de cœur, ainsi que vous avez commencé à le faire. Abandonnez-vous à Dieu et à ses amis, sans prendre plus de souci de vous-même que ne le ferait un enfant. Toutes vos inquiétudes montrent bien que vous ne vous êtes pas encore absolument abandonné à Dieu. Gravez-vous bien dans l'esprit les vingt-trois lettres de l'alphabet des vertus chrétiennes; méditez la leçon qui a été enseignée au maître de la sainte Écriture : personne ne peut être gratifié des œuvres merveilleuses du Saint-Esprit, qui ne s'est frayé un chemin à travers sa propre nature en s'élevant de vertu en vertu par un renoncement complet à sa volonté particulière. — Vous vous offusquez des manières mondaines des Johannites? Sachez que vous n'avez pas encore acquis la grâce de voir un bien en toutes choses, car la lumière surnaturelle du Saint-Esprit n'éclaire pas encore votre âme. Vous êtes inquiet de l'avenir réservé par l'ordre de Saint-Jean à l'établissement de l'Ile-Verte? Sachez que tout ce qui a été fait dans

---

[1] Lettre 4, p. 292 ss.

cette maison a été entrepris sur le conseil du Saint-Esprit. Puisque c'est lui qui a commencé l'œuvre, laissons-lui le soin de la poursuivre et de l'achever. De quelque manière qu'il dirige les destinées de cette maison, quelques personnes qu'il y envoie, nous devons nous en réjouir. Déchargeons-nous sur lui de tout souci à cet égard, et vivons sur ce point dans une parfaite quiétude. Vous êtes indisposé contre les Johannites de ce qu'ils ont apporté des indulgences dans votre église? Réjouissez-vous-en plutôt pour l'amour des pauvres créatures, nos prochains, dont la félicité éternelle vaut bien que nous souffrions quelque dérangement. Vous ne voudriez pas entrer dans l'ordre en posant certaines conditions? J'approuve vos scrupules: Merswin devra prendre sans votre intervention et à votre insu toutes les dispositions nécessaires à cet égard. — Sachez que les articles de la convention que vous avez signée avec les Johannites nous plaisent tellement, que nous avons nous-mêmes l'intention d'entrer dans cet ordre, pour lequel nous avons une grande affection. La guerre qui désole en ce moment notre pays, nous a empêchés jusqu'à présent de donner suite à ce dessein et de commencer nos constructions. Je crois bien que Dieu ne nous enlèvera pas Rulman de ce monde avant que nous ne soyons aussi devenus Johannites. J'ai soumis à nos frères et à d'autres secrets amis de Dieu la situation dans laquelle vous vous trouvez; ils prieront Dieu de leur révéler si c'est comme Johannite ou comme prêtre séculier qu'il veut vous posséder. Quoi qu'il en soit, ne prononcez pas vos vœux avant un noviciat de six mois; après ce temps d'essai vous m'écrirez ce que vous pensez faire. Si vous entrez dans cet ordre et que plus tard vous désirez venir chez nous, nous demanderons que vous nous soyez prêté pour un an; et si vous vous plaisez dans notre société, vous resterez auprès de nous pour toujours, à la plus grande satisfaction de nos frères".

Cette lettre enleva à Nicolas de Laufen toutes ses hésitations. Dès le 24 juin 1371 il était membre de l'ordre de Saint-Jean. Sans doute le vœu qu'il avait exprimé à l'Ami de Dieu d'être admis dans sa société ne devait pas se réaliser. Il n'eut cependant pas à regretter la détermination qu'il venait de prendre, puisqu'il trouva dans ses rapports avec les habitants de l'Ile-Verte, notamment avec Henri de Wolfach et Conrad de Brunsberg, sans compter Rulman Merswin, une ample compensation aux jouissances dont aurait été entouré pour lui un séjour chez les amis de Dieu de l'Oberland. „Vous avez bien lieu d'être reconnaissant au Seigneur, lui écrivit l'Ami de Dieu six ans plus tard, de ce qu'il a si bien arrangé les choses à votre avantage, en vous faisant entrer dans une compagnie aussi honorable". Une seule fois, en 1377, Nicolas de Laufen dut prier l'Ami de Dieu d'intervenir pour lui auprès de ses supérieurs : Henri de Wolfach l'avait chargé de quelques démarches auprès des autorités judiciaires à l'occasion d'un procès que la maison de Saint-Jean avait à soutenir à cette époque. Nicolas de Laufen se plaignit amèrement de l'obligation qui lui avait été imposée de s'occuper d'affaires temporelles. Rulman Merswin fut chargé de faire à ce sujet des remontrances au commandeur [1].

IV.

Devenu veuf pour la seconde fois en 1370 [2], Rulman Merswin quitta l'année suivante la maison qu'il possédait à l'intérieur de la ville et se retira à l'Ile-Verte. Il y passa le reste de ses jours, occupé à travailler au bien matériel et spirituel des habitants de cette maison. Il consacra sa fortune à leur rendre le séjour de leur nouvelle demeure de plus en plus agréable. Il agrandit le verger et y fit établir des fontaines et des bains; il orna le jardin de gloriettes et le fit ceindre d'un portique „afin que les frères trouvassent tous les agréments de la vie dans l'intérieur de leur couvent, et que leur conscience leur permît d'autant moins de chercher des distractions au dehors". Volontiers il eût déterminé Conrad de Brunsberg à défendre aux frères de sortir de l'établissement; mais Conrad trouva qu'il ne serait pas équitable d'astreindre les Johannites de l'Ile-Verte à un genre de vie qui n'était pas observé par l'ordre entier [3]. Il dut par conséquent se borner, d'accord avec l'Ami de Dieu de l'Oberland, à donner aux frères le conseil d'entrer aussi peu que possible en contact

---

[1] Lettres 9, p. 308; 6, p. 299.
[2] *Histoire de la fondation du couvent de Saint-Jean*, p. 54.
[3] *Ibid.*, p. 50.

avec le monde, de ne sortir du couvent qu'en cas de nécessité absolue et surtout de fuir la société des femmes. „Quelque saintes qu'elles paraissent, leur intimité peut toujours être dangereuse", témoin ce qui était arrivé un jour à l'Ami de Dieu, alors qu'il avait failli tomber en état de péché mortel en compagnie d'une femme distinguée par sa piété, avec laquelle il avait entretenu des relations spirituelles depuis plus de dix ans [1].

L'église de l'Ile-Verte subit peu de modifications jusqu'à la mort de Merswin. Non que le désir d'agrandir et d'embellir leur sanctuaire eût manqué aux chefs de la nouvelle colonie religieuse. Nombre de plans furent élaborés dans l'espace d'une dizaine d'années: du fond de sa retraite, l'Ami de Dieu prit la part la plus active à toutes ces discussions architecturales, et il eut même à ce sujet plusieurs visions fort remarquables, tant sur la forme extérieure à donner à l'édifice que sur sa disposition intérieure, notamment sur l'attribution des autels [2]. Malheureusement l'argent manqua pour exécuter tous ces projets.

Depuis que les fidèles affluaient à l'Ile-Verte, attirés par les indulgences apportées par les Johannites, l'église construite par Werner de Hunebourg était devenue manifestement trop petite. Aux jours de grande fête, le peuple, „hommes et femmes, jeunes et vieux", envahissait le chœur, ce qui troublait le recueillement des frères [3]. Dès 1374, Henri de Wolfach avait eu l'idée d'agrandir l'église en bâtissant un nouveau chœur plus vaste que l'ancien, et de le couvrir d'une voûte en pierre pour donner meilleure apparence à l'édifice. Rulman Merswin n'approuva pas ce projet; mais par affection pour le commandeur il consentit à fournir l'argent nécessaire à l'exécution de son plan. Déjà les murs s'élevaient au-dessus du sol, déjà une somme de cent cinquante florins avait été dépensée, quand l'un des personnages intéressés à cette œuvre, Rulman Merswin sans doute, eut une révélation dans laquelle il lui fut dit que la construction com-

---

[1] Traité VI. Cf. traité IV, p. 134.
[2] Lettres 8, p. 302; 13, p. 316 ss.
[3] Lettre 11, p. 310.

mencée „était contraire à la volonté de Dieu". Les travaux furent aussitôt arrêtés; le commandeur renonça à son projet. „J'ai vu dans bien des villes, lui écrivit peu de temps après l'Ami de Dieu, qu'un couvent cherchait à en dépasser un autre par la magnificence de son église : beaucoup de ces constructions, je le crains, ont été entreprises comme la vôtre sans le conseil du Saint-Esprit. J'ai vu également depuis trente ans, en bien des pays, comment Dieu punissait ces œuvres téméraires. Un tremblement de terre a renversé de grandes cathédrales aux épaisses murailles et aux voûtes magnifiques: les voûtes se sont effondrées, les murailles sont restées debout. Il est arrivé en plusieurs localités où deux églises étaient situées l'une près de l'autre, l'une couverte d'une voûte en pierre, l'autre d'un simple plafond de bois, que la voûte de l'une s'est écroulée tandis que le plafond de l'autre restait intact. Je vous conseille donc, dans les temps graves où nous sommes, de ne pas bâtir de voûte en pierre, mais de couvrir votre église de simples planches. Si Dieu envoyait quelque nouveau tremblement de terre, la secousse lui fera moins de mal. Je crains bien qu'une secrète pensée d'orgueil, l'espoir de tirer vanité d'un beau chœur, ne vous ait dicté votre plan : à présent je me réjouis de vous voir délivré de cette suggestion des mauvais esprits"[1]. C'est ainsi que l'Ami de Dieu savait tirer un profond enseignement religieux des circonstances même secondaires qui avaient accompagné les grandes catastrophes survenues à son époque, et qui n'avaient pas échappé à son esprit observateur.

L'on se borna donc, sur la proposition de Rulman Merswin, à un projet plus simple, portant agrandissement du chœur existant au moyen d'un nouveau chœur fermé, réservé aux frères du couvent. Ce plan fut exécuté, non sans avoir été plusieurs fois abandonné et repris tant par le commandeur et l'Ami de Dieu que par son auteur même. Les travaux, paraît-il, ne furent pas poussés avec vigueur, car en 1380 l'église présentait encore l'aspect d'une „grange" : les murs n'étaient pas recrépis, le plafond n'était pas commencé[2]. La prospérité croissante de la commanderie de l'Ile-Verte à partir de la

---

[1] Lettre 8, p. 301 ss.
[2] Lettre 20, p. 337.

fin du siècle eut bientôt fait disparaître ces indices éloquents de la modeste situation dans laquelle l'ordre de Saint-Jean s'était trouvé dans le début à Strasbourg.

L'église resta placée sous la protection de la Trinité, qui y conserva son autel ; les autres furent consacrés à la Vierge, à saint Jean-Baptiste, à saint Jean l'évangéliste et aux anges, ce dernier sur la recommandation spéciale de l'Ami de Dieu [1].

Rulman Merswin ne borna pas son activité à ces différentes constructions. Il contribua encore puissamment à l'édification des membres de la nouvelle communauté, non seulement par l'exemple de piété et de renoncement qu'il leur donna dans sa propre existence, mais encore par les écrits religieux dont il leur communiqua la lecture. „Depuis le commencement de sa conversion, il avait reçu de l'Ami de Dieu beaucoup de traités qu'il avait tenus cachés pendant une trentaine d'années, sans les montrer à personne. En 1378, quatre années avant sa mort, il n'osa, par scrupule de conscience, priver plus longtemps son prochain de la grâce et des bienfaits attachés à la lecture de ses écrits, et il les transcrivit sur des tablettes de cire. Mais il supprima dans sa copie les noms propres de villes et de personnes qui s'y trouvaient, et brûla les textes originaux". Ainsi s'explique la rareté des données historiques et géographiques contenues dans ces traités sous leur forme actuelle. Le même soin avec lequel il protégeait le mystère qui couvrait la demeure et le nom de son ami, il le mettait à défendre le secret de sa propre vie intérieure. „A le voir d'humeur si joyeuse, si insouciante, si affable, dans ses rapports avec son prochain, personne ne soupçonna jamais qu'il fût un si grand et si intime ami de Dieu, comblé dans une mesure si exceptionnelle des grâces et des lumières du Saint-Esprit, ainsi qu'on le découvrit après sa mort" [2].

---

[1] Lettre 13, p. 317.
[2] Introduction du *Grand mémorial allemand*.

CHAPITRE II.

FONDATION DE L'ERMITAGE DE L'OBERLAND ET ACTIVITÉ RELIGIEUSE DE L'AMI DE DIEU JUSQU'A L'ÉPOQUE DU GRAND SCHISME.

I. L'établissement des amis de Dieu de l'Oberland sur la montagne. — II. Les constructions de l'an 1374. Nouvelles préoccupations apocalyptiques. Le voyage de Rome et ses suites. — III. L'Ami de Dieu à Metz, sa vision du 21 octobre 1377. — IV. Les ermites de l'Oberland ou les « cinq hommes » du traité IV.

I.

A l'époque où Rulman Merswin, de concert avec l'Ami de Dieu, fondait en dehors des murs de Strasbourg la retraite silencieuse de l'Ile-Verte, un fait analogue se produisait dans l'Oberland.

„Les cinq hommes (l'Ami de Dieu et ses compagnons), qui jusque-là avaient demeuré dans une ville de l'Oberland, se lassèrent de vivre mêlés à la foule du peuple et prièrent instamment le Seigneur de leur révéler dans quel endroit ils devaient aller s'établir pour vivre dans une tranquillité parfaite et une séparation absolue d'avec le monde. Dieu leur recommanda pendant la nuit, ainsi que Rulman Merswin l'a raconté à Nicolas de Laufen, de suivre le lendemain matin leur petit chien noir, quelque chemin qu'il pût prendre; il promit de les conduire ainsi dans le lieu qu'il leur avait destiné. Quand le jour fut venu, ils obéirent à l'ordre du Seigneur. Le petit chien noir, évitant les routes frayées, leur fit traverser haies et broussailles, rivières et fossés. A une distance assez considérable du point de départ, il s'arrêta aux environs d'une grande ville: déjà les amis de Dieu s'effrayaient d'être obligés de demeurer en cet endroit, quand leur chien reprit sa course. Les cinq amis de Dieu se remirent à le suivre à travers haies et broussailles, jusqu'à ce qu'ils fussent parvenus sur une montagne située dans le pays du duc d'Autriche et à deux milles de toute ville, et au pied de laquelle passe un beau cours d'eau, ainsi que l'a raconté Rulman Merswin. Là, leur petit chien noir s'arrêta, se mit à aboyer et à gratter le sol, et fit aux amis de Dieu mille caresses : ceux-ci reconnurent à ces signes qu'ils étaient arrivés à l'endroit dont Dieu leur avait parlé, et dans lequel ils devaient établir leur demeure. Ils s'informèrent aussitôt comment ils pourraient obtenir du seigneur du pays la concession de cet emplacement, et ils convinrent avec les amis qu'ils avaient dans le voisinage de lui envoyer un messager. Celui-ci fut fait prisonnier en route et resta une année entière en captivité, ainsi que l'a raconté Rulman Merswin. Quand il eut été remis en liberté, il obtint pour les amis de Dieu l'emplacement désiré" [1].

Partis de leur ancienne demeure pendant l'été de l'année 1365, l'Ami de Dieu et ses compagnons ont pris possession de leur nouveau séjour vers l'automne de l'année suivante [2], après avoir habité dans l'intervalle quelque localité du voisinage. Ils se mirent aussitôt à construire une maison et une chapelle, travaux qui furent bientôt

---

[1] *Notices sur les amis de Dieu*, p. 58.
[2] *Ibid.*, p. 58: Die fünf manne vingent ouch iren gebu an unlange vor dem beginne unsers gebuwes zuo dem Grüenewerde und der vorgeschribenen daten alse es Ruolman Merswin selber seite bruoder Clausen von Loefen die wile er noch denne ein weltlich priester waz und keine beredunge beschehen waz mit den Johansern von dez Grüenenwerdes wegen. — La « date ci-dessus mentionnée » dont il est question dans ce passage, et avant laquelle les amis de Dieu de l'Oberland ont commencé leurs constructions, est le 18 octobre 1366. En tête des *Notices sur les amis de Dieu* se trouve en effet la rubrique suivante, qui sert de titre au *Livre épistolaire* tout entier : Dis ist daz brief buechelin in dem versammelt sint alle die missyven die der liebe verborgene gottesfründ in Oeberlant, Ruolemanes Merswines unsers stifters seligen heimelicher geselle, ie zuo mole her abe geschriben het den priestern und personen zuo dem Grüenenwerde von den wercken gottes und ettelicher froemeder offenborunge und von maniger leye geshiht ires und ouch unsers gebuwes wie sich die verlouffen hant sider der zit dis hus zuo dem Grüenenwerde wart zuo dem ersten angefangen zuo ernuwende, also der vorgenante Ruoleman Merswin von den von Altdorf empfangen und ingenomen hette und es mit sinen weltlichen priestern besatte die dar in zugent und die kirche anefingent zuo besingende an sante Lux tage anno m°cccc°lxvj (f° 1ª). — La date 1374, admise par la critique comme l'époque de l'établissement des amis de Dieu sur la montagne, ne saurait être conservée puisque Rulman Merswin a raconté l'histoire de cet établissement à Nicolas de Laufen «alors que ce dernier était encore prêtre séculier et que les négociations avec les Johannites au sujet de l'Ile-Verte n'avaient pas encore commencé ». Nicolas de Laufen est entré dans l'ordre de Saint-Jean le 24 juin 1371, et les négociations avec les Johannites ont eu lieu dans le courant de l'année 1370. Par les mots : « vor dem beginne unsers gebuwes zuo dem Grüenenwerde», l'auteur des *Notices* n'a donc pu dési-

terminés[1]. Depuis ce temps, ils vécurent dans leur mystérieuse retraite, „se comportant en tous points comme des ermites ordinaires[2], étant assidus à la prière et célébrant fréquemment la messe". Outre ces exercices spirituels, ils s'occupaient encore d'agriculture[3].

Souvent ils recevaient la visite de trois prêtres de l'ordre de Saint-Jean qui demeuraient dans le voisinage, et qui sont évidemment les „amis" mentionnés dans la précédente narration. Ils s'entretenaient avec eux pendant de longues heures de questions religieuses, ou bien des affaires qui les préoccupaient.[4] Ils eurent même pendant quel-

---

gner, comme le dit d'ailleurs la rubrique, que les travaux de restauration accomplis par Rulman Merswin à l'Ile-Verte en l'année 1367 (cf. p. 30, note 1), et non les constructions entreprises en 1374 par Henri de Wolfach.

[1] Il importe de distinguer ici entre deux constructions entreprises successivement par les amis de Dieu de l'Oberland. L'existence d'une maison d'habitation et d'une chapelle est formellement constatée par les documents de l'an 1377 (lettre 5, p. 298: Ich versihe mich daz ich zuo koiner natürlichen kraft kummen mag, ich kumme dan e uz dem huse uf die vart; — traité IV, p. 129, 130: Eins morgens, do die brüeder in der kapellan warent, so beschach es das der koch in der küchin bi dem fure sas... Ruprecht der uns das hus und alles das wir hant virsorgende ist). Ces deux bâtiments ont été achevés au plus tard au printemps de l'an 1371. A cette époque, en effet, les amis de Dieu célébraient fréquemment la messe, ce qui prouve qu'ils avaient une chapelle; l'année suivante fut engagé le cuisinier Conrad, ce qui permet de croire qu'ils avaient une maison d'habitation (lettre 4, écrite au printemps de l'an 1371, p. 295: Ir muestent me arbeit habende mit singende und mit lesende [bi uns] danne ir zuo dem Grünenwerde habent, wanne unsere brüedere sint vaste daruf gerihtet; — traité IV, p. 129: Wissant das unser koch fünf jor bi uns ist gesin. Des allereston jores do er zuo uns kam, twang er uns das wir imme alle suonnendage das sagkermente gebban muostent). Par contre, la construction dont nous allons parler n'a été commencée qu'en 1374 et n'était pas encore achevée en 1378 (lettre 4, p. 294, 296: Es ist alles also gar gros unfride in userme lande daz wir noch nie getorstent anegevohen zuo buwende; — lettre 11, écrite en mai 1377), p. 310 et lettre 12, du 6 juillet 1377, p. 315: Hette ich also vil irdenschen guotes also ich hatte vor drigen joren... Es ist vil jore daz wir wol uffe tusent guldin an disen berg verbuwen hettent; — lettre 15, du 19 février 1378, p. 321: ...wanne wir den gebu vollebringent). L'auteur des *Notices* a confondu ces deux constructions: aussi, par un mélange bizarre des textes qui précèdent, parle-t-il d'une seule entreprise de ce genre, de la construction de l'ermitage même, qui aurait été commencée dès l'arrivée des amis de Dieu sur la montagne, interrompue vers 1375 par une guerre et achevée après 1377 à la suite du voyage de l'Ami de Dieu à Rome.

[2] Traité IV, p. 136.
[3] Lettre 5, p 297, 299. Cf. lettre 3, p. 290.
[4] Lettre 4, p. 292.

que temps l'idée d'entrer eux-mêmes dans l'ordre de Saint-Jean ; mais une guerre qui éclata dans leur pays les empêcha de donner suite à ce projet : plus tard ils n'y pensèrent plus. Ces trois frères possédaient de grands biens, et plus d'une fois l'Ami de Dieu les engagea à se rendre à Strasbourg, non seulement pour faire profiter la commanderie de l'Ile-Verte des ressources qu'ils y apporteraient, mais encore afin de renforcer par leur présence le nombre des religieux de cet établissement. Sans rejeter absolument cette proposition, ils prétextèrent la longueur du voyage qu'ils eussent été obligés d'entreprendre, pour ajourner indéfiniment leur départ. Plus tard, ils se firent recevoir eux-mêmes au nombre des „frères" de l'Ami de Dieu et vinrent s'établir dans son ermitage.

II.

L'amour de la solitude n'a pas seul déterminé l'Ami de Dieu et ses compagnons à changer de demeure. A côté de ce mobile purement personnel, il en est un autre d'ordre plus général : c'est le souci du sort réservé par Dieu au monde dans un prochain avenir, et le désir de contribuer à la régénération de la chrétienté en préparant dans l'„Oberland" aux amis de Dieu un asile analogue à celui que Rulman Merswin créait pour eux à la même époque aux environs de Strasbourg. Nulle part l'Ami de Dieu ne s'est exprimé sur ce point avec une clarté complète. Les rares aveux qui lui échappent sur ce sujet dans les écrits qui datent de la seconde partie de sa vie, confirment ce que nous savons des préoccupations dont son esprit a été travaillé à cette époque, par la part qu'il a prise à la fondation de la maison de l'Ile-Verte.

Dès que leur établissement sur la montagne fut achevé, les amis de Dieu de l'Oberland songèrent, en effet, à entreprendre des constructions bien autrement considérables. Leur plan était, autant que nous pouvons nous en rendre compte, de bâtir non loin de leur demeure une nouvelle maison d'habitation, bien plus vaste que la première, et à côté d'elle une belle et grande église, que leurs trois amis les Johannites ne craignaient pas d'appeler une „cathédrale"[1]. Les guerres qui désolèrent à cette époque leur pays ne leur permirent pas de commencer les travaux avant 1374. Malgré leur grand âge, ils y prirent eux-mêmes une part très active. Déjà l'Ami de Dieu, qui ne s'entendait guère en architecture, avait dépensé mille florins à ces constructions, quand il fut obligé de les interrompre : ses ressources étaient épuisées, et l'arrivée des *grandes compagnies* ou des „Anglais", comme le peuple appelait les bandes pillardes d'Enguerrand de Coucy, vint jeter le trouble dans la contrée. Deux ans se passèrent avant qu'il pût songer à les reprendre : reconnaissant en cela la volonté de Dieu, il renonça si complètement à son projet que bientôt il n'y pensa plus.

Ses idées sur l'imminence des châtiments divins ne s'étaient cependant pas modifiées depuis la composition de l'*Épître à la chrétienté*; elles avaient gagné, au contraire, en consistance et en précision.

En 1346, Ursule expirante avait dit à son amie Adélaïde : „Dieu fera venir sur la chrétienté des pestes, des tremblements de terre, des disettes et des guerres. Il se lèvera contre elle un peuple de guerriers inconnus et sans chef. Alors naîtront de grands troubles et de grandes erreurs. Quand ces choses arriveront, l'heure de la tribulation aura sonné pour le monde". Toutes ces prédictions s'étaient successivement réalisées. Aux tremblements de terre et aux pestes s'étaient ajoutées les guerres; le „peuple de guerriers inconnus et sans chef" avait paru : les *grandes compagnies* avaient désolé l'Europe occidentale. Une seule prophétie ne s'était pas encore accomplie, celle qui se rapporte aux dissensions intérieures qui devaient éclater dans l'Église, au trouble jeté dans les consciences par l'apparition de la suprême hérésie dans la chrétienté, l'antagonisme de deux papes.

Le 24 avril 1377, l'Ami de Dieu s'exprimait ainsi dans une lettre à Henri de Wolfach : „J'ai appris de beaucoup d'amis de Dieu que l'Église notre sainte mère pourra se trouver sous peu dans une grande

---

[1] Lettre 12, p. 314, 315 : Sider das es got selber also gefüeget het das ir dis vollebuwen wellent und ouch ein tuom daruz wurt do man singende und lesende wurt... Daz mag man dis summers und dis winters kume zuobringen, also daz man eins andern summers vollebuwe, daz es gerwe bereit werde daz man dar gezichen mag.

angoisse, à moins que le Seigneur ne se laisse fléchir par ses chers amis et que, dans sa miséricorde, il n'accorde encore au monde un sursis. S'il en est autrement, et si la justice divine suit son cours, sachez qu'il surgira dans l'Église de grandes erreurs dont maint homme au cœur sincère et honnête se scandalisera, sans plus savoir quel chemin suivre, s'il ne possède pas la lumière du Saint-Esprit. Invitez donc dans vos prédications les amis de Dieu à demander au Seigneur de miséricorde un sursis. Exhortez le peuple à prier pour une chose que vous ne lui direz point, car on ne peut confier au monde de tels secrets. Si les temps où nous vivons sont si graves, la responsabilité en retombe avant tout sur les chefs tant spirituels que temporels de la chrétienté, car la plupart d'entre eux sont dévorés par une insatiable ambition et un orgueil démesuré, sans parler ici de leurs péchés charnels, qui demeurent cachés". L'auteur complète sa pensée dans le passage suivant du traité IV : „Les amis de Dieu sont en ce moment dans l'angoisse; ils ne savent ce qui résultera du cours actuel des choses : Dieu seul le sait. Il nous faut rester inconnus au monde jusqu'au moment où Dieu accomplira une œuvre enveloppée encore d'un profond mystère. Alors il pourrait bien arriver que nous fussions obligés de sortir de notre retraite et de nous disperser aux cinq extrémités de la chrétienté, de sorte qu'aucun de nous ne resterait auprès de l'autre. Il se pourrait bien dans ce cas que je vinsse dans votre pays" [1]. Quand la chrétienté aurait mis le comble à sa culpabilité devant Dieu en faisant entrer la suprême autorité religieuse, la puissance papale, en lutte avec elle-même, alors, sur un signe du Seigneur, signe mystérieux et intelligible aux seuls amis de Dieu, devait s'ouvrir la période des châtiments divins. A ce moment-là, les amis de Dieu de l'Oberland étaient résolus à quitter leur ermitage, puisque la maison de refuge qu'ils avaient commencé à construire n'avait pu être terminée, et à entreprendre, chacun dans une contrée différente, l'œuvre de la régénération de l'Église. C'est à Strasbourg, auprès de Rulman Merswin, que l'Ami de Dieu avait l'intention de se rendre quand cette éventualité se serait réalisée.

---

[1] Traité IV, p. 133.

Les choses en étaient là quand l'Ami de Dieu apprit au commencement de l'année 1377 que Grégoire XI venait de céder au vœu de la population romaine et au désir universellement exprimé par la chrétienté, en se décidant à quitter Avignon et à reprendre possession du siège de Rome[1]. Déjà son prédécesseur Urbain V avait tenté d'entreprendre cette translation de la résidence pontificale, que recommandait si impérieusement au saint-siège le souci de son indépendance spirituelle et de son autorité dans le monde. Mais les efforts d'Urbain V s'étaient brisés contre l'esprit d'indépendance des cités italiennes que l'absence du souverain pontife avait puissamment contribué à éveiller, et surtout contre les résistances de la grande majorité des cardinaux. Après un court séjour dans la ville éternelle, il s'était hâté de retourner en France. Depuis lors, l'opposition qu'avait rencontrée chez les premiers dignitaires de l'Église l'idée d'un retour du „successeur de saint Pierre" dans son patrimoine légitime, était allée en grandissant; et lorsque, après six ans d'hésitations, Grégoire XI reprit dans l'automne de l'année 1376 les projets qu'Urbain V avait vainement tenté d'exécuter, bien des symptômes faisaient déjà pressentir à quels déchirements intérieurs cette détermination conduirait la chrétienté. Dès les derniers jours de novembre, le pape franchissait à Corneto la frontière toscane, et après cinq semaines de négociations avec l'aristocratie romaine, il entrait en triomphe dans la ville éternelle le 17 janvier 1377. — Il y mourait quatorze mois plus tard, le 28 mars 1378, pendant qu'il se préparait à suivre l'exemple de son prédécesseur et à regagner sa patrie, la Provence. A peine eut-il disparu, que le schisme éclatait dans l'Église.

La nouvelle du départ de Grégoire XI pour l'Italie paraît avoir vivement impressionné l'Ami de Dieu. Il eut à la même époque une révélation dans laquelle il lui fut ordonné de se rendre à Rome, en compagnie de celui de ses „frères" qui avait été jurisconsulte. Ce n'est qu'avec peine qu'il réunit l'argent nécessaire pour entreprendre ce voyage. Dans les premiers jours de mai, il envoya à Strasbourg les lettres 10 et 11, ainsi que le traité IV; puis il franchit les Alpes. Son but était d'avertir le pape des dangers qui menaçaient la chré-

---

[1] Lettre 5, p. 293.

tienté si elle ne s'améliorait, et de l'inviter à prendre lui-même en main l'œuvre de la rénovation de l'Église.

Une pareille démarche d'un simple laïque auprès du souverain pontife n'avait rien de surprenant au point de vue des idées de l'époque. Deux laïques, en effet, et ce qui plus est, deux femmes, avaient puissamment contribué, par l'autorité de leur parole inspirée, à arracher la papauté au séjour corrupteur d'Avignon.

Brigitte de Suède, qui mourut en 1373 sans avoir prononcé de vœux monastiques, bien qu'elle eût fondé dans sa patrie l'ordre du Saint-Sauveur, s'était élevée avec une rare énergie, „avec un courage digne des prophètes d'Israël" contre les vices de la cour papale et les abus sans nombre qui s'étaient introduits dans le gouvernement de l'Église. Ce qui lui avait donné la force d'accomplir cette mission, c'était la conscience d'être en ce monde l'organe de la vérité éternelle. En février 1344, Christ lui était apparu au sein d'un nuage de feu et lui avait dit : „Femme, écoute-moi! Je suis ton Dieu. Tu seras ma fiancée. Je te révélerai mes secrets et tu les annonceras au monde; mon Esprit reposera sur toi jusqu'à l'heure de ta mort!" Aussi, quand Urbain V fit mine de quitter l'Italie sans avoir confirmé la règle monastique que le „saint Sauveur" avait dictée lui-même à la prophétesse suédoise, vint-elle le trouver le 1er juillet 1370 et lui parla-t-elle en ces termes : „Court est le temps de votre vie, ô saint-père! Christ vous ordonne de confirmer cette règle. Si vous ne le faites pas, il la confirmera lui-même; tous les saints la contresigneront comme témoins, et la sainte Mère de Dieu la scellera de son sceau. Si vous me demandez de vous prouver par un signe certain que c'est bien un ordre de Christ que je vous transmets, je vous dirai que dans cet instant même votre cœur est plein de contentement et de joie". Dès le 5 août suivant, elle tenait le bref papal portant confirmation de sa règle et autorisant la fondation de l'ordre du Saint-Sauveur.

La même puissance spirituelle éclate dans les jugements qu'elle porte sur la conduite privée et publique des papes. Le licencieux Clément VI eut surtout à subir les effets de son indignation. „Celui qui devrait s'écrier avec Christ : „Venez à moi, et vous trouverez le repos de vos âmes!" s'écrie au contraire : „Venez et contemplez-moi dans ma magnificence, qui dépasse celle de Salomon. Venez et videz vos bourses, et vous trouverez la damnation de vos âmes!" Elle ne craint pas de l'appeler „Lucifer trônant sur le saint siège", et le pressentiment de la mort prochaine du pontife lui arrache ce cri, qu'elle place dans la bouche de la chrétienté entière : „Le pape se meurt : béni soit ce jour, mais non pas le pape!" — Pareillement elle profère au nom de Marie les menaces les plus terribles contre Urbain V, s'il donne suite à son projet de rentrer en France. „C'est par mon inspiration, dit la Vierge, et par celle du Saint-Esprit qu'Urbain est venu à Rome. Ivre des joies de ce monde, séduit par le diable et par ses amis au cœur charnel, il n'a d'autre désir en ce moment que de revenir dans son pays natal. Il est las de travailler au service de Dieu et il aspire à l'existence aisée que réclament ses goûts charnels. S'il retourne dans sa patrie, il recevra un tel soufflet sur la joue, que ses dents lanceront des étincelles ; ses yeux s'obscurciront, et tous ses membres trembleront d'effroi. Voici, le feu du Saint-Esprit s'éteindra dans son âme; les amis de Dieu cesseront de prier pour lui et leurs cœurs se refroidiront à son égard : il comparaîtra devant son Juge pour rendre compte de ses actes". Porteuse de cette prophétie de mort qu'elle vient de rédiger, elle va trouver le pape dans sa villa de Montefiascone, au bord du lac de Bolsena, et comme les cardinaux se refusent à remettre sa lettre au pape, elle la lui porte elle-même. — Plus tard, quand Grégoire XI hésite à prendre le chemin de l'Italie, c'est encore Brigitte qui lui ordonne au nom de Marie de rentrer à Rome, d'y rester et d'y travailler à la réformation de l'Église. „Si vous n'obéissez pas, ajoute-t-elle, la verge du châtiment vous frappera et abrégera vos jours!" Et comme cette admonestation reste sans effet, elle se contente d'annoncer pour le printemps suivant l'arrivée du pape dans la ville éternelle, en ordonnant à son confesseur de déchirer une copie de cette prophétie sous les yeux du nonce apostolique et de lui dire, en lui remettant l'original : „Ainsi seront divisés les états du souverain pontife s'il n'est pas en Italie à l'époque indiquée!" La mort l'empêcha de voir le succès dont ses efforts furent couronnés. „Bien des gens, s'écrie son biographe, ont perdu la vie dans ce temps-là pour s'être permis contre le saint siège des attaques de bien moindre gravité. Le respect qu'inspirait à tous la mission extraordinaire universellement attribuée à cette femme, a été pour elle la plus sûre des sauvegardes" [1].

Son œuvre fut continuée par Catherine, la fille du teinturier de Sienne, simple tertiaire de l'ordre des dominicains, et demeurant en cette qualité dans la maison de son père sans observer de règle ni prononcer de vœux. Elle aussi ne relève dans sa vie intérieure que de Dieu seul. „Ce que je sais du chemin qui mène au salut, dit-elle, je ne le tiens d'aucune créature humaine : seul, le doux fiancé de mon âme me l'a fait connaître, soit par les révélations qu'il m'a envoyées, soit par les conversations qu'il a eues directement avec moi quand il m'est apparu" ; elle aussi sait parler au „Christ terrestre", c'est-à-dire au pape, „de la part du Christ qui est dans les cieux". Elle exerça une puissante influence sur l'âme sincèrement pieuse et bienveillante, mais peu énergique de Grégoire XI, alors qu'elle lui adressa des exhortations ainsi conçues : „Ne consultez pas les cardinaux vos frères sur la question de votre retour à Rome. Imitez Urbain V, qui a suivi sur ce point sa propre inspiration, alors que tous ses conseillers étaient d'un avis contraire. Les chrétiens fidèles n'ont d'autre but en vue, dans les conseils qu'ils vous donnent, que la gloire de Dieu, le salut des âmes et la réformation de l'Église : écoutez leur voix, et non celle des gens qui ont soif des honneurs et des plaisirs de ce monde. Je vous en conjure au nom du Crucifié : mettez-vous en route sans tarder ! Hâtez-vous de retourner auprès de la fiancée qui vous attend, pâlie par la longue absence de son bien-aimé ; ramenez les fraîches couleurs sur son visage ! Usez d'une sainte ruse : feignez d'hésiter encore, et partez subitement. Ne prenez point souci des biens temporels ; vous êtes riche, car vous portez en main les clefs du ciel. Allez sans crainte ; c'est Dieu qui vous pousse au départ. Si Dieu est avec vous, qui sera contre vous ? En route donc ! Et si quelqu'un de vos commensaux voulait vous retenir, répétez-lui ce que Christ a dit à saint Pierre : „Arrière de moi, Satan !" Suivez les traces de celui dont vous êtes le vicaire ici-bas, et dites à vos conseillers :

---

[1] Hammerich, *St. Brigitta, die nordische Prophetin und Ordensstifterin* (édit. allem. de Michelsen). Gotha 1872, p. 73, 163, 168-170.

„Ma vie dût-elle être mille fois en danger, je veux cependant accomplir la volonté de mon Père!" [1]

Engager le pape, avec l'autorité d'un mandataire du Saint-Esprit, à prendre sérieusement en main l'œuvre de la réformation de l'Église, tel fut aussi le but dans lequel le laïque de l'Oberland se rendit au delà des monts vers la Pentecôte de l'an 1377. Grégoire XI ayant quitté Rome le 30 mai pour se rendre à Anagni, son entrevue avec l'Ami de Dieu eut lieu très probablement dans la semaine qui précède cette dernière date.

Les *Notices* nous ont conservé de cette entrevue le récit suivant:

„Du temps du pape Grégoire, une année avant le schisme, l'Ami de Dieu de l'Oberland et l'un des prêtres de sa société qui avait été jurisconsulte, furent contraints par Dieu de se rendre à Rome auprès du pape et de lui faire part des révélations qu'ils avaient eues sur son compte, ainsi que l'Ami de Dieu l'a raconté par écrit à Rulman Merswin et à Nicolas de Laufen. Arrivé à Rome, le laïque s'informa de la demeure d'un habitant de cette ville qu'il connaissait de longue date et il eut la joie de le rencontrer. Le Romain fit le plus cordial accueil aux deux amis de Dieu, et les obligea de demeurer chez lui avec leurs serviteurs, leurs chevaux et leur voiture pendant tout leur séjour à Rome. Puis il dit au laïque: „Je m'étonne de ce que dans tes vieux jours tu aies entrepris un si long voyage depuis ton lointain pays: tu dois avoir eu pour le faire des raisons très importantes". — „C'est vrai, répondit le laïque, il faut que nous entretenions le saint-père d'une affaire bien sérieuse". — „S'il en est ainsi, reprit son hôte, je vous introduirai auprès de lui, car je jouis de son intimité, et il m'invite souvent à sa table". Le Romain dit tant de bien au pape sur le compte des deux amis de Dieu, que celui-ci résolut de les recevoir dès le surlendemain et d'ajourner ce jour-là toutes les autres affaires afin de les écouter seuls à loisir.

„Admis en présence du pape Grégoire, le juriste et le laïque lui parlèrent, l'un en latin, l'autre en italien. Ils lui dirent avec beaucoup de circonlocutions: „Saint-père, bien des vices et des péchés ont

---

[1] Hase, *Caterina von Siena*. Lelpz. 1864, p. 15, 142-144.

envahi la chrétienté; les hommes de tout rang et de toute condition en sont atteints. Ces péchés ont grandement irrité Dieu : faites en sorte qu'ils soient extirpés et qu'ils disparaissent!" Le pape répondit : „Je n'y puis rien faire". Alors les deux amis de Dieu lui parlèrent de ses propres péchés secrets, dont Dieu leur avait dévoilé la connaissance en leur fournissant des preuves certaines de l'authenticité de cette révélation; puis ils lui dirent: „Sachez, saint-père, en toute vérité, que si vous ne renoncez pas à vos vices et si vous ne changez pas de vie du tout au tout, vous mourrez dans l'année". Quand le pape entendit ces reproches et comprit que ses visiteurs s'attaquaient à ses propres péchés, il entra dans une grande colère. Alors les deux amis de Dieu lui dirent : „Saint-père, jetez-nous en prison, tuez-nous, faites de nous ce que vous voudrez, si nous ne pouvons établir par les preuves les plus certaines que nous sommes autorisés à vous parler ainsi". — „Quelles sont ces preuves?" demanda le pape d'une voix irritée. Dès qu'il eût entendu la réponse des deux étrangers, il se leva de son siège et vint les embrasser avec effusion. Puis il dit au laïque : „Conversons en italien, puisque tu ne sais pas le latin". Il s'entretint longtemps avec les deux amis de Dieu et leur dit entre autres paroles affectueuses : „Si vous pouviez parler à l'empereur avec autant d'autorité qu'à moi, en lui donnant des preuves aussi convaincantes de la vérité de vos paroles, la chrétienté en retirerait grand avantage!"

„Le pape pria les deux amis de Dieu de rester auprès de lui à Rome, et promit de pourvoir à leur subsistance, de les combler de biens et d'obéir à leur conseil en toutes choses. Mais ceux-ci lui répondirent : „Saint-père, laissez-nous rentrer dans notre pays; nous sommes prêts à revenir vous trouver dès que vous le voudrez. Sachez cependant que nous ne désirons aucun bien temporel et que nous ne sommes pas venus ici pour en acquérir : nous n'avons en vue dans nos actions que la gloire de Dieu et le salut éternel de la chrétienté". — „Quel est donc votre pays?" demanda le pape. Les deux amis de Dieu lui racontèrent qu'ils avaient longtemps demeuré dans une ville dont ils lui révélèrent le nom, et comme il s'étonnait de ce que de si grands amis de Dieu vécussent mêlés à la foule du peuple, ils lui firent part de la révélation divine qu'ils avaient eue, de l'histoire du petit chien noir qui les avait menés à travers haies et broussailles sur une montagne, où ils avaient dépensé depuis lors mille florins en constructions, sans réussir, faute de ressources, à terminer les travaux qu'ils y avaient commencés. A l'ouïe de ce discours, le pape leur offrit les revenus d'un évêché et bien d'autres bénéfices encore; mais ils déclinèrent ces propositions. Édifié par le spectacle d'une conduite si désintéressée, Grégoire leur fit délivrer, sur l'avis de ses cardinaux, plusieurs chartes dans lesquelles il s'exprimait sur leur compte de la manière la plus élogieuse.

„Les deux amis de Dieu prirent congé du pape et se préparèrent à quitter Rome. Leur hôte non seulement refusa de recevoir aucune rémunération pour le séjour qu'ils avaient fait dans sa maison, mais fit encore présent au laïque d'une magnifique jument. „La douce démarche de ce cheval, ajouta-t-il, vous fatiguera moins, quand vous aurez à franchir les montagnes, que la voiture dans laquelle vous êtes venu ici, car vous êtes un homme vieux et faible". — Le pape n'obéit pas au message divin qu'il avait reçu : aussi mourut-il dans l'année, selon la prédiction des deux amis de Dieu, le 28 mars 1378, dimanche de judica" [1].

„Que Grégoire XI ait reconnu dans les deux amis de Dieu les porteurs d'un „message divin" qui le rappelait à ses devoirs de chrétien et de chef de l'Église, et qu'il leur ait fourni les moyens de réaliser leurs anciens projets de constructions sur la montagne, nous ne nous en étonnerons pas si nous nous souvenons de l'attitude qu'il avait permis à Brigitte de Suède et à Catherine de Sienne de prendre vis-à-vis de lui. Qu'après leur départ il ait cédé à d'autres influences, qu'il ait oublié la promesse qu'il leur avait faite d'obéir à leurs „conseils" et de réformer l'Église dans son chef d'abord et puis dans ses membres, ce fait ne nous surprendra pas davantage si nous nous souvenons des longues hésitations qui avaient précédé son départ d'Avignon, et de la faiblesse qu'il devait montrer dans les derniers jours de sa vie en revenant sur une résolution qui, aux yeux des chrétiens les plus jaloux de la dignité de l'Église, avait fait l'honneur de son pontificat. „Gardez-vous des gens, hommes ou femmes, qui annoncent avec l'apparence d'une dévotion parfaite les visions enfantées par

---

[1] *Notices sur les amis de Dieu*, p. 177 ss.

leur imagination! C'est en suivant leurs conseils que j'ai attiré sur l'Église le danger imminent d'un schisme, à moins que Christ n'intervienne dans sa miséricorde!"[1] se serait-il écrié peu d'instants avant d'expirer. Si le propos est authentique, les hommes et les femmes visionnaires qu'il a voulu désigner par ces mots, sont très probablement les deux prophétesses de Suède et de Toscane et les deux amis de Dieu de l'Oberland.

Le résultat immédiat de ce voyage pour les ermites de l'Oberland fut de faire revivre en eux les desseins auxquels ils avaient renoncé pour toujours, en leur rendant l'espoir de reprendre prochainement leurs travaux sur la montagne. A Rome, le „laïque" et son compagnon avaient été amenés incidemment à parler de ces constructions, et le pape, frappé de la grandeur de leur entreprise, l'avait vivement recommandée dans les brefs qu'il leur avait fait délivrer par sa chancellerie.

Le premier soin des deux amis de Dieu, après leur retour de Rome, fut de s'informer où se trouvait leur évêque. Ils apprirent qu'il résidait dans une ville distante de treize milles de leur habitation. „Nous délibérâmes avec nos frères (les trois Johannites) sur ce qu'il fallait faire, et il fut décidé que le jurisconsulte et moi, qui avions été chez le pape, nous irions trouver notre évêque et qu'après lui avoir communiqué les lettres pontificales, nous lui demanderions s'il nous conseillait d'entreprendre l'exécution de nos projets conformément au contenu de ces lettres, ou si nous devions laisser les choses dans l'état actuel. L'évêque nous fit l'accueil le plus aimable et le plus affectueux, et montra un joyeux empressement à nous obliger. „Je suis du même avis que le pape, dit-il; si vous laissiez les choses dans l'état où elles sont, et si vous ne mettiez pas sérieusement la main à l'œuvre, vous commettriez, je crois, un grand péché". L'évêque, après bien d'autres paroles affectueuses, nous fit délivrer des lettres à l'adresse des principaux ecclésiastiques de la ville qui se trouve située non loin de notre ermitage; il y recommandait à ces ecclésiastiques de nous conseiller comment nous devions porter nos desseins

---

[1] Gerson, *De exam. doctr.*, p. II, consid. 3. Cf. Hase, o. c., p. 240.

à la connaissance du peuple. Il nous remit également une lettre pour le conseil de cette ville.

„Arrivés un vendredi soir dans cette localité, nous nous rendîmes le samedi matin auprès des ecclésiastiques auxquels l'évêque nous avait recommandés, et nous leur communiquâmes les lettres du pape. Ils nous conseillèrent de faire lire ces lettres dès le lendemain matin dans toutes les églises, et de demander au peuple s'il était d'avis que l'entreprise fût commencée aussitôt, ou s'il préférait que les choses demeurassent dans l'état. Le dimanche, il y eut un grand cri dans toutes les églises : „Mettez-vous immédiatement à l'œuvre! nous ferons tout ce qui dépendra de nous pour vous aider!" Le lundi matin, nous nous présentâmes avec notre requête devant le conseil de la ville, qui nous fit la même réponse. Après une courte délibération, à laquelle nous n'assistâmes pas, il s'engagea par écrit à faire garder en temps de guerre la maison (que nous voulons construire) par une troupe de soldats, et promit de mettre à notre disposition une maison dans l'intérieur des murs afin que nous puissions nous y retirer dans le cas où des troubles éclateraient dans le pays, et y loger en temps ordinaire si quelque affaire nous menait en ville. Après l'avoir remercié de sa bienveillance, nous nous rendîmes chez l'un des ecclésiastiques de la ville, notre vieil ami, pour prendre notre repas. A peine étions-nous à table, que nous vîmes entrer un certain nombre de serviteurs de la ville portant des cruches pleines de vin et des baquets remplis de beaux et grands poissons, présent d'honneur que le conseil nous faisait. Après le dîner, nous rentrâmes chez nous. Dans la matinée du mardi, nos trois amis vinrent nous trouver, et après avoir assemblé nos frères, ils nous dirent en toute humilité : „Puisqu'il est arrivé, par une dispensation spéciale de Dieu, que vous avez repris la résolution d'achever vos constructions et de bâtir une cathédrale dans laquelle on chantera des messes et lira l'Écriture, nous vous prions de nous permettre de devenir vos frères. Nous sommes décidés à vous abandonner en place de Dieu tous les biens, meubles et immeubles que nous possédons, et nous nous engageons en outre à continuer à administrer nos propriétés sans que vous en ayez aucun souci ni ennui. Ceux de nos biens dont la situation vous paraîtra avantageuse, nous ne les vendrons pas; ceux au contraire dont la situation vous paraîtra trop lointaine ou défavorable, nous les convertirons en argent comptant. En outre, nous réunirons bien encore une somme de onze cents florins, que nous avons l'intention de vous apporter immédiatement pour être employée à vos constructions ou dans tel autre but que vous jugerez convenable. Si donc vous y consentez, nous nous rendrons avec Robert votre serviteur dans la ville, et nous nous occuperons de réunir les matériaux nécessaires à vos constructions. Si les travaux doivent être repris sur la montagne, il faudra y tailler encore bien des pierres et y amener une grande quantité de sable et de mortier, ainsi que beaucoup d'autres matériaux. Ces préparatifs seront difficilement achevés à la fin de cet hiver de manière à nous permettre de terminer les constructions dans le courant de l'été prochain et d'aller nous établir alors dans notre nouvelle demeure". Nous n'osâmes point repousser la demande de ces trois prêtres; nous comprîmes que nous devions les recevoir parmi nous, et ils devinrent ainsi nos frères. En vérité, Dieu accomplit d'étranges merveilles! Il y a plusieurs années, nous avions bien dépensé mille florins en constructions sur cette montagne, et depuis lors nous avions si bien renoncé à continuer notre œuvre, nous nous étions si complètement abandonnés sur ce point à la volonté de Dieu, que nous étions arrivés à n'y plus penser. Qu'il en soit aujourd'hui de ces constructions comme le Seigneur voudra! Quoi qu'il arrive, nous serons contents" [1].

Qu'advint-il du projet des amis de Dieu de l'Oberland? Diverses raisons font croire qu'il ne fut jamais réalisé. Nos ermites ne tardèrent pas à s'apercevoir qu'ils s'étaient fait illusion sur la fortune de leurs nouveaux frères. „Ils ne possèdent pas la moitié de ce qu'ils croyaient avoir!" s'écrie l'Ami de Dieu le 19 février 1378, deux semaines après l'arrivée des trois Johannites dans sa maison [2]. Non moins grande fut sa déception quant à leur caractère et à leurs dispositions religieuses. Il les trouva „quelque peu obstinés et volontaires" et se félicita de n'avoir pas réussi autrefois à les persuader de se rendre à l'Ile-Verte, où leur présence fût bientôt devenue „intolé-

---

[1] Lettre 12, p. 313 ss.
[2] Lettre 15, p. 321.

rable". Ce n'est en effet qu'à force de „sagesse et de patience" que ses frères et lui parvenaient à les supporter dans leur société. Aux observations qu'il leur avait faites sur leurs manières hautaines et leur conduite intéressée, ils avaient répondu d'une manière évasive, de manière à sauvegarder leur séjour dans l'ermitage, tout en ajournant à une époque indéterminée leur changement de conduite à l'égard de leurs frères. „Depuis qu'ils sont chez nous, ils se sont humiliés et se sont reconnus coupables des défauts que nous leur avons reprochés; mais ils nous ont priés de leur permettre de continuer leur ancien genre de vie, jusqu'à ce qu'ils aient réussi à se défaire de leurs propriétés et que nous ayons terminé nos constructions, promettant de renoncer alors absolument aux inspirations de leur volonté particulière". L'Ami de Dieu n'ajoute pas quelles réflexions a dû faire naître dans son esprit une proposition aussi singulière, qui ne pouvait être à ses yeux que la preuve de la plus complète inexpérience religieuse. Si sa grande charité et l'humilité profonde de son caractère lui avaient permis de soupçonner jamais le mal chez son prochain, il se serait peut-être souvenu à ce moment-là du refus que les trois frères avaient opposé l'année précédente à la demande qu'il leur avait adressée de prêter quelque argent aux Johannites de Strasbourg dans le but de contribuer à l'achèvement de l'église de l'Ile-Verte, alors qu'il leur avait cependant garanti cette dette sur le prix qu'il retirerait de la vente de son froment: et sans doute il eût trouvé alors quelque peu suspecte la générosité avec laquelle ils étaient venus en juin dernier lui offrir tous leurs biens, beaucoup plus même qu'ils n'en possédaient réellement, pour contribuer à l'achèvement de ses propres constructions sur la montagne. Il aurait compris que la perspective des brillantes destinées qui paraissaient alors réservées à son ermitage, jusque-là si modeste, n'aura pas peu contribué à éveiller en eux un zèle si louable, et à leur dicter la démarche qu'ils avaient faite auprès de lui, en vue de leur admission dans sa maison, dès le lendemain du jour où les habitants de la ville voisine lui avaient fait un accueil si plein de promesses pour l'avenir. Quoi qu'il en soit des intentions dans lesquelles les trois Johannites étaient entrés à l'ermitage de l'Ami de Dieu, ils ne quittèrent plus ce séjour, et leurs frères continuèrent à les supporter „avec sagesse et patience". Au commencement de l'année 1378 ils ne s'étaient pas encore dessaisis de leurs biens, et comme ils ne parvinrent de longtemps pas à réunir la somme qu'ils avaient offerte à l'Ami de Dieu pour l'achèvement de ses constructions, il est à présumer que les travaux n'ont pas été repris cette année-là sur la montagne. L'ont-ils été dans l'une des années suivantes? On peut affirmer sans crainte que non. La correspondance de l'Ami de Dieu avec les habitants de l'Ile-Verte s'arrête au printemps de l'année 1380; l'histoire même de ce personnage se termine pour nous à cette époque : or les lettres qu'il écrivit à partir du 19 février 1378 ne font plus aucune mention de son projet de constructions, et certes on peut dire qu'il n'eût pas manqué d'en informer Rulman Merswin s'il avait réussi à mener à bonne fin les travaux commencés en 1374, et s'il avait quitté son modeste ermitage pour aller occuper une autre demeure plus grandiose. Le facile enthousiasme des bourgeois de la ville voisine n'aurait-il pas justifié toutes les espérances qu'il avait fait concevoir, et les trois nouveaux frères ne se seraient-ils pas départis de la prudente réserve qu'ils avaient gardée jusqu'en 1378 à l'endroit de la vente de leurs biens? Le passage suivant d'une lettre de l'Ami de Dieu, écrite le 18 février 1379, peut être considéré comme une réponse péremptoire à ces questions : „Sachez que le temps de nous manifester n'est pas encore venu. Quand les grandes plaies commenceront à fondre sur le monde, les secrets amis de Dieu seront obligés de sortir de leurs retraites et de se répandre à travers la chrétienté : je dois alors me rendre à l'Ile-Verte" [1]. Les ermites de l'Oberland eussent-ils ainsi résolu d'abandonner leur retraite et de se disperser sur toute l'étendue de la chrétienté, s'ils avaient eu eux-mêmes un asile à offrir aux amis de Dieu et en général aux âmes désireuses de se réconcilier avec le Seigneur, à l'heure où les grandes tribulations frapperaient l'Église, soit même s'ils avaient eu la perspective d'en posséder un dans un prochain avenir? Telle était déjà la manière dont ils se représentaient en 1377 la destinée qui leur était réservée pendant cette période de calamités. Alors qu'ils n'espéraient plus reprendre jamais leurs travaux de construction, alors que le „laïque"

---

[1] Lettre 16, p. 323.

et son compagnon n'avaient pas encore fait le voyage de Rome qui devait faire renaître cet espoir, ils parlaient déjà de la nécessité où ils seraient de „se disperser aux cinq extrémités de la terre, si bien qu'aucun d'eux ne resterait auprès de l'autre", et l'Ami de Dieu avait déjà le projet de se rendre à ce moment-là en Alsace. Si depuis lors leur opinion n'a pas varié sur ce point, c'est qu'il n'est survenu dans l'intervalle aucun événement capable de la modifier, ainsi que l'eût fait inévitablement l'achèvement de leurs constructions sur la montagne.

III.

Aux préoccupations multiples que l'année 1377 avait suscitées à l'Ami de Dieu, depuis sa démarche auprès de Grégoire XI jusqu'à l'admission des trois nouveaux frères dans son ermitage, il faut ajouter celles que lui causaient alors les différents groupes d'amis de Dieu avec lesquels il était en relation et que des inquiétudes apocalyptiques semblables aux siennes paraissent avoir travaillés à cette époque. Il se plaint au commencement de l'année 1377 d'être surchargé de correspondance. De toute cette activité épistolaire il n'est malheureusement resté aucune trace, puisque les seules lettres que nous ayons de lui sont adressées à ses amis de Strasbourg. Tout un côté de son existence est ainsi condamné à rester dans l'ombre. A peine quelques noms de villes ou de pays se dégagent-ils pour l'histoire de cette profonde obscurité : il est question dans nos lettres d'amis de Dieu de Gênes, de Metz, du Milanais, de Hongrie; mais aucune indication n'accompagne ces indications furtives et ne vient jeter quelque jour sur des associations religieuses si dignes d'intérêt.

C'est ainsi qu'il est fait mention dans la lettre 13 des amis de Dieu de Metz. Dans les premiers jours de juillet 1377, l'Ami de Dieu leur avait écrit au sujet d'une affaire assez importante, paraît-il, car il en eut l'esprit préoccupé pendant plusieurs semaines encore. Le 25 du même mois, il eut une vision dans laquelle il lui fut annoncé que son messager reviendrait de Metz six jours plus tard et que la lettre qu'il lui apporterait l'obligerait à se rendre lui-même en Lorraine. L'automne suivant, il entreprit effectivement ce voyage en compagnie de l'un de ses „frères", ancien juif converti du nom de Jean, sans passer toutefois par Strasbourg, ce qui eût allongé son chemin. Ses occupations le retinrent à Metz au delà d'un mois. Le 21 octobre, il eut dans cette ville un rêve, ou, comme il l'appelle aussi, une „vision" fort remarquable, qui montre bien quelle était dans sa pensée la véritable destination de la maison de l'Ile-Verte et quel en était selon lui le vrai chef.

„Je fus transporté au sommet d'une haute montagne et j'y vis un grand nid, occupé par sept jeunes oiseaux d'assez forte taille déjà, quoique leurs ailes fussent encore dépourvues de plumes. Ils étaient de couleur différente, mais tous étaient marqués d'une croix blanche. L'un d'eux était plus grand que les autres et ses couleurs étaient particulièrement brillantes; un autre était accroupi au fond du nid et paraissait sur le point d'expirer. Au-dessus du nid planait un bel et grand aigle, qui d'un vol majestueux décrivait des cercles autour de la montagne. De temps en temps il adressait la parole aux oiseaux du nid, et je crus entendre qu'il leur disait: „Mes jeunes frères, étendez vos ailes et apprenez à me suivre dans mon vol. Seulement, je doute que vous puissiez quitter votre nid avant que vos ailes n'aient reçu leurs plumes". Alors celui des oiseaux qui était plus grand que les autres, monta sur le sommet du nid et s'élança vers l'aigle; mais à peine se fut-il élevé de quelques pieds dans les airs, qu'il retomba lourdement dans le nid. Il renouvela plusieurs fois la même tentative sans plus de succès; après quoi il se mit, ainsi que ses compagnons, à suivre d'un regard triste et doux le puissant oiseau qui volait autour du nid. Tout à coup l'aigle prit son vol vers le ciel, et s'éleva si haut que les habitants du nid le perdirent de vue; puis il redescendit aussi rapidement qu'il était monté. „Mes chers frères, dit-il aux jeunes oiseaux, gardez-vous de suivre l'exemple d'un de vos frères qui s'est envolé trop tôt hors de ce nid; il est tombé dans la rivière qui coule au pied de la montagne, et je le vois se débattre misérablement dans l'eau comme s'il allait périr" [1].

---

[1] Lettre 14, p. 319 ss. — La même idée se retrouve chez Tauler, Cod. Argent. A, 89, n° LII. (Bâle, f° 121 a): Kinder, in dem ernúwende und inkerende, do swimmet der geist alle zit über sich, das nie kein are so hohe geflog engegen der liplichen sunnen ...also swimmet hie der geist engegen dem goettelichen vinsternisse.

Ce rêve ne pouvait se rapporter qu'aux habitants de l'Ile-Verte. L'Ami de Dieu leur en fit part le 22 novembre suivant, et il se trouva effectivement qu'à cette époque le nombre des Johannites de Strasbourg était descendu à sept, de neuf qu'il avait été au commencement de l'année, et que l'un des sept frères était malade. Le lecteur aura facilement reconnu Rulman Merswin sous la figure de l'aigle au vol audacieux, et Henri de Wolfach dans le plus grand des sept oiseaux marquées de la croix blanche de Saint-Jean. Seul parmi les habitants de l'Ile-Verte, Rulman Merswin connaissait donc le chemin qui mène vers les profondeurs du ciel, et seul il était capable de l'enseigner à son entourage. L'établissement créé par lui était un asile assuré contre les tentations du monde, un „nid" construit au sommet d'une montagne, loin des bruits de la plaine, et ne craignant pas les tempêtes futures parce qu'il était fondé sur le roc. Ce rêve montre combien le souvenir des Johannites de Strasbourg était cher à l'Ami de Dieu, et comment l'image de la maison de l'Ile-Verte l'accompagnait dans ses voyages.

IV.

Avant de partir pour l'Italie, l'Ami de Dieu envoya aux frères de la commanderie de Saint-Jean le traité IV ou le *Livre des cinq hommes*.

Ce traité, un des plus importants du recueil, contient de précieux renseignements sur la vie de l'Ami de Dieu et celle des quatre frères qui ont vécu avec lui en 1377 dans son ermitage; il nous permet avant tout de nous rendre compte de l'époque à laquelle ceux-ci se sont fait admettre dans la société mystique de l'Oberland, constituée dès 1357. L'auteur des *Notices* en effet se trompe quand il nous représente le nombre de ces ermites comme ayant été invariablement de cinq depuis leur établissement sur la montagne, et quand il raconte que la société mystique de l'Ami de Dieu s'est transportée tout entière, en 1365, de la ville qu'elle avait habitée jusque-là dans l'Oberland, dans le „pays du duc d'Autriche". Le 2 février 1378, trois nouveaux frères se sont adjoints aux „cinq hommes", ce qui a porté à huit le nombre des ermites de l'Oberland : des changements analogues se sont déjà produits avant 1377 dans la composition de cette société.

Les données du traité IV sur la vie de l'Ami de Dieu ont été utilisées dans la première partie de notre récit. Il reste à étudier les renseignements biographiques fournis par ce traité sur le compte des quatre frères qui se sont trouvés dans l'ermitage du laïque de l'Oberland au commencement de l'année 1377.

L'un de ces personnages a déjà figuré dans notre histoire. C'est celui que l'Ami de Dieu appelle le „seigneur Jean" et qui est désigné dans les documents de l'an 1377 par l'épithète de „notre nouveau frère", ce qui prouve qu'il était à cette époque-là le dernier venu dans la société des ermites de l'Oberland et que son admission était de date assez récente.

Le „seigneur Jean" était né juif et avait autrefois porté le nom d'Abraham[1]. Il avait mené une vie très pieuse, avait étudié les Écritures, et s'était toujours montré charitable envers les pauvres. Frappé des progrès du christianisme dans le monde et affligé des persécutions que son peuple avait à subir, il avait souvent rappelé à Dieu ses antiques promesses messianiques et l'avait prié de lui faire savoir, de quelque manière que ce fût, s'il devait demeurer dans la foi de ses pères ou embrasser une autre religion. Il arriva qu'il reçut en songe, pendant trois nuits de suite, l'ordre de se rendre à la première messe, en compagnie d'un cordonnier nommé Werner, qui demeurait dans sa maison et qui était chrétien. Le cordonnier, homme pauvre et pieux que le juif avait souvent secouru de son argent, accéda volontiers à son désir. Abraham quitta son costume de juif, et comme on était en hiver et qu'il faisait encore nuit close, il put entrer à l'église sans être reconnu. Là son compagnon le plaça sur une tribune où personne ne montait à cette heure matinale et d'où il pouvait assister à toutes les cérémonies du culte. Au moment de l'élévation, il vit sortir de l'hostie une grande croix à laquelle était attachée une forme humaine ensanglantée; quelques instants après il aperçut également que la coupe dans laquelle le prêtre avait versé du vin,

---

[1] Traité IV, p. 122 ss.

était pleine de sang. La nuit suivante il lui fut révélé qu'au bout de dix-huit jours il viendrait chez lui, d'une contrée lointaine, un homme qui lui raconterait la vision qu'il avait eue pendant la messe et qui lui dirait ce qu'il devait faire pour devenir chrétien, et il lui fut commandé de se soumettre à cet homme en toutes choses. L'Ami de Dieu de son côté avait appris en songe, pendant trois nuits consécutives, ce qui était arrivé au juif Abraham, et il avait reçu l'ordre de se rendre dans la demeure du cordonnier Werner, de faire baptiser le juif Abraham sous le nom de Jean et de le recevoir comme frère dans sa société. L'Ami de Dieu obéit; il partit pour la patrie du juif Abraham, qui était très probablement l'Italie, et arriva le dix-huitième jour au but de son voyage. Il fit part à Abraham de la révélation qu'il avait eue à son sujet, et le convainquit si bien par les témoignages de l'Écriture „que le Saint-Esprit lui suggéra", qu'il en fit „un parfait croyant". Le nouveau converti se fit baptiser sous le nom de Jean; puis il prit congé de sa femme et des autres membres de sa famille, et se rendit dans la demeure de l'Ami de Dieu. „Comme il était déjà bien instruit et qu'il éprouvait un grand désir de devenir prêtre, il étudia si bien qu'il put recevoir l'ordination sacerdotale dans le courant de la première année de sa nouvelle existence". A partir de ce moment Dieu le combla pendant deux ans environ des „dons surnaturels de sa grâce"; il lui permit fréquemment de jouir de „ravissements ineffables qui dépassent tout entendement humain". Au bout de ce temps, ces joies spirituelles lui furent enlevées, et il lui fut donné en échange „de grandes tentations impures, tellement malignes que je dus défendre au seigneur Jean d'en parler à ses frères et de les leur confesser. Plus tard Dieu lui enleva toutes ces tentations, à l'exception de celle qui est appelée concupiscence; cette tentation lui est demeurée jusqu'à ce jour à un degré extraordinaire. Mais loin de s'en plaindre, il s'en réjouit, car il sait que la souffrance est pour l'homme le meilleur moyen de marcher sur les traces de notre Seigneur. Souvent il répète que s'il n'avait plus à supporter aucune tentation, il s'en effrayerait, car il craindrait de ne plus appartenir à Dieu".

Il résulte de ce récit que l'arrivée du „seigneur Jean" à l'ermitage de l'Oberland doit être placée environ trois ans, plus un temps indéterminé, avant l'année 1377, c'est-à-dire vers l'an 1373. En 1371 il n'est pas encore question de ce personnage dans la correspondance de l'Ami de Dieu avec ses connaissances de Strasbourg; dès la première lettre qu'il leur écrit en 1377, après un silence de six ans, il l'appelle „notre nouveau frère": l'admission du „seigneur Jean" dans la demeure de l'Ami de Dieu ne peut donc guère être antérieure à l'époque que nous avons indiquée.

Un autre des compagnons de l'Ami de Dieu avait été son camarade de jeunesse[1] et avait demeuré dans une localité voisine de la ville natale de celui-ci. La cinquième et la sixième année de son mariage avaient été remplies pour lui des plus douloureuses épreuves. L'idée de l'infidélité du monde mensonger et trompeur lui avait inspiré le désir de devenir prêtre ou d'aller vivre comme ermite dans un bois. Sa femme avait refusé de consentir à cette séparation; elle s'était plainte à sa famille des desseins de son mari, et n'avait cessé depuis lors de l'accabler de reproches et de railleries, si bien qu'il était devenu la risée de toute la ville. Dans la pénible situation où il se trouvait, il s'était souvenu de l'Ami de Dieu, son ancien camarade, et était allé le trouver dans la ville où il demeurait. Quelque temps après, sa femme mourut, et ses deux enfants suivirent dans l'espace de six mois leur mère au tombeau. Libre de toute attache temporelle, il convertit sur le conseil de l'Ami de Dieu ses propriétés en argent comptant, et un an plus tard il entrait dans la société fondée par son ami de jeunesse. „Il étudia si bien pendant la première année de sa nouvelle existence qu'il put devenir prêtre bientôt après". A partir de ce moment il reçut en partage pendant sept années les „dons surnaturels et inexprimables du Saint-Esprit"; au bout de ce temps, „Dieu lui retira ces faveurs et lui envoya en échange la tentation qui s'appelle concupiscence. Mais il ne s'en affligea pas; bien au contraire, quand il n'éprouve pas de tentations, il s'en plaint et il commence à craindre que Dieu ne l'ait oublié en punition de ses péchés, car il sait que la souffrance dans la tentation est bien agréable à Dieu et bien profitable à l'âme!"

---

[1] Traité IV, p. 105 ss.

Sept années de joies spirituelles, suivies d'une période de tentations qui paraît avoir été assez courte puisqu'elle n'est pas encore révolue au moment où l'Ami de Dieu écrit le traité IV, et que nous pouvons évaluer approximativement à une année, nous amènent à placer l'ordination de ce frère dans le courant de l'année 1369 et par conséquent son admission dans le cercle mystique de l'Ami de Dieu vers la fin de l'an 1367, un peu plus d'une année avant la précédente date. Ce résultat concorde avec l'indication de nos textes qui veut que l'Ami de Dieu ait encore habité une ville à l'époque où ce personnage est venu le trouver pour la première fois, deux ans environ avant de faire partie de son association, c'est-à-dire vers 1365.

Nous nommerons en troisième lieu l'ancien jurisconsulte qui a entrepris avec l'Ami de Dieu le voyage de Rome[1]. „En sa qualité d'homme de loi il avait fait partie d'un chapitre, ce qui lui avait valu d'être gratifié d'une riche prébende". De tout temps il avait professé pour la Vierge une dévotion particulière. Souvent il avait entendu s'élever en lui une voix qui disait : „Combien de temps veux-tu obéir encore aux impulsions de ta volonté propre? Renonce au monde en l'honneur de Marie; retire-toi dans un endroit où tu puisses vivre détaché de toutes les créatures, et Dieu t'enseignera lui-même comment tu pourras devenir un véritable serviteur de sa sainte Mère". A l'âge de quarante ans il était tombé malade. Persuadé que la Vierge lui avait infligé ce châtiment pour la négligence qu'il avait mise à suivre ses conseils, il lui avait promis, si elle lui rendait la santé, de renoncer à sa charge, à ses revenus, au monde entier, et d'entrer dans une congrégation pieuse où il pût vivre dans une retraite absolue. Il avait guéri, et s'était empressé d'accomplir son vœu. „Il pensa d'abord à entrer dans un ordre religieux, puis à se faire ermite; enfin il se souvint de moi, car il me connaissait bien, par suite de la nécessité où je m'étais souvent trouvé d'avoir recours à ses connaissances juridiques. Il me fit prier de me rendre chez lui. Dès mon arrivée, il me demanda quel genre de vie menaient mes frères et quelle règle ils suivaient. Je lui répondis : „Ils n'observent point de

---

[1] Traité IV, p. 116 ss.

règle particulière; ils vivent comme de simples prêtres séculiers qu'ils sont. Nous demeurons en commun, vivant en toute simplicité et humilité, et nous nous gardons autant que possible du contact du monde". Un mois après, il vint passer quatre jours dans notre demeure, et dès le surlendemain de son arrivée il nous supplia de l'admettre dans notre société, déclarant qu'il se donnait à nous en toute propriété, en place de Dieu. Sur le conseil de nos frères, il rentra chez lui, mit ordre à ses affaires et pria la Vierge de lui révéler s'il devait ou non entrer dans notre association. Il revint peu de temps après, et nous le reçûmes comme notre frère sur la recommandation spéciale de la Vierge. Dès qu'il fut chez nous, il éprouva un grand désir de devenir prêtre et entreprit un long voyage pour recevoir l'ordination. Pendant les huit premières années, il eut à endurer les tentations les plus douloureuses, les plus impures, les plus diaboliques. S'il n'eût été prêtre et s'il n'eût été chez nous, il serait peut-être retourné se perdre dans le monde". Cette période se termina pour lui par un long ravissement, qui le prit un samedi, à l'heure du repas, et dans lequel „il lui fut donné d'éprouver une félicité qui dépasse tout ce que l'entendement naturel peut comprendre et tout ce qu'on lit dans l'Écriture". A partir de ce moment „il fut délivré de toutes les tentations, à l'exception de celle qui s'appelle concupiscence; mais il n'en tint pas compte, pensant qu'il était bon qu'il eût à porter cette croix, puisque aucun chrétien ne doit demeurer sans quelque souffrance". Un jour l'idée lui vint de se rendre dans une forêt pour y mener l'existence d'un solitaire; mais nous lui conseillâmes de ne pas donner suite à ce projet, quelque louable qu'il pût être, avant d'avoir appris par quelque signe certain si c'était bien le Saint-Esprit qui le lui avait suggéré. Bientôt après il reconnut lui-même que ce dessein lui avait été inspiré par Satan. Depuis le jour de son ravissement aucune parole de colère n'est plus sortie de sa bouche; il est devenu patient, doux, miséricordieux, et il ne voit plus en toutes choses que le bien"[1].

Ajoutons immédiatement les quelques détails que nous possédons sur le dernier des quatre frères. Admis dès sa jeunesse dans la société

---

[2] Traité IV, p. 102 ss.

mystique de l'Ami de Dieu, „il s'est appliqué pendant dix-huit ans aux plus durs exercices de l'ascétisme, si bien que nous avons dû parfois lui ordonner de les suspendre. Il y a à peine deux ans que Dieu l'a gratifié des dons surnaturels et des joies merveilleuses du Saint-Esprit". Il n'est dit nulle part qu'il ait été prêtre ou qu'il le soit devenu, comme l'Ami de Dieu ne manque pas de le relever à propos des trois frères précédents : nous en conclurons qu'il est resté laïque.

Ce dernier frère est entré dans l'association religieuse de l'Ami de Dieu vingt ans avant 1377, c'est-à-dire en 1357. Si nous nous rappelons que c'est en 1357 que l'existence de cette société se trouve mentionnée pour la première fois, nous serons amenés à considérer ce frère comme ayant été très probablement un des membres fondateurs de cette association.

C'est à ce groupe primitif, constitué dès 1357, qu'est venu s'adjoindre dans la suite l'ancien jurisconsulte. Huit années de souffrances spirituelles, plus un espace de temps indéterminé séparent son admission par l'Ami de Dieu de l'année 1377. Cette admission a donc eu lieu au plus tard dans les années 1367 à 1368. Or à cette époque le „seigneur Jean" ne faisait pas encore partie de la société de l'Ami de Dieu, et le frère dont nous avons parlé en second lieu, l'ancien camarade de jeunesse de l'Ami de Dieu, n'était pas encore prêtre. Comment donc le laïque de l'Oberland eût-il pu répondre à l'ancien jurisconsulte qui l'interrogeait sur le genre de vie de ses frères, qu'ils vivaient „comme des prêtres séculiers qu'ils sont", s'il n'avait pas eu d'autres frères en vue que ceux dont le traité IV retrace la vie? Si même nous admettons par impossible que l'ancien camarade de jeunesse de l'Ami de Dieu a déjà été prêtre vers l'an 1367, la société mystique de l'Oberland ne s'est encore composée à cette date, avant l'arrivée de l'ancien jurisconsulte et du „seigneur Jean", que de deux laïques et d'un prêtre, alors que la réponse de l'Ami de Dieu exige que l'élément ecclésiastique y ait été prédominant. Comme il est évident que cette société a dû compter à l'époque de sa fondation d'autres membres encore que le seul frère dont il est possible de constater dès 1357 la présence dans la demeure de l'Ami de Dieu, la conclusion qui se présente tout naturellement et que les „prêtres séculiers", mentionnés dans la réponse de l'Ami de Dieu, ont fait partie de cette association dès les premiers temps de son existence, et que par conséquent ce n'est pas en 1367, mais en 1364 ou 1365 au plus tard que l'ancien jurisconsulte a été reçu par l'Ami de Dieu au nombre de ses frères, avant le départ de celui-ci pour sa retraite au milieu des montagnes et à une époque où figuraient encore dans son entourage des prêtres séculiers qui ne font plus partie de sa famille spirituelle depuis son changement de demeure.

Le texte du traité IV nous permet donc de rectifier et de compléter de la manière suivante le passage des *Notices* relatif à la fondation de l'ermitage de l'Oberland, que nous avons reproduit au commencement de ce chapitre :

Les amis de Dieu, qui vers l'an 1357 ont constitué avec le laïque de l'Oberland la société mystique mentionnée à la fin du traité VII, se sont trouvés être en grande majorité des prêtres séculiers. Un seul de ces membres fondateurs de la société, un laïque, a suivi l'Ami de Dieu quand il a quitté sa ville natale pendant l'été de l'année 1365 pour aller chercher une demeure nouvelle au milieu des montagnes. A ces deux laïques s'est adjoint un prêtre, ancien jurisconsulte, récemment entré dans la société des amis de Dieu de l'Oberland, et qui avait reçu l'ordination sacerdotale immédiatement après son admission.

A ces trois personnages est venu s'ajouter vers l'an 1368 un ancien camarade de jeunesse de l'Ami de Dieu, qui est devenu prêtre dans le courant de l'année 1369. La société des ermites de l'Oberland, qui jusque-là s'était composée de trois laïques et d'un prêtre, a compté depuis ce moment deux laïques et deux prêtres.

Vers l'an 1372 est entré dans cette congrégation un juif converti du nom d'Abraham, baptisé peu de temps auparavant sous le nom de Jean, et que l'Ami de Dieu appelait encore en 1377 „notre nouveau frère". Le „seigneur Jean" a été ordonné prêtre dans le courant de la première année après son arrivée dans l'ermitage de l'Oberland. Il est le dernier venu des „cinq hommes" du traité IV.

Ajoutons que le 2 février 1378 la société de l'Ami de Dieu s'est encore augmentée de trois membres, de trois prêtres de l'ordre de Saint-Jean dont l'admission avait été décidée au mois de juin de l'année précédente. A partir de ce moment elle s'est composée de deux laïques et de six prêtres.

Le tableau que nous venons de tracer du développement de la société mystique de l'Oberland et de la vie intérieure de ses membres resterait incomplet si nous n'y ajoutions encore les figures si originales de Conrad le cuisinier et de Robert le serviteur et messager de l'Ami de Dieu, que le traité IV appelle avec assez d'à-propos les sœurs Marie et Marthe de ce Béthanie des montagnes. „Notre cuisinier Conrad est depuis cinq ans chez nous. Dès son arrivée, il s'est senti pris d'un tel amour pour le saint-sacrement qu'il nous a forcés de le lui donner tous les dimanches, suivant le conseil de saint Augustin. Au commencement de l'hiver 1376, un jour qu'il préparait notre repas à la cuisine pendant que nous étions à la chapelle, il eut un ravissement. Prévenus par un petit garçon qui l'aidait dans ses travaux, nous accourons et nous le trouvons assis devant l'âtre où cuisait notre brouet, la cuiller à la main, immobile comme un mort. Ce jour-là un de nos frères cuisit à sa place. Le soir, il reprit ses sens, mais il refusa toute nourriture et demanda la sainte-cène. Voilà ce que j'avais à vous dire sur le compte de notre cher cuisinier. Les mets qu'il nous prépare, nous les mangeons avec un plaisir tout particulier, et quand il ne peut pas cuire pour nous, eh bien, nous cuisons nous-mêmes !" [1]

Quant au serviteur Robert, il était à cette époque le factotum des amis de Dieu de l'Oberland. „Il prend soin de notre maison et de tout ce que nous avons. Souvent nous lui demandons : „Pourquoi ne mènes-tu pas une vie aussi sainte que Conrad?" Il nous répond alors : „Si je faisais comme lui, qui donc prendrait soin de vos affaires?" Et si nous lui objectons : „Dieu te dira un jour que Conrad a choisi la bonne part", sa réponse est toute prête : „Je lui dirai que si Marthe avait agi comme sa sœur Marie, le Seigneur serait bien souvent resté à jeun, à moins d'accomplir un miracle comme lors de la multiplication des pains". Voilà quels entretiens nous avons parfois avec Robert. Les réponses qu'il nous fait partent d'une intention si

[1] Traité IV, p. 129.

pure et si bonne, il nous porte une affection si sincère et nous sert
avec tant de dévouement que je suis convaincu qu'il est à sa manière
un ami bien cher à Dieu"[1]. De pareils épanchements sont rares chez
le laïque de l'Oberland : sachons-lui gré de ce regard qu'il nous a
permis de jeter dans l'intimité de son existence au sein de sa nouvelle
famille spirituelle.

En 1365 il s'était donc produit une scission parmi les amis de Dieu
de l'Oberland. Les uns étaient restés dans leur ancienne demeure ;
les autres avaient renoncé sur l'ordre de Dieu à l'existence trop facile
et trop sujette aux distractions qu'ils avaient menée jusqu'alors au
milieu de la population d'une grande cité, pour adopter la vie plus
pénible, mais aussi plus calme et plus recueillie des ermites. C'est à
ces anciens compagnons de l'Ami de Dieu qu'il nous faut penser
tout d'abord, chaque fois qu'il est question dans la seconde partie
de cette histoire d'associations religieuses avec lesquelles le laïque
de l'Oberland s'est trouvé en relations ; c'est à eux que nous pen-
serons surtout lorsque dans la suite de notre récit nous rencontrerons de pareils groupes d'amis de Dieu qui ont partagé toutes ses
préoccupations et participé directement à son œuvre, et qui l'ont
reconnu en quelque sorte comme leur chef commun. Bientôt nous
serons témoins d'une nouvelle scission qui se produira parmi les
habitants mêmes de l'ermitage : deux d'entre eux, l'Ami de Dieu
lui-même et le „seigneur Jean", renonceront sur le commandement
du Seigneur aux agréments de la société de leurs frères, et sans
entrer dans aucun ordre, ils s'appliqueront de plein gré à observer
jusqu'à la fin de leurs jours une des formes les plus rigoureuses de la
vie monastique. Cette détermination aura encore son contre-coup à
Strasbourg : Rulman Merswin renoncera à la société des frères de
l'Ile-Verte comme il avait renoncé auparavant à son séjour en ville,
et adoptera le genre de vie de son lointain ami. Le récit de cette
nouvelle évolution du laïque de l'Oberland vers une existence plus
sévère encore que celle qu'il avait menée jusque-là dans son ermitage, formera le sujet du prochain chapitre.

[1] Traité IV, p. 130.

CHAPITRE III.

LES DIÈTES DIVINES. FIN DE L'HISTOIRE DE L'AMI DE DIEU DE L'OBERLAND ET DE RULMAN MERSWIN.

I. Les derniers temps. La diète divine de l'an 1379. Derniers conseils de l'Ami de Dieu aux Johannites de l'Ile-Verte. — II. La diète divine de l'an 1380. Dernières relations de l'Ami de Dieu de l'Oberland avec Rulman Merswin. — III. La captivité divine. Mort de Rulman Merswin. Derniers renseignements sur l'Ami de Dieu de l'Oberland. — IV. Les Johannites de l'Ile-Verte après la mort de Rulman Merswin.

Après la mort de Grégoire XI, les cardinaux présents à Rome, quoique français pour la plupart, n'avaient osé, devant l'attitude menaçante de la population, faire choix d'un pape étranger à l'Italie, encore moins transférer le conclave dans une ville où ils eussent été plus libres dans leurs votes. Ils tentèrent du moins de sauvegarder leurs intérêts de parti en élisant celui des prélats italiens qui paraissait le moins mal disposé pour leur cause. Bartholomé Prignani, archevêque de Bari, avait passé de longues années à la cour papale d'Avignon; l'on pouvait espérer qu'il ne se montrerait pas trop hostile à l'idée d'un retour en Provence. Quoiqu'il ne fût point cardinal, il fut proclamé pape sous le nom d'Urbain VI, le 9 avril 1378. A peine monté sur le trône, le nouveau pontife manifesta clairement son intention de ne point quitter l'Italie; en même temps il entreprit une série de réformes qui indisposèrent au plus haut point les prélats de son entourage. Les cardinaux français quittèrent Rome; attirés par de fallacieuses promesses, leurs collègues italiens les rejoignirent peu de temps après : d'Anagni le sacré-collège adressa une encyclique à la chrétienté dans laquelle il déclarait illégale l'élection du 9 avril comme arrachée par la violence, traitait Urbain VI d'usurpateur, d'apostat, d'Antéchrist, et proclamait la vacance du trône pontifical. Le 20 septembre, il décernait à Fonti la tiare au cardinal Robert de Genève, qui prit le nom de Clément VII et alla siéger à Avignon.

Le schisme avait éclaté. Les deux papes lancèrent l'anathème l'un contre l'autre pendant que leurs troupes se heurtaient sur le champ de bataille : la suprême autorité religieuse était entrée en conflit avec elle-même; le trouble s'emparait des consciences, l'anarchie envahissait le gouvernement de l'Église. L'unité spirituelle et administrative de la chrétienté, ce rêve de Grégoire VII, semblait à jamais compromise. Du faîte de la hiérarchie ecclésiastique la lutte descendait déjà dans les rangs inférieurs du clergé; elle gagnait successivement l'épiscopat, les corporations savantes et les ordres monastiques, en même temps qu'elle divisait les états de l'Europe en deux camps hostiles. Les jurisconsultes les plus distingués se prononçaient pour la légitimité de l'élection d'Urbain VI : les cardinaux eux-mêmes n'avaient-ils pas reconnu en principe la validité de leur premier vote, alors qu'ils étaient restés plusieurs mois dans l'entourage du nouveau pape, assistant sans protester à l'usage qu'il faisait journellement de l'autorité pontificale, et allant même jusqu'à lui demander des faveurs? Dès le printemps de l'année 1379 la division éclatait dans l'Université de Paris : trois nations se déclaraient pour Clément VII, la quatrième restait fidèle à Urbain VI[1]. L'année suivante, l'ordre des dominicains destituait son général Élie de Toulouse, partisan de Clément VII, et nommait à sa place Raymond de Capoue, partisan d'Urbain VI : six provinces de l'ordre sur seize refusèrent cependant de reconnaître le nouveau général, et jusqu'en 1418 les dominicains eurent deux prieurs généraux comme l'Église avait deux papes[2]. L'ordre de Saint-Jean fut menacé d'un schisme analogue. Son grand-maître Juan Fernandès d'Heredia, après s'être abstenu pendant plusieurs années de se prononcer entre les deux pontifes, finit par se déclarer en faveur de Clément VII. Tombé entre les mains des Turcs, il resta trois ans prisonnier à Corinthe : à son retour de captivité il apprit qu'Urbain VI l'avait déposé de sa charge en 1383 et l'avait remplacé par un de ses propres adhérents. Il sut par sa fermeté et sa douceur ramener à l'obéissance ceux des frères qui s'étaient détachés de lui, et continua de présider aux destinées de l'ordre jusqu'en 1396[3].

---

[1] Du Boulay, *Hist. univers. Paris*, IV, p. 566.
[2] Hélyot, *Hist. des ordres monastiques*. Paris 1714, III, 264 ss.
[3] Falkenstein, *Gesch. der drei wichtigsten Ritterorden*. Dresden 1832, II, p. 176 ss.

Au milieu de ces discordes ecclésiastiques, il y eut cependant quelques esprits plus modérés, qui, par amour de la paix religieuse plutôt que par indécision ou calcul, s'appliquèrent à observer une stricte neutralité entre les deux partis hostiles. Nos amis de Dieu furent de ce nombre. Tandis que Catherine de Sienne et Catherine de Suède, la fille de Brigitte, se prononçaient avec énergie en faveur d'Urbain VI, les ermites de l'Oberland gardèrent une stricte réserve dans la question du schisme. Leur évêque observa d'après leurs conseils la même ligne de conduite. „Loin de vouloir nous contraindre, s'écrie l'Ami de Dieu, il agit en cette affaire comme nous voulons"[1] : lui aussi avait subi l'influence religieuse du laïque de l'Oberland. Nos ermites, jugeant au seul point de vue religieux les événements qui venaient de se produire, ne pouvaient absoudre complètement l'un des partis et rejeter toute la faute sur l'autre. Aucun des chefs de la chrétienté, ni le pape d'Avignon, ni celui de Rome, ni l'empereur, ne leur paraissaient doués des qualités de piété, d'austérité morale, de désintéressement absolu qui eussent été nécessaires à celui qui eût voulu entreprendre et mener à bonne fin l'œuvre de la régénération de l'Église. Leur démarche auprès de Grégoire XI était restée sans effet : un instant ils se sentirent poussés à la renouveler auprès de son successeur; mais ils renoncèrent à ce dessein[2]. Depuis ce moment ils ne cherchèrent plus auprès des hommes, si haut placés qu'ils fussent, un remède à la situation affligeante de la chrétienté : ils s'en remirent à Dieu seul du soin de faire rentrer l'Église dans le sentier de la piété et de l'amour qu'elle avait abandonné, fût-ce au moyen de châtiments terribles : seulement ils se réservèrent la faculté d'intercéder pour elle aux pieds du Seigneur, leur céleste ami, pour le décider à surseoir encore aux manifestations de sa justice vengeresse.

Tel est le cadre des événements dont le récit formera la dernière partie de notre histoire.

---

[1] Lettre 18, p. 328.
[2] Lettre 21, p. 343.

I.

Le dernier des signes précurseurs de l'époque des grandes calamités venait d'apparaître. Cette époque pouvait commencer d'un moment à l'autre.

„Cher commandeur, écrit l'Ami de Dieu à Henri de Wolfach le 18 février 1379[1], sachez que les temps sont bien graves, plus graves que ne peuvent le comprendre les sages de ce monde. Je crains bien que l'heure des grandes catastrophes ne soit très proche! Le Seigneur dans sa miséricorde s'est cependant déjà laissé fléchir plus d'une fois, et a donné au monde un sursis : peut-être en sera-t-il encore de même aujourd'hui. Mais s'il en était autrement, nous assisterions à l'une des plus effrayantes tribulations qui soient venues depuis les temps de Noé. La terreur universelle sera si grande, que les hommes en deviendront insensés. Ne parlez à personne de ces choses; vos paroles pourraient être trouvées mensongères, comme l'ont été celles du grand prophète Jonas",

Les amis de Dieu avaient l'intention de quitter leur retraite à l'heure des châtiments divins et de se répandre à travers la chrétienté. „Moi-même, dit l'Ami de Dieu, je dois alors me rendre ouvertement à l'Ile-Verte auprès de Rulman Merswin, mon ami intime, et de nos autres connaissances, afin qu'ils me servent de témoins". Cette déclaration est assez mystérieuse. Malheureusement, c'est l'unique aveu que l'Ami de Dieu laisse échapper au sujet de ses projets d'avenir. Il paraît cependant en résulter avec assez de certitude qu'à ce moment-là le mystère qui avait enveloppé jusqu'alors la personne et la vie spirituelle du laïque de l'Oberland devait se dissiper, qu'à l'heure de l'épouvante générale l'Ami de Dieu avait l'intention d'annoncer aux hommes les merveilles que Dieu avait accomplies en lui, et de leur enseigner ainsi le chemin du salut par le témoignage de sa propre vie. Rulman Merswin, Jean de Schaftolsheim et les Johannites de l'Ile-Verte seraient appelés à confirmer la vérité de ses paroles. Les

---

[1] Lettre 16, p. 322.

âmes qui seraient gagnées à Dieu, trouveraient un refuge à l'Ile-Verte. Comment admettre cependant que le rôle de Rulman Merswin, dans cette œuvre de la rénovation de la chrétienté, devait se borner, comme celui d'un Jean de Schaftolsheim ou d'un Nicolas de Laufen, à garantir la parole d'autrui? Dieu ne l'avait-il pas gratifié, tout autant que l'Ami de Dieu, des „dons surnaturels de sa grâce", et ne devait-il pas se sentir appelé au même titre que lui à faire profiter ses semblables de son expérience religieuse? D'ailleurs, l'alliance spirituelle que l'Ami de Dieu s'était senti contraint de conclure dès sa conversion avec le personnage inconnu du *Livre des deux hommes*, puis, à la mort de celui-ci, avec Rulman Merswin et enfin avec Conrad Merswin, dans le cas où l'ancien banquier de Strasbourg lui eût été enlevé, ne montre-t-elle pas qu'il n'entendait nullement entreprendre seul la mission dont il se sentait chargé par le Seigneur, mais qu'il avait cherché dès le principe à s'adjoindre un compagnon de travail? Rulman Merswin, dans sa pensée, n'était-il pas l'„aigle" au vol puissant, capable de s'élever jusqu'aux nues et d'enseigner à son prochain, aux „oiseaux du nid", le chemin du ciel? N'était-il pas la „bête fauve" mystérieuse que les premiers habitants de l'Ile-Verte devaient s'appliquer à découvrir dans leur voisinage? Ce n'est donc pas s'aventurer outre mesure dans le domaine de l'hypothèse que de se représenter l'Ami de Dieu et Rulman Merswin, qui jusque-là avaient vécu dans une conformité complète de vues relatives à l'avenir, associés à cette heure suprême dans l'accomplissement d'une tâche commune, et se levant ensemble pour convier le peuple à la repentance et rendre témoignage devant lui des grandes grâces dont le Seigneur les avait gratifiés. En d'autres pays devaient retentir des voix analogues; les compagnons de l'Ami de Dieu devaient se répandre aux extrémités de la chrétienté; d'autres amis de Dieu encore, alliés à ceux de l'Oberland dans la poursuite d'un même but, devaient sortir de leurs retraites et prendre part, au milieu de souffrances de tout genre, à la grande œuvre de la purification de l'Église. De toutes les parties de la chrétienté, les fidèles qui feraient pénitence devaient être dirigés vers la maison de l'Ile-Verte, vers le „nid" que le Seigneur avait ordonné de construire „pour y cacher et conserver les siens", vers le centre spirituel de l'Église régénérée où les deux témoins autorisés de la vérité divine devaient leur départir le „conseil du Saint-Esprit". „Dieu porte une affection toute particulière à l'établissement de l'Ile-Verte, s'écrie l'Ami de Dieu en 1377; il en fera encore une demeure grande et agréable à ses yeux!"[1]

Loin d'appeler de leurs vœux l'apparition des temps nouveaux, les amis de Dieu de l'Oberland s'efforcent d'en retarder la venue par la prière. Ils sont prêts à remplir la mission que Dieu leur assigne dans l'ère nouvelle qui doit s'ouvrir; mais ils n'ignorent pas combien de leurs semblables sont destinés à périr corps et âme dans la tourmente qui en marquera l'avènement, combien sera petit le nombre de ceux qui seront préservés de ces maux parce qu'ils portent sur leur front le sceau du Seigneur. Émus de compassion à l'idée du sort de tant d'infortunés, ils intercèdent auprès de leur céleste ami en faveur de la chrétienté pécheresse et corrompue; ils le supplient de la supporter encore en patience pendant quelques années, dans l'espoir qu'elle voudra enfin s'amender. Le Seigneur, à qui il est bien difficile de ne pas exaucer la prière de ses „chers amis", consent à retenir l'explosion de sa juste colère et à accorder au monde un „sursis", tout en invitant ses amis à ne plus lui adresser à l'avenir la même demande. Mais le monde est resté sourd aux appels de Dieu. Loin de revenir sur ses pas, il s'est enfoncé davantage dans le péché. Les jugements divins vont être manifestés, quand les amis de Dieu interviennent encore. N'irriteront-ils pas le Seigneur contre eux-mêmes en lui renouvelant leur prière? Cette crainte ne les arrête pas; ils sont prêts à souffrir les peines du purgatoire et de l'enfer s'ils peuvent obtenir à ce prix un nouveau délai, permettant à quelques âmes d'échapper à la perdition. Dieu ne peut rester insensible à tant d'amour: il se laisse fléchir encore, et accorde à ses amis ce qu'ils lui demandent, tout en leur renouvelant la recommandation de ne plus intercéder à l'avenir pour le monde. — Tel est le drame qui depuis nombre d'années se jouait mystérieusement entre le Seigneur et ses amis. Mais que devait-il arriver si Dieu leur interdisait formellement tout nouvel appel à sa miséricorde, s'il exigeait d'eux le sacrifice suprême qu'il pût imposer à leur cœur charitable, la suspen-

---

[1] Lettre 8, p. 305.

sion de leurs prières en faveur de la chrétienté? La dernière partie de leur histoire nous autorise à répondre qu'ils obéiraient à Dieu sans hésiter et se renfermeraient dans le silence, mais que leur charité ingénieuse découvrirait bientôt un nouveau moyen, autre que la parole et la pensée, pour pénétrer jusqu'au cœur de Dieu : leur vie même tout entière deviendrait une prière d'intercession, la plus touchante et, à leur point de vue, la plus efficace de toutes.

Au printemps de l'année 1379, les ermites de l'Oberland crurent que l'heure des châtiments divins était arrivée. D'autres amis de Dieu avec lesquels ils étaient en relation, éprouvèrent le même pressentiment. Il fut convenu que le 17 mars, jour de sainte Gertrude, un ou plusieurs membres de chaque groupe se réuniraient dans un endroit déterminé au milieu des montagnes, qu'ils y délibéreraient sur les moyens d'apaiser la colère divine, et adresseraient dans ce but au Seigneur les plus ferventes supplications.

Le laïque de l'Oberland nous a conservé le récit suivant de cette première „diète divine", à laquelle il a pris part avec sept autres amis de Dieu[1] :

„Au milieu de hautes et sauvages montagnes se trouve une chapelle taillée dans le roc, et à côté d'elle une petite maison qui sert de demeure à un prêtre et à deux jeunes frères. Là se sont assemblés, le jour de sainte Gertrude, sept grands et secrets amis de Dieu, dont trois étaient prêtres, et en comparaison desquels je ne suis qu'un indigne avorton. Nous avons supplié nuit et jour le Seigneur, du 17 au 25 mars, d'ajourner la grande et terrible tempête dont nous attendions la venue à tout moment. L'après-midi nous nous rendions habituellement dans la forêt voisine, et là, assis l'un près de l'autre au bord d'un clair ruisseau, nous nous entretenions des questions pour lesquelles nous étions venus, et nous nous interrogions pour savoir si l'un de nous n'avait pas reçu quelque révélation à ce sujet. Le Seigneur ne nous fit aucune réponse jusqu'au 25 mars. Ce jour-là, pendant que nous étions assis comme de coutume au bord du ruisseau et que nous étions plongés dans nos méditations habituelles, nous entendîmes un grand

---

[1] Lettre 17, p. 325 ss.

bruit de vent, entremêlé de sinistres sanglots, qui venait à nous des profondeurs de la forêt; au même instant nous fûmes plongés dans d'épaisses ténèbres. Nous reconnûmes de suite que nous avions affaire aux démons; mais comme aucun de nous ne se crut digne de les conjurer, nous nous abandonnâmes entièrement à la volonté de Dieu, et nous laissâmes le Seigneur accomplir telle œuvre qu'il jugerait convenable. Les mauvais esprits régnèrent ainsi sur nous pendant l'espace d'une heure, au milieu de la plus effrayante obscurité. Puis soudain les ténèbres se dissipèrent, une lumière radieuse, plus éclatante que la lumière du soleil, nous enveloppa, et nous entendîmes une voix mystérieuse, d'une douceur inexprimable, qui nous dit : „Très chers amis de Dieu, la paix soit avec vous! N'ayez aucune crainte! Je suis un ange que la sainte Trinité vous envoie pour vous annoncer qu'elle a exaucé votre prière, et qu'elle a consenti à retarder d'une année le commencement de la grande et terrible tempête qui aurait dû éclater maintenant sur le monde. Mais en même temps je vous ordonne, au nom de la sainte Trinité, de ne point prier pour un nouvel ajournement à l'expiration de cette année, car le Père entend seul décider ce qui devra advenir à cette époque. Quand il jugera que le temps en sera venu, il vengera son Fils sur toute l'étendue de la terre. Sachez qu'il est bien utile à la chrétienté d'être ainsi châtiée; l'affliction et la terreur l'amèneront à se convertir!" La voix se tut, la lumière radieuse s'évanouit, et le soleil se remit à luire comme avant".

Tel était déjà le contenu de l'*Épître à la chrétienté*, que l'Ami de Dieu avait composée à la suite d'une révélation divine. Les menaces proférées en 1857 par le prophète de l'Oberland sur l'ordre du Seigneur, ne s'étaient pas réalisées; mais devait-il en être encore ainsi en 1880? La miséricorde infinie du Seigneur continuerait-elle à démentir les prédictions du nouveau Jonas? L'anxiété des amis de Dieu était grande. Quels seraient les effets de la terrible tempête que Dieu devait déchaîner sur le monde? Y survivraient-ils eux-mêmes? Le Seigneur aurait-il fait choix pour accomplir son œuvre d'autres instruments moins indignes qu'eux? Tout en se tenant prêts à entreprendre au premier signal l'activité missionnaire que Dieu leur avait confiée, ils rompent l'un après l'autre tous les liens qui les rattachent encore au monde, et conformément à la règle de piété que l'Ami de Dieu avait autrefois composée, ils se préparent chaque soir à quitter la terre, ne sachant pas si le jour suivant les trouverait encore en vie. Les conseils que le laïque de l'Oberland adresse à cette époque à ses amis de Strasbourg, trahissent les mêmes inquiétudes.

La question du schisme préoccupait vivement Conrad de Brunsberg et Henri de Wolfach. L'ordre de Saint-Jean, en effet, n'avait pas encore pris parti dans la lutte. Lequel des deux papes devaient-ils considérer comme le chef légitime de la chrétienté? Effrayé de la responsabilité qui pesait sur lui dans la situation où se trouvait l'Église, fatigué de ses fonctions de grand-prieur d'Allemagne à cause des nombreux voyages qu'elles lui imposaient et que son grand âge lui rendait très pénibles, Conrad de Brunsberg avait eu l'intention, dès le commencement du schisme, de se démettre de sa charge, et il avait demandé conseil à l'Ami de Dieu. Celui-ci l'en avait vivement dissuadé: „C'est sans votre intervention, par l'œuvre de Dieu seul, que vous êtes devenu le chef de la province d'Allemagne; ce que Dieu a fait, que l'homme ne le défasse pas à la légère!" Plus tard, les mêmes pensées lui étaient revenues, et la gravité des circonstances extérieures augmentant de jour en jour, il avait prié l'Ami de Dieu de lui permettre, ainsi qu'à Henri de Wolfach, ou tout au moins à ce dernier seul, de venir le trouver, afin de s'entretenir directement avec lui des nombreuses difficultés de l'heure présente, ajoutant que si l'Ami de Dieu refusait d'y consentir, il pourrait bien arriver que le commandeur se passât de cette permission et se mît à chercher les ermites de l'Oberland sur la simple autorisation de son supérieur ecclésiastique, jusqu'à ce qu'il les eût découverts. L'Ami de Dieu leur interdit formellement cette démarche; „le temps, dit-il, n'est pas encore venu pour les amis de Dieu de se manifester", et il leur ordonna d'attendre que Dieu les contraignît lui-même d'aller le trouver; jusque-là ils devaient persévérer dans le recueillement, et éviter un voyage qui eût été pour eux une distraction funeste puisqu'il les eût remis en contact avec le monde des créatures.

Pour rendre inutile le voyage des deux Johannites, il s'empressa de répondre aux questions qu'ils lui avaient posées. „Votre maître, écrivit-il à Henri de Wolfach, a présentement bien des craintes et des soucis, car il ne sait à quel pape obéir. Des ecclésiastiques très instruits m'ont appris ici que les membres du clergé sont fort divisés, et qu'une partie d'entre eux tient pour le nouveau pape et l'autre pour l'ancien. Tout récemment, un haut dignitaire ecclésiastique, le prévôt d'un chapitre, m'a raconté confidentiellement que le pape Clément VII enverrait sous peu de nombreux messages à la chrétienté, dans lesquels il prouverait qu'il est devant Dieu un pape légitime. Dans ce cas, Urbain VI ne manquera pas d'adresser aux fidèles des messages analogues, et alors la lutte commencera entre les deux pontifes. Sachez qu'il peut arriver à la même époque que la puissance temporelle, la couronne impériale, soit opprimée et brisée en morceaux. Ces événements sont en train de s'accomplir. Il y a quelque temps, vous m'avez demandé quelle conduite vous devez tenir pendant les temps d'égarement que traverse la papauté : il n'est pas facile de vous donner un conseil sur ce point. Quand les troubles que nous attendons commenceront dans notre pays, je vous écrirai sur l'heure quel parti nous embrasserons. Vous craignez, dites-vous, d'avoir à vous prononcer prochainement entre les deux papes? Rappelez-vous que vous faites partie d'un ordre, et conformez votre conduite à la sienne. Vous désirez savoir d'avance pour qui nous nous prononcerons? Que vous importe? Notre situation est bien différente de la vôtre. Nous ne sommes pas soumis comme vous à la règle d'un ordre; nous ne devons obéissance qu'à notre évêque : celui-ci n'exerce sur nous aucune contrainte; il agit en cette affaire comme nous voulons. Et d'ailleurs nous avons obtenu du pape défunt et de ses cardinaux bien des franchises que vous n'avez pas. — Quant au vœu, dont votre maître nous réitère l'expression, de déposer sa charge de grand-prieur d'Allemagne, autant nous lui avons autrefois déconseillé de le faire, autant nous le lui conseillons aujourd'hui. Plus le monde va, plus sa situation s'aggrave; la chrétienté s'enfonce de jour en jour davantage dans le vice. Aucune fonction n'est plus conférée selon les ordonnances de Dieu, sans quoi ni Urbain ni Clément ne seraient papes, puisque l'un a été établi à Rome par l'intervention violente des laïques, et que l'autre se soutient à Avignon par la force et les distributions de biens terrestres. De même, Wenceslas ne serait pas roi, puisque son père a acheté pour lui, à prix d'argent, les suffrages des électeurs. Qu'ont-ils fait de leur serment et de leur honneur, ces princes simoniaques qui ont osé décerner la couronne à un enfant, alors qu'on ignorait encore quelles aptitudes il montrerait un jour? Tels souverains, tels sujets. La soumission des hommes à leurs supérieurs n'est plus qu'une trompeuse apparence. Volontiers ils leur obéissent pour un temps, quand ils en ont obtenu des faveurs; dès qu'ils n'en reçoivent plus, ils oublient immédiatement toute reconnaissance et toute soumission. Dans l'état actuel des choses, il faut bien se garder d'accepter aucune fonction ici-bas, car il est impossible de servir à la fois Dieu et le monde! Votre maître devra donc résigner sa charge, et si l'on ne veut pas accepter sa démission, il devra du moins déclarer aux dignitaires de l'ordre dont il dépend, que, son âge et sa santé ne lui permettant plus de voyager d'une commanderie à l'autre, il restera désormais dans sa demeure, et que les frères qui auront affaire à lui devront venir l'y trouver. — Vous m'écrivez que votre maître désire régler sa conduite d'après nos conseils. Je sais qu'il possède à un haut degré la sagesse qui vient des hommes, et qu'il est continuellement occupé d'intérêts de ce monde. Nous lui recommandons instamment de mettre ordre à ses affaires temporelles et spirituelles, et de prendre toutes ses dispositions comme s'il devait mourir dans l'année. Nous tous, nous agissons de même, afin de vivre en sécurité. Il y a bien des années que Rulman et moi, ainsi que trois de nos frères, nous avons commencé à nous préparer journellement à la mort, ignorant chaque soir si nous n'étions pas entrés au tombeau. Il est aujourd'hui plus urgent que jamais d'observer une pareille règle de conduite. Si vous avez quelque ami tourmenté de soucis temporels, conseillez-lui d'une manière discrète de prendre soin de son âme et de se mettre en règle avec le monde, au plus tard pour la fin de la présente année. Le moment est aussi venu pour vous d'adresser au peuple de pressants avertissements dans vos prédications. Puisque Dieu vous a conféré la grâce de pouvoir enseigner publiquement sa doctrine, votre devoir est d'inviter les chrétiens à la vigilance. Non pas qu'il faille révéler à tous le mystère de notre réunion dans la forêt : n'en parlez qu'à ceux en qui vous avez pleine confiance; mais il vous sera facile de trouver dans l'Écriture des passages que vous pourrez citer à l'appui de vos exhortations. Et s'il arrivait au bout d'une année que le Seigneur, reculant les frontières de sa miséricorde, oubliait d'exécuter ses menaces et agissait à notre égard comme il a agi envers les habitants de Ninive, il ne nous en resterait pas moins un avantage immense de cette constante préparation à la mort que nous nous serons imposée pendant ce temps" [1].

II.

L'année 1379 touchait à sa fin ; le terme fatal marqué par l'ange approchait.

Pendant la nuit de Noël, l'Ami de Dieu entendit une voix qui lui dit : „Le Jeudi saint, tu te trouveras au même endroit où tu t'es rencontré dernièrement avec sept amis de Dieu. Cette fois, vous serez au nombre de treize. Le Seigneur t'enverra d'autres signes encore". Trois nuits de suite, le même rêve se reproduisit. Le surlendemain de la fête de Noël, le „seigneur Jean" lui raconta que pendant les trois dernières nuits il avait reçu l'ordre de l'accompagner à la prochaine assemblée des amis de Dieu. „Laissons là ces révélations, répondit l'Ami de Dieu, et attendons que nous ayons reçu du Seigneur d'autres signes encore; il n'est pas prudent d'ajouter foi à toutes les visions". Vers la fin de janvier 1380, il reçut une lettre d'un „grand ami de Dieu qui demeurait dans le pays du seigneur de Milan", et qu'il connaissait intimement. Ce personnage lui faisait le récit d'une révélation identique à la sienne, et le priait de lui indiquer s'il devait ou non se mettre en route vers l'époque indiquée. L'Ami de Dieu lui répondit de venir conformément à l'invitation qu'il en avait reçue du Seigneur. A la même époque, d'autres amis de Dieu qui avaient assisté à la „diète divine" de l'année précédente, lui adressèrent des lettres analogues. Le 5 février, les deux amis de Dieu de Hongrie chez lesquels il avait été vers l'an 1350, vinrent le trouver pour faire route avec lui : eux aussi avaient reçu en partage la mystérieuse révélation. Enfin, le 14 du même mois, arriva dans son ermitage un „citoyen de Gênes" qu'il ne connaissait pas, mais qui lui

---

[1] Lettres 16, p. 323; 17, p. 327; 18, 328 ss.; 21, 341 ss.

fit encore une fois le même récit. Ce personnage lui raconta en outre qu'il s'était dépouillé pour l'amour de Dieu de toute sa fortune, évaluée à plus de cent mille florins, et qu'il était pour ce motif l'objet des railleries des habitants de sa ville natale; mais que Dieu accomplissait en lui des œuvres si merveilleuses qu'elles dépassent toute intelligence.

Tant de signes extraordinaires convainquirent l'Ami de Dieu de l'authenticité de la révélation qu'il avait eue. „J'ai acquis à présent la pleine et entière certitude, écrit-il à Rulman Merswin, que nous devons nous réunir le Jeudi saint, et demeurer ensemble jusqu'au lundi de Pâques au matin. Mais sache bien que parmi tous ces grands amis de Dieu, il n'en est aucun qui puisse dire dans quel but le Seigneur a convoqué pour ce jour-là treize de ses amis. Je trouve en vérité bien étrange que Dieu m'impose encore l'obligation de voyager. Ne sait-il donc pas que la dernière chevauchée m'a rendu malade, et que chaque jour, à midi et à minuit, je souffre alternativement de frissons et de chaleurs? En outre, le 6 janvier dernier, au moment où je m'approchais de l'autel pour recevoir le saint-sacrement, ma grande maladie d'autrefois m'a repris et a envahi tout mon corps. Je crois bien que c'était la même maladie dont nous avons fréquemment souffert tous deux pendant ces trente dernières années, et dont les accès nous venaient exactement le même jour, à la même heure. Écris-moi de suite si tu n'as pas éprouvé le 6 janvier une souffrance semblable: dans ce cas, prends des aliments fortifiants et abstiens-toi de jeûner, car tu ne le supportes pas. Le Seigneur a donc décidé que je devais me mettre en route avant Pâques, malgré la grande maladie dont je souffre. J'obéirai, puisqu'il le veut: il saura bien suppléer à ma faiblesse! „Je puis toutes choses en Celui qui me fortifie", dit saint Paul" [1].

Les lettres et les visites que l'Ami de Dieu a reçues dans les premiers jours de l'année 1380, montrent bien qu'il était le centre du mouvement extraordinaire qui se manifestait depuis une année dans les diverses associations religieuses de l'Oberland et des contrées avoisinantes, et qui avait abouti à la „diète divine" du 17 mars 1379.

Lettre 19, p. 329 ss.

C'est, en effet, auprès de lui que se renseignent les membres de la première réunion, quand se pose devant leur esprit l'éventualité d'un nouveau congrès de ce genre; c'est son ermitage qui est le rendez-vous commun des amis de Dieu qui n'avaient point participé à la première délibération, et qui se sentent conviés par le Seigneur à la seconde. Quoiqu'il s'appelle lui-même par humilité un „avorton" à côté des „grands amis de Dieu" avec lesquels il s'est rencontré en ces deux circonstances, il n'en est pas moins vrai que ceux-ci l'ont considéré comme leur conseiller, comme l'interprète autorisé des révélations qu'ils avaient eues en partage, c'est-à-dire comme leur chef spirituel.

Le Jeudi saint 22 mars, à midi, treize amis de Dieu se trouvèrent réunis dans la petite chapelle cachée au milieu des montagnes.

„Nous veillâmes avec grand recueillement pendant la nuit du Jeudi saint. La matinée du Vendredi saint fut consacrée aux exercices du culte; à midi nous célébrâmes la sainte-cène. Dans l'après-dîner, nous nous rendîmes dans la forêt, après être bien convenus de ne pas nous laisser induire en erreur par les mauvais esprits. Notre hôte, qui était prêtre, fut chargé de les conjurer au nom de la Trinité. Assis au bord du ruisseau, nous nous entretenions du but de notre rencontre, quand soudain nous aperçûmes de nos yeux corporels de grands cierges allumés qui sortaient des profondeurs du bois, suivis d'une multitude de femmes couvertes de robes d'or, qui, s'arrêtant devant nous dans l'attitude la plus humble, nous dirent en baissant modestement les yeux : „Salut à vous, chers frères! Sachez que nous avons été envoyées auprès de vous pour assister à vos délibérations". Aussitôt notre hôte les adjura de retourner au plus vite au fond de l'enfer, et elles s'enfuirent au milieu d'une effroyable tempête. Alors une lumière radieuse, surnaturelle, nous enveloppa, et nous entendîmes une voix d'une douceur extrême qui nous dit : „Chers et intimes amis de notre Seigneur Jésus-Christ, ne vous effrayez pas! Je suis un messager envoyé par la Mère de Dieu, reine du ciel et de la terre, pour vous annoncer qu'elle est allée trouver le Père céleste et qu'elle a obtenu de lui d'ajourner pendant trois ans encore la venue des grandes calamités, à condition que vous vous engageriez pour l'amour de vos frères à conformer votre vie au contenu de cette lettre". Au même instant une lettre tomba du ciel au milieu de nous. La voix céleste continua : „Prenez cette lettre; vous y trouverez ce que le Père céleste exige de vous. Lisez-la dans n'importe quelle langue, et prenez-en copie si vous le désirez. Délibérez sur son contenu jusqu'après-demain, dimanche de Pâques; puis revenez me dire votre réponse. Rapportez-moi la lettre, et vous serez témoins d'un grand miracle!" La voix se tut, la lumière éclatante s'évanouit. Nous prenons la lettre, nous la lisons en italien, en allemand, en latin et même en hébreu : dans quelle langue qu'on la lût, elle était parfaitement intelligible. Nous en fîmes deux copies, l'une en allemand, l'autre en italien.

„Voici cette lettre :

„Très chers amis de Dieu, sachez que le Père tout-puissant avait résolu de frapper le monde de plaies terribles, auxquelles bien peu d'hommes auraient survécu. Mais grâce à l'intercession de la Mère de Dieu, il a consenti à accorder à la chrétienté un sursis de trois ans, à condition que les treize amis de Dieu assemblés dans cette forêt resteraient ses captifs pendant trois ans, puis pendant le reste de leurs jours, soit que l'Esprit leur commande à l'expiration des trois années de persévérer dans le silence, soit qu'il leur ordonne de se disperser dans le monde et de se rendre chacun dans l'endroit qui lui aura été désigné. Pendant ces trois ans, le Père enverra bien des épreuves à la chrétienté pour la décider à s'amender; si elle s'y refuse, l'heure de la suprême angoisse sera venue pour elle. — Les treize amis de Dieu passeront ces trois années dans une captivité et une réclusion absolues; ils observeront le silence le plus rigoureux et s'affranchiront de tout souci, de toute pensée relative au monde extérieur, et ils n'auront d'autre occupation que d'attendre dans une quiétude parfaite les révélations que Dieu pourra leur adresser, suivant la parole du prophète : „Je suis assis en ce lieu, attendant que la voix de Dieu se fasse entendre en moi". Il ne leur sera permis de rompre le silence que deux jours dans la semaine, le mardi et le jeudi, depuis midi jusqu'au soir, et seulement pour demander les objets indispensables à la vie ou bien pour donner des conseils spirituels à leur prochain. Ceux d'entre eux qui sont laïques, devront élire domicile chez ceux qui sont prêtres, et communier régulièrement les dimanches, mercredis et vendredis, et même les autres jours de la semaine en cas de grande fête, s'ils en éprouvent le désir".

„Quand nous eûmes terminé la lecture de cette lettre, notre hôte nous demanda ce que nous en pensions. Nous lui répondîmes dans un transport d'enthousiasme et d'amour : „Nous sommes résolus à. nous soumettre aux prescriptions qu'elle renferme, jusqu'à notre mort !"

„Le dimanche, après midi, nous retournâmes dans la forêt. A peine fûmes-nous assis, qu'une lumière radieuse nous enveloppa; la même voix surnaturelle se fit entendre et nous demanda ce que nous avions décidé. Nous répondîmes dans un élan d'amour : „Nous sommes prêts à obéir au Père céleste et à nous constituer ses captifs, non seulement pour une durée de trois ans, mais pour toute la durée de notre vie". Alors la voix nous ordonna d'allumer un grand feu et d'y jeter la lettre céleste. Nous obéîmes, et nous vîmes des yeux de notre corps la flamme du foyer monter radieuse vers le ciel, emportant la lettre dans un tourbillon de feu, sans toutefois la consumer. Quand la flamme eut atteint les dernières limites de l'atmosphère, le ciel s'entr'ouvrit, un éclair en jaillit et absorba la flamme qui s'était élevée de notre foyer; puis le ciel se referma et nous ne vîmes et n'entendîmes plus rien.

„Le lundi matin, nous prîmes congé les uns des autres et nous nous remîmes en route vers notre demeure, résolus d'accomplir de la manière la plus scrupuleuse la promesse que nous avions faite" [1].

Les treize amis de Dieu venaient de se condamner eux-mêmes, par amour pour leurs frères, à la forme la plus dure de la vie monastique, à la réclusion absolue et perpétuelle [2]. Quelque jugement

---

[1] Lettre 20, p. 332 ss.
[2] Voir la règle des reclus, écrite au neuvième siècle par Grimlaïc, prêtre et sans doute moine aux environs de Metz (Holstenii *Codex regularum monasticarum et canonicarum*, Augsb. 1759, I, p. 291 ss.). L'usage de s'enfermer pour le reste de ses jours dans une cellule située dans l'enceinte, parfois même dans les souterrains d'un couvent, paraît être très ancien. Nul n'était admis à mener un pareil genre de vie s'il n'en avait obtenu l'autorisation, non seulement de l'abbé et des frères de son couvent, mais encore de l'évêque. Une cérémonie solennelle précédait l'entrée du reclus dans sa cellule, construite dans le voisinage de l'église, et sur la porte de laquelle l'évêque

qu'elle puisse porter sur le but qu'ils se sont proposé par cet acte, l'histoire leur tiendra compte d'un si généreux sacrifice, et y reconnaîtra leur plus beau titre de gloire.

L'exécution de l'engagement contracté par l'Ami de Dieu vis-à-vis du Seigneur devait amener bien des changements dans son existence. Toute relation avec le monde extérieur lui étant désormais interdite, sa correspondance s'arrêtait pour toujours; son alliance d'amitié avec Rulman Merswin ne pouvait elle-même se prolonger davantage.

Dès 1376, Rulman Merswin, se reprochant sans doute le plaisir qu'il trouvait à correspondre avec son ami, lui avait proposé de suspendre leurs relations épistolaires, à moins de nécessité urgente. L'année suivante, cette convention fut définitivement conclue. C'était un premier pas vers une rupture plus complète. Celle-ci ne se fit guère attendre. Effrayé du plaisir qu'il prenait à la société des frères de l'Ile-Verte, Rulman Merswin avait demandé à plusieurs reprises à son ami, dans le courant de l'année 1378 et au commencement de l'année 1380, de lui permettre de s'enfermer dans un isolement absolu et de s'abstenir de toute relation avec les créatures terrestres[1]. Le moment était venu où son vœu pouvait se réaliser. Le 10 avril 1380 l'Ami de Dieu lui écrivit en ces termes:

„Dans les circonstances où nous sommes, il se pourrait bien que nous fussions destinés à ne plus jamais nous revoir ici-bas et qu'il ne nous fût plus possible de nous écrire. N'espérons donc plus nous retrouver jamais en ce monde, à moins qu'il n'arrive tels événements,

---

apposait son sceau. «Id ipsum quoque oratorium (scl. cella retrusionis) ita sit domini ecclesiæ contiguum, quatenus idem solitarius per fenestram ejusdem oratorii possit ad missas per manus sacerdotum oblationes offerre, ac cantantes et legentes fratres congrue audire, atque simul cum eis possit psallere » (§ 16, p. 303). Grimlaïc recommande de réunir deux ou trois reclus dans des cellules particulières, mais communiquant par une fenêtre, «afin qu'ils puissent se rendre réciproquement attentifs à leurs péchés et s'exciter l'un l'autre au service de Dieu.«Malheur à l'homme qui est seul, dit l'Ecclésiaste: s'il tombe, il n'a personne qui le relève!» Il leur conseille d'entendre, et si possible, de célébrer journellement la messe et de recevoir la sainte-cène aussi souvent qu'ils le désireront (§ 36, p. 321). Avant tout, il leur impose la loi du silence, tout en leur permettant cependant de continuer à instruire leurs disciples (§ 61, p. 328; § 20, p. 306).

[1] Lettres 10, p. 308; 20, p. 335.

prédits par les amis de Dieu, qui nous permettent d'être souvent réunis. Rendons-nous réciproquement la promesse d'obéissance que nous nous sommes faite. C'est au „seigneur Jean" qu'il me faudra désormais obéir : quant à toi, je te conseille de te soumettre en place de Dieu au commandeur. — Puisque le Seigneur veut que ses amis se constituent ses captifs, je ne m'oppose pas à ce que tu conformes également ta vie au contenu de la lettre divine. Je te recommande cependant de ne pas adopter immédiatement ce nouveau genre de vie dans toute sa rigueur, mais de te contenter d'un moyen terme entre l'existence que tu as menée jusqu'à présent et celle que nous devons mener nous-mêmes, puisque Dieu ne t'a pas ordonné comme à nous de t'astreindre à une réclusion absolue. Songe que les frères de l'Ile-Verte sont encore bien jeunes et bien inexpérimentés, et que ta présence leur est encore nécessaire. Si donc il se trouve dans votre maison une chambre donnant sur l'église, d'où il soit possible d'apercevoir l'autel et d'assister à la célébration de la messe, c'est là que tu devras te retirer; sinon, demande qu'on t'en construise une, située comme je viens de le dire. Quand tu t'y seras établi, tu recevras la sainte-cène les dimanches, les mercredis et les vendredis; ces jours-là, tu t'imposeras un rigoureux silence et tu vivras dans une réclusion complète. Pendant le reste de la semaine, tu reprendras ton genre de vie habituel et tu retourneras dans la société de tes frères. Et si le Seigneur devait faire connaître à l'un de tes amis ou bien à toi-même qu'il désire que tu deviennes également son captif, tu lui obéiras et tu t'enfermeras comme nous dans une réclusion absolue. Quoi qu'il advienne, cher ami, détache-toi des créatures; évite tout ce qui pourrait te causer la moindre distraction; abstiens-toi d'écrire des lettres et de gérer des biens temporels; décharge-toi de tes fonctions d'administrateur de la maison de l'Ile-Verte; retranche-toi dans un isolement complet, dans une passivité absolue; sois attentif aux seules révélations que Dieu pourra t'adresser : en un mot, comporte-toi vis-à-vis du monde comme si tu étais déjà mort. Ainsi tu obéiras à la lettre divine tombée du ciel au milieu de nous!" [1]

Tels furent les adieux du laïque de l'Oberland à son ami de Stras-

---

[1] Lettre 20, p. 336 ss.

bourg. Le pressentiment de l'Ami de Dieu ne l'avait pas trompé : Rulman Merswin et lui ne devaient plus s'écrire ni se revoir en ce monde.

III.

Quelques semaines suffirent aux ermites de l'Oberland pour préparer, dans le voisinage de leur chapelle, deux cellules destinées à recevoir les „captifs" du Seigneur. Le 13 mai 1380, dimanche de Pentecôte, le „seigneur Jean" célébra une dernière fois la messe en présence de tous ses frères ; puis l'Ami de Dieu et lui se rendirent dans leur nouvelle demeure, dont la porte se referma sur eux pour toujours [1].

En 1381, pendant que la peste décimait les populations de la haute Allemagne, les Johannites de l'Ile-Verte reçurent de la part d'un „grand ami de Dieu, demeurant dans une contrée lointaine", une copie du traité III avec la recommandation d'en donner lecture au peuple dans les églises [2]. C'était un dernier témoignage d'affectueuse sollicitude que le laïque de l'Oberland leur donnait du fond de son mystérieux exil, et en même temps un avertissement suprême qu'il adressait par leur entremise à la chrétienté. Depuis lors, ils n'entendirent plus parler de lui.

Rulman Merswin ne tarda pas à recevoir la révélation surnaturelle que son ami lui avait conseillé d'attendre. A partir de ce moment, il s'imposa, lui aussi, la pénible existence d'un „captif" du Seigneur. „Deux ans avant sa mort, il renonça complètement à la société des frères de l'Ile-Verte. Il se fit construire à côté de l'église une demeure à part, dans laquelle il vécut depuis lors dans une réclusion absolue, sans plus en sortir ni la nuit ni le jour, pas même pour se rendre à l'église, puisqu'il pouvait assister de sa chambre à la célébration de la messe. Après avoir mené cette existence pendant quatorze semaines, il fit venir, sur l'ordre du Seigneur, tous les frères de l'Ile-

---

[1] Lettre 21, p. 343.
[2] Traité III, p. 203.

Verte auprès de lui, et leur raconta que depuis le commencement de sa réclusion il avait reçu en partage plus de grâces surnaturelles de Dieu qu'il n'en avait obtenu auparavant pendant sa vie entière. Son intention était de les engager ainsi par son exemple à sortir le moins possible de leur couvent"[1]. Le 2 février 1382, il se sentit „contraint par Dieu et par l'amour qu'il portait aux frères de l'Ile-Verte" d'écrire à l'usage de ceux-ci une *Dernière et amicale exhortation*, qui ne nous est point parvenue. Vers le carême de la même année, il éprouva les premières atteintes du mal qui devait l'enlever. Il expira, après de longues souffrances, le vendredi 18 juillet 1382, vers 3 heures de l'après-midi. „Souvent il avait demandé au Seigneur comme une grande grâce de pouvoir lui ressembler en quelque manière par ses souffrances et par sa mort. Cette prière fut exaucée, car il mourut un vendredi, à la même heure que le Seigneur"[2].

Quatre jours plus tard, les frères de l'Ile-Verte ouvrirent une petite armoire scellée qui se trouvait dans la chambre du défunt[3]. Ils y découvrirent l'*Histoire des quatre années de la conversion de Rulman Merswin* et d'autres écrits encore, parmi lesquels s'est trouvé très certainement le *Livre des neuf roches*, dont ils avaient eu aussi peu connaissance que du précédent tant que vécut Rulman Merswin, et dont ils nous ont également conservé l'original. Par la lecture de ces traités ils apprirent alors seulement „quel grand et intime ami de Dieu, exceptionnellement cher au Seigneur et surabondamment doué des lumières du Saint-Esprit", venait de quitter la terre.

Nous ne savons combien de temps le laïque de l'Oberland survécut à son ami[4]. Atteignit-il le terme du délai fatal au bout duquel le Père

---

[1] *Histoire de la fondation du couvent de Saint-Jean*, p. 51.
[2] *Notices sur les amis de Dieu*, p. 185; *Histoire de la fondation du couvent de Saint-Jean*, p. 52 ss.
[3] V. la rubrique du traité X, p. 55.
[4] Du moment que la ville de Bâle ne peut être considérée comme la patrie de l'Ami de Dieu de l'Oberland, l'hypothèse de l'identité de ce personnage et de Nicolas de Bâle a perdu son principal soutien. Ce n'est donc pas l'Ami de Dieu de l'Oberland qui a terminé ses jours, vers l'an 1409, sur le bûcher dressé par les inquisiteurs de Vienne. Ajoutons que si, comme cette hypothèse l'exige, les ermites de l'Oberland avaient jugé vers cette époque que le moment était venu pour eux de se disperser aux extrémités de la terre, ce n'est pas à Vienne ni en Hongrie que l'Ami

avait résolu de sévir contre la chrétienté, et lui fut-il donné de voir, après cette date solennelle, le monde continuer régulièrement sa marche comme par le passé? S'il en est ainsi, il a dû entrevoir à ce moment-là dans quelle intention le Seigneur lui avait ordonné, ainsi qu'à ses douze compagnons, de demeurer ses captifs, non pas seulement pendant trois ans, mais jusqu'à l'heure de la mort : il a dû comprendre que le Dieu de miséricorde, en agissant ainsi, avait voulu placer dans la main de ses fidèles serviteurs la possibilité d'un ajournement indéfini du châtiment de l'Église, et que les amis de Dieu avaient réussi effectivement, par leur grand amour et leur obéissance sans réserve, à fléchir la colère divine et à obtenir pour la chrétienté un temps de grâce illimité [1]. Dans ce cas, ne plaignons pas l'Ami de

---

de Dieu serait allé, mais à Strasbourg, puisqu'il déclare à deux reprises avoir reçu l'ordre de se rendre alors à l'Ile-Verte. Comme il n'est point venu à Strasbourg, nous en conclurons que les ermites de l'Oberland n'ont pas quitté leur solitude. Quel rapprochement d'ailleurs établir entre un « béghard », qui a été pendant de longues années l'objet des poursuites et finalement la victime de l'Inquisition, et un pieux ermite qui n'a cessé de jouir, jusqu'à un âge très avancé, jusqu'à l'époque où nous le perdons de vue, de l'estime et de la confiance d'un grand nombre d'ecclésiastiques, entre autres de son évêque, et qui n'aurait eu qu'à produire les lettres de recommandation que Grégoire XI et ses cardinaux lui avaient délivrées, pour justifier de son orthodoxie? Les doctrines de Nicolas de Bâle, en effet, à en juger par celles de son disciple Martin de Mayence, brûlé dès 1393 par les inquisiteurs de Cologne, ont été bien réellement celles des frères du libre esprit. Elles ne sauraient par conséquent, ainsi que M. Denifle l'a démontré (*Der Gottesfr. im Oberl. und Nic. v. B.*, p. 22 s.), être mises en rapport avec celles de l'Ami de Dieu de l'Oberland, dont les tendances religieuses ont été parfaitement orthodoxes, — et cela d'autant moins que l'Ami de Dieu et Rulman Merswin ont eu pleine et entière connaissance des principes des sectateurs de la fausse liberté spirituelle (tr. XII, § 2; tr. VIII, 1re partie), et se sont énergiquement prononcés contre eux.

[1] Le dominicain Jean Meyer, dont il a été question plus haut (p. 218), écrivit en 1468 la vie d'une religieuse nommée Marguerite, originaire de Kentzingen en Brisgau. Il y raconte que Marguerite, devenue veuve, mena pendant cinq ans une vie errante, parvint ainsi jusqu'à Marbourg, où elle s'occupa à soigner les malades, puis quitta ce pays et se rendit auprès de l'Ami de Dieu de l'Oberland, qui lui conseilla d'entrer chez les dominicaines d'Unterlinden à Colmar. Les nonnes de ce couvent venaient d'être «réformées», c'est-à-dire ramenées à la stricte observance de leur règle, par quelques sœurs du couvent voisin de Schœnensteinbach. Elle suivit son conseil, et après avoir demeuré quelque temps à Unterlinden, elle put elle-même contribuer à réformer le couvent des dominicaines de Bâle, appelé *Ad lapides*, où elle mourut en 1428. Les couvents de Schœnensteinbach, d'Unterlinden et de Bâle (*Ad lapides*) ayant été réformés en 1397, 1419 et 1423, il semble résulter de ce récit, ainsi que M. Denifle l'a admis, que l'Ami de Dieu de l'Ober-

Dieu de l'Oberland d'avoir fait le sacrifice de son existence pour le salut de ses semblables; félicitons-l'en plutôt, car sa récompense a commencé dès ici-bas. Chaque année nouvelle, en effet, qui s'ouvrait pour l'humanité, devait le remplir d'une profonde et joyeuse

land aurait encore vécu vers l'an 1420. — Voyons en quels termes Jean Meyer raconte la visite de Marguerite de Kentzingen auprès de l'Ami de Dieu de l'Oberland : « Die frow margaretha schied uss dem selben land und gedacht wz yr nun zuo thun wer. Also kam yr in yr gemút wie sie solt gon zu dem grossen fründ gottes der mit sinen halgen gesellen lebt in oberland in dem gebirg. Von desselben hallgen man gotes hatt sy nun uss der masen vil guotz horen sagen wie er von kinthait uf got andechtiklich gedienet hat und nun vast alt wer, und in allen gotlichen sachen von den gnaden gottes des halgen gaists gar wol erfaren wer. Und es ist och in der warheit also gewesen, won diser selig gotesman ist der fünf halger man ainer gewesen, von den dzselb büchelin von den v manen sagt, ja er ist der volkomes gewesen under in, als man an demselben buechli mercket. Er ist diser halg man der dem maister der halgen geschrift prediger ordens dz tugentrich abe lert nach zail der buochstaben und ainen seligen menschen uss im machot. Ruodolffs Merswins haimlicher fründ ist er gewesen und ym mit rat und dat hilflich ist gewesen dz dz gaistlich leben zuo sant johans zuo dem gruenen berg zuo Strasburg gestift ward; und vil ander ubernatürlicher grosser hocher goetlicher sachen hat got der her durch disen sinen lieben fründ gewürcket also denn zuo guoter mass in latin und in tusch geschriben ist in dem selben erwirdigen gotz hus. Zuo diesem halgen man kam mit grosser arbait dise selige frow, und von gotes sunder gnaden do fand sy in in siner wonunge, sust moecht sy in nit funden haben. Und lait im für die gelegenhait yrs lebens und begert sinen hailsamen rat, wie sy nun furbas uff dem weg gotz soelt wandlen, und wz lebens sy nun für sich soelt nemen dz got dem heren alles genemest wer. Do sait er yr wie von dem closter zuo Schoenenstainbach, gelegen in Elses, wer an ander closter, genamt underlinden in der stett Colmar, basler bistum, zuo der gaistlicheit der volkomen observantz reformiert, nach gantzer haltung prediger ordens, und riet yr, dz sy in dz selb closter koem und under der gehorsami lebti und den orden so hielt als an demuctige lay swoester. Moecht hie yeman gedencken: wie kon dz gesin, dz der fründ gotes, den man nemt ruodolff merswin haimlicher fründ und gesell, der man in oberland, by den ziten diser swoester gelebt hat, sitem mal dz man doch von ym in geschrifft find, dz er in aller haligkeit gelebt hat lange vor in siner wol magenden jugent, do man zailt a. d. mccl jar, do an jubel jar zuo rom wz by bapst Clemens ziten, da ist zuo wissen dz diser hallig gotz fründ lang in diser zit lebt und uss der masz alt ward, als ym got soelichs vor kund hatt geton, dz er dar inn gelasen soelt sin; er ward gar vil mer, dz ich was zuo sagent, denn über ic jar alt. » — Nous n'hésiterions pas, d'après ce qui précède, à admettre, nous aussi, que l'Ami de Dieu a vécu jusqu'en l'année 1420, si le récit de Jean Meyer pouvait avoir la valeur d'une source historique nouvelle, relative à la biographie de ce personnage. Or, tout ce qu'il sait sur le compte de « l'intime ami de *Rodolphe* Merswin », Jean Meyer l'a évidemment puisé dans les trois mémoriaux qui constituaient la bibliothèque secrète des Johannites de l'Ile-Verte (ou, comme il s'exprime, de la *Montagne-Verte*, autre localité des environs de Strasbourg), et dont il a eu connaissance.

émotion, par la mystérieuse assurance qu'elle lui apportait que ses prières et son dévouement n'avaient pas été inutiles, et qu'ils avaient gagné la cause du monde devant le trône de Dieu.

IV.

Le laïque de l'Oberland avait caché à ses amis de Strasbourg la situation de son ermitage avec non moins de soin qu'il avait mis à tenir secret le nom de sa ville natale. Ce mystère excita de bonne heure leur curiosité. Du vivant encore de Rulman Merswin, „quelques notables de Strasbourg se mirent à la recherche des amis de Dieu, qui, par leurs lettres, leur avaient conféré bien des grâces spirituelles.

D'où sait-il notamment que l'Ami de Dieu a dépassé de beaucoup la centaine? Par un calcul mental, basé sur un passage du traité XII et sur le titre du traité VI (voir plus haut, p. 12, 83). Demanderons-nous comment Marguerite de Kentzingen a pu apprendre quelle était la demeure de l'Ami de Dieu, demeure non moins inconnue en Brisgau (comme nous le verrons plus tard) qu'elle ne l'était à Strasbourg? Jean Meyer répond: cette retraite lui a été révélée surnaturellement, « par une grâce spéciale du Seigneur, sans quoi elle ne l'eût jamais découverte ». Qui ne sent que nous ne nous trouvons pas ici sur le terrain de l'histoire? Ajoutons que l'on ne comprend pas davantage comment l'Ami de Dieu de l'Oberland qui, depuis 1380 avait rompu toute relation avec le monde extérieur pour mener l'existence d'un « captif du Seigneur », aurait pu être renseigné aussi exactement en 1420 sur un fait qui venait de se passer une année auparavant dans un couvent de femmes d'Alsace. Enfin, comment admettre que l'Ami de Dieu de l'Oberland, qui nous est dépeint en 1377 comme un homme « vieux et faible », qui se plaint en 1380 des infirmités dont il est affligé, des fièvres qui le minent, des fréquents accès de la « grande maladie » dont il est assailli, que l'Ami de Dieu se soit encore trouvé en vie près d'un demi-siècle plus tard, en l'année 1420? — et qu'avec lui aient vécu encore les « saints compagnons avec lesquels il demeurait dans l'Oberland, au milieu des montagnes », d'après le *Livre des cinq hommes*! — Marguerite de Kentzingen, de retour dans son pays, sera allée consulter un « grand ami de Dieu » demeurant « au milieu des montagnes », c'est-à-dire dans quelque retraite de la Forêt-Noire ou des Vosges, et celui-ci lui aura conseillé d'entrer dans le couvent d'Unterlinden à Colmar. Son biographe, dont l'imagination était mise en éveil par la lecture des écrits du « grand Ami de Dieu de l'Oberland », s'est plu à voir dans ce mystérieux personnage l'ami de Dieu que Marguerite de Kentzingen est allée consulter; et il s'est efforcé après coup de justifier cette hypothèse en calculant l'âge que l'Ami de Dieu pouvait bien avoir en 1420, et en admettant que le Seigneur avait révélé directement à Marguerite la retraite du laïque de l'Oberland, que personne ici-bas n'eût pu lui faire connaître.

Entre autres ermitages qu'ils visitèrent pendant leurs pérégrinations, ils entrèrent aussi dans celui des amis de Dieu de l'Oberland; ils passèrent la nuit sous leur toit et s'entretinrent longuement avec eux, mais ils ne les reconnurent pas. Bientôt après, ils revinrent à Strasbourg, disant qu'ils ne les avaient pas trouvés". L'Ami de Dieu, par contre, avait immédiatement deviné le but de leur voyage, et il informa Rulman Merswin de la visite qu'il venait de recevoir[1].

Les Johannites de l'Ile-Verte surtout brûlaient du désir de pénétrer ce mystère. L'Ami de Dieu et Rulman Merswin avaient chacun un messager secret par lequel ils correspondaient. „Ces messagers avertissaient Rulman Merswin de leur présence au moyen d'une manière particulière de tousser pendant la messe. Les Johannites comprirent bientôt la signification de ce langage; ils épièrent avec le plus grand soin l'arrivée des deux inconnus. Parfois ils entrevirent leur ombre dans le corridor; jamais ils n'aperçurent leur visage". En 1379, Conrad de Brunsberg résolut d'envoyer Henri de Wolfach à la recherche de nos amis de Dieu : il ne renonça à son dessein que sur la défense formelle du laïque de l'Oberland. Trois ans plus tard, les frères de l'Ile-Verte prièrent Rulman Merswin à son lit de mort de leur faire connaître le messager par lequel il avait correspondu avec son ami, afin qu'il leur fût possible de rester en rapport avec celui-ci. Il leur répondit que son messager secret était mort peu de temps auparavant. „C'est ainsi que Dieu nous a enlevé ses chers amis, qui étaient aussi les nôtres!" s'écrie mélancoliquement l'auteur des *Notices;* „depuis la mort de Rulman Merswin, nous n'avons plus pu leur écrire et nous n'avons plus eu de leurs nouvelles. Le Seigneur a sans doute voulu nous punir par là du peu d'ardeur que nous avons mis à suivre leurs conseils. Semblables aux vierges folles, nous n'avons pas acheté à temps l'huile de l'obéissance et de l'humilité; aussi avons-nous été confondus quand le fiancé a refermé sur lui la porte de ses affectueux conseils, quand Rulman Merswin a été enlevé de ce monde. Depuis ce temps, nous avons couru à droite et à gauche pour mendier un peu d'huile; mais elle nous a toujours été refusée!"[2]

---

[1] *Notices sur les amis de Dieu,* p. 62.
[2] *Ibid.,* p. 63.

A trois reprises, en effet, les Johannites tentèrent de se remettre en relation avec leurs amis de l'Oberland.

„Après la mort de Rulman Merswin, nous envoyâmes un chevalier et un jeune bourgeois de notre ville à la recherche des amis de Dieu, après leur avoir donné tous les renseignements que nous possédions sur la demeure de ceux-ci. Au bout de quatre semaines de pérégrinations infructueuses, ils revinrent sans les avoir trouvés.

„Pendant l'été de l'année 1389, plusieurs personnes honorables de Fribourg en Brisgau, qui avaient lu peu de temps auparavant le *Livre des cinq hommes,* nous racontèrent qu'il leur avait été dit que Jean de Bolsenheim, prieur des bénédictins d'Engelberg, vivait dans l'intimité de nos chers amis de Dieu, qu'il se rendait souvent auprès d'eux et disait d'habitude la messe dans leur chapelle, et qu'il avait donné sur leur compte, à Fribourg, exactement les mêmes renseignements que ceux qui figurent dans le *Livre des cinq hommes*. Nicolas de Laufen se mit en route le 24 août de la même année, d'après les conseils du commandeur et de ses frères. Arrivé à Engelberg, il trouva que le récit que lui avaient fait les gens de Fribourg n'était nullement conforme à la réalité. Il repartit donc, après avoir laissé à Jean de Bolsenheim un exemplaire du *Petit mémorial allemand* et d'autres écrits encore provenant de l'Ami de Dieu, ainsi que tous les renseignements qu'il put lui donner sur le compte de nos chers amis de l'Oberland. Jean de Bolsenheim, qui était en relation avec un très grand nombre d'amis de Dieu de son pays, promit de se mettre lui-même à la recherche de nos ermites : mais quelque zèle qu'il déployât dans cette tâche, il ne réussit pas à les découvrir, ainsi qu'il l'a écrit lui-même à Nicolas de Laufen.

„L'Ami de Dieu raconte dans une de ses lettres qu'il s'est rendu en 1377 auprès de son évêque, dans une ville distante de treize milles de son ermitage. Or nous apprîmes que l'évêque de Constance avait résidé à cette époque-là à Klingnau (petite ville située près de l'embouchure de l'Aar dans le Rhin); et comme Fribourg dans l'Uchtland se trouve à treize milles de Klingnau, nous supposâmes que nos amis de Dieu avaient dû demeurer dans quelque localité de l'Uchtland. En 1390, Henri de Wolfach se rendit à Fribourg; il y demeura une année entière, mais toutes ses recherches furent vaines".

L'auteur des *Notices* termine son récit par cette réflexion : „Ne cherchons plus ici-bas la demeure des amis de Dieu. Remercions le Seigneur de nous avoir, par leur entremise, réunis en la sainte maison de l'Ile-Verte dans les derniers temps où nous vivons. Appliquons-nous à suivre les affectueux conseils qu'ils nous ont donnés, et nous les retrouverons un jour dans la vie éternelle!" [1]

Le souvenir de Rulman Merswin et de l'Ami de Dieu de l'Oberland demeura cher aux habitants de l'Ile-Verte. Leurs écrits furent soigneusement recueillis et en partie traduits en latin à l'usage des ecclésiastiques; ils trouvèrent place dans les trois mémoriaux du couvent de Saint-Jean dont il a été question plus haut. Vers la fin du siècle, un religieux de l'Ile-Verte, sans doute Nicolas de Laufen lui-même, écrivit au nom de ses frères une *Sérieuse admonition* à l'adresse de toutes les personnes qui auraient connaissance ultérieurement des traités et des lettres des deux grands amis de Dieu, „afin de leur faire bien comprendre dans quelle intention ces écrits avaient été composés". C'est un pressant appel à la repentance, inspiré à l'auteur par le contenu des dernières lettres de l'Ami de Dieu. „Le Père céleste, s'écrie-t-il, a supporté pendant bien des siècles le grand opprobre infligé journellement à son Fils par la chrétienté, et il ne veut pas le laisser plus longtemps impuni. La Reine des cieux a obtenu de lui un dernier sursis, que les treize amis de Dieu, innocents de tous ces maux puisqu'ils ont le cœur pur et sans tache, ont été obligés de gagner bien durement en se constituant les captifs du Seigneur, afin que nous puissions nous améliorer. Ce sursis est expiré : amendons-nous donc, car nous vivons dans les derniers temps!" [2] Tel est le contenu de ce traité, écho lointain des préoccupations qui avaient agité autrefois l'esprit des deux fondateurs de la maison de l'Ile-Verte.

Conrad de Brunsberg mourut le 11 décembre 1390. Nicolas de Laufen et Henri de Wolfach lui survécurent jusque dans les premières années du quinzième siècle. Avec eux disparurent les derniers témoins de l'activité spirituelle de Rulman Merswin et de l'Ami de Dieu de l'Oberland.

---
[1] *Notices sur les amis de Dieu*, p. 69.
[2] *Sérieuse admonition*, p. 173.

CHAPITRE IV.

EXAMEN DES QUESTIONS HISTORIQUES ET GÉOGRAPHIQUES RELATIVES A LA DEUXIÈME PARTIE.

I. *L'ermitage de l'Ami de Dieu de l'Oberland. Les données du problème.* — II. *Les ermites du Herrgottswald et les frères du Schimberg.* — III. *Les ermites de Ganterschwyl. Jean de Coire, dit de Rulberg.*

I.

Il nous reste à examiner quelle a été la seconde demeure des amis de Dieu de l'Oberland.

Les seules données géographiques que nous possédions sur ce problème sont contenues dans le passage suivant des *Notices* : Les amis de Dieu se sont établis „sur une montagne située dans le pays du duc d'Autriche (Léopold III, 1365-1386), à deux milles de distance de toute ville. Au pied de cette montagne coule un beau cours d'eau, ainsi que l'a dit Rulman Merswin". Nous ne comptons pas ici comme une valeur positive l'indication fournie par un autre passage des mêmes *Notices*, d'après laquelle l'ermitage de l'Ami de Dieu se serait trouvé à treize milles de Klingnau, puisque l'Ami de Dieu ne dit nulle part qu'il ait demeuré dans le diocèse de Constance. Ce n'est là qu'une hypothèse des Johannites de l'Ile-Verte, dont nous aurons peut-être à constater l'exactitude, mais qui ne peut servir ici à guider notre jugement. Ces données géographiques, ainsi réduites, ne sont rien moins que suffisantes pour résoudre la question qui nous occupe, la maison des Habsbourg ayant possédé au milieu du quatorzième siècle presque toute la Suisse septentrionale.

Mais pouvons-nous au moins compter sur l'exactitude de ces quelques indications? En aucune manière. L'abbaye d'Engelberg, en effet, aux environs de laquelle Nicolas de Laufen a cherché la demeure des amis de Dieu, ne faisait nullement partie à cette époque des possessions autrichiennes : elle formait elle-même une principauté ecclésiastique indépendante, d'une assez grande étendue, et elle était séparée des domaines de Léopold III par toute la largeur du canton d'Unterwalden, l'un des trois cantons qui avaient secoué le joug des Habsbourg dès le commencement du quatorzième siècle [1]. Si donc Nicolas de Laufen avait cherché l'ermitage de l'Ami de Dieu dans le „pays du duc d'Autriche", il eût reconnu son erreur dès son arrivée à Engelberg. Loin de là, il charge un des plus hauts dignitaires de cette principauté ecclésiastique, Jean de Bolsenheim en personne, du soin de continuer les recherches dans son pays, et il lui communique à cet effet tous les renseignements qu'il possédait sur la demeure et le genre de vie des amis de Dieu : assurément la situation géographique indiquée par les *Notices* n'a pas dû se trouver au nombre de ces renseignements. Et puisque c'est à Nicolas de Laufen même que Rulman Merswin adressait d'habitude ses confidences sur le compte des amis de Dieu de l'Oberland, la donnée d'après laquelle ils se seraient établis dans le „pays du duc d'Autriche" ne peut venir de lui, sans quoi Nicolas de Laufen en eût fait usage tout le premier. Si donc elle provient des Johannites, qui ignoraient la demeure exacte de l'Ami de Dieu, cette indication géographique ne peut avoir eu sous leur plume qu'une signification assez vague, équivalente à peu près à celle du nom moderne de Suisse. Il est peu admissible, en effet, que les Johannites de Strasbourg aient eu une notion bien exacte de la géographie politique si compliquée de ce pays au quatorzième siècle, alors qu'ils n'en connaissaient pas même la géographie ecclésiastique : car, partant de l'idée d'après laquelle les amis de Dieu auraient vécu dans le diocèse de Constance et plaçant pour ce motif leur ermitage à treize milles de Klingnau, le commandeur de l'Ile-Verte est allé les chercher près de Fribourg dans l'Uchtland, sans se douter qu'il les cherchait ainsi dans le diocèse de Lausanne.

Reste donc comme unique donnée géographique certifiée par Rulman Merswin, celle d'après laquelle les amis de Dieu se sont établis sur une montagne „au pied de laquelle coule un beau cours d'eau", avec la Suisse entière comme champ de recherches.

---

[1] Wegelin, *Historisch-geogr. Atlas der Schweiz*. Zürich 1846, carte VI.

Heureusement nos données historiques sur ce problème sont plus précises. Elles nous apprennent :

1° que les amis de Dieu de l'Oberland ont obtenu du „seigneur du pays" la concession de leur emplacement sur la montagne en l'an 1366, après un séjour d'une année dans une localité des environs, et qu'ils se sont mis immédiatement à bâtir une maison d'habitation et une chapelle, constructions terminées au plus tard en 1371;

2° que leur nombre a été de 3 en 1366, de 4 en 1368, de 5 vers 1372, et de 8 à partir de 1378; et que parmi eux il s'est trouvé en 1366 un prêtre, vers la fin de l'année 1369 deux prêtres, vers 1374 trois prêtres et à partir de 1378 six prêtres;

3° qu'ils se sont occupés d'agriculture;

4° que dans leur voisinage il s'est trouvé un couvent de Johannites, et en outre, à une distance de deux milles, si nous en croyons les *Notices*, une ville assez importante, sise probablement au bord d'un cours d'eau ou d'un lac, et gouvernée par un conseil électif;

5° que leur évêque les a tenus en haute estime, puisqu'il a réglé sa conduite pendant le schisme sur leurs conseils, et qu'il a observé en cette circonstance une attitude très conciliante.

Elles nous avertissent encore de ne chercher l'ermitage des amis de Dieu ni dans l'Uchtland ni aux environs du lac de Lucerne, puisque ces contrées ont été parcourues inutilement par Henri de Wolfach, Nicolas de Laufen et Jean de Bolsenheim; et elles nous invitent ainsi à diriger de préférence nos recherches vers la Suisse orientale.

II.

C'est cependant aux environs du lac de Lucerne que la critique a placé jusqu'à présent la seconde demeure des amis de Dieu, évidemment sous l'influence de l'hypothèse d'après laquelle ils auraient d'abord habité la ville de Bâle.

M. Schmidt a supposé que l'ancien lieu de pèlerinage du Herrgottswald, situé sur le contre-fort occidental du Pilate, à deux lieues de

Lucerne, pourrait bien avoir été l'ermitage du laïque de l'Oberland, sans toutefois attribuer à son opinion d'autre valeur que celle d'une simple conjecture [1].

M. Lutolf de Lucerne objecte à cette hypothèse que l'existence d'un ermitage au Herrgottswald n'est constatée que depuis la fin du quinzième siècle, et que le chartreux Jean Wagner, qui s'établit sur cette montagne en 1489, n'y rencontra ni maison ni chapelle, et dut jusqu'en 1500 élire domicile dans une grotte [2].

Il place la demeure des amis de Dieu à une lieue plus au sud, dans la chaîne de montagnes qui forme la limite orientale de la vallée de l'Entlebuch [3]. Là s'élève sur une hauteur appelée le Schimberg un ermitage composé d'une maison d'habitation et d'une chapelle. Il est désigné encore aujourd'hui dans la bouche du peuple et figure sur la carte de Dufour sous le nom de *Brüdern*.

Au quatorzième siècle, dit M. Lutolf, à une époque qu'on ne saurait déterminer, un certain nombre d'ermites se sont établis au Schimberg. Les annales de la vallée de l'Entlebuch portent plus tard leur nombre à 6; deux d'entre eux se sont appelés Pierre, deux autres Jean, un cinquième Conrad et le dernier Lutold, ce qui concorde avec les données relatives aux amis de Dieu si nous ajoutons aux „cinq hommes" du traité IV le cuisinier Conrad, et si nous ne comptons pas le serviteur Robert, mort avant 1382. D'après ces mêmes annales, les six ermites sont morts, on ne sait à quelles dates, avant l'année 1470. — Objectons de suite que les ermites de l'Oberland ne se sont jamais trouvés au nombre de 6, quelque combinaison qu'on veuille imaginer, puisque vers l'année 1372, à l'époque où a été engagé le cuisinier Conrad, le „seigneur Jean" est venu porter à 5

---

[1] *Nicolaus von Basel Leben*, etc., p. 34: Am Abhange des Pilatus liegt ein alter Wallfahrtsort, ...nicht allzuweit einerseits von Engelberg in Unterwalden und anderseits von Klingnau an der Aar, Orten welche in dieser Geschichte ihre Bedeutung haben. Da ist die Vermuthung auf der Hand, Herrgottswald sei die Stelle, wo die Gottesfreunde sich niederliessen, ...Hiermit soll indessen nicht mehr als eben nur eine Vermuthung ausgesprochen sein; etwas Bestimmtes lässt sich dermalen noch nicht versichern.

[2] *Der Gottesfreund im Oberland* (*Jahrb. f. schweiz. Gesch.* Zürich 1877, I, 3 à 46), p. 27.

[3] *Ibid.*, p. 9 à 28.

le nombre des frères et à 7 celui des habitants de l'ermitage, le serviteur Robert devant être compté au même titre que le cuisinier Conrad. M. Lutolf oublie qu'à partir de l'an 1378 le nombre des frères s'est élevé de 5 à 8, par suite de l'arrivée des trois Johannites. Enfin, c'est le messager secret de Rulman Merswin, et non celui de l'Ami de Dieu, comme le prétend M. Lutolf, qui est mort avant l'année 1382.

Le reste de l'argumentation de M. Lutolf repose sur de simples hypothèses :

Le principal tableau qui orne *aujourd'hui* la chapelle du Schimberg représente le couronnement de la Mère de Dieu. Or l'on connaît la dévotion que les amis de Dieu de l'Oberland professaient à l'endroit de la Vierge : la chapelle du Schimberg peut donc bien leur avoir appartenu. — Assurément, dirons-nous, ou bien à toute autre congrégation d'ermites, car il n'est guère d'église ou de chapelle du quatorzième siècle qui n'ait eu un autel consacré à Marie.

M. Lutolf continue : A une lieue et demie du Schimberg se trouve l'ermitage de Heilig-Kreuz, fondé vers 1343 par un certain nombre de frères qui, d'après la tradition conservée dans leur établissement, seraient venus du Brabant dans l'Entlebuch, guidés par un bœuf qui portait un fragment de la vraie croix : de là le nom de l'ermitage. Dans les années 1367 à 1369, les religieux de Heilig-Kreuz ont envoyé à plusieurs reprises leur messager collecter des offrandes à Strasbourg[1]. C'est de cette manière que les amis de Dieu domiciliés à Bâle, station intermédiaire entre Strasbourg et Heilig-Kreuz, auront trouvé le chemin du Schimberg. — Nous avons vu ce qu'il faut penser de la „station intermédiaire" de Bâle. Il est à peine besoin d'ajouter que les amis de Dieu ont trop tenu à garder le secret de leur demeure vis-à-vis de leurs amis de Strasbourg pour avoir été tentés de s'établir dans le voisinage d'ermites qui étaient en relation avec les habitants de cette ville. D'ailleurs notre auteur se charge lui-même de nous apprendre la vérité sur ce point :

Une tradition recueillie chez le propriétaire actuel de l'établisse-

---

[1] Si toutefois la correction proposée par M. Lutolf est juste, et s'il ne faut pas continuer à lire Strassberg (petite localité voisine de Lucerne), comme le veut le texte imprimé. (*Geschichtsfreund*, XI, p. 88.)

ment du Schimberg, porte que sept hommes sont venus un jour des Pays-Bas dans l'Entlebuch, et que quatre d'entre eux se sont établis à Heilig-Kreuz et trois au Schimberg. — La fondation de l'ermitage du Schimberg serait de la sorte contemporaine de celle de l'établissement de Heilig-Kreuz, c'est-à-dire aurait eu lieu plus de vingt ans trop tôt au point de vue de l'histoire des amis de Dieu de l'Oberland. Inutile dès lors de soulever et de résoudre au moyen d'une hypothèse la question de savoir comment les premiers ermites du Schimberg ont pu trouver le chemin de l'Entlebuch, puisque la seule tradition relative à leur installation sur la montagne porte qu'ils sont arrivés dans cette vallée en compagnie des frères de Heilig-Kreuz; inutile aussi de proposer la traduction du mot *Niederlanden* par „contrées inférieures" — ce qui permet de faire venir ces premiers ermites de Bâle, — puisque le terme de „Brabant" qui figure dans la tradition parallèle à celle du Schimberg, conservée à Heilig-Kreuz, montre bien de quels „pays bas" il est question dans cette histoire.

Fondé vers 1343 par quelques frères venus des Pays-Bas et qui plus tard se sont trouvés au nombre de six, l'établissement du Schimberg ne présente aucune analogie avec l'ermitage des amis de Dieu de l'Oberland [1].

---

[1] Nous ne mentionnerons que pour mémoire le contenu de la dernière publication de M. Lutolf, intitulée *Visite faite par un cardinal à l'Ami de Dieu de l'Oberland* (*Besuch eines Cardinals beim Gottesfreund im Oberland*. Theol. Quartalschr., 1876, IV, 580-592). Le Milanais Branda Castiglione, promu cardinal par Jean XXIII après avoir été jurisconsulte à Pavie en 1389, fut envoyé au printemps de l'année 1421 en Suisse et dans les Pays-Bas pour prêcher la croisade contre les Hussites. Au mois de juin, il arriva dans ce but à Lucerne et se rendit de là dans l'Entlebuch. Le trésor de la république de Lucerne dut supporter les frais de son voyage dans la vallée et subvenir en outre à l'entretien de sa suite, dans laquelle figuraient les « frères du Schimberg ». M. Lutolf trouve dans cette histoire la confirmation éclatante de son hypothèse : « Personne, à l'avenir, ne pourra plus conserver le moindre doute au sujet de la localité qu'ont habitée les amis de Dieu de l'Oberland! Il est également prouvé par ce qui précède que l'Ami de Dieu a encore vécu au mois de juin 1421 » (p. 591). En vérité, nous nous demandons à quel propos M. Lutolf introduit l'Ami de Dieu dans cette histoire. Qu'un cardinal italien chargé de prêcher ou plutôt de faire prêcher la croisade dans un pays dont il ne comprenait même pas la langue, se soit fait accompagner dans son voyage par des ermites de la localité qui jouissaient de la confiance des populations auxquelles il s'adressait, qu'y a-t-il dans ce fait qui puisse faire penser même de loin aux amis de Dieu de l'Oberland? Est-il nécessaire d'ajouter que l'Ami de Dieu, si même il

III.

Dans la partie supérieure de la vallée de la Thur, qui formait au moyen âge le comté de Toggenbourg et qui fait partie aujourd'hui du canton de Saint-Gall, s'élève en face du village de Butschwyl, sur le bord oriental de la rivière, une haute montagne soutenue par deux puissants contreforts qui s'avancent dans la vallée, et entre lesquels s'ouvre un étroit ravin. Sur le contrefort méridional, dominant la Thur du haut de son imposante assise de rochers, se dressait au quatorzième siècle un château féodal, appelé le château de Rutberg, du nom donné primitivement à la montagne même dans la bouche du peuple [1]. Devenu de bonne heure la propriété de l'abbaye de Saint-Gall, il avait passé à la puissante famille de Werdenberg, qui l'avait vendu en 1340 au comte Frédéric IV de Toggenbourg [2]. Sur les flancs de la montagne étaient dispersées un certain nombre de fermes, désignées encore aujourd'hui sous l'appellation commune d'Aewiller et rattachées à la paroisse voisine de Ganterschwyl. Descendons la vallée, et nous arriverons au bout d'une heure au village de Jonschwyl, et deux heures plus tard à Wyl sur la Thur, une des cités les plus connues dans l'histoire de ce pays et qui faisait partie des possessions des comtes de Toggenbourg, quoiqu'elle fût déjà gouvernée par un conseil électif de seize membres [3]. Non loin de là, à

---

avait vécu jusqu'en 1421, n'eût pu, en sa qualité de « captif du Seigneur », accompagner le cardinal dans sa tournée de prédications? Enfin, où notre auteur trouve-t-il que le cardinal en question a fait une *visite* aux frères du Schimberg? Demanderons-nous à M. Lutolf comment le cardinal Branda Castiglione a pu être informé en 1421 de l'existence et de la demeure de l'Ami de Dieu? Il nous répondra: C'est par le Milanais qui a assisté en 1380 à la deuxième « diète divine » (et qui, depuis lors, a mené la vie de reclus, ce que M. Lutolf oublie encore), ou bien par l'ancien jurisconsulte qui a vécu dans l'ermitage de l'Ami de Dieu, et avec lequel notre cardinal, jurisconsulte lui-même en 1389, a pu étudier dans sa jeunesse et se lier d'amitié sur les bancs de l'école (p. 591). L'on voit que ce n'est pas précisément la hardiesse qui fait défaut aux hypothèses de M. Lutolf.

[1] Le mot de Rutberg signifie « montagne défrichée ».

[2] Recueil de documents relatifs au comté de Toggenbourg, composé en 1673, f° 195. (Archives épisc. de Saint-Gall, A, 80.)

[3] Sailer, *Chronik von Wyl*. Saint-Gall 1864, I, p. 90 à 94. — Là demeurait depuis de longues années une famille de Rutberg, à laquelle avait probablement appartenu

Tobel, se trouvait depuis le commencement du treizième siècle une commanderie de l'ordre de Saint-Jean.

Si nous pénétrons dans l'étroit vallon qui s'enfonce dans le flanc de la montagne et que, remontant le ruisseau qui s'en échappe, nous nous élevons à travers la forêt vers le massif central, nous débouchons au bout d'un quart d'heure dans une vaste clairière, encadrée de hauteurs boisées, et à l'entrée de laquelle les deux sources du ruisseau confondent leurs eaux. Quelques vestiges de murs disparaissant sous la végétation montrent que cette solitude n'a pas toujours été inhabitée.

En cet endroit en effet, sur les terres du château de Rutberg, dans la paroisse de Ganterschwyl, s'est établie vers le milieu du quatorzième siècle une congrégation d'ermites dans lesquels nous n'hésitons pas à reconnaître les amis de Dieu de l'Oberland.

Nous possédons encore les documents relatifs à la fondation de cet ermitage [1].

---

autrefois le château du même nom, quoique les annales de la Thurgovie ne permettent pas de rien affirmer à cet égard. Elle avait acquis de bonne heure le droit de bourgeoisie. Un Siegfried de Rutberg est mentionné en 1308 comme bourgeois de Wyl et succéda en 1314 à Rudolf Spiser en qualité de bourgmestre. Sailer ajoute (p. 136): « Auch Hans erscheint nur wenig später auf dem Verzeichniss der Bürger und Bewohner Wyls ». Le seul Jean de Rutberg mentionné dans l'histoire du Toggenbourg a été, comme nous allons le voir, ermite vers 1375 à Ganterschwyl, sur les terres du château de Rutberg, et s'est appelé d'abord Jean de Jonschwyl, preuve qu'il n'appartenait pas à la famille de Rutberg de Wyl. Wegelin, en effet, le savant et consciencieux historien du Toggenbourg, qui a parcouru comme Sailer les listes des bourgeois de Wyl, n'a rencontré dans ses recherches qu'un seul personnage nommé Jean de Rutberg, celui qui a été ermite à Ganterschwyl. « Nur ein Sifrid von Rudberch findet sich 1308 unter den Häuserbesitzern von Wyl und scheint im Jahr 1314 das Schultheissenamt daselbst bekleidet zu haben. Im Sedel (c'est-à-dire sur la montagne en face de Butschwyl) wohnte Johann von Rudberg 1375 als Einsiedler ». (Geschichte der Landschaft Toggenburg. St. Gallen 1830, I, 138.) — En juillet 1377, l'Ami de Dieu de l'Oberland a reçu du magistrat de la ville non loin de laquelle s'élevait son ermitage, la jouissance d'une maison située dans cette ville, et il a pu être compté dès lors au nombre de ceux qui avaient droit de cité dans cette localité. Si donc l'ermite de Ganterschwyl et le Jean de Rutberg mentionné par Sailer sont bien une seule et même personne, la notice de Sailer sur Jean de Rutberg est plutôt une confirmation de l'hypothèse que nous présentons dans ce chapitre qu'un argument à invoquer contre elle.

[1] *Documents imprimés de l'abbaye de Saint-Gall* (publiés au XVIIe siècle), tome 50, f° 187 ss. (La collection complète de ces *documents* comprend soixante volumes

Le 7 juillet 1369, l'abbesse du couvent de cisterciennes de Magdenau, situé non loin de Ganterschwyl, accorde à quatre ermites établis sur les terres du château de Rutberg et parmi lesquels se trouvait un prêtre, l'exploitation d'un terrain de culture moyennant une rente annuelle.

Le 30 septembre 1369, le comte Frédéric V de Toggenbourg, qui avait succédé en 1364 à son père Frédéric IV dans la possession du château de Rutberg et de ses dépendances, accorde par écrit à ces mêmes ermites la concession de l'emplacement sur lequel s'élève leur demeure, concession qu'il leur a accordée oralement quelque temps auparavant, entre les années 1364 et 1369, puisque leur présence sur la montagne est déjà mentionnée par la charte du 7 juillet [1], et qu'il constate lui-même, à la date du 30 septembre 1369, non seulement qu'ils y demeurent, mais encore qu'ils ont déjà eu le temps d'y construire une chapelle [2].

Ces faits concordent de la manière la plus précise avec les données historiques relatives au second séjour des amis de Dieu de l'Oberland que nous avons énumérées plus haut. C'est en 1366 que les ermites de Ganterschwyl auront obtenu du „seigneur du pays" Frédéric V la permission de s'établir sur une montagne au pied de laquelle passe un „beau cours d'eau", c'est-à-dire la Thur, à une distance de deux milles de la cité de Wyl, administrée par un conseil électif, et dans le voisinage de la commanderie de Tobel. Vers le milieu de l'année 1369 ils se sont trouvés au nombre de quatre, dont un prêtre.

---

in-folio et n'existe qu'aux archives épiscopales de Saint-Gall et à la bibliothèque d'Einsiedeln. Les archives d'État de Zurich en possèdent une vingtaine de volumes, dont le septième contient les chartes relatives aux ermites de Ganterschwyl, f° 121 ss.) Les originaux des chartes du 7 juillet 1369 et du 28 mai 1375 se trouvent aux archives épiscopales de Saint-Gall (K, III, t.); c'est d'après eux que nous publions ces deux documents dans l'Appendice (V), en y joignant la charte du 30 septembre 1369 d'après le texte imprimé.

[1] ...Den erbern lüten und waldbrüedern... die wonhaft und gesessen sint in dem tobel... zo Ganderswile.

[2] ...Den erbern geistlichen lüten... die jetzt da mit ainandern in dem selben Tobel wonent sint — Alles das zitlich guot... das sol gehoeren der capelle und den Heiligen in der eer dieselb cappelle gewihet ist. — Charte du 28 mai 1375 : cum devotus frater Johannes dictus de Rütberg *capellam* cum suis fratribus in heremitorio silve... *construxerit et crexerit...*

De même que les amis de Dieu de l'Oberland, ils se sont occupés d'agriculture et ont achevé leur ermitage avant le printemps de l'année 1371.

Mais il y a plus. Ces données historiques exigent que de 1369 à 1375 le nombre des prêtres se soit élevé de un à trois dans l'ermitage de l'Ami de Dieu, par suite de l'ordination de l'un des laïques dans le courant de l'année 1369, et de l'adjonction d'un „nouveau frère" qui est devenu prêtre immédiatement après son admission. La charte par laquelle l'évêque Henri III de Constance confirme à la date du 28 mai 1375 la donation de Frédéric V de Toggenbourg, constate expressément ce double fait. L'évêque y rappelle qu'il a déjà précédemment permis aux ermites de Ganterschwyl, sur leur demande expresse, de faire célébrer le culte dans leur chapelle, non seulement par le prêtre spécialement chargé de ce soin depuis leur installation sur la montagne, mais encore par tout autre prêtre „qui aurait séjourné avec eux dans leur ermitage ou qui se serait adjoint à leur société pour motif de dévotion", et il leur renouvelle cette autorisation en 1375.

En outre, l'évêque s'exprime dans sa lettre de la manière la plus élogieuse sur le compte du fondateur de l'ermitage de Ganterschwyl, et constate que l'exemple de sa vie sainte a déjà amené bien des personnes à rompre avec le monde : „Si tous ceux qui combattent sous l'étendard de l'Église militante, et particulièrement les religieux de notre diocèse, ont droit à notre protection dans l'accomplissement de leurs pieux desseins, ceux-là méritent de notre part une faveur tout exceptionnelle qui se distinguent entre tous par le zèle avec lequel ils célèbrent les louanges du Seigneur. Dans ce nombre se trouve le pieux frère Jean dit de Rutberg, qui a construit dans une forêt près de Ganterschwyl une chapelle en l'honneur de Dieu, de la sainte Vierge, de saint Jean-Baptiste, de saint Jean l'évangéliste et de toute l'armée des anges. Retiré dans cet ermitage loin des flots agités de ce monde, il y a mené depuis de longues années, en compagnie de ses frères, une existence entièrement consacrée à Dieu et strictement conforme à la vie des saints ermites nos pères, si bien que par son exemple il a déjà converti et amené au salut un grand nombre de personnes". L'évêque n'eût pu faire un tableau plus fidèle de l'activité spirituelle de l'Ami de Dieu. Ce qu'il ajoute du zèle avec lequel les religieux de Ganterschwyl se livraient aux exercices du culte, entendaient des messes et recevaient le sacrement de la cène, rappelle d'une manière frappante le genre de vie que les amis de Dieu de l'Oberland ont mené dans leur ermitage.

Enfin, les patrons de la chapelle des ermites de Ganterschwyl sont identiquement les mêmes que ceux de l'église des Johannites de l'Ile-Verte. Des deux côtés figurent Dieu (ou la Trinité), la Vierge, saint Jean-Baptiste et saint Jean l'évangéliste; en outre, l'on professait dans les deux colonies religieuses une vénération spéciale pour les anges[1]. Coïncidence assurément inexplicable, si l'on n'admet pas que les ermites de Ganterschwyl se sont trouvés en relation avec les Johannites de l'Ile-Verte.

D'après ce qui précède, ce serait dans le diocèse de Constance que nos amis de Dieu sont allés s'établir en 1365, et ce serait auprès de l'évêque Henri III qu'ils se sont rendus en juin 1377. Leur ermitage devra donc se trouver à treize milles de la petite ville de Klingnau, dans laquelle l'évêque Henri III a effectivement résidé à cette époque. Si nous prenons comme points de comparaison approximatifs les distances de Fribourg à Bâle, de Bâle à Einsiedeln et de Bâle à Strasbourg indiquées plus haut, nous arriverons à un chiffre analogue pour la distance entre Ganterschwyl et Klingnau, puisque la seule route qui reliât ces deux localités à cette époque, passait par Wyl, Winterthur, Zurich, les vallées de la Limmat et de l'Aar[2].

---

[1] Cf. Aufsess, *Anzeiger für Kunde der deutschen Vorzeit*, Nürnberg 1858, V, p. 415 :

Die heilig trivaltikeit und Maria, gottes muoter
Sant Johans Baptist und Ewangelist vil guotter
Sint dez Gruenenwerdes obersten patronen
Die billiche süllent eren alle personen

et la charte du 28 mai 1375 : ...sub omnipotentis Dei et gloriosissimo virginis Matris Mariæ et sanctorum Johannis Baptistæ et Joannis Evangeliste, in quorum honorem ipsa capella est consecrata. — C'est sur la recommandation expresse de l'Ami de Dieu qu'un autel a été consacré aux anges à l'Ile-Verte (lettre 13, p. 317); d'après la charte du 28 mai 1375, la chapelle de l'ermitage de Ganterschwyl était également placée sous le patronage des anges : ...unam capellam cum suis fratribus ad laudem et honorem Dei gloriosissimo virginis matris mario totiusque celestis exercitus... construxerit.

[2] Wegelin, *Historisch-geographischer Atlas der Schweiz*, cartes VI et VII.

Quant à l'attitude observée par l'évêque Henri III de Constance pendant le schisme, elle est en tout point conforme aux renseignements fournis par les amis de Dieu sur la conduite que leur évêque a tenue en cette circonstance. Comme les chroniques de Jean de Winterthur et de Henri de Diessenhoven s'arrêtent bien avant l'époque du schisme, c'est aux documents originaux mêmes, conservés dans les archives de l'évêché de Constance, qu'il faut demander quelque lumière sur ce côté de l'histoire de Henri III. Cet évêque se trouvait à cette époque dans une situation particulièrement difficile, placé comme il l'était entre les villes libres de son diocèse qui tenaient pour Urbain VI, 'e pape préféré de l'empereur, et les ducs d'Autriche dont la puissance était encore prépondérante dans la Suisse septentrionale et qui tenaient pour Clément VII. En outre, la division commençait à se mettre dans les rangs de son clergé; des germes de discorde se manifestaient déjà dans son chapitre: à sa mort, le 23 novembre 1383, quatre chanoines contre onze se prononcèrent en effet pour Clément VII, et une double élection continua momentanément dans l'église de Constance le schisme qui désolait l'Église universelle. Une prudence extrême lui était commandée dans ces circonstances, s'il voulait maintenir, extérieurement du moins, la paix religieuse dans son diocèse. L'exemple suivant fera voir quelle sage réserve il savait garder dans les questions irritantes que pouvait lui susciter l'humeur belliqueuse de certains prélats. En 1383, le légat de Clément VII incorpora la paroisse d'Oberkirch, dans la Forêt-Noire, aux domaines des cisterciens de Saint-Urbain, et permit à ceux-ci, au nom de son maître, de „s'emparer de cette paroisse et de tous ses revenus, sans en demander l'autorisation à leur évêque" Henri III. Devait-il accepter ce défi et entrer en lutte avec les cisterciens de Saint-Urbain, appuyés par les ducs d'Autriche et le légat de Clément VII? Il préféra éviter le combat. Le 13 juillet de la même année, il prononçait lui-même, sur la demande des ducs d'Autriche, l'incorporation de la paroisse d'Oberkirch à l'abbaye de Saint-Urbain, mais sans faire mention dans sa lettre de la décision prise antérieurement par le légat, sans même y nommer aucun pape. Il sauvegardait ainsi ses prérogatives ecclésiastiques, tout en s'abstenant de prendre position dans la lutte qui divisait l'Église[1]. Telle a bien dû être l'attitude d'un évêque dont l'Ami de Dieu a pu dire en 1380 : „Il n'exerce sur nous aucune contrainte; il agit dans la question du schisme comme nous voulons". L'Ami de Dieu, lui aussi, s'est abstenu de se prononcer dans ce grave différend.

Nous nous croyons donc autorisé à conclure de ce qui précède que l'ermitage des amis de Dieu de l'Oberland s'est trouvé près de Ganterschwyl, sur les terres du château de Rutberg. Sans doute Ganterschwyl n'était pas situé au quatorzième siècle dans le „pays du duc d'Autriche", ni à deux milles de distance de toute ville : les possessions des Habsbourg s'arrêtaient à cette époque un peu au nord de Wyl, et la petite ville de Lichtensteig n'était située qu'à environ une heure et demie au sud de Ganterschwyl; mais nous avons vu qu'il ne faut pas nous exagérer l'exactitude de ces indications géographiques, contenues d'ailleurs dans un texte relativement récent, puisqu'il appartient à la première moitié du quinzième siècle. Les données historiques puisées directement dans les écrits de l'Ami de Dieu nous ont fourni une base de recherches bien autrement sûre; c'est par elles que nous nous sommes laissé guider dans cette étude, et c'est sur leur autorité que nous fondons les résultats auxquels nous sommes parvenu.

Si la science accueille favorablement nos conclusions, l'Ami de Dieu de l'Oberland prend définitivement place parmi les figures historiques du quatorzième siècle, car il a trouvé ce qui lui a manqué dans le cours de cette étude et ce qui seul constitue une personnalité vraiment vivante et concrète, un nom. Il en est de même des compagnons avec lesquels il a vécu dans son ermitage. D'après notre manière de voir, les deux laïques qui ont fait partie de sa société au commencement de l'année 1369, se sont appelés Valentin et Henri; le prêtre, l'ancien jurisconsulte et chanoine qui l'a suivi de sa première demeure dans la seconde, s'est nommé Henri de Saint-Gall. Ajoutons à ces trois personnages le „seigneur Jean" qui n'est venu s'adjoindre

---

[1] Communication obligeante du P. Anselme Schubiger, bénédictin à Einsiedeln, qui prépare une biographie de l'évêque Henri III de Constance.

aux ermites de l'Oberland que vers l'année 1372, et il ne nous reste plus qu'à déterminer le nom de l'Ami de Dieu même pour savoir comment se sont appelés les „cinq hommes" du traité IV.

Le fondateur de l'ermitage de Ganterschwyl figure dans nos documents sous trois noms différents. En 1369, Frédéric V de Toggenbourg l'appelle simplement Jean; la même année, l'abbesse de Magdenau le connaît déjà sous le nom de Jean de Jonschwyl; enfin en 1375, Henri III de Constance l'appelle Jean dit de Rutberg. Comme il n'a pas existé de famille de Rutberg dans le village de Jonschwyl, l'on est tenté au premier abord de s'expliquer cette variété de dénominations, en admettant qu'un habitant de cette localité, nommé d'après son village natal Jean de Jonschwyl, s'est appelé dans la suite Jean de Rutberg, du nom du château sur les terres duquel il avait établi son ermitage. Cette explication n'est cependant pas la seule possible. Étant admis que notre personnage a reçu le nom de Rutberg par suite d'un simple séjour sur les terres de ce château, pourquoi n'en serait-il pas de même du nom de Jonschwyl? Le comte de Toggenbourg en effet ne le connaît que sous le nom de Jean.

L'histoire de l'Ami de Dieu de l'Oberland peut seule nous donner la clef de cette énigme. Il est raconté qu'en 1365 l'Ami de Dieu a quitté son ancienne demeure pour aller fonder un ermitage au milieu des montagnes. Quand il eut trouvé l'emplacement désiré, il envoya au „seigneur du pays" un messager, qui resta une année entière en prison avant de pouvoir accomplir la mission dont il était chargé. Que faisait pendant ce temps l'Ami de Dieu? Ne pouvant encore s'établir sur la montagne, il demeurait évidemment dans une localité du voisinage. Cette demeure provisoire aura été le village de Jonschwyl. Lorsqu'après un an de séjour dans ce village il eut obtenu du „seigneur du pays" la concession demandée, il sera entré en négociations avec l'abbaye de Magdenau. L'abbesse de ce couvent a pu lui donner à ce moment-là le nom de Jean de Jonschwyl, tandis que Frédéric de Toggenbourg, auquel il s'était adressé dès son arrivée dans le pays, ne le connaissait encore que sous le nom de Jean.

Le véritable nom de l'Ami de Dieu de l'Oberland a donc été Jean.

Nous est-il permis ici de réunir en une dénomination unique les résultats de la première et de la seconde partie de notre travail, et de composer un nom qui, rappelant les deux localités dans lesquelles s'est passée la vie de l'Ami de Dieu, soit en quelque sorte le résumé de son existence entière? C'est Jean de Coire, dit de Rutberg, qu'il faudra le nommer.

Nous proposons à l'histoire de désigner à l'avenir sous ce nom celui qui dans tout le cours de cette étude s'est appelé l'Ami de Dieu de l'Oberland.

CONCLUSION.

Les tendances religieuses des amis de Dieu, et en particulier de l'Ami de Dieu de l'Oberland et de Rulman Merswin.

Ce ne sont pas des doctrines théologiques particulières qu'il faut demander aux amis de Dieu. Élevés dans le respect absolu des enseignements de l'Église, vivant au sein du peuple et n'ayant reçu pour la plupart d'autre culture intellectuelle que celle des simples laïques au moyen âge, ils n'ont guère fait que s'assimiler les principes religieux et moraux qui formaient la base de l'éducation spirituelle du peuple, sans éprouver le besoin de les développer, ni surtout celui de les rectifier. A ce titre, ils peuvent être considérés comme les vrais représentants, les plus distingués assurément, de la piété populaire de leur temps.

Différents éléments ont concouru à former ce genre de piété populaire dont les écrits des amis de Dieu nous ont conservé la vivante image. Nous y rencontrons d'abord les formes vulgaires de la foi religieuse de cette époque, telles que le culte très développé de la Vierge et des saints et la croyance en leur intercession efficace, la vénéraration des reliques, la pratique des indulgences, l'amour des interventions surnaturelles, la fréquentation assidue des exercices du culte, le respect de l'autorité sacerdotale. Puis, l'ascétisme monacal, dont l'esprit des populations était tout imprégné au moyen âge, surtout depuis que les moines mendiants s'étaient chargés de leur éducation religieuse. Aussi les manifestations les plus sérieuses de la piété laïque à cette époque (et jusque dans les temps modernes au sein de l'Église romaine) aboutissent-elles d'habitude à la fondation d'une nouvelle congrégation monastique. Ces dispositions des gens du peuple à considérer l'existence des solitaires et des moines, principalement celle des solitaires, comme la forme la plus élevée de la vie religieuse, à voir dans les douloureuses pratiques de l'ascétisme le moyen le plus efficace de triompher de la faiblesse de la chair et des tentations du monde, et de parvenir ainsi à la vraie liberté chrétienne, ces dispositions trouvaient un puissant aliment dans la lecture de la vie des saints et des écrits mystiques, les seules lectures pieuses qui fussent alors à la portée des laïques. Aussi voyons-nous les amis de Dieu réciter dans leur demeure les heures canoniques comme on le faisait dans les couvents; s'appliquer à méditer, et si possible, à „imiter" dans leur vie les „souffrances" du Seigneur; s'astreindre au célibat depuis le jour de leur conversion, et destiner leurs enfants à la vie monastique; renoncer à tous leurs biens, ou du moins à la libre disposition de leur fortune, en se constituant les „trésoriers" de Dieu; s'infliger, par haine de leur corps et dans le but d'expier leurs péchés, les plus dures macérations, tout en évitant de mettre leur vie en danger par un ascétisme exagéré, ce qui ne les a pas empêchés de ruiner lentement leurs forces physiques par le régime par trop monacal qu'ils s'imposaient. De là les maladies nerveuses, les fièvres, les paralysies momentanées, les accès de catalepsie, les congestions cérébrales dont ils souffraient et qui les prédisposaient aux hallucinations. La fréquence vraiment extraordinaire des hallucinations dans l'histoire des amis de Dieu, — hallucinations de la vue, de l'ouïe, de l'odorat; hallucinations individuelles, se produisant principalement dans l'état de demi-sommeil, soit lors de la réception du sacrement de la cène; hallucinations collectives, provoquées par les phénomènes atmosphériques si communs au printemps dans les contrées alpestres, — n'est pas un des caractères les moins intéressants de leur piété, et montre avec quelle facilité ils objectivaient sous forme d'images concrètes les phénomènes de leur vie intérieure. L'influence des idées monastiques se fait sentir d'une manière si prédominante dans le développement intérieur de la société laïque au moyen âge, et au quatorzième siècle en particulier, que l'on pourrait comparer les cercles religieux qui se sont formés à cette époque à un vaste tiers ordre, répandu dans tout le monde chrétien, et dont les membres ont été si bien pénétrés des principes de l'ascétisme, qu'ils n'ont su trouver que dans la vie des cloîtres ou dans des formes d'existence empruntées à celle-ci la réalisation parfaite de leurs pieuses aspirations, témoin les nombreuses confréries de laïques, parfois même de laïques et d'ecclésiastiques, qui se sont constituées alors sous divers noms, témoin aussi l'histoire des deux fondateurs de la maison de l'Ile-Verte. Nous rappellerons que c'est un monastère qui devait servir de base et de point de départ à la réforme religieuse de l'Église projetée par l'Ami de Dieu et Rulman Merswin; que le laïque de l'Oberland a encouragé Nicolas de Laufen à devenir Johannite, et qu'il a eu lui-même un moment l'intention d'entrer avec ses „frères" dans l'ordre de Saint-Jean; enfin, qu'il a mené longtemps l'existence d'un ermite, pendant que Rulman Merswin vivait de son côté dans la retraite silencieuse de l'Ile-Verte, et qu'il a terminé ses jours, ainsi que son ami intime, dans la réclusion absolue, en qualité de „captif" du Seigneur.

Un troisième élément de l'éducation religieuse du peuple à cette époque a été le mysticisme. Si Tauler parle dans ses sermons de la „réclusion au sein des ténèbres divines" dans laquelle les fidèles doivent entrer, du „monastère de l'amour divin" dans lequel demeurent les amis de Dieu [1], son langage nous paraît exprimer au moyen de métaphores ingénieuses le fait de la parenté intime des tendances mystiques et ascétiques de la piété au moyen âge. Le mysticisme du quatorzième siècle n'a été en quelque sorte que la formule théologique de l'ascétisme monacal de cette époque. Aussi voyons-nous ce genre de vie religieuse principalement cultivé dans l'intérieur des cloîtres, et répandu dans le sein des populations par les prédications des moines mendiants. C'est à ce mysticisme que se rattache la notion centrale de la piété populaire de cette époque, celle de l'amitié divine; c'est à lui qu'est emprunté tout ce que nous avons trouvé dans les écrits des amis de Dieu sur les conditions auxquelles le Seigneur consent à conclure une pareille alliance avec les hommes, sur la haute dignité spirituelle et les privilèges religieux

---

[1] Cod. Argent. A, 89, n° LIV (Bâle, f° 123ª) : Gent ŭch in das gevengnisse des goettelichen vinsternisses, etc. — *Ibid.*, n° XLIX (Bâle, f° 115ª) : ...die wonent in dem kloster der minne.

qu'elle confère. — Pour devenir un ami de Dieu, avons-nous vu, il faut rompre absolument avec le monde, „donner congé" à toutes les jouissances terrestres et se tourner vers le Seigneur avec la ferme résolution de marcher à l'avenir sur ses traces ; il faut apprendre à vaincre tous les vices et à pratiquer toutes les vertus chrétiennes, et puisque l'humilité est la plus excellente de toutes, se soumettre entièrement à la direction du Seigneur sans plus rien entreprendre ni décider par soi-même, faire absolument à Dieu le sacrifice de sa volonté personnelle et attendre avec patience l'action intérieure du Saint-Esprit. Ceux en qui le Seigneur rencontre ces dispositions, il les reçoit dans son alliance ; il devient leur ami, leur époux. Il leur vient en aide par les „dons merveilleux de sa grâce", et se charge lui-même de les „exercer", de les „préparer" intérieurement à atteindre le but suprême de la vie religieuse, l'état de „stabilité" ou de „sécurité" spirituelle. A cet effet, il leur envoie de radieuses visions, des „fêtes surnaturelles de la consolation intérieure" qui les transportent de joie; puis, subitement, il les plonge dans „l'abîme de la pauvreté spirituelle", il leur enlève toute jouissance de lui-même et les oblige de considérer, en des visions effrayantes, non seulement tous les péchés qu'ils ont commis, mais encore tous ceux dont la chrétienté s'est jamais rendue coupable, si bien qu'ils se prennent à désespérer de leur propre salut et qu'ils sont remplis d'épouvante à l'idée du sort qui attend la chrétienté. En outre, il permet à Satan de les „balayer" intérieurement par le moyen des tentations les plus impures, et il les contraint encore d'„endurer toutes les tentations que les créatures connues et inconnues, pures et impures sont capables de causer". A ces hommes qui ont supporté sans défaillance toutes ces douloureuses épreuves et qui, loin de s'en plaindre, s'en sont réjouis comme de faveurs insignes „que Dieu n'accorde qu'à ceux en qui il a confiance", trouvant leur jouissance suprême „à vivre dépourvus de toute jouissance de Dieu", à ces hommes qui ont expié leurs péchés en ressentant dès ici-bas toutes les angoisses de la damnation éternelle et qui ont anéanti en eux tous les vices en triomphant d'avance de toutes les tentations futures imaginables, le Seigneur annonce que leurs péchés sont pardonnés, que toutes les vertus sont désormais devenues leur substance, qu'ils sont parvenus, grâce à leur humilité parfaite, au sommet de l'„échelle spirituelle", sur la roche la plus élevée de la montagne divine, devant la porte de l'Origine éternelle de toutes les créatures, et qu'„ils sont devenus Dieu par grâce comme Dieu est Dieu par nature". Mais il leur apprend en même temps que, s'„ils sont morts au monde et à eux-mêmes", si „le diable a perdu tout pouvoir de leur nuire", la possibilité de tomber dans le péché subsiste pour eux durant tout le cours de la vie terrestre; qu'il leur importe par conséquent de veiller sans relâche sur eux-mêmes, de prendre garde de jamais „s'arrêter" dans l'accomplissement des vertus chrétiennes, sous prétexte qu'ils auraient atteint le but suprême de la vie spirituelle et que tout progrès ultérieur leur serait devenu impossible, puisque „s'arrêter sur le chemin de la perfection c'est reculer". Toutes les angoisses de la conscience, toutes les tentations douloureuses se sont évanouies pour eux au sein du ravissement ineffable qui a marqué leur entrée dans l'état de „stabilité" spirituelle : la seule souffrance qui leur reste encore, la vue de leurs semblables errant au milieu des séductions de ce monde „pareils à des brebis égarées au milieu des loups", ils s'en „affranchissent" en rejetant sur Dieu le souci de tout ce qui arrive ici-bas, et ils réussissent ainsi à vivre dans une „quiétude" parfaite. En toutes choses ils s'appliquent désormais à trouver quelque bien, et à ne voir que le bien seul : quelque déchu qu'il soit, ils contemplent dès maintenant leur prochain dans l'état de pureté dans lequel il pourra se trouver un jour, quand la grâce divine aura transformé son cœur en une demeure agréable au Seigneur; quelque danger qu'il fasse courir à la chrétienté, ils s'abstiennent de dénoncer l'hérétique à la justice des hommes, de crainte d'anticiper sur la sentence de la justice divine, et ils préfèrent le „tolérer" en ce monde aussi longtemps que Dieu l'y tolèrera lui-même. Dès ici-bas ils sont admis dans l'intimité du Seigneur, et ils lui tiennent dans le fond de leur âme le „mystérieux langage" qu'ils lui tiendront durant l'éternité. Ils ont jeté un regard dans l'„Origine" et contemplé les profondeurs de l'être divin; le Seigneur leur a révélé ses secrets : aussi sont-ils seuls capables d'enseigner à leurs prochains le chemin de la vie éternelle, puisqu'„ils ont parcouru eux-mêmes les chemins qui mènent vers la Rome céleste et contemplé la beauté de ses édifices" ; seuls ils sont capables de départir à leurs semblables les „conseils de Dieu"[1], puisque c'est par eux que le Saint-Esprit parle et agit en ce monde, de même qu'il a autrefois parlé et agi par „ses amis de l'Ancien et du Nouveau Testament". Enfin, leur prière a plus d'efficacité auprès de Dieu que celle de tous les autres hommes réunis, puisqu'ils sont devenus les amis intimes du Seigneur. Comme ils ont expié dès ici-bas leurs péchés et qu'ils n'ont plus à implorer pour eux-mêmes la miséricorde divine, c'est pour les péchés d'autrui qu'ils intercèdent avec larmes auprès de leur céleste ami. Ils retardent autant que possible la venue des châtiments divins, et le jour où leur voix ne peut plus se faire entendre, où Dieu leur ordonne de suspendre leurs prières, ils n'hésitent pas à s'offrir eux-mêmes en expiation pour les péchés du monde, dans l'espoir de fléchir par leur sacrifice d'amour la colère

---

[1] « Usser gotte roten »; der « rot des heiligen geistes », etc. — Ce ne sont donc pas de simples « conseils », comme le veut M. Denifle (*Der Gottesfreund im Oberl. u. Nic. v. Basel*, p. 57), mais des conseils « venant de Dieu même », que le laïque de l'Oberland a donnés au « maître de la sainte Écriture ». M. Denifle, qui accuse sans hésiter tel de ses contradicteurs dont la probité scientifique est au-dessus de toute atteinte, de tronquer délibérément des textes (*Ibid.*, p. 56, 63, note 1), et qui prend en général vis-à-vis la science protestante un ton auquel les écrivains de son Église ne nous ont heureusement pas habitués, eût mieux fait de citer avec un peu plus d'exactitude les passages du traité XIII relatifs au rapport dans lequel le « maître de la sainte Écriture » est entré avec l'Ami de Dieu de l'Oberland. Il a négligé notamment de placer sous les yeux de ses lecteurs les déclarations suivantes de l'Ami de Dieu : « Si vous voulez recevoir comme venant de *moi* les paroles que je vous adresse, je me garderai de vous parler davantage »; — «puis donc que vous avez reçu de Dieu la grâce de vous *humilier*, de vous *courber* devant une pauvre et faible créature et de vous *soumettre* à elle », etc., passages qui ont leur importance, comme on le voit. Par contre, il a relevé d'une manière toute spéciale le passage dans lequel l'Ami de Dieu se refuse à devenir le père spirituel du « maître de la sainte Écriture », parce qu'une pareille prétention de sa part serait contraire à l'« ordre » établi dans la chrétienté; et c'est sur la foi de ce passage, ainsi isolé, que M. Denifle affirme que le docteur du traité XIII ne s'est pas soumis « en place de Dieu » au laïque de l'Oberland. Quand M. Denifle ajoute que le laïque de l'Oberland ne s'est pas considéré lui-même comme un ami de Dieu éclairé du Saint-Esprit, parce qu'il s'est appelé «une pauvre créature pécheresse» (*Ibid.*, p. 63, note 1 : Damit ist die Behauptung... widerlegt, als hätte sich der Gottesfreund für einen erleuchteten Gottesfreund gehalten; nein, nein! für einen armen Sünder, für eine unwürdige Creatur hält er sich), il établit une distinction parfaitement étrangère à l'esprit de l'Ami de Dieu. Que de fois n'est-il pas dit dans nos textes que Caïphe, quoiqu'il fût un pécheur, a servi d'organe au Saint-Esprit! Au traité XIII lui-même, l'Ami de Dieu déclare que « s'il voulait raconter toutes les merveilles que Dieu a accomplies en lui pauvre pécheur, depuis le commencement de sa conver-

du Seigneur et de sauver ainsi leurs frères des terribles tribulations dans lesquelles bon nombre d'entre eux périraient corps et âme. — Tels sont les principaux développements que l'idée de l'amitié divine a reçus au quatorzième siècle ; tels sont les principaux traits du mysticisme des amis de Dieu. Il ressort clairement de ce qui précède que si les partisans de ce genre de piété ont éprouvé le besoin d'une communion plus intime avec le Seigneur que celle qu'ils eussent trouvée dans le simple accomplissement des commandements de l'Église, s'ils n'ont cessé pour ce motif de s'élever contre la manière extérieure et grossière dont les confesseurs de leur temps entendaient les devoirs de la vie spirituelle, et s'ils ont même considéré le légalisme de la conscience religieuse, l'observation trop inquiète des prescriptions ecclésiastiques, comme un obstacle dans le développe-

---

sion, il n'y aurait nulle part de livre assez grand pour en contenir le récit », et que « le Seigneur lui apprend en une heure plus de vérité divine que tous les docteurs de ce monde pourraient lui en apprendre jusqu'au jugement dernier ». Nous nous demandons, en vérité, ce que l'Ami de Dieu aurait dû dire pour persuader à M. Deniflo que, tout pécheur qu'il était, il se considérait bien comme un « ami de Dieu éclairé du Saint-Esprit! » Une étude plus minutieuse des textes eût seule pu empêcher M. Denifle de commettre des erreurs matérielles aussi regrettables. L'exemple suivant permettra encore mieux d'apprécier la manière d'argumenter de M. Denifle. Aucun prêtre, selon lui, ne s'est soumis « en place de Dieu » au laïque de l'Oberland. « Quand Nicolas de Laufen, poursuit-il (p. 59), écrit à l'Ami de Dieu qu'il s'est soumis à lui en place de Dieu depuis le commencement de ses relations avec lui, ce fait se rapporte à une époque où il était encore *laïque*, quoique plus tard il veuille encore s'abandonner absolument à lui et à lui obéir en toutes choses ». La phrase de M. Denifle, si elle doit avoir un sens, signifie qu'après son ordination, Nicolas de Laufen ne s'est plus soumis à l'Ami de Dieu au même degré qu'auparavant. Nous ne demanderons pas à M. Denifle d'où il sait que c'est en qualité de *laïque* que Nicolas de Laufen a fait la connaissance de l'Ami de Dieu de l'Oberland ; il nous suffira de le renvoyer à la lettre 3, écrite par Nicolas de Laufen en l'année 1371, alors qu'il était déjà prêtre depuis trois ans. Cette lettre prouve que non seulement Nicolas de Laufen a *persévéré* depuis le commencement de ses relations avec l'Ami de Dieu dans le rapport de soumission « en place de Dieu » dans lequel il était entré vis-à-vis de lui, mais encore que ce sentiment d'absolue dépendance n'a fait que *croître* en lui depuis lors (p. 285 : Mine erste meinunge die ich von anegenge gehebet han und uffe der ich ouch alle zit stete bliben wil mit der helfe gottes, daz ist... daz ich gerne tuon wil mit rehteme grosseme friden alles daz ir mich heiszent... Wenne ich.. gedenke daz ich mich uch von anegenge also gar luterliche und einfalteeliche... an gottes stat uffgeheben habe, und ich ouch daz stetekliche vinde in mir zuonemende, sicher so wurde ich von grunde mins herzen getroestet und erfroewet, etc. — Voir plus haut, p. 265).

ment de la vie intérieure[1], ils ne se sont pas laissé entraîner par leurs aspirations mystiques dans le domaine de la spéculation transcendante, à plus forte raison pas vers les dangereuses maximes de la liberté spirituelle. Le caractère de leur piété a été éminemment pratique. Eux aussi ont recherché l'union de l'âme avec Dieu; mais c'est par le moyen de la volonté et non par celui de l'intelligence qu'ils l'ont réalisée[2]. C'est pourquoi ils n'ont considéré comme sincères que les seuls enseignements religieux qu'ils voyaient mettre en pratique de la vie de leurs auteurs, et ils ont appelé du nom de pharisiens les docteurs habiles à discourir sur l'excellence de la vie spirituelle et les obligations qu'elle impose, mais qui oublient la chose essentielle, de *vivre* eux-mêmes leur doctrine. La parole suivante de Tauler pourrait leur être appliquée, comme renfermant la devise fondamentale de ce genre de mysticisme: „Ne te préoccupe pas des problèmes élevés de la spéculation religieuse. Ne te tourmente pas l'esprit des mystères de l'existence divine, de l'être au sein du non-être, de l'émanation de Dieu hors de lui-même et de son retour en lui-même, de l'étincelle qui réside dans les profondeurs de la substance de l'âme. Christ a dit: „Il ne vous appartient pas de comprendre les mystères de Dieu". Tenons-nous en simplement à la foi en la Trinité divine; mais sachons descendre dans notre propre cœur, et apprenons à nous connaître nous-mêmes!"[3]

Nous citerons enfin, comme quatrième et dernier élément de la vie religieuse du peuple au quatorzième siècle, l'influence que les idées apocalyptiques ont exercée alors sur les esprits. Le spectacle de la corruption de l'Église, les calamités de tout genre qui se succédaient avec une intensité croissante, ont inspiré aux hommes la conviction

---

[1] Témoin l'exemple de Jean de Schaftolsheim. Voir plus haut, p. 190.
[2] Traité XII, p. 267 : Ein solicher mensche ist mit gotte eins worden, wenne er wil nút anders denne alse got wil.
[3] Cod. Argent. A, 89, n° X (Bâle, f° 37ᵃ): Enfrage nút noch hohen kůnsten: gang in dinen eigenen grunt unde ler dich selber kennen, und nút enfroge noch der verborgenheit gotz, von dem usflusse und influsse und von dem ihte in dem nihte und von dem funken der selen in der selen in der istekeit. Uch enist, sprach Cristus, nút zuo wissende von der heilikeit (*l.* heimelicheit) gottes. Wir súllent halten einen einvaltigen waren gantzen gelouben an einen got in drivaltekeit der personen, nút manigvaltiklich, sunder einvalteklich und lúterlichen.

que Dieu ne tarderait pas à frapper la chrétienté de „grandes plaies", afin de la ramener dans le sentier de l'obéissance et de la foi. De là les tableaux saisissants tracés par les amis de Dieu de la décadence de la société chrétienne à leur époque, et les pressants appels qu'ils adressent à la conscience de leurs contemporains. Jusqu'à quand Dieu supportera-t-il les outrages infligés journellement à son nom par la grande majorité des chrétiens? Jusqu'à quand devra-t-il attendre que le nombre des habitants de la cité céleste soit complété? Nouveaux Jonas, les amis de Dieu ne cessent d'annoncer l'arrivée prochaine de terribles châtiments : mais, différents en cela du prophète hébreu, ils s'en réjouissent quand l'événement vient démentir leurs prédictions, et ils ne cessent d'intercéder eux-mêmes pour la chrétienté auprès de Dieu. Ce n'est pas la fin du monde, l'établissement du jugement dernier, que les amis de Dieu attendaient ainsi dans un prochain avenir, mais une série d'effrayantes calamités, „non moins terribles peut-être que les tribulations finales", mais dont l'Église sortirait purifiée et régénérée. Seuls, les amis de Dieu „marqués du sceau du Seigneur" traverseraient ces épreuves : l'anéantissement des impies au milieu de la grande tourmente ouvrirait ici-bas une ère nouvelle de justice et de vérité, et ferait régner à jamais dans le monde l'amour de Dieu et des hommes. Alors „les saints anges viendraient vivre dans l'intimité des hommes purifiés, et leur révéleraient directement, et de la manière la plus amicale, comment ils devraient vivre à l'avenir". — Toutes ces prédictions s'appuyaient sur l'Apocalypse. C'est principalement au chapitre IX de ce livre que les amis de Dieu paraissent avoir puisé la description des châtiments divins réservés à la chrétienté; nous ajouterons que c'est sans doute le chapitre XX qui leur a inspiré ce qu'ils savent des conditions d'existence de la chrétienté régénérée, quoiqu'ils n'assignent nulle part explicitement une durée de mille ans à cette période nouvelle de l'histoire du monde. Ce n'est cependant que d'une manière indirecte qu'ils se sont approprié les prédictions de l'Apocalypse : on peut dire qu'ils n'ont eu connaissance du contenu de ce livre que par l'intermédiaire des écrits attribués à sainte Hiltegarde. L'abbesse de Bingen, en effet, annonce, elle aussi, la venue de châtiments divins destinés à purifier l'Église, à la rendre „plus belle et plus lumineuse". Comme signes de l'approche de ces châtiments, elle mentionne les catastrophes causées par les éléments déchaînés, l'invasion de peuples étrangers, le trouble jeté dans les âmes par la diffusion de l'hérésie, la diminution de la foi chrétienne, notamment chez ceux qui devraient être les conducteurs spirituels du peuple, l'abaissement et la division de l'empire germanique, et enfin le schisme papal[1], signes que nous avons tous rencontrés dans les écrits des amis de Dieu. Elle ajoute, conformément au chapitre XI de l'Apocalypse, que „deux témoins" du Seigneur paraîtront à cette époque et enseigneront aux hommes le chemin de la vérité. „Je les instruis dans le mystère", dit l'Éternel; en attendant que vienne pour eux le moment de se manifester, „je leur révèle toutes les œuvres qui s'accomplissent ici-bas, de manière qu'ils les connaissent aussi distinctement que s'ils les avaient vues s'accomplir de leurs propres yeux; ils possèderont plus de sagesse que n'en contiennent les écrits et les discours des sages. Ces hommes méprisent tout ce qui est terrestre; ils dirigent toutes leurs aspirations vers les biens célestes. Quand les derniers temps seront venus, je ferai savoir à l'humanité qu'elle peut recevoir leur témoignage avec confiance"[2]. — Nous ne nous tromperons pas en

---

[1] *S. Hildegardis abbatissæ opp. omnia* (Migne, *Patrol. cursus compl.*, t. CXCVII). V. *Liber divin. operum simplicis hominis*, l. III, vis. X, p. 1026-1028: Plurima signa in sole et luna, et in stellis et in aquis, et in cœteris elementis et creaturis apparebunt. ...Post multas tribulationes quas homines in invasionibus alienarum gentium et in se met ipsis cum divisione imperii perpessi erunt, multæ hæreses, multæque contrarietates ecclesiasticæ dignitatis ebullient... In diebus illis, romanis imperatoribus a pristina fortitudine decidentibus, imperium in manibus eorum paulatim decrescet et deficiet. Tunc etiam infula apostolici honoris dividetur; quia enim nec principes nec reliqui homines, tam spiritalis quam sæcularis ordinis, in apostolico nomine ullam religionem tunc invenient, dignitatem nominis illius tunc imminuent, alios quoque magistros et archiepiscopos sub alio nomine in diversis regionibus sibi præferent, ita ut etiam apostolicus, eo tempore dilatatione honoris pristinæ dignatatis attenuatus, Romam et pauca illi adjacentia loca vix etiam tunc sub infula sua obtineat. — *Scivias*, l. III, vis. XI, p. 709-712: A persecutione hac, quam fideles a filio diaboli passuri sunt, usque ad doctrinam duorum testium, scilicet Enoch et Eliæ, terrena despicentium et ad superna desideria labores suos ponentium, fides ecclesiastica velut in dubio habenda est, hominibus multo mœrore dicentibus: Quid est quod dicitur de Jesu? verumne est an secus?

[2] *Liber divin. operum*, etc., l. III, vis. X, p. 1033: Et circa novissimum tempus hominibus ostendam quatenus testimonium istorum duorum testium (v. le passage

considérant les deux fondateurs du couvent de l'Ile-Verte comme les deux témoins du Seigneur dont il est question dans cette prophétie, c'est-à-dire en admettant que l'Ami de Dieu de l'Oberland et Rulman Merswin se sont attribué le rôle assigné par sainte Hiltegarde à ces deux mystérieux personnages. S'il en est ainsi, les prophéties de l'abbesse de Bingen n'ont pas seulement inspiré au laïque de l'Oberland, comme aux autres amis de Dieu, la conviction de la proximité des châtiments divins : elles lui ont encore donné le sentiment de la haute mission religieuse qu'il avait à remplir en ce monde. Le secret de cette vocation divine, il n'avait permission de le révéler qu'à celui qui lui paraissait désigné par le Seigneur pour l'assister un jour dans l'accomplissement de sa tâche.

Si donc nous voulons apprécier avec équité les tendances religieuses des amis de Dieu, ce n'est pas au point de vue du seizième siècle qu'il faut les juger, mais au point de vue de la situation religieuse de l'époque à laquelle elles appartiennent.

Les apprécier au point de vue de la théologie du seizième siècle, serait s'exposer à émettre sur elles un jugement par trop défavorable. A aucun titre, en effet, les amis de Dieu ne peuvent prétendre au nom de précurseurs de la Réforme qui leur a parfois été donné, et dont la science historique protestante a été trop prodigue jusqu'à présent. Il ne suffit pas, en effet, de s'être plaint de la décadence de l'Église et d'avoir censuré les péchés de ses contemporains, clercs et laïques, d'avoir voulu ramener la chrétienté à la pureté morale et à l'ardeur religieuse des premiers temps par la diffusion du mysticisme ascétique, pour mériter d'être compté au nombre des rares disciples de l'Évangile chez lesquels se manifeste, dès la fin du moyen âge, la première lueur de l'esprit nouveau qui allait enfanter un Luther et un Calvin. La forme de la conscience chrétienne par laquelle le seizième siècle a remplacé la piété des âges antérieurs, a été une apparition beaucoup plus spontanée, beaucoup plus originale qu'on ne le croit

---

précédemment cité des *Scirias*) homines confidenter recipiant. Nam in mysterio doceo eos, operaque hominum eis manifesto, ita ut illa sciant quasi ea corporaliter viderint, sapientioresque scriptis et sermonibus sapientium erunt.

généralement [1]. La doctrine de la justification par la foi seule et son corollaire métaphysique, le dogme de la prédestination absolue établi dans un intérêt purement religieux, sont aussi étrangers à la piété du moyen âge, et en particulier à celle de nos amis de Dieu, que ne le sont le principe de l'autorité unique de l'Écriture en matière de foi, la notion protestante du sacerdoce universel et la manière dont les hommes de la Réforme ont envisagé en général le développement de la vie chrétienne. — Les amis de Dieu, en effet, enseignent que l'homme, par un libre acte de sa volonté et avec l'aide de la grâce divine, peut s'affranchir de la domination du péché, et „mériter une récompense sans fin devant Dieu et les anges"; que l'action de la grâce divine est inséparable du libre exercice de la volonté humaine et se manifeste précisément par le libre accomplissement de bonnes œuvres, et que la prédestination divine n'est que la simple prescience des libres déterminations de la volonté de l'homme. Les bonnes œuvres ayant de la sorte un caractère éminemment méritoire, la vie chrétienne se divise, d'après eux, en deux parties : l'une est consacrée par le fidèle à l'expiation de ses propres péchés; l'autre, à l'expiation des péchés d'autrui. Comme ils ne peuvent aller eux-mêmes en purgatoire et en enfer, malgré le vif désir qu'ils en éprouvent, pour „venir en aide" à la chrétienté en supportant les peines des damnés, les amis de Dieu transforment leur existence terrestre en un long sacrifice expiatoire, au bout duquel les attend la récompense des „martyrs"; et ils ne craignent pas d'affirmer qu'ils rendent possible à Dieu, par ce sacrifice, la manifestation de sa miséricorde, puisqu'ils satisfont ainsi aux exigences de sa justice. Toute la doctrine des œuvres surérogatoires des saints trouve place de la sorte dans leur enseignement. La raison en est qu'ils se sont considérés eux-mêmes, dès la vie présente, comme des saints „en qui la moelle et le sang charnels ont été consumés par l'ardeur de l'amour divin et remplacés par un sang et une moelle d'une pureté parfaite", et auxquels „le diable n'a plus pouvoir de nuire" depuis qu'ils sont parvenus à l'état de „sécu-

---

[1] Voir sur ce sujet l'excellent article de M. Ritschl, *Prolegomena zu einer Geschichte des Pietismus*. (Brieger, *Zeitschr. f. Kirchengesch.*, Gotha 1878, II. 1, p. 1-56.)

rité" spirituelle, quoique, par une singulière contradiction, la possibilité du péché subsiste encore pour eux jusqu'à la mort. Aussi, les tentations „les plus impures et les plus dangereuses" ne les effrayent-elles plus : ils s'en réjouissent au contraire comme de „grandes grâces" que Dieu n'accorde qu'à „ceux en qui il a confiance et dont il veut faire des saints"; bien plus, c'est de la disparition de ces tentations qu'ils s'effrayent, craignant d'être „oubliés" de Dieu : ils ne comprennent pas, dans leur fausse „sécurité" spirituelle, le sens de la prière du Seigneur : „Ne nous induis pas en tentation!" Toutes ces regrettables conséquences découlent pour eux d'un même principe erroné sur lequel est basée leur vie religieuse tout entière : c'est que la communion de l'homme avec Dieu se réalise ici-bas, non par le sentiment du pardon des péchés, accordé gratuitement par Dieu à la seule foi de l'homme et fondé sur la mort du Seigneur, seul médiateur entre l'homme et Dieu, mais par l'acte méritoire de la soumission de la volonté humaine à la volonté divine, continué jusqu'au moment où un „ravissement ineffable" enseigne à l'homme qu'il a atteint le but suprême de la vie spirituelle, l'accomplissement parfait (et absolument méritoire) de cet acte de volonté. Aussi placent-ils dans l'extase, dans la vision directe de Dieu, „autant toutefois qu'une créature terrestre peut le voir ici-bas", la suprême certitude religieuse, alors qu'ils reconnaissent cependant eux-mêmes que „l'on ne peut pas toujours ajouter foi aux visions", et que l'origine divine d'une vision demande à être établie elle-même par des preuves ou des „signes" extérieurs, puisque l'homme est souvent dans ces occasions le jouet de sa propre imagination, sinon la dupe de Satan. Ainsi s'explique la faveur exceptionnelle qu'ils ont accordée au sacrement de la cène : ils trouvaient dans la jouissance du „corps de Dieu" un moyen extérieur et facile de renouveler ces „transports de l'âme" hors d'elle-même, ou du moins d'en rappeler le souvenir. — Pareillement ils enseignent que l'„Écriture procède du Saint-Esprit"; mais ont-ils demandé pour cela que la Bible fût rendue au peuple? Nullement : et d'ailleurs, l'eussent-ils même fait qu'ils n'en seraient pas encore pour cela des précurseurs de la Réforme, car il importerait avant tout de savoir quels enseignements ils y ont trouvés et dans quel but ils en ont recommandé la lecture. Quand nous voyons l'Ami de Dieu de l'Oberland, par exemple, ne découvrir dans l'Écriture sainte (ou du moins dans ce qu'il connaissait de l'Écriture sainte par la fréquentation du culte public) que l'obligation d'„imiter" l'existence humble et douloureuse de Jésus-Christ et des apôtres, et de sacrifier à Dieu sa volonté personnelle comme le Seigneur avait sacrifié la sienne à son Père ; quand nous le voyons citer de l'Écriture les seuls passages qui se rapportent à la description de ravissements célestes ou qui peuvent être invoqués en faveur de l'ascétisme monacal, surtout en faveur de sa thèse favorite de l'acceptation des „tentations douloureuses" comme de „grandes grâces" du Seigneur, quand nous le voyons enfin interpréter le seul fait qui eût pu le mettre sur la voie de la vraie doctrine du salut, le fait que Paul a reçu *gratuitement* et avant d'avoir pu expier ses péchés „la permission de jeter un regard dans l'Origine", comme une exception à la règle commune, en ce sens que Paul aurait été contraint d'*expier* après coup, par une vie de souffrances et de „tentations douloureuses", la faveur dont il venait d'être l'objet de la part du Seigneur, nous ne sommes plus tenté du tout de le mettre en rapport avec les hommes du seizième siècle, puisqu'il n'a fait que retrouver dans la Bible les maximes de la piété ascétique qu'il tenait de son éducation religieuse et en particulier de la lecture de la vie des saints. Aussi, la suprême autorité religieuse pour les amis de Dieu n'a-t-elle pas été la Bible, dont ils n'avaient qu'une connaissance restreinte et fausse, mais la révélation immédiate du Saint-Esprit. L'Écriture, à leurs yeux, est un livre pour la compréhension duquel beaucoup de „gloses" sont nécessaires, et dont ils réservaient pour ce motif l'étude aux ecclésiastiques. L'intelligence des vérités divines, ils la puisaient directement dans les „lumières surnaturelles de la grâce", ou bien, quand ce moyen par excellence leur était refusé, dans les écrits et la conversation religieuse de l'un d'entre eux, clerc ou laïque, que le Saint-Esprit avait choisi comme l'organe de sa révélation dans le monde, „ainsi qu'il l'avait fait autrefois pour ses amis dans l'Ancien et le Nouveau Testament"[1]. Ils se

---

[1] L'on se souvient que Henri de Nördlingen est allé jusqu'à appeler les *Révélations* de Marguerite Ebner une « sainte écriture ». (Voir plus haut, p. 51.)

soumettaient „en place de Dieu" à un pareil homme et n'entreprenaient rien sans son conseil, qu'ils considéraient comme le „conseil du Saint-Esprit". L'histoire de Nicolas de Laufen montre jusqu'où ils poussaient cet abandon de leur être entre les mains d'un de leurs semblables. L'histoire de l'interlocuteur de l'Ami de Dieu du traité XII est aussi là pour montrer combien était illusoire la certitude religieuse qu'ils croyaient obtenir par ce moyen, non moins illusoire que celle qu'ils demandaient directement aux visions et aux extases, puisque les „conseils" donnés par les amis de Dieu à qui les interrogeait étaient souvent contradictoires, et qu'on risquait d'errer longtemps à l'aventure, soit même d'être la victime des ruses d'un dangereux hérétique, si l'on se résolvait à prendre pour guide dans sa vie intérieure l'expérience religieuse de son prochain. Les amis de Dieu ainsi gratifiés des lumières surnaturelles du Saint-Esprit „recevaient en place de Dieu" ceux qui se „soumettaient en place de Dieu" à leur direction spirituelle, et dans les lettres qu'ils leur adressaient, ils ne faisaient que leur transmettre „ce que le Seigneur leur avait écrit". En cette qualité de mandataire autorisé du Saint-Esprit, un simple laïque pouvait „courber" devant son autorité religieuse un prêtre, un „maître de la sainte Écriture", et s'acquitter d'une „mission divine" auprès du chef même de la chrétienté, sans manquer au respect qu'il devait à la dignité sacerdotale, et surtout sans entrer le moins du monde en opposition avec la doctrine de son Église. Celle-ci, en effet, n'a pas oublié que „l'Esprit de Dieu peut souffler où il veut", quand même elle a réservé aux seuls prêtres l'administration des sacrements, le pouvoir des clefs et la prédication publique: ces fonctions sacerdotales, les amis de Dieu, en fils obéissants de la „sainte mère" l'Église, n'ont jamais songé à les usurper.

Si donc, renonçant à mettre en rapport les tendances religieuses des amis de Dieu avec celles des hommes du seizième siècle, nous nous contentons de les apprécier au point de vue de la piété du moyen âge, nous les plaçons dans le véritable cadre historique qui leur convient. Nous trouvons qu'elles ont été à leur époque, de même que le piétisme allemand au dix-septième siècle, une réaction contre le scolasticisme théologique et une conception trop extérieure des devoirs de la vie chrétienne : de là les reproches que les auteurs mystiques adressent aux confesseurs de leur temps, et l'opposition qu'ils établissent entre les „grands docteurs de Paris" qui „lisent de gros livres" écrits par les hommes, et les amis de Dieu, même illettrés, qui „tournent les pages du livre du ciel et de la terre, et y lisent les œuvres merveilleuses de Dieu". Les amis de Dieu se sont appliqués sérieusement à remplir dans leur vie tous les devoirs de la vie religieuse, ainsi qu'ils les comprenaient à leur époque. Ils ont renoncé à leurs biens, au mariage et en général à la société de leurs semblables, afin d'„imiter" plus exactement la vie du Seigneur et des apôtres; en même temps, ils ont cherché dans une communion directe avec Dieu la satisfaction de leurs besoins spirituels. Fuyant tout contact avec le monde extérieur, ils se sont repliés sur eux-mêmes et ils ont trouvé dans les mystérieuses profondeurs de leur être des jouissances „surnaturelles", „ineffables", qui leur étaient inconnues auparavant; ils sont entrés à „l'école du Saint-Esprit", où ils ont reçu en partage en un instant „plus de vérité divine que tous les docteurs de ce monde eussent pu leur en apprendre jusqu'au jugement dernier". — Ont-ils su s'arrêter à temps sur cette pente de la piété mystique, qui, lorsqu'elle s'allie à l'orgueil spirituel, enfante le matérialisme pratique des frères du libre esprit, et qui, lorsqu'elle exagère son propre principe de renoncement et d'humilité vis-à-vis du Seigneur, aboutit fatalement à la forme la plus stérile de la vie religieuse, au quiétisme? S'ils ont évité le premier écueil parce qu'ils n'ont jamais perdu le sentiment des réalités de la conscience morale, nous devons reconnaître qu'entraînés par l'ardeur de l'amour „exubérant et divin" qui les „consumait", ils n'ont pas toujours réussi à éviter le second. La forme parfaite de la vie religieuse consiste, en effet, suivant eux, à aimer Dieu d'un amour absolument „libre" et „désintéressé", à désirer souffrir pour l'amour de lui les peines éternelles de l'enfer, et à trouver sa suprême jouissance à être dépourvu de toute „jouissance de Dieu"; elle consiste à se tenir dans un „désintéressement" absolu vis-à-vis de toutes les choses d'ici-bas, à se retrancher „dans un isolement complet, dans une passivité absolue" vis-à-vis du monde, et „à entrer aussi peu en rapport avec lui que ne le fait un cadavre"[1] ; enfin, à rejeter sur Dieu le souci du sort des autres hommes dans cette vie et dans la vie future, et à demeurer à cet égard dans une „quiétude" parfaite. Tauler exalte même déjà l'excellence de l'oraison intérieure, — acte pur de la substance de l'âme et de la substance divine, s'unissant l'une à l'autre au-dessus de toute pensée et de toute parole, — vis-à-vis des prières extérieures prescrites par la chrétienté[2]. Mais ce ne sont là heureusement que des déclarations isolées. Les idées apocalyptiques, le sentiment de l'imminence du danger que courait la chrétienté et le désir de venir en aide à leurs frères pendant qu'il en était temps encore, ont empêché les amis de Dieu de s'adonner entièrement à une existence purement contemplative. C'est la charité qui les a arrachés à l'inertie religieuse et les a poussés à agir ; et ils ont agi non seulement sur leurs semblables par leurs discours et leurs écrits, mais encore sur le Seigneur même, par leurs prières d'intercession. Cette double activité religieuse des amis de Dieu atteint sa suprême expression dans l'existence des deux hommes dont nous avons entrepris de retracer l'histoire : les deux fondateurs de l'Ile-Verte, les auteurs du *Livre des neuf roches* et de

---

[1] Sermons de Tauler, Cod. Argent. A, 88, n° LXXXI (Bâle f° 136ᵃ) : Sant Paulus sprach : ir süllent üch achten dot der welte... Du solt tuon also ein vatter, der sas in dem walde ; zuo dem kam sin liplicher bruoder und sprach : bruoder lieber, ich bin in grossen nœten ; und ist mir eine karre mit grossemo dúrem guote in das wasser gevallen ; hilf mir ihn uzziehen. Und schrie und weinde und bat in vaste. Do sprach dieser : den bit den der do nohe wonet : wes ziehest du mich? Do sprach dieser : Der bruoder ist vor eime ior dot. Do sprach diser : so bin ich vor zwentzig ioren dot gewesen. Und lies also den gon und bekumberte sich nit me. — Lettre 20 de l'Ami de Dieu à Rulman Merswin, p. 338 : Bit das man dich... in allen usserlichen sachen haltent rehte also obe du dot werest. (Voir plus haut, p. 319.)

[2] Cod. Argent. A, 88, n° XV (Bâle, f° 31ᵇ) : Also klein also ein klein iung haller ist für hundert tusend mark goldes, also ist alle ussewendige gebette vor diseme gebette das do ist und heisset woro einunge mit gotte, dis geschaffene geist versinneken und versmeltzen in dem ungeschaffenen geiste gottes. Vil lieben kinder, welc dise einunge, dis gebett des mundes lident und ungehindert darabe blibent, so tuont es kuenlichen : zwei sint besser denne eins... Und hindert dich danne ein einige wise oder gebet oder ussewendig werck, das losz kuenlich uf mich varen, uszgemeenlich die die zuo irmo gezite verbunden sint. Anders, so ist alles gebet des munden rehte also spruworn und strou wider edelme weissen, also xpc sprach : die woren anbettere die bettent in dem geiste und in der worheit. In diseme werdent alle die uebungen vollebracht, werg und wise, die von Adams geziten geoffent sint, und noch süllent bitz an den iüngesten dag : das vollebringent dise in eime ougenblicke mit diseme woren wesenlichen inkere.

l'*Épître à la chrétienté* deviennent les „captifs" du Seigneur pour retarder autant que possible l'explosion de la colère divine sur le monde, tout en se tenant prêts à entreprendre au premier signal l'œuvre de la régénération de la chrétienté, à laquelle ils se sentent appelés par Dieu. — Plus tard, quand le mysticisme ascétique, légué par le moyen âge aux temps modernes, eut perdu ce soutien des idées apocalyptiques, il s'est transformé de plus en plus en quiétisme. Les maximes appartenant à ce genre de piété que nous venons de relever chez les amis de Dieu, montrent bien où il faut chercher les continuateurs de leurs tendances religieuses. C'est un saint Jean-de-la-Croix et une sainte Thérèse d'Avila, un saint François de Sales et une sainte Françoise de Chantal, un Fénelon et une madame Guyon, un Molinos enfin, qu'il convient de considérer comme les héritiers spirituels des amis de Dieu du quatorzième siècle. Leurs véritables successeurs sont ces représentants du mysticisme quiétiste qui, au seizième siècle, ont été comblés des faveurs de l'Église et admis aux honneurs de la canonisation, alors que leurs enseignements pouvaient servir à détourner les âmes de la foi protestante en leur ouvrant, au sein même de la piété catholique, l'accès d'une vie religieuse plus profonde que celle qui se contente de l'accomplissement des commandements ecclésiastiques, et qui, au siècle suivant, ont été condamnés et persécutés, quand on a cru découvrir dans leurs doctrines une latitude spirituelle dangereuse[1]. Jean-de-la-Croix et Thérèse d'Avila réformèrent en Espagne l'ordre du Carmel; François de Sales fonda l'ordre de la Visitation, dont madame de Chantal fut la première supérieure; lui-même fut avec Fénelon un des apôtres de la contre-réformation : ces faits parlent assez haut pour montrer combien il est temps d'abandonner le point de vue auquel la critique historique s'est placée jusqu'à présent pour juger les hommes qui ont parlé de réforme religieuse avant le seizième siècle. On oublie trop que l'Église du moyen âge, elle aussi, a compté ses réformateurs, dont les uns, sans doute, se sont placés, pour agir sur elle, en dehors de la vérité chrétienne elle-même (tels que la plupart des sectaires héré-

---

[1] Cf. Heppe, *Gesch. d. quietistischen Mystik in der kathol. Kirche.* Berlin 1875, introd., p. V.

tiques de cette époque), mais dont les autres (les plus illustres des papes, par exemple, et les principaux fondateurs et réformateurs d'ordres monastiques) ont réclamé et souvent réalisé, sur le fondement de la foi traditionnelle, une application plus rigoureuse et plus étendue du principe chrétien tel qu'on le concevait de leur temps, et se sont placés au point de vue même de l'esprit de leur Église, pour agir, dans une sphère plus ou moins vaste, sur son développement intérieur.

C'est au nombre de ces réformateurs orthodoxes de l'Église du moyen âge qu'il convient de ranger les amis de Dieu du quatorzième siècle et en particulier les deux fondateurs du couvent de l'Ile-Verte. Parmi les membres de ces associations mystiques, il en est plus d'un qui eût mérité, par la profondeur de sa piété et par le zèle qu'il a déployé pour la cause de Dieu, l'honneur d'une canonisation qui n'a été refusée ni à une Brigitte de Suède, ni à un François de Sales. Nul doute notamment que le „saint Ami de Dieu de l'Oberland" (comme les Johannites de Strasbourg et le dominicain Jean Meyer appellent déjà l'ami de Rulman Merswin) n'eût obtenu cette distinction posthume, lui qui avait pris une part si active à la fondation d'une des commanderies les plus importantes de l'ordre de Saint-Jean et dont un Grégoire XI avait reconnu la „mission divine", si le secret de son nom n'avait pas été emporté par Rulman Merswin dans la tombe. Ne le plaignons pas de n'avoir pas reçu, comme tant d'autres, une reconnaissance officielle de ses mérites religieux que, dans son humilité extrême, il eût été le premier à refuser, pour „laisser toute gloire à Dieu". Celui qui a consacré son existence à enseigner à son prochain „au prix de quelles peines on arrive à gagner l'enfer en vivant selon le monde, et combien il est facile par contre de gagner le ciel à quiconque a savouré la moindre gouttelette de la grâce et de la paix du Saint-Esprit", qui, pour amener ses semblables au repentir, leur a adressé la brève *Instruction* de l'an 1350 et l'*Épître à la chrétienté*, celui, enfin, qui s'est condamné lui-même à la réclusion perpétuelle pour sauver ses frères des terribles châtiments du Seigneur, n'a pas besoin de l'auréole d'un saint pour être assuré du respect et de la sympathie de la postérité.

APPENDICE.

PIÈCES JUSTIFICATIVES.

I.

DOCUMENTS RELATIFS A L'AMI DE DIEU DE L'OBERLAND.

1.

Histoire des deux recluses Ursule et Adélaïde.

Dis ist gar ein troestlich exemplar allen menschen die do sint in der grossen gnodenrichen uebungen der unlúteren bekorungen durch die unser herre sine aller liebesten frúnt uebet, also dieser lieben heiligen closenerin Ursula beschach, und einre wolgefrúndin schoenen richen iungfrowen, hies Adelheit, die der selben closenerin heimeliche gespile und iúngerin was, und ir beider leben geschriben gebent in welscher sproche dem lieben gottes frúnde in Oeberlant, der es do noch zuo tútsche her abe schreip sime súnderlichen heimelichen frúnde Ruoleman Merswine unsermo lieben getrúwen stiftere. Derselbe Ruoleman es den bruederen zuo dem gruenen werde mit sin selbes hant in eine wahs tofele schreip, des iores do men zalete von gottes gebúrte dritzehen hundert sibentzig und súben iare. Und vohet hie ane und sprichet alsus:

Dis ist von Urselen, einre heiligen closenerin leben. Do die viertzehen ior alt was, do was si gar eine schoene iungfrowe und wonete in Brobant; unde mit aller irre schonheit do minnete sú und meinde groesliche mit allemo flisse megetliche reinikeit. Nuo was ir vatter und ir muoter und ir bruoder tuochmacher woeber in Brobant, und worent ouch nit vil riche; und was sú gewunnent, das liessent sú gar lihtekliche uf gon und verzertent es gar úppikliche. Also wart dise liebe usser mossen schoene Ursula gedenckende : du maht nút wol in disen dingen geston, wanne sú sach das si iunge man gerietent ane sehen und woltent gerne zuo ir reden, und sú wart gar sere voerhtende irre megetlichen iungfrowelichen reinikeit, wanne sú hatte sich gotte verlobet und gemehelt. Also wart sú in ir selber gedenckende : du soltest rehte gon in der beginen hof; do sint gar guote heiligen iungfrowen beginen inne, der rot soltestu nemmen wie das du tuon soltest das du mochtest bliben in der megetlichen iungfrowelichen reinikeit, also du gotte gelobet hest. Und stunt uf, und ging zuo den beginen in den hof, und rette mit den heiligen iungfrowen, und seite in wie sú ire m getliche reinikeit gotte gelobet hette, und sú seite in ouch wie gar liht enfte menschen ir vatter und ir muoter und ir bruoder werent das si sú alle gerne flúhe, wanne si ettewas vorhte, blibe sú bi in, das sú alle zit in grossen sorgen mueste sin; darumb so bitte ich úch, vil lieben swestern, das ir den tot unsers herren wellent eren und mir wellent roten und helfen wie das ich bliben moege und geston an miner megetlichen reinikeit, die ich ouch gelobet habe. Do sprochent die beginen iungfrowen : ach vil liebe schoene Ursela, dine wort die mochtent uns durch unser hertze sniden von grosser erbermede, also du uns gescit hest. Und sprochent do : liebe Ursela, du solt wissen, do ist gar eine heilige iungfrowe eine begine lange zit bi uns gesin, und die ist wol fúnftzig ior alt, und ist verre von Oeberland herabe kummen und ist ouch vil iore eine wallerin gesin, und der ist wol zuo getruwende; rotest du es, der súllent wir es sagen und dine sache ir fúrlegen, wanne wissest, vil liebe Ursela, das es herte ist zuo dinen dingen zuo redende, und ist das sache von diner grossen übermessigen schoenheite wegen, wanne wir wol bekennende sint das die man hie in der stat und ouch uf dem lande gar voul unreiner gedencke und willen und werke sint und denne din vatter und muoter ouch also lihtsenfte menschen sint und got nit vil envoerhtent, har umb so ist din zuo voerhtende. Also leitent sú dise sache der froemeden beginen der wallerin für und botent sú rotes. Do sprach sú : die sache ist nút kleine, sú ist gar gros und tete not das man goettelichen rot herzuo hette; har umb so rote ich uns allen das wir uns alle mit grosseme ernesto noch hinnaht zuo gotte kerent, und, liebe Ursela, das solt du ouch mit sunderheite mit grossemo erneste tuon, und solt denne morne fruege herwider kummen.

Nuo des morgens fruege wart, die schoene maget Ursela kam zuo in wider, und frogetent umbe eine noch der anderen das sú durch got sagen solte obe sú út wuste oder út mit gotte zuo rote worden were wie das Ursela ir ding und ir sachen ane vohen solte. Do sprach und rief iegliche eine noch der andren also sú sich verstunt; und do sú alle gerietent, do sprochent sú zuo der schoenen Ursela: liebe Ursela, du hest wol gehoeret was unser aller rot ist gesin : nuo frogent wir dich ouch vor dir selber das du ouch sagest obe du von gotte út verstanden habest, wanne sich got gar gerne reinen iungfrowen die in sorgen und in noeten durch sinen willen sint, do mag es gar kume gesin er rotet in und kummet in zuo helfe; dovon so sage uns ouch was dines rotes von dir selben si, obe du út von gotte befunden oder vermanet worden bist wie du dine sache ane vohen solt. Do sprach die liebe Ursela : ich sage von mir selber nút gerne; aber also die sache mich selber ane get und also gar gros und also ernest sú ist, wie unwirdig ich sin denne bin, so sol ich und muos ich sagen wie das es mir hinaht ergangen ist. Nuo vil lieben swestern, ich sage úch das ich mich mit sunderheite hinnaht, wenne es mir not tet, mit grossemo erneste und mit weinenden ougen zuo gotte kerte, und ruofte die liebe muoter Maria ane und bat sú mit gar grossemo erneste das sú ir kint bitten solte, also das mir zuo verstonde geben wúrde wie das ich min ding ane vohen solte, oder was oder wie das ich tuon solte, also das mine lutere megetliche reinikeit behalten blibe, also ich ouch mime gespuntzen, unserme lieben herren ihesu cristo mime gemahele, dem lieben krippfe knaben gelobet und gegeben habe, und ich wil dozuo tuon was ich kan oder vermag; und were es aber das do zwúschent von dem dinen út verloren wúrde, do wil ich unschuldig ane sin; do von so húte des dinen. Nuo wissent, vil lieben swestern, do ich also in diseme einveltigen gebette untze uf die mitternaht was, do beschach es das mine kammere voul gar heiters lichtes wart, und in dem lichte do brach gar eine suesse stimme us, und ich sach doch nieman; und sprach die stimme alsus : vil liebe Ursula, du solt nút erschrecken, wanne ich bin ein gesanter engel der dir do gesant ist von dime gemahele und von siner vil lieben reinen muoter Maria nd ich sol dich warnen

und sol dir kunt tuon also das du in grossen sorgen hie in der stat
bist, wanne der boese geist der het zuo broht das ein gar richer man
von irdenscheme guote gar hitzig noch dir worden ist, und het geret
mit dime vatter von dinen wegen, und ist zuo gloubende und blibest
du út lange hie in der stat, din vatter nimmet guot und git dich
hinweg; dovon so kúnde ich dir das du uf standest und gangest
enweg das lant uf in froemede lant, und gang alse lange und alse
verre uf zuo berge untze das du kummest in ein lant das ist welsch
und heisset des herren lant von Berne; do wurst du kummende in
eine stat do eine close inne ist, und in der closen do ist eine alte closenerin inne und die ist wol drissig ior in der closen gesin; und
wenne du do hin kummest, so wurt die closenerin sterbende, und in
die selbe close solt du kummen und solt do an der einoete dines
gespuntzen warten one aller creaturen behelf; und so du dis bevin-
dende wurst, so lo dir es ouch denne ein gewor wortzeichen sin also
das du din leben mit dime gespuntzen noch sime willen verzeren
solt; nuo so es morne tag wurt, so enlos nút du gangest wider zu den
beginen, also das Vye die wallerin ouch do sige, und froge sú rotes,
und sage in danne alle dise ding also du sú befunden hest. Nuo dis
was das hinderste wort, und was domitte ende, und was ouch do das
lieht enweg und was mine kammer wider finster worden.

Nuo do dise liebe Ursela alsus des morgens fruege zuo in kam
noch des engels geheisse, und mit ir brohte was zuo irme libe gehorte
das sú ehte getragen mochte, und die beginen alle vernoment wie es
ir des nachtes ergangen was mit der froelichen übernatúrlichen offenborunge, do sprach swester Vie die wallerin : das ist guot zuo hoerende, wanne es sint guote mere den ouch gar wol zuo gloubende ist,
wanne ich des herren lant von Berne gar wol bekennende bin und
ouch wol weis das vil grosser gottes fründe darinne wonende sint;
und ich bekenne ouch wol in einer stat eine closenerin die alt ist, und
vil iore in derselben closen ein gar heilig leben getueret hat. Und die
liebe swester Vie die wallerin sprach ouch do : ir vil lieben swestern,
ich bin lange zit hie bi úch gesin, und were es der wille gottes so
were ich gerne lange und vil zites hie bi úch; aber wie we mir dar umb
beschehen sol, wil die liebe Ursela, so wil ich mich gerne durch got
dar in geben und wil mit ir usser lande gon das lant uf zuo berge,
also lange untze das wir in des herren lant von Berne kumment, do
ich ouch me gewesen bin und mir das lant gar kúndig ist; und got

der mag mich darumbe in dis Niderlant gesendet haben durch Urselen willen, und das wil ich ouch von minnen rehto gerne tuon, und ich habe wol uffe zehen guldin, ebe das wir die verzerent so hilfet uns got danne aber fürbasser. Unde die liebe Ursela die sprach: liebe swester Vie, ich bekenne wol das du goetteliche minne hast, und ich bitte úch alle das ir swester Vien danckent irre grossen minne die sú mit mir armen súnderin wúrken wil; und lieben swestern, ich bitte úch alle gemeinliche also ir wol gehoeret hant wie ich úch geseit habe und ouch also ir mir geroten habent, so bitte ich úch usser goettelicher minnen das ir mir sagent und ouch urlop gebent obe Vie und ich mitteinander gon súllent oder nút. Do sprochent die beginen: wie we uns dar umb beschehen soll, so rotent wir úch und heissent úch und gent úch unseren urlop zuo gonde, und bittent got für uns: und wissent, hettent wir guot von ertriche das wir nút zuo not bedorftent, wir teiltent es mit úch; aber, liebe Ursela, wie disen dingen ist, so ist din ding das du har hast broht geschetzet für zwoelf guldin, und enmag ouch nút me gelten; nuo haben wir fünftzehen guldin zuo samene broht, die wellent wir dar uf lihen untze das wir es muessikliche verkouffen múgent, also das ir geswinde gevertiget werdent. Und sú zugent abe irme libe die verworfensten kleider die sú hettent, und totent ir die ane. Noch do was sú also schoene das sú sprochent: liebe swester Vye, wie wilt du uf der strossen tuon das Urselen schoene verborgen werde? Do sprach swester Vye: so wil ich Urselen tuon als mir beginen totent. Do ich zuo dem ersten us ging, do was ich gar iung und was ouch ettewas gesihtig, und do ich also uf der strossen under den beginen wart gonde, do noment min die man mit sunderheite war; do sprochent die erbern alten swestern: egot Vie, du muost rehte in das búhsselin blosen, anders wir mochtent in gros liden mit dir kummen, wanne wo wir an eine stat kumment do wir ruowe soltent haben, so wurst du also rot und also schoene das din man mit sunderheite war nemment. Do sprach ich: tuont mir wie das ir wellent, ich wil úch gehorsam sin das ich ungesihtig allen mannen werde. Do sprochent sú: so wellent wir dich lossen sehen das wir nuwent guote gemalene wurtze in das búhsselin tuont, also das du es ouch lerest. Nuo do sú die wurtze zesamene brohtent und sú in das búhsselin getotent, do sprochent sú zuo mir: Vie, nuo tuo dine ougen zuo und blos in das búhsselin. Und zuo stunt do ich dar in geblies, do huobent sú mir einen spiegel fúr die ougen: do was ich alse bleich totfar ane zuo sehende alse ein tote der usser einem grabe genummen ist. Liebe swestern, das búhsselin weis ich wol wie man es machen sol, und wenne es uns not tete, so kunde ich es zuo stunt noch gar wol gemachen. Do sprach die schoene Ursela: liebe min swester Vye, das búhsselin das mache uns; was es kostet, so ist es wolfeil.

Also beschach dise rede uf einen oster obent an der naht, also das dis búhsselin noch do nút bereit mochte werden. Und beschach an dem ostertage fruoge das die schoene Ursula und Vye unseren herren noment und gingent domitte usser der stat. Und Ursela die gap den beginen einen brief das sú den úber ahte tage und nút e vatter und muoter soltent mit eime froemeden botten entwurten, also das sú selber nút vermeldet mochtent werden. Nuo do dise schoene Ursela unde swester Vie zuo Oche in die stat gonde worent, do begegente in gar ein stoltzer iunger man uf der strossen ingang, und Ursela die was nuwent her fúr ein gros hus ane sehende, also ersach sú der iunge man unde ging ir noch, und zoch sú bi dem mantel stille, und huop ir die tuecher von den ougen, und sach ir schoene ane; und do huop er sú do mit maht stille und rette ouch do gar vil worte mit ir, die gar unwert worent zuo hoerende; und do er nút mit guoter rede noch mit keinre gelúbede an ir vinden kunde, do rette er do gar alzuomole unsuferre worte zuo ir, also boese wort alse men sú gereden mag. Und do was sú verre in die stat under die lúte kummen; do lies er sú do erst gon. Do bat Ursela ire mittegengerin Vien das sie es durch got tete und ir húlffe das ir ein búhsselin bereit wúrde do sú in geblosen mochte. Also wart das búhsselin zuo Oche in der stat bereit; unde do blies ouch die schoene Ursela suo stunt in das búhsselin, und wart zuo stunt alse ein tote ane zuo sehende. Also gingent sú das lant iemerme uf hin zuo berge, und was in gar not, und gingent alles das sú vermochtent das sú gar gerne werent kummen in das lant zuo der stat do sú ein bliben haben soltent, wanne Ursela vorhte sich gar úbele uf der strossen.

Also beschah es do sú gegingent alles das sú vermochtent, do koment sú erst in des herren lant von Berne. Do sprach Vye: nuo der, liebe Ursela, nuo sint wir hie in einre stat die in des herren lant von Berne lit. Do sprach Ursela: liebe Vie, ist dir aber út kunde ebe du keine closenerin hie in der stat bekennende bist? Do sprach Vie: es ist one das nút, aber es ist lang das eine hie in der stat was, die was gar eines heiligen guoten lebendes; aber obe sú noch lebet oder nút, des weis ich nút. — Liebe Vye, do los uns hin in die close gon, und los uns luogen wie es do stande. Und also gingent sú beide mitte einander und koment an die close; und Vye die was bekant do, und frogete die fúrlocifferin wie das sú nuo lebetent. Do sprach die fúrlocifferin: wir lebent nuo also wir moegent und also got wil, wanne unser muoter die ist gar alzuomole krang, und ist nút zuo geloubende das sú untze naht geleben moege, wenne sú ist rehte mitteinander gekeret uf einen hin zug. Do sprach Vye: ach liebe swester, tuon es durch got und los uns den lieben gottes frúnt sehen. Und sú fuerte sú hin uf fúr sú; do zoch sú faste hin und wuste nút me von dirre zit zuo sagende, und starp ouch vor mitternaht. Also gingent sú des morgens wider dar; do fundent sú die closenerin tot ligende. Do sprach Ursela: liebe Vie, wilt du nuo sehen das es wol wor werden mag von der offenborunge also ich dir in Brobant seite? aber dar umb bin ich nút desto besser, wanne got rette die worheit durch Kaiphas der ouch ein súnder was. Do sprach Vie: noch diner offenborunge so mag wol dis die stat sin do wir unseren niderlos haben soellent. Do sprach Ursela: liebe Vye, kennest du ieman der do gewalt het über die close zuo lihende? Do sprach Vie: sú sint denne tot, so bekenne ich sú wol. — Liebe Vye, so luoge obe sú noch lebent, und rede dar umb das man si uns lihe; ist es danne das es nút sin mag, so muessent wir fúrbasser luogen und besehen wo die stat sige do es got haben wil; und ist es aber das sú uns fúr sich wurt, das ist ouch danne ein gros wortzeichen das uns got hie haben wil also das ich min leben hie vertriben sol.

Also stunt Vie gar geswinde uf und frogete die fúrlocifferin in der closen an wemme es stunt; do bekante sú zuo stunt wol wer sú worent, und ging ouch fúr sich dohin, und rette mit in und seite in wie sú mit Ursela einer schoenen iungfrowen dar were kummen. Also beschach es das sú alle begnodet wurdent, beide man und wip an den es stunt, das sú zuo stunt sprochent: liebe swester Vye, wir wellent úch zweyen die close rehte gerne lúterliche durch got geben die wile ir beide lebent, und bring uns die schoene iungfrowe morne her, so wellent wir úch die close bestetigon die wile das ir beide lebent. Also nam swester Vye Urselen, und wuosch sú also schoene also sú ie wart, und brohte sú in die close; und zuo stunt beide man und wip, an den es do stunt, do sú die schoene Ursela ane gesohent, do lihent sú ir die close. Noch do kunde Ursela keine welsche sproche, und swester Vye seite es ir; do hies in Ursela vaste dancken und sprach sú wolte die close gerne also nemmen, also das man sú dar in besliessen solte, aber mit solicher gedinge: do ist gar natúrliche lústliche gesihte von vensteren die do gont úber die mure us zuo wege zuo wassere und zuo walde, das ir mir do durch got urlop gebent das ich sú vermure, also das ich niergent geschen moege denne in dis cleine hoefelin das do ouch zuo der closen gehoeret.

Also wart die schoene Ursela an der heiligen triveltikeit tag in die close gesegent des selben iores do men zalte von gottes gebúrte dritzehen hundert ior one zwoelf ior; uf dieselbe zit was sú ouch fünfzehen ior alt. Und swester Vie wolte sich nút lon in die close besliessen; aber sú wolte von minnen gerne bi Urselen bliben also lange es got haben wolte untze das Ursela wol welsch gelerete. Also beschach es do Ursela in der closen nuwent ein wenig gewonet hette, des aller ersten iores, do fing si ane sich selber mit grosser strenger uebunge zuo uebende, und tet beide tag und naht ein herin hemmede an iren schoenen iungen lip, und alle mitternaht zuo metten so tet sú das herin hemmede abe und sluog sich mit iserin snidenden geischelen also des ir das bluot umb und umb abe flos; und dis selbe tet sú rehte in aller wise zuo mitteme tage fúr irre none zit. Und do si in dirre uebunge und in noch me anderen uebungen wol uffe zehen ior was gesin, in disen selben zehen ioren beschach es dicke das sú zuo vil ziten manigvaltige grosse úbernatúrliche froeidenriche wunder von gotte befant, gar vil me wenne sú begeren kunde, wanne sú mochte es zuo keinen worten bringen wanne es úber alle menschliche sinne was. Aber noch diesen zehen ioren, do beschach es in eire fasten das dise Ursela gar groesliche verzogen wart, also das si einen ganzen tag lag und nit von dirre zit wusste zuo sagende; und in diseme selben zuge wart ir geoffenboret und úbernatúrliche zuo gesprochen: du liebe Ursela mine gemahele, du solt wissen das ich nút me enwil das du dich uebest mit din selbes ane genummenen eigenwilligen ussewendigen uebungen; du solt dich nuo lossen dinen gemahelen ueben, dem du ouch sele und lip gelossen und zuo eigin gegeben hest; und du solt ouch gelouben das er dich bas geueben kan denne du dich selber usser din selbes ane genommenen eiginwilligen wisen geueben kanst.

Nuo do dise schoene Ursela von diseme zuge wider zuo ir selber gelossen wart, do sas sù also bi ir selber und wart gedenckende was got hie mitte meinende were, und duhte sù gar froemede sin das sù sich nút me ueben solte, und sù wol geloubete das er selber in drin und drissig ioren in dirre zit nie guote stunde noch guoten tag gewünne, und dar zuo gesprochen het der mensche súlle sin crútze uf sich nemmen und soelle ime noch volgen; aber sù gedohte doch: du muost imer dem oebersten herren dime gemahele in allen sachen gehorsam sin; und ging do zuo, und nam sich keinre uebungen me ane, wenne ire inveltig gebet tet sù tages und nahtes für ir zit das zuo der closen gehorte. Nuo do sich dise Ursela geriet ane sehen und sach das sù einen also iungen starken schoenen lip hette und den ungeuebet solte lossen, do beschach ir ettewas we abe; und do sù in dirre gelossenheit wol vier tage was gesin, an dem fünften tage do beschach es das die schoene Ursela gar geswinde ane viel die aller groesten gruwelichesten unreinesten bekorungen, dar abe sù gar sere erschrag, wanne sù hatte soliches dinges nie me befunden. Und sù ging zuo stunt in ir heimeliches kemmerlin und ruofte do got mit gar grosseme erneste ane das er ir zuo helfe keme; aber es half nút, wanne sù enbefant deheinen befintlichen trost; sù befant wol das der bekorunge ie me und ie me wart, das sù gar sere erschrag. Do sù sach das es nút enhalf und nút abe lossen wolte, und die grossen gruwelichen wuosten unreinen bekorungen untze an den dirten tag in grosseme lidende gewerete, und sù sach das es nút minre werden wolte, do ging Ursela der und sante noch irme bihter, und bihtete mit weinenden ougen alle dise bekorungen rehte in aller wise alse sù ir für kommen worent, und bat do den bihter mir grossen heissen trehen das er ir durch got zuo helfe kummen wolte das ir die unreinen unsuferen bekorungen abe gingent, wanne sù nie me von alsolichen dingen befunden hette. Do sprach der bihter: ach liebe schoene dohter Ursela, huete dich, wanne mir ist alse gar we von dinen wegen beschehen also mir von keinen sachen in der zit ie beschach; und wissest, vil liebe Ursela, das ich durch dinen willen grossen ernest haben wil und wil mit der helfe gottes in der geschrift mit grosseme erneste suochen wie das ich dir zuo helfe kummen moege, also das du gelidiget von dinen erbeiten werdest.

Nuo an dem dirten tage wart, der bihter der kam wider zuo ir und sprach: vil liebe dohter, swester Ursela, du solt wissen das ich drie tage und naht vil erbeit in der geschrift von dinen wegen gehebet

habe, also das ich mit der helfe gottes funden habe wie das dir
geholfen werden mag also das du entbunden wurst von dinen grossen
erbeiten die du tag und naht lidest. Do sprach die schoene Ursela:
lieber vatter und herre, hant ir aber funden in wellen weg und wise
ir mir zuo helfe kummen wellent, also das ich gelidiget werde?
wanne mir gar usser mossen we do mitte ist und sich alle zit
merret und nút minret. Do sprach er: liebe dohter, wilt du mir
volgen, so enhap keine not; ich wil dir mit der helfe gottes helfen
us aller not, also das du von allen dinen erbeiten gantz und
gerwe gelidiget wurst. Do sprach die schoene Ursela: lieber herre
und vatter, tuont so wol und helfent mir durch got das ich gelidiget
werde, ich wil mit der helfe gottes alles das tuon das ir mich
geheissen moegent das ich ehte getuon mag; wie gros oder wie swer
das ist, das wil ich alles gerne tuon. Do huop der bihter ane und
seite Urselen von gar vil grossen manigvaltigen verborgenen heimelichen worten die er sprach er hette sú in der geschrift funden, und
worent die wort also gar bedecket das ich sú nút wol verston kunde,
und ich sprach : lieber herre, tuont es durch got und sagent mir diese
wort das ich sú verston kúnde. Do sprach er: liebe dohter Ursela,
das du noch also einveltig bist das du dise ding nút verston wilt und
ein also guot verston in gotte gehebet hest! Do sprach ich: so
enkan ich doch der geschrift nút, dar umb tuont es durch got und
endeckent mir die geschrift und sagent mir mit einveltigen worten
wie es ist oder was es ist also ir es in der geschrift funden hant, do
mitte ir mir gehelfen moegent also das ich minre grossen bekorungen
lidig werde. — Liebe Ursela, so wil ich got zuo gezúge nemen und
wil dir durch die heilige geschrift sagen die do usser dem heiligen
geiste kummen ist: so solt du wissen das in der geschrift stot, wo
eine frowen namme in solichen bekorungen were, do got von der
bekorunge wegen in ir geirret wúrde also das er sines werkes nút in
ir bekummen mochte, der frowen namme were weger das sú einen
man heimeliche zuo ir liesse wenne das sú zuo libe und zuo sele ver-
dúrbe; liebe Ursela, wilt du dir nuo lossen helfen, so wil ich es
durch got tuon, wanne ich nieman sin bas getruwe danne mir selber,
wanne ich weis wol das die lúte also einveltig sint die die close
lihent, befúndent sú es, sú tribent dich usser der closen, wenne sú
wissent der geschrift nút, und wissent ouch nút wie es dir lit das du
zuo libe und zuo der sele verdirbest; und davon, liebe dohter Ursela,

wilt du dir nuo lossen helfen, so maht du danne aber ungehindert
bliben, das du danne aber wider an dinen got und dinen herren
gedencken maht also du ouch vormoles geton hest. Liebe Ursela, wilt
du dis tuon und wilt du mich dir lossen zuo helfe kummen, so wil
ich durch got tuon alles das ich vermag also das du aller bekorungen
lidig werdest. Liebe Ursela, mag ich dir nuo einen dienst daran
getuon, so schicke din locifferin us der closen und los mich denne
hinin zuo dir, so wil ich dir zuo helfe kummen.

Do dise rede die schoene Ursela erhorte, do erschrag sü gar sere
übele und mahte ein crützɐ für sich und sprach: flüch du tüfel, du
vergift miner selen! Do sprach der bihter: ich bin keis der tüfel, ich
wart dem tüfel noch allem sime gespenste nie holt; und wissest,
Ursela, und lost du mich alsus ungeton von dir gon sider ich danne
also grosse erbeit von dinen wegen gehebet habe, so wissest, und ebe
das ich die erbeit verlüre, ich sage e das du mich überret hest also
das ich bi dir gesloffen habe; so wissest, so verlürest do ouch denne
alle dine ere und dar zuo muost du ouch denne us der closen. Do
sprach die schoene Ursela: ebe das ioch wol beschehe, noch danne so
were gar vil weger der lüte zorn denne gottes zorn; und sprach ouch
do zuo stunt: gont rehte von mir, wenne ich wil ûwer nût me zuo
keime bihter haben, was ioch darnoch beschehen sol, noch enwil
überal zuo üch nût me reden noch kein gescheffede in deheinen weg
mit üch zuo tuonde haben. Und sluog ouch do mitte gar geswinde das
rede venster zuo und sprach ouch durch das redevenster: nuo kumment ouch nût me her, wenne ich sehe den tüfel vil lieber hie denne
üch. Und ging do die liebe Ursela in ir bette kemmerlin und ruofte
got mit weinenden ougen mit gar grossome erneste ane und bat in
das er ir zuo helfe keme, wenne si were nuo rehte verirret mit disen
bekorungen, und wuste nût me wemme sü bihten solte von den
grossen sünden der bekorungen do sü inne were.

Nuo beschach es in der selben naht das sü in der mettin verzogen
wart also das sü von dirre zit nût enwuste, und in disome zuge wart
ir in einre übernatürlichen wise gar zoernliche zuo gesprochen, und
was die rede also: sage ane, Ursela, du rehte klefferin, wie getarst
du mit mannen oder mit ieman anders gereden denne mit mir dime
gespuntzen, dem du dich geben und gemahelt hast? und darzuo so
hest du den erbern man dinen bihter in sime eiginen willen verfellet;
dise sünde die hest du alle zuo broht mit dime klaffende, also das du

ime seitest von der grossen gnoden der bekorungen die du heimeliche
soltest getragen haben alleine durch dines gespuntzen willen; nuo
luoge und besich das din bihter wider kumme, den du mit dime klaffende in sime willen gantz verfellet hest, das er nuo vor den ougen
gottes ein grosser súnder geheissen ist; nuo luoge und sende noch
ime und nim in wider zuo eime bihter. Ursula, wilt du nuo stete
haben das du gelobet hest, also das du alleine min gespuntze
wollest sin, so muost du mir in disen lidenden bekorungen noch
gon also lang also ich wil; wanne, hest du rehte minne zuo mir, so
muost du in lidende durch mich gon ebe das ich dich moege gefueren
zuo mime vatter; wenne wissest, wilt du rehte mit mir spuntzieren,
so ist es noch gar ungelitten, du muost noch e durch alle creaturen,
sú sint redelich oder unredelich, bekoret und durchlitten werden;
darumb luoge zuo dir selber, wanne du muost in den lidenden bekorungen also lange sin one aller creaturen behelf, also lange din
gespuntze und gemahel wil und nút also du wilt. Ursela, nuo sende
noch dime bihter, und sage ime alles das dir in diseme zuge geoffenboret ist worden, danne so bringest du in wider, wanne er wurt
denne ein ruwer: und so du nuo bihten wilt, so sage nieman me von
dines gespuntzer   nahele heimelicheite, wenne wissest, er wil
es alleine sin one   eaturen gemeinschaft.

Nuo do Ursela on dieseme zuge kam und wider zuo ir selber
gelossen wart, do was sú von diseme zuge ettewas krang worden,
wanne sú verstunt wol das sú sich ettewas doch unwissende in disen
sachen verschuldet hette; und sante do zuo stunt noch irme bihtere,
und er was fro und gedohte es were ettewas anders, und kam gar
geswinde und ouch in eime súntlichen boesen willen. Und do er
kam, do huop sú zuo stunt ane unde bihtete ime; und in der bihte do
seite sú ime alle dise sachen die ir in derselben naht in eime zuge
geoffenboret wurdent. Und do der bihter das gehorte, do erschrag er
gar sere uebele, und viel zuo stunt uffe sine knú und wart gar vaste
weinende also das die trehene über abe flussent, und bat ouch do die
liebe Ursela das sú ime vergebe und got für in bete, wenne er ein
grosser súnder were und vil boeses willen gegen ir gehebet hette. Do
sprach Ursela: lieber herre, lont úch leit sin alles das ir wider got ie
getotet, so ist got erbarmhertzig, und hútent úch nuo fürbasser me
das ir nút me in súnde vallent; und lieber herre, tuont nuo so wol,
ir habent vil menschen die in uwerre bihte sint, und beschehe es das

dehein mensche in uwerre bihte zuo úch keme der úch alse einveltikliche sine unreinen bekorungen sagen wolte, dem slahent es zuo stunt in und sprechent: sage von diner súnden; und sint dir dine bekorungen leit, das du lieber wollest sterben obe das du sú mit den wercken vollbrehtest, so ist es nút súnde, es ist eine gobe von gotte und gar über alle mosse lonber, wanne manig mensche der het nút anders zuo lidende danne das er sich lidet durch die bekorunge umb gottes willen. Also beschach es das dirre bihter ein grosser ruwer wart und ein grosser heiliger begnodeter man.

Nuo dise closenerin Ursela die nam gar sere vaste zuo in maniger hande wise der grossen manigfaltigen bekorungen, der alle zit ie me und ie me wart, in gar grosseme lidende, also das ir dicke ein verzagen in lúhtende wart das ir in den sin kam und ettewas voerhtende was sú mueste ein ewiger hellebrant sin. Dirre bekorungen der wart alse gar vil und ouch in alse maniger hande weg und wisen die gar schedelich werent allen menschen zuo wissende, und do von so were es gar schedelich das men der von schribe oder seite. Dise Ursela die wart ouch groesliche in grosseme swereme ungelouben in gar grosseme lidende ane kummen, also das sú gar dicke dar zuo kam das sú rehte vertzagen und verzwifeln wonde. Mit kurtzen worten geseit, dise Ursela die mueste sich durchliden also das sú durch alle creaturen bekoret mueste werden, sú werent redelich oder unredelich; und dis mueste sú alles durch liden und us liden one aller creaturen behelf, und ouch dar zuo one allen goettelichen bevintlichen trost. Und in allem diseme lidende was dise Ursela wol zehen ior one allen befintlichen trost weder von gotte noch von allen creaturen. Die liebe Ursela die hette wol ettewas trostes von swester Vyen, di sú do das lant her uf brohte und ir half das sú in die close kam; und do sú nuwent drú ior bi ir in der closer was gesin, do nam sú ouch got zuo ime; do hette sú ouch keinen behelf noch trost in deheinen weg me. Und do dise Ursela zehen ior in alse grosseme lidende was gesin, do was sú sin also gar krang und swach worden und also gar mager worden, also das ir kume die hut obe dem gebeine bleip; die hut was ir ane zuo sehende also gerúntzelt, also hette sú ein wit hemmede obe dem gebeine ane gehebet; und also sú vormoles hies die schoene Ursela, also mochte sú nuo wol heissen die libelose magere bleiche dúrre closenerin, wanne wer sú ane sach so schein sú rehte also were sú us eime grabe genummen. Der nuo von allen den manigvaltigen gruwelichen grossen lidenden bekorungen solt sagen oder schriben, men mochte ein gantz buoch voul der von geschriben haben, das doch nút guot von in allen were zuo redende.

Aber do es beschach das dise liebe closenerin Ursela die zehen ior in grosser swerer pinlicher martel, in grosser demuetiger gelossenheit usgelitten hette, do beschach es in einre vasten das dise closenerin Ursela wart in irme bette kemmerlin bi ir selber sitzende und was gar swach und wart gedenckende an das grosse unmessige liden das ir herre und ir got, ir gemahele durch iren willen erlitten hette. Do sú also in disen gedenken in grosser krangheit sas, so kummet ein gar gehes heiters licht, also das das kemmerlin voul lichtes wart, und in dem selben lichte do sú wol bi ir selber unverzucket was, do horte die liebe Ursela mit iren liplichen oren wie das eine gar suesse senfte ungesichtige stimme us dem liehte brechende ist; und sprach die stimme alsus: liebe Ursela, du vil lieber gespuntze miner, du solt nút erschrecken, wanne ich bin es der selbe zuo dem du dich vertruwet hest in gemehelicher minne, und der das grosse liden durch dich erlitten het, und du wider umbo durch sinen willen ouch erlitten hest; har umbo so kúnde ich dir nuo guote mere; ich kúnde dir nuo hie fride und froeide in dem heiligen geiste und den friden der do ewikliche weren sol. Und do dise rede beschach, do enwas der suessen rede nút me, und was ouch do zuo derselben stunden das licht verloeschen.

Do nuo zuo stunt wart noch den zehen ioren dis grossen lidendes, do ving ouch do ane alsolicher suesser uebernatúrlicher trost das sele und lip voul wart, also das dise liebe Ursula nút mit worheit getar gesprechen das sú noch disemo lidende dirre zehen iore darnoch untze in iren tot nie keis lidendes me befant; ir sele was voul gottes und ir hertze alle zit voul froeiden. Sú enbefant bitze in iren tot nie kein ander liden, wenne alleine so sú gedohte wie gar sero die kristenheit abe nemmende ist; so wart sú wol ettewas besweret: aber sú kam sin zuo hant abe, wanne sú befalch es zuo stunt der erbermede unsers herren und kerte sú sich danne der von und stunt sin lidig; wenne sú denne alle ding in got kunde gewerffen, sú werent sure oder suesse, sú tetent we oder wol, dovon befalch sú ime die sorge in allen dingen, und stunt sú sin muessig in eime demuetigen friden, des friden sú zuo allen ziten sele und hertze unsprechenliche foul befant. Und sú wart in kurtzen ziten also schoene und also starg und alse wol an dem libe, rehte alse sú vormoles was gesin ebe das sú die grosse erbeit ane ving zuo lidende. Die liebe Ursela befant zuo manigen ziten solichen friden und froeiden in dem heiligen geiste, der alse gros was alse das das wol zuo gloubende ist, und were es múgelich das ein mensche uf eine zit mochte haben alle die zitliche weltliche froeide die alle menschen ie gewunnent oder bitze an den iúngesten tag iemer gewinnen moegent, . das were noch danne alse ungelich alse ein troppfe wassers wider dem gantzen mere. Das ist weltlichen menschen gar ungeloeiplich und ist doch in der worheit wor. Dise liebe Ursela die befant zuo manigen ziten vil grosser úbernatúrlicher froelicher wunderlicher werg, die ir got und ir herre und ir gemahel in maniger hande wise in grossen úbernatúrlichen wercken wúrkende was, alsoliche werg die men zuo keinen worten bringen mag, wenne sú über die sinne sint. Eins verstunt die liebe Ursela wol in ir selbes sinne, und das was das sú zuo maniger zit wol gewar wart das sú usser irme kemmerlin von irme gebette genummen wart und mit libe und mit sele über sich uf in die lúfte gefueret wart, do doch alsoliche wort in ire sele gesprochen wurdent die iren liplichen natúrlichen sinnen gar alzuo mole unbekant worent. Nuo von disen grossen wunderlichen úbernatúrlichen froelichen werken die got vil zuo maniger zit mit diser lieben Urselen wúrkende was, der das alles schriben solte, do were wol ein gros buoch voul von zuo schribende, das doch nút wol alles zuo schribende were, wanne das hinderste teil menschlich sin nút wol begriffen mochte, wann es gar über menschliche sinne treffende ist.

Also was dise liebe Ursela vil iore in dirre closen das sú ussewendig der closen nie mensche gesach, und sú enrette nút me denne einen tag in der wochen an dem zistage zuo den lúten an irme rede venster, und wart doch vil menschen von des tages wegen begnodet, und rette doch nuwent durch das rede venster one ane sehen der lúte. Und do dise closenerin Ursela fúnfzig ior in der closen was gesin in eime grossen, heiligen lebende, do beschach es uf die selbe zit das eine gar riche schoene wolgefrúnde iungfrowe in derselben stat was, die was eine guetelerin, und ging vil zuo bredien und zuo messen; und dieselbe iungfrowe die kam do zuo das sú in gar vil grosser swerer bekorunge viel, also das sú vil von den bekorungen bihtende wart, und die bekorungen die worent also gar schemmelich das sú wunder hette wie das iungfrowen mochte alsoliche ding in gefallen. Also wart sú zuo einre zit gedenckende und wart sich schammende das sú mannes nammen noch danne in der bihte also vil der von geseit hette, und viel ir do in und wart gedenckende: du soltest rehte gon zuo swester Urselen, der alten guoten heiligen closenerin, die do also gar vil iore in der closen ist gesin; es mag kume gesin sú wisse vil dinges: du solt ir rehte alle dine sachen fúr legen; do von sú denne ein frowen namme ist, so ist es ouch nút schemmelich. Also ging die schoene iunge iungfrowe Adelheit geswinde in die close und viel demuetikliche nider uffe ire knú fúr die alte closenerin und sprach: ach liebe muoter, ich lo dich wissen das ich in gar grossem lidende und getrenge bin, und ich bitte dich, vil liebe muoter Ursela, das du es durch gottes willen wellest tuon und alle rede in allen sachen mines lebendes wellest verhoeren. Do sprach Ursela die liebe closenerin gar guetliche: ach liebes kind Adelheit, du hast mich ettewas erschrecket; nuo sage mir, vil liebes min kint, was bristet dir? und moechte ich dir mit libe und mit sele zuo helfe kummen, do wissest, liebes kint, das ich das mit der helfe gottes gerne und gewilleklich tuon wolte. Do sprach die iunge Adelheit: ach liebe muoter, so lo dich es ouch nút verdriessen, wanne ich habe minne do zuo das ich dir gerne alles min leben von kint uf offenboren und sagen wolte, also das du mir usser goetlicher minnen desto bas geroten kúnnest. Do sprach die heilige closenerin: nuo sage mir, liebes kint, alles das du wilt, und was dir got zuo tuonde git, das si wie vil es welle, ich wil dir mit der helfe gottes zites rehte gnuog dar zuo geben.

Do huop die schoene iungfrowe Adelheit ane und sprach: liebe muoter, ich lo dich wissen, do ich ein kint was kume uf zehn ior alt, do sprach min vatter und min muoter zuo ettelichen ziten zuo mir: liebe dohter, du gerotest ettewas gros werden; wir muessent dir zuo hant besehen und luogen wo wir dir einen man gent. Und wenne sú das sprochent, in were schimpf oder ernest, so erschrag ich also gar sere úbele das ich in mir selber gewar wart und befant das mir min hertze in mime libe fuor slahende von rehteme schrecken, und wart denne vaste weinende, und mit weinenden ougen mit grosseme erneste sprechende: tuont wie ir wellent und was ir wellent, ich enwil iemer keinen man. Und do ich wol eilf ior alt wart, do starp min vatter. Dar noch über zwey ior, do ich dritzehen ior alt worden was, do mahte mir min muoter gar koestlich gewant und gezierde die dar zuo gehorte; aber ich sprach: muoter, ich enwil dirro schoenen koestlichen gezierde nút, du sprechest denne, das du mir keinen man geben wellest. Do sprach sú: liebe dohter, ich gibe dir keinen man, wanne mit dime guoten willen. Also hies mir mine muoter die cleider ane tuon und die gezierde uf tuon, und fuorte mich do gar zierliche her us zuo den lúten und zuo den brúten und ouch zuo anderen kurtzewilen. Aber was mir mine muoter dirre dinge tet, so liebete es mir doch nút, es wart mir alles von zit zuo zit ie me und ie me leidende, und were sin alles lieber abe gesin. Also ging ich in disen dingen untze das ich viertzehen ior alt worden was, und was ouch do gros an mine stat gewahssen und was gar schoene worden, also das ich mich sin gar úbele erschrag. Also befant ich das min muoter rede verhorte von eines gar edelen mannes wegen, der gros guot hette; und do ich das befant, do sprach ich: liebe muoter, ich bin nuo zuo minen tagen kummen; do von lo rehte alle rede abe von allen mannen, er si were er welle, wenne ich wil slehtes keinen man, ich wil aller manne lidig ston, und das mag ouch nút anders sin. Also do dise rede mine muoter gehorte und sú sach das sú nút anders an mir haben mochte, do schickete sú alle unser frünt beide man und wip eins noch dem andern alles an mich, also das sú mich über reden soltent. Und in diseme grossen lidende und getrenge was ich zwey ior one aller menschen behelf und trost, und was do sehszehen ior alt worden, und do starp mir min muoter ouch, und do kam ich do aber in not, wanne mir wart das grosse guot allessament alleine. Und do ging ich das erste ior alle tage mit grossemo erneste über minre muoter und vatter grap; und do das ior us kam, do was ich eine grosse schoene wol gewahssene iungfrowe worden; und zuo stunt do das iorgezit nuwent für kam, do koment do aber mine frünt mit grossemo erneste und mit gar vil worten an mich alles von manne wegen; ich kunde in aller irro worte nút geantwurten denne das ich sprach: ich enwil keinen man, er si wer er welle. So sprochent sú denne: tuon so wol und berot dich dar umb. So sprach ich: wurde ich es denne zuo rote, so wil ich es úch selber sagen, also das ir dar umb nút bedoerfent zu mir kummen. Und hette do aber gar vil grosser arbeit und lidendes mit minen fründen; aber ich leit das nút lange, wanne do es mine frünt aller minnest truwetent,

do tet ich gar alzuo mole erbere beginen cleider an mich, und
ging do mitte zuo stunt herus zuo kyrchen, zuo bredien und zuo
messen, und wart mir do gar ernest wie das ich mit vil tugenden
gros und kleine gedienen mochte, und mir was ouch gar ernest wie
das ich nuwent vil irdensches guotes durch got gegeben mochte; ich
hette grosse minne und ernest do zuo das ich gar gerne vil und genuog
geton mochte haben was zuo goettelicher minne gehoeret hette,
wanne mir gar wol in allen goettelichen sachen und werken was,
wanne got der tet mir in der zit gar usser mossen guetliche in allen
sachen und in allen minen gebetten, und ich hette von gotte in
allen sachen und zuo allen ziten alse vil trostes das mich rehte wol
begnuegete.

Und do ich in grossen wollusten vier ior was gesin, vil liebe
muoter, in dem fünften iore do wart mir in fallende gar usser mossen
grosse unreine gruweliche süntliche bekorunge die mir vormoles nie
me bekant worent, und die bekorungen worent so gar unreine und
gros das ich gar usser mossen sere übele dar abe erschrag, und ich
ging zuo stunt zuo mime bihter unde seite ime in der bihte rehte
alle ding in aller wise alse mir die bekorunge in gefallen worent; und
ie me ich hie von in der bihte sagende wart, ie me der bekorungen
wurdent. Und do dise grossen unreinen boesen bekorungen also lange
an mir blibent, und ich gewar wart das es nüt abe nam und alles
zuo nam und ie me und ie me wurdent, do geriet mir gar usser mossen
we zuo muote werden; und do ging ich zuo mime bihtere und bihtete
ime von allen disen grossen sweren manigvaltigen bekorungen rehte
einveltikliche noch aller wise alse sü mir in vielent, und bat in ouch
do mit gar grosseme erneste obe er mir in deheinen weg geholfen
kunde, das er es denne durch got tete und mir zuo helfe keme, also
das ich der boesen unreinen grossen bekorungen lidig würde, wanne
mir ist alse we do mitte, sol ich es die lenge triben, ich mag sin in
grossen siechetagen fallen oder villihte sterben. Do sprach der
bihter: obe das ir siech werdent oder sterbent, so wil ich üch e roten
das ir einen man zuo der e nemment. Abe den worten beschach mir
gar we, und rette ouch do gar zoernliche zuo ime und sprach gar
mit geswinden zornmuetigen worten: wissent, alsoliches rotes hette
ich nüt getruwet, und alse ir mich von kint uf bekennent, wie getür-
rent ir mir denne alsolicher dinge gemuoten oder geroten? Do
sprach der bihter: zürnent sin nüt, ich rede noch rote es nüt us mir

selber, ich rote es usser sancte Pauwelse, wenne sant Paulus sprichet: es ist besser in die e zuo kummende denne zuo búrnende. Nuo liebe muoter, du solt wissende sin, do mir dis min bihter riet der mich von kint uf bekennende was, dar umb wart ich in gar sere úbele hassende, und ich nam einen anderen bihter, der mich gar ein heiliger biderber man duhte, und bihtete deme ouch alle die bekorungen rehte in aller der wisen also sú in mir worent. Und do ich ime wol ein halbes ior gebihtete und er alle mine heimelicheite ettewas bekennende was worden, do beschach es zuo einer zit das ich bihtende wart und bihtete aber gar swerliche ettewas mit weinenden ougen alles von minen grossen bekorungen. Do sprach der bihter: iungfrowe, ir erbarment mich von grunde mines hertzen, wenne ich úch wol bekennende bin das úch gar zuo grunde we mit disen bekorungen ist; nuo bin ich vil zites lesemeister gesin und ist mir von der gnoden gottes die heilige geschrift gar wol bekant; und wellent ir mir nuo volgen, so wil ich mich mit der helfe gottes gerne erbeiten und wil in aller der geschrift suochen, und wil luogen wo ich vinde domitte men úch gehelfen moege also das ir dirre grossen erbeit der bekorungen lidig werdent; und wissent do muos ich zit zuo haben, ich enmag es nút eines tages getuon. Do sprach ich: lieber herre, ich bitte úch das ir es tuont durch gottes willen und durch minen willen und lont úch ernest sin das es gefúrdert werde, wenne mir ist also gar we mitte, ich wolte gerne tusent guldin dar umb geben das ich sin noch gottes willen lidig worden were. Do sprach der bihter: liebe iungfrowe, sider úch alse gar we und also gar ernest ist, so wil ich alle andere ding lossen ligen und wil noch uweren sachen lesen, und wil besehen wo ich mit der helfe gottes in der heiligen geschrift vinde domitte men úch zuo helfe kummen mag, also das ir von uweren erbeiten gelidiget moegent werden; und wenne ich das funden habe, so wil ich es úch allessament schriben, und wenne ir denne selber lesen kúnnent, so moegent ir es gar muessikliche lesen do mitte ir befindent was ir tuonde werdent, also das ir aller uwerre erbeit der grossen bekorungen lidig werdent. Do sprach ich: lieber herre, das tuont durch got so ir aller erste moegent. Do sprach der bihter: das wil ich mit grossemc erneste gerne tuon. Und do es wol fúnf wochen gewerete das mir sin keine entwurte werden mochte, in der sehsten wochen do kam er zuo mir und sprach: liebe iungfrowe, úch mag wol belanget haben, wissent das ich es nút e zuo bringen mochte,

wenne wissent ich bin sicher nüt muessig gesessen ebo das ich es in
der heiligen geschrift funden habe das ir mit dem willen gottes aller
bekorunge lidig werden moegent; und des sent den grossen brief, do
inne ir wol süllent verston und befinden wie das ir aller uwerre
erbeite der bekorungen lidig werden moegent. Also nam ich den brief
und was gar fro und danckete dem bihter vaste, und truog ich den
brief mit mir heim und sas darüber und las den brief gar muessik-
lich.; do vant ich in dem brief die aller gruwelichesten behendesten
bedecketesten verborgenesten glosiertesten wort, die ouch usser der
geschrift genummen worent, die mir gar verborgen worent; aber
mich duhte wie die glosierten behenden sinne alle uf die nature
geneiget worent. Nuo wissest, liebe muoter Ursela, das ich von disen
sachen die in disome briefe stont in so gar grosse übermessige
geswinde unlutere bekorunge kam, und were es das mich got nüt
mit sinre grundelosen erbermede behuot und enthalten hette, ich were
anders mit dem leiden boesen müniche verfallen; aber liebe muoter
Ursela, do ich zuo mir selber kam, do ruofte ich got mit grosseme
erneste ane das er mir zuo helfe keme. Also gap mir got zuo
verstonde das ich wol merkende wart und befant das der rot des
bihters nüt guot was und alles valsch was.

Nuo vil liebe muoter, do dis alles beschach also das der münich uf
mine schande und uf min laster gangen was dar zuo uf minre selen
verderpnisse, do viel ich mit einre gar grossen geswinden hasse uf
den boesen münich, und kam ouch in einen alsolichen zorn und hette
ich got nüt gefoerhtet, ich hette wol zuo broht also das der boese
münich in dise stat niemer me engetorste kummen sin. Ach liebe
muoter Ursela, do ich dise grosse süntliche bosheit und untruwe an
diseme valschen boesen müniche befunden hette, do ging ich in
grosser trüriger swermuetikeit an min gebet und wart got mit
sehrigenden weinerden ougen ane ruoffende und sprach : ach min
herre und min got, sich an dine grosse grundelose erbermede und
kum mir armen sünderin zuo helfe, und gip mir in ettelicher wise
zuo bekennende wemme ich nuo getruwen und bihten sol; und gist du
mir ouch in disen sachen keinen underscheit, so wissest so bin ich uf
dine grundelose erbermede one bihte. Ach vil liebe muoter, du solt
wissen do ich dise rede mit erneste in mime gebette zuo gotte getet,
das do zuo stunt ein also gar grosse gruweliche schamme mir in die
sinne viel, das ich mich vor got also gar übele schammende wart,

dar umb das ich also gar schemmeliche wort von minen bekorungen
mannen hette geoffenboret; und viel mir ouch in die sinne, were es
nút weger gesin du werest gegangen zuo der alten heiligen closenerin
die hie bi dir in der stat ist, und hettest der dine rede gehebet,
wanne das du sú mit mannen hest gehebet? Liebe muoter, dar us
bin ich uf dine gnode har zuo dir kummen, und habe dir ouch alles
min leben von kint uf geoffenboret und geseit, und bitte dich ouch
nuo, vil liebe muoter, das du den tot unsers herren wellest eren
und mir nuo dinen getruwen goettelichen rot wellest geben wie das
ich nuo min ding in der bihte und in allen sachen ane vohen soelle.
  Do sprach die vil liebe heilige alte closeronin: vil liebes kint Adelheit, so solt du wissende sin das dich got in diner luteren einvaltigen
meinungen wol behuot het das du nút verfallen bist. Wenne, liebes
kint, ich sage dir das du gar einvaltig were das du dinen bihtern
ginge sagen in der bihte von allen den manigvaltigen sachen also sú
dir in der bekorunge für kummen worent. Liebes kint, das solt du
nuo mit náte me tun. Also du nuo bihtende wurst, so endarft du von
den sachen nút anders bihten wenne das du dich schuldig gist das du
dich aller infallender gedencke also geswinde und also vestikliche
geweret nút enhest also du soltest, und was dich got dar inne schuldig
weis, das gist du dich schuldig. Und so du gebihtest, so nút sitze
lange bi den bihtern mere zuo sagende : so du mit gelimppfe maht,
so gang der von und kere din hertze zuo gotte und lidige dich von
allen creaturen do nút redeliche sache ane gelit. Und sage weder
bihter noch mir noch nieman anders, er si were er welle, von dinen
bekorungen, wenne es gar schedeliche ist das men ieman dervon seit.
Und das befant ich selber wol in minen iungen tagen in dirre selben
closen. Und do von, liebes kint, so rote ich dir usser goettelicher
minnen : weller hande bekorunge got von dir haben wil, gros oder
kleine, in weler wise er dir sú zuo sendet, die lit alleine zwúchent
dir und gotte one aller creaturen behelf, und lit es also lange also es
got von dir haben wil, und warte demuetikliche und getultikliche
sinre grundelosen erbarmherzigen gnoden, wenne dir anders nieman
der von gehelfen mag denne got alleine, wenne er verhenget die
bekorunge selber über den gerehten menschen dem er ettowas wol
getrúwende ist und in ouch gerne zuo eime heiligen machen wolte.
Har umbe, welre mensche in grosser lidender bekorunge ist, dem ist
nút besser denne eine demuetige getultige wol getrúwende langbei-

tende langmuetige gelossenheit. Nuo, vil liebes kint, dir ist wol zuo rotende : befindest du in dinre naturen das ir zuo vil ist und das du eine starke kreftige nature hest, so brich dir selber abe an spise und an tranke, und gib ouch dime lichamen guote ruoten, wenne du bevindest das er zuo zart wil sin. Aber, liebes kint, du solt alle dine werg vnd wisen usser din selbes bescheidenheit wúrkende sin, wanne sú dir got selber verlúhen het, und sanct Paulus sprichet : uwer dienest der sol bescheiden sin.

Nuo, liebes kint, es het mich ettwas froemede an dime aller ersten bihter, der dich do von kint uf in eime luteren grunde bekennende was, das dir der ie geriet in die welt zuo unluterkeit zuo kummende, und zuo dir sprach, noch sanct Pauwels worten, es were besser in die e zuo kummende denne zuo búrnende. Do sprach er wol einen weg wor; aber der bihter sprach sanct Panwels wort und sinen rot zuo kurtz. Der liebe sanct Paulus sprach also : welre mensche sich nút twingen wil, so ist ime weger er vare in die e danne zu búrnende; und das was und ist noch ein guoter rot, wanne welre mensche den brant durch got nút us liden wolte, er wolte es mit den werken us wúrken, dem menschen were verre weger und tete gotte lieber er keme in die e wenne das er grosse súntliche toetliche werg wúrkende were. Aber, liebes kint, also du das für der bekorungen durch got sime tode zuo eren hest ganzen willen us zuo lidende, liebes kint, lidest du es also lange alse es got von dir haben wil, so wissest, und stúrbest du also in der flammenden búrnenden martel, so ist zuo gloubende und gotte gar múgelich zuo tuonde, also das du von dem munde zuo stunt fuerest in das ewige leben, und zuo der megede gesellschaft wúrdest gesetzet und dir do zuo wúrde ewikliche der marteler lon die sich do liessent martelen und toeten umb kristinen gelouben, unserme lieben herren Jhesu cristo noch.

Nuo sage mir, vil liebes kint, und were es nuo das du den brant der búrnenden flammen nút enhettest, was hettest du denne durch dines gespuntzen willen zuo lidende, der durch dich gar usser mossen vil erlitten het? Wanne, wissest, vil liebes kint, das got die búrnende liden der bekorungen niemanne git, er si ime denne ettewas getruwende, und ist es ouch das der mensche dis us lidet in goettelicher gehorsame und in demuetiger goettelicher gelossenheit, und gotte wol getruwende ist, so beschiht es danne wol so es der mensche aller minnest getruwende ist, das denne die grosse grundelose

erbermede gottes kummet und nimet ime dis strenge búrnende
fúr der bekorungen alze mole abe, und lot in denne der zuo hie
in der zit eines grossen kuelen meyenschen touwes befinden und
úbernatúrliche gewar werden, also das der mensche noch danne
hie ir der zit alles des búrnenden lidendes wol ergetzet wurt, und
das ist gotte wol múgelich hie in der zit zuo gebende in alsolichen
grossen úberswenckenden úbernatúrlichen froeidenrichen froiden,
die alle sinneliche vernunft hie in der zit nút erlangen noch begriffen
mag.

Liebes kint, ich gedenke ich habe dir nuo zuo disem mole vil
lihte genuog geseit, und dar zuo so ist es ouch spote; du hest noch
vil in dime huse und mit dime guote us zuo rihtende.

Do sprach die schoene iunge iungfrowe Adelheit: ach liebe muoter,
es ist wor, ich habe noch gar vil mit zitlichen irdenschen dingen zuo
tuonde, do mitte mir gar we ist. Har umbe, so bitte ich dich, liebe
muoter, das du es usser goettelicher minne wellest tuon, und mich
dir mit erneste lossest befolhen sin, und mir ouch urlop wellest
geben, wenne mich duncket das es mir not tuot, das ich denne froeliche zuo dir gon moege.

Do sprach die alte closenerin : Adelheit, liebes kint, do bedarfst
du mich nút umbe bitten noch frogen; wenne du wilt und dirs got
git zuo tuonde, so kum in dem nammen gottes froeliche.

Also schiet dise iunge Adelheit ettewas mit betruebede von diser
heiligen closenerin. Aber dar noch an dem fúnften tage wart, do
erbeitete sú kume das sú aber zuo ir kam, und was do bi ir siben
tage und naht. Und wurdent do gar vil guotes dinges mitteinander
redende, also das die alte closenerin der iungen Adelheite grunt
alzuo mole erfuor und bekennende wart. Also beschach es das sú
beide gar zuo mole liep einander gewunnent, also das ire hertzen
usser goettelicher minne und liebe also gar zesamene und innander
verflussent, rehte also obe sú ein hertze gehebet hettent. Und an dem
ahtesten tage wart, do sprach die closenerin : liebes kint Adelheit,
es moehte guot sin das du heim gingest in din hus und wisliche
beschest zuo dem das dir got verluhen het. Do sprach die iunge Adelheit : liebe muoter, und were es din wille und rietest du es, so wolte
ich gerne alles das ich habe durch got geben, das ich sin lidig und
mussig wúrde, aber ich meine doch das ich des guetes also vil
behaben wolte, also das wir beide hie bigenader in der closen rehte

gnuog hettent. Do sprach die liebe closenerin : ach liebes kint, also ensol es nût sin, wanne es were gar natûrlich, wenne closen leben ensol nût also sin. Der den nehesten weg wolte, so solte sich nieman closen lebendes underwinden er wúrde denne e von got dar zuo vermanet, wanne closen leben das solto sin ein inne blibendes indewendiges ernesthaftes gotte wol getruwendes armes leben. Liebes kint, dar zuo sprichest du ouch du woltest gerne alles din guot durch got geben, und woltest also vil beheben also das wir wol in dirre closen versorget wúrdent. Liebes kint, also kam ich nût her in dise close das ich irdensch guot haben solte; ich kam also her in das ich nût eins hallers wert her in brohte, wenne mine cleider und das zuo mir gehorte. Und gehoeret ouch zuo der closen nût me geltes denne das men genuog het zuo holtze und zuo lichte oder zuo essende und zuo trinkende und zuo anderre notdurft, do hoeret nût zuo dirre closen, und ist ouch rcht, und were mir ouch leit das es anders were. Do von, liebes kint, so were mir leit das du bi mime lebende ût zuo der closen gebest, wanne also ich sû vant, also sol ich sû ouch lossen. Wanne wissest, liebes kint, ich bin fúnftzig ior in dirre closen gesin, also das mir essendes noch trinckendes nie gebrast, wenne got der het es alle zit versehen das ich zuo dem minnesten alle zit salbander genuog hette. Liebes kint, nuo soltu heim gon, und solt zuo dem luogen und besehen das dir got verluhen het, und das bist du ouch noch schuldig untze das es anders umb dich stonde wurt; und wenne es dir nuo not tuot, und es dir got zuo tuonde git, so maht du aber denne wol herwider kummen.

Also schiet aber die iunge Adelheit, und ging aber heim in ir hus. Aber sû mochte sich gar kume do heime geliden, und erbeitete kume des dirten tages, und ging do aber wider in die close, und sprach do : liebe muoter, tuo mir wie du wilt, ich enmag nût wol in friden one dich sin. Danne von so tuon es durch got, und los mich alle wegent und alle zit hie bi dir bliben, und los mich alles mines irdenschen guotes lidig werden und durch got geben, wanne wissest, liebe muoter, alles das irdensche guot das ich habe, das ist mir gar unwert und gar sere ein crútze worden.

Liebes kint, sprach die closenerin, du solt wissende sin, dise infelle dirre dinge moegent sin ein werg und ein rot des heiligen geistes, und ouch wol ein rot der úbelen geiste : wenne es beschehent vil dinges in eime ane vohenden unerstorbenen unerlûhteten menschen in cime sturme das es nût enwonet es si got gesin, so es der tûfel ist gesin. Danne von, Adelheit, liebes kint, so mahst du nût also geswinde in eime sturme gesin das du der von kummest in einre gehte also du wenest und gerne tetest. Wanne wissest, liebes kint, es ist nût ein cleines ding, dem got dis irdensche guot verluhen hat. Eime solichen menschen dem tuot ouch not das er es gotte in gœttelicher wisheit widerumbe vergelte, oder er muos gar swerliche rechenunge dar umb geben. Her umb, liebes kint, so ist noch nût zuo rotende das du also geswinde din hus uf lost, und du ein stetes bi wonen hie in der closen bi mir habest. Und tetest du es, so mochtent sich alle dine frûnt dar abe ergern, und mochtent gedencken, ich hette dir alles din guot abe genummen. Adelheit, vil liebes kint, ich rote dir us gœttelicher minnen also es noch stot, das du in dime huse blibest und din gesinde behebest und vaste durch got gebest, unde ouch hie bi mir in der closen wonest also dich und mich duncket das es guot si, und denne sollent wir mit gotte und mit sinen frûnden zuo rote werden, wie das du getuost, das gotte das sine von zit zuo zit wider umbe vergolten werde, das selbe guot das er dir ouch verluhen het. Und ist men das nût tuonde usser gœttelicheme wisen rote, so mochte es wol beschehen das der boese ûbele geist boese gedenckende und boese rete in dine frûnt werffen und seyen mochte also das dich alle dine frûnt für eine toerin haltende wûrdent und sich aller diner gueter under ziehende wûrdent und an sich nemende und dir denne bloessiklich din notdurft mit leide der von gebent die wile das du lebest. Und beschehe ouch das denne, so werent gotte die gueter, die sin soltent sin, alle in weltlicher hochvertiger menschen hant gefallen, und das hette denne der tûfel zuo broht. Har umbe, vil liebes kint Adelheit, so lit dich rehte in diseme irdenschen guote also lange untze an die zit das du sin noch gœttelicheme rote lidig werden maht.

Also beschach es das dise iunge iungfrowe Adelheit siben ior in irme huse bi irme gesinde was; und sû was das merre teil beide tag und naht in der closen, und kam in disen selben sûben ioren vil me denne das merre teil alles ires guotes abe; und beschach ouch alles noch gœttelicheme rote.

Nuo do dise iungfrowe Adelheit siben ior mit dirre alten closenerin Ursela gewonet hette, do beschach es in dem ahtesten ior, der selben winahten, das dise selbe heilige alte closenerin Ursela siech wart,

und wart in grossemo we zuo bette ligende, und lag also in grossemo
we und ouch in gar grossemo getulte untze an unserre lieben frowen
tag in der vasten; und an dem selben morgen fruego do sas ich bi ir.
Do sprach si zuo mir: liebes kint Adelheit, beslús die túre, also das du
alleine hie inne bi mir bist. Und sprach du zuo mir: Nuo nim den
slüssel und gang über das kensterlin; do vindest du alles min leben
inne geschriben, do nieman von weis denne du und ein man der noch
me weis wenne du, und des wonunge ist in tútschen landen, doch nút
gar verre hinnan. Des namme und in weler stat er wonet vindest du
ouch geschriben. Und, liebes kint Adelheit, wanne ich erstirbe, so
lo nút was es kostet, so sende einen gerittenen endellichen boten noch
ime, und schrip ouch alles din leben also du mir untze har geseit und
geoffenboret hest; unser beider leben gip ime mitteinander geschriben,
wanne er es wol von welsche zuo tútsche bringen kan; denne so weis
er ouch wol wenne er es hin abe in Niderlant senden sol. Nuo so
dirre heimeliche gottes frünt, der do ein leye ist, zuo dir kummet, so
maht du wol mit ime redende und ime ouch rehte wol getruwende
sin. — Nuo, liebes kint Adelheit, ich muos noch me mit dir reden. Du
bist noch iung, und wurst noch in kurtzen ioren sehende wie got die
kristenheit in maniger hande wise mit pflogen ane griffende wurt, mit
vil grossen sterbotten, mit über flusse der wassere, mit ertbidemen,
mit missewahsse der frühte, do von ouch túrunge kummen mag, und
dannen von vil zweygunge und kriege uf stonde werdent, dar us strite
werdent, und vil lútes zuo libe und zuo sele verderbent. Und werdent ouch stritbere houbetlose unbekante lúte uf stonde, die der
cristenheite in manigen landen vil we werdent tuonde. Liebes kint
Adelheit, dirre dinge und dirre pflogen, der wurt in maniger hande
wege und wise vil; und so dirre dinge vil beschiht, und ist es danne
dass sich die cristenheit nút bessernde ist, so mag es wol beschehen
die danne die muoter der heiligen kyrchen in grosse trücke und in
grosse irrunge fallende wurt, und denne der lúte minne und ernest gar
sere erkaltende werdent; und wenne ouch das beschiht das der lúte
hertzen gantz und gar erkaltent, und iederman sich selber minnende
und meinende wurt: Adelheit, vil liebes kint mines, und ist es das du
dis gelebest, so blip vaste stonde, und kere din hertze in die wunden
unsers herren, und verbirg dich drin, und lo got sin werg würken.
Wenne, liebes kint, beschiht es das dise selbe zit kummet, so wissest
das denne die welt in eime ome stot, zitternde vor dem himelschen

vatter; wanne der vatter het das swert selber in der hand, und ist
zuo gloubende das er sinen sun also wit alles ertrich rechende wurt.
Aber wie die roche ist, das sol nieman wissen denne der vatter. Aber
men rotet und meinet das die roche also gros und also stark sol sin
also das wenig ieman genesen mag danne die menschen die das tau
habent. Har umb vil liebes kint Adelheit, das du dise ding alle desto
bas getruwen und glouben maht die ich dir in ahte iore geleret habe
und dir ouch sunderlingen nuo zuo mole in dirre morgen stunde húte
dis morgens geheissen habe: liebes kint Adelheit, das mag dir noch
vil lihte nút alles wol zuo gloubende sin; har umb so sol ich dir
ein gewor guot wortzeichen sagen, und das wortzeichen das ist das
du solt wissen und gesehen das ich dis hútigen tages zuo dirre nonen
sterben sol, und wellent zuo miner hin verte die heiligen engele kummen, der engele du noch nút gesehen maht, und wellent mir helfen
und mich beschirmen und behueten vor den helleschen vienden.
Her umb, Adelheit, vil liebes kint, so ist nuo die zit kummen das
ich nút vil me zuo dir rede, wanne ich nuo wol anders zuo tuonde
gewinne; do von so luoge und nim war und behuete mich das nieman zuo mir rede, das ich nút geirret werde. Nuo, liebes kint Adelheit, es ist gnuog geret. Got gesegene dich und ich bevilhe dich
der kraft des vatters und der wisheit des súnes und der minne des
heiligen geistes. Und nút los wenne es sexte zit wurt, du ahtest das
mir das sacramente unsers herren lichomen werde; so vare ich zuo
none zit, also er starp, ouch mit ime enweg; so ist er mir gar nútze
zuo eime geleite wider alle mine vienden.

Also do es sexte zit wart, do wart ir unser herre in dem heiligen
sacramente; und zuo stunt do er ir wart, do tet si die ougen zuo und
wolte nút me reden, und lag gar senftikliche und gar guetliche, also
untze zuo nonen. Und rehte do es mittag wart, do tet sú die ougen
uf; do worent sú ir gebrochen, und sú wart sich ettewas rimpfende
und ettewas gruweliche sehende und geberde haben, und das werete
ouch kume eines ave marien lang. Und wart do zuo stunt rehte guetliche lachende, und was in dem do zuo stunt tot; und bleip ir antlit
ane zuo sehende rehte also obe sú guetliche lachete, also wer sú also
tot sach, dem was rehte wie er gnode von dem gesihte enpfinge.

Nuo do es beschach das mir got mine liebe geistliche muoter, diese
heilige closenerin Ursela, zuo ime genam, do beschach mir in der
naturen gar we abe, und wart mir alles das, das in der zit ist, leidende:

Und ich ging do wider heim in min hus, und alles das mich die heilige closenerin Ursela gewiset und geleret und geheissen hetto, das ving ich allessament ane und uebete mich do rehte vollekommenliche in allen den sachen und in allen den dingen also sú mir geroten und geheissen hetto. Aber es beschach zuo stunt do sú gestarp, (das) alle die grossen bekorungen die ich gehebet hetto, wie gros sú ioch worent, die gingent mir noch irme tode zuo stunt abe und wart ir zuo mole lidig; und das sprach die liebe heilige muoter zuo manigen ziten vor irme tode zuo mir, und sprach also: vil liebes kint Adelheit, ich weis wol das dir gar we ist in den grossen unreinen bekorungen die du durch got lidest; und wissest dass ich gedencke und getruwe das es also si alle die wile das du mit miner gegenwertikeit also vil ergetzunge und trostes hest. So ist zuo gloubende das dir der geware troester, der heilige geist nút bevintliche werden moege, und ouch also die wile die grossen unreinen manigvaltigen bekorungen an dir weren und bliben muessent. Und sprach ouch zuo manigen ziten zuo mir, das ich wissen solte das der gemahele, der liebe herre, nút kan noch wil keine gemeinschaft haben, wanne er wil es alleine sin one alle gemeinschaft und one allen ussewendigen trost noch behelf in deheiner creaturen.

Nuo beschach es zuo einer zit das ich gar grosse begirde gewan das ich gerne geschen hetto, were es der wille gottes das mir ettewas zuo bekennende wúrde, wie es umb die liebe muoter Ursela, die alte heilige closenerin stúnde. Also beschach es das ich nút befant untze an den drissigesten tag. Do beschach es das ich an dem selben morgen in minre kammeren also nider sas, und wolte gerne noch der mettin geruowet haben. Do beschach es das mine kammere voul schoenes lichtes durch lúhtet wart, das mich wunder hetto was es were, wanne ich alsoliches dinges noch nie me gewar worden was. Und in disemo schoenen lichte do beschach es das eine gar usser mossen suesse senfte stimme one gesihte us dem lichte brechende was, und sprach die suesse stimme alsus:

Vil liebes kint Adelheit, du solt nút erschrecken, wanne ich bin Ursela, dine alte muoter in der closen, und habe urlop das ich her wider zuo dir sol kummen, und sol dir kunt tuon wie es mir an mime ende erging. Do solt du wissen also du wol sehe wie ich mich an dem ende rimppfende was und ettewas erschroeckenliche sach, das sol dich nút wunder haben, wanne die boesen geiste die koment also gar gruwelicho mit also gar gruwelicher geberde das ich gar sere erschrag. Aber zuo stunt do koment die heiligen engele, und totent den helschen vienden also gar geswinde wo, das sú balde fliehen muosten, das ich ouch ettewas lachende wart. Nuo liebes kint Adelheit, got der gesegene dich. Ich vare nuo zuo stunt usser dem parr lise, do ich dise drissig tage one we inne gereiniget bin, und fare nuo zuo stunt mit den heiligen engelen uf in das ewige leben. Und in dem worte do was zuo stunt das lieht und wort alles enweg.

Nuo do dise heilige closenerin Ursela fünfzehen ior alt was, do lies sú sich in die close besliessen. Und do sú ehtewe und fünfzig ior in der closen was gesin, do starp sú an unserre lieben frowen tag in der vasten, des selben iores do man zalte von gottes gebúrte dritzehen hundert ior viertzig und sechs iare.

2.

Fragment d'une lettre inédite de l'Ami de Dieu de l'Oberland.
(Archives départ. du Bas Rhin, H. 2185, f° 55ᵇ ss.)

Item des selben glich beschach es sub anno domini m. ccc. lxxj daz bruder Clawes von loefene in eime sinem briefe under andern worten den selben lieben gottes frúnt in oeberlant mit grossome flisse und ernste bat vúr einen weltlichen man daz er dem etteliche ernstliche vermanunge schribe zuo besserunge sines lebendes, wenne er gar girig waz noch irdenscheme guot, und mit allem flisse do noch stalte, dar umb sin hertze gar vaste bekúmbert waz mit witschweiffikeit zitliches gewerbes und weltliches kumbers, und hette doch vil stroffendes und grossen unfriden in siner consciencien. Do schreip der selbe liebe gottesfrúnt zuo antwurte her wider umb alsus:

Domine Nycolae, wissent daz ich úwer begirde gerne wolte erfúllet han; do beschach mir also den die den turn zuo Pabilonie soltent buwen, wenne, wie ich es aneving, so wolt es mir nút zuo handen gon, und es were ime ouch nút guot, wenne die pine sines vegefúres núwent dar mit besweret und gemeret wurde wenne er dem schribende nút glonbete noch envolgete und sin unahtsam were.

Der selbe weltliche man dar noch gar kúrtzliche starp, alse ouch der liebe gottes frúnt vormoles in parabelen herabe schreip und es bruoder

Clûsen von loefene und des selben weltlichen mannes wip prophe-
ciete, wenne er sû ouch darinne meinde, und sante ir dez zuo urkunde
ein silberin messer, do mitte sû abe sniden solte alle ueberflůssikeit
dez zitlichen guotes und dez weltlichen kumbers und anhanges der
creaturen: der selben prophecien sû ouch volgete und kerte sich von
aller unlidikeit der welte mit grosser besserunge, und lebete oelf ior
noch irs mannes tode, und nam do ein gnodenrich selig ende, cristen-
lich und bescheidenlich in grosser andaht und vernunft. Sû mueste
anders ouch in den selben ziten also ir man groepliche gestorben sin
noch dez lieben frúnt gottes meinunge, alse sin prophecie du zuo
mole seite. Der oren habe, der hoere! [1]

---

[1] Ce morceau fait partie des *Notices sur les amis de Dieu* publiées en majeure partie par M. Schmidt dans les *Beitroege zu den theol. Wissenschaften*, Jena 1854, V, p. 176 à 191; il suit immédiatement le chapitre qui se termine par ces mots : …und nút glouben woltent (p. 191).

II.

LE LIVRE DE LA BANNIÈRE DU CHRIST DE RULMAN MERSWIN.

Dis ist das baner buechelin, und warnet alle guothertzige menschen gar eigentliche mit grossome erneste wie sú sich húten sollent vor alleme valschen rote.

Alle die menschen die gerne dem bilde Cristi noch volgent mit gantzeme erneste und mit eime vesten gantzen cristen gelouben, den tuot in disen soerglichen gegenwertigen iemerlichen ziten not, das sú fliehent under die banier Cristi; wenne es ist in disen ziten eine banier uf geworffen gegen Cristi banier, und heisset die banier Lucifers baner, und ist under der banier ein gros volg, und kummet alle zit me volkes zuo disem volke das hie under Lucifers baner ist gezoget. Das sint alle die menschen die do uf gont in iren richen sinnelichen flogierten vernunft, und mit vil froemeden behenden worten, do mitte sú ane vohende guothertzige menschen under ir baner geziehent. Dise frigen valschen menschen sprechent sú habent nút me zuo lidende noch zuo sterbende und sprechent sú habent us gelitten und gestorben, und sprechent: wer noch zuo lidende und zuo sterbende habe, der si noch ein grob mensche und si noch voul bilde. Dirre worte und ander worte hant sú gar vil, das nút guot were das men dirre valschen worte vil schribe; wenne guothertzige menschen moehtent sich dar ane stossende werden. Ach alle guothertzigen menschen, fliehent und nement mit erneste zuo úch selber war: wenne es tet in vil ziten nie so not me : wenne alle dise valschen frigen menschen wellent es besser han denne es Cristus selber gehebet het. Die wile er uf ertriche wandelte in siner menschlicher naturen, alle die wile sprach er nie das er genuog gelitten hett 3, untze das er kam an das ende, do er dem vatter sinen geist uf gap, do sprach er erst: Es ist vollebroht!

Cristus sprach : Wer zuo dem vatter wil, der muos e durch den sun. Nuo sprechent aber dise frigen valschen menschen: sú sint vor langen ziten durch den sún. Dis ist aber eine valsche rede, wanne sú hochent sich aber mit Lucifers hoffart, und wellent es aber besser han denne es Cristus selber het gehebet; wenne Cristus sprach ouch : Wer sich hie hochet der wurt doert genidert, und wer sich hie nidert der wurt doert gehochet. Ach, alle guothertzige menschen, nement der lere Cristi war, wenne Cristus het in aller siner lere die hochfertigen nider geslagen, und die demuetigen erhochet. Sancte Paulus der warnet ouch in siner epystelen vor den valschen bruedern und sprichet : Es lige nút dar an an vil kluogen worten. Liebe guothertzigen lúte, die heiligen flúhent hie vor zuo walde von vorhten; ir súllent wissen es tete in disen soerglichen ziten vil noeter das sich alle guothertzige menschen hútent und flichent alle die menschen die vil kluoger behender worte hant.

Die frigen valschen menschen sprechent abe das liden unsers lieben herren, und sprechent also zuo andern moenschen : Ach gost du noch mit dem lidende umbe ! Das ist aber gar valsch geret, wenne das liden unsers lieben herren sol nieman dem andern abe sprechen. Got der sol und wil selber dar úber meister sin. Dise valschen menschen sprechent ouch abe die heilige geschrift und sprechent also : Ach kerest du dich noch an tinte und an birmente ! Sehent, so dise valschen menschen mit guothertzigen menschen redent us der heiligen geschrift, so verkerent sú die heilige geschrift also gar velschliche, und also gar in eine andere valsche wise, das guothertzige menschen nút wol verston kúnnent, und ist ouch zuo voerhtende das sú irre mitte werdent. Danne von kan men nút bessers rotes geben, wanne dise menschen zuo flichende die also vil behender worte hant. Owe und owe, flichent und flichent, alle guothertzige menschen, wenne es tet nie so not me zuo flichende; und flichent under Cristi baner, wanne Lucifer der het gar vil valscher liehter under siner baner und meret sich noch alle zit. Ach guothertziger mensche, flúch und hap wenig worte mit den lúten : anders, eb du wenest, so bist du umbe geworffen und umbe gefúrt under Lucifers baner.

Ich weis in disen ziten nút sichers, wenne alleine zuo flichende zuo dem gekrútzigeten Cristo : wer nuo mit gantzen trúwen flúhet zuo Cristo, der sol ouch ein gantz getrúwen zuo ime han, das er in nút lasse. Wo nuo der moensche were, der sich noch nút gerwo zuo grunde wolte lossen, er wolte ouch helffe suochen mit den creaturen, dem menschen tuot gar not das er gewerliche wandele in disen soerglichen ziten. Men vindet gar wenig menschen in disen ziten, die sich alleine gotte gent ono aller creaturen gesuoch; das ist ouch die sache das men so wenig lebendiger gottes frúnde vindet in disen ziten. Wo nuo dise valschen menschen sint mit vil behenden worten, der men nút wol beweren mag mit der heiligen geschrift, die redent wider den heiligen geist, wenne die heilige geschrift ist kummen usser dem heiligen geiste der heiligen cristenheit zuo helffe und zuo einer lere was die heilige cristenheit bedarf. Hútent úch, alle cristen menschen, wanne die prophecien gerotent vaste her fúr lúhten. Hie sint alle gewore cristen menschen schuldig das sú ane sehent mit der bescheidenheit die sú hant enpfangen von gotte, das sú in disen soerglichen ziten nút irre werdent; und sol ie ein cristen mensche warnen das ander wie gar soergliche es stot in allen sachen in disen ziten.

Alle guothertzigen cristen menschen, ir sollent wissen das es nuo gat an den strit; wanne es sint zwo baner gegen einander uf geworffen. Die eine baner die ist Cristi baner, die ist bluotvar rot gemalet. Wilre mensche under dirre baner wil striten, der muos sich vor hin verwegen das er ein frummer ritter welle sin zuo stritende wider alle untugende, und muos sich leren frummekliche brechen durch sin selbes nature, und muos sine nature leren in allen striten toeten, und muos sich gotte geben mit einem uf gebenden frien gemuete und willen gotte sich lossen untze in den tot, was got von ime wil haben das er dem gehorsam wil sin. Welre mensche also mit einem frigen uf gebenden gemuete zuo widersagende Lucifer und allen creaturen, welre mensche also werlichen zoget under Cristi baner, wer der mensche ist, der sol han ein gros getrúwen zuo sinem herren; wenne Cristus ist sin houbet und sin herre, der hilffet dir das du in allen striten gesigest. Aber dis andere boese volk das under Lucifers baner ist, das leider in disen ziten vil gerotet uf gon, das sint alle die valschen frien mensche die do sprechent sú habent nút me zuo sterbende noch zuo lidende, und men solle der naturen gnuog tuon in wele wise die nature wurt ane gestossen, uffe das der geist moege ungehindert uf gon. Dise valschen menschen hant also vil valscher behender worte die men von voerhten guothertzigen menschen nút getar geschriben. Wo nuo dise valschen menschen kumment zuo einem ane vohenden guothertzigen menschen, und ime zoiegent sinen valschen grunt der do lit in der naturen, so dise rede Lucifer befindet, so machet er sich geswinde uf und machet sich zuo des ane vohenden guothertzigen menschen gedencken. So tuot es not das der guothertzige mensche Cristum zuo helfe nemme und wider strite. Tuot er das nút, so stot es gar soergliche umb in, wenne eins ane vohenden menschen nature ist noch alse múrwe und alse gesellig mit naturen.

Alle guothertzigen menschen, fliehen und hútent úch gar sere wenne es tet nie so not me. Werne es geschiht gar vil in disen ziten das guothertzige ane vohende menschen werdent gefúret mit falscher lere usser Cristi baner und werdent gefúret under Lucifers baner. Ach und ach, das lont úch alle minnenden hertzen erbarmen, das so gros unreht und unflot ist uf gangen in der heiligen cristenheit mit so maniger hande froemeder verborgener wisen und ouch mit offenbaren wisen! Hie tuot not allen geworen minnenden hertzen das sú dis iomer und dise not ane sehent mit grosser erbermede, und dem geerútzegeten Cristo zuo fuos fallent, und in bittent das er sich erbarme úber die arme cristenheit, umb die es in disen ziten gar soerglichen stot. Es ist wenig menschen, wolten sú mit irre bescheidenheit ane sehen wie es stúnde uf ertriche, sú muestent erschrecken.

Nuo behúte got alle guothertzige menschen vor der welte listiger vernúnftiger behendikeit und vor aller heimelicher valscher lere![1]

Wir súllent dirre rede ein ende geben und súllent nuo ane vohen zuo redende von den menschen die sich mit flisse und mit erneste zuo gotte kerent. Wo nuo der mensche were der sich mit einem frigen gantzen erneste zuo gotte kerete mit eime uf enthabenen frien gantzen gemuete und willen urlop zuo gebende allen creaturen, und gotte und sinen fründen wellen gehorsam sin untze in den tot mit einer rehten demuetigen under worffener gelossenheit, wer der mensche ist der sich also gar verwegenliche gotte git und sich also gar kuenliche keret zuo der ewigen worheit, ach was tuot denne got? got der

---

[1] Cette première partie du traité, dirigée contre les frères du libre esprit, a paru dans notre *Histoire du panthéisme populaire au moyen âge et au XVIe siècle*, Paris 1875, p. 211 ss.

gewinnet an stette von siner grossen minnenden erbermede alse
grosse minne zuo dem menschen, das er nút mag gelossen er giesse
sine gnode in den menschen, und berueret den menschen an den nidern
kreften. Dise menschen die also berueret werdent, das soellent ir wissen, die gont nút alle in einer wisen. Do von tuot not allen menschen das sú sich nút stossent abe irre wisen, wenne unser herre het
vil froemeder verborgener wisen in sinen fründen, der wisen nút vil
lútes bekennent. Von dirre grossen richen goben werdent ein teil
menschen jubilierende; sú brechent us mit worten oder aber mit den
geberden. Wellent aber dise menschen zuo einem neheren lebende,
so muessent sú dise wise leren vertrucken und toeten in in, so sú erste
moegent. So sint denne aber ander menschen in einer anderen wisen;
das sint die menschen die in selber entgont, die heisset men sloffende
menschen. Dis sloffen beschiht von den grossen richen gnoden die
got in den menschen gússet. Wolte dirre mensche ouch zuo einem
nohern lebende, so mueste er sich ouch lossen hie durch brechen
noch rote so es zit wúrde. So sint denne aber ander menschen in einer
anderen wisen, das sint die menschen die do hant von naturen eine
behende vernunft mit vil worten. Hant denne diese selben menschen
die gnode der zuo enpfangen, so beschiht es gar gerne das dise menschen stoltz werdent und mit vil worten werdent us brechende. Dise
menschen tuot súnderlingen gar not das sú sich lont nider slahen und
trucken; tuont sú des nút und wellent also bliben, so stot es
gar soerglichen umb dise menschen, wenne sú múgent gar schedeliche menschen werden in der heiligen cristenheit. So sint denne
aber andere menschen in einer anderen wisen; die menschen lot got
sehen in einer bildericher formen das sú nút wenent sú habent engele
gesehen oder ander bilde. Die menschen sint zuo hant also fro,
und wenent zuo handenan nút sú sint grosse menschen vor gotte. Ich
spriche nút das es boese si; es mag wol gar guot sin: aber wie guot
es ist, so ist es doch noch verre zuo dem nehesten. Und ir súllent
wissen, das ime dise riche gobe wurt fúr gehebet, das kum met noch
von des menschen gebresten. Und wil úch sagen was die sache ist.
Die sache ist das in unser herre noch also múrwe hertzig bekennet,
das er ime noch nút wol mag getrúwen den herten dornehten weg
zuo gonde.

Nuo sint aber andere menschen in einer anderen wisen, die sint
alse zarte múrwe hertzige menschen in irre naturen, so den die grosse

gnode wurt das sú berueret werdent an den nidern kreften, zuo den menschen múschet sich gerne der boese geist Lucifer, und slichet heimeliche zuo irre naturen, und tuot wie er mag das er dise menschen gerne wider umb zúge. Hie runet Lucifer in die múrwe nature und sprichet zuo dem menschen gar verboergenliche er habe eine krancke zarte nature, er doerffe nút me liden, er hindert anders die werg die got mit ime solte wúrcken. Dirre rede ist der menche zuo hant fro, und nimmet sich zuohandenan ane, got der habe dis in ime geret; so ist es Lucifer gewesen und sin selbes nature. So der mensche in disen dingen stot, so lot doch der barmhertzige got nút sine frúnt, er kumme in zuo helffe in den noeten. In disen noeten wiset ime got zuo einen gelebeten erlúhteten gottes frúnt der vil underscheides het. Dirre gottes frúnt siht disen menschen an und sprichet zuo ime : Lieber mensche, sage mir wie stot es zwúschent dir und gotte? So sprichet der mensche : Ich meine es wol von gotte fúr guot. So sprichet aber der gottes frúnt zuo dem menschen : Sage mir, lieber mensche, was ist diner uebunge? So sprichet aber der mensche wider umbe : Ich meine es also das ich nút me habe zuo lidende, noch zuo uebende, noch zuo sterbende; ich han es alles us gelitten. Dirre rede erschricket der gottes frúnt gar sere und sprichet doch gar guetliche zuo disemo mensche : Ach lieber mensche, wilt du nút zúrnen das ich zuo dir wil reden? So sprichet der mensche : Nein, ich wil nút zúrnen; rede was dir got git zuo tuonde. Hie sprichet der gottes frúnt zuo dem menschen : Ach lieber mensche, du solt wissen das ich von grunde mines hertzen bin erschrocken abe der rede die du mir geseit hest; und du solt ouch wissen, lieber mensche, wilt du disem wege folgen, so gost du gar irre und wurst betrogen, wenne, lieber mensche, du redest wider got und wider die heilige geschrift. Und du solt wissen, blibest du in dirre wisen, so wurt es gar úbele umbe dich stonde und gar soergliche. Ich wil dir sagen, lieber mensche : wilt du den worten Cristi gelouben, so muost du dich umbe keren. Cristus sprach : wer zuo mir wil, der verleckene sin selbes, und neme sin crútze uf sich und volge mir noch. Hie sprichet der gottes frúnt aber zu dem menschen : Ich wil dir sagen, lieber mensche : do sanct Paulo der zug beschach, do er do wider zuo ime selber wart gelossen, do wart ime zuo hant ein crútze uf geleit, das mueste er tragen untze an sinen tot. Nuo sprichet aber der gottes frúnt zuo diesem menschen : Ach, lieber mensche, nim selber war wie uns

Cristus vor ist gangen und alle sine lieben noch volger; und, lieber mensche, sich ouch an die heilige geschrift, die voul gezúgnisse ist; und gedencke ouch, lieber mensche, an alle die geworen noch folger die noch in dirre zit sint, der leider wenig ist: die helffent sprechen, wenne sú nút ettewas truckes befindent, das sú denne erschreckent, wenne sú schent an das bilde Cristi und alle sine lieben noch volger. Cristus sprach ouch: Ir ist vil die do geladen wurdent, ir aber ist wenig der us erweleten.

Nuo sint denne aber menschen in einer andern wisen, die lot got schen in einer bilderichen formen das sú nút wenent sú habent geschen mit underscheide die heilige trifaltikeit. Under disen menschen vindet men etteliche menschen die werdent gar stoltz, und wenent nút sú sint also verre verfueret das sú alle ding überkummen hant. Ich spriche: Nein, einfaltiger mensche, du bist noch niergent do; du bist noch in den nidern kreften. Gedencke selber, lieber mensche: was man geworten mag, oder mit vernunft begriffen mag, hest du das für das neheste, so bist du gar betrogen. Du solt wissen, lieber mensche, das es noch alles bilde sint. Gedencke selber, einfaltiger mensche: hant wir einen got den men mit worten oder mit der vernunft begriffen mag, so hant wir gar einen kleinen got. Des wil ich nút gelouben; were aber ieman der es gloubete, des gloube were noch gar krang.

Nuo sint aber menschen in einer andern wisen: wenne disen menschen die gnode wurt das sú berueret werdent an den nideren kreften, so wurt ettelicher mensche also stoltz in sinem gemuete von der richeit die er in ime befindet. So ime dis unser herre also lange lot untze an die stunde das in unser herre gerne hette fúrbas, wenne es denne zit ist, so nimet ime unser herre alle sine richeit, und sleht in nider in ein ellende armuote, und machet in also arm also ebe er nie nút hette befunden von gotte. Dis ist eine grosse sunder gobe von gotte, wenne er git dise gobe nieman wenne dem menschen do er ettewas getruwendes inne het. Dirre grossen goben erschricket manig mensche gar sere, der goben er sich billiche frowen solte, und solte gedencken an das wort das unser herre sprach: Selig sint die armen des geistes, wanne das hymelrich ist ir. Gedencke, lieber mensche, wie sanct Paulus wart geslagen untze in sinen tot; gedencke, mensche, an dise grosse edele gobe und luoge, git dir sú got, das du sú dangberliche enpfohest mit grossemo getulte. Tuost du das nút, so bist du nút ein geworer vester ritter zuo strite.

Allen den menschen die gerne werent kummen uf das neheste do uns got zuo geladen het, ob wir unsern willen woltent uf geben und woltent ime gehorsam sin, den tuot not das sú war nemment mit rehteme erneste ebe sú sich iergent vindent in deheiner dirre vorgeschribener wisen die an disem buoche stont untze her uf dise stat, das die erst beruerct sint an den nidern kreften, und soellent ouch wissen das sú noch verre zuo irme nehesten hant. Her umbe sol dise vorgeschribene wise nieman verwerffen noch sich dar abe ergeren. Hettent wir dirre menschen nuwent vil uf ertriche, es stúnde deste bas umb die heilige cristenheit, ehte dise menschen nuwent gotte die ere gebent und sich selber nút fúndent meinende. Aber ir soellent wissen das dise menschen noch gar verre sint von den menschen uf den got let ston die heilige cristenheit, der leider gar lútzel ist uf ertriche.

Weler mensche sich noch vindet stonde in dirre vorgeschribener wise denheiner und gerne fúrbas keme zuo einem nehern lebende, der mensche muos mit sant Marien Magdalenen fúr die fússe Cristi fallen mit einer rehten demuetigen underworffener gelossenheit gotte sich geben und lossen uf sine grundelose barmhertzikeit, das er mit ime tuo in zit und in ewikeit was er wil, und sol sines willen alse gar zuo grunde us gon, und sol sich demuetiklich underwerffen und geben einem gottes frúnde der erlúhtet ist an den obern kreften, rehte als ein ane vohender mensche der von gotte nie nút befant. Und sol sich dirre mensche demuetikliche selber bekennen das er vor nút den nehesten weg ist gangen, und usser sin selbes grunde het gelebet. Hie muos sich dirre mensche gotte also gar zuo grunde geben und lossen, got gebe ime, got neme ime, das er do inne geliche stande. Welre mensche sich vindet in dirre uf gebender demuetiger wisen gotte sich friliche zuo lossende ime zuo eren, und sich der mensche hie nút vindet selber minnende noch meinende, welre mensche sich vindet uf disem wege stonde, der mensche sol billich ein gros getruwen han zuo gotte, und sol sich doch demuetikliche aller goettelicher goben unwirdig duncken. Wenne denne dirre mensche alse lange in disem wege blibet stonde untze an die stunde das es die grundelose barmherzikeit zit duncket das der mensche der grossen gnoden enpfenglich si, wenne es denne got zit duncket, so nimet in got und fueret in zuo dem lebenden burnen der ewickliche het geflossen und noch ewiklichc flüsset in alle minnende enpfencliche hertzen. Weler mensche in dirre zit hie zuo kummet das ime dis burnen ein troepfelin wurt, dem menschen werdent anstette alle zitliche ding zuo nüte; dirre mensche wurt also verre verfueret das er es mit der vernunft nüt begriffen mag, und mag es ouch mit worten nüt us gesprechen, und ist über alles sin bekennen und ist über alle bilde und forme. Dirre mensche der also hieher wurt gefueret, der wurt anstette von gotte erlühtet an den oebern kreften. Dirre mensche het eins me gewores lichtes underscheides denne alle dise vorgeschriben menschen die an disem buoche stont, die usser irre eiginen wisen lebent. Welc menschen her zuo sint kummen die dis geworen lebendigen burnen hant versuoht ein einiges troeppfelin, die menschen sint nüt gar guot zuo bekennende, wenne sú sint gar sleht mit iren worten und mit allen iren wisen; sú hant nüt gerne vil worte mit den lüten, es meine denne redeliche sache. Dise menschen sind gar einfaltikliche gehorsam der heiligen kyrchen. Dirre mensche der dis lebenden burnen versuoht het, dem werdent sine innern ougen also gar wite uf geton das er also verre wurt sehende. So dirre mensche denne umbe sich siht und sinen eben menschen in lidende und in sünden siht, so beschiht ime we dar abe, wanne er het ein mitteliden mit sinem eben menschen. Hie bi mercket men wol das dise valschen frien menschen dis guothertzige volg machent irre, die in sagent sú habent nüt me zuo lidende: wenne, welen menschen reht ist, die erschreckent me inwendig so es in got let wol gon mit glücke und mit gesuntheit der naturen denne so sú die nature vindent in getrange, wenne dirre mensche siht an das bilde Cristi und alle sine geworen noch volger.

Ach, alle rehte geworc minnende hertzen, lont úch erbarmen das Cristus also rehte wenig rehter noch volger het in disen ziten, die er mooge geladen zuo disem erwúrdigen fliessenden burnen. Ir súllent wissen das es in disen ziten not tuot das sich alle cristen menschen gar sere huotent und flichent, wanne die súlen die die cristenheit huobent, die sint vaste us geslagen, und ist der súlen noch gar wenig uffe den die heilige cristenheit blibet stunde. Ir súllent wissen das die gesellschaft gar krang ist worden uf ertriche. Ein geworer erlúhteter mensche, wolte sich der gerne ergetzen mit den creaturen, er kunde nüt vil creaturen vinden in disen ziten den er sin hertze

26

zuo grunde moehte uf getuon. Es tuot gar not und ich rote es in
aller goettelicher truwen das alle ane vohenden guothertzigen menschen flichent alleine zuo dem gekrützigeten Cristo; und huetent úch
vor dem valschen volke das in disen ziten after wege louffet mit also
vil vernünftiger behender rede. Welre mensche wil rede hoeren, der
gange an eine offene bredige, und huete sich vor den pharisen : das
ist ein unkrut das gar sere wahsset in disen soerglichen ziten.

Gedencke durch got dis armen menschen durch den got het
geschriben dise warnende lere! Ir súllent wissen das dirre mensche
betwungen wart von gotte das er dis muoste schriben. Do ime got in
gap dise lere, do satte er sich dar wider und sprach, er solte sú
einem andern geben der sin wirdig were. Do wart zuo disem menschen gesprochen : Sage ane, bist du nút ein boeser mist huffe, oder
wes nimest du dich an? wilt du dich an nemmen das got getuot? Got
gebútet dir das du nuwent sin armes gezowe sigest durch das er
wúrcken wil. Dirre rede erschrag der mensche gar sere und sprach :
Ach, lieber herre, ich bin nút wirdig das ich din armes mist húffelin
bin; aber was du nuo wilt, das wil ouch ich dir gehorsam sin untze
in minen tot. Aber, lieber herre, ich bitte dich das du ane sehest
dine grundelose erbermede und mich beschirmest das niemer creature befinde das du dise warnende lere geschriben hest durch mich.

III.

DOCUMENTS RELATIFS A JEAN TAULER.

1.

Le Discours d'avertissement.

Dis ist eine warnende lere von den verschuldeten künftigen pflogen gottes; schreip der gnodenriche erlúhtete lerer bruoder Johans Tauweler, von sante Dominicus orden, eime sime lieben fründe in den ziten do die grossen erschroeckenlichen ertbidemen alle koment, des iores do man zalte von gottes gebúrte dritzehen hundert ior fúnftzig und sehs iare.

alle menschen, nement mit erneste und mit zitternden vorhten war, und merkent den grossen zorn und die langen verschuldeten pflogen der gerehtikeit gottes die in diseme iare swerliche uffe die welt gefallen sint denne sú in vil hundert iaren ie gevielent, und zuo voerhtende ist das noch unverwenlicher vil swerlicher und schierer denne men wenet vallen súllent; und sú werdent also gros und also swerliche vallende das die lúte werdent wünschende und begerende und werdent sprechende: Owe, werent wir in den ersten pflogen tot, so hettent wir vil lihte die sele behalten; nuo sint wir selen und libes in grossen sorgen! Die zeichen die do súllent zeigen die unverwenlichen zuo kummenden grossen pflogen, die sint ein teil dise engen kurtzen zersnitten kleider, die sich in manigerhande wunderlicher wise ernuwent nuo alsus, nuo also, mit seltzener verlassener geberde; und dis kummet von einem inrunen der boesen geiste in der lúte hertzen, also sancte Hiltegart vor sehtzig und hundert iaren gewissaget und geschriben het, und die welt gewarnet het. Dise und die andern zeichen die sint zehen iar mercklich gewesen. Me : weler hant dise pflogen sin súllent, das het sant Hiltegart mit grosseme underscheide geschriben. Noch denne so getar men es der gemeinde der welte nút geoffenboren, wanne sú sin nút enpfenglich ist, und die pflogen mere der abe gefürderet würdent schiere zuo kummende denne zuo hindernde. Mere : dar umb das guote lúte wissen súllent wie sú sich in den pflogen halten súllent, so wellent wir bewisen mit parabolen, das sint bi zeichen, was die pflogen sin súllent, wanne sú súllent rueren unsern heiligen glouben, die sacramente und alle cristenliche ordenunge, das die menschen in solichen zwifel und irrunge kummen súllent das sú nút enwissent wemme sú in der worheit getruwen oder glouben súllent. Und das sol got dar umb verhengen, wanne wir dem heiligen cristin glouben alse gar unahtsameklich unernestlich untúgentlich alzuo mole wider wertiklich lange zit gelebet hant und den lichamen unsers herren mit den andern sacramenten und aller cristenlicher heilikeit alse gar unwirdiklich unlúterlich unfruhtberliche gehandelt und enpfangen hant. Unde dar umb wurt es gar soergliche stonde umb alle unlutere und unberuerte menschen von gotte. Mere : alle die menschen die denne das thau an der stirnen tragent, das sint alle die, die mit dem lebenden cristenen glouben in einem waren ane vahendem oder zuo nemendem lebende sint : den moegent die pflagen keinen schaden getuon, alse uns sancte Johannes schribet in apocalipsi, in dem núnden cappittel, do dise pflogen alle zuo male mit verdeketen worten inne stont, die uns got durch sant Hiltegart wol merkliche endecket hat.

Nuo merkent den getruwen rat alle die in den soerglichen ziten denne leben súllent und uns durch sant Hiltegarte getruwelichen geoffenbart ist. Und die meinunge des rates ist das wir mit unserre alten verkalteten muoter der heiligen kirchen gelassenlich und getultiklich demuetikliche liden súllent, mit gewilliger gehorsamer underworfenheit aller der ordenunge und aller der lere die wir oeffenliche lange zit uf dem stuole durch die lerer gelert sint, und das wir ouch keine andere lere gloubent, ouch obe uns die engele von himelriche anders leren woltent, alse wir ouch von unserme herren Jhesu Cristo in dem ewangelio gewarnet sint, do er sprichet : Uf Moyses stuole sossent die schriber und die pharisey; was sú sagent, das súllent ir tuon nach iren worten und nút nach iren werken. Und sant Paulus sprichet : Ist das úch die engele von dem himele anders das ewangelium und die worheit sagen wellent denne úch von mir geseit ist und gebredict wurt, das sol úch sin eine ungeneme verbannene lere.

Die grundelose erbarmhertzikeit gottes die muesse uns sin eine lebendige ufenthaltunge in dem waren cristenem gelouben. Amen.

2.

Tauler en purgatoire.

(Bibl. de Colmar, ms. allem. n° 269, XV° s., in-16°, papier; f° 31ᵇ — 36ᵇ.

Alle menschen súllent wissen das die bewerten lerer sagent an vil enden in der heiligen geschrift und bewisent es mit den heiligen altvettern manigvalteclich, das nieman mag in den ewigen ursprung kummen, er sige denne also luter und klor wider worden von allen schulden als er usser dem ursprunge geflozzen ist. Und wie wol die erbermede gottes grundelos ist, so lot doch sin heilige gerechtikeit keinen gebresten ungerochen die uns dicke gar klein dunckent und ir unahtber sint hie in zit abe zuo legende.

Dez habent wir ein sunderlich exemplar an dem begnodeten heilgen gottes fründe bruoder Johans Tauweler, der manige guote lere in Eilsas uz lebende und usser erlúhteter bekantnisse dez heilgen geistes sine tage geton het : und er muoste doch noch sine tode sehs ior des goetlichen anblickes e enbern und vegefúr liden und mittel haben, ebe er zuo ewiger froeude mochte kummen, und waz daz von sehs gebresten wegen mit den er us diser zit schiet unabgeleit, alse eime grossen gottes fründe geoffenbart wart.

Das erste gebreste was daz er ettliche zuo vaste erhuop die nút zuo erhabende worent, do mitte er in ursache zuo geistlicher hoffart gap; und ouch etliche drucktete die nút zuo truckende worent, do mitte er in ursache gap zuo ungeordenter swermuetikeit.

Der ander gebreste, das er mit ime selber und mit den sinen zuo vil gebruchens hette úber bescheiden notdurft von dem almuosen, und ouch daz er nit also flissig waz daz almuosen das ime bevolhen wart zuo teilende noch der notdurft alse er billich solte.

Der dirte gebreste, daz er den lúten zuo vil zites gap die er wol baz bewendet hette.

Der vierde gebreste waz das er nit wol gelossen kunde, er zoeigete es mit worten oder mit wercken so ime iemen wider dries oder leide tet.

Der fünfte gebreste waz daz er sinen orden und sinen oebern nút also gelessenlich gehorsam waz : so ime út gebotten wart daz ime wider waz, so suochte er ieman der vúr in bat daz er sin überhebet wart.

Der sehste gebreste, daz er an sime lesten sinre naturen zuo vil behelfes suochte bi sinre swester, in der garte er starp usserhalp sins conventes, in dem iore do man zalte von gotz gebuerte drútzehen- hundert iar und eins und sehtzig iar[1].

Hie bi sigent gewarnet alle eigenwillige ungeuebete wilde gemuete in geistlichem oder in weltlichem schine, daz sú sich nút lont den túfel und ir eigen nature betriegen mit úppigem wone und mit valscher zuoversiht, daz sú wenent allen lústen leben und vil swerer súnden tegeliche volbringen und wenig eren gotte erbieten und selten bihten und argwenieliche ruwen, und doch meinent zuo gotte kummen und ewige froeude besitzen lihtecliche. So diser bruoder Johans Tauweler und vil andere erlúhteter gottes fründe singelich, bede frouwen und man, von kint uf alle ir tage sich hant geflissen noch dem aller liebsten willen gottes zuo lebende in unschulde und in luterkeit, und ir marg und alle ir kraft dar umb verswendet und verzert hant mit manigem pinlichen abegange und undergange der naturen, und vil grosses truckes und getrenges innerlich und usserlich durch got erlitten hant, und doch nút mochtent behalten werden one gros vegefúr. Wer dis tegelich bedehte mit steter vúrsihtikeit, dem wurdent one zwifel alle súntliche neigunge verwandelt in

---

[1] Cf. Schmidt, *Johann Tauler v. Strasb.*, Hamb. 1841, p. 62. — Les archives de l'Hôpital civil de Strasbourg possèdent (tiroir IV, liasse 16, n° 66; ms. allem. in 8°, écrit en 1436) les *Règlements d'une confrérie charitable* organisée dans cette ville au quinzième siècle. L'introduction de ces *Règlements* débute ainsi : Der tauweler der bredigers orden was ein grosser lerer und ein lant brediger; der mueste sehsz ior in dem fegefúr sin noch sim tode fúr sehs súnden wegen. Das erste ior fúr die súnde das er dz almuosen nit an die ende gab do man es in hies hin geben noch der lúte meinunge die es im goben. Das ander ior, das múst er dor umb in dem fegefúr ligen das er sin zit nit also fruhtberlich ane leit also er wol mochte geton han.

tůgende und in goetteliche minne, daz er in kurtzen ziten ein begnodeter mensche wurde und zuo grosser volkummenheit und zuo klorer erlůhteter bekantnisse dez heilgen geistes kummen mochte, dar inne er underscheidenlich mercken wurde waz er in allen sachen tuon und lossen solte, do mit er zuo ewiger senkeit keme in die zale der uszerwelten frůnde gottes. Das gůnne uns allen die almehtige ewige heilige drivaltikeit. Amen.

IV.

AUTOBIOGRAPHIE DE NICOLAS DE LAUFEN.

(Archives départ. du Bas-Rhin, II. 2185, f° 83 a.)

Anno domini m.ccc.xxxjx, an mittewoche in den phingesten[1] wart geborn ich bruoder Clauwes von Loefene.

Do ich, der selbe bruoder Clauwes von loefene zwentzig ior alt waz worden, do kam ich under die tuochloube vor dem münster zuo heinrich blanghart von Loefene, an sante Johannes Baptisten tag zuo sunigihten, anno domini m.ccc.ljx[2], und waz des schriber, und diende ime siben jor.

Anno domini m.ccc.lxvj, an sante lux obe des heiligen ewangelisten[3], kam ich zuo dem gruenenwerde mit Ruolemanne merswin dem stifter, und wart epysteler gewihet in der frone fasten vor winahten des selben iores, sabbato quo cantatur: Veni et ostende[4].

Do vor des nehesten sunnentages Gaudete in domino[5] wart ich accolite alleine gewihet.

Do noch, zuo phingesten, wart ich ewangelier gewihet, sabbato quo cantatur: Caritas Dei[6].

Anno domini m.ccc.lxvij, do noch, in dem herbeste des selben iores, sabbato quo cantatur Venite adoremus[7], wart ich zuo priestere gewihet, und sprach ouch min erste messe zuo den Cartúsern des anderen tages, scilicet xiij kal. octobris, und waz daz der fünfzehenste sunnentag, quo cantatur: Inclina domine aurem tuam[8].

---

[1] 19 mai 1339.
[2] 24 juin 1359.
[3] 17 octobre 1366.
[4] 19 décembre 1366.
[5] 13 décembre 1366.
[6] 12 juin 1367.
[7] 18 septembre 1367.
[8] 19 septembre 1367.

Anno domini m.ccc.lxxj, an sante Johans baptisten tage zuo sunigihten[1], kam ich in den orden und wart ein Johanser, und vor moles waz ich ein weltlich priester gesin vier ior uffe der hofestat zuo dem gruenenwerde, bi Ruolemanne merswine, dem stifter des selben huses.

Also habe ich, der vorgenante bruoder Clauwes von Loefene us begirlicher minnen die loeffe mines harkommenen states kúrtzliche geschriben hie in dis gegenwertige buoch und in etteliche andere buechere zuo eime memoriale, do bin min gegen gotte getrúweliche gedocht werde von allen bruederen und personen die nuo und har noch iemer sollent wonen uf diser gnodenrichen hofestat zuo dem gruenenwerde, umbe daz ich in ewekliche deste gegenwertiger sige in iren memorien mit minnenricheme erneste für mich zuo bittende in allen iren andehtigen zuo keren: daz begere ich mit sunderre grosser begirden, und ouch daz men min iorgezit eigentliche schribe und alle ior getruweliche begange uf den tag alse es gevellet und ich us diser zit scheide; do zuo alle bruedere und personen billiche goetteliche minne und bruederliche trúwe bewegen sol diser stiftunge und ouch den stiftern zuo liebe, mit den ich alsus zuo dem aller ersten har kommen bin in grosser minnen und trúwe die ich zuo der stiftunge gehebet habe noch allen minem vermúgende.

[Anno 1402, die 3. Aprilis obiit iste f. Nicolaus de Lovanio, primus conventualis hujus domus ad Viridem Insulam, ibidem sepultus sub lapide AA fratrum. Ita liber vitae sub dicta die 3ª Aprilis.]

---

[1] 24 juin 1371.

V.

DOCUMENTS RELATIFS A LA FONDATION DE L'ERMITAGE DE GANTERSCHWYL.

(N°s 1 et 3, archives épiscop. de Saint-Gall, arm. K, tir. III, fasc. t, chartes 1 et 3;
n° 2, *Docum. imprim. de Saint-Gall*, Saint-Gall, XVIIe siècle, vol. 50, f° 187 ss)

1.

Wir swoester Cristin von Husen, Aebtischin, und der convent gemainlich des closter ze Magenöw, des ordens von Zitels, gelegen in Costenzer bistumb, tuon kunt und vergahent offenlich mit urkunt diss briefes allen den in anschent, lesen alder hoerent lesen, dasz wir mit bedachtem muot und guoter betrachtung und willen und umb redlich notdurft unsers gotzhuses, und mit urlob, gunst und willen unsers genaedigen herren abte Albrechtes, abte des closters ze Wettigen, der och unser ober ist in gaistlichen und in zitlichen sachen, verkoufet hant und verkoefent recht und redlich in koffes wis das guot das man da nemnet dez Schützen guot, und gelegen ist ze Ganderswile, das ietzent buwet der Hoew, das wir für fri, aigen untz her behebt haint und un anspraeche, und giltet vier mut kernon Wiler messes, mit aller rechtung und ehabti als es an uns komen ist und wir es gehebt hant, den erbern lüten und waldbrüedern bruoder Hansen von Jonswile, bruoder Hainrich von sant Gallen priester, bruoder Weltin und bruoder Hainrich, die wonhaft und gesessen sint in dem tobel das man nemnet im sedel, gelegen ze Ganderswile, umb drü und trisig pfund pfenning guoter und genaemer Costentzer münsse, der wir gantzlich und gar von in gewert sint und in unser redlichen schinberen nutz bekert han. Wir dú vorgenant aebtischin und convent lobent ouch mit urkúnd dises briefes des obgenanten guotes recht wer ze sin für fri, legit, aigen an allen steiten wa man sin notúrftig, als recht ist, und entzihent uns aller rechtung und gewer so wir untz her an das vorgeschriben guot gehabt hant alder han mochtant. Man sol wissen, das der zins alder nutz des obgenanten guotes gehoeren sol und gehoeret an das licht das da brinnet vor dem wirdigen vronlichomen unsers herren Jesu Cristi in der capelle der obgenanten hoefestat die man da nemnet in dem sedel ze Ganderswile, alle diewil so erwirdig gaistlich priester oder brueder oder swoestirin da wonhaft sint, umb das das licht da staeteclich brinne. Wer aber, da vor got si, das dú obgenant hofstat in dem tobel im sedel ze Ganderswile gewůest alder zerstoert wrd von todes alder von füres alder von urluges wegen alder was sach es waer, das nieman da wonhaft wer der got dienti und der capelle pflege, so sol das obgenant guetli mit allem nutz wider gen Magenöw hoeren, als lang untz aber erwirdig lút, gaistlich brueder oder swoestrin wider uf die obgenanten hofstat koment got da ze dienen und staeteclich da ze beliben; und wenne das beschicht, so sol der obgenant nutz zins widerumb gehoeren an alles sumen und widerred. Und ze ainer merer sicherhait dis vorgescriben kouffes und beding, so geben wir swoester Cristin, aebtischin des closters ze Magenöw und des couwents cappitels unserú insigel an disen brief und mit unsers genaedigen herren ingesigel abt Albrechtes von Wettigen.

Der geben wart an dem nachsten samstag nach sant Uolrichs tag, do man zalt von Cristes geburt drúzchenhundert jar, darnach in dem sehzgosten un núnden jar [1].

2.

Wir graf Friderich von Tokkenburch veriehen offenlich mit disem gegenwürtigen brief und tüegen kunt allen den die in sehent oder hoerent lesen, dasz wir ufgegeben und gefrit haben die hofstatt und den wald den man wilunt nampt in dem Sedel und den man nuo gúht in dem Tobel und in Ganderswiler parochie gelegen ist, und haben dis getan durch Gott und unser und aller unser vordern selan hails willen, sunderlich darumb dasz Gottes lob und sin eer dester bas da gemeret und gebreitet werde; und haben och das getan mit aller der von Aiwilr und von Tobel gunst, willen und ufgeben; und haben den wald und dü hofstatt also ufgegeben und gefriet, als oben

---

[1] 7 juillet 1369.

geschriben ist, den erbern geistlichen lüten bruoder Hansen und allen sinen husbrüedern, bruoder Hainrichen ain priester, bruoder Welti und bruoder Hainrichen, die jetz da mit ainandern in dem selben Tobel in Gottes lob wonent sint, und darnach allen iran nachkomen, armen geistlichen lüten, priestern, bruedern oder swesteran, ob bruoder dahin nût komen wolten oder moechten.

Wir der vorgenannt graf Friderich verichent och ferner umb alles das zitlich guot, almuosengelt, husgeschier, dasz das sol ziechen und gehoeren der capelle und den Heiligen in der eer dieselb cappelle gewihet ist und sunderlich an das lieht das da brinnet vor dem heiligen Fronlichnamen unsers herren Jesu Cristi, also wär dasz bruoder Hans abgiengi von todes wegen oder kainer siner husbrueder oder si alle, davor Gott lang si, so sönt ir nachkomen, priester, bruoder oder swesteran, die uff derselben hofstatt wonhaft sint oder wonhaft werden, und da in Gottes namen ouch willen hant dieselben cappeln und ir lieht und ir guot besorgen, und soent das nieszen und han und anlegen mit allen den goettlichen rechten und gewonheiten so es der vorgenant bruoder Hans und sin husbrueder die vorgeseiten vormals gehebt und besorget hant diewile die lebetan.

Waer aber dasz dü cappelle oder dü hofstatt von kainer sache wegen oede würdi stan oder wüest wurd ligen, davor Gott sie, und dasz niemant da wonhaft waer, so sol man der cappeln guot und die hofstat in ains erbern mannes hant ze behalten geben der darzuo nutz und guot ist; und der sol das besorgen getrüwigklich jar und tag und etwas fürbas, bis dasz dü hofstatt wider besetzet und wonhaft wirt und besorget mit frommen geistlichen lüten, als vor geschriben stat. Waer aber dasz es sich lenger verzug, mer denne jars und tages frist, so sol das vorbenempt guot das der cappeln und hofstatt fürbasser gehoereti, an das lieht der kilchen Unser Frowen ze Ganderswile, als lang bis dü cappel und hofstatt wieder ufbracht und in ir eer gesetzet und wonhaft wirt und besorget mit fromen geistlichen lüten; und sol dieselben geistlich lüt noch die cappeln an dem guot niemant nüt fürer irren noch sumen in kainer wise, an alle geferde.

Und harüber ze ainem waren und offen urkunde, so geben wir, der genannt graf Friderich von Tokkenburch, dem vorgeschriben bruoder Hansen und den vorgenempten sinen husbrüedern und allen iran nachkomen, bruedern oder swesteran, disen brief versigelt und getrüwig vervestnaet mit unserm groszen insigel das daran gehenkt ist, für uns und für unser nachkomen die wir festiglich zuo uns harunder in der sache binden.

Diser brief ist gegeben, und dises ufgeben und friung geschach ze Liechtenstaig in unser statt, da man zalt von Gottes geburt drützehenhundert und sehzig jar, darnach in dem nünden jar, des nehsten sunnentags nach sant Michahels und aller Engel tag, indictione VII[1].

3.

Heinricus, Dei gratia episcopus Constantiensis, universis præsentium inspectoribus salutem in eo qui est omnium vera salus, cum notitia subscriptorum.

Licet cunctos in stadio huius militantis Ecclesiæ currentibus (*l.* currentes) et præsertim nobis subjectos in suis piis propositis confovere teneamur, illos tamen, quos divinis laudibus pre ceteris vigilare conspicimus, ampliori favore nos prosequi debere dignum arbitramur et congruum. Sane cum devotus frater Johannes, dictus de Rütberg, in heremitorio silve olim nuncupato in dem Sædel, nunc vero nominate in dem Tobel, nostre dyocesis, de consensu eorum quibus fundus pertinuit unam capellam cum suis fratribus ad laudem et honorem Dei et gloriosissime virginis matris mariæ totiusque celestis exercitus, de consensu etiam loci ordinarii ac rectoris parrochialis ecclesie in Ganderswile, dicte nostre dyocesis, in cuius ecclesie parrochia hujusmodi heremitorium existit, construxerit et erexerit ac consecrari procurarit, et in eodem heremitorio a secularibus fluctibus segregatus ad modum sanctorum patrum cum suis fratribus sub stricta vita heremitica Deo a longis temporibus retroactis adeo vacaverit quod etiam vita ipsius non paucos ad salubrem hactenus traxerat devotionem; et propterea felicis recordationis quondam Fridericus comes de Tokkenburg, cui fundus dicti heremitorii necnon silve predicto jure dominii pertinuit, eandem silvam, unam curtim et aream dicti heremitorii ac cappele predicte pure propter Deum ob remedium sue et progenitorium suorum animarum dicto fratri Johanni eiusque fratribus eorumque successoribus universis donaverit, et ab omni servitute et subiectione temporali dictum heremitorium cum eius silva

---

[1] 30 septembre 1369.

exemerit ac liberum et absolutum reddiderit et Deo dedicaverit, prout
in litteris ejusdem quondam Friderici comitis super hujusmodi dona-
tione confectis vidimus plenius contineri, nobisque prefatus frater
Johannes cum suis fratribus humiliter supplicavit ut huiusmodi dona-
tionem ac omnia que per ipsum quondam Fridericum comitem circa
ipsum heremitorium facta sunt, auctoritate nostra ordinaria autori-
zare, approbare et confirmare dignaremur : nos igitur huiusmodi
instantibus supplicationibus ob honorem Dei, cuius cultum in nos-
tris temporibus cupimus adaugeri, favorabiliter annuentes, donatio-
nem prefati quondam Friderici comitis de Tokkenburg dicto heremitorio eiusque capelle factam omnesque libertates eidem heremitorio
traditas auctoritate nostra ordinaria auctorizavimus, approbavimus
et confirmavimus et in nomine Domini auctorizamus, approbamus et
confirmamus præsentium per tenorem ; et ut prescripta capella cum
dicto suo heremitorio omnesque res ecclesiastice et mundane eidem
capelle et heremitorio donate et collate et in antea donando et con-
ferendo plena gaudeant libertate, predictam capellam eiusque heremitorium omnesque res ecclesiasticas nunc eisdem donatas et col-
latas et in futurum donandas et conferendas sub omnipotentis Dei et
gloriosissime virginis Matris Mariæ et sanctorum Johannis Baptiste
et Joannis Evangeliste, in quorum honorem ipsa capella est consecrata, atque nostram et successorum nostrorum recepimus protectio-
nem et recipimus per præsentes, ac universis et singulis tam eccle-
siasticis quam secularibus personis præsentibus et futuris, sub pena
excommunicationis quam in transgressores huiusmodi nostri mandati
canonica monitione sex dierum premissa ferimus hiis in scriptis, ne
quis dictam capellam et eius heremitorium ac res et bona quecumque
ecclesiastica vel mundana nunc ipsis collata et in posterum conferenda
invadant seu diripiant aut sibi usurpent, vel ipsos fratres dicti heremitorii quomodolibet molestari presumant, sub pena excommunicationis predicta.

Insuper etiam, quia pro parte ipsorum fratrum dicti heremitorii
propositum extitit quod ipsorum devotio interdum minuitur ex eo
quod sacerdos qui cum ipsis in dicto heremitorio moratur sicut ceteri
fratres ipsius heremitorii ad querendum elemosinas pro ipsorum vite
sustentatione egredi necessitate urgente compellitur, in cuius absentia
tam missa quam aliis divinis careant solaciis, nobisque supplicatum
ut ipsis super premissis misericorditer providere dignaremur, idcirco,

ne fervens ipsorum fratrum devotio ex premissis contingat tepescere, ad laudem et honorem omnipotentis Dei et glorosissime virginis Marie et totius celestis exercitus auctoritate nostra ordinaria ipsis fratribus dicti heremitorii, presentibus et futuris, de gratia speciali concessimus et indulsimus ut quilibet sacerdos gratiam apostolicæ Sedis suique officii executionem habens, qui cum fratribus in dicto heremitorio moram traxerit aut ad ipsos fratre ad dictum heremitorium causa devotionis confluxerit, eisdem fratribus missam et missas legere et celebrare, confessionesque ipsorum fratrum audire, penitentiam salutarem iniungere, ipsiusque Corpus Xpi porrigere valeat, concedimus et indulgemus præsentium per tenorem. In quorum testimonium sigillum nostrum episcopale duximus præsentibus appendendum.

Datum et actum Constantie anno domini millesimo trecentesimo septuagesimo quinto, quinto Kal. Junii, indictione XIII[1].

---

[1] 28 mai 1375.

ÉPILOGUE.

Une hypothèse nouvelle sur l'histoire de la conversion du « maître de la sainte Écriture ».

(Heinrich Seuse Denifle, *Taulers Bekehrung kritisch untersucht*, Strassb. 1879, *Quellen und Forschungen zur Sprach- und Culturgeschichte der germ. Völker* vol. XXXVI.)

~~~~~~~~~~

Les pages qui précèdent étaient sous presse, quand a paru l'opuscule sus-mentionné de M. Denifle sur la question de la conversion de Tauler par l'Ami de Dieu de l'Oberland.

En 1875, alors que M. D. admettait encore avec tous les critiques modernes l'identité de Tauler et du „maître de la sainte Écriture", il s'était refusé à reconnaître que le laïque de l'Oberland s'est attribué vis-à-vis du savant dominicain l'autorité d'un „ami de Dieu inspiré par le Seigneur". Contraint par l'évidence, M. D. avoue aujourd'hui que le laïque de l'Oberland a bien réellement rempli dans cette histoire le rôle d'un mandataire du Saint-Esprit (p. 131: In dieser Geschichte erscheint der Gottesfreund als ein von Gott erwähltes und gebrauchtes Werkzeug), et que son attitude vis-à-vis de l'illustre prédicateur a été celle d'un précepteur vis-à-vis d'un enfant. Tauler se serait-il donc soumis à la direction spirituelle d'un laïque? Nullement. M. D. échappe encore à cette conséquence en en revenant, quant à la valeur historique du traité XIII, à l'opinion des dominicains Quétif et Échard, d'après laquelle ce traité ne serait qu'une narration fictive, composée par l'Ami de Dieu de l'Oberland dans un but d'intérêt personnel. Quétif et Échard avaient encore admis que cette narration pouvait avoir un fondement historique; d'après M. D., le „maître de la sainte Écriture" ne serait qu'un personnage purement imaginaire, créé par l'Ami de Dieu de l'Oberland à sa propre ressemblance pour les besoins de sa cause. La publication de M. D. est une attaque en règle, dirigée non seulement contre l'identité du „maître de la sainte Écriture" et de Tauler, mais encore contre l'historicité du traité XIII en général. L'auteur nous permettra de plaider ici les circonstances atténuantes en faveur de la manière de voir qu'il combat, et de lui présenter les objections que son argumentation nous a inspirées.

M. D. a été frappé comme nous de la ressemblance qui existe entre le sermon du „maître de la sainte Écriture" du samedi 17 mars et le *Livre des neuf roches* de Rulman Merswin. Des deux parts se trouve une description analogue des vices de la chrétienté. Le „maître de la sainte Écriture" passe en revue les péchés des évêques, des prêtres, des juges, des chevaliers, des négociants et des artisans; Rulman Merswin est plus explicite encore : il censure l'une après l'autre toutes les classes de la société chrétienne depuis les papes jusqu'aux paysans. Cette énumération cependant n'est chez lui qu'une longue parenthèse, intercalée dans le récit de la seconde vision, et qui dérange l'harmonie de son œuvre. Il nous a semblé naturel d'admettre que c'est sous l'influence du sermon du „maître de la sainte Écriture", c'est-à-dire de Tauler, son confesseur, que Rulman Merswin a composé ce chapitre de son livre, puisque Henri de Nördlingen (d'accord en ceci avec Specklin) parle de persécutions que Tauler a subies pour avoir prêché „la vérité entière" pendant l'interdit (telle est bien l'attitude du vrai prédicateur et confesseur d'après le *Livre des neuf roches*), et que le sermon en question a dû être prononcé pendant le carême de l'an 1352, c'est-à-dire exactement à l'époque où Rulman Merswin écrivait son livre. M. D. renverse ce rapport, et fait dépendre le sermon du traité XIII du *Livre des neuf roches*. Il le fait dépendre également de l'*Épître à la chrétienté*, bien que la forme littéraire donnée par l'Ami de Dieu à sa description de l'état moral de la société chrétienne ne soit pas en tout point comparable à celle qu'ont adoptée Rulman Merswin et le „maître de la sainte Écriture". L'Ami de Dieu, en effet, tout en relevant d'une manière spéciale les vices des confesseurs et des juges, s'applique avant tout à attirer l'attention de ses contemporains sur un certain nombre de péchés que chacun d'eux peut avoir commis, et il les invite indistinctement, à quelque rang qu'ils appartiennent, à faire sous ce rapport un sérieux examen de conscience[1]. Rulman Merswin et le

---

[1] Traité II, p. 190 : Zuo dem ersten... die sünde (darumb got die cristenheit mit sinen plagen anegrifen wil) heisset hoffart... p. 191 : Die ander sünde... das ist

„maître de la sainte Écriture", par contre, divisent la société chrétienne en classes distinctes et reprochent à chacune d'elles des défauts particuliers. Tous deux ils reproduisent le verset Matth. XV, 14, avec l'addition significative que nous avons relevée (p. 179); ce texte ne figure même pas dans le passage correspondant de l'*Épitre à la chrétienté*. Restent donc, comme seuls documents littéraires vraiment comparables, le sermon du traité XIII et le *Livre des neuf roches*. L'hypothèse de M. D. exige, comme condition première de vitalité, que ces deux écrits puissent être ramenés à une origine commune, puisque aux yeux de notre auteur le traité XIII n'est qu'une „narration fictive", un simple „écrit de tendance" (eine tendenziöse Erfindung). Le traité XIII provenant indiscutablement de la plume de l'Ami de Dieu, M. D., plutôt que d'admettre la réalité historique du „maître de la sainte Écriture", n'hésite pas à sacrifier l'originalité littéraire de Rulman Merswin et donne à entendre que le *Livre des neuf roches* pourrait bien n'être que l'œuvre plus ou moins

---

grit ...Die dirte sünde... das ist unküschikeit... p. 192 : Die vierde sünde... das ist betrogene bihte... Die fünfte sünde... das sint alle gerihte;... mit disen gerihten beschiht also gar grosse ungerihte... p. 193 : die sehste sünde... das sint alle bihter..., die die heilige cristenheit hant gelossen abenemmen; und die schulde an ein teil sachen ist ir... Nuo der, alle lieben cristen menschen, ich rote üch... das ir üch wol besehent in disen sehs süntlichen stücken... und rate üch das nieman dem andern die schulde gebe... — M. D. ne nous parait pas avoir apprécié exactement le contenu de l'*Épitre à la chrétienté* («Der Titel [Sendschreiben an die Christenheit] wurde von Schmidt fälschlich gewählt. Die Schrift ist aber nichts als eine angebliche Offenbarung über die Schäden der Christenheit », p. 132), et avoir confondu l'introduction historique du traité II avec ce traité lui-même. L'introduction contient effectivement le récit d'une révélation surnaturelle: elle se termine, dès la quatrième page par l'ordre que l'Ami de Dieu reçoit d'écrire un « petit livre » sur les péchés de la chrétienté, qui viennent de lui être révélés. (Do wart mir in einer übernatürlichen wise zuo verstonde geben, ... ich solte an ein kleines buechelin... die grossen süntlichen gebresten schriben, die ich von got befunden habe, p. 190). Le « petit livre » commence p. 190 par ces mots : In dem nammen unsers lieben herren ihesus cristus! Nement war, alle lieben cristen menschen, was der süntlichen bresten sint darumb got die cristenheit mit sinen plogen anegrifen wil. Le ton de l'exhortation directe (Ach, alle lieben cristen menschen, wissent... nement wor...), qui parait déjà dans la dernière partie de l'introduction, y domine jusqu'à la fin. Adressé dans la pensée de l'auteur à « tous les chrétiens » sans exception, le traité II continuera donc à s'appeler l'*Épitre à la chrétienté*. — Rappelons ici qu'il a été envoyé spécialement par l'Ami de Dieu de l'Oberland à Rulman Merswin et à Tauler.

directe du laïque de l'Oberland en personne [1]. — Nous sommes le dernier à nier que Rulman Merswin ait eu des relations avec l'Ami de Dieu antérieurement à l'année 1352, et nous admettons parfaitement que tel passage isolé du *Livre des neuf roches* a été inspiré à son auteur par le souvenir des conversations qu'il

---

[1] « Wüssten wir genau wie weit die Abhängigkeit Merswins vom Gottesfreunde bei Abfassung seiner Schriften geht, ob wir vielleicht hier zwar zwei Personen aber nur einen Autor haben, dann liesse sich etwas bestimmtes sagen. Darüber hat noch Niemand eine Untersuchung angestellt » (p. 124). — Quand M. D. ajoute : « Das lässt sich jedoch schwerlich läugnen, dass die Autorschaft des Berichtes von der Bekehrung des Meisters wenigstens mittelbar auf den Gottesfreund zurückgehe, dass er der geistige Urheber desselben war », il nous est difficile de suivre sa pensée, puisqu'il est absolument hors de doute que l'Ami de Dieu est l'auteur *direct* du traité XIII, et que c'est bien lui qui l'a rédigé primitivement, en partie *dans son propre dialecte* (ainsi que M. D. ne fait pas faute de le reconnaître explicitement p. 128. — Voir plus loin p. 423 *note* 1), et qui l'a envoyé de l'Oberland, en 1369, « aux pères et aux frères demeurant à l'Ile-Verte » (c'est-à-dire, entre autres, à *Rulman Merswin lui-même*). Nous ne comprenons plus du tout M. D. quand il admet, à quelques lignes de là, que « c'est dans le laïque de l'Oberland, *ou bien en Rulman Merswin, ou dans quelque autre ami de Dieu de leur entourage*, servant d'organe au « laïque inspiré » de l'Oberland, qu'il faut voir le « maître de la sainte Écriture » (c'est-à-dire, si nous l'entendons bien, l'auteur du traité XIII. — P. 124: Wenn ich daher das Urtheil ausspreche, wir hätten den Meister im Gottesfreunde selber oder in Merswin zu suchen, oder wenigstens in einem Gottesfreunde ihrer Umgebung, der nur das Organ des « erleuchteten Laien » war, so fürchte ich auf keinen Widerspruch zu stossen »). A quelle hypothèse M. D. s'arrête-t-il donc en définitive pour expliquer la ressemblance du traité XIII avec le *Livre des neuf roches*? Est-ce l'Ami de Dieu, l'auteur du traité XIII, qui a inspiré à Rulman Merswin son *Livre des neuf roches*? Est-ce Rulman Merswin, l'auteur du *Livre des neuf roches*, qui a composé le traité XIII en y transcrivant un chapitre de son propre ouvrage? Est-ce l'Ami de Dieu qui a inspiré à Rulman Merswin tout à la fois le *Livre des neuf roches* et le traité XIII? Ou bien est-ce un ami de Dieu inconnu, simple « organe » du laïque de l'Oberland, qui aurait composé ce dernier traité, comme Rulman Merswin aurait écrit son *Livre des neuf roches*, sous l'inspiration de l'Ami de Dieu? Au milieu de tant d'incertitudes et d'obscurités, il nous est bien difficile de saisir et de critiquer l'opinion de M. D. Si l'influence exercée par l'Ami de Dieu sur Rulman Merswin a été vraiment telle, dès avant l'année 1352, que nous ayons en face de nous « un seul auteur en deux personnes », pourquoi donc attribuer à Rulman Merswin la rédaction du traité XIII, pourquoi surtout faire intervenir dans cette histoire un ami de Dieu inconnu, comme si l'influence de l'Ami de Dieu, ou de l'auteur du traité XIII, sur Rulman Merswin, ne suffisait pas dans ce cas pour expliquer la ressemblance du *Livre des neuf roches* avec ce dernier traité? Ces hypothèses, parfaitement gratuites toutes deux, sont en contradiction avec le commencement de la lettre 2, et ne font qu'embrouiller encore davantage une question déjà suffisamment obscure par elle-même. Nous ne nous y arrêterons pas, et nous nous contenterons d'examiner ici s'il est possible de voir dans les œuvres de Rulman Merswin, et notamment dans son *Livre des neuf roches*, l'œuvre indirecte de l'Ami de Dieu de l'Oberland.

avait eues depuis 1349 avec le laïque de l'Oberland, ou par la lecture des traités qu'il en avait pu recevoir. Mais ce point concédé, nous croyons que c'est faire tort à l'ancien banquier de Strasbourg que de lui refuser toute participation personnelle à la composition de ses ouvrages, et d'en faire le simple porte-voix des idées d'autrui, à une époque surtout où l'Ami de Dieu de l'Oberland *ne s'était pas encore „révélé" à lui* et n'avait pas encore pu conquérir sur son esprit un aussi puissant ascendant que M. D. le suppose. Ses écrits, et notamment le *Livre des neuf roches*, dénotent chez leur auteur une imagination pour le moins aussi riche que celle de l'Ami de Dieu de l'Oberland. C'est à Rulman Merswin qu'appartiennent la comparaison de la Trinité à trois statues taillées dans un même bloc de pierre, la comparaison de l'homme naturel à un emplacement immonde sur lequel il est possible à Dieu de bâtir une demeure sainte (Tr. X, p. 66, 72), l'image du filet qui recouvre le monde et dont Satan tient l'extrémité. C'est son imagination qui a enfanté la vision des grands lacs situés au sommet de la montagne, d'où les poissons descendent dans la vallée pour aller traverser les eaux de la mer, et dans lesquels bien peu d'entre eux réussissent à remonter; c'est elle qui a produit la vision de la montagne aux neuf roches, à une époque où l'Ami de Dieu se représentait le développement de la vie spirituelle sous la forme d'un escalier. Pourquoi le tableau si saisissant des vices de la chrétienté que Rulman Merswin trace dans son *Livre des neuf roches* serait-il donc l'œuvre de l'Ami de Dieu de l'Oberland? Les deux seuls écrits de l'Ami de Dieu auxquels Rulman Merswin eût pu emprunter une pareille description, les traités II et XIII, n'étant arrivés à Strasbourg que longtemps après la rédaction du *Livre des neuf roches*, ce n'est que d'une communication orale de l'Ami de Dieu que Rulman pourrait la tenir. Or nous savons de la manière la plus positive comment l'Ami de Dieu s'exprimait avant 1352 sur le compte de la chrétienté. Son interlocuteur du *Livre des deux hommes*, son premier ami intime avant Rulman Merswin, lui pose vers 1346 (§ 3) la question : „Dis-moi dans quel état se trouve la chrétienté?" L'occasion eût été belle pour l'Ami de Dieu de faire un tableau des vices de ses contemporains dans le genre de ceux du traité XIII et du *Livre des neuf roches*, si telle avait été effectivement alors sa manière de s'exprimer sur le compte de la société chrétienne de son temps. Il se contente de répondre : „Tout homme intelligent voit qu'elle va mal, qu'elle recule de jour en jour, et que les hommes deviennent de plus en plus méchants"; et dans la suite de son discours il invite son interlocuteur à s'abstenir de juger personne, et à s'habituer à considérer toutes choses comme un bien : dût-il même voir un de ses semblables commettre un grand péché, il doit penser aussitôt : „Cet homme peut éprouver en ce moment un tel repentir que tous ses péchés lui sont pardonnés et qu'il est plus cher à Dieu que moi". En 1350, son interlocuteur du traité VI lui pose la même question : „Dis-moi dans quel état se trouve la chrétienté?" et il y répond encore d'une manière générale : „Son état est bien grave, à cause de l'égoïsme des hommes". Les deux amis de Dieu conviennent immédiatement de changer le sujet de leur entretien, puisqu'„il vaut mieux abandonner ces choses à la miséricorde divine que d'en parler beaucoup", et leur conclusion est : „prions pour la chrétienté, et veillons sans cesse sur nous-mêmes !" Les textes n'autorisent donc pas la supposition d'après laquelle le chapitre du *Livre des neuf roches* sur les vices de la chrétienté devrait être attribué, même indirectement, à l'Ami de Dieu de l'Oberland.

L'indépendance littéraire de Rulman Merswin vis-à-vis du laïque de l'Oberland constatée sur ce point, l'historicité de la figure du „maître de la sainte Écriture" renaît d'elle-même. Personne ne voudra soutenir, en effet, que le sermon du traité XIII ne soit que la reproduction par l'Ami de Dieu de l'Oberland d'un chapitre du *Livre des neuf roches*, puisqu'il n'est rien moins que prouvé que l'Ami de Dieu ait connu ce dernier écrit [1]; et l'eût-il même connu, qu'on ne comprendrait pas comment il eût pu faire entrer un extrait d'un ouvrage de Rulman Merswin dans un traité qu'il destinait entre

---

[1] Le *Livre des neuf roches* a été écrit par Rulman Merswin avant l'*Histoire des quatre années de sa conversion*, c'est-à-dire avant l'arrivée de l'Ami de Dieu de l'Oberland à Strasbourg en 1352. Or, une des premières prières que l'auteur adresse à Dieu entre l'avent de l'an 1351 et le carême de l'année suivante, alors qu'il connaissait déjà l'Ami de Dieu de l'Oberland, est « qu'*aucune créature humaine ne découvre jamais par qui Dieu a écrit ce livre* » (p. 8), et il exprime à la fin de son traité la joyeuse assurance que sa prière a été exaucée (Dirre mensche getrúwet der guete gottes gar wol daz si in behuete und beschirmen sol daz... bi sime lebende niemer creature befinden sol... wer der mensche si durch den got dis buoch geschriben het, p. 147). Aussi, quand l'Ami de Dieu de l'Oberland est venu le trouver peu de temps après, ne lui a-t-il remis que le seul traité X en échange du *Livre des deux hommes*.

autres à l'édification de Rulman Merswin même. La seule explication admissible de la ressemblance frappante qui existe entre le sermon du traité XIII et le chapitre du *Livre des neuf roches* sur les vices de la chrétienté, est donc celle que nous avons présentée plus haut.

Nous n'avons d'ailleurs aucune peine à démontrer que le récit du traité XIII repose sur un fondement historique. Un personnage dont l'existence est démontrée par la lettre de l'Ami de Dieu à Jean de Schaftolsheim, le second personnage du *Livre des deux hommes*, parle déjà du „maître de la sainte Écriture" qu'il déclare avoir entendu prêcher. En outre, le traité XIII était primitivement rédigé *par moitié* dans le dialecte de l'Ami de Dieu et *par moitié* dans le moyen-haut-allemand ordinaire[1] (voir plus haut, p. 238 et 215, note 2), ce qui ne s'explique que si l'Ami de Dieu a vraiment possédé sur la conversion du „maître de la sainte Écriture" des notes provenant d'une autre plume que la sienne, c'est-à-dire si l'histoire des feuillets que le „maître de la sainte Écriture" doit lui avoir remis à son lit de mort est authentique. La présence du pronom de la première personne dans la bouche du „maître de la sainte Écriture", que l'Ami de Dieu a laissé subsister par inadvertance en deux endroits différents de son récit, confirme ce résultat.

Si donc M. D. ne réussit plus à expliquer la ressemblance du sermon du traité XIII avec le chapitre correspondant du *Livre des neuf roches*, dès qu'il refuse à la figure du „maître de la sainte Écriture" toute réalité historique, est-il plus heureux quand il indique les motifs qui auraient déterminé l'Ami de Dieu à composer son „écrit de tendance?" Ici l'argumentation de notre auteur a de quoi surprendre. „*Comme simple laïque* l'Ami de Dieu n'eût pu s'élever aussi ouvertement contre les ecclésiastiques et les docteurs de son temps, ni censurer aussi énergiquement les péchés de ses contemporains"[2].

---

[1] « Ce détail caractéristique a échappé à M. D. Il ne faut donc pas s'étonner qu'il ait fait de l'histoire de la conversion du « maître de la sainte Écriture » une simple narration fictive. V. p. 128 : « Doch mag der Gottesfreund des MB (le traité XIII) früher schon (c'est-à-dire avant 1369) in seiner Muttersprache verfasst (vgl. Nic. v. B., 3. 282), gegen 1369 aber erst umgearbeitet und besser verdeutscht haben. »

[2] « Aber warum wählte denn der Gottesfreund für seine Tendenz eine fingirte Geschichte? Weil sie eben für seinen Zweck das geeignetste Mittel war. Als ein-

L'auteur du *Livre des neuf roches* était-il donc prêtre? Ne s'était-il pas élevé, tout laïque qu'il était, avec une véhémence plus grande encore que le „maître de la sainte Écriture" contre toute la hiérarchie sarcerdotale et contre toutes les classes de la société laïque de son temps? Pourquoi l'Ami de Dieu n'eût-il pu en faire de même? Qu'avait-il besoin de se cacher sous le masque d'un „maître de la sainte Écriture?" N'est-ce pas en qualité de laïque qu'il a composé tous ses écrits, notamment l'*Épître à la chrétienté*, dans laquelle il invite tous ses contemporains, clercs et laïques, à faire pénitence en vue de la proximité des châtiments célestes? S'attribuer à la dérobée le rôle d'un prêtre, d'un docteur de l'Église, c'eût été à ses yeux usurper indirectement des prérogatives qu'il n'avait nul droit d'exercer; en maints endroits, il proteste de toutes ses forces contre une pareille imputation. Ajoutons qu'à son point de vue c'eût été une usurpation absolument inexplicable, et à laquelle par conséquent il n'a pu songer un instant, puisque l'autorité d'un „maître de la sainte Écriture" ne pouvait équivaloir, à plus forte raison ne rien ajouter dans sa pensée à l'autorité d'un mandataire du Saint-Esprit avec laquelle il se croyait le droit de parler à tous ses contemporains, depuis le dernier des laïques jusqu'au chef suprême de l'Église. Si le fait avait besoin d'être démontré, le traité XIII lui-même serait là pour prouver jusqu'à l'évidence que c'est bien *en qualité de laïque*, de laïque inspiré de Dieu, et non autrement, que l'Ami de Dieu de l'Oberland a entendu accomplir ici-bas l'œuvre à laquelle il se sentait appelé par le Seigneur [1].

Il nous reste à passer en revue les différents arguments que M. D. a cités à l'appui de sa double thèse, la non-identité du „maître de la sainte Écriture" et de Tauler, et, en général, la non-historicité du récit du traité XIII.

---

facher Laie konnte er ja nicht mit offenem Visir sowohl gegen das Schriftgelehrtenthum als auch gegen die Sünden seiner Zeitgenossen in so schroffer Weise zu Felde ziehen. So aber kann er ungenirt die strengste Kritik üben» (p. 131).

[1] Voir son entretien avec le «maître de la sainte Écriture», p. 15: Do sprach der meister: Ach lieber sun, ... es verdrüsset mich in der naturen das du ein leye bist und ich ein pfaffe bin... Do sprach der man: Nuo sagent mir, ...wer tet es das die liebe sancte Katherine... wol fünfzig der aller besten meister überkam...? — Das tet der heilige geiste. — Geloubent ir aber das der heilige geist noch den selben gewalt habe den er ouch do hatte ...das er durch mich armen sünder zuo üch reden mag? etc.

Commençons par les arguments historiques et géographiques :

1. Bâle, la patrie de l'Ami de Dieu d'après M. D., n'étant situé qu'à quatorze milles de Strasbourg, ce n'est pas à Strasbourg qu'il faut chercher le „maître de la sainte Écriture", mais dans une ville distante de trente milles de Bâle (p. 34). — M. D., qui le premier a ébranlé d'une manière sérieuse l'hypothèse de l'identité de l'Ami de Dieu et de Nicolas de Bâle, persiste cependant, nous ne savons pour quel motif, à placer la patrie de l'Ami de Dieu à Bâle. Nous avons fait le raisonnement inverse : Bâle n'étant situé qu'à quatorze milles de Strasbourg, c'est plus haut que Bâle, à une trentaine de milles ou bien à dix journées de voyage de Strasbourg, c'est-à-dire dans les Grisons qu'il faut chercher la patrie de l'Ami de Dieu.

2. La retraite de deux ans que s'est imposée Tauler, ne peut trouver place ni dans les années 1345 à 1347, parce qu'il s'est trouvé à cette époque, d'après le témoignage de Henri de Nördlingen, en pleine activité pastorale; ni dans les années 1350 à 1352, pour une raison analogue (p. 25). — La seconde de ces alternatives nous intéresse seule ici. Il a été raconté dans l'Introduction, p. 55, que Christine Ebner, lors de la visite de Henri de Nördlingen à Engelthal en décembre 1350, eut au sujet de ce personnage et de Tauler les trois révélations suivantes : Il lui fut dit que Tauler était l'homme le plus cher à Dieu qui fût sur terre; que deux noms sont inscrits dans le ciel, celui de Tauler et celui de Henri de Nördlingen; que Dieu était le gardien de Henri et qu'il demeurait en Tauler „comme un mélodieux jeu de harpe". M. D. conclut de ce dernier passage que Tauler s'est trouvé *à cette époque* dans le plein exercice de ses fonctions pastorales. Nous nous demandons en vérité où M. D. a vu pareille chose, puisque ce dernier passage est d'une teneur tout aussi générale que les deux qui précèdent, et qu'il est au même titre qu'eux une appréciation élogieuse de *tout l'ensemble de l'activité spirituelle de Tauler*, sans la moindre indication chronologique. Notre auteur part de la supposition d'après laquelle Henri de Nördlingen eût été à tout moment on ne peut mieux renseigné sur les faits et gestes de son ami de Strasbourg, et qu'il eût été ainsi à même d'en informer Christine Ebner si Tauler s'était vraiment abstenu de prêcher dans le courant de l'année 1350. Or nous avons vu qu'il n'en est pas ainsi : le nom de Tauler ne se rencontre pas une seule fois dans les lettres de Henri de Nördlingen depuis 1339 jusqu'en 1347; et à cette dernière

date, Henri de Nördlingen ne mentionne les persécutions que son ami avait à endurer depuis un certain temps déjà, qu'à la suite de la visite que celui-ci venait de lui faire à Bâle, preuve qu'il n'en avait pas été informé plus tôt. Après 1347, nouveau silence sur les destinées de Tauler. En 1349, Henri de Nördlingen quitta Bâle pour retourner en Bavière, et mena jusqu'à son arrivée à Engelthal la vie errante d'un prédicateur itinérant. Comment admettre que dans ces circonstances il ait entretenu des relations épistolaires avec Tauler, alors qu'il ne l'a pas même fait pendant qu'il était encore fixé à Bâle?

3. Tauler est mort en dehors de son couvent dans une propriété de sa sœur; le maître de la sainte Écriture" est mort au contraire dans son couvent (p. 32). — Il n'est dit nulle part expressément que le „maître de la sainte Écriture" soit mort à l'intérieur de son couvent, l'expression: „alle brueder in dem closter" pouvant être considérée comme équivalente à l'expression moderne: „alle Brüder des Klosters", tournure qui est étrangère au moyen-haut-allemand. De plus, la présence de „gens" dans la chambre où le „maître de la sainte Écriture" se mourait, de gens qui ne sont pas de simples visiteurs puisqu'ils ont été témoins des fréquentes visites que l'Ami de Dieu de l'Oberland a faites au docteur pendant sa maladie, et qu'après la mort de celui-ci ils ont voulu „lui faire l'honneur d'une invitation" [1], toutes ces circonstances ne s'expliquent que si le „maître de la sainte Écriture" est mort, non dans l'étroite cellule de son cloître, où des „gens" de la ville n'eussent guère été admis dans un pareil moment, mais au sein de sa famille, environné de ses amis et d'un certain nombre de frères de son couvent.

4. Tauler n'a pas été „maître de la sainte Écriture" (*magister scripturæ sacræ*). Son nom ne figure pas sur la liste des docteurs de Paris et de Cologne, et il n'est pas vraisemblable qu'il ait obtenu ce grade à l'un des *studia generalia* que l'ordre possédait en d'autres contrées, telles que la Provence, la Lombardie, etc. Aussi ses contemporains ne l'appelaient-ils jamais *maître* (meister), mais seulement *prédicateur*

---

[1] Traité XIII, p. 62: Alle sine brueder in dem closter und ouch andere menschen die do worent, die alle worent in grossen noeten... Und do die lüte geschen hettent das ime dirre man an sime ende gar heimelich was gesin, und darumb gingent die lüte dar und woltent ime ere bieten und woltent in laden.

(lerer). Au milieu du quinzième siècle encore, il ne porte que le nom de *lecteur* sur une liste de dominicains illustres conservée dans un manuscrit de la bibliothèque de Bâle. — Nous sommes loin de nier la valeur de cet argument. Il ne nous semble cependant pas qu'il faille attribuer à la désignation de „maître de la sainte Écriture", dans la bouche de simples gens du peuple, l'exactitude d'un diplôme académique. C'est le second personnage du *Livre des deux hommes* qui se sert pour la première fois de cette dénomination, et la manière dont il l'introduit dans son entretien avec l'Ami de Dieu fait voir qu'elle n'a guère été dans sa bouche qu'une appellation honorifique décernée à un „grand prédicateur" à cause de la réputation de science qui entourait son nom [1], réputation que les sermons de Tauler justifient parfaitement (voir plus haut, p. 146, note 1; Johannes Tauler, homo Dei, predicator egregius, *litterarum scientia clarus*, etc.). L'Ami de Dieu juxtapose les termes de *meister* et de *lerer* comme synonymes et les emploie indistinctement l'un pour l'autre. Il les place de même alternativement dans la bouche du maître de la sainte Écriture [2]. Une pareille confusion étonnerait peut-être de la part de personnes instruites; elle n'a rien de surprenant de la part de laïques dépourvus de toute culture théologique.

5. Il n'a existé aucune tradition relativement à l'identité de Tauler et du „maître de la sainte Écriture". Cette idée fait sa première apparition en 1486, dans le manuscrit des sermons de Tauler qui a servi de base à l'édition de Leipzig de l'an 1498 (p. 103 ss.). — Le grand nombre de manuscrits que M. D. a consultés permet d'établir avec une parfaite certitude les points suivants : Au quatorzième et au commencement du quinzième siècle, alors que le traité XIII faisait encore partie de la bibliothèque secrète des Johannites de

---

[1] Traité XII, p. 259: gang an die stat, do wil bredigen der grosse lerer, der also gar wol geleret ist das er ein meister ist der heiligen geschrift.

[2] Traité XII, p. 260: So ein grosser meister, ein lerer bredigende ist...; so die sele einen lerer hoerende ist...; ein solicher lerer, etc. Traité XIII, p. 8 : Herre der meister, wenno der oeberste meister zuo mir kumt, so lert er mich me denne ir und alle lerer..., p. 14 : Lieber sun, du sprichest ich und alle lerer... p. 62 : du maht wol drin schriben der meister. — Le terme de « meisterschaft » (ir verlont üch uf uwer vernünftige sinneliche meisterschaft, p. 9) que M. D. cite à l'appui de sa thèse, ne signifie pas ici « dignité de docteur », mais simplement « talent » (cf. Sermons de Tauler, Cod. Argent. A, 89, n° 50; Bâle, f° 120ᵃ: Es ist ein grosse meisterschaft künnen zürnen one sünden, also man uns heisset).

l'Ile-Verte, ce traité ne figure pas dans les recueils des sermons de Tauler, et le nom sous lequel le dominicain strasbourgeois est désigné à cette époque est invariablement celui de *prédicateur* (lerer), jamais celui de *maître*. En 1436, le traité XIII paraît pour la première fois dans le domaine public de la littérature religieuse, et il est immédiatement compris dans un recueil des sermons de Tauler, place qu'il a toujours conservée depuis lors. Était-ce l'effet d'une simple méprise littéraire, un rapprochement purement accidentel? Nullement, puisque l'auteur du recueil de l'an 1436 appelle déjà le „maître de la sainte Écriture" un maître „de l'ordre de saint Dominique", ce qui montre bien dans quelle intention il a rapproché le traité XIII des sermons du dominicain strasbourgeois. Le fait que le „maître de la sainte Écriture" a été un prédicateur et a dépendu d'un prieur ne suffisant pas pour expliquer le nom de dominicain qu'il porte depuis ce moment (puisque à ce titre il eût pu être tout aussi bien appelé moine augustin, chartreux ou carme, ainsi que M. D. le reconnaît lui-même), cette dénomination ne peut provenir que d'une tradition historique, tradition qui a dû se conserver dans l'ordre de saint Dominique, principalement dans le couvent de Strasbourg (témoin l'histoire du séjour de Tauler en purgatoire, qui était répandue à Strasbourg au quinzième siècle, et qui était basée sur une révélation adressée à un *grand ami de Dieu*), et dont le dominicain Jean Meyer s'est fait l'organe en 1468 (voir plus haut, p. 218). — Nous exagérons-nous la valeur de ces données du manuscrit de l'an 1436, si nous nous en autorisons pour attribuer à l'auteur de ce recueil l'intention de rapprocher la personne du „maître de la sainte Écriture" de celle du dominicain Tauler? Le fait suivant prouve qu'il n'en est pas ainsi. L'auteur du recueil de l'an 1436 avait encore conservé en tête des sermons de Tauler l'épithète de *prédicateur* (lerer) qu'il avait rencontrée à côté du nom de Tauler dans un recueil plus ancien. Or, dans un manuscrit de l'an 1458, le dominicain strasbourgeois est déjà appelé un „maître", et dans un autre de l'an 1468 un „maître de la sainte Écriture". Ce dernier titre est même donné à Tauler à cette époque dans un recueil de ses sermons qui ne renferme pas le traité XIII : preuve évidente que l'opinion d'après laquelle Tauler ne serait autre que le „maître de la sainte Écriture" du traité XIII, était déjà généralement accréditée dans la seconde moitié du quinzième siècle, puisqu'elle se manifeste même indépendamment de la présence du traité XIII à côté des sermons du grand prédicateur. — Il ressort donc de ce qui précède que dès que le traité XIII s'est répandu dans le monde littéraire de l'époque, il s'est opéré entre la personne de Tauler et celle du „maître de la sainte Écriture" un double rapprochement. D'un côté, le „maître de la sainte Écriture" est devenu un dominicain, et le récit de sa conversion a pris place dans le recueil des sermons de Tauler; de l'autre, Tauler est devenu un „maître", un „maître de la sainte Écriture". Ce double rapprochement ne s'explique que s'il s'est opéré dès l'origine sous l'influence d'une tradition historique qui est allée en se précisant pendant tout le cours du quinzième siècle, et dont le copiste de l'an 1486, le premier qui place le nom de Jean Tauler dans la rubrique de notre traité, n'a fait que formuler explicitement le contenu, quand il a écrit qu'il convient de considérer Tauler comme le docteur du traité XIII parce qu'il a été dominicain et „maître de la sainte Écriture". A ce jugement historique, dont les éléments figuraient déjà dans les recueils plus anciens des sermons de Tauler, il a joint un jugement littéraire et théologique d'un caractère purement personnel, sur la concordance de ces sermons avec ceux qui sont contenus au traité XIII et sur le développement religieux que le grand prédicateur avait dû traverser pour pouvoir prononcer des sermons aussi édifiants que ceux qui ont été conservés sous son nom. Les Johannites de l'Ile-Verte, eux aussi, s'étaient plu à comparer le contenu du *Livre des neuf roches* à celui de l'*Histoire des quatre années de la conversion de Rulman Merswin*, pour établir que ces deux ouvrages ont été écrits par la même plume et dans les mêmes circonstances [1]. alors qu'ils n'avaient cependant qu'à jeter un regard sur les deux autographes de Rulman Merswin pour être pleinement renseignés sur ce point.

5. Le récit du traité XIII renferme un grand nombre d'„invraisemblances". M. D. trouve invraisemblable : 1° Que l'Ami de Dieu de l'Oberland, dont la patrie se trouvait à trente milles de la résidence du „maître de la sainte Écriture, ait pu rentrer *chez lui* (p. 22) après

---

[1] *Beiträge zu d. theol. Wissensch.* V, p. 56 : ...wanne sú beide (unsers stifters leben und daz buoch von den nun veilsen) miteinander concordieront und gliche hellent an demuetigen worten, an inbrunstiger minne, an übernatürlichen grossen werken und goben gottes, etc.

avoir remis au docteur l'alphabet des vertus chrétiennes, revenir neuf jours plus tard auprès du docteur sur sa demande, rentrer encore une fois *chez lui* (p. 23 : Und nahm urlop und ging hinweg), et moins d'un an plus tard retourner auprès du „maître de la sainte Écriture" sur son invitation expresse, pérégrinations qui feraient penser que l'ami de Dieu n'a pas demeuré à trente milles, mais dans le voisinage immédiat du „maître de la sainte Écriture". Nous répondons que, d'après le texte du traité XIII, l'Ami de Dieu a passé une année entière *dans la ville même* où demeurait le „maître de la sainte Écriture". Où M. D. trouve-t-il qu'il soit dit p. 22 et 23 que l'Ami de Dieu est rentré *chez lui?* Dans ces deux cas, il s'en est allé simplement dans son hôtellerie (p. 7 : an sine herberge), puisqu'*il ne donne son adresse* au „maître de la sainte Écriture" *qu'à la page 24*, alors qu'il prend congé de lui parce qu'une affaire importante l'appelle au loin (wanne ich von einer ernestlichen sachen wegen enweg muos ; aber were es das es beschehe das ir mich haben woltent, so schickent an die stat zuo mir, do wil ich mich lossen vinden). A cette occasion seulement il révèle au docteur le nom de la ville dans laquelle celui-ci pourra lui faire parvenir un message. M. D. prend les mots „an die stat" comme désignant la ville même dans laquelle demeurait le „maître de la sainte Écriture" : il n'est donc pas étonnant que le récit du traité XIII lui ait paru quelque peu confus[1]. — 2° M. D. trouve invraisemblable que l'Ami de Dieu ait pu révéler sa demeure au „maître de la sainte Écriture" avant l'année 1363, alors qu'il écrit cependant en cette année-là à Jean de Schaftolsheim qu'il y a plus de vingt ans il ne s'est jamais *révélé* qu'à un seul homme (p. 130). Nous répondons que, dans la pensée de l'Ami de Dieu, la „révélation de lui-même" n'a pas consisté dans la simple indication de son domicile : à ce compte, il se fût „révélé" avant 1363, non seulement au docteur du traité XIII, mais encore à son messager Robert, au messager de Rulman Merswin, à la recluse Ursule et à tous les amis de Dieu de son pays et des contrées étrangères avec lesquels il s'est trouvé en rapport. Nous avons dit page 189, note 1, en quoi cette révélation a consisté. — 3° M. D. trouve invraisemblable que les notables de la ville dans laquelle demeurait le „maître de la sainte

---

[1] Peut-être qu'une lecture un peu plus attentive des *Notices* des Johannites de l'Ile-Verte lui eût également appris que l'Ami de Dieu ne savait pas le latin (p. 125).

Écriture" aient fait des démarches auprès de l'autorité ecclésiastique, dont celui-ci dépendait, pour la décider à lui rendre la permission de prêcher. L'humaine nature ayant été au quatorzième siècle ce qu'elle est aujourd'hui, le prédicateur eût bien plutôt indisposé ses auditeurs contre lui par son sermon du samedi 17 mars, qu'il n'eût gagné leurs sympathies. Nous répondons que tel a été effectivement le cas : non seulement le prieur et les moines du couvent auquel appartenait le „maître de la sainte Écriture" décidèrent de lui interdire la prédication, mais encore une partie de la population de la ville conçut une vive irritation contre lui. M. D. trouve-t-il donc invraisemblable qu'il y ait eu un certain nombre de gens honnêtes et sérieux dans l'auditoire du „maître de la sainte Écriture?" — 4º Qui croira jamais, s'écrie M. D., qu'un prêtre ait ainsi pu s'attaquer au sacerdoce dans ses diverses fonctions, sans qu'on lui eût aussitôt „interdit le métier?"[1] Nous répondons que jamais le „maître de la sainte Écriture", ni l'Ami de Dieu de l'Oberland (qui, d'après M. D., parle sous le masque du „maître de la sainte Écriture"), ni Rulman Merswin ne se sont attaqués à la dignité sacerdotale ni aux fonctions sacerdotales considérées en elles-mêmes, mais qu'ils ont uniquement relevé la manière peu scrupuleuse dont la majorité des ecclésiastiques de leur temps remplissaient leurs fonctions. La justesse de leurs critiques à cet égard est confirmée par d'autres témoignages contemporains, dont M. D. lui-même en cite un fort significatif. M. D. semble oublier que le „métier" a été effectivement „interdit" au docteur du traité XIII par le chapitre de son couvent, la seule autorité dont il dépendît s'il a été moine mendiant. — Les autres „invraisemblances" que relève M. D. sont de moindre conséquence encore que celles qui précèdent, et nous en ferons grâce au lecteur.

Nous passons aux arguments littéraires.

1º Le „maître de la sainte Écriture" déclare, en commençant son sermon du samedi 17 mars, qu'il renoncera désormais à son habitude d'entremêler ses discours de citations latines et de les diviser en un

---

[1] « Wer glaubt auch dass es jemals sollte einen Priester gegeben haben, der von der Kanzel herab dermassen konnte und durfte den ganzen Priesterstand in allen seinen Funktionen blossstellen, ohne dass ihm das Handwerk sogleich sollte gelegt worden sein?» (p. 118).

grand nombre de points, méthode qu'il avait encore suivie dans son dernier sermon sur les vingt-quatre points de la perfection spirituelle. Si Tauler est le „maître de la sainte Écriture", les sermons qu'il a prononcés avant sa rencontre avec l'Ami de Dieu, c'est-à-dire avant l'année 1350, devront donc se distinguer des autres par ce double caractère : abondance de citations latines, nombre extraordinaire de divisions. Or les huit sermons desquels on peut prouver qu'ils sont antérieurs à l'an 1350, ne portent point ce double caractère, et ne diffèrent en rien, quant à leur forme, des autres sermons du grand prédicateur. — Nous répondons qu'il en est parfaitement ainsi, par la bonne raison qu'aucun de ces huit sermons ne peut être considéré avec certitude comme antérieur à l'an 1350. Le critère de l'ancienneté de ces discours est aux yeux de M. D. le passage d'une lettre de Henri de Nördlingen (écrite en 1349; voir plus haut, p. 54), dans laquelle ce personnage demande à Marguerite Ebner s'il doit introduire, plus qu'il ne l'a fait jusqu'alors, la note apocalyptique dans ses prédications. M. D. en conclut que les sermons de Tauler où la note apocalyptique se rencontre, sont antérieurs à l'année 1350. Nous répondons que ce critère pourrait servir à classer les sermons de Henri de Nördlingen, s'il en existait, mais qu'il ne peut servir à classer d'une manière tant soit peu certaine ceux d'un autre prédicateur, surtout pas ceux de Tauler, puisque le *Discours d'avertissement* de l'an 1356 montre bien à quelle époque de sa vie le dominicain strasbourgeois s'est principalement senti poussé à introduire les prophéties de l'Apocalypse et de sainte Hiltegarde dans les „avertissements" qu'il adressait à ses contemporains. Les numéros 58, 81, 103, 104, 130 (dans l'édition de Francfort, citée par M. D.) qui renferment des passages apocalyptiques d'une teneur toute générale, peuvent donc appartenir à n'importe quelle période de la carrière pastorale de Tauler. Restent les numéros 88, 131 et 133 (Cod. Argent. A, 88, n° XV; Cod. Argent. A, 89, n°s LXXI et LXXIII). Le sermon 131 renferme le passage suivant : „*Si* la sainte Église *voulait* nous enlever le sacrement extérieur, nous devrions nous y soumettre sans répliquer et sans murmurer" (voir plus haut, p. 42). M. D. y trouve une allusion à l'interdit : or qui ne voit que Tauler parle dans ce passage de l'interdiction du sacrement de la cène comme d'une éventualité purement hypothétique, ce qui prouve précisément qu'à l'époque où le discours fut prononcé, cette interdiction n'était pas une actualité. La partie du sermon 131 dans laquelle figure ce passage, est une protestation d'absolue obéissance aux décisions du pape et de l'Église, telle que Tauler a pu la faire à n'importe quel moment de sa vie. — Le sermon 133 renferme le passage suivant : „Quand le Seigneur veut manifester son jugement et faire éclater sa colère sur nous pécheurs par les terribles calamités qu'on nous a souvent prédites, par le feu, l'eau, la grande obscurité, les grandes tempêtes et la famine, les vrais amis de Dieu intercèdent auprès de lui avec larmes, nuit et jour : il nous épargne donc et réserve à plus tard les plaies dont il veut nous frapper : il attend pour voir si nous nous améliorerons" (voir plus haut, p. 226). Parmi les plaies que Tauler énumère, a-t-on dit, ne figurent ni les tremblements de terre ni la peste : le sermon 133 doit donc être antérieur aux tremblements de terre des années 1346 et 1348, et à l'apparition de la mort noire. La mention des grands ténèbres qui doivent couvrir le monde, aurait dû cependant faire comprendre à la critique que Tauler n'avait nullement entendu énumérer dans ce passage des calamités qui s'étaient déjà réalisées, mais précisément des calamités qui attendaient encore la chrétienté *dans l'avenir*. Les châtiments divins dont il parle, sont en effet ceux dont les amis de Dieu ont réussi *à retarder la venue* par leur intercession auprès du Seigneur : comment donc, s'il a prononcé le sermon 133 après 1352, eût-il pu comprendre dans leur nombre deux fléaux qui venaient de faire leur apparition? L'omission des tremblements de terre et de la peste dans cette énumération de calamités prouve précisément qu'il faut placer le sermon 133 après les événements des années 1346 et 1348 et après l'apparition de la mort noire. — Le sermon 88, enfin, contient le passage suivant : „C'est une grande grâce du Seigneur d'être exhorté et averti par lui, soit intérieurement, soit extérieurement. Cet état de choses, hélas, est sur le point de changer. A peine est-il possible encore d'enseigner, de prêcher, d'avertir : telle est la situation dans un grand nombre de pays. Je vous prédis ces choses pendant que vous avez encore cette parole de Dieu que je vous annonce : mettez-la bien à profit, car je suis très inquiet de savoir combien de temps vous la posséderez encore!"[1] Tauler prédit à

---

[1] Dis ist eine unmessige grosse gnode von der guetekeit gottes; dem got des gan, der ist vil selig, das er gemanet und gewarnet wurt, es si innewendig oder usse-wendig: wanne es stot leider an daz dem dinge anders wil werden. Man muos

ses auditeurs que la prédication de la parole divine va prochainement cesser dans le pays où il se trouve et dans beaucoup d'autres pays ; et il leur donne à entendre que dans ce cas il suspendra lui-même ses prédications. M. D. trouve dans ce passage une allusion à l'interdit, et place en conséquence le sermon 88 avant l'année 1350. Cette allusion ne peut consister dans sa pensée que dans l'interdiction prochaine de la *prédication*. M. D. nous paraît donc user ici d'un argument dont il a lui-même démontré l'inanité à quelques pages de là : il prouve en effet, page 62, d'une manière péremptoire, par des citations du droit canon, que la prédication de la parole de Dieu n'a *jamais été défendue* en temps d'interdit, qu'elle était permise au moins une fois par semaine, et qu'il dépendait du bon vouloir des évêques de la permettre plus souvent encore. Nous acceptons de grand cœur ces résultats. Ils sont pleinement justifiés par la situation dans laquelle Henri de Nördlingen s'est trouvé lors de son arrivée à Bâle en 1339 : comment eût-il pu se concilier les sympathies de la bourgeoisie de cette ville s'il n'avait jamais prêché? La faveur que les notables obtinrent pour lui de l'évêque, fut de pouvoir prêcher *journellement*. Tauler, lui aussi, *a prêché la parole de Dieu pendant l'interdit*, et en ce faisant, dit M. D., il n'a transgressé aucune ordonnance de l'Église. D'où vient donc que M. D. considère comme s'appliquant à l'interdit une prophétie de Tauler relative à une prochaine suspension du minist*è*re de la parole divine, alors que le dominicain strasbourgeois donne à entendre que lui aussi ne continuera pas à prêcher? Une pareille interprétation de ce texte ferait d'ailleurs remonter le sermon 88 à une époque où l'interdit n'était pas encore exécuté dans l'Allemagne occidentale, c'est-à-dire au delà de l'année 1331, conséquence qu'aucun critique ne voudra sans doute défendre. Nous considérons le passage en question comme une simple prédiction apocalyptique[1]. Tauler énumère en effet au sermon 133, parmi les signes précurseurs des châtiments divins, la „cessation du culte et de la

---

schiere nút leren, nút bredien, nút warnen; und ist das in vil landen. Dovon sage ich úch vor, diewile ir noch dis gotzwort hant, wanne es ist soerglich wie lange; und machent es úch vil nutze.

[1] La tendance du sermon 88 est, en général, apocalyptique; il s'y trouve entre autres le passage suivant : Wie got es hernoch rihten sol, wolte got und bekantent ir das, disen gruwelichen dag des urteiles, dis unfriden do niemer friede noch in get, etc.

prédication de la parole divine" (das gottes wort und der gottes dienst sol vil froemde werden; voir plus haut, p. 227). Il entend évidemment dire par là que Dieu, avant de frapper le monde des plaies qu'il lui réserve, ordonnera à ses amis de garder le silence, de même que Noé a suspendu ses prédications quelque temps avant l'arrivée du déluge. Cette éventualité, dit Tauler, est sur le point de se réaliser; et il apprend à ses auditeurs que lui aussi cessera alors de prêcher. En attendant, il les exhorte à mettre à profit le dernier temps de grâce que le Seigneur leur laisse.

2. Les sermons contenus au traité XIII ne peuvent être attribués à Tauler, car ils se distinguent des sermons authentiques du prédicateur strasbourgeois par la présence de formes grammaticales particulières à l'Ami de Dieu, par l'emploi constant de l'expression „chers enfants" (lieben kinder) dont Tauler ne se sert que rarement [1], par l'absence de gradation dans la juxtaposition des adjectifs [2], par le manque d'originalité dans le style et en général par la pauvreté de la pensée religieuse. — Si M. D. a voulu dire par là que *sous leur forme actuelle* les sermons du traité XIII ne peuvent pas être considérés comme l'œuvre directe de Tauler, nous abondons entièrement dans son sens. Qu'on veuille bien se rappeler que ces sermons ont été *rédigés de mémoire* par l'Ami de Dieu de l'Oberland, c'est-à-dire par un laïque dépourvu de toute culture théologique, qu'ils ont été d'abord notés dans le dialecte particulier de celui-ci, puis retraduits par lui tant bien que mal dans le dialecte alsacien, c'est-à-dire dans le moyen-haut-allemand ordinaire; qu'ils ont été ensuite recopiés et sans doute remaniés encore au point de vue du langage par le copiste

---

[1] M. D. s'exagère la rareté de cette expression dans les sermons de Tauler. Au sermon XII (Cod. Argent. A, 88; Bâle, f° 31ᵇ), le prédicateur apostrophe son auditoire comme suit: Lieben kint, dis hant wir alle gotte gelobet... Lieben swestern, dis ist alleine daz unser orden meinet... Lieben kint, disen orden bitte ich úch... Und sol úch, lieben kint billichen von gotte zuo danke sin... Dans les autres sermons, cette expression se rencontre presque aussi fréquemment que celle de kinder, « enfants ». Dans l'édition de Bâle, elle est d'un usage à peu près constant. Le seul reproche que l'on puisse donc adresser à l'Ami de Dieu, c'est d'avoir généralisé dans le texte du traité XIII l'emploi d'une expression dont Tauler s'est très fréquemment servi.

[2] Ici encore, M. D. est trop sévère. L'on rencontre dans les sermons du traité XIII des gradations parfaitement caractérisées. V. par exemple, p. 4: ettelicher vernünftiger grosser hoher pfaffe; p. 5: die gerehten geworen vernünftigen erlûhteten schowenden menschen, etc.

de l'Ile-Verte, très probablement par Rulman Merswin lui-même (à qui l'autographe de l'Ami de Dieu a dû être remis, puisque cet autographe a disparu avec tous les autres, — sauf celui du traité IV que l'Ami de Dieu avait spécialement destiné à Nicolas de Laufen), et enfin recopiés dans le *Grand mémorial allemand*, et l'on ne s'étonnera plus de n'y point retrouver, aussi nettement qu'ailleurs, les formes de langage et les procédés oratoires particuliers à Tauler, et d'y rencontrer par contre certaines particularités du style et même un certain reflet de la pensée religieuse de l'Ami de Dieu de l'Oberland. Ajoutons que, malgré ces transformations successives, il a cependant subsisté dans ces sermons un assez grand nombre d'expressions étrangères au vocabulaire ordinaire de l'Ami de Dieu et qui sont évidemment empruntées au langage du „maître de la sainte Écriture". Voir par exemple, sur une seule page du premier de ces discours (p. 4), les expressions : verstentliche schowunge, bildeliche schowunge, schowende menschen, vernünftige begriffunge, vernünftige wolgefallende bildungen, unbekanntsam, unbekennesam, zuo cloreme verstentnisse und zuo vernünftigem underscheide, etc. Sur la même page figure une citation de Pseudo-Denis, ce qui ne rentre également pas dans les habitudes littéraires de l'Ami de Dieu. — Suivons M. D. dans l'examen des discours prononcés par le „maître de la sainte Écriture" après sa conversion. Le premier de ces discours (p. 295) est, d'après M. D., une homélie „sans force et sans saveur". Nous n'avons garde de discuter ici le goût littéraire de M. D.; d'autres critiques, non moins autorisés peut-être, en ont opiné autrement. Il nous suffira de relever que la comparaison de l'âme à une fiancée du Seigneur, que la représentation de l'union mystique entre l'homme sous la forme d'un mariage célébré entre le Seigneur et l'âme humaine, pendant lequel celle-ci perd toute connaissance d'elle-même et du monde extérieur après avoir vidé la coupe de l'amour divin, que ces images se rencontrent à maintes reprises dans les sermons de Tauler. Ici c'est le Père céleste qui donne la bénédiction nuptiale aux deux époux; c'est le Saint-Esprit qui remplit les fonctions d'échanson pendant le festin de noces : toute cette description si originale et si vivante de la fête divine n'a pas été appréciée comme elle le mérite par M. D. Les deux sermons qui suivent, et dans lesquels le „maître de la sainte Écriture" censure avec une rare énergie les péchés de ses contemporains, clercs et laïques, ont été jugés plus défavorablement encore par M. D. Il les appelle des „sermons de tapage" (*Polterpredigten*), et il accuse leur auteur (l'Ami de Dieu, selon lui) d'avoir été bien injuste à l'égard de la société chrétienne de son temps, d'en avoir grandement exagéré les vices, et d'avoir „étendu les défauts de la majorité d'une classe de chrétiens à la classe tout entière, sauf un petit nombre de membres" [1]. M. D. malheureusement a négligé d'indiquer à quelles sources historiques il a puisé un jugement aussi indulgent sur la situation intérieure de la chrétienté au quatorzième siècle, à l'époque de l'interdit et du grand schisme papal. Tauler lui-même se sépare ici de M. D. pour constater que „le monde *dans son ensemble*, clercs et laïques, est composé en grande majorité d'ennemis déclarés ou de serviteurs mercenaires de Dieu" [2], et que le nombre de „ceux que dirige l'Esprit du Seigneur" est bien petit. Lui aussi n'excepte dans ce passage que les seuls amis de Dieu de la condamnation commune qu'il prononce sur la chrétienté. Ailleurs, il dépasse encore en sévérité le „maître de la sainte Écriture". Il lance l'anathème sur toute une classe de chrétiens, sans faire même une seule exception ; il appelle tous les princes de ce monde des „suppôts de Satan" [3]. Les rois étaient-ils donc

---

[1] « Wie ungerecht bei Verdammung der Sünden seiner Zeitgenossen! In Bezug auf diesen Punkt leidet er an einer förmlichen Vergrösserungssucht, indem er die Gebrechen eines Theiles oder meinetwegen des grösseren Theiles eines Standes potenzirt, und sie dann auf alle Glieder desselben mit Ausnahme von ein paar erweitert. Darum erhält man aus seinen Schriften kein richtiges und genaues Sittenbild der damaligen Zeit » (p. 131).

[2] Cod. Argent. A, 89, n° 37 (Bâle, f° 92ᵃ) : Nuo nement wir die welt alzuomole herfûr, so siht man das der allermeiste teil von aller welte sint vigende gottes. Denne sint andere die sint betwungene knehte gottes, die muos man twingen zuo dem dienste gottes, und dasselbe wenig das sü tuont, das tuont sü nüt von goetlicher minne noch von andaht, aber sü tuont es von vorhten; und das sint gnodelose minnelose lüte, geistliche oder weltliche, die man ze kore und zuo dem dienste gottes twingen muos. Denne sint andere, das gemeine verdingete knehte gottes sint, daz sint pfaffen und nunnen und alle soliche lüte die gotte dienent umb ir pfründe und um ir presencien ; und werent sü der nüt sicher, sü endientent gotte nüt und kertent wider mit willen gesellen der vigende gottes. Von allen disen lüten so haltet got einen tropfen nüt...

[3] Cod. Argent. A, 89, n° 55 (Francf., n° 104) : Nuo sprach er uns zuo stritende wider die fürsten und potestaten und wider der welte meistere der vinsternisse; das sint die tüfele und es sint ouch die fürsten der welte : die sullent die allerbesten sin, und sint leider rehte die rosse do die tüfele uf ritent das sü unfride und urluoge machent und pinigent die lüte in hochvart und unrehter gewalt und in maniger bosheit also es wol schinet in aller der welte... Welche unsprechenliche

groupés en ce moment-là autour de la chaire de Tauler? Pas plus que ne l'étaient les évêques autour de celle du „maître de la sainte Écriture". C'est l'indignation qui a saisi le dominicain strasbourgeois à l'idée des péchés des grands, et qui lui a inspiré contre eux une sortie aussi véhémente. Le même sentiment a pu lui dicter en d'autres circonstances des réquisitoires non moins énergiques contre d'autres classes de la société chrétienne. — Si donc les discours du traité XIII se dérobent, au point de vue de la forme littéraire, à toute comparaison avec les sermons authentiques de Tauler, pour les raisons que nous venons d'indiquer, rien dans la manière dont le „maître de la sainte Écriture" dépeint les jouissances ineffables de l'union de l'âme avec Dieu et censure les vices de ses contemporains, ne nous autorise à refuser ces discours à l'illustre dominicain de Strasbourg. En conclurons-nous que *toutes* les parties de ces sermons doivent être attribuées au même titre à Tauler et qu'il ne s'y rencontre aucun élément de provenance étrangère? Rappelons-nous combien Rulman Merswin aimait à „cacher ses propres pensées" dans les textes qu'il copiait, comment il a interpolé l'ouvrage de Ruysbroeck : *La magnificence des noces spirituelles* et juxtaposé des documents littéraires parfaitement hétérogènes dans les traités XXI et XXII, comment l'Ami de Dieu remaniait les notes qu'il transcrivait, avant de les intercaler dans sa narration (voir le traité XV, et en général les traités de la deuxième catégorie), et nous ne nous étonnerons plus d'apprendre que les sermons du traité XIII, eux aussi, portent la trace visible d'interpolations qui y ont été faites par l'un de nos deux auteurs, très probablement par l'Ami de Dieu lui-même. M. D. a mis ce point en pleine lumière. Il a fait faire de la sorte à la question de la conversion de Tauler un pas très important, puisqu'il devient certain désormais que les sermons du „maître de la sainte Écriture" n'ont pas été notés et transcrits d'une manière entièrement fidèle, non seulement quant à leur forme, mais encore quant à leur contenu [1], et que par conséquent il convient de les laisser complète-

---

vinsternisse nuo in der welte ist, bede in geistlichen und in weltlichen, do siht man iomer an das die heiden und die juden in iren wisen iren dinges vil rehter tuont danne wir...

[1] Le sermon prononcé par le « maître de la sainte Écriture » dans l'ermitage habité par cinq recluses contient, ainsi que M. D. l'a prouvé, un long extrait d'un traité mystique intitulé *Von den drin frayen in dien beslossen ist anvahent, zuouement*

ment en dehors de ce débat, puisqu'ils n'offrent plus, ni au point de vue littéraire ni au point de vue théologique, aucune base solide de discussion. La question de l'identité de Tauler et du „maître de la sainte Écriture" devra donc être traitée à l'avenir par des arguments purement historiques, et nous persistons à croire que, dans l'état actuel de nos sources, la solution affirmative est celle qui se recommande le plus sérieusement au jugement de la critique. Sous ce rapport, les arguments les plus dignes d'être pris en considération seront toujours, à notre avis, d'un côté la concordance de la date de la mort de Tauler avec celle de la mort du „maître de la sainte Écriture", arrivée neuf ans après l'année 1352 (la seule année dans laquelle nos textes permettent de placer le sermon du samedi 17 mars), c'est-à-dire en 1361; puis la notice d'après laquelle Tauler aurait passé un certain temps en purgatoire, *conformément à la révélation qu'un grand ami de Dieu avait eue sur son compte*, et enfin la ressemblance frappante que nous avons constatée entre l'enseignement religieux et apocalyptique de Tauler et celui de l'Ami de Dieu et de Rulman Merswin, ressemblance qui n'existe au même degré entre les écrits d'aucun autre docteur mystique du quatorzième siècle et ceux de nos amis de Dieu. Ce dernier fait paraît avoir échappé à l'attention de M. D.

Un mot encore sur la manière dont M. D. apprécie le caractère personnel de l'Ami de Dieu de l'Oberland. Il en fait „un bavard dont

---

und volkomen leben (Traité XIII, p. 56 à 58), que Rulman Merswin a également utilisé dans la composition du traité XXI. — La longue narration par laquelle se termine le sermon du samedi 17 mars, sans se rattacher aucunement à ce qui précède (p. 41 à 44), et dans laquelle M. D. a cru trouver la preuve que le « maître de la sainte Écriture » non seulement n'a pas été Tauler, mais n'a pas même été un théologien de profession, est très probablement une interpolation analogue de l'Ami de Dieu, soit qu'il ait ajouté le récit en son entier, soit, ce qui est plus vraisemblable, qu'il ait développé à sa façon une histoire que le « maître de la sainte Écriture » a pu raconter dans le cours de son sermon. — Par contre, M. D. nous paraît trop sévère (p. 71) quand il reproche « au maître de la sainte Écriture » d'avoir distingué dans un même acte de gain illicite (traité XIII, p. 49) trois péchés mortels, les péchés d'usure, d'avarice et d'orgueil. En agissant ainsi, le « maître de la sainte Écriture » était dans son droit, du moment qu'il a pu découvrir dans cet acte unique une triple intention perverse (Gury, *Comp. theol. moralis.*, Ratisb. 1862, 1, § 160, 1 : Desumitur distinctio numerica peccatorum ex diversitate objectorum totalium seu moraliter diversorum. — § 161 ...actus ille (unicus) plures malitias involvit.).

le langage est complètement différent suivant les jours, et qui ne présente par conséquent aucune garantie de véracité ni dans ce qu'il dit de lui-même ni dans ce qu'il rapporte sur le compte d'autrui" (p. 14). M. D. s'est étrangement simplifié par là sa tâche de critique. Telle difficulté qui eût demandé une solution, quelque peu embarrassante à donner peut-être à son point de vue, M. D. la supprime sans autre forme de procès, sous prétexte que l'Ami de Dieu aura pu „bavarder" et „coucher sur le papier tout ce qu'il lui plaisait"[1]. Nous ne relevons pas ce qu'il y a d'insolite dans une pareille manière de résoudre un problème historique. Nous demanderons seulement à M. D. comment il se fait que l'évêque dans le diocèse duquel demeurait l'Ami de Dieu, ait été assez peu clairvoyant pour régler sa conduite pendant le schisme sur les conseils d'un pareil „bavard", comment il se fait que le pape Grégoire XI et ses cardinaux aient accordé à un pauvre radoteur de si éclatants témoignages de leur estime? M. D. ne paraît pas avoir songé à cette conséquence de son étrange assertion. Ou bien la relation du voyage de Rome et la notice de l'Ami de Dieu sur ses rapports avec son évêque ne seraient-elles encore que du „bavardage"? Que M. D. nous dise donc où commence pour lui l'histoire. — Ce jugement sur le caractère de l'Ami de Dieu, M. D. l'appuie principalement sur le fait que ce personnage, à différents moments de son existence, a raconté sa conversion „de quatre manières différentes" (p. 14). Nous avons vu plus haut (p. 81, note 2) ce qu'il faut penser de ces prétendues contradictions. N'est-ce pas être trop sévère, en effet, que de trouver par exemple que l'Ami de Dieu s'est contredit, parce qu'il raconte qu'il s'est livré aux exercices ascétiques, d'une part à la suite d'une vision (Traité XII), de l'autre à la suite de la lecture de la vie des

---

[1] « Das Jahr 1346 nahm er, *ohne sich viel umzusehen, aufs gerathewohl an. Das Papier hat nichts dagegen* wenn es nicht stimmt ». — « Die Abfassung der Geschichte kann... nicht zwischen 1343-1363 fallen. Allein wer verbürgt uns, dass der Gottesfreund hier nicht wieder *geschwätzt* habe? » (P. 130.) — « *Auf dem Papiere* oder Pergamente geht es leicht den Laien dreimal im Schlafe zu ermahnen... *Das Papier hat nichts dagegen* den Laien so lange an denselben Ort zu bannen, ohne dass er Gefahr liefe von der nächsten Umgebung bemerkt zu werden », etc., p. 29. — Demandons incidemment à M. D. ce que l'entourage de l'Ami de Dieu aurait dû *remarquer* de sa vie *intérieure*. La crainte d'avoir des visions n'a pas empêché l'Ami de Dieu d'entreprendre de longs et fréquents voyages. Il a donc passé une partie notable de son existence dans la société de personnes étrangères sans que le secret de sa vie spirituelle ait jamais été trahi.

saints (Traité XIII) : comme si ce n'était pas la lecture de la vie des saints qui a fait naître dans l'imagination de l'Ami de Dieu la vision à la suite de laquelle il s'est décidé à rompre avec sa fiancée et avec le monde? De même, quand il déclare avoir renoncé à ses exercices ascétiques à la suite d'une révélation divine dans laquelle il lui avait été interdit de les continuer, d'une part parce que sa santé n'y résisterait pas (Traité XII), de l'autre parce qu'en s'y livrant il ne faisait qu'obéir aux conseils du diable (Traité XIII), l'Ami de Dieu ne fait encore que raconter le même événement surnaturel d'une manière légèrement différente, puisque c'est bien Satan qui, d'après un autre passage, conseille aux „commençants" de ruiner leur santé et de mettre leur vie en danger par un ascétisme exagéré. Les autres contradictions relevées par M. D. ne sont pas plus difficiles à résoudre que celles qui précèdent. — Sans doute, les écrits de l'Ami de Dieu de l'Oberland et de Rulman Merswin sont loin de témoigner chez leurs auteurs de la sobriété littéraire et de la précision historique que nous sommes en droit d'exiger aujourd'hui d'écrivains de profession. Souvenons-nous cependant, avant de les juger aussi sévèrement que le fait M. D., de ce que c'était que la culture littéraire des gens du peuple au moyen âge. Les laïques qui ont osé prendre la plume à cette époque pour témoigner de leur foi religieuse, ne sont pas si nombreux pour que nous ne devions user de quelque indulgence dans le jugement littéraire que nous portons sur leurs œuvres. M. D. appelle l'Ami de Dieu de l'Oberland un „bavard", le discours central du traité XIII un „sermon de tapage", la relation de Specklin un „tissu de mensonges" et il fait de Specklin même un trompeur [1]. Ce sont là autant d'appréciations excessives, qui dépassent toutes le but, et par lesquelles M. D. se gâte comme à plaisir le succès de sa propre argumentation, puisque l'esprit du lecteur est ainsi fait qu'il n'accorde sa confiance et ne s'abandonne avec sécurité qu'à l'écrivain chez lequel la modération du langage lui certifie l'impartialité du jugement.

---

[1] P. 55: « Ich kann nicht unterlassen schon jetzt Speckles Bericht als das was er ist darzulegen, nämlich als ein *Lügengewebe;* — p. 57 : Speckle hat also alle *getäuscht* die mit jenen vielen Tausenden, welche in Folge des Interdiktes ohne Beichte in grosser Verzweiflung gestorben sein sollen, Mitleid hatten ». — Si M. D. s'était contenté de dire que Specklin s'est fait l'écho d'une tradition populaire inexacte, le procédé eût été plus courtois et la vérité historique n'y eût rien perdu. Pourquoi toujours supposer à son contradicteur des intentions perverses, comme s'il ne lui était pas possible de se tromper honnêtement?

Non content d'appeler l'Ami de Dieu un „bavard", M. D. en fait encore un égoïste et un ambitieux, un homme tourmenté de la soif de la domination spirituelle [1]. Pourquoi donc, dirons-nous, le laïque de l'Oberland ne s'est-il jamais révélé qu'à un seul homme? Pourquoi a-t-il repoussé la proposition du „maître de la sainte Écriture" de se soumettre à lui comme à son père spirituel, et a-t-il refusé d'entrer en relations personnelles avec Jean de Schaftolsheim, Nicolas de Laufen, Henri de Wolfach et Conrad de Brunsberg, qui ne demandaient pas mieux que de se soumettre *directement* à son autorité religieuse? Pourquoi s'est-il dépouillé de tous ses biens pour l'amour de Dieu et de ses semblables, et a-t-il refusé les avantages matériels que le pape lui offrait; pourquoi enfin a-t-il terminé son existence dans la „captivité divine", en sacrifiant son bien-être extérieur pour le bien de la chrétienté? C'est pour être accusé un jour d'égoïsme et de visées ambitieuses. Brigitte de Suède et Catherine de Sienne ont-elles donc été plus discrètes sur le chapitre de leurs révélations surnaturelles et plus humbles dans le récit de leurs rapports avec le Seigneur que ne l'ont été l'Ami de Dieu et Rulman Merswin? Et cependant elles ont été canonisées. — Nous nous arrêtons ici, persuadé que le tableau que nous avons retracé de l'activité religieuse de l'Ami de Dieu de l'Oberland suffit pour rectifier dans l'esprit du lecteur les appréciations pour le moins hasardeuses que M. D. a émises sur le caractère de ce personnage, et auxquelles, nous en sommes convaincu, la critique historique ne s'arrêtera pas.

---

[1] « Er will herrschen und seinen Ideen bei andern Eingang verschaffen. Und um dies zu erreichen gebraucht er vielfach Mittel die er nie hätte gebrauchen sollen. Fortwährend kramt er deshalb mit seinen angeblichen Gnaden und seiner himmlischen Bevorzugung aus, und zwar immer je nach den Umständen verschieden. Wie verschieden er aber auch sich darstellen mag, so kommt doch immer und bei jeder Gelegenheit das liebe « Ich » zum Vorscheine » (p. 134).

TABLE DES MATIÈRES.

INTRODUCTION.

	Pages
AVANT-PROPOS. — L'Ami de Dieu de l'Oberland	1
INTRODUCTION LITTÉRAIRE. — Les écrits de l'Ami de Dieu de l'Oberland et de Rulman Merswin. — Sources de ce travail	8
CHAPITRE PREMIER. — Les traités de l'Ami de Dieu de l'Oberland et de Rulman Merswin.	9
CHAPITRE II. — Le Livre épistolaire et les écrits des Johannites de l'Ile-Verte.	27
INTRODUCTION HISTORIQUE. — Les amis de Dieu. — Leur nom. — Leurs principaux centres d'activité . . . . : .	32
CHAPITRE PREMIER. — Les amis de Dieu de la haute Allemagne . . .	34
I. Les amis de Dieu de Strasbourg et Lutgarde de Wittichen . . .	34
II. Les amis de Dieu de la Suisse et de la Bavière ; leur correspondance ; leur conduite pendant l'interdit. — Henri de Nördlingen et Marguerite Ebner. — Othon de Passau et Marc de Lindau. — Les amis de Dieu d'Unterwalden	38
CHAPITRE II. — Les amis de Dieu de l'Allemagne inférieure.	64
I. Les amis de Dieu des Pays-Bas.	64
II. Les amis de Dieu de Cologne	68

PREMIÈRE PARTIE.

Histoire de l'Ami de Dieu de l'Oberland et de Rulman Merswin jusqu'à la fondation du couvent de l'Ile-Verte à Strasbourg.

CHAPITRE PREMIER. — Jeunesse et conversion de l'Ami de Dieu de l'Oberland	71
CHAPITRE II. — Rapports de l'Ami de Dieu de l'Oberland avec les amis de Dieu de son pays	85
I. Le Livre des deux hommes	85
II. L'Histoire du chevalier captif	88
III. L'Histoire des deux jeunes gens de quinze ans	99
IV. Les traités VI et VII	104

	Pages
Chapitre III. — Rapports de l'Ami de Dieu de l'Oberland avec les amis de Dieu des autres pays.	110
I. Histoire des deux recluses Ursule et Adélaïde	110
II. La conversion du « maître de la sainte Écriture »	115
Chapitre IV. — Rapports de l'Ami de Dieu de l'Oberland avec les amis de Dieu des autres pays (suite)	140
I. Conversion de Rulman Merswin	140
II. Le Livre des neuf roches	150
III. Relations de Rulman Merswin avec l'Ami de Dieu de l'Oberland jusqu'à la fondation du couvent de l'Ile-Verte; Jean de Schaftolsheim; Conrad Merswin	174
Chapitre V. — Les appels de l'Ami de Dieu de l'Oberland à la chrétienté.	194
I. Les événements des années 1346 à 1350. L'Instruction de l'Ami de Dieu de l'Oberland	194
II. La catastrophe de Bâle. — Le Discours d'avertissement de Tauler. — L'Épitre à la chrétienté.	198
Chapitre VI. — Examen des questions historiques et géographiques relatives à la première partie	212
I. La patrie de l'Ami de Dieu de l'Oberland	213
II. La personnalité du « maître de la sainte Écriture ».	217
III. La patrie de l'Ami de Dieu de l'Oberland (suite)	239
IV. Date de la conversion de l'Ami de Dieu de l'Oberland et chronologie de sa vie jusqu'à la fondation du couvent de l'Ile-Verte	245

DEUXIÈME PARTIE.

Histoire de l'Ami de Dieu de l'Oberland et de Rulman Merswin depuis la fondation du couvent de l'Ile-Verte jusqu'à leur mort.

Chapitre premier. — Fondation du couvent de l'Ile-Verte et destinées de cette maison jusqu'à la mort de Rulman Merswin	253
I. Les révélations de l'an 1364. L'établissement des prêtres séculiers à l'Ile-Verte. Nicolás de Laufen.	253
II. La commanderie de l'Ile-Verte	259
III. Nicolas de Laufen et l'Ami de Dieu de l'Oberland.	263
IV. Activité de Rulman Merswin à l'Ile-Verte jusqu'à sa mort.	268
Chapitre II. — Fondation de l'ermitage de l'Oberland et activité religieuse de l'Ami de Dieu jusqu'à l'époque du grand schisme	272
I. L'établissement des amis de Dieu de l'Oberland sur la montagne.	272
II. Les constructions de l'an 1374. Nouvelles préoccupations apocalyptiques. Le voyage de Rome et ses suites	275
III. L'Ami de Dieu à Metz; sa vision du 21 octobre 1377.	290
IV. Les ermites de l'Oberland ou les « cinq hommes » du traité IV.	292
Chapitre III. — Les diètes divines. Fin de l'histoire de l'Ami de Dieu de l'Oberland et de Rulman Merswin	302

	Pages
I. Les derniers temps. La diète divine de l'an 1379. Derniers conseils de l'Ami de Dieu aux Johannites de l'Ile-Verte	305
II. La diète divine de l'an 1380. Dernières relations de l'Ami de Dieu de l'Oberland avec Rulman Merswin	313
III. La captivité divine. Mort de Rulman Merswin. Derniers renseignements sur l'Ami de Dieu de l'Oberland.	320
IV. Les Johannites de l'Ile-Verte après la mort de Rulman Merswin	324
CHAPITRE IV. — Examen des questions historiques et géographiques relatives à la deuxième partie	328
I. L'ermitage de l'Ami de Dieu de l'Oberland. Les données du problème.	328
II. Les ermites du Herrgottswald et les frères du Schimberg	330
III. Les ermites de Ganterschwyl. Jean de Coire, dit de Rutberg	334
CONCLUSION. — Les tendances religieuses des amis de Dieu, et en particulier de l'Ami de Dieu de l'Oberland et de Rulman Merswin	343

APPENDICE.

I. Documents relatifs à l'Ami de Dieu de l'Oberland :	
1. Histoire des deux recluses Ursule et Adélaïde	363
2. Fragment d'une lettre inédite de l'Ami de Dieu de l'Oberland.	391
II. Le Livre de la bannière du Christ de Rulman Merswin	393
II. Documents relatifs à Jean Tauler :	
1. Le Discours d'avertissement	403
2. Tauler en purgatoire	405
IV. Autobiographie de Nicolas de Laufen	408
V. Documents relatifs à la fondation de l'ermitage de Ganterschwyl.	410
ÉPILOGUE. — Une hypothèse nouvelle sur la conversion du « maître de la sainte Écriture »	417

Strasbourg, typographie G. Fischbach, succr de G. Silbermann.

www.ingramcontent.com/pod-product-compliance
Lightning Source LLC
Chambersburg PA
CBHW051821230426
43671CB00008B/791